東洋古典譯註叢書 34

譯註 通鑑節要 9

成 百 曉 譯註

傳統文化硏究會

國譯委員

譯　註　成百曉
索　引　朴勝珠
潤　文　朴勝珠
出　版　權永順
校　訂　南賢熙
企　劃　田好根
編　輯　朴勝珠
管　理　咸明淑
普　及　徐源英

古典國譯編輯委員會

委員長　李光虎
委　員　朴小東 徐廷文 田好根 許成道 許鎬九

企劃委員會

委員長　琴章泰
委　員　權五春 朴錫興 申用浩
李光虎 李相鎭 李廷燮

任　員

常任顧問　李漢東
顧　問　金東哲 安炳周 李龍兌 李澤徽 趙富英

會　長　李啓晃
副會長　琴章泰 成百曉 辛承云 李廷燮 鄭太鉉
理事長　宋載卲
理　事　權五春 金在甲 金千式 朴錫興 申用浩
李光虎 李戊澈 李相鎭 李浩一 李興柱
田好根 趙駿河 韓熙喆
監　事　朴小東 沈泳洙

東洋古典譯註叢書를 발간하면서

우리의 古典國譯事業은 민족문화 진흥의 기초사업으로 1960년대부터 政府 支援으로 古文獻 現代化 작업을 추진하여 많은 成果를 거두었다. 당시 이 사업 추진의 先行課題로 東洋古典이라 일컬어지는 중국의 基本古典을 먼저 飜譯하여야 한다는 學界의 주장이 있었음에도 불구하고 우리 고전이 아니라는 일부의 偏狹한 視角과 財政 事情 등으로 인하여 배제되어 왔다.

전통적으로 중국의 기본고전은 우리 歷史와 함께 숨쉬며 각종 교육기관의 敎科書로 활용됨은 물론이고 지식인들의 必讀書가 되어 왔으며, 우리 文化의 基底에 자리잡고 거의 모든 방면의 體系와 根幹을 형성하여 왔다. 그래서 학문연구의 기본서 역할을 해 왔을 뿐만 아니라 오늘날에도 우리의 國學徒 및 東洋學 硏究者들에게 같은 역할을 하고 있음은 주지의 사실이다. 그럼에도 불구하고 中國古典은 우리 것이 아니라 하여 專門機關의 飜譯對象에 포함하지 않음으로써, 대부분 原典에서의 직접 번역이 아닌 重譯이나 拔萃譯의 방식이 주를 이루면서 敎養水準으로 出版되어 왔다.

오늘날 東洋 三國 중에서 우리의 東洋學 연구가 가장 부진한 이유는, 東洋基本古典에 대한 폭넓은 이해의 부족과 漢文古典 讀解力의 저하에 기인함을 우리는 솔직히 인정하여야 한다. 따라서 이들 중국고전에 대한 신뢰할 만한 國譯이 이루어지는 것이 한국학 연구를 촉진시키는 시급한 先行課題라 할 수 있다.

이에 韓國學 및 東洋學의 연구와 古典現代化의 基盤構築을 위해서는, 전문기관으로 하여금 동양고전을 단기간에 각 분야의 專門 硏究者와 漢學者가 상호 협동하여 연구번역하여 飜譯의 傳統性과 效率性, 硏究의 專門性을 높일 수 있도록 政策的 配慮가 있어야 한다.

이에 本會에서는 元老 및 中堅 漢學者와 斯界의 專攻者로 하여금 協同硏究飜譯하여 공부하는 사람들이 믿고 引用하거나 깊이 있는 註釋 등을 활용할 수 있게 하고, 知識人들의 敎養을 증진시켜 줄 수 있는 東洋古典의 國譯書 간행을 지속적으로 추진해 왔다. 근래에 다행히 이 사업에 대하여 각계 지도층의 폭넓은 이해와 지원에

힘입어 2001년도부터 國庫補助를 받아 東洋古典譯註叢書를 간행하게 되었다. 이를 계기로 우리 先學의 註釋과 見解를 반영하는 등 국역사업의 內實을 기하게 되었음을 이 자리를 빌어 衷心으로 감사드리며, 아울러 國譯에 參與하신 관계자 여러분의 勞苦에 깊은 謝意를 표한다.

끝으로 우리의 이러한 작업은 오랜 역사 위에 축적된 先賢들의 業績과 現代學問을 이어주는 튼튼한 架橋와 礎石이 되어 진정한 韓國學과 東洋學 발전에 기여할 것을 굳게 믿으며, 21세기를 우리 文化의 世紀로 열어 가는 밑거름이 되도록 우리의 力量을 本 事業에 경주하고자 한다. 江湖諸賢의 부단한 관심과 지원을 기대해 마지않는다.

社團法人 傳統文化硏究會 會長 李啓晃

凡 例

1. 本書는 東洋古典譯註叢書 ≪通鑑節要≫의 마지막 책이다.
2. 本書는 眉山 史炤가 音釋하고 鄱陽 王逢이 輯義하고 京兆 劉剡이 增校한 甲寅字本 ≪少微家塾點校附音通鑑節要≫(國立中央圖書館 所藏本, 刊年未詳)를 底本으로 하되, 원문 교감을 위하여 木版本 ≪少微家塾點校附音通鑑節要≫(高麗大學校 圖書館 所藏本 및 서울大學校 奎章閣 所藏本, 刊年未詳)를 참고하였다.
3. 春坊藏本 ≪通鑑節要≫가 流行되고 있음을 감안하여 溫公의 史評은 本文과 같이 大字로 표기하고 기타 史論은 글자 크기를 약간 줄였다. 그리고 底本의 史評 외에 ≪二十史略≫의 史評을 일부 추가하여 '〔史略 史評〕'이라고 표시하였다.
4. 本書에서는 干支를 別行하고 괄호 속에 西紀 연도를 표시하였다.
5. 原文은 이해를 돕기 위해 懸吐하고 특별한 音이나 어려운 한자는 ( ) 안에 音을 병기하였다.
6. 飜譯은 原義에 充實하도록 노력하였다. 다만 難解한 부분은 意譯 또는 補充譯을 하였다.
7. ≪資治通鑑≫은 원래 司馬光이 황제의 명령을 받고 지어 올린 것이므로 論評에 자신의 의견을 아뢰면서 모두 '臣光曰'이라고 하였으나 本 譯書에서는 특별한 경우를 제외하고는 대부분 '臣'이라 하지 않고 '나'라고 해석하였으며, 기타 史家의 論評 역시 이와 같이 하였다.
8. 註釋은 原註와 釋義 및 附註를 현토하고 해석하되 글자의 간단한 訓이나 音은 모두 싣지 않았다. 頭註는 底本의 상단에, 原註와 釋義는 原文의 중간에 小字雙行으로, 附註는 卷末에 실려 있는데, 본서에서는 이를 모두 그 문단이 끝나는 곳에 함께 실었으며, 아울러 ≪通鑑要解≫도 참고하여 실었음을 밝혀둔다.
9. 오늘날 흔히 사용하는 成語나 故事는 ≪通鑑節要≫에서 유래한 것이 많다. 이에

成語와 故事를 뽑아 각 책의 말미에 해설과 함께 부록하였고, 原文에는 해당 字句 위에 강조점을 찍어 표시하였다.

10. 本書는 독자의 이해를 돕기 위해 각 시대에 해당하는 世系圖와 地圖는 책의 말미에 부록하였다.

11. 본서에 사용된 주요 부호는 다음과 같다.

“ ” : 對話, 각종 引用

‘ ’ : 再引用, 强調

「 」 : ‘ ’ 안에서 再引用

( ) : 原文 중의 괄호는 漢字의 音, 同字(통용자), 俗字의 正字.
번역문 중의 괄호는 간단한 註釋

≪ ≫ : 書名, 出典

〈 〉 : 篇章節名, 作品名, 補充譯, 원문의 補充字

〔 〕 : 원문의 倂記, 音이 다른 漢字, 註釋 표시

{ } : 원문의 衍文　例) 非{吏而得與}吏比者

*) : 〔原註〕, 〔釋義〕, 〔附註〕, 〔頭註〕, 〔通鑑要解〕 등에 대한 譯者의 補充註

※ : 題目註

( )〔 〕 : (誤字)〔正字〕　例) 然(則)〔而〕餓死臺城

단 史論이나 註釋 등에는 誤字가 많은 바, 이를 모두 표시할 경우 보기에 불편하므로 일부는 별도로 표시하지 않고 곧바로 수정하였음을 밝혀 둔다.

參考圖書

〔原 典〕

≪文白對照 資治通鑑輯覽≫ 1-36冊 文白對照御批歷代通鑑輯覽編委會 編 馬建石 主編 國際文化出版公司 2002
≪文白對照全譯 資治通鑑≫ 全3冊 張宏儒 沈志華 主編 改革出版社 1991
≪詳密註釋 通鑑諺解≫ 學民文化社 1992
≪集註 通鑑節要1・2≫ 金都鍊 編註 亞細亞文化史 1982・1986
≪標點索引 少微通鑑節要≫ 뿌리문화사 1999
≪綱目續麟≫ 文淵閣四庫全書 第323冊 史部81 臺灣商務印書館 1984
≪綱目訂誤≫ 文淵閣四庫全書 第323冊 史部81 臺灣商務印書館 1984
≪大事記≫ 呂祖謙 撰 文淵閣四庫全書 第324冊 史部82 臺灣商務印書館 1984
≪少微家塾點校附音通鑑節要≫ 高麗大學校 圖書館 所藏本
≪少微家塾點校附音通鑑節要≫ 서울大學校 奎章閣 所藏本
≪御批資治通鑑綱目≫ 朱熹 撰 聖祖 批 文淵閣四庫全書 第689-692冊 史部447-450 臺灣商務印書館 1984
≪二十史略≫ 民昌文化社 1990
≪資治通鑑≫ 胡三省 音注 中華書局 1992〔제5판〕
≪資治通鑑綱目≫ 朱熹 撰 國立中央圖書館 所藏本
≪資治通鑑綱目集覽鐫誤≫ 瞿佑 撰 韓國學中央研究院 1980
≪資治通鑑綱目訓義≫ 思政殿 訓義 國立中央圖書館 所藏本
≪資治通鑑釋文≫ 史炤 撰 臺灣商務印書館 1980
≪資治通鑑地理今釋≫ 吳熙載 撰 江蘇書局 1882
≪資治通鑑訓義≫ 思政殿 訓義 國立中央圖書館 所藏本
≪通鑑釋文辯誤≫ 胡三省 撰 文淵閣四庫全書 第312冊 史部70 臺灣商務印書館 1984
≪通鑑五十卷詳節要解≫ 九淵禪師 著 國立中央圖書館 所藏本
≪通鑑地理通釋≫ 王應麟 撰 文淵閣四庫全書 第312冊 史部70 臺灣商務印書館 1984
≪晉書≫ 房玄齡 撰 中華書局 2002

≪南史≫ 李延壽 撰 中華書局 2003
≪北史≫ 李延壽 撰 中華書局 2003
≪隋書≫ 魏徵 撰 中華書局 2002
≪舊唐書≫ 劉昫 撰 中華書局 2002
≪新唐書≫ 歐陽脩 撰 中華書局 2002

〔譯 書〕

≪國譯 資治通鑑≫ 加藤繁・公田連太 共譯註 景仁文化社 1996
≪資治通鑑全譯≫ 李國祥 等 主編 貴州人民出版社 1994
≪通鑑節要 天・地・人≫ 金忠烈 譯解 三省出版社 1987
≪資治通鑑≫ 司馬光 지음 權重達 옮김 도서출판 삼화 2007

〔辭 典〕

≪資治通鑑大辭典 上・下≫ 施丁・沈志華 共譯 吉林人民出版社 1994
≪中國歷史大辭典・歷史地理≫ 編纂委員會 上海辭書出版社 1996
≪中國歷代官制大辭典≫ 呂宗力 主編 北京出版社 1994
≪中國歷代人名大辭典 上・下≫ 沈起煒 上海古籍出版社 1999
≪中國歷代人名大辭典 한글音訓索引≫ 頭流古典研究會編 景仁文化社 2002
≪二十四史人名索引 上・下≫ 中華書局 1998
≪漢語大詞典≫ 羅竹風 上海辭書出版社 1986
≪晉書辭典≫ 劉乃和 山東教育出版社 2001
≪南朝五史辭典≫ 袁英光 山東教育出版社 2005
≪北朝五史辭典 上・下≫ 簡修煒 山東教育出版社 2000
≪兩唐書辭典≫ 趙文潤・趙吉惠 山東教育出版社 2004

目 次

東洋古典譯註叢書를 발간하면서
凡 例
參考圖書
目 次

卷之四十八 唐 紀 宣宗 / 11
懿宗 / 24
僖宗 / 27
昭宗 / 46
昭宣帝 / 81
卷之四十九 五代紀 後梁紀 太祖皇帝 / 106
均王 / 119
後唐紀 莊宗 / 129
明宗 / 143
潞王 / 157
後晉紀 高祖 / 164
齊王 / 179
卷之五十 五代紀 後漢紀 高祖 / 189
隱皇帝 / 196
後周紀 太祖 / 202
世宗 / 219
恭帝 / 248

〔附 錄〕

故事成語・熟語 / 254
唐王室 世系圖 / 268
後梁王室 世系圖 / 269
後唐王室 世系圖 / 269
後晉王室 世系圖 / 270
後漢王室 世系圖 / 270
後周王室 世系圖 / 271
唐時期圖 / 272
五代十國時期圖 / 273
≪通鑑節要 9≫ 參考資料 / 274

一般 索引 / 277

【ㄱ】 / 277 【ㅇ】 / 392
【ㄴ】 / 308 【ㅈ】 / 452
【ㄷ】 / 315 【ㅊ】 / 486
【ㅁ】 / 327 【ㅌ】 / 499
【ㅂ】 / 339 【ㅍ】 / 503
【ㅅ】 / 357 【ㅎ】 / 509

故事成語・熟語 索引 / 533

【ㄱ】 / 533 【ㅇ】 / 552
【ㄴ】 / 538 【ㅈ】 / 560
【ㄷ】 / 539 【ㅊ】 / 565
【ㅁ】 / 541 【ㅌ】 / 568
【ㅂ】 / 543 【ㅍ】 / 568
【ㅅ】 / 547 【ㅎ】 / 569

通鑑節要 卷之四十八

唐紀

宣宗[※1)] 名은 忱이니 憲宗第三子라 在位十三年이요 壽五十이라

宣宗은 이름이 忱이니, 憲宗의 셋째 아들이다. 재위가 13년이고, 壽가 51세이다.

※ 精於聽斷하야 以察爲明하고 無復仁恩하야 自是而唐衰矣니라
정사를 聽斷함에 정밀하여 살피는 것을 총명함으로 여기고 다시는 인자함과 은혜가 없어서 이로부터 당나라가 쇠하였다.

1)〔頭註〕宣宗 : 聖善周聞曰宣이라
성스러움과 선함이 두루 알려진 것을 宣이라 한다.

【丁卯】大中元年이라

大中 元年(정묘 847)

初에 李德裕執政에 引白敏中하야 爲翰林學士러니 及武宗崩에 德裕失勢하니 敏中이 乘上下之怒하야 竭力排之하니라 敏中秉政에 凡德裕所薄을 皆不次用之하고 德裕는 尋貶潮州司馬하니라

처음에 李德裕가 執政할 적에 白敏中을 추천하여 翰林學士로 임명하였는데, 武宗이 승하하고 李德裕가 세력을 잃자, 白敏中이 그에 대한 上下의 노여움을 틈타서 힘을 다해 李德裕를 배척하였다. 白敏中이 정권을 잡자, 李德裕가 하찮게 여긴 사람들을 모두 官階의 차례를 따르지 않고 등용하였으며,

李德裕는 얼마 후 潮州司馬로 좌천되었다.

【戊辰】 二年이라

大中 2년(무진 848)

二月에 以知制誥令狐綯[1)]로 爲翰林學士하다 上이 嘗以太宗所撰金鏡錄으로 授綯하야 使讀之러니 至亂은 未嘗不任不肖요 至治는 未嘗不任忠賢이라하야늘 上止之하고 曰 凡求致太平은 當以此言爲首라하고 又書貞觀政要於屛風하고 每正色拱手而讀之하니라

2월에 知制誥 令狐綯를 翰林學士로 임명하였다. 上이 일찍이 太宗이 편찬한 ≪金鏡錄≫을 令狐綯에게 주어 그에게 읽게 하였는데, "지극히 혼란함은 불초한 자에게 맡기지 않은 적이 없었고, 지극히 다스려짐은 忠賢한 자에게 맡기지 않은 적이 없었다."는 내용에 이르니, 上이 읽는 것을 중지시키고 말하기를 "무릇 태평성세를 이루기를 바란다면 마땅히 이 말씀을 제일로 삼아야 한다." 하고, 또 ≪貞觀政要≫를 병풍에 써 놓고 매양 안색을 엄정하게 하고 손을 모으고서 경건하게 이것을 읽었다.

1) 〔通鑑要解〕 令狐綯 : 令은 音零이니 複姓이라
令은 음이 령이니, 令狐는 複姓이다.

○ 秋九月에 再貶李德裕하야 爲崖州司戶러니 卒하다

가을 9월에 다시 李德裕를 崖州司戶로 좌천시켰는데 곧 죽었다.

〔史略 史評〕 范氏曰 裴度, 李德裕 皆有功烈하야 爲唐賢相하니 太中以後로 無能繼之者라 德裕는 才優於度나 而德器不及也하니 蓋度不爲黨而德裕爲黨이라 是以로 度는 雖爲小人所傾이나 而能以功名終하고 德裕는 一失勢而斥死海上也라 雖牛僧孺之黨이 多小人하고 德裕之黨이 多君子나 然其因私以害公하고 挾勢以報怨은 則一而已라 夫惟天吏라야 可以伐燕[1)]이니 德裕自爲朋黨하고

而欲罷朋黨하니 此는 以燕伐燕[2]也라 孔子曰 克伐怨欲을 不行焉이면 可以爲難矣[3]라하시고 又曰 君子는 矜而不爭하고 群而不黨[4]이라하시니 德裕는 克伐怨欲을 必行焉하며 矜而爭하고 群而黨하니 豈能免乎아

范氏(范祖禹)가 말하였다.

"裴度와 李德裕가 모두 功烈이 있어서 唐나라의 어진 정승이 되었으니, 太中 연간 이후로 이들을 계승할 자가 없었다. 李德裕는 재주는 裴度보다 넉넉하였으나 德器는 裴度에게 미치지 못하였다. 裴度는 朋黨을 하지 않았으나 李德裕는 붕당을 하였으니, 이 때문에 裴度는 비록 小人에게 배척당하였으나 功名으로 일생을 마쳤고, 李德裕는 한 번 권세를 잃자 배척당하여 바닷가에서 죽었다. 비록 牛僧孺의 黨에는 小人이 많고 李德裕의 黨에는 君子가 많았으나, 사사로운 감정으로 인하여 公義를 해치고 권세를 믿고서 원한을 갚은 것은 똑같을 뿐이다. 오직 天吏라야 燕나라를 정벌할 수 있는데, 李德裕는 자신이 붕당을 하면서 붕당을 혁파하고자 하였으니, 이는 바로 燕나라를 가지고 燕나라를 정벌한다는 것이다. 孔子께서 말씀하기를 '남을 이기려 하고 자랑하고 원망하고 탐욕함을 행하지 않으면 어렵다고 할 수 있다.'라고 하였고, 또 말씀하기를 '君子는 씩씩하나 다투지 않고, 무리 지으나 偏黨하지 않는다.' 하였는데, 李德裕는 남을 이기려 하고 자랑하고 원망하고 탐욕함을 반드시 행하였으며, 씩씩하면서 다투고 무리 지어 편당하였으니, 어찌 禍를 면할 수 있었겠는가."

1) 〔譯註〕 夫惟天吏 可以伐燕 : 天吏는 王者가 하늘의 뜻을 받들어 죄가 있는 자를 토벌하고 덕이 있는 자를 높여주는 것으로, ≪孟子≫ 〈公孫丑 下〉에 "오직 天吏이면 정벌할 수 있다.〔爲天吏則可以伐之〕"라고 보인다.

2) 〔譯註〕 以燕伐燕 : 戰國時代 燕나라가 혼란해지자 이 틈을 타서 齊나라가 燕나라를 공격하였는데, 孟子는 齊나라의 無道함이 燕나라와 다름이 없다 하여 "이것은 燕나라가 燕나라를 공격하는 것이다."라고 하였다. 이 내용은 ≪孟子≫ 〈公孫丑 下〉에 보인다.

3) 〔譯註〕 孔子曰……可以爲難矣 : ≪論語≫ 〈憲問〉에 孔子의 제자인 原憲이 "이기려 하고 자랑하고 원망하고 탐욕함을 행하지 않으면 仁이라고 할 수 있습니까?"

하고 묻자, 孔子가 대답하기를 "어렵다고 할 수는 있으나 仁인지는 내 알지 못하겠다." 하였다.

4) 〔譯註〕 君子……群而不黨 : ≪論語≫ 〈衛靈公〉에 孔子가 말씀하기를 "君子는 씩씩하되 다투지 않으며, 무리 짓되 편당하지 않는다."라고 하였다.

【己巳】 三年이라

大中 3년(기사 849)

閏十月에 **宰相以克復河湟**[1]이라하야 **請上尊號**어늘 **上曰 憲宗**이 **常有志復河湟**이로되 **以中原方用兵**[2]으로 **未遂而崩**이러시니 **今乃克成先志耳**로라

윤10월에 재상이 河湟 지방을 수복했다 하여 上에게 尊號를 올릴 것을 청하자, 上이 말하기를 "憲宗이 항상 河湟 지방을 수복하려는 뜻을 품었으나 당시에 中原에 막 군대를 동원하였으므로 이러한 뜻을 이루지 못하고 승하하셨는데, 지금에야 비로소 선조의 뜻을 이루었다." 하였다.

1) 〔附註〕 河湟 : 二州는 西羌地라 是年六月에 涇原節度使康季榮이 取原州及石門驛, 藏木峽, 制勝, 六盤, 石峽等六(開)〔關〕하고 七月에 靈武節度使朱叔明이 取長樂州하고 邠寧節度使張君緖 取蕭關하고 鳳翔節度使李玭(변)이 取秦川하다 河隴老幼千餘人이 詣闕하야 解胡服하고 襲冠帶하니 觀者皆呼萬歲하니라

河湟 두 州는 西羌 지역이다. 이 해 6월에 涇原節度使 康季榮이 原州와 石門驛, 藏木峽, 制勝, 六盤, 石峽 등 여섯 관문을 점령하였고, 7월에 靈武節度使 朱叔明이 長樂州를 점령하였으며, 邠寧節度使 張君緖가 蕭關을 점령하였고 鳳翔節度使 李玭이 秦川을 점령하였다. 河西와 隴右 지방의 노인과 어린아이 천여 명이 대궐에 나아가 오랑캐 복장을 벗고 관과 띠를 착용하니, 구경하는 자들이 모두 만세를 불렀다.

2) 〔頭註〕 以中原方用兵 : 方用兵於兩河也라

당시에 막 兩河(河南과 河北)에서 藩鎭을 토벌하느라 군대를 동원하고 있었다.

【甲戌】 八年이라

大中 8년(갑술 854)

秋九月에 **上**이 **獵於苑北**할새 **遇樵夫**하야 **問其縣**하니 **曰 涇陽人也**로소이다 **令爲誰**오 **曰 李行言**이니이다 **爲政何如**오 **曰 性執**하야 **有强盜數人**이 **匿軍家**[1]하야 **索之**호되 **竟不與**어늘 **盡殺之**하니이다 **上**이 **歸**하야 **帖其名於寢殿之柱**하다 **冬十月**에 **行言**이 **除海州刺史**하니 **入謝**어늘 **上**이 **賜之金紫**하고 **問曰 卿**이 **知所以衣紫乎**아 **對曰 不知**니이다 **上**이 **命取殿柱之帖**하야 **示之**하다

가을 9월에 上이 上林苑 북쪽에서 사냥할 적에 나무꾼을 만나 "어느 縣에 사는 사람인가?" 하고 물으니, 대답하기를 "涇陽 사람입니다." 하였다. "수령이 누구인가?" 하고 물으니, 대답하기를 "李行言입니다." 하였다. "정사를 어떻게 하는가?" 하고 물으니, 대답하기를 "성품이 고집스러워서 강도 몇 명이 軍家에 숨어 이를 수색하였으나 軍家에서 끝내 내주지 않자 끝까지 찾아서 다 죽였습니다." 하였다. 上이 돌아와서 李行言의 이름을 寢殿의 기둥에 써 붙였다.

겨울 10월에 李行言이 海州刺史에 제수되자 入朝하여 사은하였는데, 上이 紫金魚袋와 紫色 관복을 하사하고 묻기를 "卿은 어떻게 紫金魚袋와 紫色 관복을 입게 되었는지 까닭을 아는가?" 하니, "알지 못합니다." 하고 대답하였다. 上이 명령하여 寢殿의 기둥에 써 붙인 名帖(그의 이름을 쓴 첩)을 가져오게 하여 그에게 보여주었다.

1) 〔頭註〕 匿軍家 : 軍家는 謂北司諸軍也라 〔通鑑要解〕 唐人은 謂諸道節度觀察爲使家라하고 諸州爲州家라하고 諸縣爲縣家라하니라

〔頭註〕 軍家는 宦官이 관장하는 北司의 諸軍을 이른다. 〔通鑑要解〕 唐나라 사람들은 諸道의 節度使와 觀察使를 使家라 하고, 諸州를 州家라 하고, 諸縣을 縣家라 하였다.

○ **上**이 **召翰林學士韋澳**(오)하야 **託以論詩**하고 **屛左右**[1]하고 **與之語曰 近日**에 **外間謂內侍權勢如何**오 **對曰 陛下威斷**이 **非前朝之比**니이다 **上**이 **閉目搖手**

하고 曰 全未, 全未하니 尙畏之在하니라 上이 又嘗與令狐綯로 謀盡誅宦官할새 綯恐濫及無辜하야 密奏曰 但有罪勿捨하고 有闕勿補하면 自然漸耗하야 至於盡矣리이다 宦者竊見其奏하고 由是로 益與朝士相惡하야 南北司[2]如水火矣러라

上이 翰林學士 韋澳를 불러 詩를 논한다는 핑계로 좌우의 사람들을 물리치고 그와 함께 말하기를 "근래에 외간에서는 내시들의 권세가 어떻다고 생각하는가?" 하니, 韋澳가 대답하기를 "폐하의 위엄과 결단력은 이전의 조정에 비할 바가 아닙니다." 하였다. 上이 눈을 감고 손을 내저으며 말하기를 "전혀 그렇지 않다. 전혀 그렇지 않다. 아직도 그들을 두려워할 만한 권세가 남아 있다." 하였다.

上이 또 일찍이 令狐綯와 함께 환관들을 다 죽일 것을 모의하였는데, 令狐綯는 죄 없는 자에게까지 죽임이 함부로 미칠까 염려하여 은밀히 아뢰기를 "다만 환관들이 죄가 있으면 용서해 주지 말고 결원이 있어도 보충하지 않으면 자연히 점점 숫자가 줄어들어서 모두 없어지게 될 것입니다." 하였다. 환관들은 令狐綯가 아뢴 내용을 훔쳐보고는 이로 말미암아 조정의 사대부들과 서로 사이가 나빠져서 南司와 北司가 물과 불처럼 서로 상극이 되었다.

1) 〔頭註〕 屛左右 : 屛은 除也라
屛은 물리치는 것이다.

2) 〔譯註〕 南北司 : 당나라 때 황궁 북쪽에 위치한 宦官들의 집무소, 즉 內侍廳을 가리켜 北司라 하고, 남쪽에 있었던 재상들의 집무소는 南司라고 하였다.

〔史略 史評〕 范氏曰 宣宗이 抉摘細微하야 以驚服臣下하야 小過必罰이나 而大綱不擧하고 欲以一人之智로 周天下之務하야 而不能與賢人共天職[1]也하니 豈人君之德哉아 其視輔相之臣엔 禮貌甚恭이나 而心實防之하고 如遇胥吏엔 惟恐其欺也하야 拘之以利祿하고 憚之以威嚴이라 故로 所用이 多流俗之人하야 而賢者不能有所施設也라 令狐綯謀除宦官之法이 雖善이나 終不面陳之하고 而露諸奏牘하니 易所以有不出戶庭之戒[2]歟인저

范氏(范祖禹)가 말하였다.

"宣宗은 신하들의 작은 잘못을 지적하여 신하들을 두려워하고 복종하게 하고자 하였다. 그리하여 작은 잘못도 반드시 벌주었으나 큰 강령이 거행되지 못하였고, 군주 한 사람의 지혜로 천하의 일을 두루 하고자 하여 賢人과 天職을 함께하지 못하였으니, 어찌 임금의 德이겠는가. 輔相하는 신하를 만나볼 적에는 禮貌가 매우 공손하였으나 마음속으로는 실로 이들을 막았고, 만일 胥吏를 만날 경우에는 행여 이들이 실패할까 염려하여, 신하들을 이익과 녹봉으로 구속하고 위엄으로 두렵게 하였다. 그러므로 등용한 자들이 대부분 세간의 평범하고 용렬한 사람들이어서 賢者가 시행하는 바가 있지 못하였다. 令狐綯가 환관을 제거할 것을 모의한 방법은 비록 좋았지만 끝내 직접 대면하여 아뢰지 못하고 이것을 奏章에 드러냈으니, ≪周易≫에 이 때문에 '戶庭을 나가지 않는다.'는 경계가 있는 것이다."

1) 〔譯註〕 天職 : 관직은 군주가 마음대로 사람들에게 줄 수 있는 것이 아니며, 이는 모두 하늘이 백성을 기르고 다스리기 위하여 만들어놓은 것이라 하여 天자를 붙인 것이다.

2) 〔譯註〕 不出戶庭之戒 : ≪周易≫ 節卦 初九爻에 "문밖 뜰에 나가지 않으면 허물이 없을 것이다.〔不出戶庭 無咎〕"라고 보이는데, 때가 좋지 않기 때문에 출입을 삼가면서 언어와 행동을 조심하는 것을 말한다.

【乙亥】 九年이라

大中 9년(을해 855)

二月에 以醴泉令李君奭으로 爲懷州刺史하다 初에 上이 校獵渭上할새 有父老以十數 聚於佛祠어늘 上問之한대 對曰 醴泉百姓也니이다 縣令李君奭이 有異政이나 考滿當罷하야 詣府乞留라 故로 此祈佛하야 冀諧所願耳니이다 及懷州刺史闕에 上이 手筆除君奭하다 宰相이 莫之測이러니 君奭入謝어늘 上이 以此獎厲[1]하니 衆始知之하니라

2월에 醴泉縣令 李君奭을 懷州刺史로 임명하였다. 처음에 上이 渭水 가에

사냥 나갔을 적에 父老 십수 명이 佛祠에 모여 있었다. 上이 그 이유를 묻자, 父老들이 대답하기를 "저희들은 醴泉縣의 백성입니다. 縣令 李君奭이 남달리 훌륭한 정사를 베풀었으나 考課의 기한이 차서 마땅히 관직을 그만두어야 하므로 저희들이 府에 나아가 유임시켜주기를 청원하였습니다. 그러므로 부처님에게 기원하여 저희들의 소원이 이루어지기를 바라는 것입니다." 하였다.

懷州刺史가 결원이 생기자, 上이 손수 임명장을 써서 李君奭을 제수하였다. 재상들도 무슨 연유인지 헤아리지 못했는데, 李君奭이 入朝하여 사은하자 上이 이로써 장려하니, 사람들이 비로소 이러한 사실을 알게 되었다.

1) 〔頭註〕 獎厲 : 厲는 與勵通하니 勉力也라
   厲는 勵와 통하니, 힘쓰게 하는 것이다.

【丁丑】 十一年이라

大中 11년(정축 857)

上이 樂聞規諫[1)]하야 凡諫官論事와 門下封駁[2)]이 苟合於理면 多屈意從之하고 得大臣章疏면 必焚香盥手而讀之하니라

上은 규간하는 말을 듣기를 좋아하여 모든 諫官이 정사를 논하는 것과 門下省 給事中의 封駁이 만일 이치에 부합하면 대부분 뜻을 굽혀 따랐고, 大臣의 章疏를 얻으면 반드시 향을 사르고 손을 씻고 나서 읽었다.

1) 〔頭註〕 規諫 : 正君曰規라
   임금을 바로잡는 것을 規라고 한다.

2) 〔頭註〕 封駁[*)] : 駁者는 如色之間雜이라 唐制에 門下省給事中이 主封駁이어늘 詔勅有不可하면 則卽論駁封還之也하니라 〔通鑑要解〕 封駁은 定群議하야 所封上奏也라
   〔頭註〕 駁은 색깔이 섞여 있는 것과 같은 것이다. 唐나라 제도에 門下省 給事中이 封駁하는 일을 주관하였는데, 조칙에 불가한 점이 있으면 즉시 논박하여 封還하였다. 〔通鑑要解〕 封駁은 衆論을 정하여 봉함하여 上奏하는 것이다.

*) 封駁 : 임금이 내린 조서의 내용이 옳지 못하면 조서를 封還하고, 별도로 封事를

올려 부당한 일을 논박하여 바로잡는 것을 말한다.

【戊寅】 十二年이라

大中 12년(무인 858)

上이 餌方士藥하고 已覺躁渴하다

上이 方士가 올린 약을 먹고는 이미 조급증과 갈증을 느꼈다.

〔新增〕 范氏曰 三代之時에 自天子로 至於庶人히 皆有常職하야 以食其力[1]하고 有常行하야 以勤其生하니 壯而彊勉焉하고 老而教誨焉하야 修身以俟死而已라 天下無異道하니 未有衆人皆死而欲一己獨不死者也요 執左道[2]以亂政者는 殺이라 故로 無迂怪[3]之士러니 由秦漢以來로 乃有神仙服食不死之說이라 故로 人心多惑하고 聖道不明이 此其一端也어늘 而人主尤甘心焉이라 以唐攷之하면 自太宗으로 至于武宗히 餌藥[4]以敗者 六七君[5]이라 皆求長生이라가 而反夭其天年하니 亦可以爲戒矣어늘 而宣宗이 又敗以藥하야 至以儲嗣爲諱惡(오)[6]하니 豈不蔽甚也哉아

范氏(范祖禹)가 말하였다.

"三代時代에는 天子로부터 庶人에 이르기까지 모두 떳떳한 직책이 있어서 자기 능력에 따라 먹고, 떳떳한 행실이 있어서 생업에 부지런히 힘쓰니, 장성해서는 부지런히 힘쓰고 늙어서는 사람들을 가르쳐서 몸을 닦아 죽기를 기다릴 뿐이었다. 천하에 다른 道가 없었으니, 다른 사람들은 다 죽는데 자기 혼자만 죽지 않으려고 하는 자가 있지 않았고, 左道(부정한 도)를 주장하여 정사를 어지럽히는 자는 죽임을 당하였다. 그러므로 우활하고 괴탄한 선비가 없었다.

그런데 秦·漢時代 이후로는 마침내 신선이 되고 불사약을 먹으면 죽지 않는다는 말이 있었다. 그러므로 人心이 많이 미혹되고 聖人의 道가 밝혀지지 못한 것은 이것이 한 단서인데, 군주가 더욱 마음에 달갑게 여겼다. 唐나라를 가지고 살펴보면 太宗으로부터 武宗에 이르기까지 불사약을 먹고 몸을 망

친 군주가 6, 7명에 이른다. 이들은 모두 약을 먹고 長生하기를 바라다가 도리어 타고난 수명을 재촉하였으니, 또한 경계로 삼을 만하다. 그런데 宣宗이 또다시 불사약 때문에 몸을 망쳐서 儲嗣(太子)를 싫어하고 꺼리기까지 하였으니, 어찌 심히 몽매한 것이 아니겠는가."

1) 〔頭註〕 食其力 : 言各以力耕得食이니 卽食己之力也요 又力祿也라 記曲禮에 有宰食力이라하니 謂食下民賦稅之力이라

食其力은 각자 자기 힘대로 농사지어 얻어 먹는 것이니, 바로 자기 힘대로 먹고 사는 것이요, 또 녹봉을 힘쓰는 것이다. ≪禮記≫ 〈曲禮〉에 "宰(家臣)가 있고 백성들이 내는 조세를 먹는다."라고 하였으니, 食力은 백성들이 내는 조세를 먹는 것을 이른다.

2) 〔頭註〕 執左道 : 左道는 非正之術이라

左道는 바른 것이 아닌 方術이다.

3) 〔頭註〕 迂怪 : 迂는 曲也라

迂는 굽은(바르지 않은) 것이다.

4) 〔頭註〕 餌藥 : 餌는 食也라

餌는 먹는 것이다.

5) 〔頭註〕 六七君 : 憲, 穆, 敬, 武, 宣이요 二未詳이라

6, 7명의 군주는 憲宗·穆宗·敬宗·武宗·宣宗이고, 나머지 두 명은 자세하지 않다.

6) 〔附註〕 以儲嗣爲諱惡(오) : 上이 晩年에 寵愛少子夔王滋하야 不定儲位어늘 魏謩(모)上言하고 繼之以泣호되 不聽이라 裴休奏請한대 乃曰 若立太子면 朕遂爲閑人이라하고 崔愼由以建儲對라가 旬日에 斥罷하니라

上(宣宗)이 말년에 작은아들인 夔王 李滋를 총애하여 儲位(태자의 지위)를 정하지 않자, 魏謩가 上言하고 계속해서 눈물을 흘렸으나 듣지 않았다. 裴休가 태자를 세울 것을 주청하자, 上이 마침내 말하기를 "만약 태자를 세우면 짐은 마침내 할 일 없는 사람이 될 것이다." 하였고, 崔愼由가 建儲를 건의하였다가 열흘 만에 배척을 받고 파직되었다.

上이 詔호되 刺史毋得外徙하고 必令至京師하야 面察其能否然後에 除之하라 令狐綯嘗徙其故人하야 爲隣州刺史하고 便(편)道之官이러니 上이 見其謝上表하고

以問綯한대 對曰 以其道近하야 省(생)送迎耳니이다 上曰 朕以刺史多非其人하야 爲百姓害故로 欲一一見之하야 訪問其所施設하야 知其優劣하야 以行黜陟이어늘 而詔命旣行에 直廢格(각)[1]不用하니 宰相이 可謂有權이로다 時方寒이러니 綯汗透重裘러라 上이 臨朝하야 接對群臣에 如賓客하고 雖左右近習이라도 未嘗見其有惰容하며 每宰相奏事에 旁無一人立者호되 威嚴하야 不可仰視라 奏事畢에 忽怡然曰 可以閑語矣로다하고 因問閭閻細事하고 或談宮中遊宴하야 無所不至라가 一刻許에 復整容하야 曰 卿輩는 善爲之하라 朕은 常恐卿輩負朕하야 後日不復得再相見이라하고 乃起入宮하니라 令狐綯謂人曰 吾十年秉政에 最承恩遇라 然이나 每延英奏事에 未嘗不汗霑衣也라하니라

上이 조서를 내리기를 "刺史를 제수할 적에 외지에서 곧바로 옮겨가게 하지 말고 반드시 京師에 오게 해서 그의 능하고 능하지 못함을 직접 대면하여 살핀 뒤에 제수하도록 하라." 하였다. 令狐綯가 일찍이 그의 친구를 이웃 州의 刺史로 옮기고 곧바로 길을 떠나 부임하게 하였다. 上이 그가 조정에 사은하여 올린 表文을 보고 令狐綯에게 물으니, 令狐綯가 대답하기를 "부임할 곳과 가깝기 때문에 전송하고 맞이하는 데 드는 비용을 생략하고자 하여 곧바로 부임하게 하였습니다." 하였다.

上이 말하기를 "짐은 刺史들이 대부분 적임자가 아니어서 백성들의 폐해가 되기 때문에 일일이 대면하여 그들이 부임한 뒤에 어떻게 시행할 것인지를 물어 그들의 우열을 알아서 내치고 올리는 일을 결정하고자 하였다. 詔命을 이미 내린 뒤에 곧바로 폐기하고 따르지 않으니, 재상이 권세가 있다고 이를 만하다." 하니, 이때 날씨가 매우 추웠는데 令狐綯는 식은땀이 흘러 두터운 갖옷을 적셨다.

上은 조정에 臨御하여 신하들을 접견할 적에 손님처럼 공경하여 비록 좌우의 친근한 자라도 일찍이 태만히 하는 모습을 본 적이 없었으며, 매양 재상들이 일을 아뢸 적에 옆에 한 사람도 서 있는 자가 없었으나 위의가 엄숙하여 사람으로 하여금 황제의 얼굴을 우러러보지 못하게 하였다. 일을 다 아뢰

고 나면 上이 갑자기 온화한 얼굴로 말하기를 "이제 閑談을 할 수 있다." 하고는, 인하여 여염의 자질구레한 일을 묻거나 혹은 궁중에서 놀고 잔치하는 일을 물어서 이르지 않는 바가 없었다. 그러다가 1刻이 지난 뒤에는 다시 용모를 정돈하고 말하기를 "경들은 직임을 잘 수행하라. 짐은 항상 경들이 짐을 저버려 후일에 다시 서로 만나보지 못할까 두렵다." 하고는 마침내 일어나 궁중으로 들어가곤 하였다.

令狐綯가 사람들에게 이르기를 "내 십 년 동안 정권을 잡음에 가장 많이 은혜와 대우를 받았으나 延英殿에서 정사를 아뢸 때마다 일찍이 식은땀이 흘러 옷을 적시지 않은 적이 없었다." 하였다.

1) 〔釋義〕 廢格(각) : 史記淮南王安傳에 廢格明詔라한대 按如淳註에 廢는 止也요 格은 竝閣不得下也라하니라 蘇林曰 格은 音閣이니라

≪史記≫ 〈淮南王 劉安傳〉에 "밝은 조서를 廢格하였다."라고 하였는데, 如淳의 註에 "廢는 그만두는 것이고 格은 시렁에 놓아두고 내리지 않는 것이다." 하였다. 蘇林이 말하기를 "格은 음이 각이다." 하였다.

【己卯】 十三年이라

大中 13년(기묘 859)

上이 餌道士藥하고 疽發於背하야 八月에 崩하다

上이 道士의 약을 먹고 등에 종기가 나서 8월에 승하하였다.

〔新增〕 尹氏曰 有生必有死하니 雖聖人이라도 不能易也라 若使長生可求면 則聖人已先求之矣시리라 唐人이 酷信[1]方士之說하야 而禍敗相踵하니 向使不妄服食이면 未必遽殞其生이라 將以延之라가 適以趣(促)之어늘 而乃覆車相尋하야 恬不知悟하니 豈不深可惜哉아

尹氏(尹起莘)가 말하였다.

"삶이 있으면 반드시 죽음이 있으니, 비록 聖人이라도 이것을 바꿀 수가 없다. 만약 長生을 추구하여 얻을 수 있는 것이라면 聖人이 이미 먼저 추구

하였을 것이다. 唐나라 사람들은 方士의 말을 맹신하여 화와 패망이 서로 이어졌으니, 그때 만일 함부로 약을 먹지 않았더라면 반드시 갑작스럽게 목숨을 잃지 않았을 것이다. 장차 수명을 연장하려 하다가 다만 이로써 수명을 재촉하였는데, 마침내 전복된 수레의 前轍(前人의 실패)이 서로 이어져 편안히 여기고 잘못을 깨달을 줄을 몰랐으니, 어찌 깊이 애석할 만하지 않은가."

1)〔頭註〕酷信：酷은 甚也라
　酷은 심함이다.

宣宗이 **性明察沈斷**하야 **用法無私**하고 **從諫如流**하며 **重惜官賞**하고 **恭謹節儉**하고 **惠愛民物**이라 **故**로 **大中之政**이 **訖於唐亡**토록 **人思詠之**하야 **謂之小太宗**이라하니라

宣宗은 성품이 明察하고 침착하고 결단력이 있어 법을 적용함에 사사로움이 없고 흘러가는 물처럼 간언을 잘 따랐으며, 관작과 상을 매우 아끼며, 공손하고 절약하며, 백성과 물건을 사랑하였다. 그러므로 大中 연간의 정치를 唐나라가 멸망함에 이르도록 백성들이 사모하고 칭송하여 宣宗을 일러 작은 太宗이라 하였다.

〔新增〕范氏曰 宣宗之治 以察爲明하야 雖聽納規諫이나 而性實猜刻하고 雖吝惜爵賞이나 而人多僥倖하며 外則藩方이 數(삭)逐其帥守[1]而不能治하고 內則宦者握兵柄, 制國命[2]을 自如也라 然이나 百吏奉法하고 政治不擾하야 海內安靖이 幾十五年이러니 繼以懿僖不君하야 唐室壞亂이라 是以로 人思大中之政하야 爲不可及이라 書曰 自成湯으로 至于帝乙히 罔不明德恤祀라하니 若宣宗者는 豈不足爲賢君哉아

范氏(范祖禹)가 말하였다.

"宣宗의 다스림은 하나하나 살피는 것을 총명함으로 여겨 비록 신하들의 간언을 받아들였으나 성질이 실로 의심하고 각박하였으며, 비록 관작과 상을 아꼈으나 요행으로 등용된 사람들이 많았다. 밖으로는 藩方에서 主帥(節度使)와 太守를 자주 축출하였으나 이들을 治罪하지 못하였고, 안으로는 환관

들이 兵權을 쥐고 국가의 명령을 제재하기를 예전처럼 하였다. 그러나 백관들이 법을 받들어 시행하고 정치가 어지럽지 않아서 온 천하가 안정된 것이 거의 15년이었는데, 뒤이어 懿宗과 僖宗이 군주 노릇을 하지 못하여 唐나라가 무너지고 혼란하였다. 이 때문에 백성들이 大中 연간의 정치를 그리워하여 따라갈 수 없다고 말하였다. ≪書經≫ 〈多士〉에 이르기를 '成湯으로부터 帝乙에 이르기까지 德을 밝히고 제사를 공경히 받들지 않는 자가 없었다.'라고 하였으니, 宣宗과 같은 이는 어찌 賢君이라고 할 만하지 않겠는가."

1) 〔附註〕 逐其帥守 : 如武寧軍逐其節度使李廓하고 浙東軍逐觀察使李訥하고 湖南軍逐觀察使韓悰하고 江西軍逐觀察使鄭憲之類라

主帥와 太守를 축출하였다는 것은 武寧軍은 節度使 李廓을 축출하고, 浙東軍은 觀察使 李訥을 축출하고, 湖南軍은 觀察使 韓悰을 축출하고, 江西軍은 觀察使 鄭憲을 축출한 것과 같은 따위이다.

2) 〔頭註〕 制國命 : 如王宗實之輩라

국가의 명령을 제재했다는 것은 王宗實과 같은 무리이다.

【丙申】 懿宗[1]이 卽位하다

懿宗이 즉위하였다.

1) 〔附註〕 懿宗 : 初名溫이라 上이 久不建儲러니 餌李玄伯藥이라가 疽發背하니 宰相不得見이라 上이 密以夔王으로 屬(촉)王龜長等立之러니 上崩에 中尉王宗實이 殺龜長하고 迎立鄆(운)王하야 更名漼하니라

懿宗은 初名이 溫이다. 上이 오랫동안 儲貳(태자)를 세우지 않았는데, 李玄伯이 올린 약을 먹었다가 등에 종기가 나니, 재상들이 다시는 뵙지 못하였다. 上이 은밀히 夔王 李滋를 王龜長 등에게 부탁하여 세우게 하였는데, 上이 죽자 中尉인 王宗實이 王龜長을 죽이고 鄆王을 迎立한 다음 이름을 漼로 고쳤다.

懿宗※ 名은 **漼**이니 **宣宗長子**라 **在位十四年**이요 **壽三十一**이라

懿宗은 이름이 漼이니, 宣宗의 長子이다. 재위가 14년이고, 壽가 31세이다.

※ 驕奢無度하고 淫樂不悛하니 李氏之亡이 於玆決矣라

교만하고 사치함이 한도가 없고 향락에 빠져 잘못을 고치지 않으니, 李氏의 멸망이 여기에서 결정되었다.

【庚辰】 咸通元年이라

咸通 元年(경진 860)

浙東賊裘甫[1] **攻陷象山**[2]하니 **浙東**이 **騷動**이어늘 **安南都護王式**이 **討平之**하다

浙東의 역적인 裘甫가 象山을 공격하여 함락하니, 浙東 지방이 소란하였는데 安南都護 王式이 토벌하여 평정하였다.

1) 〔釋義〕 裘甫 : 裘는 巨鳩反이니 姓也라 本作仇러니 避讐作裘하니라

裘는 巨鳩反(구)이니 姓이다. 본래 仇로 썼는데, 원수라는 뜻을 피하여 裘로 썼다.

2) 〔釋義〕 象山 : 縣名으로 在浙東하니 屬慶元府라 山在府東百六十里하니 東南北이 皆濱海요 惟西南有陸路하야 接台州寧海縣界라 按慶元은 古明州也라

象山은 縣의 이름으로 浙東에 있었으니, 慶元府에 속하였다. 象山은 慶元府의 동쪽 160리 지점에 있으니, 동쪽·남쪽·북쪽 삼면이 모두 바닷가이고, 오직 서남쪽에 陸路가 있어서 台州 寧海縣의 경계와 접하였다. 살펴보건대 慶元府는 옛날 明州이다.

【戊子】 九年이라

咸通 9년(무자 868)

徐州戍卒龐勛(방훈)[1]이 **作亂**하니 **衆至十萬**이라 **康承訓**[2]이 **與朱邪赤心**[3]으로 **討平之**어늘 **赤心**을 **賜姓名李國昌**하고 **以爲大同軍節度使**하다

徐州에 수자리 살던 병졸인 龐勛이 난을 일으키니, 무리가 십만 명에 이르렀다. 康承訓이 朱邪赤心과 함께 이들을 토벌하여 평정하자, 朱邪赤心에게

李國昌이라는 성명을 하사하고 大同軍節度使로 임명하였다.

1) 〔頭註〕 龐勛(방훈) : 勛은 古勳字라
勛은 勳의 古字이다.
2) 〔頭註〕 康承訓 : 右金吾大將軍也어늘 詔爲義成節度使徐州行營都招討使라
康承訓은 右金吾大將軍인데, 조서를 내려 義成節度使 徐州行營都招討使로 임명하였다.
3) 〔原註〕 朱邪赤心 : 克用之父라 〔附註〕 朱邪赤心은 出西突厥別〈種〉하니 自號曰沙陁*)라 朱邪는 複姓이요 赤心은 名이니 回(骨)〔鶻〕之相也라 沙陁三部落使也어늘 承訓이 奏乞帥(솔)其衆自隨하니 詔許之하니라 沙陁, 薩葛, 安慶이 分爲三部라
〔原註〕 朱邪赤心은 李克用의 아버지이다. 〔附註〕 朱邪赤心은 西突厥의 別種에서 나왔으니, 스스로 沙陁라 이름하였다. 朱邪는 複姓이고 赤心은 이름이니, 回鶻의 재상이다. 沙陁가 三部落의 使가 되었는데, 康承訓이 그 部衆을 거느리고 스스로 따르게 할 것을 奏請하니, 조칙을 내려 허락하였다. 沙陁, 薩葛, 安慶이 나뉘어 三部가 되었다.
*) 沙陁 : 옛날 部族의 이름으로, 西突厥의 別部이니 바로 沙陁突厥이다. 唐나라 貞觀 연간에 金莎山의 남쪽과 蒲類海의 동쪽 지역에 거주하였는데, 경내에 큰 사막이 있었다. 이 때문에 沙陁라고 이름하였다.

【癸巳】 十四年이라

咸通 14년(계사 873)

秋七月에 **上**이 **崩**하고 **僖宗**이 **卽位**하다

가을 7월에 上이 승하하고 僖宗이 즉위하였다.

〔史略 史評〕 史斷曰 懿宗이 器本凡庸으로 流於近習하야 所親者巷伯[1)]이요 所昵者桑門[2)]이라 以蠱惑之侈言으로 亂驕淫之方寸하니 欲無怠忽이나 得乎아 及釁結蠻陬하야 姦生戍卒하고 五嶺轉輸하야 寰海動搖라 而況小人在位하야 納賂崇私하고 專權亂政하며 大臣忠諫을 斥逐遐方이라 是以로 干戈蔽野하야 窮歲彌年이로되 上下相蒙하니 百姓流殍하야 相聚爲盜하야 蝟毛而起라 帝於

是時에 方且削軍賦而飾伽藍하고 困民財而修淨業하야 今年幸安國寺하고 明年迎佛骨이러니 未幾에 帝遂安駕하니 良可歎夫인저

史斷에 말하였다.

"懿宗은 기국이 본래 용렬한데다 近臣에게 빠져서 친애한 사람은 巷伯(환관)이었고 가까이한 사람은 桑門(승려)이었다. 미혹하여 큰소리치는 말로 교만하고 음탕한 마음을 어지럽혔으니, 게으르고 소홀하지 않고자 하나 될 수 있겠는가. 급기야 오랑캐와 원한을 맺어 간사한 역적이 수자리 사는 병졸 중에서 나오고, 五嶺 지방으로 군수물자를 수송하여 온 천하가 동요하였다. 더구나 小人이 지위에 있으면서 뇌물을 받고 私恩을 높이며 권력을 제멋대로 휘두르고 정사를 어지럽히며, 충간하는 대신들을 먼 지방으로 축출하였다. 이 때문에 창과 방패가 들을 뒤덮어 한 해를 마치고 여러 해를 끌었으나 上下가 서로 은폐하니, 백성들이 유리하다가 굶어 죽어서 서로 모여 도둑이 되어 고슴도치 털처럼 떼 지어 일어났다. 懿宗이 이러한 때에 막 軍賦를 삭감하여 伽藍(寺刹)을 꾸미고 백성의 재물을 고갈시켜 淨業(佛敎)을 닦아서 금년에는 安國寺에 행차하고 명년에는 佛骨을 맞이하였는데, 얼마 안 되어 懿宗이 마침내 승하하였으니, 참으로 탄식할 만하다."

1) 〔譯註〕 巷伯 : 宦官을 가리키는 바, 궁궐 안의 길〔宮巷〕에 거처하면서 궁궐 안의 일을 관장하므로 이렇게 칭한 것이다.

2) 〔譯註〕 桑門 : 梵語이니, 沙門과 같은 말로 불교 또는 승려를 말한다.

僖宗※1) 名은 儇이니 懿宗第五子라 在位十五年이요 壽二十七이라

僖宗은 이름이 儇이니, 懿宗의 다섯째 아들이다. 재위가 15년이고 壽가 27세이다.

※ 昏庸相繼에 禍亂相仍하야 民愁盜起하야 不可復支하니 蓋亦天人之會歟인저

어둡고 용렬한 군주가 서로 계승함에 禍亂이 서로 이어져서 백성들이 시름에 빠지고 도적들이 일어나 다시는 나라를 지탱할 수가 없었으니, 이는 하늘의 뜻과 인간의 일이 맞아떨어진 것이다.

1)〔頭註〕僖宗：小心畏忌曰僖라
조심하여 두려워하는 것을 僖라고 한다.

【甲午】 乾符元年이라

乾符 元年(갑오 874)

上이 **年少**하야 **政在臣下**하니 **南牙(衙), 北司互相矛楯(盾)**[1]이라 **自懿宗以來**로 **奢侈日甚**하고 **用兵不息**하야 **賦斂愈急**하며 **關東**이 **連年水旱**호되 **州縣**이 **不以實聞**하고 **上下相蒙**하야 **百姓流殍**(표)하야 **無所控訴**하니 **相聚爲盜**하야 **所在蜂起**러라 **是歲**에 **濮州人王仙芝 始聚衆數千**하야 **起於長垣**하니라

上이 나이가 어려서 정사가 신하에게 달려 있으니, 南衙와 北司가 서로 창과 방패처럼 대립하였다. 懿宗 이래로 사치가 날로 심해지고 군대를 동원하는 일이 그치지 아니하여 부세를 징수하는 것이 갈수록 더욱 급해졌으며, 關東 지방에 해마다 水災와 旱災가 들었으나 州縣이 사실대로 조정에 보고하지 않고 상하가 서로 은폐하여 백성들이 유리하고 굶어 죽어서 하소연할 곳이 없으니, 백성들이 서로 모여 도둑이 되어서 곳곳마다 봉기하였다. 이해에 濮州 사람 王仙芝가 처음으로 수천 명의 무리를 모아 長垣에서 일어났다.

1)〔釋義〕互相矛楯：楯은 時允反이니 互相矛楯은 謂不相合也라〔附註〕韓非子에 有鬻(육)〔矛〕楯者 自譽其矛曰 吾矛之利는 物無不陷也라하고 又譽其楯曰 吾楯之堅은 物莫能陷也라한대 或謂之曰 以子之矛로 陷子之楯이면 可乎아하니 其人이 不能答이라 故로 後世에 謂議論自相反及爲事自相反者를 爲矛楯이라하니라

〔釋義〕楯은 時允反(순)이니, 서로 창과 방패가 된다는 것은 서로 화합하지 못함을 이른다.〔附註〕≪韓非子≫에 "창과 방패를 파는 자가 스스로 창을 자랑하기를 '내 창의 예리함은 뚫지 못하는 물건이 없다.' 하고, 또 방패를 자랑하기를 '내 방패의 견고함은 어떤 물건도 뚫지 못한다.' 하였다. 혹자가 말하기를 '그대의 창을 가지고 그대의 방패를 뚫는다면 어찌 되겠는가?' 하니, 그 사람이 대답하지 못했다." 하였다. 그러므로 후세에 의논이 서로 상반되거나 일을 할 때에 서로 상반되는 것을 일러 矛楯이라 한다.

【乙未】 二年이라

乾符 2년(을미 875)

上之爲晉王也에 小馬坊使[1)]田令孜[2)]有寵이러니 及卽位에 使知樞密하고 遂擢爲中尉하다 上이 時年十四라 專事遊戲하고 政事를 一委令孜하니라

上이 晉王이었을 적에 小馬坊使 田令孜를 총애하였는데, 上이 즉위하자 그를 知樞密使로 삼고 마침내 神策軍中尉로 발탁하였다. 上은 이때 나이가 14세였는데, 오로지 유희만 일삼고 정사를 한결같이 田令孜에게 위임하였다.

1)〔通鑑要解〕小馬坊使 : 亦內諸使之一也라
　小馬坊使도 宮內의 諸使 중 하나이다.
2)〔頭註〕田令孜 : 宦官이라
　田令孜는 宦官이다.

○ 黃巢亦聚衆千餘人하야 應王仙芝하다 巢少與仙芝로 皆以販私鹽爲事라 巢善騎射하고 喜任俠[1)]하고 粗涉書傳이라 屢擧進士不第하고 遂爲盜하야 與仙芝로 剽掠州縣하고 橫行山東하니 民之困於重斂者 爭歸之하야 數月之間에 衆至數萬하니라

黃巢도 천여 명의 무리를 모아 王仙芝에게 호응하였다. 黃巢는 어려서 王仙芝와 함께 모두 私鹽을 파는 일에 종사하였다. 黃巢는 말타기와 활쏘기를 잘하고 任俠을 좋아하였으며 서책을 대략 섭렵하였다. 여러 번 進士試에 응시하였으나 급제하지 못하고 마침내 도적이 되어서 王仙芝와 함께 州縣을 노략질하고 山東 지방에 횡행하니, 가렴주구에 시달린 백성들이 다투어 그들에게 歸附하여 수개월 사이에 무리가 수만 명에 이르렀다.

1)〔頭註〕任俠[*)] : 見漢靈帝甲子年이라
　任俠은 漢나라 靈帝 甲子年(184)에 보인다.
*) 任俠 : 任은 氣力을 부림을 이르고, 俠은 권세와 힘으로써 남을 돕는 것을 이른다.

【戊戌】 五年이라

乾符 5년(무술 878)

春에 沙陁兵馬使李國昌之子克用이 起兵하야 殺大同防禦使[1]段文楚하고 自稱留後라하다 〈後爲後唐하니라〉

봄에 沙陁兵馬使 李國昌의 아들 克用이 군대를 일으켜 大同防禦使 段文楚를 죽이고 스스로 留後라 칭하였다. - 李克用은 뒤에 後唐이 되었다 -

1) 〔釋義〕 大同防禦使 : 大同은 古雲中郡也라 漢爲鴈門郡平城縣이러니 今置大同府하니 東南至燕京八百里라
大同은 옛날 雲中郡이다. 漢나라 때에는 鴈門郡 平城縣이었는데 이제 大同府를 설치하니, 동남쪽으로 燕京까지 800리이다.

○ 招討使曾元裕 大破王仙芝於黃梅하야 殺五萬餘人하고 追斬仙芝하야 傳首하다

招討使 曾元裕가 黃梅에서 王仙芝를 크게 격파하여 5만여 명을 죽이고, 王仙芝를 추격하여 목을 베어 首級을 조정에 파발마로 전달하였다.

○ 黃巢方攻亳(박)州未下라 尙讓[1]이 帥(솔)仙芝餘衆하고 歸之하야 推巢爲主하고 號衝天大將軍이라하다

黃巢가 막 亳州를 공격하였으나 함락시키지 못하였다. 尙讓이 王仙芝의 남은 무리를 거느리고 黃巢에게 歸附하여 黃巢를 맹주로 추대하고 衝天大將軍이라 칭호하였다.

1) 〔頭註〕 尙讓 : 仙芝之將이라
尙讓은 王仙芝의 장수이다.

○ 王郢之亂[1]에 臨安人董昌이 以土團[2]으로 討賊有功이어늘 補石鏡都知兵

馬使하다

王郢의 난리에 臨安 사람 董昌이 土團兵으로 적을 토벌하여 공을 세우자, 石鏡都知兵馬使로 보임하였다.

1) 〔附註〕 王郢之亂 : 僖宗二年에 浙西鎭遏使王郢等이 戰有功이어늘 節度使趙隱이 賞以職名하고 而不給衣糧한대 郢等이 遂劫庫兵하고 作亂收衆하야 攻陷諸州하니 大爲人患하니라

僖宗 2년(875)에 浙西鎭遏使 王郢 등이 싸워서 공을 세웠는데, 節度使 趙隱이 직명으로 賞을 주고 옷과 양식을 지급하지 않자, 王郢 등이 마침내 무기고의 병기를 탈취하고 난을 일으켜 병력을 모아 여러 州를 공격해서 함락시키니, 백성들의 큰 폐해가 되었다.

2) 〔附註〕 土團 : 土는 謂土着이요 團은 謂團結이라 代宗이 定諸州兵하야 〈皆有常數하고〉 其招募에 給家糧春冬衣者를 謂之官建(健)이요 其差點土人하야 春夏歸農이라가 秋冬追集하야 給身糧醬菜者를 謂之團結이라하니라

土는 土着民을 이르고 團은 단결을 이른다. 代宗이 여러 州의 군대를 정하여 모두 정해진 수가 있게 하고 各州에서 이들을 불러 모집할 적에, 집안의 양식과 봄옷과 겨울옷을 공급해주는 병사를 일러 官健이라 하고, 토착민을 差遣하고 점고하여 봄과 여름에는 돌아가 농사를 짓다가 가을과 겨울에는 追集(召集)하여 官府에서 본인에게 필요한 양식과 장과 채소를 공급하는 것을 일러 團結이라 하였다.

【己亥】 六年이라

乾符 6년(기해 879)

春에 高駢[1]이 擊黃巢하야 屢破之하니 巢遂趣(趨)廣南하다 冬에 黃巢在嶺南할새 士卒罹瘴疫하야 死者什三四라 其徒勸之北還하야 以圖大事어늘 巢從之하다 十一月에 黃巢北趣襄陽이어늘 山南東道節度使劉巨容이 大破之하니 巢與尙讓으로 收餘衆하야 渡江東走하야 轉掠饒, 信, 池, 宣, 歙, 杭等十五州하니 衆이 至二十萬하니라

봄에 高駢이 黃巢를 공격하여 여러 차례 격파하니, 黃巢가 마침내 廣南으로 도망하였다. 겨울에 黃巢가 嶺南에 있을 적에 병졸들이 염병에 걸려서 죽은 자가 10분에 3, 4였다. 그의 무리들이 북쪽으로 돌아가 大事를 도모할 것을 권하자, 黃巢가 그들의 말을 따랐다.

11월에 黃巢가 북쪽으로 향하여 襄陽으로 달려가자, 山南東道節度使 劉巨容이 黃巢를 대파하니, 黃巢가 尙讓과 함께 남은 무리를 수습해서 揚子江을 건너 동쪽으로 도망하여 饒州, 信州, 池州, 宣州, 歙州, 杭州 등 15州를 전전하며 노략질하니, 무리가 20만 명에 이르렀다.

1) 〔頭註〕 高駢 : 鎭海節度使라
高駢은 鎭海鎭節度使이다.

【庚子】 廣明元年이라

廣明 元年(경자 880)

秋七月에 **黃巢自采石渡江**하야 **圍天長, 六合**[1]하니 **兵勢甚盛**이라 **丁卯**에 **黃巢陷東都**하니 **留守劉允章**이 **帥**(솔)**百官迎謁**이어늘 **巢入城**하야 **勞問而已**하니 **閭里晏然**이러라 **壬午**에 **賊攻潼關**하니 **關上兵皆潰**라 **田令孜奉帝**하야 **自金光門出**하니 **黃巢遂入長安**하다

가을 7월에 黃巢가 采石으로부터 揚子江을 건너 天長縣과 六合縣을 포위하니, 군대의 형세가 매우 강성하였다. 丁卯日(17일)에 黃巢가 東都(洛陽)를 함락하니, 東都留守 劉允章이 百官을 거느리고 나아가 맞이하고 배알하였는데, 黃巢가 도성에 들어가 단지 위로하기만 하니 마을이 편안하였다. 壬午日에 적이 潼關을 공격하니, 관문 위에 있던 병사들이 모두 도망하였다. 田令孜가 황제를 받들어 金光門을 통해 나가니, 黃巢가 마침내 長安으로 들어왔다.

1) 〔釋義〕 天長, 六合 : 天長은 縣名이니 宋屬招信軍이러니 今改爲臨淮府하니라 六合은 古之棠邑也라 後爲六合縣하야 屬楊州러니 宋太祖升(陞)迎鑾鎭하야 爲建安

軍하고 乃割六合隸焉하며 眞宗이 升建安爲眞州하니라

天長은 縣의 이름이니, 宋나라 때에는 招信軍에 속하였는데 지금은 臨淮府로 개칭하였다. 六合은 옛날의 棠邑이다. 뒤에 六合縣이라 칭하여 楊州에 소속시켰는데, 宋나라 太祖가 迎鑾鎭을 승격시켜 建安軍이라 하고 마침내 六合縣을 떼어 여기에 소속시켰으며, 眞宗이 建安軍을 승격시켜 眞州라 하였다.

○ 上이 趣(趨)駱(락)谷하니 鳳翔節度使鄭畋(전)이 謁上於道次하고 請車駕留鳳翔이러니 上曰 朕不欲密邇巨寇하노니 且幸興元하야 徵兵以圖收復호리라 壬辰에 巢卽皇帝位하야 國號를 大齊라하고 改元金統하다

上이 駱谷으로 달려가니, 鳳翔節度使 鄭畋이 거리에서 上을 배알하고 車駕를 鳳翔에 머물게 할 것을 청하였다. 上이 말하기를 "짐은 큰 도둑과 가까이 있기를 원치 않으니, 우선 興元으로 가서 군대를 징발하여 京師를 수복할 것을 도모하겠다." 하였다. 壬辰日(13일)에 黃巢가 황제에 즉위하여 國號를 大齊라 하고 金統으로 개원하였다.

○ 鄭畋이 還鳳翔하야 完城塹하고 繕器械하고 訓士卒하고 密約隣道하야 合兵討賊하니 軍勢大振이러라

鄭畋이 鳳翔으로 돌아와서 성벽과 참호를 완전하게 하고 器械(兵器)를 수선하고 사졸들을 훈련시키고 은밀히 이웃의 道와 약속하여 군대를 연합해서 적을 토벌하니, 군세가 크게 떨쳐졌다.

○ 田令孜勸上幸成都어늘 上이 從之하다

田令孜가 上에게 成都로 갈 것을 권하자, 上이 그의 말을 따랐다.

【辛丑】 中和元年이라

中和 元年(신축 881)

三月에 黃巢遣其將尙讓, 王播하야 帥(솔)衆五萬하고 寇鳳翔이어늘 畋이 使唐弘夫[1]로 伏兵擊之하니 賊이 大敗於龍尾陂라 斬首二萬餘級하니 伏尸數十里라 鄭畋이 傳檄天下藩鎭하야 合兵討賊하다 時에 天子在蜀하야 詔令不通이라 天下謂朝廷不能復振이러니 及得畋檄에 爭發兵應之하니 賊懼하야 不敢復窺京西러니 未幾에 鳳翔司馬李昌言이 作亂하니 畋이 奔行在而薨[2]하다

3월에 黃巢가 그의 장수 尙讓과 王播를 보내어 5만의 병력을 거느리고 鳳翔을 침략하였다. 鄭畋이 唐弘夫로 하여금 군대를 매복시켜 적을 공격하게 하니, 적군이 龍尾陂에서 대패하였다. 이에 2만여 명의 首級을 베니, 엎어진 시신이 수십 리에 널려 있었다.

鄭畋이 천하의 藩鎭에 檄文을 돌려 병력을 규합해서 적을 토벌하자고 하였다. 이때 천자가 蜀 지방에 있어서 詔令이 통하지 못하자, 천하 사람들은 조정이 다시는 떨치지 못할 것이라고 여겼는데, 鄭畋의 檄文을 얻자 다투어 군대를 동원하여 호응하니, 적이 두려워하여 감히 다시는 장안의 서쪽을 엿보지 못하였다. 그런데 얼마 안 되어 鳳翔의 司馬 李昌言이 난을 일으키니, 鄭畋이 행재소로 달려가다가 죽었다.

1)〔頭註〕唐弘夫 : 前朔方節度使라
唐弘夫는 前 朔方鎭節度使이다.

2)〔頭註〕畋奔行在而薨 : 以畋爲司空同平章軍事하야 一以咨之하니라
鄭畋을 司空 同平章軍事로 임명하여 정사를 일체 그에게 자문하였다.

○ 黃巢所署同州防禦使朱溫이 擧州降이어늘 賜名全忠하다 〈後爲梁太祖하니라〉

黃巢가 임명한 同州防禦使 朱溫이 同州를 가지고 투항하자, 全忠이라는 이름을 하사하였다. - 朱全忠은 뒤에 梁나라 太祖가 되었다. -

○ 黃巢兵勢尙强이라 河中留後王重榮이 患之하야 謂行營都監楊復光曰 鴈門李僕射[1] 驍勇[2]有强兵하고 彼亦有徇國之志하니 誠以朝旨召之면 必來하

리니 來則賊不足平矣리라 王鐸이 在河中하야 乃墨勅[3]召李克用하니 十一月에 克用이 將沙陁萬七千人하고 趣河中하다

黃巢의 병력이 아직도 강성하였다. 河中留後 王重榮이 이를 근심하여 行營都監 楊復光에게 이르기를 "鴈門의 李僕射(李克用)는 날래고 용맹하며 강성한 군대를 보유하고 있고, 그는 또한 국가를 위해 목숨을 바치려는 뜻이 있습니다. 진실로 조정의 명령으로 부른다면 반드시 올 것이니, 그가 오면 적을 평정하는 것은 문제될 것이 없습니다." 하였다. 王鐸이 河中에 있으면서 마침내 墨勅으로 李克用을 부르니, 11월에 李克用이 沙陁兵 1만7천 명을 거느리고 河中으로 달려왔다.

1)〔頭註〕鴈門李僕射：時에 克用爲鴈門節度使라
　당시 李克用은 鴈門節度使였다.

2)〔頭註〕驍勇：驍은 健也요 武也라
　驍는 건장하고 용맹함이다.

3)〔頭註〕墨勅*)：鐸爲都統하야 便宜從事러니 凡徵除授에 皆得用墨勅하니라
　王鐸이 都統使가 되어 조정의 명령을 기다리지 않고 형편에 따라 從事하였는데, 무릇 사람을 불러서 관직을 제수할 적에 모두 墨勅을 사용하였다.

*) 墨勅：황제가 친필로 쓴 조서이니, 해당 관서를 거치지 않고 황제가 직접 관직을 제수하는 것이다.

【癸卯】 三年이라

中和 3년(계묘 883)

二月에 李克用이 進軍乾阬하야 與河中, 易定, 忠武軍[1]合하다 尙讓等이 將十五萬衆하고 屯于梁田陂어늘 明日에 大戰하야 自午至晡[2]하니 賊衆이 大敗하다 三月에 克用이 進軍渭橋하야 與黃巢軍으로 戰于渭南할새 一日三戰皆捷하고 義成, 義武[3]等諸軍이 繼之하니 賊衆大奔이러라 四月에 克用等이 自光泰門으로 入京師하니 黃巢力戰不勝하고 焚宮室遁去하다 克用時年이 二十八이라 於諸

將에 **最少**나 **而破黃巢**하고 **復長安**하니 **功第一**이요 **兵勢最强**하니 **諸將皆畏之**하니라 **克用**이 **一目微眇**하니 **時人**이 **謂之獨眼龍**이러라 **詔以克用爲河東節度使**하고 **詔以黃巢未平**이라하야 **加全忠東北面都招討使**하다

2월에 李克用이 乾阬으로 진군하여 河中, 易定, 忠武 등의 군대와 연합하였다. 尙讓 등이 15만의 병력을 거느리고 梁田陂에 주둔하였는데, 다음날 크게 싸워 午時부터 저녁 때에 이르니, 적의 무리가 크게 패하였다.

3월에 李克用이 渭橋로 진군하여 黃巢의 군대와 渭水 남쪽에서 싸웠는데 하루에 세 번 싸워 모두 이겼으며, 義成과 義武 등 여러 군대가 계속 이어오니, 적의 무리가 크게 패하여 도망하였다.

4월에 李克用 등이 光泰門을 통해 京師(長安)로 들어가니, 黃巢가 힘껏 싸웠으나 이기지 못하고, 궁궐을 불태우고 도망하였다. 李克用은 이때 나이가 28세였다. 여러 장수 중에 나이가 가장 적었으나 黃巢를 격파하고 長安을 수복하니 공이 으뜸이었고, 군세가 가장 강성하니 여러 장수들이 모두 그를 두려워하였다. 李克用은 한쪽 눈이 약간 작으니, 당시 사람들이 그를 獨眼龍이라고 불렀다. 황제가 명하여 李克用을 河東節度使로 삼고, 조서를 내리기를 "黃巢가 아직 평정되지 못했다."라고 하여 朱全忠에게 東北面都招討使를 가하였다.

1) 〔頭註〕 河中, 易定, 忠武軍 : 河中將은 白志遷이요 易定은 義武王處存이요 忠武將은 龐從이라

河中軍 장수는 白志遷이고, 易定軍은 義武軍節度使 王處存이고, 忠武軍 장수는 龐從이다.

2) 〔頭註〕 晡 : 日至申爲晡라

해가 申時(오후 4시 전후)에 이르는 것을 晡라고 한다.

3) 〔頭註〕 義成, 義武 : 義成은 節度使王鐸이요 義武는 節度使王處存이라

義成은 義成軍節度使 王鐸이고, 義武는 義武軍節度使 王處存이다.

【甲辰】 四年이라

中和 4년(갑진 884)

春二月에 **克用**이 **追及巢於中牟**하야 **奮擊大破之**하니 **尙讓**이 **帥其衆降**하다

봄 2월에 李克用이 中牟에서 黃巢를 추격하여 따라잡고 분격하여 크게 쳐부수니, 尙讓이 그의 무리를 거느리고 항복하였다.

○ **六月**에 **武寧將李師悅**이 **與尙讓**으로 **追黃巢至瑕丘**하야 **敗之**하니 **巢衆殆盡**이라 **走至狼虎谷**이어늘 **巢甥林言**이 **斬巢兄弟妻子首**하야 **以降**하다

6월에 武寧軍의 장수 李師悅이 尙讓과 함께 黃巢를 추격하여 瑕丘에 이르러서 패퇴시키니, 黃巢의 무리가 거의 다 없어졌다. 黃巢가 도망하여 狼虎谷에 이르자, 黃巢의 생질인 林言이 黃巢와 그의 兄弟와 妻子의 목을 베어 항복하였다.

○ **秋七月**에 **李克用**이 **至晉陽**하야 **大治甲兵**하고 **遣使**하야 **奉表詣行在**하야 **自陳**호되 **有破黃巢大功**이나 **爲朱全忠所圖**[1]하야 **僅能自免**하니 **乞遣使按問**하고 **發兵誅討**하소서 **時**에 **朝廷**이 **以大寇初平**이라하야 **方務姑息**이라 **得克用表**하고 **大恐**하야 **但遣中使**하야 **賜優詔和解之**하니라

가을 7월에 李克用이 晉陽에 이르러 갑옷과 병기를 크게 수선하고, 使者를 보내어 表文을 받들고 행재소에 이르러서 스스로 아뢰기를 "黃巢를 격파한 큰 공이 있으나 朱全忠에게 도모당하여 겨우 스스로 죽음을 면하였으니, 바라건대 使者를 보내어 조사하고 군대를 동원하여 토벌해주소서." 하였다. 이때 조정은 큰 도둑(黃巢)이 처음으로 평정되었다 하여 우선 당장 눈앞의 편안함만 힘썼는데, 李克用의 表文을 얻고는 크게 두려워하여 다만 中使를 보내어 우대하는 조서를 내려 화해하게 하였다.

1) 〔附註〕 朱全忠所圖 : 克用이 至汴州하야 營於城外러니 全忠이 固請館驛하고 置酒甚恭하다 克用이 乘酒使氣하야 語頗侵之한대 全忠이 不平하고 罷酒하다 從者

皆醉러니 宣武將楊彦洪이 密與全忠謀하야 圍驛攻之호되 克用醉하야 不之聞이라 親兵薛志勤, 史敬思等이 格鬪할새 侍者扶克用하야 匿床下하고 以水沃其面告之하다 會에 夜大雨震雷하야 天地晦冥이라 克用이 帥左右數人하고 踰垣突圍하야 縋城得出하다 語頗侵之者는 全忠이 嘗從黃巢爲寇라 故로 觸其實也라

李克用이 汴州에 이르러 성 밖에서 진영을 쳤는데, 朱全忠이 굳이 館驛으로 올 것을 청하고 술자리를 베풀어 매우 공손히 대하였다. 李克用이 술김에 객기를 부려 자못 朱全忠을 침해하는 말을 하자, 朱全忠이 불편해하고 술자리를 파하였다. 시종하는 자가 모두 취하자, 宣武軍의 장수인 楊彦洪이 은밀히 朱全忠과 함께 館驛을 포위하여 李克用을 공격할 것을 모의하였으나 李克用은 술에 취하여 이를 듣지 못하였다. 親衛兵인 薛志勤과 史敬思 등이 격투할 즈음에 모시는 자가 李克用을 부축하여 침상 아래에 숨기고 찬물을 그의 얼굴에 부어 정신을 차리게 하여 이러한 사실을 고하였다. 마침 밤에 큰 비가 내리고 천둥과 벼락이 쳐서 천지가 캄캄하였는데, 李克用이 좌우의 측근 몇 사람을 거느리고 담장을 뛰어넘어서 포위망을 뚫고 성에 밧줄을 매달아 탈출하였다. 자못 朱全忠을 침해하는 말을 하였다는 것은 朱全忠이 일찍이 黃巢를 따라 도적이 되었기 때문에 이러한 사실을 언급한 것이다.

〔史略 史評〕 范氏曰 天子所以制御天下者는 賞善罰惡하며 辨是非枉直하야 使人各當其所하고 物各安其分하야 而不相侵暴也라 克用이 有復唐室大功이어늘 而全忠輒欲殺之호되 克用이 不敢專兵復仇하고 而赴訴於朝廷하니 是는 諸侯有猶尊王室之心也라 爲天子者 詰其孰是孰非하야 使征伐號令으로 出於天子면 則誅一鎭에 而天下莫敢不從矣리라 僖宗則不然하야 知其直者而不恤하고 置其不直者而不問하니 不惟全忠無所忌憚이요 而克用心亦不服하니 欲兩存之는 乃兩失之라 自是로 藩鎭이 喜相征伐하야 不復稟命하니 以天子不足訴也일새라 書曰 有罪無罪에 惟我在어니 曷敢有越厥志리오하니 刑罰者는 所以爲天討也라 王者之於天下에 懲勸을 可不明哉아

范氏(范祖禹)가 말하였다.

"天子가 천하를 제어하는 것은 선한 사람에게 상을 주고 악한 사람에게 벌을 주며 옳고 그름과 굽고 곧음을 분별하여, 사람들로 하여금 각각 제자리에 마땅하게 하고 물건으로 하여금 각각 분수에 편안하게 해서 서로 침략하고

포악하지 않게 하는 것이다. 李克用이 唐나라 황실을 수복한 큰 功이 있었으나 朱全忠이 번번이 그를 죽이고자 하였는데, 李克用이 감히 자기 마음대로 군대를 동원하여 보복하지 않고 조정에 달려와 하소연하였으니, 이는 諸侯들이 아직도 王室을 높이는 마음이 있었던 것이다. 天子 된 자가 누가 옳고 누가 그른가를 따져서 정벌과 호령이 天子에게서 나오게 하였다면, 한 藩鎭을 주벌함에 천하에 감히 따르지 않는 자가 없었을 것이다. 그런데 僖宗은 이렇게 하지 않아서 성식한 자인 줄을 알면서도 구휼하지 않았고 정직하지 않은 자를 내버려두고 문책하지 않았으니, 朱全忠이 기탄하는 바가 없었을 뿐만 아니라 李克用도 심복하지 않았다. 그리하여 둘 다 보존하고자 하다가 마침내 둘 다 잃게 되었다. 이로부터 藩鎭이 서로 정벌하기를 좋아하여 다시는 황제에게 명령을 받지 않았으니, 이는 天子가 나약하여 天子에게 하소연할 수 없기 때문이었다. ≪書經≫ 〈泰誓〉에 이르기를 '죄가 있든 죄가 없든 내가 있으니, 天下에 어찌 감히 그 마음을 지나치게 하여 난을 일으키는 자가 있겠는가.'라고 하였으니, 형벌은 하늘의 토벌을 시행하는 것이다. 王者가 천하를 다스림에 있어 권선징악을 분명히 하지 않을 수 있겠는가."

○ **田令孜益驕橫**하야 **禁制天子**하야 **不得有所主斷**하니 **上**이 **患其專**하야 **時語左右而流涕**러라

田令孜가 더욱 교만하고 전횡하여 天子를 禁制(제재)하여 天子가 주장하고 결단하는 바가 있지 못하니, 上이 그의 專橫을 근심하여 때때로 좌우 사람들에게 말하면서 눈물을 흘렸다.

【乙巳】 光啓元年이라

光啓 元年(을사 885)

春二月에 **車駕至京師**하다

봄 2월에 황제의 車駕가 京師에 이르렀다.

○ 秦宗權[1]이 稱帝於蔡州하다 〈宗權이 中和元年에 起兵하니라〉

秦宗權이 蔡州에서 황제를 칭하였다. - 秦宗權은 中和 元年(881)에 군대를 일으켰다. -

1) 〔附註〕 秦宗權 : 上蔡人이니 爲許牙將하다 黃巢涉淮에 許軍亂하니 宗權이 據蔡以叛하야 與巢和러니 巢死에 宗權兵勢張甚하야 有呑噬四海之志하니라

秦宗權은 上蔡 사람이니, 許州의 牙將이 되었다. 黃巢가 淮水를 건너가자 許州의 군사들이 반란을 일으키니, 秦宗權이 蔡州를 점거하고 배반하여 黃巢와 연합하였는데, 黃巢가 죽자 秦宗權의 병력이 매우 커져 천하를 병탄하려는 뜻을 품게 되었다.

○ 李克用이 表請誅令孜어늘 詔和解之호되 克用이 不聽하다 十二月에 克用이 進逼京城하니 令孜夜奉天子하고 自開遠門으로 出幸鳳翔하다 初에 黃巢焚長安宮室而去한대 諸道兵이 入城縱掠하야 焚府寺(시)[1]하니 民居什六七이라 京兆尹王徽 累年補葺하야 僅完一二러니 至是하야 復爲亂兵焚掠하야 無孑(혈)遺矣러라

李克用이 表文을 올려 田令孜를 처형할 것을 청하자, 황제가 명하여 화해하게 하였으나 李克用이 듣지 않았다.

12월에 李克用이 전진하여 京城을 핍박하니, 田令孜가 밤에 천자를 받들고 開遠門으로 나가 鳳翔으로 파천하였다. 이보다 앞서 黃巢가 長安의 궁실을 불태우고 떠나가자, 여러 도의 군사들이 도성에 들어와 멋대로 노략질하여 官府를 불태우니, 그 가운데 민가가 10분에 6, 7이었다. 京兆尹 王徽가 여러 해 동안 보수하여 겨우 10분에 1, 2를 완전하게 하였는데, 이때에 이르러 다시 亂兵에게 불태워지고 노략질당하여 하나도 남은 것이 없게 되었다.

1) 〔譯註〕 府寺(시) : 公卿의 관사를 이르는 바, 三公이 거처하는 곳을 府라 하고, 九卿이 거처하는 곳을 寺라 한다.

【丙午】 二年이라

光啓 2년(병오 886)

春正月에 **李克用**이 **還軍河中**하야 **與王重榮**[1]으로 **同表請大駕還宮**하고 **因罪狀田令孜**하야 **請誅之**하다 **令孜請上幸興元**한대 **不從**이러니 **是夜**에 **令孜引兵入宮**[2]하야 **劫上幸寶鷄**호되 **宰相朝臣**이 **皆不知**라 **時**에 **田令孜弄權**하야 **再致播遷**하니 **天下共忿疾之**러라 **朱玫**(매)[3], **李昌符**[4] **引兵**하야 **追逼乘輿**하다

봄 정월에 李克用이 河中으로 回軍하여 王重榮과 함께 表文을 올려 황제에게 환궁할 것을 청하고, 인하여 田令孜의 죄상을 열거하여 처형할 것을 청하였다. 田令孜가 上에게 興元으로 파천할 것을 청하였으나 上이 따르지 않았는데, 이날 밤에 田令孜가 군대를 이끌고 行宮으로 들어와서 上을 위협하여 寶鷄로 파천하게 하였으나 재상과 朝臣들이 모두 이것을 알지 못하였다.

이때에 田令孜가 권력을 농간하여 황제를 두 번이나 파천하게 하니, 천하 사람들이 함께 분해하고 미워하였다. 朱玫와 李昌符가 병력을 이끌고 황제의 乘輿를 추격하여 압박하였다.

1) 〔頭註〕 王重榮 : 河中節度使라

王重榮은 河中節度使이다.

2) 〔頭註〕 入宮 : 謂行宮이라

宮은 行宮을 이른다.

3) 〔頭註〕 朱玫(매) : 邠寧節度使라

朱玫는 邠寧節度使이다.

4) 〔附註〕 李昌符 : 鳳翔節度使令孜가 結朱玫, 李昌符하야 攻河中이어늘 克用救之하야 進逼城하다 上幸寶鷄하니 朱玫, 昌符亦恥爲之用하고 且憚克用, 重榮之强하야 追逼乘輿하니라

鳳翔節度使 田令孜가 朱玫, 李昌符와 결탁하여 河中을 공격하자 李克用이 이를 구원하기 위해 전진하여 城을 핍박하였다. 上이 寶鷄로 행차하니, 朱玫와 李昌符도 田令孜에게 쓰여지는 것을 부끄러워하고, 또 李克用과 王重榮의 강함을 두려워하여 황제의 乘輿를 추격하여 핍박하였다.

○ 三月에 車駕至興元하니 朱玫逼鳳翔이라 百官이 奉襄王熅하야 權監軍國事러니 玫部將王行瑜斬玫하고 執襄王熅[1)]하야 殺之어늘 詔以行瑜로 爲靜難節度使하다

3월에 황제의 車駕가 興元에 이르니, 朱玫가 鳳翔을 핍박하였다. 百官들이 襄王 李熅을 받들어 임시로 軍國의 일을 맡게 하였는데, 朱玫의 部將인 王行瑜가 朱玫를 목 베고 襄王 李熅을 붙잡아 죽이자, 황제가 명하여 王行瑜를 靜難節度使로 임명하였다.

1)〔頭註〕襄王熅 : 肅宗之子襄王僙之曾孫이라
襄王 李熅은 肅宗의 아들인 襄王 李僙의 증손이다.

【丁未】三年이라

光啓 3년(정미 887)

以錢鏐[1)]로 爲杭州刺史하다

錢鏐를 杭州刺史로 삼았다.

1)〔頭註〕錢鏐 : 鏐는 音流요 又音聊라
鏐는 음이 류이고, 또 다른 음은 료이다.

○ 削田令孜官爵하야 長流端州하다

田令孜의 관작을 삭탈하여 멀리 端州로 유배보냈다.

○ 八月에 高駢[1)]部將楊行密[2)]이 自稱淮南留後하다〈後爲吳하니라〉

8월에 高駢의 部將 楊行密이 스스로 淮南留後라 칭하였다. - 뒤에 국호를 吳라 하였다. -

1)〔頭註〕高駢 : 淮南節度使라
高駢은 淮南節度使이다.

2) 〔附註〕 楊行密 : 高駢이 聞秦宗權將寇淮南하고 遣其都將畢師鐸하야 出屯高郵하야 備宗權하다 時에 嬖將呂用之用事하야 宿將이 多爲所誅라 師鐸이 自以黃巢降將이라하야 常自危러니 及與用之有隙에 謀誅用之하야 引兵至廣陵하니 用之力戰却之하다 師鐸이 乞師於宣州觀察使秦彦하야 攻之城陷하니 用之亡走라 師鐸이 搜捕用之親黨하야 悉誅之하고 執駢幽之하다 秦彦이 自稱淮南節度使하고 以師鐸行軍司馬하다 初에 師鐸이 攻廣陵也에 用之詐爲高駢牒하야 署廬陵刺史楊行密行軍司馬하야 入援하다 高駢이 爲諸道都統하니 朝廷이 給空名告身이라 故得署之하니라 行密이 帥諸軍하고 抵廣陵하니 秦彦이 閉城自守하고 遣師鐸出戰이러니 師鐸이 屢敗라 秦彦이 恐駢內應하야 殺駢하고 并其親黨無遺하니 行密聞之하고 帥士卒縞素하고 向城大哭三日하니라 (陳)〔秦〕彦, 師鐸이 與秦宗權之弟宗衡合이러니 宗衡副將孫儒 知宗權勢不能久하고 殺宗衡하야 傳首於朱全忠하고 又殺秦彦, 師鐸하니라

高駢은 秦宗權이 장차 淮南 지방을 침략하려 한다는 소식을 듣고 그의 都將 畢師鐸을 보내 高郵로 나가 주둔하여 秦宗權을 대비하게 하였다. 당시에 군주가 총애하는 장수인 呂用之가 用事하여 老將들이 많이 죽임을 당하였다. 畢師鐸은 자신이 黃巢의 항복한 장수라 하여 항상 스스로 위태롭게 여겼는데, 呂用之와 틈이 생기자 呂用之를 죽일 것을 모의하여 병력을 이끌고 廣陵에 이르니, 呂用之가 강력히 싸워 퇴각시켰다. 畢師鐸이 宣州觀察使 秦彦에게 구원병을 청해서 呂用之를 공격하여 성이 함락되니, 呂用之가 도망하였다. 畢師鐸이 呂用之의 친당들을 수색하여 체포해서 모두 죽이고 高駢을 사로잡아 유치하였다. 秦彦은 스스로 淮南節度使라 칭하고 畢師鐸을 行軍司馬로 임명하였다.

처음에 畢師鐸이 廣陵을 공격할 적에 呂用之가 거짓으로 高駢의 牒을 만들어 廬陵刺史 楊行密을 行軍司馬로 임명하여 들어와 구원하게 하였다. 高駢이 諸道都統이 되니, 조정에서 그에게 空名告身牒을 주었다. 그러므로 楊行密을 行軍司馬로 임명할 수 있었다. 楊行密이 諸軍을 거느리고 廣陵에 이르니, 秦彦은 성문을 닫고 스스로 지키며 畢師鐸을 보내어 나가서 싸우게 하였는데, 畢師鐸이 여러 번 패하였다. 秦彦은 高駢이 內應할까 두려워하여 高駢을 죽이고 아울러 그의 친당들을 남김없이 모두 죽이니, 楊行密이 이 말을 듣고는 사졸들을 거느려 소복을 입고, 城을 향해 3일 동안 크게 통곡하였다. 秦彦과 畢師鐸이 秦宗權의 아우 秦宗衡과 연합하였는데, 秦宗衡의 副將인 孫儒가 秦宗權의 세력이 오래 가지 못할 줄을 알고는 秦宗衡을 죽이고 首級을 朱全忠에게 전달하였으며, 또 秦彦과 畢師

鐸을 살해하였다.

【戊申】 文德元年이라

文德 元年(무신 888)

上疾大漸이어늘 **觀軍容使楊復恭**[1]이 **立壽王傑**[2]하야 **爲皇太弟**하다 **癸卯**에 **上**이 **崩**하고 **昭宗**이 **卽位**하니 **體貌明粹**하고 **有英氣**라 **以僖宗威令不振**하야 **朝廷日卑**라하야 **有恢復前烈之志**하야 **尊禮大臣**하고 **夢想賢傑**하니 **踐阼之始**에 **中外欣欣焉**이러라

上의 병환이 점점 위독해지자, 觀軍容使인 楊復恭이 壽王 李傑을 세워 皇太弟로 삼았다. 癸卯日(3월 6일)에 上이 승하하고 昭宗이 즉위하니, 昭宗은 體貌가 깨끗하고 순수하고 英氣가 있었다. 昭宗은 僖宗의 위엄과 명령이 떨쳐지지 못해서 조정의 威望이 날로 낮아졌다 하여 先祖의 功烈을 회복시키려는 뜻이 있어서, 대신을 존중하고 예우하며 어진 자와 영걸들을 꿈속에서도 생각하니, 즉위 초기에 中外가 기뻐하였다.

1) 〔頭註〕 楊復恭 : 宦官名이라
楊復恭은 宦官의 이름이다.

2) 〔頭註〕 壽王傑 : 更名敏하고 又更名曄하니라
壽王 傑은 敏으로 개명하고, 또다시 曄으로 개명하였다.

贊曰 唐自穆宗以來로 八世에 而爲宦官所立者(六)〔七〕君[1]이니 然則唐之衰亡이 豈止方鎭之患哉아 蓋朝廷은 天下之本也요 人君者는 朝廷之本也요 始卽位〈者〉는 人君之本也라 其本始不正하니 欲以正天下면 其可得乎아

≪新唐書≫〈僖宗本紀〉贊에 말하였다.

"唐나라는 穆宗 이래로 8世에 환관에 의해 옹립된 군주가 일곱이었으니, 그렇다면 唐나라가 쇠퇴하고 멸망한 것이 어찌 다만 方鎭의 우환 때문일 뿐이었겠는가. 조정은 천하의 근본이고 임금은 조정의 근본이고 처음 즉위하는

것은 임금의 근본이다. 그 근본과 시작이 바르지 못하니, 천하를 바로잡고자 한들 어찌 될 수 있었겠는가."

1) 〔附註〕 爲宦官所立者(六)〔七〕君 : 本贊에 六作七하니 陳弘志立穆宗하고 王守澄立文宗하고 仇士良立武宗하고 馬元贄立宣宗하고 王宗實立懿宗하고 劉行深等立僖宗하고 (劉)〔楊〕復恭立昭宗하니라

≪新唐書≫ 〈僖宗本紀〉 贊에 六이 七로 되어 있으니, 陳弘志가 穆宗을 세우고, 王守澄이 文宗을 세우고, 仇士良이 武宗을 세우고, 馬元贄이 宣宗을 세우고, 王宗實이 懿宗을 세우고, 劉行深 등이 僖宗을 세우고, 楊復恭이 昭宗을 세웠다.

〔史略 史評〕 史斷曰 僖宗이 以童孺之年으로 爲宦者所立하야 政在內臣하야 初無遠謀하니 苟聲色毬獵이 足饜其欲이면 則政事一以付之 固無怪矣라 巢寇는 本區區負販으로 乘飢鼠竊하니 何足以媒大亂이리오 正由王室衰微하고 奸回誤計하야 不五六年間에 攻陷州郡하야 渡江渡淮를 如越無人之境이라 遂陷兩都하야 汚穢宮闕하니 乘輿播遷하야 投身無所라 時事浸乖에 天星示變하야 或交流如織하고 或大如杯椀하니 其爲譴異 抑又甚矣로다

史斷에 말하였다.

"僖宗은 어린 나이로 宦官에 의해 擁立되어 정권이 內臣(宦官)에게 있어 애당초 원대한 계책이 없었으니, 만일 음악과 여색과 擊毬와 狩獵이 자신의 욕망을 충족시켜주기만 한다면 정사를 한결같이 宦官들에게 맡긴 것은 진실로 괴이할 것이 없다. 반란을 일으킨 黃巢는 본래 구구하게 등짐장사 하던 자로서 백성들이 굶주리고 있는 틈을 타서 쥐새끼처럼 도둑질하였으니, 어찌 큰 난리를 일으킬 수 있었겠는가. 이는 바로 왕실이 쇠미하고 간사한 자들이 계책을 잘못 세움으로 말미암아 5, 6년이 못 되는 사이에 州郡을 공격하고 함락하여 揚子江을 건너오고 淮水를 건너오기를 무인지경을 건너오듯 한 것이다. 그리하여 마침내 長安과 洛陽을 함락시켜 궁궐을 더럽히니, 황제의 乘輿가 播遷하여 몸을 의탁할 곳이 없었다. 時事가 점점 어긋남에 하늘의 별이 변고를 보여서 혹은 流星이 서로 떨어져 베를 짜는 듯하였고 혹은 크기가 술잔과 사발만 하였으니, 견책하여 災異를 나타냄이 또한 심하였다."

昭宗※1) **名**은 **曄**이니 **懿宗第七子**라 **在位十六年**이요 **壽三十八**이라

昭宗은 이름이 曄이니, 懿宗의 일곱째 아들이다. 재위가 16년이고, 壽가 38세이다.

※ 天祿已去하고 民心已離하니 雖欲救之나 其將能乎아
天祿이 이미 떠나가고 民心이 이미 떠나가니, 비록 구원하고자 하나 장차 될 수 있겠는가.

1)〔頭註〕昭宗 : 聖聞周達曰昭라
성스러운 명성이 널리 도달하는 것을 昭라 한다.

【己酉】 龍紀元年이라

龍紀 元年(기유 889)

朱全忠이 **大破秦宗權**하야 **斬之**하다 **全忠**이 **旣克蔡州**하니 **兵勢益盛**이러라

朱全忠이 秦宗權을 크게 격파하여 그의 목을 베었다. 朱全忠이 蔡州를 점령하니, 군세가 더욱 강성하였다.

【庚戌】 大順元年이라

大順 元年(경술 890)

上在藩邸하야 **素嫉宦官**이러니 **及卽位**에 **楊復恭**이 **恃援立功**하고 **所爲多不法**이라 **上意不平**하야 **政事多謀於宰相**하니라

上은 藩邸에 있을 때에 평소 환관을 미워하였는데 황제에 즉위하게 되자, 楊復恭이 황제를 옹립한 공을 믿고 불법을 많이 자행하였다. 이에 上이 마음속으로 불평하여 정사를 대부분 재상들과 도모하였다.

○ 夏四月에 朱全忠이 上言호되 克用이 終爲國患이니 今因其敗[1]하야 臣請帥汴, 滑, 孟三軍과 與河北三鎭[2]하야 共除之하노이다 張濬曰 先帝再幸山南은 沙陁所爲[3]也라 臣常(嘗)慮其與河朔相表裏하야 致朝廷不能制러니 今兩河藩鎭이 共請討之[4]하니 此는 千載一時라 但乞陛下付臣兵柄하시면 旬月可平하리이다 上이 從之하다

여름 4월에 朱全忠이 上言하기를 "李克用이 끝내 국가의 환난이 될 것이니, 이제 그가 패전한 틈을 타서 신은 汴州, 滑州, 孟州 세 鎭의 군대와 河北의 세 鎭을 거느리고 가서 함께 그를 제거할 것을 청합니다." 하였다. 張濬이 아뢰기를 "先帝께서 두 번이나 山南으로 파천한 것은 沙陁族(李克用)이 이렇게 만든 것입니다. 신은 일찍이 그가 河朔(河北)과 서로 表裏가 되어 조정에서 그를 제재하지 못하게 될까 염려하였는데, 지금 兩河의 藩鎭이 함께 그를 토벌할 것을 청하니, 이는 천년에 한 번 있을 좋을 기회입니다. 다만 陛下께서 신에게 병권을 맡겨주신다면 열흘이나 한 달 안에 그들을 평정할 수 있습니다." 하니, 上이 그의 말을 따랐다.

1) 〔頭註〕 今因其敗 : 克用이 攻雲州러니 防禦使赫連鐸이 求救於盧龍하야 李匡威將兵三萬赴之하니 克用引還하니라
李克用이 雲州를 공격하였는데, 雲州防禦使 赫連鐸이 盧龍鎭에 구원을 청하여 李匡威가 3만의 병력을 거느리고 달려오니, 李克用이 군대를 이끌고 돌아갔다.

2) 〔頭註〕 河北三鎭 : 盧龍李匡威, 成德王鎔, 魏博羅弘信이라
河北의 三鎭은 盧龍鎭의 李匡威, 成德鎭의 王鎔, 魏博鎭의 羅弘信이다.

3) 〔頭註〕 沙陁所爲 : 沙陁는 謂克用이니 本沙陁人이라
沙陁族은 李克用이니, 본래 沙陁人이다.

4) 〔頭註〕 兩河藩鎭 共請討之 : 河南朱全忠, 河北李匡威 請討之하니라
河南의 朱全忠과 河北의 李匡威가 李克用을 토벌할 것을 청하였다.

○ 五月에 詔하야 削奪克用官爵하고 以濬으로 爲河東行營招討[1]制置宣慰使하다

5월에 황제가 명하여 李克用의 관작을 삭탈하고, 張濬을 河東行營招討制置宣慰使로 임명하였다.

1)〔頭註〕招討 : 招는 擧也라
招는 드는 것이다.

○ 官軍이 出陰地關하야 不戰而走하고 張濬이 又敗하니 克用이 上表訴寃하다

官軍이 陰地關을 나가 싸우지 않고 패주하였고 張濬이 또다시 패하니, 李克用이 表文을 올려 억울함을 호소하였다.

【辛亥】 二年이라

大順 2년(신해 891)

賜克用詔하야 悉復其官爵하고 使歸晉陽하다

황제가 조칙을 내려 李克用의 관직과 작위를 모두 회복시키고 晉陽으로 돌아가게 하였다.

○ 八月에 王建[1]이 自稱西川留後하다 〈後爲蜀王하니라〉

8월에 王建이 스스로 西川留後라 칭하였다. - 王建은 뒤에 蜀王이 되었다. -

1)〔頭註〕王建 : 許州人이라 少屠牛販鹽이라가 爲田令孜養子永平節度使하야 取蜀成都하야 自稱西川留後하니라
王建은 許州人이다. 젊었을 적에 소를 도살하고 소금을 팔다가 田令孜의 養子로 永平節度使가 되어서 蜀의 成都를 점령하고서 스스로 西川留後라 칭하였다.

【壬子】 景福元年이라

景福 元年(임자 892)

五月에 楊行密이 屢敗孫儒[1]兵하고 擒儒於陳하야 斬之하고 傳首京師하니 儒衆이 多降於行密하니라 先是에 楊州富庶甲天下라 時人이 稱楊一益二러니 及經秦, 畢, 孫, 楊[2]兵火之餘에 江淮之間이 東西千里掃地盡矣러라

5월에 楊行密이 孫儒의 군대를 여러 차례 패퇴시키고 孫儒를 陳에서 사로잡아 그의 목을 베고 首級을 京師에 전달하니, 孫儒의 무리가 대부분 楊行密에게 항복하였다. 이보다 앞서 楊州는 백성들이 풍족하고 백성의 숫자가 많은 것이 천하에 으뜸이어서 당시 사람들이 楊州가 첫 번째이고 益州가 두 번째라고 칭하였는데, 秦彦·畢師鐸·孫儒·楊行密의 병란을 겪은 뒤에는 江·淮 지역이 동서로 천 리가 비로 쓴 것처럼 다 없어졌다.

1)〔頭註〕孫儒:初爲秦宗權副將하야 討黃巢러니 及宗權叛에 遂屬焉하고 後自稱節度使라

孫儒는 처음에 秦宗權의 副將이 되어 黃巢를 토벌하였는데, 秦宗權이 반란을 일으키자 마침내 그에게 소속되었고, 뒤에 스스로 節度使라 칭하였다.

2)〔頭註〕秦, 畢, 孫, 楊:秦彦, 畢師鐸, 孫儒, 楊行密也라

秦·畢·孫·楊은 秦彦·畢師鐸·孫儒·楊行密이다.

○ 八月에 以楊行密로 爲淮南節度使하다 淮南被兵六年에 士民이 轉徙幾盡이라 行密初至하야 賜與將吏에 帛不過數尺이요 錢不過數百이라 而能以勤儉足用하고 非公宴이면 未嘗擧樂하며 招撫流散하고 輕徭薄斂하니 未及數年에 公私富庶하야 幾復承平之舊하니라

8월에 楊行密을 淮南節度使로 임명하였다. 淮南 지방은 兵禍를 입은 지 6년이 됨에 士民들이 옮겨가서 거의 다 없어졌다. 楊行密이 처음 부임하여 장수와 관리들에게 상을 하사할 적에 비단은 몇 자에 지나지 않았고 돈은 수백 전에 지나지 않았다. 그리하여 근검함으로 재용을 풍족하게 하고 공적인 연회가 아니면 일찍이 풍악을 울린 적이 없으며, 유리하고 흩어진 자들을 불러서 어루만지고, 徭役을 가볍게 하고 세금을 적게 거두니, 몇 년이 못 되어 公私間에 모두 부유해져서 태평했던 옛 모습을 거의 회복하게 되었다.

【癸丑】 二年이라

景福 2년(계축 893)

春正月에 以李茂貞으로 爲山南西道節度使하고 以渝州刺史柳玭(변)으로 爲瀘州刺史하다 柳氏自公綽[1]以來로 世以孝悌禮法으로 爲士大夫所宗이라 玭이 爲御史大夫러니 上欲以爲相이나 宦官惡之라 故로 久謫於外하니라 玭이 嘗戒其子弟曰 凡門地高는 可畏요 不可恃也라 立身行己에 一事有失이면 則得罪重於他人하고 死無以見先人於地下하리니 此其所以可畏也라 門高則驕心易生하고 族盛則爲人所嫉하야 懿行, 實才를 人未之信하고 小有疵纇(자뢰)[2]면 衆皆指之하나니 此其所以不可恃也라 故로 膏粱子弟[3]는 學宜加勤하고 行宜加勵라야 僅得比他人爾니라

봄 정월에 李茂貞을 山南西道節度使로 임명하고, 渝州刺史 柳玭을 瀘州刺史로 임명하였다. 柳氏는 柳公綽 이래로 대대로 효도와 공경과 예법으로 士大夫들에게 尊崇을 받았다. 柳玭이 御史大夫가 되었는데, 上은 그를 재상으로 삼으려고 하였으나 환관들이 그를 미워하였기 때문에 오랫동안 외지에 좌천되어 있었다. 柳玭이 자제들을 경계하여 다음과 같이 말하였다.

"무릇 門地(門閥)가 높은 것은 두려워할 만하고 믿을 만한 것이 못 된다. 〈문벌이 높은 자는〉 자기 몸을 세우고 처신함에 한 가지 일이라도 실수가 있으면 죄를 얻음이 남들보다 무겁고 죽은 뒤에 지하에서 先人을 뵐 낯이 없으니, 이것이 두려워할 만한 이유이다. 문벌이 높으면 교만한 마음이 생기기 쉽고 가문이 번창하면 사람들에게 질시를 받아서, 아름다운 행실과 진실한 재주를 사람들이 믿지 않고 조금이라도 하자가 있으면 무리들이 모두 손가락질하니, 이것이 믿을 만한 것이 못 되는 이유이다. 그러므로 부귀한 집안의 자제들은 학문을 더욱 부지런히 힘쓰고 행실을 더욱 힘써 닦아야 겨우 다른 사람에게 견줄 수 있다."

1) 〔頭註〕 公綽 : 玭은 公綽之孫也라

柳玭은 公綽의 손자이다.

2) 〔釋義〕 疵纇 : 疵는 才之反이니 玉病也요 纇는 盧對反이니 絲節也라

疵는 才之反(자)이니 옥의 티이고, 纇는 盧對反(뢰)이니 실의 매듭이다.

3)〔頭註〕膏粱子弟[*)]：膏는 肥肉也요 粱은 似粟而大하니 米之善者라

膏는 살진 고기이고, 粱은 조와 비슷한데 크니, 膏粱은 쌀 중에 좋은 것이다.

*) 膏粱子弟：고량진미를 먹고 귀엽게 자라나서 고생을 모르는 부귀한 집안의 자제를 이른다.

○ **李茂貞**이 **恃功**[1)]**驕橫**이어늘 **上怒**하고 **欲討之**하야 **命杜讓能**[2)]하야 **專掌其事**하다

李茂貞이 공로를 믿고 교만하고 제멋대로 행동하자, 上이 노여워하여 그를 토벌하고자 하였다. 그리하여 杜讓能에게 명해서 이 일을 전담하게 하였다.

1)〔頭註〕恃功：見下壬戌年不臣之心註라

이 내용은 아래 壬戌年(902) '不臣之心'의 註에 보인다.

2)〔頭註〕杜讓能：太尉라

杜讓能은 太尉이다.

○ **九月**에 **以覃王嗣周**로 **爲招討使**하야 **帥兵三萬**하고 **軍于興平**이러니 **茂貞**이 **約王行瑜**[1)]하야 **合兵六萬**하야 **以拒之**하니 **禁軍**이 **皆望風奔潰**라 **茂貞等**이 **乘勝**하야 **進至(二)〔三〕橋**[2)]하니 **京師大震**이러라

9월에 覃王 李嗣周를 招討使로 삼아 3만의 병력을 거느리고 興平에 주둔하게 하였는데, 李茂貞이 王行瑜와 약속하고 병력 6만 명을 연합하여 항거하니, 禁軍이 모두 소문만 듣고도 두려워서 달아나 궤멸되었다. 李茂貞 등이 승세를 타고 전진하여 三橋에 이르니, 京師가 크게 진동하였다.

1)〔頭註〕王行瑜：邠寧節度使라

王行瑜는 邠寧節度使이다.

2)〔頭註〕三橋：在長安西十八里하니라

三橋는 長安의 서쪽 18리 지점에 있다.

【甲寅】 **乾寧元年**이라

乾寧 元年(갑인 894)

春正月에 **以右散騎常侍鄭綮**(계)로 **爲禮部侍郎同平章事**하다 **綮好詼諧**[1]하고 **多爲歇後詩**[2]하야 **譏嘲時事**어늘 **上以爲有所蘊**이라하야 **手注班簿**[3]하야 **命以爲相**하니 **聞者大驚**이러라 **堂吏往告之**한대 **綮笑曰 諸君大誤**로다 **使天下更無人**이라도 **未至鄭綮**니라 **吏曰 特出聖意**니이다 **綮曰 果如是**면 **奈人笑何**오 **旣而**요 **賀客至**어늘 **綮搔首言曰 歇後鄭五**[4]**作宰相**하니 **時事可知矣**로다 **累讓不獲**하니 **乃視事**하다

봄 정월에 右散騎常侍 鄭綮를 禮部侍郎 同平章事로 임명하였다. 鄭綮는 해학을 좋아하고 歇後詩를 많이 지어서 세상일을 풍자하였다. 上은 그가 속에 깊이 쌓아둔 경륜이 있다고 여겨서 그의 이름을 班簿에 직접 기재하고 그를 재상으로 임명하니, 듣는 자들이 크게 놀랐다.

堂吏(政事堂의 관리)가 鄭綮에게 가서 고하자, 鄭綮는 웃으며 말하기를 "諸君들이 크게 잘못하고 있구나. 가령 천하에 다시 인물이 없다 하더라도 재상 자리가 鄭綮에게는 이르지 않을 것이다." 하였다. 堂吏가 말하기를 "이는 특별히 성상의 뜻에서 나온 것입니다." 하니, 鄭綮는 말하기를 "과연 이와 같다면 사람들의 비웃음을 어찌한단 말인가." 하였다. 이윽고 축하객들이 이르자, 鄭綮는 머리를 긁적이며 말하기를 "歇後詩를 짓던 鄭五가 재상이 되었으니, 세상일을 알 만하다." 하였다. 鄭綮가 여러 번 사양하였으나 윤허를 받지 못하니, 마침내 정사를 보았다.

1)〔釋義〕好詼諧 : 好는 去聲이요 詼諧는 俳優戲也라

好는 去聲(좋아함)이고, 詼諧는 배우들의 놀이이다.

2)〔頭註〕歇後詩[*] : 敍所以爲詩호되 而歇後語하고 不發이라

歇後詩는 시를 짓는 이유를 서술하되 뒤에 붙은 말을 생략하고 말하지 않는 것이다.

*) 歇後詩 : 詩體이 하나이다. 歇後는 뒤에 붙은 내용을 말하지 않는 것으로, '友于兄弟'라는 말을 '友于'만으로 쓰는 것 따위를 이른다. 鄭綮가 시에 능하여 歇後體를 사용하여 時事를 풍자한 데서 비롯되었다.

3)〔頭註〕手注班簿：綮每以詩謠託諷하니 中人有誦之天子前者라 昭宗은 意其有所蘊未盡이어늘 因有司上班簿하니 遂署其側曰 可禮部侍郎 同中書門下平章事라하니라 班簿는 著在朝者姓名이라

鄭綮가 매양 시와 노래로써 풍자하니, 宮中 사람 중에 天子의 앞에서 이것을 외우는 자가 있었다. 昭宗은 그가 가슴속에 온축하고 있는 바를 다 토로하지 못했다고 생각하고 있었는데, 마침 有司가 班簿를 올리니, 마침내 그 옆에 쓰기를 "禮部侍郎 同中書門下平章事가 가하다."라고 하였다. 班簿는 조정에 있는 자의 姓名을 쓴 것이다.

4)〔頭註〕歇後鄭五：鄭綮第五요 爲歇後詩하니 時謂之歇後鄭五體라하니라

鄭綮는 형제의 항렬이 다섯 번째이고 歇後詩를 지으니, 당시에 이를 일러 歇後鄭五體라고 하였다.

【乙卯】 二年이라

乾寧 2년(을묘 895)

王行瑜, 李茂貞, 韓建[1)]이 各將精兵數千하고 入朝하야 奏稱호되 南北司互有朋黨하야 墮(隳)紊朝政하고 韋昭度討西川[2)]에 失策하고 李谿作相에 不合衆心하니 請誅之하노이다 上이 未之許러니 是日에 行瑜等이 殺昭度, 谿於都亭驛[3)]하다

王行瑜, 李茂貞, 韓建이 각각 정예병 수천 명을 거느리고 입조하여 奏稱하기를 "南司와 北司가 서로 붕당이 있어서 조정의 정사를 무너뜨리고 문란하게 하며, 韋昭度는 西川을 토벌할 적에 실책을 저질렀고, 李谿는 정승이 되어 사람들의 마음에 부합하지 못하니, 그들을 죽이소서." 하였다. 上이 허락하지 않았는데, 이날에 王行瑜 등이 韋昭度와 李谿를 都亭驛에서 죽였다.

1)〔頭註〕韓建：鎭國節度使라

韓建은 鎭國節度使이다.

2)〔附註〕韋昭度討西川：昭度將諸道十餘萬하고 與王建으로 討西川陳敬瑄이로되 三年不能克하니 詔罷兵하다 昭度卽東還하니 王建이 急攻成都克之하고 自稱西川留後하니라〔頭註〕韋昭度는 同平章事也라 辛亥年에 以行營招討使山南西道節度

使로 討西川하니라

〔附註〕韋昭度가 諸道의 군사 10여만 명을 거느리고 王建과 함께 西川의 陳敬瑄을 토벌하였는데 3년이 지나도 점령하지 못하자, 황제가 군대를 파할 것을 명하였다. 韋昭度가 즉시 동쪽으로 돌아오니, 王建이 급히 成都를 공격하여 점령하고 스스로 西川留後라 칭하였다. 〔頭註〕韋昭度는 同平章事이다. 辛亥年(891)에 行營招討使 山南西道節度使로 西川을 토벌하였다.

3)〔頭註〕都亭驛：在朱雀門前西街하니라
都亭驛은 朱雀門 앞의 서쪽 거리에 있다.

○ **李克用**이 **大擧蕃漢**[1)]**兵南下**하야 **討王行瑜等**하다 **上詔克用**하야 **令且赦茂貞**하고 **併力討行瑜**하다 **十一月**에 **克用**이 **進逼邠州**어늘 **行瑜棄城走**하니 **克用**이 **追斬之**하다

李克用이 蕃漢(오랑캐와 중국)의 병력을 크게 동원하여 남쪽으로 내려가서 王行瑜 등을 토벌하였다. 上이 李克用에게 명하여 우선 李茂貞을 사면하고 힘을 합쳐 王行瑜를 토벌하게 하였다.

11월에 李克用이 전진하여 邠州를 핍박하자, 王行瑜가 성을 버리고 도망하니, 李克用이 추격하여 목을 베었다.

1)〔頭註〕蕃漢：猶言夷夏也라
蕃漢은 夷夏(오랑캐와 華夏)라고 말하는 것과 같다.

○ **十二月**에 **進克用爵晉王**하다

12월에 李克用의 관작을 晉王으로 승진시켰다.

〔史略 史評〕胡氏曰 克用於三鎭에 非有父兄之怨이요 特爲王室雪恥하야 仗義而來어늘 昭宗不明하야 陰疑克用하고 偏黨茂貞하니 他日困辱凶終이 蓋始乎此謀矣니라 又曰 克用은 於是에 正當入覲하야 力陳茂貞不誅면 必爲後患之意요 不然이면 將在軍에 君令을 有所不受하나니 蕩淸岐華하고 駐師郊畿하야 釋戎服以見天子하며 身輔朝廷하고 修明紀律하야 使東寇不得西略이면 王室安

矣리라 釋此不爲하고 而區區疲力於幽州하고 爭地於慈隰하야 遂使全忠先手하야 遂移唐祚하고 晉陽岌岌하야 幾不自保하니 豈非初謀之不遠也歟아

胡氏(胡寅)가 말하였다.

"李克用은 三鎭에 있어서 父兄의 원한이 있었던 것이 아니라 다만 王室을 위해 치욕을 씻고자 하여 義理를 내세우고 왔는데, 昭宗이 현명하지 못하여 남몰래 李克用을 의심하고 李茂貞을 치우치게 편들었으니, 후일에 곤욕을 겪고 잘 끝마치지 못한 것은 이 모의에서 비롯되었다."

또 말하였다.

"李克用이 이때에 바로 입조하여 天子를 뵙고서 '李茂貞을 죽이지 않으면 반드시 후환이 될 것'이라는 뜻을 강력히 아뢰었어야 할 것이요, 그렇지 않다면 장수가 軍에 있을 적에는 임금의 명령도 받지 않은 경우가 있으니, 岐華 지방을 깨끗이 소탕하고 郊畿 지방에 군대를 주둔시키고서 군복을 벗고 天子를 알현하며, 몸소 조정을 보필하고 紀律을 닦고 밝혀서 동쪽 도적으로 하여금 서쪽 지방을 침략하지 못하게 했으면 왕실이 편안하였을 것이다. 그런데 이러한 일을 버리고 하지 않고는 구구하게 幽州에 힘을 다 쓰고 慈州와 隰州에서 땅을 다투어 朱全忠이 선수를 쳐서 마침내 唐나라 왕실이 옮겨가게 하고 晉陽은 위급하여 거의 스스로 보존하지 못하게 만들었으니, 어찌 당초의 계책이 원대하지 못했기 때문이 아니겠는가."

【丙辰】 三年[1]이라

乾寧 3년(병진 896)

1) 〔通鑑要解〕 三年 : 三上有丙辰二字[*]라

三字 앞에 丙辰 두 글자가 있어야 한다.

*) 三上有丙辰二字 : 底本에는 '三年'이라고만 되어 있고 '三年' 앞에 干支를 표시하지 않았는데, ≪通鑑要解≫에 근거하여 보충하였다.

李茂貞이 **犯京師**어늘 **帝將幸太原**이러니 **韓建**이 **請幸華州**[1]한대 **上從之**하다 **茂貞**이 **遂入長安**하니 **自中和**[2]**以來**로 **所葺宮室市肆**가 **燔燒俱盡**[3]이러라

李茂貞이 京師를 침범하자 황제가 장차 太原으로 가려 하였는데, 韓建이 華州로 갈 것을 청하니, 上이 그의 말을 따랐다. 李茂貞이 마침내 長安으로 쳐들어오니, 中和 연간 이래로 보수했던 궁실과 저자가 불에 타서 모두 없어졌다.

1)〔頭註〕請幸華州 : 華州는 建之治也라 請幸華州는 遂欲制之하니라
華州는 韓建의 治所가 있는 곳이다. 韓建이 황제에게 華州로 갈 것을 청한 것은 마침내 李茂貞을 제재하고자 한 것이다.

2)〔頭註〕中和 : 僖宗年號라
中和는 僖宗의 연호이다.

3)〔譯註〕所葺宮室市肆 燔燒俱盡 : 黃巢의 난리에 궁실이 불에 탔는데, 中和 이래로 留守 王徽가 보수하여 대강 완비되었고, 襄王의 난리에 또다시 반란군에 의해 불태워졌는데, 僖宗이 서울로 돌아오자 다시 보수하였다. 昭宗이 石門을 나가자 거듭 화재를 만나 다시 보수하였는데, 이때에 이르러 李茂貞에 의해 불태워졌다.

○ **錢鏐克越州**하고 **斬董昌**[1)]하니 **以鏐爲鎭海節度使**하다

錢鏐가 越州를 점령하고 董昌을 목 베니, 錢鏐를 鎭海節度使로 임명하였다.

1)〔附註〕斬董昌 : 董昌은 義勝節度使也니 爲政苛虐하고 掊斂以充貢獻이라 由是로 寵命相繼하다 請爲越王이어늘 未許한대 昌不悅하니 有諂之者曰 與爲越王으론 曷若爲越帝리오하니라 於是에 僭號於越州하니 制削奪官爵하고 委錢鏐討之하니라
董昌은 義勝節度使이니, 정사하는 것이 까다롭고 사나웠으며 가렴주구하여 貢獻에 충당하였다. 이로 말미암아 총애하는 명령이 서로 이어졌다. 越王으로 삼아 줄 것을 청하였으나 조정에서 허락하지 않자, 董昌이 기뻐하지 않으니, 그에게 아첨하는 자가 말하기를 “越王이 되는 것이 어찌 越帝가 되는 것만 하겠는가?” 하였다. 이에 越州에서 참람하게 황제를 칭하니, 황제가 制書를 내려 그의 관작을 삭탈하고 錢鏐에게 맡겨 토벌하게 하였다.

【丁巳】四年이라

乾寧 4년(정사 897)

王審知[1)] **自稱福建留後**하다 〈**後爲閩王**하니라〉

王審知가 스스로 福建留後라 칭하였다. - 王審知는 뒤에 閩王이 되었다. -

1) 〔附註〕王審知 : 武威節度使王潮之弟也라 唐末盜起하니 壽州屠者王緖 聚衆하야 攻陷固始하고 招固始縣佐王潮兄弟하야 以潮爲軍正이러니 及緖以猜忌로 爲下所廢한대 衆共推潮爲主하다 唐以潮爲福建觀察使하고 審知爲副러니 潮卒에 審知代之하니라

王審知는 武威節度使 王潮의 아우이다. 唐나라 말기에 도적들이 일어나니, 壽州의 백정인 王緖가 무리를 모아 固始縣을 공격하여 함락시키고 固始縣의 佐인 王潮 형제를 불러 王潮를 軍正으로 삼았다. 그런데 王緖가 시기함으로 인해 아랫사람에게 폐출당하자, 무리들이 함께 王潮를 추대하여 盟主로 삼았다. 唐나라는 王潮를 福建觀察使로 임명하고 王審知를 副使로 임명하였는데, 王潮가 죽자 王審知가 대신하였다.

【戊午】 **光化元年**이라

光化 元年(무오 898)

李茂貞이 **與朱全忠**으로 **皆欲發兵**하야 **迎天子**어늘 **八月**에 **車駕還京師**[1)]하다

李茂貞과 朱全忠이 모두 군대를 동원하여 천자를 맞이하려 하자, 8월에 황제의 車駕가 京師(長安)로 돌아왔다.

1) 〔頭註〕還京師 : 朱全忠營洛陽宮하고 累表하야 欲迎駕어늘 茂貞與建聞之하고 皆懼하야 請修復宮闕하고 奉上歸長安하니라

朱全忠이 洛陽의 궁궐을 짓고 여러 차례 表文을 올려 御駕를 맞이하려 하자, 李茂貞과 王建이 이 소식을 듣고 모두 두려워하여 궁궐을 수복할 것을 청하고 上을 받들어 長安으로 돌아왔다.

〔史略 史評〕范氏曰 唐末藩鎭에 惟李克用이 最爲有功이라 雖嘗跋扈나 而終不失臣節하니 若倚爲藩扞하야 使太原之勢常重이면 則諸鎭이 未敢窺唐也어늘

而唐疑而不信이라 是以로 不競於汴而全忠獨强하야 呑噬諸鎭하야 卒滅唐室이라 自古로 忠者不見信하고 而所信者不忠이면 豈有不亡者乎아

范氏(范祖禹)가 말하였다.

"唐나라 말기에 藩鎭 중에 오직 李克用이 가장 공이 있었다. 비록 일찍이 발호하였으나 끝내 신하의 절개를 잃지 않았으니, 만약 唐나라가 그를 의지하여 나라를 지키는 울타리로 삼아서 太原의 형세로 하여금 항상 중하게 하였다면 여러 藩鎭이 감히 唐나라를 엿보지 못했을 것이다. 그런데 唐나라가 李克用을 의심하고 믿지 않았다. 이 때문에 汴(朱全忠) 지방보다 강하지 못하고 朱全忠이 홀로 강성해져서 여러 藩鎭을 집어삼켜 마침내 唐나라 황실을 멸망하게 하였다. 예로부터 충성스러운 자가 신임을 받지 못하고 신임을 받은 자가 충성스럽지 못하다면 어찌 망하지 않은 자가 있겠는가."

【庚申】 三年이라

光化 3년(경신 900)

以崔胤으로 爲門下侍郎同平章事하야 專制朝政하다 初에 崔胤이 與上으로 密謀盡誅宦官하니 宦官이 益懼라 上이 自華州還으로 忽忽不樂하야 多縱酒하고 喜怒不常하니 左右尤自危라 於是에 中尉劉季述, 王仲先과 樞密使王彦範, 薛齊偓(악)等이 陰謀廢立[1]하고 乃引兵하야 突入宣化門하다 季述이 進曰 陛下厭倦大寶이실새 中外群情이 願太子監國하니 請陛下保頤東宮[2]하소서하고 乃扶上하야 與后同輦하니 嬪御侍從者 纔十餘人이라 適少陽院하니 季述이 以銀檛[3]畫地하야 數上罪數十하고 乃鎖其門하야 鎔鐵錮之[4]하고 穴墻[5]하야 以通飮食하다 季述等이 矯詔하야 令太子裕로 監國하고 尋使卽皇帝位하다 朱全忠이 聞亂하고 至大梁하니 季述이 遣其養子希度하야 詣全忠하야 許以唐社稷輸之라 李振[6]이 勸全忠誅季述이어늘 全忠이 乃囚希度하고 遣振하야 如京師詞事[7]러니 崔胤이 密遣人하야 說神策指揮使孫德昭하야 誅季述等하다

崔胤을 門下侍郎 同平章事로 임명하여 조정의 정사를 오로지 결정하게 하였다. 처음에 崔胤이 上과 함께 은밀히 환관들을 다 죽일 것을 모의하니, 환관들이 더욱 두려워하였다. 上이 華州로부터 돌아온 뒤로 실의에 빠지고 즐겁지 않아서 술을 많이 마시고 기쁨과 노여움이 일정하지 않으니, 좌우의 신하들이 더욱 스스로 위태롭게 여겼다.

이에 中尉인 劉季述, 王仲先과 樞密使인 王彦範, 薛齊偓 등이 은밀히 황제를 폐위하고 새로 세울 것을 모의하고는 마침내 군대를 이끌고 宣化門으로 돌입하였다. 劉季述이 나아가 말하기를 "폐하께서 大寶(천자의 자리)를 싫어하여 권태를 느끼시므로 中外의 民心이 太子가 監國하기를 원하니, 청컨대 폐하께서는 東宮에서 몸을 保養하여 天壽를 누리소서." 하고는 마침내 上을 부축하여 황후와 함께 輦을 타게 하니, 嬪御와 시종하는 자가 겨우 십여 명이었다.

上이 少陽院으로 가니, 劉季述이 은채찍으로 땅에 그으면서 上의 죄 수십 가지를 열거하고 마침내 少陽院의 문을 자물쇠로 잠근 다음 쇳물을 부어 자물쇠를 봉합하고 담장에 구멍을 뚫어서 음식을 통하게 하였다. 劉季述 등이 황제의 조칙을 사칭하여 太子 李裕로 하여금 監國하게 하고, 얼마 후 황제에 즉위하게 하였다.

朱全忠이 난리가 났다는 소식을 듣고 大梁에 이르니, 劉季述이 그의 양자인 劉希度를 朱全忠에게 보내어 唐나라 社稷을 그에게 바칠 것을 허락하였다. 李振이 朱全忠에게 劉季述을 죽일 것을 권하자, 朱全忠은 마침내 劉希度를 가두고 李振을 보내어 京師에 가서 일을 염탐하게 하였는데, 崔胤이 은밀히 사람을 보내어 神策指揮使 孫德昭를 설득해서 劉季述 등을 죽였다.

1) 〔附註〕 謀廢立 : 上이 獵苑中이라가 夜醉歸하야 手殺黃門侍女數人하니라 明日에 宮門不開어늘 季述이 率禁兵하고 破門入하야 陳兵殿庭하고 請太子監國하니라

上이 上林苑에서 사냥을 하다가 한밤중에 술에 취하여 돌아와서 黃門(宦官)과 侍女 몇 명을 직접 죽였다. 다음날 궁궐문이 열리지 않자, 劉季述이 禁兵을 거느리고 궁궐문을 부수고 들어가 병사들을 대궐의 뜰에 진열하고 太子에게 監國할 것을 청하였다.

2)〔頭註〕保頤東宮 : 頤는 養也니 言於少陽院自保養也라

頤는 기름이니, 少陽院에서 스스로 몸을 보호하여 기름을 말한다.

3)〔頭註〕銀檛 : 銀捶也라 本傳에 以所持釦杖이라하니라 釦는 音口니 金飾也라

銀檛는 은채찍이다. 劉季述의 本傳에 '以所持釦杖(쥐고 있던 금테를 두른 지팡이)"이라고 하였다. 釦는 음이 구이니, 금으로 장식한 것이다.

4)〔釋義〕鎔鐵錮之 : 錮는 音固니 鑄塞之也라

錮는 음이 고이니, 쇳물을 부어 구멍을 막은 것이다.

5)〔釋義〕穴墻 : 謂穿墻爲穴也라

穴墻은 담장을 뚫어서 구멍을 낸 것을 이른다.

6)〔頭註〕李振 : 天平節度副使라

李振은 天平節度副使이다.

7)〔頭註〕詗事 : 詗은 休正反이니 伺候采察之名이라

詗은 休正反(형)이니, 엿보고 살피는 것의 명칭이다.

〔史略 史評〕范氏曰 崔胤이 本與韓全誨有隙이라 故로 各倚强藩하야 以爲外援하고 而岐汴亦憑宦臣宰相하야 以制朝廷이라 故로 胤召全忠하고 而全誨劫帝西幸하니 唐室之亡은 由南北司相呑滅하야 而人主受其禍니 豈不足爲將來之永監哉아

范氏(范祖禹)가 말하였다.

"崔胤이 본래 韓全誨와 틈이 있었다. 그러므로 崔胤과 韓全誨가 각각 강한 藩鎭에게 의지하여 외부의 원조로 삼았고, 岐의 李茂貞과 汴의 朱全忠도 환관과 재상에게 기대어 조정을 제재하였다. 그러므로 崔胤은 汴의 朱全忠을 불러오고 韓全誨는 황제를 위협하여 서쪽(岐)으로 가게 하였으니, 唐나라가 멸망한 것은 南司와 北司가 서로 병탄하고 멸망시킴으로 말미암아 군주가 그 禍를 받은 것이다. 어찌 장래의 영원한 鑑戒가 되지 않겠는가."

【辛酉】天復元年이라

天復 元年(신유 901)

春正月朔에 **王仲先**이 **入朝**어늘 **孫德昭擒斬之**하다 **崔胤**이 **乃迎上**하야 **御長樂門樓**하고 **帥百官稱賀**하다 **周承誨**[1]**擒劉季述, 王彦範**하야 **繼至**라 **方詰責**이러니 **已爲亂梃**[2]**所斃**하고 **薛齊偓**(악)은 **赴井死**어늘 **出而斬之**하고 **滅四人之族**[3]하다

봄 정월 초하루에 王仲先이 들어와서 조회하자, 孫德昭가 그를 사로잡아 목을 베었다. 崔胤이 마침내 上을 맞이하여 長樂門樓에 모시고 백관들을 거느리고 축하하였다. 周承誨가 劉季述과 王彦範을 사로잡아 가지고 이어서 도착하였다. 그리하여 이들을 막 힐책하려 하였는데 이미 이 사람 저 사람이 사정없이 내리치는 몽둥이에 맞아 죽었고, 薛齊偓은 우물에 뛰어들어 죽었는데 꺼내어 시신의 목을 베고, 王仲先·劉季述·王彦範·薛齊偓 등 네 사람을 멸족시켰다.

1)〔頭註〕周承誨：右軍淸遠都尉라
周承誨는 右軍淸遠都尉이다.
2)〔原註〕梃：持鼎反이니 杖이라
梃은 持鼎反(정)이니 몽둥이이다.
3)〔頭註〕滅四人之族：四人은 竝宦官이라
王仲先, 劉季述, 王彦範, 薛齊偓 등 네 사람은 모두 환관이다.

○ **鳳翔節度使李茂貞**이 **入朝**어늘 **進爵岐王**하다

鳳翔節度使 李茂貞이 들어와 조회하자, 관작을 岐王으로 승진시켰다.

○ **崔胤**이 **以宦官典兵**이면 **終爲肘腋**(주액)[1]**之患**이라하야 **諷茂貞**하야 **留兵三千於京師**하야 **充宿衛**하다 **時**에 **朱全忠, 李茂貞**이 **各有挾天子令諸侯之意**하야 **全忠**은 **欲上幸東都**하고 **茂貞**은 **欲上幸鳳翔**이라 **胤**이 **知謀泄事急**[2]하고 **遺朱全忠書**호되 **稱被密詔**라하야 **令全忠**으로 **以兵迎車駕**하고 **且言 昨者返正**은 **皆令公良圖**어늘 **而鳳翔先入朝**하야 **抄取其功**하니 **今不速來**하면 **必成罪人**하리니 **豈惟功爲他人所有**리오 **且見征討矣**리라 **全忠**이 **得書**하고 **十月**에 **大擧兵**하야 **發大**

梁하다

崔胤은 환관들이 군대를 맡으면 끝내 팔꿈치와 겨드랑이(가까운 신변)의 뜻하지 않은 우환이 될 것이라 하여, 李茂貞에게 넌지시 말하여 3천 명의 병력을 京師에 남겨두어 宿衛에 충당하게 하였다. 이때 朱全忠과 李茂貞이 각각 천자를 끼고 제후를 호령하려는 마음이 있어서, 朱全忠은 上이 東都로 오게 하고자 하고 李茂貞은 上이 鳳翔으로 오게 하고자 하였다.

崔胤은 환란을 제거하려던 계책이 누설되어 일이 급박하다는 것을 알고 朱全忠에게 글을 보내면서 '密詔를 받았다.'고 사칭하여 朱全忠으로 하여금 병력을 이끌고 황제의 車駕를 맞이하게 하고, 또 말하기를 "지난번에 황제가 지위를 회복한 것은 모두 令公의 훌륭한 계책인데, 鳳翔의 李茂貞이 먼저 입조하여 그 공을 가로챘으니, 지금 빨리 오지 않으면 반드시 죄인이 될 것이다. 어찌 다만 공로가 타인의 소유가 될 뿐이겠는가. 장차 정벌을 당하게 될 것이다."라고 하니, 朱全忠이 그 편지를 받고는 10월에 크게 군대를 일으켜 大梁을 출발하였다.

1) 〔頭註〕 肘腋 : 肘는 臂節也라

肘는 팔의 관절(팔꿈치)이다.

2) 〔頭註〕 知謀泄事急 : 崔胤이 欲盡誅宦官之謀也라

崔胤이 환관을 모두 죽이려고 한 계책이다.

○ 朱全忠이 **至河中**하야 **表請車駕幸東都**한대 **京師大駭**라 **十一月**에 **中尉韓全誨等**이 **陳兵殿前**하고 **請幸鳳翔**이어늘 **上**이 **不得已**하야 **乃與皇后妃嬪諸王百餘人**으로 **皆上馬**하니 **慟哭聲不絶**이라 **全誨等**이 **遂火宮城**하니 **車駕幸鳳翔**하다

朱全忠이 河中에 이르러서 表文을 올려 황제의 車駕가 東都(洛陽)로 행차할 것을 청하니, 京師가 크게 놀랐다.

11월에 中尉 韓全誨 등이 대궐 앞에 군대를 진열하고 鳳翔으로 갈 것을 청하였다. 上이 부득이하여 마침내 皇后, 妃嬪, 諸王 등 백여 명과 함께 말에 오르니, 통곡하는 소리가 끊이지 않았다. 韓全誨 등이 마침내 궁성을 불태우

니, 황제의 車駕가 鳳翔으로 행차하였다.

【壬戌】 二年이라

天復 2년(임술 902)

十一月에 朱全忠이 進攻鳳翔하니 李茂貞이 出戰累敗하고 儲峙已竭[1)]이라 上이 乃召李茂貞等하야 議與全忠和하다

11월에 朱全忠이 鳳翔으로 진격하니, 李茂貞이 나와서 싸웠으나 여러 번 패하였고 저축한 것이 이미 고갈되었다. 上이 마침내 李茂貞 등을 불러서 朱全忠과 화해할 것을 의논하였다.

1) 〔附註〕 儲峙已竭 : 食盡하야 死者不可數라 或臥未死에 肉已爲人所咼(과)하며 市中賣人肉하야 一斤錢百이요 犬肉錢三百이며 帝鬻御衣하니라
양식이 다 떨어져서 굶어 죽은 자를 헤아릴 수가 없었다. 혹은 누워서 죽기도 전에 살이 이미 사람들에게 도려내졌으며, 시장 안에서 人肉을 팔아 한 근에 100전이고 개고기는 한 근에 300전이었으며, 황제는 御衣를 팔아 곡식을 사서 먹었다.

【癸亥】 三年이라

天復 3년(계해 903)

正月에 茂貞이 獨見上하고 請誅韓全誨等하고 與朱全忠和하야 奉車駕還京한대 上喜하야 卽收全誨斬之하고 遣使하야 囊全誨等首하야 以示全忠하다 時에 鳳翔所誅宦官이 已七十二人이요 朱全忠이 又密令京兆하야 捕誅九十人이라 甲子에 車駕出鳳翔하야 幸全忠營이라가 己巳에 入長安하다

정월에 李茂貞이 홀로 上을 뵙고는 韓全誨 등을 죽이고 朱全忠과 화해하고서 황제의 車駕를 받들어 長安으로 돌아갈 것을 청하니, 上이 기뻐하여 즉시 韓全誨를 체포해서 목을 베고 使者를 보내어 韓全誨 등의 머리를 자루에 넣

어 朱全忠에게 보여주었다. 이때 鳳翔에서 죽은 환관이 이미 72명이었고, 朱全忠이 또 은밀히 京兆尹에게 명하여 환관들을 체포해서 죽인 것이 90명이었다. 甲子日(22일)에 車駕가 鳳翔을 나와 朱全忠의 진영으로 갔다가 己巳日(27일)에 長安으로 돌아왔다.

○ **崔胤奏**호되 **國初承平之時**에 **宦官**이 **不典兵預政**이러니 **天寶以來**로 **宦官**寖**盛**하고 **貞元之末**에 **分羽林衛**하야 **爲左右神策軍**하야 **以便衛從**이라하야 **始令宦官主之**하야 **以二千人爲定制**하니이다 **自是**로 **參掌機密**하야 **奪百司權**하고 **上下彌縫**하야 **共爲不法**이라 **大則構扇藩鎭**하야 **傾危國家**하고 **小則賣官**鬻**獄**하야 **蠹害朝政**하니 **王室衰亂**이 **職此之由**라 **不**翦**其根**이면 **禍終不已**하리니 **請悉罷內諸司**하야 **使其事務**로 **盡歸之省寺**(시)[1]하고 **諸道監軍**을 **俱召還闕下**하소서 **上**이 **從之**하다 **是日**에 **全忠**이 **以兵驅第五可範已下數百人於內侍省**하야 **盡殺之**하니 冤**號之聲**이 **徹於內外**라 **又出使者**는 **詔所在**하야 **收捕誅之**하고 **止留黃衣幼弱者三十人**하야 **以備**洒**掃**하니라

崔胤이 다음과 같이 아뢰었다.

"國初에 천하가 태평할 때에는 宦官들이 병권을 맡고서 정사에 관여하지 않았는데, 玄宗의 天寶 연간 이래로 환관들이 점점 강성해지고 德宗의 貞元 말기에 羽林衛를 나누어 左右神策軍을 만들고는 호위와 시종을 편리하게 한다 하여 이때 처음으로 환관으로 하여금 이 일을 주관하게 하여 2천 명을 定制로 삼았습니다. 이로부터 환관이 機密의 事務에 참여하여 관장해서 百司의 권한을 빼앗고 上下가 서로 彌縫하여 함께 不法을 자행하였습니다. 크게는 藩鎭을 선동하여 난을 일으켜서 국가를 傾覆하고 위태롭게 하며, 작게는 매관매직하고 옥사를 미끼로 뇌물을 받아 조정을 좀먹고 해쳤으니, 王室이 쇠약하고 혼란해진 것은 진실로 이 때문입니다. 그 근원을 잘라버리지 않으면 화가 끝내 그치지 않을 것이니, 청컨대 내시의 여러 司를 모두 파하여 그들의 사무를 다 省寺로 돌려보내고 諸道의 監軍을 모두 불러 대궐 아래로 돌아

오게 하소서.”

上이 그의 말을 따랐다. 이날 朱全忠이 군대를 이끌고 환관인 第五可範 이하 수백 명을 內侍省에서 몰아내어 모두 죽이니, 원통함을 호소하는 소리가 대궐 안팎에 진동하였다. 또 환관 중에 外方의 使者로 나간 자는 황제가 소재지에 명하여 체포해서 죽이게 하고, 다만 黃衣(환관)로 유약한 자 30명만을 남겨두어 물 뿌리고 청소하는 일에 대비하게 하였다.

1)〔頭註〕省寺(시) : 寺는 嗣也니 理事者 嗣續其中이라 三公所居曰省이요 九卿所居曰寺라

寺는 잇는 것이니, 일을 다스리는 자가 이 가운데에서 일을 계속 이어나가는 것이다. 三公이 거처하는 곳을 省이라 하고 九卿이 거처하는 곳을 寺라 한다.

溫公曰 宦者用權하야 爲國家患이 其來久矣라 蓋以出入宮禁하야 人主自幼及長히 與之親狎하니 非如三公六卿의 進見有時하야 可嚴憚也라 其間에 復有性識儇(현)利[1]하고 語言辯給[2]하야 善伺候顔色하고 承迎志趣하야 受命則無違忤之患하고 使令則有稱愜(협)之效하니 自非上智之主 燭知物情하고 慮患深遠하야 侍奉之外에 不任以事면 則近者日親하고 遠者日疎하야 甘言卑辭之請이 有時而從하고 浸潤膚受[3]之愬 有時而聽이라 於是에 黜陟[4]刑賞之政이 潛移於近習이로되 而不自知하나니 如飮醇酒에 嗜其味而忘其醉也라 黜陟刑賞之柄移하고 而國家不危亂者는 未之有也라 東漢之衰에 宦官이 最名驕橫[5]이나 然皆假人主之權하야 依憑城社[6]하야 以濁亂天下요 未有能劫脅天子하야 如制嬰兒하고 廢置在手하야 東西出其意하야 使天子畏之하야 若乘虎狼而挾蛇虺(훼)를 如唐世者也라 所以然者는 非他라 漢不握兵하고 唐握兵故也일새니라

溫公이 말하였다.

“환관들이 권력을 남용하여 국가의 환난이 된 것은 그 유래가 오래되었다. 이들은 궁중에 출입하여 군주가 어릴 때부터 장성함에 이르기까

지 이들과 친압하니, 三公과 六卿이 나아가 뵙는 것이 일정한 때가 있어서 엄격하고 공경할 만한 것과는 같지 않다. 환관 중에는 다시 재주가 영리하고 언어가 민첩하여 군주의 안색을 잘 살피고 군주의 志趣를 받들어 영합하는 자가 있다. 그리하여 명령을 받으면 위배하거나 거스르는 근심이 없고, 일을 시키면 군주의 뜻에 맞는 효험이 있으니, 만일 上智의 군주가 물정을 훤히 알고 화를 염려함이 깊고 멀어서 侍奉하는 일 이외에 환관에게 일을 맡기지 않는 경우가 아니라면, 군주 곁에 가까이 있는 자는 날로 친해지고 군주에게서 멀리 떨어져 있는 자는 날로 소원해져서, 환관들의 甘言利說과 겸손한 청탁을 군주가 때때로 따라주고, 서서히 젖어드는 참소와 피부로 받는 하소연을 군주가 때때로 들어주게 된다. 이에 관리를 내치고 올려주며 형벌을 내리고 상을 주는 정사가 가깝고 친숙한 환관에게 슬그머니 옮겨가되 군주가 스스로 알지 못하니, 이는 마치 독한 술을 마심에 그 맛을 좋아하여 술에 취함을 잊는 것과 같다. 관리를 내치고 올려주며 형벌을 내리고 상을 주는 권한이 다른 사람의 수중으로 옮겨가고서, 국가가 위태롭고 혼란하지 않은 경우는 있지 않았다.

東漢이 쇠망할 때에 宦官들이 가장 교만하고 횡포하다고 이름났다. 그러나 모두 군주의 권한을 빌려서 군주 곁에 의지하여 천하를 혼탁하게 하고 어지럽혔을 뿐이요, 천자를 겁박하고 위협하여 어린아이를 제재하듯이 하고 황제를 폐위하고 세움이 그들의 손에 달려 있어서 동쪽으로 가고 서쪽으로 가는 것이 모두 자기들 마음대로 하여 천자로 하여금 호랑이를 타고 뱀을 끼고 있는 것처럼 두려워하게 하기를 唐나라 때와 같이 한 적은 있지 않았다. 이렇게 된 까닭은 다름이 아니라 漢나라의 환관들은 병권을 장악하지 않았고 唐나라의 환관들은 병권을 장악하였기 때문이다.

1) 〔釋義〕 儇(현)利 : 儇은 呼緣反이니 慧也요 利는 銛(섬)也라 徐廣曰 儇은 謂察慧輕薄小才라

儇은 呼緣反(현)이니 지혜로운 것이요, 利는 날카로움이다. 徐廣이 말하기를

"儇은 살피고 지혜로우며 경박한 작은 재주를 이른다." 하였다.

2) 〔通鑑要解〕 辯給 : 給은 捷也라

給은 민첩한 것이다.

3) 〔附註〕 浸潤膚受*) : 浸潤은 如水浸灌하야 滋潤漸漬而不驟也요 毁는 毁人之行也라 膚受는 謂肌膚所受 利害切身이니 如易所謂剝牀以膚하야 切近災者也요 愬는 愬己之寃也라 毁人에 漸漬而不驟면 則聽者不覺其入하야 而信之深矣요 愬寃에 急迫而切身이면 則聽者不及致詳하야 而發之暴矣니 二者는 皆難察이니라

浸潤은 물이 점점 스며드는 것처럼 점점 젖어들게 하고 갑작스럽게 하지 않는 것이요, 毁는 남의 행실을 헐뜯는 것이다. 膚受는 직접 피부로 받는 것으로 利害가 몸에 간절함을 이르니, ≪周易≫에 이른바 "牀을 깎아 피부에까지 이르러서 재앙에 매우 가깝다."는 것과 같은 것이요, 愬는 자신의 원통함을 하소연하는 것이다. 남을 헐뜯을 적에 점점 젖어들게 하고 갑작스럽게 하지 않으면 듣는 자가 그 말에 빠져들어감을 깨닫지 못하여 깊이 믿게 하고, 억울함을 하소연할 적에 급박(절박)하여 몸에 간절하게 하면 듣는 자가 미처 상세함을 다하지 못하여 대번에 성을 내게 되니, 두 가지는 모두 살피기가 어려운 것이다.

*) 浸潤膚受 : ≪論語≫ 〈顔淵〉에, 子張이 밝음에 대해 묻자, 孔子께서 "서서히 젖어드는 참소와 피부로 받는 하소연이 행해지지 않는다면 밝다고 이를 만하다. 〔浸潤之譖 膚受之愬 不行焉 可謂明也已矣〕"라고 대답한 내용이 보인다.

4) 〔釋義〕 黜陟 : 黜은 貶也요 陟은 升也라

黜은 관직을 낮추는 것이고, 陟은 올리는 것이다.

5) 〔釋義〕 東漢之衰 宦官最名驕橫 : 橫은 胡孟反이니 不順理曰橫이라 〔頭註〕 桓帝時五侯*)는 見卄卷하고 又靈帝時曹節侯覽王甫之類는 見卄一卷하니라

〔釋義〕 橫은 胡孟反(횡)이니, 이치를 따르지 않는 것을 橫이라 한다. 〔頭註〕 桓帝 때의 환관인 五侯는 20卷에 보이고, 또 靈帝 때의 환관인 曹節, 侯覽, 王甫의 무리는 21卷에 보인다.

*) 五侯 : 新豐侯 單超, 武原侯 徐璜, 東武陽侯 具瑗, 上蔡侯 左悺, 汝陽侯 唐衡을 가리키는 바, 이들은 모두 환관으로서 後漢 桓帝의 신임을 받아 후작에 봉해지고 권세를 전횡하였다.

6) 〔釋義〕 依憑城社*) : 洪容齋曰 城狐不灌하고 社鼠不燻하니 謂其所棲定者 得所憑依니 此古語也라 故로 議論者 率指人君左右近習하야 爲城狐社鼠라 予嘗讀劉向說苑所載하니 孟嘗君之客曰 狐는 人之所攻이요 鼠는 人之所燻이나 臣未見城狐

見攻과 社鼠見燻하니 何則고 所託者然也라하니라

洪容齋(洪邁)가 말하였다. "城에 사는 여우굴에는 물을 대지 않고 社에 사는 쥐구멍에는 불을 놓지 않으니, 깃들어 사는 곳이 의지할 곳을 얻었음을 말한 것으로, 이는 옛말이다. 그러므로 의논하는 자들이 대체로 군주의 좌우에 있어서 군주와 가깝고 친숙한 자(환관)들을 가리켜 城에 사는 여우와 社에 사는 쥐라고 하는 것이다. 내가 일찍이 劉向의 ≪說苑≫에 기재된 것을 읽어보니, 孟嘗君의 문객이 말하기를 '여우는 사람들이 공격하는 대상이고 쥐는 사람들이 불을 놓는 대상이지만, 臣은 城에 사는 여우가 공격당하고 社에 사는 쥐가 불에 타는 것을 보지 못했으니, 어째서입니까? 의탁한 곳이 그렇기 때문입니다.'라고 하였다."

*) 城社 : 성 안에 사는 여우와 사당에 사는 쥐라는 뜻의 城狐社鼠에서 온 말이다. 여우와 쥐는 곧 임금 곁에서 임금의 권세를 이용하는 소인을 비유하고, 성과 사당은 임금을 비유한 것이다.

太宗이 監(鑑)前世之弊하고 深抑宦官하야 無得過四品이러니 明皇이 始墮(隳)舊章하고 是崇是長[1)]이라 晩節에 令高力士로 省決章奏하고 乃至進退將相에도 時與之議하야 自太子王公으로 皆畏事之하니 宦官이 自此熾矣라 及中原板蕩[2)]에 肅宗이 收兵靈武[3)]할새 李輔國이 以東宮舊隷로 參預軍謀하니 寵過而驕하야 不復能制하야 遂至愛子慈父皆不能庇[4)]하야 以憂悸(계)終[5)]이러니 代宗踐阼에 仍遵覆轍하야 程元振, 魚朝恩이 相繼用事하야 竊弄刑賞하고 壅蔽聰明하야 視天子如委裘[6)]하고 陵宰相如奴虜라 是以로 來瑱(전)[7)]이 入朝에 遇讒賜死하고 吐蕃이 深侵郊甸호되 匿不以聞하야 致狼狽幸陝이라 李光弼이 危疑憤鬱하야 以隕其生하고 郭子儀擯廢家居하야 不保丘壟[8)]하고 僕固懷恩이 冤抑無訴하야 遂棄勳庸하고 更爲叛亂이라 德宗初立에 頗振綱紀하야 宦官稍絀이러니 而返自興元[9)]으로 猜忌諸將하야 以李晟, 渾瑊爲不可信이라하야 悉奪其兵하고 而以竇文場, 霍仙鳴으로 爲中尉하야 使典宿衛라 自是로 太阿之柄이 落其掌握矣라 憲宗末年에 吐突承璀欲廢嫡立庶하야 以成陳弘志之變[10)]하고 寶曆[11)]에 狎暱群小

하야 劉克明, 蘇佐明이 爲逆[12)]이라 其後에 絳王[13)]及文, 武, 宣, 懿, 僖, 昭六帝 皆爲宦官所立하야 勢益驕橫이라 王守澄, 仇士良, 田令孜, 楊復恭, 劉季述, 韓全誨 爲之魁傑하야 自稱定策國老라하고 目天子爲門生이라하야 根深蔕(체)固하야 疾成膏肓(황)[14)]하야 不可救藥矣라

太宗은 前代의 폐습을 거울로 삼고 환관을 깊이 억제하여 이들의 벼슬이 4품을 넘지 못하게 하였는데, 明皇(玄宗)이 비로소 옛 법을 무너뜨려 이들을 높이고 이들을 조장하였다. 말년에 환관인 高力士로 하여금 章奏를 살펴보고 결정하게 하였으며, 마침내 장수와 재상을 올리고 물리침에 이르러서도 때로 高力士와 상의하여 太子와 王公으로부터 모두 高力士를 두려워하여 섬기니, 환관의 세력이 이로부터 강성하게 되었다.

그러다가 〈安史의 亂으로〉 中原이 어지러워 문란하게 되자, 肅宗이 靈武에서 즉위하여 병력을 수습할 적에 환관인 李輔國이 東宮의 옛 관료로 군대의 계책에 참여하니, 황제의 총애가 지나쳐 교만해져서 다시는 제재하지 못하여 마침내 사랑하는 자식과 자애로운 아버지가 모두 비호받지 못하여 근심과 두려움으로 죽게 하기까지 하였다.

代宗은 즉위하자 잘못된 전철을 그대로 따라서 환관인 程元振과 魚朝恩이 서로 이어 用事하여 형벌과 상을 내리는 권한을 도둑질하여 농간하고 군주의 총명을 가려서, 天子를 보기를 버려놓은 갖옷처럼 여기고 재상을 능멸하기를 종과 포로처럼 여겼다. 이 때문에 來瑱이 들어와서 조회할 적에 程元振의 참소를 만나 사약을 하사받았고, 吐蕃이 郊甸을 깊이 침략하였으나 환관들이 숨기고 아뢰지 않아서 황제가 낭패하고 陝州로 파천하게 만들었다. 환관들 때문에 李光弼은 위태롭고 의심하여 울분을 느껴서 그의 목숨을 잃었고, 郭子儀는 배척을 당하고 버려져 집에 거처하여 丘壟(先塋)을 보전하지 못하였고, 僕固懷恩은 억울함을 하소연할 곳이 없어서 마침내 옛 공훈을 버리고 다시 반란을 일으켰다.

德宗은 처음 즉위하자 자못 기강을 떨쳐서 환관의 세력이 다소 꺾였

는데 興元에서 돌아온 뒤로 여러 장수들을 시기하여 李晟과 渾瑊을 믿을 수 없다고 생각해서 그들의 병권을 다 빼앗고, 환관인 竇文場과 霍仙鳴을 中尉로 삼아 이들로 하여금 궁중의 宿衛를 맡게 하니, 이로부터 칼자루(兵權)가 그들의 손아귀에 떨어지게 되었다.

憲宗은 말년에 환관인 吐突承璀가 적자를 폐하고 서자를 세우고자 하여 陳弘志의 변란을 빚어냈고, 敬宗은 寶曆 연간에 여러 소인들을 친압하여 劉克明과 蘇佐明이 반역을 하였다. 그 뒤에 絳王 李悟와 文宗, 武宗, 宣宗, 懿宗, 僖宗, 昭宗의 여섯 황제가 모두 환관들에게 옹립되어서 환관의 세력이 더욱 교만해지고 전횡하였다. 王守澄, 仇士良, 田令孜, 楊復恭, 劉季述, 韓全誨가 환관의 괴수가 되어 자칭 定策國老라 하고 天子를 지목하여 門生이라 하여, 뿌리가 깊고 꼭지가 단단하여 膏肓의 병이 되어서 치료할 수가 없게 되었다.

1) 〔譯註〕 太宗……是崇是長 : ≪舊唐書≫ 〈宦官列傳〉에 宋祁가 말하였다. "太宗은 內侍省에 3품의 관원을 두지 않았다. 그리하여 內侍省의 長官을 內侍로 삼되 品階가 4품이고 정사를 맡기지 아니하여 오직 궁궐문을 守禦하고 宮庭 안을 청소하여 녹봉을 먹을 뿐이었다. 그런데 則天武后 때에 차츰 인원을 늘렸고, 中宗 때에 이르러서는 黃衣를 입은 宦官이 2000명에 이르고 7품 이상의 員外가 1000명이었다. 그러나 朱紫의 官服을 입은 자가 아직 적었는데, 玄宗 때에 이르러 태평성대가 오래되고 재물이 풍족하며, 의욕이 커지고 사치를 일삼아서 賞賜와 爵位를 아끼지 않았다. 그리하여 開元과 天寶 연간에는 黃衣를 입은 宦官이 3000명이었고 朱紫의 官服을 입은 자가 1000여 명이었으며, 황제의 뜻에 맞는 자는 매번 3품의 將軍에 임명되었다.

2) 〔頭註〕 中原板蕩 : 板蕩은 謂喪亂이라

板蕩은 喪亂함을 이른다.

3) 〔頭註〕 肅宗收兵靈武 : 肅宗卽位於靈武는 見上하니라

肅宗이 靈武에서 즉위한 것은 上卷에 보인다.

4) 〔頭註〕 遂至愛子慈父皆不能庇 : 輔國譖肅宗次子建寧王倓而殺之하고 又劫玄宗하야 居西內하니 肅宗畏輔國하야 不能詣西內하니라

李輔國은 肅宗의 次子인 建寧王 李倓을 참소하여 죽이고, 또 玄宗을 협박하여

西內에 거처하게 하니, 肅宗이 李輔國을 두려워하여 西內에 나아가지 못하였다.

5)〔釋義〕以憂悸終：悸는 其季反이니 心動也라

悸는 其季反(계)이니, 마음이 움직이는 것이다.

6)〔譯註〕視天子如委裘：≪漢書≫〈賈誼傳〉에 이르기를 "赤子를 천하의 위에 눕혀 놓아도 편안하며 遺腹子를 세우고 先帝가 남기신 갖옷에 朝會하게 하더라도 천하가 어지럽지 않을 것이다.〔臥赤子天下之上而安 植遺腹 朝委裘 而天下不亂〕"라고 하였다.

7)〔頭註〕來瑱(전)：山南東道節度使也라 元振有所請이로되 不從이어늘 元振이 譖殺之하니라

來瑱은 山南東道節度使이다. 程元振이 요청한 것이 있었으나 來瑱이 따르지 않자, 程元振이 그를 참소하여 죽였다.

8)〔頭註〕不保丘壟：盜發子儀父塚이어늘 捕之不獲하니 魚朝恩素惡子儀하야 疑朝恩使之라

도적이 郭子儀 아버지의 무덤을 파헤쳤는데 범인을 체포하지 못하였다. 魚朝恩이 평소 郭子儀를 미워하였으므로 사람들은 魚朝恩이 시킨 것으로 의심하였다.

9)〔頭註〕興元：漢之漢中郡也라 晉置梁州러니 德宗改爲興元府하니라

興元은 漢나라 漢中郡이다. 晉나라 때 梁州를 설치하였는데 德宗이 興元府로 개칭하였다.

10)〔頭註〕陳弘志之變：憲宗見弑라

憲宗은 陳弘志에게 시해를 당하였다.

11)〔頭註〕寶曆：敬宗年號라

寶曆은 敬宗의 연호이다.

12)〔頭註〕劉克明 蘇佐明 爲逆：見四十七卷하니라

劉克明과 蘇佐明이 반역을 한 것은 47권에 보인다.

13)〔頭註〕絳王：名悟니 憲宗子也라 宦官劉克明等이 殺敬宗하고 立絳王이러니 宦官王守澄等이 討克明殺王하고 立文宗하니라

絳王은 이름이 悟이니 憲宗의 아들이다. 환관 劉克明 등이 敬宗을 시해하고 絳王을 세웠는데, 환관인 王守澄 등이 劉克明이 王을 시해한 것을 토벌하고 文宗을 세웠다.

14)〔釋義〕疾成膏肓(황)：膏는 心下也요 肓은 膈上也라 春秋左傳云 在肓之上, 膏之下하야 攻之不可라하니라

膏는 심장 아래이고, 肓은 명치 위이다. ≪春秋左傳≫에 이르기를 "병이 명치 위와 심장 아래에 있어서 치료해도 낫지 않는다." 하였다.

文宗이 深憤其然하야 志欲除之나 以宋申錫[1]之賢으로도 猶不能有所爲하고 反受其殃하니 況李訓, 鄭注는 反覆小人으로 欲以一朝譎詐之謀로 翦累世膠固之黨이라가 遂至涉血禁塗하고 積尸省戶하며 公卿大臣이 連頸就誅[2]하야 闔門屠滅이라 天子陽瘖[3]縱酒하야 飮泣呑氣하야 自比赧, 獻[4]하니 不亦悲乎아 以宣宗之嚴毅明察로도 猶閉目搖首하고 自謂畏之하니 況懿, 僖之驕侈하야 苟聲色毬獵으로 足充其欲이면 則政事一以付之하고 呼之以父가 固無怪矣라 賊汚宮闕[5]하야 兩幸梁, 益은 皆令孜所爲也라 昭宗이 不勝其恥하고 力欲清滌이나 而所任이 不得其人하고 所行이 不由其道하야 始則張濬이 覆軍於平陽하야 增李克用跋扈之勢하고 復恭이 亡命於山南하야 啓宋文通不臣之心[6]하며 終則兵交闕庭하고 矢及御衣하야 漂泊莎城[7]하고 流寓華陰[8]하며 幽辱東內하고 劫遷岐陽[9]하니 崔昌遐無如之何[10]하야 更召朱全忠以討之라 連兵圍城에 再罹寒暑하야 御膳이 不足於糗糒(구비)[11]하고 王侯斃踣(복)[12]於飢寒하니 然後에 全誨就誅하고 乘輿東出하야 翦滅其黨하야 靡有孑遺나 而唐之廟社 因以丘墟矣니라

文宗은 이것을 깊이 분하게 여겨 마음속으로 이들을 제거하고자 하였으나 宋申錫처럼 어진 자도 오히려 제거한 바가 있지 못하고 도리어 앙화를 받았는데, 하물며 李訓과 鄭注는 반복무상한 소인으로서 하루아침의 음모와 속임수를 가지고 여러 대에 걸쳐 아교로 풀칠해놓은 것처럼 견고한 환관의 붕당을 제거하고자 하다가 마침내 궁중의 길에 유혈이 낭자하고 臺省의 문 앞에 시체가 쌓이는 데에 이르렀으며, 公卿과 大臣들이 연달아 죽임을 당하여 온 가문이 도륙당하고 멸망하였다. 이에 천자가 거짓으로 벙어리가 되어 술을 실컷 마시고 속으로 울면서 슬픈 기운을 삼키고 감히 소리를 내지 못하여 스스로 周나라 赧王과 漢나라 獻

帝에게 비유하였으니, 참으로 슬프지 않은가.

宣宗의 엄하고 굳셈과 명찰함으로도 오히려 눈을 감고 머리를 흔들며 스스로 환관들을 두려워한다고 말하였으니, 하물며 懿宗과 僖宗이 교만하고 사치해서 만일 음악과 여색과 擊毬와 사냥으로 자신의 욕망을 충분히 채워주기만 하면 政事를 한결같이 환관들에게 맡기고 그들을 아버지라고 부른 것은 진실로 괴이할 것이 없는 것이다. 적(黃巢)이 궁궐을 더럽혀서 僖宗이 두 번이나 梁州(興元)와 益州(成都)로 파천해 간 것은 모두 환관인 田令孜의 소행이다.

昭宗은 이러한 치욕을 견디지 못하여 힘써 소탕하고자 하였으나 임용한 것이 적임자가 아니었고 행한 바가 그 도를 따르지 않았다. 그리하여 처음에는 張濬이 平陽에서 군대를 전복시켜 李克用의 跋扈하는 기세를 더하였고, 楊復恭이 山南으로 망명하여 宋文通의 신하 노릇 하지 않으려는 마음을 계도하였으며, 종말에는 병기가 대궐 뜰에서 交戰하고 화살이 황제의 御衣에 미쳤다. 그리하여 昭宗이 莎城으로 떠돌아다니고 華陰에서 이리저리 우거하였으며, 東宮에 갇혀 치욕을 당하고 협박을 받아 岐陽으로 옮겨가니, 崔昌遐(崔胤)가 어찌할 수가 없어 다시 朱全忠을 불러 토벌하였다. 朱全忠이 군대를 연합하여 岐陽城을 포위하자, 황제가 두 번이나 추위와 더위의 고통을 만나고 御膳은 말린 밥과 미숫가루도 부족하였으며 王侯가 굶주림과 추위에 쓰러져 죽었다. 그런 뒤에야 韓全誨가 죽임을 당하고 황제의 乘輿가 동쪽으로 나와 韓全誨의 무리를 제거하고 멸망시켜 남김이 없게 하였으나 唐나라의 종묘와 사직이 이로 인해 빈 터가 되었다.

1) 〔頭註〕 宋申錫 : 王守澄誣告하야 貶爲開州司馬라가 卒於貶所하니라
宋申錫은 王守澄의 무고로 開州司馬로 좌천되었다가 좌천된 곳에서 죽었다.

2) 〔頭註〕 連頸就誅 : 仇士良等이 令禁兵으로 殺王涯等兩省金吾吏卒千六百餘人하고 賈餗舒元輿 皆收繫斬之하니라
仇士良 등이 禁兵으로 하여금 王涯 등 兩省과 金吾의 吏卒 1600여 명을 죽이게 하였고, 賈餗과 舒元輿는 모두 잡혀서 참수당하였다.

3) 〔原註〕 陽瘖 : 瘖은 於金反이니 不能言也라
　瘖은 於金反(음)이니 말을 할 수 없는 것이다.

4) 〔釋義〕 自比赧, 獻 : 赧은 謂周赧王이요 獻은 謂漢獻帝라
　赧은 周나라 赧王을 이르고, 獻은 漢나라 獻帝를 이른다.

5) 〔頭註〕 賊汚宮闕 : 賊은 謂黃巢라
　賊은 黃巢를 이른다.

6) 〔附註〕 啓宋文通*) 不臣之心 : 楊復恭이 摠宿衛하야 潛殺上舅王環하니 上恨之하야 出復恭爲鳳翔監軍한대 復恭慍懟하야 不肯行하고 謀反走興元하야 與山南西道節度使楊守亮으로 擧兵拒命하다 茂貞이 上言호되 守亮이 容匿反臣하니 請出兵討之하소서 朝議以爲茂貞이 得山南이면 不可復制라하야늘 下詔和解之러니 茂貞이 擅擧兵하야 擊取興元하니 守亮, 復恭等이 奔閬州하니라 茂貞이 自請鎭興元한대 以茂貞爲山南西道節度使러니 茂貞이 不奉詔어늘 遣覃王嗣周하야 討茂貞하니 茂貞拒官軍이라 於是에 茂貞이 盡有鳳翔, 興元, 洋隴等十五州之地하니라
　楊復恭이 궁중의 宿衛를 총괄하면서 上의 외숙인 王環을 은밀히 죽이니, 上이 이것을 통한으로 여겨 楊復恭을 鳳翔監軍으로 내보냈는데, 楊復恭이 성내고 원망하여 任地로 가려 하지 않고 모반하여 興元으로 달아나서 山南西道節度使 楊守亮과 함께 군대를 일으켜 황명을 거역하였다. 李茂貞이 上言하기를 "楊守亮이 배반한 신하를 용인하여 숨겨주었으니, 군대를 출동하여 토벌하게 해주소서." 하였다. 그러나 조정에서 의논하기를 "李茂貞이 山南을 얻으면 다시는 제재할 수 없다." 하였으므로 조서를 내려 화해하게 하였는데, 李茂貞이 멋대로 군대를 일으켜서 興元을 공격하여 점령하니, 楊守亮과 楊復恭 등이 閬州로 도망하였다. 李茂貞이 興元에 진주할 것을 자청하자, 上이 李茂貞을 山南西道節度使로 임명하였는데, 李茂貞이 칙명을 받들지 않았다. 황제가 覃王 李嗣周를 보내어 李茂貞을 토벌하게 하니, 李茂貞이 官軍에게 항거하였다. 이에 李茂貞이 鳳翔, 興元, 洋隴 등 15州의 영토를 모두 차지하게 되었다.

*) 宋文通 : 李茂貞이 본래 宋文通인데, 軍功으로 姓名을 하사받았다.

7) 〔附註〕 漂泊莎城 : 李茂貞假子右軍指揮使李繼鵬이 作亂하야 謀劫上幸鳳翔이라 中尉劉景宣이 與王行實知之하고 欲劫上幸邠州러니 繼鵬이 以鳳翔兵으로 攻侍衛하야 矢拂御衣하니 上出宿莎城하고 幸石門鎭하니라 邠州는 王行瑜也라
　李茂貞의 養子인 右軍指揮使 李繼鵬이 난을 일으켜서 上을 위협하여 鳳翔으로 갈 것을 모의하였다. 中尉 劉景宣이 王行實과 함께 이러한 사실을 알고는 上을

위협하여 邠州로 가게 하고자 하였는데, 李繼鵬이 鳳翔의 군대를 이끌고 와서 侍衛하는 자들을 공격하여 화살이 御衣를 스치니, 上이 궁궐을 나가 莎城에서 유숙하고 石門鎭으로 갔다. 邠州節度使는 王行瑜이다.

8)〔頭註〕流寓華陰：韓建이 請幸華州하니라

韓建이 華州(華陰)로 갈 것을 청하였다.

9)〔頭註〕劫遷岐陽：岐陽은 鳳翔也라

岐陽은 鳳翔이다.

10)〔附註〕崔昌遐[*)]無如之何：崔胤은 字昌遐니 宋太祖諱故로 稱字라 全忠이 脅帝遷洛하고 長安居人을 悉東하니 老幼於路에 啼號不絶하고 皆大罵曰 國賊崔胤이 導全忠賣社稷하야 使我及此라하니라

崔胤은 字가 昌遐이니, 宋나라 太祖의 諱가 胤이기 때문에 字를 칭한 것이다. 朱全忠이 황제를 위협하여 洛陽으로 천도하게 하고 長安에 거주하는 자들을 모두 동쪽으로 옮기니, 늙은이와 어린아이가 도로에서 울부짖는 소리가 끊이지 않았으며, 모두 크게 꾸짖기를 "國賊인 崔胤이 朱全忠을 유도하여 社稷을 팔아먹어서 우리들로 하여금 이 지경에 이르게 했다." 하였다.

*) 崔昌遐：昌遐는 崔胤의 字이니, ≪資治通鑑≫에서 그의 字를 칭한 것은 宋나라 太祖 趙匡胤의 諱를 피한 것이다.

11)〔釋義〕糗糒：糗는 去久反이고 又丘救反이라 糒는 平秘反이니 乾糧也라

糗는 去久反(구)이고 또 丘救反(구)이다. 糒는 平秘反(비)이니 말린 양식이다.

12)〔原註〕斃踣：踣은 蒲墨反이니 僵也요 仆也라

踣은 蒲墨反(북)이니 쓰러지고 눕는 것이다.

然則宦者之禍 始於明皇하야 盛於肅, 代하고 成於德宗하고 極於昭宗이라 易曰 履霜하면 堅冰至[1)]라하니 爲國家者 防微杜漸을 可不愼其始哉아 此其爲患이 章章尤著者也라 自餘傷賢害能하야 召亂致禍하며 賣官鬻獄하고 沮敗師徒하며 蠹害烝民을 不可徧擧라 夫寺人之官[2)]은 自三王之世로 載於詩, 禮하니 所以謹閨闥之禁이요 通內外之言이니 安可無也리오 如巷伯之疾惡[3)]과 寺人披之事君[4)]과 鄭衆之辭賞[5)]과 呂彊之直諫[6)]과 曹日升之救患[7)]과 馬存亮之弭亂[8)]과 楊復光之討賊[9)]과 嚴遵美之避

權[10)]과 張承業之竭忠[11)]은 其中에 豈無賢才乎아 顧人主不當與之謀議政事하고 進退士大夫하야 使有威福하야 足以動人耳라 果或有罪면 小則刑之하고 大則誅之하야 無所寬赦니 如此면 雖使之專橫이나 孰敢哉아 豈可不察臧否(비)하고 不擇是非하고 欲草薙(치)而禽獮(선)之[12)]리오 能無亂乎아 是以로 袁紹行之於前에 而董卓弱漢하고 崔昌遐襲之於後에 而朱氏簒唐하야 雖快一時之忿이나 而國隨以亡하니 是猶惡衣之垢而焚之하고 惡木之蠹而伐之니 其爲害 豈不益多哉아 孔子曰 人而不仁을 疾之已甚이 亂也라하시니 斯之謂矣니라

그렇다면 환관의 화가 明皇(玄宗)에게서 시작되어 肅宗과 代宗 때에 흥성하였으며 德宗 때에 크게 이루어지고 昭宗 때에 지극하였다. ≪周易≫에 이르기를 '서리를 밟으면 단단한 얼음이 이른다.'라고 하였으니, 나라를 다스리는 자가 은미할 때에 막고 점점 번져나가는 것을 막기를 처음에 신중히 하지 않을 수 있겠는가. 이는 환관들이 초래한 禍 가운데에 분명하게 더욱 드러난 것이다. 그 나머지 어진 사람과 재능 있는 사람을 해치고 禍亂을 부르며, 돈을 받고 관직을 팔고 뇌물을 받고 옥사를 그릇되게 판결하며, 군대를 패하게 하고 백성들에게 해독을 끼친 것을 이루 다 들 수가 없다.

寺人(宦官)의 관직은 三王의 시대로부터 시작되어 ≪詩經≫과 ≪禮記≫에 기재되어 있다. 이는 闈闥(궁전)의 통행을 삼가고 內外의 말을 통하기 위한 것이니, 어찌 없을 수 있겠는가. 예컨대 周나라 幽王 때 巷伯이 악한 자를 미워한 것과 晉나라 獻公 때 寺人인 披가 군주를 섬긴 것과 漢나라 和帝 때 鄭衆이 賞을 사양한 것과 漢나라 靈帝 때에 呂彊이 直諫한 것과 唐나라 肅宗 때에 曹日升이 患難을 구원한 것과 敬宗 때에 馬存亮이 禍亂을 그치게 한 것과 僖宗 때에 楊復光이 역적을 토벌한 것과 昭宗 때에 嚴遵美가 권세를 사양한 것과 僖宗 때에 張承業이 충성을 다한 것과 같은 것은 그들 가운데 어찌 어질고 재주 있는 자가 없겠는가.

다만 군주가 마땅히 이들과 정사를 모의하고 사대부를 올리고 물리치지 않게 해서 이들로 하여금 위엄과 복을 소유하여 충분히 사람들을 놀라지 않게 해야 할 뿐이다. 그리고 과연 환관이 죄가 있을 경우 죄가 작으면 형벌을 내리고 죄가 크면 죽여서 너그럽게 사면하는 바가 없어야 하니, 이와 같이 한다면 비록 이들로 하여금 專橫하게 하더라도 누가 감히 하겠는가. 어찌 착하고 착하지 않음을 살피지 않으며 옳고 그름을 가리지 않고서 풀을 베는 것처럼 제거하고 짐승을 죽이는 것처럼 죽이고자 한단 말인가. 이렇게 하면 혼란이 없겠는가. 이 때문에 袁紹가 앞에서 행함에 董卓이 반란하여 漢나라를 약하게 만들었고, 崔昌遐가 뒤에서 인습함에 朱氏(朱全忠)가 당나라를 찬탈하여, 비록 한때의 분함을 상쾌하게 하였으나 나라가 뒤따라 멸망하였다. 이는 옷의 때를 싫어하여 옷을 불태우고 나무의 좀벌레를 싫어하여 나무를 베는 것과 같으니, 그 폐해가 어찌 더욱 많지 않겠는가. 孔子께서 말씀하시기를 '남이 仁하지 못함을 미워하기를 너무 심하게 하는 것이 난을 불러일으킨다.'라고 하였으니, 이것을 말씀한 것이다."

1)〔譯註〕易曰 履霜堅冰至：≪周易≫ 坤卦 初六 爻辭에 "서리를 밟으면 단단한 얼음이 이른다.〔履霜堅冰至〕" 하였는데, 〈象傳〉에 이르기를 "'서리를 밟으면 얼음이 이른다.'는 것은 陰이 처음 엉기는 것이니, 서리가 내리면 서서히 날씨가 추워져서 단단한 얼음에 이르는 것이다."라고 하였으며, 〈文言傳〉에 이르기를 "신하가 군주를 시해하고 자식이 아버지를 시해하는 것은 하루아침 하루저녁의 변고가 아니요, 그 말미암아 온 것이 점점 그렇게 만든 것이다." 하였다.

2)〔原註〕寺人之官：寺는 奄官也라

寺는 환관이다.

3)〔釋義〕巷伯之疾惡：巷伯은 詩篇名이라 詩曰 取彼譖人하야 投畀豺虎호리라 豺虎不食이어든 投畀有北호리라 有北不受어든 投畀有昊라하니 寺人孟子作爲此詩라 文公傳曰 巷은 是宮中道名이니 秦漢所謂永巷也요 伯은 長也니 主宮內道官之長이니 卽寺人也라 蓋以譖被宮而爲此官이니 孟子는 其字也라 投棄畀與之而不食不受는 言譖讒之人은 物所共惡니 投畀昊天하야 使制其罪니 此皆設言하야 以見欲其死亡之甚也니라

巷伯은 ≪詩經≫의 篇名이다. 이 詩에 “저 참소하는 사람을 취하여 승냥이와 호랑이에게 던져 주리라. 승냥이와 호랑이가 먹지 않거든 북쪽의 불모지에 던져 주리라. 북쪽의 불모지에서 받지 않거든 하늘에 던져 주리라.”라고 하였으니, 寺人인 孟子가 이 시를 지은 것이다. 朱文公(朱熹)의 ≪詩經集傳≫에 이르기를 “巷은 宮中의 길 이름이니, 秦・漢시대에 이른바 永巷이라는 것이요, 伯은 우두머리이니 궁궐 안의 길을 주관하는 장관인 바, 이것이 바로 寺人이다. 참소로 인해 宮刑을 당하고 이 관직을 맡았으니, 孟子는 그의 字이다. 던져 버리고 주어도 먹지 않고 받지 않는다는 것은, 참소하고 모함하는 사람은 만물이 함께 미워하는 바이니, 하늘에 던져 주어서 그 죄를 제재하게 함을 말한 것이다. 이는 모두 가설하여 말해서 그가 죽고 망하기를 바람이 심함을 나타낸 것이다.” 하였다.

4) 〔釋義〕 寺人披之事君 : 寺人은 內小臣也니 名披니 春秋에 作勃鞮(제)하니라 史晉世家에 晉獻公子重耳 遭驪姬之譖하야 走保蒲한대 獻公이 命寺人披하야 伐蒲러니 重耳踰垣而走어늘 寺人披追之하야 斬其衣袪하다 後에 重耳立하니 是爲文公이라 寺人披請見이어늘 文公讓之한대 披對曰 君命無二는 古之制也라하니라

寺人은 궁중의 낮은 신하로 이름이 披이니, ≪春秋≫에 勃鞮로 되어 있다. ≪史記≫ 〈晉世家〉에 晉 獻公의 아들 重耳가 驪姬의 참소를 만나 달아나서 蒲 땅을 지키자, 獻公이 寺人 披에게 명하여 蒲 땅을 공격하게 하였다. 重耳가 담장을 뛰어넘어 달아나자, 寺人 披가 쫓아가서 옷섶을 베었다. 뒤에 重耳가 즉위하니 이가 바로 文公이다. 寺人 披가 뵙기를 청하자 文公이 꾸짖으니, 披가 대답하기를 “임금의 명령에 두 마음을 품지 않는 것은 옛 제도입니다.”라고 대답하였다.

5) 〔釋義〕 鄭衆之辭賞 : 漢和時에 鄭衆이 首謀誅竇憲하여 以功遷大長秋러니 策勳班賞할새 每辭多受少하니라

漢나라 和帝 때에 鄭衆이 竇憲을 죽이는 일을 主謀하여 그 공으로 大長秋에 승진하였는데, 공훈을 기록하고 상을 줄 적에 매번 많은 것을 사양하고 적은 것을 받았다.

6) 〔釋義〕 呂彊之直諫 : 漢靈時에 呂彊이 諫止封賞하고 諫導行費*)하고 諫選擧法하니라

漢나라 靈帝 때에 呂彊이 封賞을 중지하도록 간하였고, 導行費에 대해 간하고 選擧法에 대해 간하였다.

*) 導行費 : 郡國에서 貢物을 바칠 때마다 導行費란 명목으로 中署에 먼저 뇌물을 바쳤으니, 이는 공물 바치는 것을 인도한다는 뜻이다.

7)〔釋義〕曹日升之救患：肅宗時에 賊圍南陽甚急이러니 曹日升이 請與十騎로 冒圍入城하야 宣慰한대 賊不敢逼하니 城中大喜하니라

唐나라 肅宗 때에 賊(武令珣)이 南陽을 포위하여 매우 위급하였는데, 曹日升이 황제에게 청하여 10명의 기병과 함께 포위를 뚫고 성 안에 들어가 宣慰하자 적이 감히 핍박하지 못하니, 성 안의 사람들이 크게 기뻐하였다.

8)〔釋義〕馬存亮之弭亂：敬宗初에 染署工張韶 與卜者蘇元明으로 爲變이러니 存亮이 遣神策騎兵하야 射韶及元明하야 皆死하니라

敬宗 초년에 染署工인 張韶가 점치는 자인 蘇元明과 함께 변란을 일으켰는데, 馬存亮이 神策軍의 騎兵을 보내어 張韶와 蘇元明을 활로 쏘아 모두 죽였다.

9)〔釋義〕楊復光之討賊：楊復光이 僖宗時에 帥八都將하야 以敗朱溫하니라

楊復光이 僖宗 때에 8명의 都將을 거느리고 朱溫(朱全忠)을 공격하여 패퇴시켰다.

10)〔釋義〕嚴遵美之避權：嚴遵美는 昭宗時에 歷軍容使라 嘗嘆曰 北司供奉官은 以胯衫*)給事니 今執笏은 過矣라하더니 後隱靑城山하니라

嚴遵美는 昭宗 때에 軍容使를 지냈다. 일찍이 탄식하기를 "北司의 供奉하는 관원들은 胯衫 차림으로 시봉해야 하니, 지금 笏을 잡는 것은 너무 지나치다." 하였는데, 뒤에 靑城山에 은둔하였다.

*) 胯衫：옛날 宦者가 입는 옷으로, 환관을 가리킨다.

11)〔釋義〕張承業之竭忠：張承業은 僖宗時宦者라 後唐莊宗이 將卽位한대 承業이 諫求前唐之後立之호되 莊宗不聽이어늘 遂不食卒하니라

張承業은 僖宗 때의 환관이다. 後唐의 莊宗이 장차 즉위하려 하자 張承業이 예전 唐나라의 후손을 찾아 세울 것을 간하였는데, 莊宗이 듣지 않자 마침내 밥을 먹지 않고 굶어 죽었다.

12)〔釋義〕草薙(치)而禽獮(선)之：王氏曰 草薙禽獮은 謂翦除其根之義也라 記月令篇에 季夏에 燒薙行水하야 利以殺草라한대 註에 薙는 芟草也라하니라 獮은 殺也라 說文에 秋獵曰獮이니 應殺氣也라하니라

王氏가 말하였다. "풀을 베는 것처럼 제거하고 짐승을 죽이는 것처럼 죽인다는 것은 그 뿌리를 잘라 제거하는 뜻을 이른다. ≪禮記≫ 〈月令篇〉에 '季夏에 말린 풀을 태워 물을 흘러가게 해서 풀을 썩혀 죽이는 데 이롭다.'라고 하였는데, 註에 '薙는 풀을 베는 것이다.' 하였다. 獮은 죽이는 것이다. ≪說文解字≫에 '가을사냥을 獮이라 하니, 가을의 肅殺하는 기운에 응하는 것이다.' 하였다."

〔史略 史評〕史斷曰 昭宗이 天姿明雋(俊)하야 有恢復前烈之志라 然이나 當是時하야 奸臣擅權하고 藩鎭跋扈하며 而宦官이 方恃功驕恣하야 自號定策國老하고 斥天子爲門生하야 疾成膏肓하야 不可捄藥하니 可勝歎哉아 是故로 始則張濬覆軍於平陽하야 增李克用不平之志하고 中則楊復恭亡命於山南하야 啓宋文通不臣之心하고 終則兵交闕庭하야 矢及宸衣하야 漂泊莎城하고 流寓華陰하며 幽辱東內하고 劫遷岐陽하야 流離東都라 至不得已하야 遣使持密詔하야 告難於四方이로되 而不聞一人惻然赴難者라 事勢至此하야 瓦解土崩하니 悲夫라

史斷에 말하였다.

"昭宗은 天姿가 총명하고 준걸스러워서 前代의 功烈을 회복하려는 뜻이 있었다. 그러나 이때에 奸臣이 권력을 독단하고 藩鎭이 跋扈하였으며, 宦官이 功을 믿고 교만 방자하여 스스로 定策國老라 칭하고 天子를 지목하여 門生이라 칭하여, 膏肓의 病이 되어서 구원하고 치료할 수가 없었으니, 한탄함을 이루 다 말할 수 있겠는가. 이 때문에 처음에는 張濬이 平陽에서 군대를 전복시켜 李克用의 불평하는 마음을 더하였고, 중간에는 楊復恭이 山南으로 亡命하여 宋文通의 신하 노릇을 하지 않으려는 마음을 계도하였고, 종말에는 대궐 뜰에서 병란이 일어나 화살이 황제의 옷에까지 미쳤다. 그리하여 莎城에서 떠돌아다니고 華陰에서 이리저리 우거하였으며 東宮에 유폐되어 곤욕을 당하고 협박에 의해 岐陽으로 옮겨가서 東都를 유리하였다. 심지어 부득이하여 使者를 보내어 密詔를 가지고 가서 四方에 難을 고하였으나, 한 사람도 측은히 여겨 國難에 달려온 자가 있었다는 말을 듣지 못하였다. 事勢가 이 지경에 이르러 기와장이 깨지듯 흙이 무너지듯 나라가 망하였으니, 아! 슬프다."

【甲子】天祐元年이라

天祐 元年(갑자 904)

春正月에 **朱全忠**이 **密表崔胤專權亂國**[1)]하고 **離間君臣**이라하야 **幷其黨鄭元**

規, 陳班[2)]**等**하야 **皆誅之**하고 **遣牙將寇彦卿**하야 **奉表稱邠岐兵逼畿甸**이라하고 **請上遷都洛陽**하다 **壬戌**에 **車駕發長安**이어늘 **全忠**이 **以張廷範**[3)]으로 **爲御營使**하야 **毁長安宮室百司及民間廬舍**하니 **長安**이 **自是**로 **遂丘墟矣**라 **上**이 **至洛陽**하니 **全忠**이 **使蔣玄暉**[4)]**弑之**하고 **立輝王**하야 **爲皇太子**하다

봄 정월에 朱全忠이 은밀히 表文을 올려 '崔胤이 권력을 독단하여 나라를 어지럽히고 군신을 이간질한다.'고 하였다. 그리하여 崔胤의 무리인 鄭元規, 陳班 등과 함께 모두 죽이고 牙將 寇彦卿을 보내어 表文을 받들어 邠岐(李茂貞)의 군대가 畿甸을 핍박한다고 칭하고는 上에게 洛陽으로 천도할 것을 청하였다.

임술일(26일)에 황제의 車駕가 長安을 출발하자, 朱全忠이 張廷範을 御營使로 삼고 長安의 宮室과 百司와 민간의 집을 부수니, 長安이 이로부터 마침내 폐허가 되었다. 上이 洛陽에 이르니, 朱全忠이 蔣玄暉로 하여금 황제를 시해하게 하고 輝王을 皇太子로 세웠다.

1) 〔頭註〕 崔胤專權亂國 : 崔胤이 時司徒兼判六軍十二衛事하니라
崔胤이 당시 司徒 兼判六軍十二衛事였다.

2) 〔頭註〕 鄭元規陳班 : 鄭元規는 刑部尙書兼京兆尹六軍諸衛副使요 陳班은 威遠軍使라
鄭元規는 刑部尙書 兼京兆尹 六軍諸衛副使였고, 陳班은 威遠軍使였다.

3) 〔頭註〕 張廷範 : 全忠之將也라
張廷範은 朱全忠의 장수이다.

4) 〔頭註〕 蔣玄暉 : 全忠之腹心也니 全忠以爲樞密使하니라
蔣玄暉는 朱全忠의 심복이니, 朱全忠이 그를 樞密使로 삼았다.

○ **封錢鏐**하야 **爲吳越王**하다

錢鏐를 봉하여 吳越王으로 삼았다.

昭宣帝[1)] **名**은 **祝**이니 **昭宗第九子**라 **諡曰哀帝**니 **在位三年**이요 **壽十七**이라

昭宣帝는 이름이 祝이니, 昭宗의 아홉째 아들이다. 시호가 哀帝이니, 재위가 3년이고 壽가 17세이다.

1)〔頭註〕昭宣帝：初諡哀帝라 梁主朱晃이 廢之하야 爲濟陰王이러니 後遇害하니라

昭宣帝는 처음 시호가 哀帝이다. 梁主 朱晃(朱全忠)이 폐위시켜 濟陰王으로 삼았는데, 뒤에 살해당하였다.

【乙丑】天祐二年이라

天祐 2년(을축 905)

〔新增〕朱氏黼曰 自古卽位에 未有不改元者하니 雖垂亡殆盡之國이 有革命遜位之勢라도 而亂臣賊子未嘗不使嗣君改元以欺天下也라 惟呂后立常山王[1)]하고 朱溫立昭宣帝[2)]에 不復改元하니 蓋示天下之出於己요 嗣君之擁虛器也어늘 而朝士猶與全忠爭九錫禮制次第하니 不亦愚乎아

朱氏(朱黼)가 말하였다.

"예로부터 즉위함에 改元하지 않은 자가 있지 않았으니, 비록 멸망하여 거의 끝나게 된 나라로서 혁명하여 황제의 자리를 양보할 형세가 있다 하더라도 난신적자가 일찍이 뒤를 이은 군주로 하여금 改元하게 하여 천하를 속이지 않은 적이 없었다. 오직 呂后가 常山王을 세우고 朱溫이 昭宣帝를 세울 적에 다시 改元하지 않았으니, 이는 천하가 자신에게서 나오고 뒤를 이은 군주는 빈 기물(자리)만 끼고 있음을 보인 것이다. 그런데 조정의 선비들이 오히려 朱全忠과 九錫을 하사하는 禮制의 차례를 논쟁하였으니, 어리석지 않은가."

1)〔頭註〕呂后立常山王：常山王은 卽恒山王朝也라

常山王은 바로 恒山王 李朝이다.

2)〔頭註〕朱溫立昭宣帝：朱溫은 卽全忠이라 又改名晃이니 是爲梁太祖라

朱溫은 바로 朱全忠이다. 또 晃으로 이름을 바꾸었으니, 이가 바로 後梁의 太祖이다.

五月에 彗星長竟天하니 占者曰 君臣俱災하리니 宜誅殺以應之라하니라

5월에 彗星의 길이가 하늘 끝까지 이르니, 점치는 자가 말하기를 "군주와 신하가 모두 재앙을 받을 것이니, 마땅히 사람들을 죽여서 하늘의 뜻에 부응하여야 한다." 하였다.

○ 六月에 全忠이 聚朝士貶官者三十餘人於白馬驛하야 一夕에 盡殺之하야 投尸于河[1]하다 初에 李振이 屢擧進士호되 竟不中第라 故로 深嫉搢紳之士하야 言於全忠曰 此輩常自謂淸流라하니 宜投之黃河하야 使爲濁流라하니 全忠이 笑而從之하니라

6월에 朱全忠이 조정의 인사 중에 좌천된 자 30여 명을 白馬驛에 모아서 하룻저녁에 모두 죽여 시신을 黃河에 던졌다. 이보다 앞서 李振은 여러 번 進士試에 응시하였으나 끝내 급제하지 못하였다. 그러므로 搢紳의 선비들을 깊이 미워하여, 朱全忠에게 말하기를 "이 무리들은 항상 스스로 淸流라고 말하니, 마땅히 이들을 黃河에 던져 넣어 그들로 하여금 濁流가 되게 해야 합니다." 하니, 朱全忠이 웃고 그의 말을 따랐다.

1) 〔附註〕 投尸于河 : 諫議大夫同平章事李璨이 恃全忠之勢하고 恣爲威福이러니 會有星變이라 璨이 因疏其素所不快者於全忠하야 曰 此曹皆怨望腹誹하니 宜以之塞災하소서 靑州留後李振이 亦言於全忠曰 王欲圖大事인댄 此曹는 皆朝廷之難制者니 不若盡去니이다 全忠以爲然하야 貶獨孤損, 裴樞, 崔遠, 陸扆, 王溥, 趙崇, 王贊等三十餘人於白馬驛하야 盡殺之하야 投尸于河하니라

諫議大夫 同平章事인 李璨이 朱全忠의 권세를 믿고 마음대로 위엄과 복을 행사하였는데, 마침 彗星의 변고가 있었다. 李璨이 이를 이용하여 자신이 평소 좋아하지 않던 자들을 적어서 朱全忠에게 말하기를 "이들은 모두 조정을 원망하고 마음속으로 비방하고 있으니, 마땅히 이들로써 재앙을 막으소서." 하였다. 靑州留後 李振 또한 朱全忠에게 말하기를 "王께서 大事를 도모하고자 하신다면 이들은 모두 조정에서 제재하기 어려운 자들이니, 모두 제거하는 것만 못합니다." 하였다. 朱全忠이 그 말을 옳게 여겨 獨孤損, 裴樞, 崔遠, 陸扆, 王溥, 趙崇, 王贊 등 30여 명을 白馬驛으로 貶斥하여 모두 죽여서 시신을 黃河에 던졌다.

○ **吳王楊行密**이 **薨**커늘 **其子**偓이 **自立**하야 **爲弘農郡王**하다

吳王 楊行密이 죽자, 그의 아들 偓이 스스로 서서 弘農郡王이라 칭하였다.

○ **以朱全忠爲相國**하야 **進封梁王**하고 **加九錫**하다

朱全忠을 相國으로 삼아 梁王으로 進封하고 九錫의 禮를 가하였다.

歷年圖曰 高祖擧晉陽精兵[1]하고 承亡隋之弊하야 席卷長驅하야 奄有關中이라 命將出師하야 掃除亂略[2]하야 遂降李密, 繫建德하고 擒世充, 芟(삼)武周하고 翦黑闥, 夷蕭銑하야 六年之中에 海內咸服하니 何成功之速哉아 蓋以太宗之爲子也일새라 太宗은 文武之才 高出前古라 驅策英雄하고 罔羅俊乂[3]하며 好用善謀하고 樂聞直諫하야 拯民於水火之中하야 而措之於衽席[4]之上하야 使盜賊化爲君子하고 呻吟轉爲謳歌하며 衣食有餘하고 刑措不用이라 突厥之渠가 繫頸闕庭하고 北海之濱이 悉爲州縣하니 蓋三代以還으로 中國之盛이 未之有也라 惜其好尙功名而不及禮樂하고 父子兄弟之間에 慙德[5]多矣라 高宗은 沈溺宴安하야 仁而不武라 使天后[6]로 斲喪唐室하야 屠害宗支하고 毒流縉紳하니 迹其本源하면 有自來矣라 中宗은 久罹憂辱하야 備嘗險阻러니 一旦得志에 荒淫不悛하니 糞土之墻을 安可杇(圬)也리오 睿宗은 鑑前之禍하고 立嗣以功하니 所謂可與權矣라

≪歷年圖≫에 말하였다.

“唐나라 高祖는 晉陽에서 정예병을 일으키고 망한 隋나라의 피폐한 뒤를 이어받아 천하를 석권하고 승승장구하여 곧바로 관중 지방을 소유하였다. 장수를 임명하고 군대를 출동하여 반란을 일으키고 모략을 세우는 자들을 소탕하였다. 그리하여 마침내 李密을 항복시키고 竇建德을 공격하고 王世充을 사로잡고 劉武周를 목 베고 劉黑闥을 제거하고 蕭銑을 평정하여 6년 동안에 온 천하가 모두 복종하였으니, 어쩌면 이리도 成功이 신속하였는가? 이는 太宗이 아들이 되었기 때문이다.

太宗은 文武의 재주가 前古에 크게 뛰어났다. 여러 영웅들을 채찍질하고 준걸들을 망라하였으며, 좋은 계책을 쓰기를 좋아하고 직간을 듣기를 좋아해서 백성들을 물과 불(塗炭) 속에서 구원하여 편안한 자리 위에 내려놓았다. 그리하여 도적으로 하여금 변하여 군자가 되게 하고 신음하는 자들로 하여금 바뀌어 노래를 부르게 하였으며 衣食이 풍족하고 형벌을 폐지하여 쓰지 않았다. 突厥의 추장이 목을 묶고 대궐 뜰로 와서 항복하고 北海의 바닷가가 모두 州縣이 되었으니, 三代 이후로 中國의 강성함이 이와 같았던 적은 있지 않았다. 그러나 애석하게도 功名을 좋아하고 禮樂에 미치지 않았으며 부자간과 형제간에 부끄러운 德(일)이 많았다.

高宗은 안일함에 빠져서 인자하기만 하고 武威가 없었다. 그리하여 則天武后로 하여금 唐나라 황실을 망하게 하여 宗孫과 支孫들을 도륙하고 해독이 縉紳(사대부)들에까지 미쳤으니, 그 근본을 따라가보면 유래가 있다.

中宗은 오랫동안 근심과 욕을 당하여 험난하고 어려운 일을 빠짐없이 겪었는데, 하루아침에 뜻을 얻자 주색에 빠져 잘못을 고치지 않았으니, 거름흙으로 만든 담장을 어떻게 흙손질할 수 있겠는가.

睿宗은 前日의 화를 거울로 삼고 공이 있는 자(玄宗)를 後嗣로 세웠으니, 이른바 함께 權道를 행할 수 있는 자라는 것이다.

1)〔頭註〕晉陽精兵 : 高祖는 自晉陽宮監而起하니라
高祖는 隋나라 말기에 晉陽宮監으로 있다가 일어났다.

2)〔頭註〕亂略 : 書武成에 略은 謀略也라하니라
≪書經≫ 〈武成〉의 註에 "略은 모략이다." 하였다.

3)〔頭註〕俊乂 : 才過千人爲俊이요 乂는 才也라
재주가 천 명 중에 뛰어난 것을 俊이라 하고, 乂는 재주가 있는 것이다.

4)〔頭註〕衽席 : 臥者爲衽이요 坐者爲席이라
누울 적에 까는 것을 衽이라 하고, 앉을 적에 까는 것을 席이라 한다.

5)〔頭註〕慙德 : 太宗이 弑兄殺弟逼父하야 爲帝하고 納弟之妃라
太宗은 형 建成을 시해하고 아우 元吉을 죽였으며, 아버지 高祖를 핍박하여 황제가 되고 아우 元吉의 妃(巢剌王妃)를 아내로 맞이하였다.

6)〔頭註〕天后 : 則天武后라

天后는 則天武后이다.

明皇은 能謀有斷하야 再淸內難[1]이라 開元之初에 憂勤庶政하야 好賢樂善하고 愛民利物하야 海內富庶하고 四夷賓服하야 浸淫[2]於貞觀之風矣러니 及天寶以降으로 自以功成治定하야 無有後艱이라하야 志欲旣滿에 侈心乃生이라 忠直[3]寖疏하고 讒諛竝進하야 以遊娛爲良謀하고 以聲色爲急務하며 以李林甫楊國忠爲周召하고 以安祿山哥舒翰爲方虎하야 癰疽結於心腹而不寤(悟)하고 豺狼逕於藩籬[4]而不知라 一旦에 變生所忽하야 兵起邊隅하니 廟堂執檄而心醉하고 猛將望塵而束手하야 腥膻[5]이 汚於伊洛하고 流血이 染於河潼이라 乘輿播蕩에 生民塗炭하고 禍亂竝興하야 不可救藥하야 使數百年之間으로 干戈爛熳(漫)而不息하니 嗚呼라 靡不有初나 鮮克有終하니 安之不可恃와 治之不可保 如此夫인저

明皇(玄宗)은 계책을 잘 세우고 결단력이 있어서 다시 내란을 평정하였다. 開元 연간 초기에는 여러 정사를 걱정하고 부지런히 힘써 현자를 좋아하고 선행을 즐거워하며 백성을 사랑하고 물건을 이롭게 해서 나라 안이 부유하고 사방의 오랑캐들이 조공을 바치고 복종하여 貞觀의 유풍에 젖어들었다. 그런데 天寶 연간 이후로는 스스로 공이 이루어지고 정치가 안정되어 뒷날의 어려움이 없을 것이라고 여겨서 뜻과 욕망이 이미 만족스럽자 사치한 마음이 마침내 생겨났다. 그리하여 충직한 자들이 점점 소원해지고 참소하고 아첨하는 자들이 함께 등용되어, 놀고 즐기는 것을 좋은 계책으로 여기고 음악과 여색을 급선무로 여기며, 李林甫와 楊國忠을 周公과 召公 같은 명재상이라고 여기고 安祿山과 哥舒翰을 方叔과 召虎 같은 명장이라고 여겼다. 그리하여 종기가 心腹에 곪는데도 깨닫지 못하고 豺狼이 울타리에 숨어있는데도 알지 못하였다. 하루아침에 變亂이 소홀히 하는 곳에서 생겨나 난리가 변방에서 일어나니, 廟堂에서는 檄文을 쥠에 마음이 동요되고 용맹한 장수들은 먼지만 바라보고도 손을 묶은 것처럼 꼼짝 못하여 오랑캐의 누린내가 伊水와 洛水 사이(중국의 중앙 지역)를 더럽히고 흐르는 피가 黃河와 潼關을 물들였다. 황제의 乘輿가 西蜀으로 파천함에 백성들이 도탄에 빠지고 화와 난이 함께

일어나서 다시는 치료할 수가 없게 되어 수백 년 동안 창과 방패가 번쩍거려 그치지 않게 하였다. 아! 처음은 있지 않음이 없으나 종말이 있는 자가 드무니, 편안함을 믿을 수 없고 다스림을 보존할 수 없음이 이와 같다.

1)〔頭註〕再淸內難：謂誅太平公主[*)]事라
다시 내란을 평정하였다는 것은 太平公主를 죽인 일을 이른다.
*) 太平公主：당나라 高宗과 則天武后의 딸로, 則天武后가 자신을 닮았다 하여 특별히 총애하였다. 韋氏 일파의 주살과 睿宗의 즉위에 공이 있어서 권력을 마음대로 휘둘렀는데, 竇懷貞·岑羲·蕭至忠·崔湜 등과 함께 태자이던 玄宗의 廢立을 모의하였으나 일이 발각되어 태자에 의해 蕭至忠과 岑羲가 伏誅되자 南山으로 들어가 숨었다가 사흘 만에 나와서 집에서 賜死되었다.
2)〔頭註〕浸淫：隨理也니 隨其脈理而浸漬라
浸淫은 脈理(결)를 따르는 것이니, 脈理를 따라 물이 스며드는 것이다.
3)〔頭註〕忠直寖疏：忠直은 姚崇, 宋璟, 韓休, 張九齡之屬이라
충직한 자는 姚崇, 宋璟, 韓休, 張九齡 등이다.
4)〔頭註〕豺狼遯於藩籬：遯은 隱也라
遯은 숨어있는 것이다.
5)〔頭註〕腥膻：膻은 羊臭也라
膻은 양고기의 누린내이다.

肅宗은 以國之元子로 收兵靈武하고 反旆而東하야 不失舊物[1)]하며 代宗은 分命群帥[2)]하고 翦除兇醜[3)]하야 使大河南北으로 復爲唐臣하니 其功이 皆不細矣라 然이나 此兩君者는 武不足以決疑하고 明不足以燭理하니 嚮無郭子儀之忠과 李光弼之智하고 因僕固懷恩하야 以(困)〔用〕回紇之衆이런들 則天下已非唐有矣리라 夫以肅宗之孝慈로 而制於李輔國하야 不能養其父[4)]하고 惑於張后하야 不能庇其子[5)]하니 則其武를 可知矣라 以代宗之寬仁으로 而聽讒臣之言[6)]하야 使光弼不敢入朝하야 慙憤而死하고 懷恩招引外寇하야 幾再亡國하니 則其明을 可知矣라 而又不思經遠之謀하고 專爲姑息之政하야 盜賊據州郡者를 因用爲牧守[7)]하고 士卒殺主帥者를 因授之旄鉞하야 使彊暴縱横하야 下陵上替하야 積習成俗하야 莫知其非하니 唐之紀綱大壞하야 不可復振은 則肅代之爲也라

肅宗은 나라의 元子로 靈武에서 병력을 수습하고 깃발을 되돌려 동쪽으로 가서 천하를 다스리는 옛일을 잃지 않았으며, 代宗은 여러 장수들을 나누어 명령하고 흉악한 자들을 제거하여 大河의 남북으로 하여금 다시 唐나라의 신하가 되게 하였으니, 그 공로가 모두 작지 않다. 그러나 이 두 군주는 威武는 의심스러움을 결단하지 못하였고 밝음은 이치를 밝게 알지 못하였으니, 그때 만일 郭子儀의 충성과 李光弼의 지혜가 없고 僕固懷恩을 이용하여 回紇의 무리를 쓰지 않았더라면 천하는 이미 唐나라의 소유가 아니었을 것이다.

肅宗의 효도와 사랑으로도 李輔國에게 제재를 받아 아버지(玄宗)를 제대로 봉양하지 못하고 張后에게 미혹되어 자식을 비호하지 못하였으니, 그렇다면 그 威武를 알 수 있는 것이다. 그리고 代宗의 관대함과 인자함으로도 참소하는 신하(程元振)의 말을 들어서 李光弼로 하여금 감히 입조하지 못하여 부끄럽고 분하여 죽게 만들고, 僕固懷恩이 바깥의 적을 불러들여 나라를 다시 망칠 뻔하였으니, 그의 밝음을 알 수 있다. 또 떳떳하고 장구한 계책을 생각하지 않고 오로지 姑息的인 정사를 행하여, 州郡을 점거한 도적들을 그대로 등용하여 牧守로 삼고 主帥를 죽인 사졸들에게 깃발과 부월을 그대로 주어서 강하고 사나운 자들로 하여금 제멋대로 행동하게 하였다. 그리하여 아랫사람이 윗사람을 능멸하고 윗사람의 권위가 침체되어 폐습이 쌓여 나쁜 풍속을 이루어서 나쁜 줄을 알지 못하였으니, 唐나라의 기강이 크게 무너져서 다시 떨쳐지지 못함은 肅宗과 代宗이 이렇게 만든 것이다.

1) 〔頭註〕 不失舊物 : 不失治天下之舊事라

舊物을 잃지 않았는다는 것은 천하를 다스리는 옛일을 잃지 않은 것이다.

2) 〔頭註〕 群帥 : 若郭子儀等이라

여러 장수들은 郭子儀 등과 같은 사람이다.

3) 〔頭註〕 兇醜 : 若僕固懷恩, 回紇, 吐藩이라

흉악한 자들은 僕固懷恩과 回紇, 吐藩과 같은 무리이다.

4) 〔頭註〕 不能養其父 : 見四十二卷庚子辛丑年이라

아버지(玄宗)를 제대로 봉양하지 못한 것은 42권 庚子年(760)과 辛丑年(761)에 보인다.

5)〔頭註〕不能庇其子：見四十二卷辛丑年이라
자식을 비호하지 못한 것은 42권 辛丑年(761)에 보인다.

6)〔頭註〕聽讒臣之言：讒臣者는 程元振이라
참소하는 신하는 程元振이다.

7)〔附註〕爲牧守：盧龍朱泚를 衆推爲留後어늘 代宗詔許之하다 梁崇義從來瑱하야 得衆心이러니 瑱死에 衆推爲帥어늘 上不能討하고 以爲山南節度使하고 授之旄鉞하며 平盧將李懷玉이 逐其節度使侯希逸이어늘 代宗이 詔以懷玉留後하고 賜名正己하며 幽州將朱希彩 殺其節度使李懷仙이어늘 詔以希彩知留後하며 淮西李希烈이 逐其節度使李忠臣이어늘 詔以希烈爲留後하니라
盧龍의 朱泚를 무리(군사)들이 留後로 추대하자 代宗이 조칙을 내려 허락하였다. 梁崇義가 來瑱을 따라 병사들의 마음을 얻었는데, 來瑱이 죽자 군사들이 그를 장수로 추대하니, 上이 이들을 토벌하지 못하고 梁崇義를 山南節度使로 임명하고 깃발과 斧鉞을 내려주었으며, 平盧의 장수인 李懷玉이 節度使 侯希逸을 쫓아내자 代宗이 조칙을 내려 李懷玉을 留後로 삼고 正己라는 이름을 하사하였다. 幽州의 장수 朱希彩가 節度使 李懷仙을 죽이자 조칙을 내려 朱希彩를 知留後로 삼았으며, 淮西의 李希烈이 節度使 李忠臣을 쫓아내자 조칙을 내려 李希烈을 留後로 삼았다.

德宗은 憤積世之弊하고 憫王室之卑하야 南面之初에 赫然有撥亂之志로되 而識度闇淺하고 資性猜愎(퍅)하야 親信이 多非其人이요 擧措不由其道하며 賦斂煩重하고 果於誅殺이라 故로 關外之寇未平에 而京師之盜先起라 於是에 困辱於奉天하고 播遷於山南하며 公卿拜於賊庭하고 鋒鏑集於黃屋이러니 尙賴陸贄盡心於內하고 李晟渾瑊輸力於外라 故能誅夷元兇[1]하고 還奉宗社하니 自是之後로 消剛爲柔하고 刓方爲圓하야 逮其晩節하야는 偸懦之政[2]이 甚於祖考矣라 順宗은 不幸嬰疾하야 奸邪肆志로되 而能委政冢嗣하야 以安社稷하니 足爲賢矣라 憲宗은 聰明果決이 得於天性이요 選任忠良하고 延納善謀라 師老財屈하야 異論輻湊로되 而不爲之疑하며 盜發都邑하야 屠害元宰로되 而不爲之懼하야 卒能取靈夏, 淸劍南하고 誅浙西, 俘澤潞하고 平淮右, 復齊魯하니 於是에 天下深根固蔕之盜가 皆狼顧鼠拱하야 納質效地하고 稽顙入朝하야 百年之憂가 一旦廓然矣로되 而怠於防微하야 變生肘腋하니 悲夫라

德宗은 여러 대 동안 누적된 폐단을 분하게 여기고 王室이 낮아짐을 민망하게 여겨서 南面(즉위)하던 초기에 赫然히 난을 다스릴 뜻을 두었으나 지식과 도량이 어둡고 얕으며 타고난 자품이 시기하고 괴팍하였다. 그리하여 친애하고 신임한 자가 대부분 훌륭한 사람이 아니었고 擧措가 바른 도를 따르지 않았으며, 부역과 세금이 번거롭고 무거우며 사람들을 처벌하고 죽이는 데에 과감하였다. 그러므로 關中 이외의 도적을 평정하기 전에 京師(關中)의 도둑이 먼저 일어났다. 이에 奉天에서 곤욕을 당하였고 山南으로 파천하였으며, 公卿들이 적의 조정에서 절하고 칼날이 黃屋(임금의 수레)에 집중되었는데, 다행히 陸贄가 안에서 마음을 다하고 李晟과 渾瑊이 밖에서 힘을 쏟음에 힘입었다. 그러므로 능히 원흉(朱泚)을 주벌하고 종묘의 제사를 다시 받들었으니, 이 뒤로부터 강한 것이 사라져 부드러운 것이 되고 네모난 것이 깎여서 둥근 것이 되어 말년에 이르러서는 구차하고 나태한 정사가 할아버지와 아버지보다도 심하였다.

順宗은 불행히 병에 걸려서 간사한 자들이 뜻을 얻었으나 정사를 큰아들에게 맡겨서 사직을 편안히 하였으니, 충분히 어질다고 할 만하다.

憲宗은 총명함과 과단함을 천성에서 얻었고, 충성스럽고 어진 사람들을 선발하여 임용하고, 좋은 계책을 맞이하여 받아들였다. 군사들이 피로하고 재정이 고갈되어서 異論이 폭주하였으나 의심하지 않았으며, 도적(자객)이 도읍에 나타나 元宰(大臣)를 도륙하고 해쳤으나 두려워하지 않았다. 그리하여 마침내 靈夏를 점령하고 劍南을 소탕하며 浙西를 토벌하고 澤潞를 사로잡으며 淮右(淮西)를 평정하고 齊魯를 회복하였다. 이에 천하에 뿌리가 깊고 꼭지가 단단한 도적들이 모두 이리처럼 돌아보고 쥐처럼 두 손을 모아 인질을 바치고 땅을 바쳤으며, 이마를 조아리고 입조하여 백 년 동안의 우환이 하루아침에 깨끗이 사라졌으나 은미함을 막는 데에 태만해서 변란이 가까운 곳에서 생겨났으니, 슬프다.

1)〔頭註〕元兇：朱泚라

元兇은 朱泚이다.

2)〔頭註〕偸懦之政：偸는 苟且也라

偸는 구차함이다.

穆宗은 蒙已成之業하고 承旣平之緖로되 授任非才하고 爲謀不臧하야 使柙中之虎로 復縱暴於原野하고 網中之魚로 得自脫於深淵하야 元和之功이 於茲墜矣라 寶曆[1]은 輕易荒縱하야 自貽顚覆하고 文宗은 優游不斷하야 受制家臣하니 雖有好賢之心과 文雅之美나 皆不足稱也라 武宗은 英敏特達하고 委任能臣하야 克上黨을 如拾芥하고 取太原을 如反掌이로되 〈饗國日淺하야〉 功業不究하니 惜哉라 宣宗은 少歷艱難하고 長年踐位하야 人之情僞를 靡不周知하야 盡心民事하고 精勤治道하야 賞簡而當하고 罰嚴而必이라 故로 方內樂業하고 殊方順軌하니 求諸漢世하면 其孝宣之流亞與인저 懿宗은 驕奢無度하고 賊虐不忌하야 輔弼之任을 委於嬖寵[2]하고 四海之財를 竭於淫樂하야 民怨不知하고 神怒不恤하니 李氏之亡이 於茲決矣라 且唐은 自至德已來로 近習用權하고 藩臣跋扈하니 譬如羸病之人이 以糜粥養之라도 猶懼不濟어든 又況飮之毒酒면 其能存乎아 及僖昭嗣位하야는 天祿已去하고 民心已離하야 盜賊徧於寰區하고 蓬蒿塞於城闕이라 漂泊幽辱하야 寄命諸侯하니 當是之時하야 雖欲救之나 其將能乎아

穆宗은 이미 이루어놓은 基業을 이어받고 이미 평정한 실마리를 계승하였으나 제수하여 맡긴 자가 재주 있는 자가 아니었고 도모한 계책이 좋지 못해서 우리 안에 있는 호랑이로 하여금 다시 原野에서 포악함을 부리게 하고 그물 안에 있는 물고기로 하여금 스스로 깊은 못으로 빠져나가게 하여 元和 연간의 공이 이에 훼손되었다.

寶曆(敬宗)은 경솔하고 제멋대로 행동하여 스스로 전복됨을 초래하였고, 文宗은 우유부단하여 家臣(환관)에게 제재를 받았으니, 비록 현자를 좋아하는 마음과 文雅의 아름다움이 있었으나 모두 칭찬할 만한 것이 못 된다. 武宗은 영민하여 특별히 明達하고 유능한 신하에게 위임해서 上黨을 이기기를 지푸라기를 줍듯이 하고 太原을 점령하기를 손바닥을 뒤집듯이 쉽게 하였으나 〈나라를 누린 것이 日淺하여〉 공업을 끝마치지 못했으니, 애석하다.

宣宗은 어린 시절에 어려움을 겪고 장성한 나이에 즉위해서 사람들의 실정

과 거짓을 두루 알지 못함이 없었다. 그리하여 백성들의 일(농사)에 마음을 다하고 다스리는 방도에 마음을 쏟아 부지런히 힘써서 賞은 간략하면서도 합당하고 罰은 엄격하면서도 반드시 내렸다. 그러므로 方內(나라 안)의 백성들이 생업을 즐거워하였고 殊方(異域)의 오랑캐들이 법도를 따랐으니, 漢나라 세대에 찾아보면 孝宣帝의 亞流일 것이다.

懿宗은 교만하고 사치함이 한도가 없고 사람을 살해하는 것을 꺼리지 않았으며, 보필하는 임무를 총애하는 자에게 맡기고 온 천하의 재물을 지나친 향락에 탕진하였다. 그리하여 백성들이 원망하는데도 알지 못하고 神明이 노여워하는데도 근심하지 않았으니, 李氏의 멸망이 여기에서 결정되었다. 또 唐나라는 至德 연간 이래로 황제 가까이에서 모시는 환관들이 권력을 남용하고 藩臣들이 발호하였으니, 비유하면 파리하고 병든 사람이 미음과 죽으로 滋養해도 오히려 구제하지 못할까 두려운데 또다시 독주를 마시게 한다면 어찌 보존할 수 있겠는가.

僖宗과 昭宗이 지위를 계승함에 이르러서는 天祿이 이미 떠나가고 民心이 이미 배반하여 도적이 온 천하에 널려있고 쑥대(잡초)가 성과 대궐을 메웠다. 그리하여 황제가 이리저리 떠돌아다니고 幽置되어 치욕을 당해서 제후들에게 목숨을 맡겼으니, 이때를 당하여 비록 구원하고자 하나 장차 되겠는가."

1)〔譯註〕寶曆 : 당나라 敬宗의 연호이다.

2)〔附註〕嬖寵 : 上荒宴하야 不親庶政하고 委任路巖하니 乃通賂遺하고 奢肆不法하니라 與韋保衡으로 同當國하야 二人勢動天下하니 時에 目其黨하야 爲牛頭阿旁*) 이라하니 言如鬼陰惡하야 可畏也라

上(懿宗)이 宴飮에 빠져 여러 정사를 직접 다스리지 않고 路巖에게 위임하니, 路巖이 마침내 賂遺(뇌물)을 받았으며 사치하고 방자하여 불법을 자행하였다. 韋保衡과 함께 국사를 담당하여 두 사람의 권세가 천하를 진동하니, 이때에 그 당을 지목하여 牛頭阿旁이라 하였으니, 마귀와 같이 음흉하고 악하여 두려워할 만함을 말한 것이다.

*) 牛頭阿旁 : 불교에서 말하는 지옥의 鬼卒 이름이다.

〔新增〕胡氏曰 唐有天下하야 歷二十君에 爲子所逼奪者三焉이요 爲婦所乘者

三焉이요 爲賊所逐者五焉이요 爲妻所弑者一焉이요 爲宦官所立者九[1]焉이요 爲所弑者三焉이요 爲所廢者一焉이요 爲方士所敗者七焉이요 爲强臣所弑者二焉이니 不爲小人所惑者 僅得二三하야 而無全德者矣라 其治效則亦亞於兩漢이로되 而賢君如是其鮮은 何也오 得之以兵力하고 守之以智術이라 知仁義爲美慕하야 而行之其淺者는 則文皇矣어니와 若夫躬履聖人之道하고 希跡先王之治는 雖文皇이라도 亦未足與議也라 故로 雖至於斗米數錢하고 外戶不閉하고 四夷賓服하야 號稱太平하며 傳祚二十하고 享年三百이나 而家國之禍는 乃最盛於前代焉하니 豈無所自哉아 文皇이 弑兄殺弟하고 滅其十子[2]하니 非爲天下除害也요 一身之計爾라 他日宗枝竝罹戕毒[3]하니 出乎爾者反乎爾는 天理之必然者也라 是故로 古之王者는 必修身齊家然後에 治國平天下하니 身之不修하고 顧欲以威勢機詐로 禽制百千萬人하야 使必我之報而不敢動이면 其可哉아 文皇이 誠以堯舜文王爲師면 則其道必始於父子兄弟夫婦之間하야 不至於慙德愧行之多요 而其治必臻於教化之行, 風俗之美하야 而無家法陵遲하야 爲人魚肉之患矣리라

胡氏(胡寅)가 말하였다.

"唐나라는 천하를 소유하여 20명의 군주를 거쳤는데, 자식에게 핍박당하여 빼앗긴 자가 3명이고, 부인에게 능멸당한 자가 3명이고, 역적에게 쫓겨난 자가 5명이고, 아내에게 시해된 자가 1명이며, 환관에 의해 옹립된 자가 9명이고 시해당한 자가 3명이고 폐위당한 자가 1명이며, 方士 때문에 그르친 자가 7명이고, 강한 신하에게 시해당한 자가 2명이니, 소인에게 미혹되지 않은 자가 겨우 두세 명뿐이어서 덕을 온전히 한 자가 없다.

정치를 잘한 효험은 또한 兩漢에 버금갔으나 어진 군주가 이와 같이 드문 것은 어째서인가? 당나라는 병력으로써 천하를 얻고 지혜와 꾀로써 이를 지켰다. 仁義가 아름답다는 것을 알아서 사모하여 얕게(조금) 행한 것은 文皇(太宗)이었으니, 몸소 聖人의 道를 행하고 先王의 정치를 따르기를 바라는 것으로 말하면 비록 文皇이라 해도 함께 의논할 수가 없다. 그러므로 비록 쌀 한 말의 값이 몇 전에 불과하고 도둑이 없어 바깥문을 닫지 않으며, 사방의 오랑캐들이 복종하여 태평성세라고 일컬어지고 國祚를 전한 군주가 20명

이고 나라를 누린 햇수가 300년에 이르렀으나 집안과 나라의 화가 마침내 前代에 비하여 가장 성하였으니, 어찌 연유된 바가 없겠는가? 文皇이 형을 시해하고 아우를 죽이며 열 명의 아들을 멸망시켰으니, 이것은 천하를 위하여 해로운 자들을 제거한 것이 아니요, 자기 한 몸을 위한 계책일 뿐이었다. 후일에 宗孫과 支孫이 함께 해독에 걸렸으니, 너에게서 나온 것이 너에게로 다시 돌아가는 것은 필연적인 天理이다.

이 때문에 옛날의 훌륭한 王者들은 반드시 몸을 닦고 집을 가지런히 한 뒤에야 나라를 다스리고 천하를 평정하였으니, 몸이 닦여지지 않고 다만 위세와 機智와 속임수로써 백천만 명을 사로잡고 제재하여 저들로 하여금 반드시 나에게 은혜를 갚게 하여 감히 움직이지 못하게 하려고 한다면 어찌 될 수 있겠는가.

文皇이 진실로 堯·舜과 文王을 스승으로 삼았다면 그 도가 반드시 부자·형제·부부의 사이에서 시작되어 부끄러운 덕과 부끄러운 행실이 많은 데에 이르지 않았을 것이요, 그 다스림이 반드시 교화가 행해지고 풍속이 아름다움에 이르러서 家法이 침체하여 남에게 魚肉이 되는 근심이 없었을 것이다."

1) 〔附註〕 所立者九 : 通要에 作七하니 七君은 見上戊申六君註요 其二는 絳王與代宗也라 絳王은 見上癸亥年溫公論中이요 代宗은 雖已爲太子나 然張后謀欲廢러니 而因李輔國하야 得立하니라

≪通鑑要解≫에 九가 七로 되어 있으니, 七君은 앞의 戊申年(888) 六君의 註에 보이며, 그 둘은 絳王과 代宗이다. 絳王은 앞의 癸亥年(903) 溫公의 史論 가운데에 보이며, 代宗은 이미 태자가 되었으나 張后가 폐위하고자 모의하였는데 李輔國으로 인해 즉위할 수 있었다.

2) 〔頭註〕 滅其十子 : 綱目及資治唐書本紀에 竝不見하니 未詳이라

太宗이 열 명의 아들을 멸망시킨 일은 ≪資治通鑑綱目≫과 ≪資治通鑑≫, ≪唐書≫ 〈太宗本紀〉에 모두 보이지 않으니, 미상이다.

3) 〔頭註〕 他日宗枝竝罹戕毒 : 見三十九卷誅鉏宗室*)注하니라

후일 宗孫과 支孫이 함께 해독에 걸린 일은 39권 誅鋤宗室의 註에 보인다.

*) 誅鉏宗室 : 則天武后가 戊子年(688)에 韓王 李元嘉와 霍王 李元軌, 魯王 李靈夔를 죽였으니, 이들은 모두 高祖의 아들이다. 越王 李貞은 太宗의 아들이고,

黃公 李譔은 李元嘉의 아들이고, 江都王 李緖는 李元軌의 아들이고, 范陽王 李藹는 李靈夔의 아들이고, 瑯琊王 李沖은 李貞의 아들인데, 이들도 모두 죽였다. 또 庚寅年(690)에 南安王 李穎 등 열한 명을 죽였고, 또 太宗의 아들 紀王 李愼 등 여덟 아들이 서로 이어서 죽임을 당하였으며, 또 鄭王 李璥 등 여섯 명을 죽였다. 또 庚寅年에 淮南王 李安顯 등 열두 명과 옛 태자 李賢의 아들 두 명을 죽이니, 이에 당나라의 宗室이 거의 다하였으며 어리고 약한 자들도 嶺南에 유배 보냈다.

右唐은 二十一帝에 二百八十九年이라

이상 唐나라는 21명의 황제에 역년이 289년이었다.

范祖禹曰 唐自高祖取隋로 五年而四方底平하고 九年而太宗立하야 正觀之治[1] 幾於三代라 然一傳而有武氏之簒하야 國命中絶이 二十餘年이요 中睿는 享國日淺하야 朝廷濁亂[2]이라 明皇이 以兵取而後得之[3]하야 開元之治 幾於正觀이나 而終之以天寶之亂하야 唐室遂微하고 肅宗以後론 無可稱者라 憲宗元和之政이 號爲中興이나 而晩節不終하야 身且不保하니 凡唐之世에 治日이 如此其少하고 亂日이 如彼其多也라 昔三代之君은 莫不修身齊家以正天下어늘 而唐之人主는 起兵而誅其親者를 謂之定內難이라하고 偪父而奪其位者를 謂之受內禪이라하니 此其閨門無法하야 不足以正天下하니 亂之大者也라 其治安之久者는 不過數十年이라 或變生於內하고 或亂作於外하야 未有內外無患하야 承平百年者也라

范祖禹가 말하였다.

"唐나라는 高祖가 隋나라를 차지한 것으로부터 5년 만에 사방이 평정되었고, 9년 만에 太宗이 즉위하여 貞觀의 다스림이 거의 三代에 가까웠다. 그러나 한 번 전해짐에 武氏의 찬탈이 있어서 국가의 운명이 중도에 끊어진 것이 20여 년이었고, 中宗과 睿宗은 나라를 누린 날짜가 日淺하여 조정이 혼탁하고 어지러웠다. 明皇(玄宗)은 병력으로 취한 뒤에 帝位를 얻어서 開元의 다스림이 貞觀에 가까웠으나 끝내 天寶의 혼란으로 끝마쳐 唐나라가 마침내 미

약해졌고, 肅宗 이후로는 일컬을 만한 것이 없다. 憲宗의 元和 연간의 정사는 中興하였다고 호칭하지만 말년에 제대로 끝마치지 못하여 자기 몸도 보존하지 못하였으니, 무릇 唐나라 시대에 다스려진 날이 이와 같이 적고 혼란한 날이 저와 같이 많았다.

옛날 三代의 군주들은 몸을 닦고 집안을 가지런히 하여 천하를 바로잡지 않은 사람이 없었는데, 唐나라의 군주들은 군대를 일으켜 친족을 죽인 자를 일러 내란을 평정했다고 말하고, 아버지를 핍박하여 황제의 지위를 빼앗은 자를 일러 內禪을 받았다고 말하였다. 이는 閨門에 법도가 없어서 천하를 바로잡지 못한 것이니, 혼란 중에 큰 것이다. 나라를 오랫동안 편안하게 다스린 자도 수십 년을 넘지 못하였으니, 혹은 변란이 안에서 생기거나 혹은 난리가 밖에서 일어나서 내외가 아무 근심 없이 백년 동안 태평을 누린 자가 있지 않았다.

1) 〔譯註〕 正觀之治 : 正觀은 唐 太宗의 연호인 貞觀을 가리킨다. 宋나라 仁宗의 휘가 禎이므로 貞을 피휘하였는바, 禎과 음이 유사한 徵은 證으로, 貞은 正으로 바꿔 썼다. 그러므로 貞觀을 正觀이라 한 것이다.

2) 〔頭註〕 中睿……朝廷濁亂 : 中宗爲韋后所制하야 武氏復振하니라 睿宗은 因其子之功하고 在位不久하야 無可稱者하니라

中宗은 韋后에게 제압당하여 武氏가 다시 위세를 떨쳤다. 睿宗은 아들(玄宗)의 공을 이어받았고 재위한 지가 오래지 않아서 칭찬할 만한 것이 없다.

3) 〔頭註〕 以兵取而後得之 : 斬韋后及安樂公主하니 事見三十九卷庚戌年

玄宗(李隆基)이 韋后와 安樂公主를 베어 죽였으니, 이에 대한 일은 39卷 庚戌年(710)에 보인다.

揚雄曰 陰不極則陽不生이요 亂不極則德不形이라하니 唐室之亂이 (及)〔極〕于五代하야 而天祚有宋하야 太祖皇帝[1]順天人之心하야 兵不血刃하고 市不易肆[2]하야 而天下定하니 神武所臨에 海內有截[3]이라 繼以{無}太宗[4]文治하고 四宗[5]守成하야 太平百有餘年하니 雖三代之盛이라도 未有如此其久者也라 其取之也는 雖無以遠過於前代나 其守也는 則不愧於三王이라 內則家道正而人倫明하야 其養民也仁하고 其奉己也儉하야 德澤從厚하고 刑罰從薄하며 外則縣之政

을 聽於令하고 郡之政을 聽於守하며 守之權이 歸於按察하고 按察之權이 歸於朝廷하야 上下相維하고 輕重相制하야 藩鎭이 無擅兵之勢하고 郡縣이 無專殺之威하야 士自一命以上으로 刑辱不及也라 故로 無大臣之誅하고 施及群生하야 功利無窮하니 校(較)之唐世하면 天壤不侔라 夫唐之已事如彼하고 祖宗之成效如此하니 然則今當何監고 不在唐乎아 今當何法고 不在祖宗乎아 夫惟取監於唐하고 取法於祖宗이면 則永世保民之道也니라

揚雄이 말하기를 '음이 지극하지 않으면 양이 생겨나지 않고, 혼란이 지극하지 않으면 덕이 드러나지 않는다.'라고 하였으니, 唐나라의 혼란이 五代時代에 극에 이르자, 하늘이 우리 宋나라를 도와주셨다. 그리하여 太祖皇帝(趙匡胤)가 하늘과 사람들의 마음을 순히 따라서 병사들은 칼날에 피를 묻히지 않고 시장에서는 평소와 다름없이 교역하여 천하가 평정되니, 神武로 임어함에 온 천하가 정돈되었다. 뒤이어 太宗이 文治를 하고 四宗이 守成을 하여 백여 년 동안 태평을 누렸으니, 비록 三代의 융성함이라도 이와 같이 오랜 적은 있지 않다.

우리 宋나라가 천하를 취한 것은 비록 전대보다 크게 뛰어난 점이 없었지만 천하를 지킨 것은 三王에게 부끄럽지 않다. 안으로는 家道가 바르고 人倫이 밝아져서 백성을 기르는 것은 인자하였고 자기 몸을 받드는 것은 검소하여, 덕택은 후함을 따르고 형벌은 박함을 따랐으며, 밖으로는 縣의 정사를 縣令에게 다스리게 하고 郡의 정사를 郡守에게 다스리게 하며 郡守의 권한이 按察使에게 돌아가고 按察使의 권한이 조정으로 돌아가서 上下가 서로 유지하고 輕重이 서로 제재하게 하였다. 그리하여 藩鎭에서는 군대를 마음대로 동원하는 권력이 없고 郡縣에서는 마음대로 죽이는 위엄이 없어서 一命 이상의 선비로부터는 형벌과 욕됨이 미치지 않았다. 그러므로 大臣이 주벌당함이 없었고 이것이 여러 生民들에게까지 미쳐서 功利가 무궁하였으니, 唐나라와 비교하면 하늘과 땅처럼 다르다.

唐나라의 이미 지나간 일이 저와 같고, 우리(宋나라) 祖宗이 이루어놓은 효과가 이와 같으니, 그렇다면 지금 마땅히 무엇을 거울로 삼아야 하겠는가? 唐나라에 있지 않겠는가. 지금 마땅히 무엇을 법으로 삼아야 하겠는가? 우리

祖宗에게 있지 않겠는가. 오직 唐나라에서 鑑戒를 취하고 우리 祖宗에게서 법을 취한다면 영세토록 백성을 보존하는 방법일 것이다.”

1)〔頭註〕太祖皇帝 : 姓趙氏요 諱匡胤이니 晉三家趙籍之後라
太祖皇帝는 성이 趙氏이고 이름이 匡胤이니, 晉나라 三家인 趙籍의 후손이다.

2)〔頭註〕市不易肆 : 陳物處曰肆라
시장에 물건을 진열한 곳을 肆(가게)라 한다.

3)〔頭註〕海內有截 : 截은 整齊也라
截은 정돈되고 가지런한 것이다.

4)〔頭註〕太宗 : 諱炅이니 太祖母弟라
太宗은 諱가 炅이니, 太祖의 同母弟이다.

5)〔頭註〕四宗 : 太宗之子眞宗恒, 眞宗之子仁宗禎, 仁宗從兄濮王之子英宗曙, 英宗之子神宗頊이라
四宗은 太宗의 아들인 眞宗 趙恒, 眞宗의 아들인 仁宗 趙禎, 仁宗의 從兄인 濮王의 아들 英宗 趙曙, 英宗의 아들인 神宗 趙頊이다.

〔附契丹〕[1]

1)〔譯註〕附契丹 : 이 세 글자는 底本에 없으나 이후의 내용이 모두 契丹에 관계된 것이므로 譯者가 보충하였다.

契丹之先이 自唐昭宗天復元年으로 契丹痕德菫可汗이 以耶律阿保機로 爲夷離菫[1]하다 初에 炎帝之裔는 曰葛烏兎라 世雄朔漠하니 號東胡라 匈奴冒頓單于(묵특선우)襲破之하니 餘衆이 保鮮卑山하다 魏靑龍中에 幽州刺史王雄이 殺其酋比能하니 衆이 散徙潢水러니 至酋莫那하야 遷于遼西하고 九傳而爲慕容(晃)〔皝〕所破하야 分其衆爲三하니 曰宇文과 曰庫莫奚와 曰契丹이라 元魏初에 衆이 稍滋蔓이요 而契丹酋奇首 居潢河, 土河之間하야 有子八人하니 各自爲部러라 高句麗柔然이 謀擊之한대 大酋莫弗賀勿于懼하야 率部落三千乘하고 請附于魏하고 因居白狼水東하다 唐初에 大酋號大賀氏 有勝兵八萬이라 貞

觀中에 太宗伐高麗할새 首領窟哥來朝어늘 詔分其地하야 爲十州하고 以其部長으로 爲刺史하고 拜窟哥하야 爲松漠都督하고 賜姓李氏하야 統領其衆하다 窟哥死에 其孫盡忠이 叛이어늘 武后遣師二十萬하야 連年乃克하니 餘衆이 附于突厥하다 開元中에 盡忠從弟失活이 請降이어늘 詔復以爲都督하다 失活이 傳沙固러니 沙固爲衙官可突干所殺하고 弟鬱于嗣하다 鬱于死에 弟咄于嗣한대 可突干이 復逐之어늘 部人이 共立咄于之弟邵固러니 可突干이 殺邵固而立屈列하야 以附于突厥하다 幽州刺史張守珪 討殺可突干이어늘 詔封其別部長過折하야 爲北平王하야 以統大賀氏諸部하다 可突干之黨雅里 殺過折하고 而立迪輦組里하야 爲阻午可汗하고 改號遙輦氏하고 雅里自爲迭刺部하야 輔阻午以爲政할새 始立制度하야 設官分地하고 刻木爲契하고 穴地爲牢焉하니라

契丹의 선조는 唐나라 昭宗 天復 元年으로부터 契丹의 痕德堇可汗이 耶律阿保機를 夷離堇으로 임명하였다. 처음에 炎帝의 후손으로 葛烏兎가 있었다. 이들은 대대로 朔漠 지방에 웅거하니, 東胡라 칭하였다. 匈奴의 冒頓單于가 습격하여 격파하니, 남은 무리가 鮮卑山을 확보하였다. 魏나라 靑龍 연간에 幽州刺史 王雄이 그의 추장인 比能을 죽이니 무리들이 潢水로 옮겨갔는데, 추장 莫那에 이르러 遼西로 옮겨갔고, 아홉 번 전하여 慕容皝에게 격파당하여 그 무리가 셋으로 나누어지니, 宇文과 庫莫奚와 契丹이었다.

元魏 초기에 무리들이 차츰 불어났고, 契丹의 추장인 奇首가 潢河와 土河의 사이에 거주하여 8명의 아들을 두니, 각자 部가 되었다. 高句麗 柔然이 이들을 공격할 것을 도모하자, 大酋인 莫弗賀勿于가 두려워하여 部落 3천 乘을 거느리고 魏나라에 歸附할 것을 청하고 인하여 白狼水 동쪽에 거주하였다.

唐나라 초기에 大賀氏라 칭하는 大酋가 정예병 8만을 보유하였다. 貞觀 연간에 太宗이 高句麗를 정벌할 적에 首領인 窟哥가 조회하러 오자, 황제가 명하여 그 땅을 나누어 10州를 만들고 그 部長을 刺史로 임명하였으며 窟哥를 松漠都督으로 임명하고 李氏 姓을 하사하여 그 무리를 거느리게 하였다. 窟哥가 죽자 그의 손자인 李盡忠이 배반하였으므로 則天武后가 20만 대군을 보내어

여러 해를 이어 공격해서 마침내 이기니, 남은 무리가 突厥에게 붙었다.

開元 연간에 李盡忠의 從弟인 失活이 항복을 청해오자, 황제가 명하여 다시 都督으로 삼았다. 失活이 沙固에게 전하였는데 沙固가 衙官인 可突干에게 살해당하고 아우 鬱于가 뒤를 이었다. 鬱于가 죽자 아우 咄于가 뒤를 이었는데 可突干이 다시 축출하니, 部族 사람들이 함께 咄于의 아우 邵固를 세웠으나 可突干이 邵固를 죽이고 屈列을 세워서 突厥에게 붙었다.

幽州刺史 張守珪가 可突干을 토벌하여 죽이자 황제가 명하여 그 別部長인 過折을 北平王으로 봉하여 大賀氏의 여러 部族을 통솔하게 하였다. 可突干의 黨인 雅里가 過折을 죽이고 迪輦組里를 세워 阻午可汗이라 칭하고 號를 遙輦氏라 고쳤으며, 雅里가 스스로 迭剌部가 되어서 阻午可汗을 보필하여 정사를 할 적에 처음으로 제도를 확립하여 관원을 설치하고 땅을 나누었으며, 나무를 새겨 문서를 만들고 땅을 파서 움을 만들었다.

1)〔釋義〕夷離離董：掌部族軍民之政하니 猶中國使相也라

夷離董은 部族의 군사와 백성의 政事를 관장하였으니, 中國의 使相과 같다.

雅里者는 本奇首之後라 居潢河濱하야 號審吉氏러니 及易氏迭剌하야 因譯其始興之地世里하야 爲耶律而姓之하다 天寶四年에 詔賜阻午姓名하야 曰李懷秀라하야 仍爲松漠都督이러니 懷秀尋叛이어늘 詔更封別部長楷落하야 爲恭仁王하야 以代懷秀하니 楷落이 自稱契丹王하다 會에 安祿山反하야 朝貢阻絶하니 其世次를 莫得而詳이러라 或言 其國凡八部에 常推其一部大人하야 建旗鼓하고 以主號令이라 然이나 其所稱耶瀾可汗과 屈戍巴剌可汗, 習爾之類는 不知何部大人也라 是年에 習爾死어늘 其族人欽德이 立하니 是爲痕德董可汗이라 痕德董之世에 諸部多微로되 而迭剌部自雅里以後로 世爲遙輦氏하고 夷離董이 掌其國政하다 雅里子는 曰毗牒이라 毗牒이 生頦領하고 頦領이 生耨里思하니 大度寡欲하고 令嚴衆附하야 部益盛强이러라 耨里思生薩剌德하고 薩剌德이 生匀德實하니 敎民稼穡하고 善畜牧하야 部以殷富하니라 匀德實이 生撒剌的하니 始敎

民鼓鑄하고 其弟述瀾이 又善用兵하니 于厥, 室韋, 奚, 霫(습)이 畏服之하니라 初築城邑屋廬以居하고 樹藝桑麻以織組焉하다 阿保機는 撒剌的長子也라 小字啜里只니 生而英異하야 初爲撻馬狘沙里하니 猶中國扈從官也라 數(삭)立功하니 國人服之하야 號爲阿主沙里러니 至是에 授大迭烈府夷離董하야 得專用兵하니 遂大破室韋, 于{及}厥, 奚[1]諸國하니라

雅里라는 자는 본래 奇首의 후예였다. 潢河 가에 거주하여 審吉氏라 호칭하였는데 迭剌로 氏를 바꾸고는 처음 일어난 지역인 世里를 번역하여 耶律이라 하고 姓으로 삼았다. 天寶 4년에 황제가 명하여 阻午可汗에게 姓名을 하사해서 李懷秀라 하고 인하여 松漠都督으로 임명하였는데, 李懷秀가 얼마 후 배반하였으므로 황제가 명하여 다시 별도의 部族長인 楷落을 恭仁王으로 봉하여 李懷秀를 대신하게 하니, 楷落이 스스로 契丹王이라 칭하였다.

마침 安祿山이 배반하여 朝貢하는 길이 끊기니, 그 世次를 자세히 알 수가 없게 되었다. 혹자는 말하기를 “그들 나라는 여덟 부족에 항상 한 부족의 大人을 추대하여 깃발과 북을 세우고 號令을 주관하게 한다.” 하였다. 그러나 그들이 칭한 耶瀾可汗과 屈戌巴剌可汗과 習爾 따위는 어떤 부족의 大人인지 알지 못한다. 이해에 習爾가 죽자 그 집안사람인 欽德이 즉위하니, 이가 바로 痕德董可汗이다.

痕德董可汗의 세대에는 여러 부족들이 대부분 미약하였으나 迭剌部는 雅里 이후로부터 대대로 遙輦氏가 되고 夷離董이 國政을 맡았다. 雅里의 아들은 毗牒이다. 毗牒이 頦領을 낳고 頦領이 耨里思를 낳으니, 도량이 크고 욕심이 적으며 명령이 엄격하고 무리들이 따라서 部가 더욱 강성해졌다. 耨里思가 薩剌德을 낳고 薩剌德이 勻德實을 낳으니, 백성들에게 농사를 가르치고 목축을 잘하여 부족이 번성하고 부강하였다.

勻德實이 撒剌的을 낳으니 처음으로 백성들에게 북을 만들고 쇠를 주조하는 것을 가르쳤고, 그 아우 述瀾이 또 用兵을 잘하니 于厥·室韋·奚·霫이 두려워하여 복종하였다. 이때 처음으로 城邑과 집을 만들어 거주하였고, 뽕나무와 삼을 심고 가꾸어 직물을 직조하였다.

阿保機는 撒剌的의 長子이다. 어렸을 때 字가 啜里只이니, 태어나면서부터 영특하여 처음에 撻馬狘沙里가 되었으니, 이는 中國의 扈從官과 같은 것이다. 여러 차례 공을 세우니, 國人들이 복종하여 阿主沙里라고 호칭하였는데, 이때에 이르러 大迭烈府 夷離堇에 제수되어 마음대로 군대를 사용할 수 있게 되자, 마침내 室韋·于厥·奚 등 여러 나라를 대파하였다.

1) 〔通鑑要解〕 室韋, 于{及}厥*), 奚 : 皆契丹之國名이라
室韋, 于厥, 奚는 모두 契丹의 나라 이름이다.
*) 于{及}厥 : 底本에는 于자 아래에 及자가 있는데, 衍字로 보인다.

○ **天復二年**이라 **阿保機寇河東**하야 **陷九郡**하다

天復 2년(902)이다. 阿保機가 河東을 침략하여 아홉 개의 郡을 함락시켰다.

○ **天復三年**이라 **十月**에 **契丹**이 **以阿保機爲于越**[1)]하야 **總知國事**하고 **遂作東樓于龍化州**하다

天復 3년(903)이다. 10월에 契丹이 阿保機를 于越로 임명하여 국사를 모두 관장하게 하고 마침내 龍化州에 동쪽 누대를 지었다.

1) 〔原註〕 以阿保機爲于越 : 于越은 契丹至貴之職이니 非有大功德者면 不授라 阿保機乃廣龍化州之東城하고 建東樓以紀功하니라
于越은 契丹의 지극히 귀한 관직이니, 큰 공과 덕이 있는 자가 아니면 제수하지 않는다. 阿保機가 마침내 龍化州의 東城까지 넓히고 동쪽 누대를 세워 공을 기록하였다.

○ **昭宣帝天祐二年**이라 **秋八月**에 **晉王李克用**이 **遣使如契丹**한대 **九月**에 **契丹阿保機 以騎兵七萬**으로 **會晉王于雲中**하야 **約爲兄弟**하고 **宴甚驩**이어늘 **克用**이 **因與會師**하야 **進擊劉仁恭**하야 **拔數州**하고 **盡徙其民**하고 **復期共擊朱全忠**하니 **阿保機許之**하다 **或勸克用**하야 **乘間拘阿保機于會**어늘 **克用**이 **不許曰 讐敵**을 **未滅**이어늘 **而失信夷狄**은 **自亡之道也**니라 **阿保機旣去**에 **聞之**하고 **乃背**

盟하고 **更附朱全忠**하니 **克用**이 **由是怨之**하니라

昭宣帝 天祐 2년(905)이다. 가을 8월에 晉王 李克用이 契丹으로 使者를 보내자, 9월에 契丹의 阿保機가 기병 7만 명을 거느리고 晉王과 雲中에서 회합하여 형제가 되기로 약속하고 잔치를 열어 매우 즐거워하였다. 李克用이 인하여 함께 군대를 모아 전진해서 劉仁恭을 공격하여 여러 주를 함락시키고 그 백성들을 다 옮기고는 다시 朱全忠을 함께 공격하기로 약속하니, 阿保機가 이를 허락하였다.

혹자가 李克用에게 이 틈을 타서 阿保機를 회맹하는 장소에서 구류할 것을 권유하자, 李克用이 허락하지 않으며 말하기를 "원수와 적을 아직 없애지 못했는데, 夷狄에게 신의를 잃는 것은 스스로 멸망하는 길이다." 하였다. 阿保機가 떠나간 뒤에 이 말을 듣고는 마침내 맹약을 저버리고 다시 朱全忠에게 붙으니, 李克用이 이로 말미암아 阿保機를 원망하였다.

○ **丙寅天祐三年**이라 **春二月**에 **朱全忠**이 **遣使如契丹**하다 **十一月**에 **契丹阿保機 侵奚, 霫**[1)]하니 **女眞諸部降之**하다 **十二月**에 **契丹痕德堇可汗欽德**이 **死**하다

丙寅年 天祐 3년(906)이다. 봄 2월에 朱全忠이 契丹에 使者를 보내었다. 11월에 契丹의 阿保機가 奚와 霫을 침략하니, 女眞의 여러 부족이 항복하였다. 12월에 契丹의 痕德堇可汗 欽德이 죽었다.

1)〔原註〕奚, 霫 : 下音은 習이라 國名이니 中京地也라
아래 글자(霫)의 음은 習이다. 나라 이름이니, 中京 지방이다.

○ **丁卯**라 **春正月**에 **其衆**이 **請阿保機爲可汗**이어늘 **阿保機乃命設壇告天**하고 **卽皇帝位**하니 **北宰相蕭轄剌**과 **南宰相耶律歐里思 率其下**하고 **上尊號曰天皇帝**라하고 **后述律氏曰地皇后**라하다 **阿保機更名億**하고 **以曷魯總軍事**하고 **是爲元年**[1)]하니라

丁卯年 開平 元年(907)이다. 봄 정월에 그 무리들이 阿保機에게 可汗이

될 것을 청하자, 阿保機가 마침내 명령하여 壇을 만들고 하늘에 고유한 다음 황제에 즉위하니, 北宰相인 蕭轄剌과 南宰相인 耶律歐里思가 부하들을 인솔하고 天皇帝라는 존호를 올렸으며, 后인 述律氏를 地皇后라 하였다. 阿保機가 이름을 億으로 고치고 曷魯에게 軍事를 총괄하게 하고는 이 해를 원년이라 하였다.

1)〔原註〕是爲元年 : 是年은 爲梁太祖開平元年하니라
이해는 梁나라 太祖 開平 元年이다.

○ 戊辰二年이라 **十月**에 **作明王樓**하다 **丙子**에 **改元神冊**하고 **大赦**하며 **立子倍**[1]하야 **爲太子**하다 **丙戌**에 **改元天顯**하고 **滅渤海**하야 **改爲東丹國**하야 **以子倍爲人皇王**이라하야 **居之**하다 **七月**에 **契丹主億**이 **卒于扶餘**어늘 **廟號太祖**라하고 **諡曰大聖神烈天皇帝**라하다

戊辰年 開平 2년(908)이다. 10월에 契丹이 明王樓를 지었다. 丙子年(916)에 神冊으로 改元하고 크게 사면령을 내렸으며, 아들 倍를 세워 태자로 삼았다. 丙戌年(926)에 天顯으로 改元하고 渤海를 멸망시켜 東丹國으로 고친 다음 아들 倍를 人皇王이라 하여 여기에 거주하게 하였다. 7월에 契丹主 億이 扶餘에서 죽자, 廟號를 太祖라 하고 시호를 大聖神烈天皇帝라 하였다.

1)〔原註〕立子倍 : 倍는 小字突欲이라
倍는 어렸을 때 字가 突欲이다.

史臣贊曰 遼太祖始建國하고 在位二十年이라 東征西討에 如折枯拉(랍)朽하야 東自海로 西至于流沙하고 北絶大漠하야 信(伸)威萬里하고 歷年二百하니 豈一日之故哉아 周公誅管蔡에 人未有能非之者어늘 剌葛安端之亂에 遼祖旣貸其死而復用之하니 非人君之度乎[1]아

史臣의 贊에 말하였다.

"遼나라 太祖는 처음 건국하고 재위한 햇수가 20년이었다. 동쪽으로 정벌하고 서쪽으로 토벌함에 마른 나뭇가지를 꺾고 썩은 가지를 꺾듯이 수월하게

취하여, 동쪽으로는 東海로부터 서쪽으로는 流沙에 이르고 북쪽으로는 大漠을 넘어가서 만리에 위엄을 떨치고 역년이 200년이었으니, 어찌 하루 동안에 이룩한 연고이겠는가. 周公이 管叔과 蔡叔을 죽임에 사람들 중에 이것을 비난할 수 있는 자가 있지 않았는데, 剌葛安端의 반란에 遼나라 太祖는 이미 그의 사형을 사면하고 다시 등용하였으니, 임금의 도량이 아니겠는가."

1) 〔原註〕 周公誅管蔡……非人君之度乎 : 辛未五年에 契丹主弟剌葛等이 謀亂이어늘 盟而釋之하고 壬申六年에 剌葛等이 復謀亂이어늘 釋之하고 不治하고 癸酉에 剌葛等이 反이어늘 誅其黨而釋之하니라

遼나라 太祖 辛未 5년(911)에 契丹主의 아우인 剌葛 등이 반란을 도모하였는데 契丹主는 맹약하고 풀어주었으며, 壬申 6년(912)에 剌葛 등이 다시 반란을 도모하였는데 풀어주고 죄를 다스리지 않았으며, 癸酉年(913)에 剌葛 등이 배반하였는데 그 黨만 죽이고 풀어주었다.

通鑑節要 卷之四十九

五代紀※

※ 按梁, 唐, 晉, 漢, 周가 舊各有一代之史러니 本朝歐陽文忠公이 始刪爲五代史하니 司馬溫公所修資治通鑑이 雖取歐公一二論說이나 而所援引事는 多是舊史니 其言辭詳略이 與歐陽公五代史로 多有同異하니라

살펴보건대 梁·唐·晉·漢·周는 옛날에 각각 한 왕조의 역사책이 있었는데, 本朝(宋나라)의 歐陽文忠公(歐陽脩)이 처음으로 산삭하여 ≪五代史≫를 만들었다. 司馬溫公이 편수한 ≪資治通鑑≫은 비록 歐陽公의 한두 가지 논설을 취하였으나 인용한 일이 대부분 옛 역사이니, 言辭의 자세함과 간략함이 歐陽公의 ≪五代史≫와 많은 차이가 있다.

後梁紀

太祖皇帝※ 在位七年이요 壽六十一이라

太祖皇帝는 재위가 7년이고 壽가 61세이다.

※ 名은 晃이요 姓은 朱氏니 初名溫이라 從黃巢爲盜러니 背巢降于唐하니 僖宗이 賜名全忠하고 拜宣武軍節度使하니라 昭宗朝에 進封梁王하야 挾天子以令天下라가 遂移唐祚하니라

太祖皇帝는 이름이 晃이고 성이 朱氏이니, 처음 이름은 溫이다. 黃巢를 따라 도적이 되었는데, 黃巢를 배반하고 唐나라에 항복하니, 僖宗이 全忠이란 이름을 하사하고 宣武軍節度使로 임명하였다. 昭宗 때에 승진하여 梁王에 봉해져 천자를 끼고 천하를 호령하다가 마침내 唐나라 국통을 옮겨갔다.

【丁卯】 唐天祐四年이라 〈四月以後는 梁太祖皇帝朱晃開平元年이요 西川稱唐天復七年하니라 ○ 是歲에 唐亡이라 梁, 晉, 岐, 淮南, 西川凡五國이요 吳越, 湖南, 荊南, 福建, 嶺南凡五鎭이라〉

정묘(907) 唐나라 天祐 4년 - 4월 이후는 梁나라 太祖皇帝 朱晃의 開平元年이고, 西川은 唐나라 天復 7년을 칭하였다. ○ 이해에 唐나라가 망하였다. 梁・晉・岐・淮南・西川 등 모두 다섯 나라이고, 吳越・湖南・荊南・福建・嶺南 등 모두 다섯 鎭이다. -

春三月에 唐昭宣帝降御札하야 禪位于梁한대 梁王이 更(경)名晃[1)]하고 卽皇帝位하야 國號를 梁이라하고 奉帝爲濟陰王[2)]하다

봄 3월에 唐나라 昭宣帝가 御札을 내려 梁나라에 황제의 지위를 禪讓하자, 梁王이 이름을 晃으로 고치고 황제에 즉위하여 국호를 梁이라 하고 昭宣帝를 받들어 濟陰王으로 삼았다.

1) 〔釋義〕 更(경)名晃 : 更은 平聲이요 晃은 胡廣反이라
  更은 平聲(고침)이고, 晃은 胡廣反(황)이다.
2) 〔頭註〕 濟陰王 : 遷于曹州하야 圍之以棘하고 使甲士守之下라가 戊戌年에 弑之하다
  昭宣帝를 曹州로 옮겨 圍籬安置하고 甲士로 하여금 그곳을 지키게 하다가 戊戌年(938)에 시해하였다.

○ 是時에 惟河東, 鳳翔, 淮南[1)]이 稱天祐하고 西川[2)]이 稱天復[3)]年號하고 餘皆稟梁正朔하야 稱臣奉貢이러라

이때에 오직 河東, 鳳翔, 淮南만이 天祐의 연호를 칭하였고 西川은 天復의 연호를 칭하였으며, 나머지는 모두 梁나라의 正朔을 받아서 신하를 칭하고 공물을 바쳤다.

1) 〔頭註〕 河東, 鳳翔, 淮南 : 河東은 李克用이요 鳳翔은 李茂貞이요 淮南은 王偓이라

河東은 李克用이고, 鳳翔은 李茂貞이고, 淮南은 王偓이다.

2)〔頭註〕西川 : 王建이라

西川은 王建이다.

3)〔通鑑要解〕稱天祐……稱天復 : 天祐, 天復은 竝昭宗年號니 先天復이요 後天祐라 昭宣帝는 未有年號*)하니라

天祐와 天復은 모두 昭宗의 연호이니, 天復이 먼저이고 天祐가 뒤이다. 昭宣帝는 年號가 있지 않았다.

*) 昭宣帝 未有年號 : 임금이 즉위하여 해를 넘기면 元年을 바꾸는 것이 禮이다. 昭宣帝(哀帝)가 천자의 자리를 이어서 이미 해를 넘겼는데도 오히려 天祐라고 칭하였으니, 이는 원년도 고치지 않고 연호도 바꾸지 않은 것이다. 이는 朱全忠이 昭宣帝를 임금으로 받들지 않으려고 했기 때문에 改元을 허락하지 않은 것이다.

○ 蜀王이 遺晉王書云 請各帝一方하야 俟朱溫旣平하야 乃訪唐宗室立之하고 退歸藩服이어늘 晉王이 復書不許曰 誓於此生에 靡敢失節호리라 〈李克用이 平黃巢하야 有大功하니 唐昭宗이 封爲晉王이라 後에 其子存勖이 襲位하야 遂滅梁國하고 號唐하니 卽莊宗也라 蜀王은 王建이니 唐昭宗이 封爲蜀王이러니 後爲唐莊宗所滅하고 孟知祥이 復據其地라가 至宋朝하야 國除하니라〉

蜀王(王建)이 晉王(李克用)에게 편지를 보내어 이르기를 "청컨대 각각 한 지방의 황제가 되어 朱溫을 평정하기를 기다려서 마침내 唐나라의 종실을 찾아 세우고 물러나 藩臣으로 돌아가자." 하니, 晉王이 답서에 허락하지 않고 말하기를 "맹세코 이생에서는 감히 신하의 절개를 잃지 않겠다." 하였다. - 李克用이 黃巢를 평정하여 큰 공이 있으니, 唐나라 昭宗이 晉王으로 봉하였다. 뒤에 그의 아들 存勖이 왕위를 세습하여 마침내 梁나라를 멸망시키고 國號를 唐(後唐)이라고 하니, 바로 莊宗이다. 蜀王은 王建이니, 唐나라 昭宗이 蜀王으로 봉하였는데 뒤에 後唐의 莊宗에게 멸망당하였으며, 孟知祥이 다시 이 땅을 점거했다가 宋나라 때에 이르러 나라가 없어졌다. -

○ 岐王이 治軍甚寬하고 待士卒簡易하니 由是로 衆心悅服이라 然이나 御軍無紀

律이러라 **及聞唐亡**이로되 **以兵羸(리)地蹙**이라하야 **不敢稱帝**하다 〈**岐王李茂貞**이 **據鳳翔**하니 **本姓**은 **宋**이요 **名**은 **文通**이라 **僖宗時**에 **以功賜姓名**하고 **昭宗時**에 **封岐王**하고 **唐莊宗**이 **改封秦王**이러니 **至唐明宗時**하야 **國除**하니라〉

岐王(李茂貞)이 군대를 다스리기를 매우 너그럽게 하고 사졸들을 대하기를 소탈하고 평이하게 하니, 이 때문에 사람들의 마음이 기뻐하고 복종하였으나 군대를 통솔함에 紀律이 없었다. 唐나라가 망했다는 말을 들었으나 군대가 지치고 영토가 좁다 하여 감히 황제를 칭하지 못하였다. - 岐王 李茂貞이 鳳翔을 점거하니, 本姓은 宋이고 이름은 文通이다. 僖宗 때에 공을 세워 李茂貞이라는 성명을 하사받았고, 昭宗 때에 岐王에 봉해졌으며, 後唐의 莊宗이 秦王으로 고쳐서 봉하였는데, 後唐 明宗 때에 이르러 나라가 없어졌다. -

○ **梁**이 **以武安節度使馬殷**으로 **爲楚王**하다 〈**馬殷**이 **據潭州**하야 **盡有湖南之地**러니 **至後周太祖朝**하야 **爲南唐所滅**하니라〉

梁나라가 武安節度使 馬殷을 楚王으로 삼았다. - 馬殷이 潭州를 점거하여 湖南 지역을 모두 소유하였는데, 後周 太祖 때에 이르러 南唐에게 멸망당하였다. -

○ **以吳王鏐(류)**로 **爲吳越王**하다 〈**錢鏐據杭州**러니 **至宋朝**하야 **國除**하니라〉

吳王 錢鏐를 吳越王으로 삼았다. - 錢鏐가 杭州를 점거하였는데, 宋나라 때에 이르러 나라가 없어졌다. -

○ **以淸海節度使劉隱**으로 **爲南海王**하다 〈**據廣州**하야 **盡有嶺表之地**하고 **後改號漢**이러니 **至宋朝**하야 **國除**하니라〉

淸海節度使 劉隱을 南海王으로 삼았다. - 劉隱이 廣州를 점거하여 嶺表(嶺外) 지역을 모두 소유하고 뒤에 國號를 漢이라고 고쳤는데, 宋나라 때에 이르러 나라가 없어졌다. -

○ **以威武節度使王審知**로 **爲閩王**하다 〈**黃巢亂**에 **審知據福州**하야 **盡有閩嶺五州**하고 **後**에 **王延政**이 **居建州**하야 **號殷**이러니 **晉齊王時**에 **南唐滅之**하니라〉 **以權知荊南留後高季昌**으로 **爲節度使**하다 〈**據江陵**이러니 **至宋朝**하야 **國除**하니라〉

威武節度使 王審知를 閩王으로 삼았다. - 黃巢의 난리에 王審知가 福州를 점거하여 閩中과 嶺南의 다섯 州를 모두 소유하였고, 뒤에 王延政이 建州에 있으면서 殷이라고 이름하였는데, 後晉의 齊王 때에 南唐이 멸망시켰다. - 權知荊南留後 高季昌을 節度使로 삼았다. - 高季昌이 江陵을 점거하였는데, 宋나라 때에 이르러 나라가 없어졌다. -

○ **九月**에 **蜀王**이 **卽皇帝位**하야 **國號**를 **大蜀**이라하다

9월에 蜀王(王建)이 황제에 즉위하여 국호를 大蜀이라 하였다.

○ **梁遣保平節度使康懷貞**하야 **將兵八萬**하고 **攻潞州**하니 **晉昭義節度使李嗣昭 閉城拒守**어늘 **懷貞**이 **晝夜攻之**호되 **半月不拔**이라 **乃於潞州城下**에 **更築重城**하야 **內以防奔突**하고 **外以拒援兵**하고 **謂之夾寨**(채)**塹**[1)] **而守之**하다

梁나라가 保平節度使 康懷貞을 보내어 8만의 병력을 거느리고 潞州를 공격하게 하니, 晉나라 昭義節度使 李嗣昭가 성문을 닫고 항거하며 지켰는데, 康懷貞이 밤낮으로 공격하였으나 보름이 지나도록 함락하지 못하였다. 이에 潞州城 아래에 다시 겹성〔重城〕을 쌓아 안으로는 적이 달려와 충돌하는 것을 막고 밖으로는 구원병이 오는 것을 막고서 이것을 夾寨塹이라 이르며 지켰다.

1) 〔頭註〕 夾寨(채)塹 : 寨는 本作砦(채)하니 木柵也라 塹은 坑也니 遶城水라
　寨는 본래 砦로 쓰니, 목책이다. 塹(참호)은 구덩이이니, 성 주위를 둘러싼 물이다.

○ **契丹** 〈**耶律阿保機始建國元年**이라〉

契丹 - 耶律阿保機가 처음으로 건국한 元年이다. -

【戊辰】〈晉, 岐, 淮南은 稱唐天祐五年하고 梁開平二年이라 ○ 蜀高祖王建武成元年이라 ○ 是歲에 西川稱蜀하니 凡五國, 五鎭이라〉

무진(908) - 晉・岐・淮南은 唐나라 天祐 5년을 칭하였고, 梁나라는 開平 2년이다. ○ 蜀나라 高祖 王建의 武成 元年이다. ○ 이해에 西川이 蜀을 칭하니, 모두 다섯 나라이고 다섯 鎭이다. -

正月에 晉王克用이 薨하니 其子存勖이 嗣爲晉王하다 晉王이 與諸將謀曰 上黨, 潞州는 河東之藩蔽니 無上黨이면 是無河東也라 且朱溫所憚者는 獨先王耳러니 聞吾新立하고 以爲童子未閑軍旅라하야 必有驕怠之心하리니 若簡精兵하야 倍道趣(趨)之하야 出其不意하면 破之必矣라 取威定霸 在此一擧하니 不可失也라하다 晉王이 大閱士卒하야 帥周德威[1]等하고 發晉陽하야 進兵直抵夾寨하야 塡塹燒寨하고 鼓譟而入하니 梁兵이 大潰南走라 失亡將校士卒이 以萬計요 委棄資糧器械 山積이러라 梁主聞夾寨不守하고 大驚이러니 旣而요 歎曰 生子를 當如李亞子[2]니 克用이 爲不亡矣로다 至如吾兒하야는 豚犬耳라하니라

정월에 晉王 李克用이 죽으니, 그의 아들 存勖이 뒤를 이어 晉王이 되었다. 晉王이 여러 장수들과 다음과 같이 모의하였다.

"上黨과 潞州는 河東의 울타리이니, 上黨이 없으면 河東도 없게 될 것이다. 또 朱溫(朱晃)이 꺼리는 것은 다만 先王(李克用)뿐인데, 내가 새로 즉위했다는 말을 듣고는 동자가 군대의 일에 익숙하지 못할 것이라고 여겨서 반드시 교만하고 태만한 마음이 있을 것이니, 우리가 만약 정예병을 선발하여 행군 속도를 배가해서 달려가 그들이 예상하지 못한 곳으로 나오면 틀림없이 적을 격파할 수 있을 것이다. 위엄을 취하고 霸業을 정하는 것이 이 한 번의 擧事에 달려있으니, 기회를 놓칠 수 없다."

晉王이 사졸들을 크게 사열하여 周德威 등을 거느리고 晉陽을 출발해서 진군하여 곧바로 夾寨에 이르러 참호를 메우고 城寨를 불태우며 북을 울리고

함성을 지르며 들어가니, 梁나라 군대가 크게 궤멸되어 남쪽으로 도망하였다. 그리하여 도망하고 사망한 將校와 士卒이 만 명으로 헤아려졌고, 물자와 식량과 병기를 버리고 간 것이 산처럼 쌓여있었다.

梁主(朱溫)는 夾寨가 지켜지지 못했단 말을 듣고 크게 놀랐는데, 이윽고 탄식하기를 "자식을 낳으려면 마땅히 李亞子(李存勖)와 같아야 하니, 李克用이 아직 죽지 않았도다. 내 자식으로 말하면 돼지나 개와 같을 뿐이다." 하였다.

1)〔頭註〕周德威：都指揮使라

周德威는 都指揮使이다.

2)〔釋義〕李亞子：存勖小名이라

李亞子는 李存勖의 어렸을 적 이름이다.

〔史略 史評〕史斷曰 克用이 雖沙陀微種이나 奄有河東하야 巢寇之平에 功爲第一이어늘 上源之變[1]을 訴于朝廷而不獲伸하고 遂與賊梁相攻하야 積年不解라 然이나 安於爵列하야 爲唐純臣하야 每有除吏에 恥行墨勅[2]하야 必表聞朝廷이라 觀其答蜀主書컨대 曰 誓此一生에 靡敢失節이라하니 此其忠義 上通於天이니 賢於一時方伯이 遠矣라 故로 先儒稱其得人臣之體하야 述其忠義功烈하야 爲唐末第一流는 蓋以此也니라

史斷에 말하였다.

"李克用은 비록 沙陀의 미천한 종족이었으나 하루아침에 河東 지방을 소유하여 도적인 黃巢를 평정함에 功이 제일이었는데, 上源驛의 변고를 조정에 하소연하였으나 억울함을 풀지 못하고는 마침내 적국인 梁나라와 서로 공격하여 여러 해 동안 화해하지 못하였다. 그러나 신하의 爵列(爵位)을 편안히 여겨 당나라에 忠純한 신하가 되어 매번 관리를 임명할 때마다 墨勅을 행하는 것을 부끄러워하고 반드시 表文을 올려 조정에 보고하였다. 그가 蜀主에게 답한 편지를 살펴보건대 '맹세코 이생에서는 감히 신하의 절개를 잃지 않겠다.'라고 하였으니, 이는 그의 忠義가 위로 하늘에 통한 것이니, 당시의 方伯들보다 월등하게 낫다. 그러므로 先儒들이 人臣의 체통을 얻었다고 칭찬하여 그 忠義와 功烈을 기술하여 唐나라 말기의 第一流가 된 것은 이 때문이다."

1) 〔譯註〕 上源之變 : 上源은 驛名이다. 節度使 朱全忠이 李克用을 上源驛에 머물게 하고 잘 대우하였으나 李克用이 취중에 "당신은 黃巢의 무리가 아니었소?" 하고 자신의 약점을 말하자, 朱全忠은 李克用을 공격하여 죽이려 하였다. 이 사건은 앞의 48권 中和 4년(884)의 附註에 보인다.

2) 〔譯註〕 墨勅 : 外廷의 청을 거치지 않고 임금이 사사로이 관리를 임명하는 것을 이른다.

〔史略 史評〕 胡氏曰 喪不二事라 故로 春秋於背喪而卽戎者에 皆深譏之로되 惟其門庭之寇는 存亡繫焉일새 然後에 從權制而無避하니 此費誓所以得列於典謨命誥之後也[1]라 若李存勖夾寨之戰을 君子深有取者는 與是類耳라 蓋夾寨는 距晉陽不百里하니 可謂危急之秋也라 使存勖이 於是時에 執哀戚之常情하고 忽國家之大計하야 上黨淪陷이면 則晉陽不存하리니 又豈所以爲孝乎아 是以로 審緩急하고 量輕重하야 出奇制勝하야 以走梁師然後에 霸基復安이라 君子美之하니 垂訓이 大矣로다

胡氏(胡寅)가 말하였다.

"喪中에는 喪事 이외의 다른 일을 하지 않으므로 ≪春秋≫에서 喪事를 저버리고 전쟁에 나간 자들을 모두 심히 비판하였다. 그러나 門庭 안에 있는 도둑은 국가의 存亡이 달려있기 때문에 이러한 경우에는 權制(權道)를 따르고 피함이 없었으니, 이것이 바로 ≪書經≫의 〈費誓〉가 典·謨·命·誥의 뒤에 나열된 이유이다. 李存勖의 夾寨의 전투 같은 것을 君子가 깊이 인정하는 것도 이와 같은 종류이다. 夾寨는 晉陽과 거리가 100리가 못 되었으니, 국가의 위태로운 시기라고 이를 만하였다. 만약 李存勖이 이때에 喪을 슬퍼하는 常情을 고집하고 국가의 큰 계책을 소홀히 하여 上黨이 함락당했다면 晉陽이 보존되지 못하였을 것이니, 또 어찌 孝라고 할 수 있겠는가. 이 때문에 緩急을 살피고 輕重을 헤아려서 기이한 계책을 내어 승리함으로써 梁나라 군대를 敗走시킨 뒤에야 霸業의 기반이 다시 편안해졌다. 君子가 이것을 아름답게 여겼으니, 후세에 훈계를 남김이 크다."

1) 〔譯註〕 費誓所以得列於典謨命誥之後也 : 〈費誓〉는 ≪書經≫의 편명이니, 周公의

아들인 伯禽이 魯나라를 다스릴 적에 淮北 지역의 오랑캐가 반란을 일으키자 정벌하였는데, 이때 군사들을 費땅에 모아놓고 맹세한 내용이다. 典은 〈堯典〉·〈舜典〉을, 謨는 〈大禹謨〉·〈皐陶謨〉 등을, 命은 〈說命〉·〈微子之命〉 등을, 誥는 〈仲虺之誥〉·〈湯誥〉 등을 이른다. 〈費誓〉는 이러한 편의 뒤에 있으므로 말한 것이다.

○ 晉王이 **歸晉陽**하야 **休兵行賞**하고 **命州縣**하야 **擧賢才, 黜貪殘**하고 **寬租賦, 撫孤窮**하고 **伸冤濫, 禁姦盜**하니 **境內大治**러라

晉王이 晉陽으로 돌아와서 군대를 휴식시키고 賞을 내리며 州縣에 명해서 어진 이와 인재를 천거하고 탐욕스러운 자와 백성을 해치는 자들을 내치며, 백성들의 조세와 부역을 경감시키고 고아와 곤궁한 자들을 어루만지며, 억울한 자들을 풀어주고 간사한 자와 도둑을 금지하니, 경내가 크게 다스려졌다.

○ 淮南張顥[1] **弑弘農威王**[2]하고 **立其弟隆演**하야 **爲留後**[3]하다 〈**楊行密**이 **據淮南**이러니 **其子**偓이 **嗣爲弘農郡王**하고 **國號吳**라 **後爲徐知誥所簒**하야 **遂爲南唐**하니라〉

淮南의 張顥가 弘農 威王(楊偓)을 시해하고 그 아우 楊隆演을 세워 留後로 삼았다. - 楊行密이 淮南을 점거하였는데, 그 아들 偓이 뒤를 이어 弘農郡王이 되고 국호를 吳라 하였다. 뒤에 徐知誥에게 찬탈당하여 마침내 南唐이 되었다. -

1) 〔頭註〕 張顥 : 左牙指揮使라
  張顥는 左牙指揮使이다.

2) 〔頭註〕 威王 : 威는 楊偓諡也라
  威는 楊偓의 시호이다.

3) 〔頭註〕 淮南張顥……爲留後 : 顥與徐溫으로 弑偓이러니 溫復攻顥하야 殺之하니라
  張顥가 徐溫과 함께 楊偓을 시해하였는데, 徐溫이 다시 張顥를 공격하여 죽였다.

○ 契丹 〈**耶律阿保機改名億**이라 **二年**이라〉

契丹 - 耶律阿保機가 이름을 億으로 고쳤다. 2년이다. -

【己巳】〈晉, 岐, 淮南은 **稱唐天祐六年**하고 **梁開平三年**이라 ○ **是歲**에 **凡五國, 五鎭**이라〉

기사(909) - 晉·岐·淮南은 唐나라 天祐 6년을 칭하였고, 梁나라는 開平 3년이다. ○ 이해에 모두 다섯 나라이고 다섯 鎭이다. -

梁主遷都洛陽하다

梁主가 洛陽으로 천도하였다.

【辛未】〈晉, 岐, 吳는 **稱唐天祐八年**하고 **梁乾化元年**이라 ○ **蜀永平元年**이라 ○ **是歲**에 **凡五國, 五鎭**이라〉

신미(911) - 晉·岐·吳는 唐나라 天祐 8년을 칭하였고, 梁나라는 乾化 元年이다. ○ 蜀나라는 永平 元年이다. ○ 이해에 모두 다섯 나라이고 다섯 鎭이다. -

三月에 **梁淸海節度使南平襄王劉隱**이 **卒**하고 **其弟巖**이 **襲位**하다

3월에 梁나라 淸海節度使 南平襄王 劉隱이 죽고 그의 아우 劉巖이 왕위를 세습하였다.

○ **八月**에 **燕王守光**이 **卽皇帝位**하야 〈**劉仁恭之子也**니 **據幽州**하니라〉 **國號**를 **大燕**이라하다

8월에 燕王 劉守光이 황제에 즉위하여 - 燕王 劉守光은 劉仁恭의 아들이니, 幽州를 점거하였다. - 국호를 大燕이라 하였다.

○ **晉王**이 **聞燕王守光稱帝**하고 **大笑曰 俟彼十年**하야 **吾當問其鼎矣**[1]리라

晉王은 燕王 劉守光이 황제를 칭했다는 말을 듣고, 크게 웃으며 말하기를

"저들이 10년이 되기를 기다려 내 마땅히 솥의 輕重을 물을 것이다.(나라를 빼앗을 것이다.)" 하였다.

1)〔釋義〕吾當問其鼎矣*) : 左傳에 楚子伐陸渾之戎하야 遂至于洛하고 觀兵于周郊하니 定王이 使王孫滿으로 勞楚(王)〔子〕어늘 楚(王)〔子〕가 問鼎大小輕重한대 對曰 在德이요 不在鼎이라 桀有昏德하야 鼎遷于殷하야 載祀六百하고 殷紂暴虐하야 鼎遷于周하니 德之休明이면 雖小必重이요 其姦回昏亂이면 雖大必輕이라 昔에 成王이 定鼎于郟鄏(겹욕)에 卜世三十이요 卜年七百이니 天所命也라 周德雖衰나 天命未改하니 鼎之輕重을 未可問也라하니라

《春秋左傳》 宣公 3년에 楚子가 陸渾의 오랑캐를 정벌하고 마침내 洛陽에 이르러 周나라 교외에서 군대를 열병하니, 周나라 定王이 王孫滿으로 하여금 楚子를 위로하게 하였는데, 楚子가 천자를 상징하는 九鼎의 크기와 무게를 묻자, 王孫滿이 대답하기를 "帝王의 지위는 德에 달려있지 九鼎에 달려있지 않습니다. 桀王이 어두운 덕이 있어 九鼎이 殷나라로 옮겨 가서 600년을 지냈고, 殷나라 紂王이 포악하여 九鼎이 周나라로 옮겨 갔으니, 군주의 덕이 아름답고 밝으면 솥이 비록 작더라도 반드시 무겁고, 군주의 덕이 간사하고 혼란하면 솥이 비록 크더라도 반드시 가볍습니다. 옛날 成王이 郟鄏에 도읍을 정하고 九鼎을 안치할 적에 周나라의 代數를 점치니 30대였고 年數를 점치니 700년이었으니, 이는 하늘이 명한 것입니다. 周나라 덕이 비록 쇠하였으나 천명이 아직 바뀌지 않았으니, 九鼎의 무게를 물어서는 안 됩니다." 하였다.

*) 吾當問其鼎矣 : 이후로 '솥의 輕重을 묻는다.'는 말은 상대방이 차지하고 있는 帝王의 자리를 빼앗겠다는 뜻으로 사용하였다.

○ **契丹主** 〈五年이라〉

契丹主 - 5년이다. -

【壬申】 〈晉, 岐, 吳는 稱唐天祐九年하고 梁乾化二年이라 ○ 是歲에 凡五國, 五鎭이라〉

임신(912) - 晉·岐·吳는 唐나라 天祐 9년을 칭하였고, 梁나라는 乾化 2년이다. ○ 이해에 모두 다섯 나라이고 다섯 鎭이다. -

梁主疾增甚이어늘 **謂近臣曰 我經營天下三十年**에 **不意太原餘孽**[1)]이 **更昌熾如此**하니 **吾觀其志不小**라 **天復奪我年**하니 **我死**면 **諸兒**는 **非彼敵也**니 **吾無葬地矣**리하고 **因哽咽**(경열)하야 **絶而復蘇**하니라

梁主가 병이 더욱 심해지자, 가까운 신하에게 이르기를 "내가 천하를 경영한 지 30년인데, 太原의 남은 잔당(李存勖)이 이와 같이 다시 치성할 줄은 예상치 못했으니, 내가 살펴보건대 그들의 뜻이 작지 않다. 하늘이 다시 나의 수명을 빼앗아 가니, 내가 죽으면 여러 자식들은 저들의 적수가 못 되니, 내가 장사 지낼 곳이 없게 될 것이다." 하고는 인하여 목이 메어 오열하고 기절했다가 다시 소생하였다.

1) 〔頭註〕 餘孽 : 目晉王也라
　餘孽은 ≪資治通鑑綱目≫에 晉王(李存勖)으로 되어 있다.

○ **梁高季昌**[1)]이 **潛有據荊南之志**하야 **乃奏築江陵外郭**하야 **增廣之**하다

梁나라 高季昌이 은밀히 荊南을 점거할 뜻을 품고서 마침내 江陵의 外城을 수축할 것을 上奏하여 더 넓혔다.

1) 〔頭註〕 高季昌 : 荊南節度使라 梁錫爵渤海王이러니 後改名季興하니라 唐莊宗이 封南平王이러니 傳五世하야 至宋國除하니라
　高季昌은 荊南節度使이다. 梁나라에서 작위를 내려 渤海王으로 삼았는데, 뒤에 季興으로 개명하였다. 唐나라 莊宗(李存勖)이 南平王에 봉하였는데, 5代를 전하여 宋나라 때에 이르러 나라가 없어졌다.

○ **梁郢王友珪**[1)]의 **僕夫馮廷諤**이 **弑梁主**어늘 **友珪卽帝位**하다

梁나라 郢王 朱友珪의 마부인 馮廷諤이 梁主를 시해하자, 朱友珪가 황제에 즉위하였다.

1) 〔頭註〕 梁郢王友珪 : 梁太祖次子이니 其母는 亳州營娼也라 梁主愛假子友文之妻하야 將立友文爲嗣라가 遂爲友珪所弑[*)]하니라
　郢王 朱友珪는 梁나라 太祖의 次子이니, 그의 어머니는 亳州營의 娼妓였다. 梁

主가 養子인 朱友文의 妻를 사랑하여 장차 朱友文을 후사로 세우려고 하다가 마침내 朱友珪에게 시해당하였다.

＊) 梁主愛假子友文之妻……遂爲友珪所弑 : 梁 太祖(朱溫)의 元貞張皇后는 성품이 엄격하고 지혜가 많으니, 太祖가 공경하고 두려워하였다. 唐나라 昭宗 天祐 元年에 張皇后가 죽자, 太祖는 음악과 여색에 빠져 여러 아들들이 밖에 있는데도 항상 며느리들을 불러 모시게 하고는 종종 이들과 간음하였다. 養子인 友文의 처인 王氏가 미모가 뛰어나니, 太祖는 그녀를 더욱 총애하여 帝位를 友文에게 물려주려 하였다. 이에 友珪가 시해한 것이다.

〔史略 史評〕 史斷曰 朱溫이 爲黃巢賊黨이라가 力屈來降이어늘 王鐸이 推奬過分하야 旣受同華節鎭하고 不因立功이어늘 朝廷이 又與宣武等重鎭하야 寵過而驕하야 志欲無厭하야 遂移唐祚하니 考其所爲컨대 直巨盜耳라 簒國之後에 刑虐不悛하고 戕害無辜하며 不念聚麀(우)之恥[1]하야 釀成友珪之禍하야 未及七年에 其子屠之를 如机上肉이라 回視前日 弑逼之慘컨대 天之報之 足稱其施하니 可畏也夫인저

史斷에 말하였다.

"朱溫이 黃巢의 賊黨이 되었다가 힘이 꿇리자 와서 항복하였는데, 王鐸이 분에 넘치게 추대하고 장려하여 이미 同華의 節鎭(節度使의 藩鎭)을 받았고, 功을 세우지 않았는데도 조정에서 또다시 宣武 등의 중요한 藩鎭을 주었다. 그리하여 은총이 지나쳐 교만해져서 뜻과 욕망이 끝이 없어 마침내 唐나라의 國運을 옮겨갔으니, 그의 소행을 살펴보면 다만 큰 도둑일 뿐이다.

朱溫은 나라를 찬탈한 뒤에 가혹하게 형벌하는 것을 고치지 않고 無辜한 사람을 살해하였으며, 부자간에 한 여자를 함께 소유하여 인륜을 어지럽히는 부끄러움을 생각하지 않았다. 그리하여 朱友珪의 禍를 빚어 7년도 못 되어 자식이 아비를 도살하기를 도마 위의 고기를 난도질하듯 하였다. 前日에 군주를 시해하고 핍박한 참혹한 죄를 돌아보건대 하늘의 應報가 그가 한 짓에 걸맞으니, 참으로 두려워할 만하다."

1) 〔譯註〕 聚麀(우)之恥 : 짐승은 무지하여 예의를 모르므로 남녀의 분별이 없어 부자간에 암컷을 함께 소유하는 것을 이르는바, 인륜을 어지럽히는 것을 비유한

말이다. ≪禮記≫ 〈曲禮〉에 "오직 금수만은 예의가 없으므로 부자간에 암컷을 함께 소유한다.〔夫唯禽獸無禮 故父子聚麀〕" 하였는데, 鄭玄의 注에 "聚는 같이하는 것이며, 사슴의 암컷을 麀라고 한다.〔聚猶共也 鹿牝曰麀〕" 하였다. 여기서는 梁主 朱溫이 養子인 朱友文의 妻를 사랑한 것을 이른다.

○ 契丹主〈耶律億六年이라 其弟剌葛等이 復謀亂이어늘 釋不治하니라〉

契丹主 - 耶律億의 6년이다. 그 아우 耶律剌葛 등이 다시 반란을 도모하였는데 내버려두고 죄를 다스리지 않았다. -

均王※ 在位十一年이요 壽三十六이라

均王은 재위가 11년이고 壽가 36세이다.

※ 初名은 友貞이러니 更(경)名瑱하니 朱溫第三子라 諡曰末帝라

均王은 처음 이름이 友貞이었는데 이름을 瑱으로 고쳤으니, 朱溫의 셋째 아들이다. 시호를 末帝라 하였다.

【癸酉】〈晉, 岐, 吳는 稱唐天祐十年하고 梁主瑱乾化三年이라 ○ 是歲에 凡五國, 五鎭이라〉

계유(913) - 晉・岐・吳는 唐나라 天祐 10년을 칭하였고, 梁主 朱瑱은 乾化 3년이다. ○ 이해에 모두 다섯 나라이고 다섯 鎭이다. -

梁趙巖[1)]이 奉使至大梁이어늘 均王友貞이 密與之謀誅友珪할새 巖曰 此事成敗는 在招討楊令公[2)]耳니 得其一言하야 諭禁軍이면 吾事立辦이라한대 均王이 乃遣腹心馬愼交하야 之魏州하야 說楊師厚曰 郢王簒弑에 人望이 屬在大梁하니 公若因而成之하면 此不世之功也니라 師厚乃遣其將王舜賢하야 至洛陽하야 陰與袁象先[3)]謀하다 庚寅旦에 袁象先이 帥禁兵數千人하고 突入宮中하니 友珪聞變하고 與妻張氏와 及馮廷諤으로 趨北垣樓下하야 將踰城이러니 自度(탁)不

免하고 **令廷**諤**先殺妻**하고 **次殺己**하니 **廷**諤**亦自殺**이라 **象先, 巖**이 **齎傳國寶**하야 **詣大梁**하야 **迎均王**한대 **王曰 大梁**은 **國家創業之地**니 **何必洛陽**이리오하고 **乃卽帝位於大梁**하야 **更名**鍠하고 **又更名**瑱하다

梁나라 趙巖이 使命을 받들고 大梁에 이르자, 均王 朱友貞이 은밀히 그와 함께 朱友珪를 죽일 것을 모의하였다. 이때 趙巖이 말하기를 "이 일의 성패는 招討使 楊令公(楊師厚)에게 달려있으니, 그의 한마디 말을 얻어서 禁軍을 타이르면 우리 일이 당장 이루어질 수 있습니다." 하였다. 均王이 마침내 심복인 馬愼交를 보내어 魏州로 가서 楊師厚를 설득하기를 "郢王(朱友珪)이 황제를 시해하고 찬탈함에 천하의 人望이 大梁(朱友貞)에게 있으니, 公이 만약 이 기회를 이용하여 이번 일을 성공시킨다면 이는 세상에 없는 큰 공일 것입니다." 하였다.

楊師厚가 마침내 그의 장수 王舜賢을 洛陽으로 보내어 은밀히 袁象先과 도모하게 하였다. 庚寅日(2월 17일) 새벽에 袁象先이 禁兵 수천 명을 거느리고 궁중으로 돌입하니, 朱友珪가 변란이 일어났다는 말을 듣고 아내 張氏 및 馮廷諤과 함께 북쪽 담장의 누대 아래로 달려가서 장차 성을 넘어가려 하였는데, 스스로 죽음을 면치 못할 것을 헤아리고는 馮廷諤에게 명령하여 먼저 자신의 아내인 張氏를 죽이고 다음으로 자기를 죽이게 하였으며, 馮廷諤 또한 자살하였다.

袁象先과 趙巖이 傳國寶(옥새)를 가지고 大梁에 가서 均王을 맞이하자, 均王이 말하기를 "大梁은 우리나라가 창업한 곳이니, 하필 洛陽에 도읍할 것이 있겠는가." 하고는 마침내 大梁에서 황제에 즉위하여 이름을 鍠으로 고치고 또다시 이름을 瑱으로 고쳤다.

1) 〔頭註〕 趙巖 : 駙馬都尉이니 尙太祖女長樂公主하니라

趙巖은 駙馬都尉이니, 太祖의 딸인 長樂公主에게 장가들었다.

2) 〔頭註〕 楊令公 : 師厚爲北面道招討使하야 軍於魏州하니라

楊師厚(楊令公)가 北面道招討使가 되어 魏州에 주둔하였다.

3) 〔頭註〕 袁象先 : 親軍都指揮使니 乃太祖之甥也라 其父敬初는 尙太祖妹萬安大長

公主하니라

袁象先은 親軍都指揮使이니, 바로 太祖의 생질이다. 그의 아버지 袁敬初는 太祖의 누이인 萬安大長公主에게 장가들었다.

○ 晉李嗣源이 分兵하야 徇燕山後八州하야 皆下之하고 進逼幽州하다 晉王이 督諸軍하야 四面攻城克之하고 擒劉仁恭及其妻妾하니 守光이 帥妻子亡去라 晉王이 入幽州하야 王이 方宴할새 將吏擒守光適至어늘 王語之曰 主人이 何避客之深耶아 王이 命掌書記王緘하야 草露布[1)]한대 緘이 不知故事하야 書之於布하고 遣人曳之하니라

晉나라 李嗣源이 군대를 나누어 燕山 뒤에 있는 여덟 州를 순행하여 모두 함락시키고 전진하여 幽州를 핍박하였다. 晉王이 諸軍을 독려해서 사면으로 성을 공격하여 점령하고 劉仁恭과 그의 처첩들을 사로잡으니, 劉守光이 처자를 거느리고 도망갔다. 晉王이 幽州에 들어가서 王이 막 잔치하려고 할 적에 장수와 관리들이 劉守光을 사로잡아서 마침 이르자, 晉王이 말하기를 "주인이 어찌 이리도 손님을 심하게 피한단 말인가?" 하였다.

晉王이 掌書記 王緘에게 명하여 露布를 초하게 하였는데, 王緘이 故事를 잘 알지 못하여 이것을 삼베에 써서 사람을 보내어 끌고다니게 하였다.

1) 〔釋義〕 露布：文心雕龍曰 露布者는 蓋露板不封하야 布諸視聽也라 索隱曰 每戰克이면 欲使天下聞知하야 乃以板書獲捷之由하고 不封之하야 以示明告中外라 自後魏以來로 乃書帛하야 建於漆竿上하고 名爲露布라 初學記曰 露布를 人多用之하니 以不知其始라 春秋佐〈助〉期曰 武露布, 文露沈이라 宋均云 甘露見其國에 布散者는 人尙武하고 文采者는 則甘露(運)〔凝〕重[*)]이라하니라

≪文心雕龍≫에 이르기를 "露布는 露板을 봉함하지 않아서 여러 사람이 보고 듣게 하는 것이다." 하였고, ≪索隱≫에 이르기를 "매번 싸워 이기면 천하의 사람들로 하여금 이것을 듣고 알게 하고자 하여 마침내 적을 사로잡고 승리한 이유를 판자에 쓰고 이를 봉함하지 않아서 中外에 보여 밝게 고하였다. 後魏 이래로 마침내 비단에 써서 옻칠한 장대 위에 세우고 露布라 이름했다." 하였다. ≪初學記≫에 이르기를 "露布를 사람들이 많이 사용하는데, 언제 시작되었는지는 알 수

없다. ≪春秋佐助期≫에 이르기를 '〈甘露가 내릴 적에〉 武露는 가벼워서 흩어지고 文露는 무거워서 가라앉는다.'라고 하였는데, 宋均이 이르기를 '甘露가 그 나라에 나타날 적에 흩어지면 사람들이 武를 숭상하고, 문채를 숭상하게 되면 甘露가 엉겨서 무겁다.'라고 했다." 하였다.

*) 春秋佐〈助〉期曰……甘露(運)〔凝〕重 : ≪春秋佐助期≫를 인용한 것은 오류로 보인다. 여기에 '武露布'란 말이 있어 인용한 듯하나 '武露布'의 '布'는 '퍼진다'는 뜻이고 露布와는 상관이 없다.

○ **契丹主弟剌葛等**이 **反**이어늘 **誅其黨而釋之**하다

契丹主의 아우 耶律剌葛 등이 배반하자 그 도당을 주벌하고 풀어주었다.

【乙亥】 〈**晉, 岐, 吳**는 **稱唐天祐十二年**하고 **梁貞明元年**이라 ○ **是歲**에 **凡五國, 五鎭**이라〉

을해(915) - 晉·岐·吳는 唐나라 天祐 12년을 칭하였고, 梁나라는 貞明元年이다. ○ 이해에 모두 다섯 나라이고 다섯 鎭이다. -

二月에 **梁魏博軍**이 **亂**하야 **劫節度使賀德倫**하고 **求援於晉**이어늘 **晉王**이 **引兵**하야 **進據臨淸**하야 **與劉鄩**(심)**夾河爲營**하다

2월에 梁나라 魏博軍이 난리를 일으켜서 節度使 賀德倫을 위협하고 晉나라에 구원을 요청하였다. 이에 晉王이 군대를 이끌고 전진하여 臨淸을 점거해서 梁나라 장수 劉鄩과 함께 黃河를 끼고 대치하여 진영을 세웠다.

○ **梁主疎忌宗室**하고 **專任趙巖及德妃**[1]**兄弟張漢鼎, 漢傑**과 **從兄弟漢倫, 漢融**하야 **咸居近職**하야 **參預謀議**하다 **巖等**이 **依勢弄權**하야 **賣官鬻獄**하고 **離間舊將相**하니 **敬翔, 李振**이 **雖爲執政**이나 **所言**이 **多不用**이라 **振**이 **每稱疾不預事**하야 **以避趙, 張之族**하니 **政事日紊**하야 **以至於亡**하니라

梁主가 종실을 멀리하고 꺼리며 오로지 정권을 趙巖 및 德妃의 형제인 張

漢鼎・張漢傑과 종형제인 張漢倫・張漢融에게 맡겨서 모두 가까운 요직에 있게 하여 모의에 참여하게 하였다. 趙巖 등은 세력을 믿고 권력을 농간하여 재물을 받고 관직을 팔고 옥사를 미끼로 뇌물을 받으며 옛 장수와 정승들을 이간질하였다. 敬翔과 李振은 비록 執政大臣이 되었으나 말한 것이 대부분 쓰이지 않았다. 李振은 매번 병을 핑계대고 국사에 관여하지 아니하여 趙巖과 張氏 종족을 피하니, 정사가 날로 문란해져서 멸망에 이르게 되었다.

1)〔頭註〕德妃：帝之母也
　德妃는 皇帝의 어머니이다.

【丙子】 〈晉, 岐, 吳는 稱唐天祐十三年하고 梁貞明二年이라 ○ 蜀通正元年이라 ○ 是歲에 凡五國, 五鎭이라〉

병자(916) – 晉・岐・吳는 唐나라 天祐 13년을 칭하였고, 梁나라는 貞明 2년이다. ○ 蜀나라는 通正 元年이다. ○ 이해에 모두 다섯 나라이고 다섯 鎭이다. –

春二月에 **梁主屢趣(促)劉鄩**하야 **與晉王戰**이러니 **鄩兵**이 **大敗**라 **王檀**[1]이 **密疏**하야 **請發關西兵**하야 **襲晉陽**한대 **梁主從之**하야 **兵至晉陽**하야 **夜急攻之**하니 **城幾陷者數四**라 **昭義節度使李嗣昭 遣牙將石君立**하야 **救之**하니 **梁兵死傷者什二三**이라 **王檀**이 **引兵大掠而還**하니 **梁主聞劉鄩敗**하고 **又聞王檀無功**하고 **歎曰 吾事去矣**라하니라

봄 2월에 梁主가 여러 번 劉鄩을 재촉하여 晉王과 싸우게 하였는데, 劉鄩의 군대가 크게 패하였다. 王檀이 은밀히 상소하여 關西의 군대를 징발해서 晉陽을 습격할 것을 청하자, 梁主가 그의 말을 따라 군대가 晉陽에 이르러서 밤중에 맹렬히 공격하니, 晉陽城이 거의 함락될 뻔한 것이 서너 번이었다. 昭義節度使 李嗣昭가 牙將 石君立을 보내어 구원하게 하니, 梁나라 군사들 중에 죽고 부상한 자가 10분에 2, 3이었다. 王檀이 군대를 이끌고 가면서 크게 노략질하고 돌아왔다.

梁主는 劉鄩이 패했다는 말을 들었고 또 王檀도 공이 없이 돌아왔다는 말을 듣고는 한탄하기를 "내 일이 글렀다." 하였다.

1)〔頭註〕王檀：匡國節度使라
王檀은 匡國節度使이다.

○ **契丹主改元神冊**하다

契丹主가 神冊으로 改元하였다.

【戊寅】〈晉, 岐, 吳는 稱唐天祐十五年하고 梁貞明四年이라 ○ 蜀光天元年이라 ○ 是歲에 凡六國, 四鎭이라〉

무인(918) - 晉·岐·吳는 唐나라 天祐 15년을 칭하였고, 梁나라는 貞明 4년이다. ○ 蜀나라는 光天 元年이다. ○ 이해에 모두 여섯 나라이고 네 鎭이다. -

春에 **晉兵**이 **侵掠至鄆**(운), **濮而還**이어늘 **梁敬翔**이 **上疏曰 國家連年喪師**에 **疆域日蹙**이라 **陛下居深宮之中**하야 **所與計事者**는 **皆左右近習**이니 **豈能量敵國之勝負乎**잇가 **先帝之時**에 **奄有河北**하고 **親御豪傑之將**호되 **猶不得志**[1]어시늘 **今敵至鄆州**로되 **陛下不能留意**하시니 **必若乏才**인댄 **乞於邊陲自效**하노이다 **疏奏**에 **趙, 張之徒 言翔怨望**이라하니 **梁主遂不用**하다

봄에 晉나라 군대가 침략하여 鄆州와 濮州까지 이르렀다가 돌아가자, 梁나라 敬翔이 다음과 같이 상소하였다.

"우리나라가 여러 해를 계속해서 전쟁에서 패하여 疆域(領土)이 날로 축소되고 있습니다. 폐하께서 깊은 궁중에 거처하시어 함께 정사를 계획하는 자들이 모두 좌우의 측근들이니, 어찌 적국의 승부를 헤아릴 수 있겠습니까. 先帝 때에 곧바로 河北 지방을 소유하고 호걸스러운 장수를 직접 어거하였으나 오히려 晉나라에서 뜻을 얻지 못하셨는데, 지금 적이 鄆州에 이르렀는데

도 폐하께서 유념하지 않으시니, 폐하께서 만약 국가에 인재가 없다고 하신다면 臣이 변방에서 스스로 충성을 바칠 것을 청합니다."

상소문을 올린 뒤에 趙巖과 張漢鼎의 무리가 "敬翔이 원망한다."고 말하니, 梁主가 마침내 그의 말을 따르지 않았다.

1)〔頭註〕猶不得志：不得志는 謂不得志于晉이라
뜻을 얻지 못하였다는 것은 晉나라에서 뜻을 얻지 못하였음을 이른다.

○ 吳徐知誥 爲淮南節度行軍副使하다〈知誥後簒吳하니 是爲南唐이라〉知誥事吳王盡恭하고 接士大夫以謙하며 御衆以寬하고 約身以儉이라 以吳王之命으로 悉蠲(견)天祐十三年以前逋稅[1]하고 餘俟豐年하야 乃輸之하고 求賢才, 納規諫하고 除姦猾, 杜請託하니 於是에 士民이 翕然歸心하야 雖宿將悍夫라도 無不悅服이러라 以宋齊丘로 爲謀主하니 由是로 江淮間에 曠土[2]盡闢하고 桑柘(자)滿野하야 國以富强하니라

吳나라 徐知誥가 淮南節度行軍副使가 되었다. - 徐知誥가 뒤에 吳나라를 찬탈하니, 이것이 南唐이다. - 徐知誥가 吳王을 섬김에 공경을 다하고 겸손으로 士大夫를 대하며, 관대함으로 무리들을 다스리고 검소함으로 몸을 단속하였다.

吳王의 명령으로 天祐 13년 이전에 체납된 세금을 모두 면제해주고 나머지는 풍년이 들기를 기다렸다가 바치게 하였으며, 덕이 있는 자와 재주 있는 자를 발굴하고 規諫하는 말을 받아들이며, 간사하고 교활한 자를 제거하고 청탁을 막으니, 이에 선비와 백성들이 모두 마음이 돌아와서 비록 老將과 사나운 지아비라도 기뻐하여 복종하지 않는 자가 없었다.

徐知誥는 宋齊丘를 謀主로 삼으니, 이로 말미암아 江淮 지방의 빈 땅이 모두 개간되고 뽕나무와 산뽕나무가 들에 가득하여 국가가 부강하게 되었다.

1)〔頭註〕逋稅：欠負官物과 亡匿不還을 皆謂之逋라하니라
관아의 재물을 축낸 것과 재물을 잃어버리거나 숨기고 되돌려주지 않는 것을 모두 逋라고 이른다.

2)〔通鑑要解〕曠土：空曠不耕之土也라
　曠土는 비워두고 경작하지 않는 농토이다.

○ **契丹主**〈**作孔子廟**하고 **親謁之**하니라〉

契丹主 - 孔子의 사당을 만들고 친히 배알하였다. -

【己卯】〈**晉, 岐**는 **稱唐天祐十六年**하고 **梁貞明五年**이라 ○ **蜀乾德元年**이요 **吳宣王楊隆演武義元年**이라 ○ **是歲**에 **凡六國, 四鎭**이라〉

기묘(919) - 晉·岐는 唐나라 天祐 16년을 칭하였고, 梁나라는 貞明 5년이다. ○ 蜀나라는 乾德 元年이고, 吳나라는 宣王 楊隆演의 武義 元年이다. ○ 이해에 모두 여섯 나라이고 네 鎭이다. -

吳徐溫[1)]이 **自以權重而位卑**라하야 **勸吳王建國稱帝而治**러니 **吳王**이 **不許**하다 **夏**에 **卽吳國王位**[2)]하다

吳나라 徐溫이 스스로 생각하기를 권력은 막중하지만 지위가 낮다고 하여 吳王에게 나라를 세우고 황제를 칭하여 통치할 것을 권하였는데, 吳王(楊隆演)이 허락하지 않았다. 여름에 吳王이 吳國王에 즉위하였다.

1)〔頭註〕徐溫：少販鹽이러니 及楊行密起하야 隷行密帳下라가 遂爲吳將相하다 天復二年에 封行密爲吳王하니라
　徐溫은 젊었을 적에 소금을 팔았는데, 楊行密이 일어나자 楊行密의 막하에 예속되었다가 마침내 吳나라의 將相이 되었다. 天復 2년(902)에 楊行密을 吳王에 봉하였다.

2)〔頭註〕卽吳國王位：隆演이 建國改元하고 用天子禮하야 以溫爲大丞相하고 隆演이 攝行하니 行密第二子라
　楊隆演이 나라를 세워 연호를 고치고 天子의 禮를 사용하여 徐溫을 大丞相으로 삼고 楊隆演이 섭행하니, 楊隆演은 楊行密의 둘째 아들이다.

○ **蜀主王建**이 **殂**하니 **太子衍**이 **卽皇帝位**하다

蜀主 王建이 죽으니, 太子 衍이 황제에 즉위하였다.

○ **晉王**이 **如魏州**하야 **發徒數萬**하야 **廣德勝北城**[1)]하고 **日與梁人爭**하야 **大小百餘戰**에 **互有勝負**러라 **右射軍使石敬瑭**이 **與梁人**으로 **戰于河壖**(연)[2)]할새 **梁人**이 **擊敬瑭**하야 **斷其馬甲**이어늘 **橫衝兵馬使**[3)]**劉知遠**이 **以所乘馬授之**하고 **自乘斷甲者**하고 **徐行爲殿**[4)]하다 **梁人**이 **疑有伏**하야 **不敢追**이라 **俱得免**하니 **敬瑭**이 **以是親愛之**하니라 〈**敬瑭**, **知遠**은 **其先**이 **皆沙陀人**이니 **敬瑭**은 **後爲晉高祖**하고 **知遠**은 **爲漢高祖**하니라〉

晉王이 魏州에 가서 수만 명의 무리를 징발하여 德勝의 북쪽 성을 더 넓히고 날마다 梁나라 사람들과 다투어 크고 작은 백여 차례의 전투를 벌였으나 서로 승부가 나지 않았다. 右射軍使 石敬瑭이 梁나라 사람들과 河壖에서 싸울 적에 梁나라 사람이 石敬瑭을 공격하여 말의 갑옷을 끊자, 橫衝兵馬使 劉知遠이 자기가 타고 있던 말을 石敬瑭에게 주고 자신은 갑옷이 끊긴 말을 바꿔 타고는 천천히 가서 군대의 후미가 되었다. 梁나라 사람들은 복병이 있을까 의심하여 감히 압박하지 못하였다. 그러므로 모두 죽음을 면할 수 있었으니, 石敬瑭이 이 때문에 그를 친애하였다. - 石敬瑭과 劉知遠은 그 선조가 모두 沙陀 사람이니, 石敬瑭은 뒤에 晉나라 高祖가 되었고, 劉知遠은 漢나라 高祖가 되었다. -

1) 〔頭註〕 德勝北城 : 德勝南北夾河에 皆有城이라
 德勝의 남쪽과 북쪽 夾河에 모두 성이 있었다.

2) 〔釋義〕 河壖(연) : 壖은 而緣反이니 緣河邊地라 按韻書에 本作瞤하고 或作堧하니 訓郤也라 郤은 隙地也라 師古曰 堧은 游地니 游는 餘也라하니라
 壖은 而緣反(연)이니 黃河 연변의 땅이다. 살펴보건대 ≪韻書≫에 본래 瞤으로 되어 있고 혹은 堧으로 되어 있으니 訓은 郤이니, 郤은 空閑地이다. 顔師古가 말하기를 "堧은 노는 땅이니, 游는 남아있는 것이다." 하였다.

3) 〔釋義〕 橫衝兵馬使 : 橫衝은 軍都之號也라
 橫衝은 軍都의 칭호이다.

4) 〔釋義〕 徐行爲殿 : 王氏曰 徐는 緩也니 說文에 安行也라 殿은 丁練反이니 凡軍居

前曰啓요 居後曰殿이요 又謂之斷後라하니 此乃兵家之最難者也라 我兵旣敗하야 敵人來追에 我在後拒之는 非勇敢者면 不能也라

王氏가 말하였다. "徐는 느림이니, ≪說文解字≫에 '천천히 가는 것이다.' 하였다. 殿은 丁練反(전)이니 무릇 군대는 선두에 있는 것을 啓라 하고, 후미에 있는 것을 殿이라 한다. 그리고 또 이를 일러 斷後(후미를 끊음)라고 하니, 이는 兵家에서 가장 어려운 것이다. 우리 군대가 이미 패하여 적들이 쫓아올 적에 내가 후미에 있으면서 적을 막는 것은 용감한 자가 아니면 할 수 없는 것이다."

○ 契丹이 城遼陽하다

契丹이 遼陽에 築城하였다.

歷年圖曰 太祖始以黃巢降將으로 秉旄宣武[1]하고 逞其詐力하야 蠶食諸夏하야 地廣兵彊이라 威權日熾에 志欲無厭하야 遂遷唐祚러니 淫虐不悛하야 禍自內興하니 不得其死 宜矣라 均王은 膏粱之子[2]로 材不過人이어늘 棄敬翔, 王彦章하고 而用趙巖, 張歸霸하야 以與莊宗爲敵하니 能無亡乎아

≪歷年圖≫에 말하였다.

"太祖(朱溫)는 처음에 黃巢 휘하의 항복한 장수로서 宣武軍의 깃발을 잡고 속임수와 무력을 부려 諸夏(中國)를 잠식하여 영토가 넓어지고 군대가 강성하였다. 위엄과 권세가 날로 성해지자 뜻과 욕망이 만족함이 없어서 마침내 唐나라의 국통을 옮겨갔는데, 음탕함과 잔학함을 고치지 아니하여 禍가 안에서 일어났으니, 올바른 죽음을 얻지 못한 것이 당연하다. 均王은 부귀한 집안의 자제로서 재주가 보통사람을 넘지 못하였는데, 敬翔과 王彦章을 버리고 趙巖과 張歸霸를 등용하여 後唐의 莊宗과 대적하였으니, 망하지 않을 수 있겠는가."

1) 〔頭註〕 秉旄宣武 : 僖宗이 以朱全忠으로 爲宣武節度使하니라
僖宗이 朱全忠을 宣武節度使로 임명하였다.

2) 〔譯註〕 膏粱之子 : 고량진미를 먹고 자라서 고생을 모르는 부귀한 집안의 자제를 이른다.

右後梁은 二主에 共一十七年이라

이상 後梁은 두 군주에 모두 17년이다.

後唐紀

莊宗※ 在位三年이요 壽三十五라

莊宗은 재위가 3년이고 壽가 35세이다.

※ 名은 存勖이니 附唐屬籍하야 姓李라 本西突厥種이니 姓朱邪氏라 父克用이 立功於唐하야 封晉王이러니 後滅梁하고 復稱唐하니라

莊宗은 이름이 存勖이니, 唐나라의 屬籍(왕실의 족보)에 붙여 姓을 李氏라 하였다. 본래 西突厥 종족이니, 姓은 朱邪氏이다. 아버지 李克用이 唐나라에 공을 세워 晉王에 봉해졌는데, 뒤에 梁나라를 멸망시키고 다시 唐이라고 칭하였다.

【癸未】〈岐稱唐天祐二十年하고 梁龍德三年은 盡十月하고 四月以後는 唐莊宗李存勖同光元年이라 ○ 是歲에 梁亡하고 晉稱唐하니 凡五國, 四鎭이라〉

계미(923) - 岐나라는 唐나라 天祐 20년을 칭하였고, 梁나라 龍德 3년은 10월에 끝나고 4월 이후는 唐나라 莊宗 李存勖의 同光 元年이다. ○ 이해에 梁나라가 망하고 晉나라가 唐나라를 칭하니, 모두 다섯 나라이고 네 鎭이다. -

夏四月에 晉王이 卽皇帝位하야 國號를 大唐이라하다 梁主遣段凝[1)]하야 監大軍於河上하니 敬翔, 李振이 屢請罷之한대 梁主曰 凝未有過하니라 振曰 俟其有過면 則社稷危矣리이다 凝이 乃厚賂趙, 張하야 求爲招討使어늘 翔, 振이 力爭하야 以爲不可라호되 趙, 張主之하야 竟代王彦章[2)]하야 爲北面招討使하니 於是에 宿將憤怒하고 士卒亦不服하니라

여름 4월에 晉王이 황제에 즉위하여 국호를 大唐이라 하였다. 梁主가 段凝

을 보내어 河水 가에서 大軍을 감독하게 하니, 敬翔과 李振이 여러 번 파직할 것을 청하였다. 梁主가 말하기를 "段凝이 아직 잘못한 것이 있지 않다."라고 하자, 李振이 말하기를 "그가 잘못하기를 기다리면 사직이 위태로울 것입니다." 하였다.

段凝이 마침내 趙巖과 張漢鼎에게 많은 뇌물을 보내어 招討使가 되기를 요구하였다. 敬翔과 李振이 강력히 간쟁하여 불가하다고 하였으나 趙巖과 張漢鼎이 이것을 주장해서 끝내 王彦章을 대신하여 北面招討使에 임명하니, 이에 老將들이 분노하였고 사졸들 또한 복종하지 않았다.

1)〔頭註〕段凝：內莊宅使라 凝妹爲梁太祖美人*)이라 故로 親信之러니 後率精兵五萬하고 降唐하니라

段凝은 內莊宅使이다. 段凝의 누이가 梁나라 太祖의 美人이 되었다. 그러므로 그를 친애하고 신임하였는데, 뒤에 정예병 5만을 거느리고 唐나라에 항복하였다.

*) 美人：妃嬪의 칭호이다.

2)〔附註〕竟代王彦章：敵號王鐵槍이라 趙, 張等이 惡彦章하야 相與協力傾之하다 段凝이 素疾彦章하고 諂附趙, 張하야 百方沮撓하야 惟恐有功이라 每捷奏至에 趙, 張이 悉歸功於凝하야 竟代彦章하다 已而요 梁亡하니 凝이 率精兵降(后)〔唐〕하야 奏趙巖, 張漢傑이 竊弄權兵하야 殘害群生하니 請族之하소서 凝賂劉后하야 以求恩寵하니 莊宗賜姓名曰李紹欽이라하고 以爲秦寧節度使하니라

적들이 王彦章을 王鐵槍이라고 불렀다. 趙巖과 張漢傑 등이 王彦章을 미워하여 서로 힘을 합쳐 모함하였다. 段凝이 평소 王彦章을 미워하고 趙巖과 張漢傑에게 아첨하여 백방으로 王彦章을 저지해서 王彦章이 행여 공을 세울까 두려워하였다. 그리하여 승전보가 이를 때마다 趙巖과 張漢傑이 段凝에게 공을 모두 돌려 끝내 段凝으로 하여금 王彦章을 대신하게 하였다. 이윽고 梁나라가 망하니, 段凝이 정예병을 거느리고 唐나라에 항복하여 아뢰기를 "趙巖과 張漢傑이 병권을 훔쳐 농간하여 生民들을 잔인하게 해쳤으니, 멸족시키소서."라고 하였다. 段凝이 劉后에게 뇌물을 바쳐 은총을 구하니, 莊宗이 李紹欽이라는 姓名을 하사하고 秦寧節度使로 임명하였다.

○ 八月에 梁右先鋒指揮使康延孝 帥百餘騎하고 來奔이어늘 唐主屛人하고 問

延孝以梁事한대 對曰 梁朝는 地不爲狹하고 兵不爲少나 然迹其行事컨댄 終必敗亡이요 近에 又聞欲數道出兵하야 決以十月大擧라하니 臣이 竊觀梁兵컨대 聚則不少요 分則不多니 願陛下養勇蓄力하야 以俟其分兵하야 帥精騎五千하고 自鄆(운)州로 直抵大梁하야 擒其僞主하시면 旬月之間에 天下定矣리이다 唐主大悅하다

8월에 梁나라 右先鋒指揮使 康延孝가 백여 명의 기병을 거느리고 도망해 오자, 唐主가 사람을 물리치고 康延孝에게 梁나라의 사정을 물으니, 대답하기를 "梁나라 조정은 영토가 좁지도 않고 병력이 적지도 않으나 그 행하는 일을 살펴보면 끝내 반드시 패망할 것입니다. 근래에 또 듣자하니, 여러 길로 출병하여 10월에 크게 군대를 일으켜 唐나라를 進攻하기로 결정했다고 합니다. 신이 적이 梁나라 군대를 살펴보건대, 한 곳에 모이면 적지 않고 분산하면 많지 않으니, 바라건대 폐하께서 용맹을 기르고 힘을 축적하여 그들이 병력을 분산하기를 기다려서 정예기병 5천 명을 거느리고 鄆州로부터 곧바로 大梁에 이르러 괴뢰 군주를 사로잡는다면 열흘이나 한 달 사이에 천하가 평정될 것입니다." 하니, 唐主가 크게 기뻐하였다.

○ 唐主聞梁人欲大擧數道入寇[1)]하고 召諸將會議하니 郭崇韜[2)]對曰 段凝이 本非將才라 不能臨機決策하니 無足可畏요 降者皆言大梁無兵이라하니 陛下若留兵守魏하야 固保楊劉[3)]하고 自以精兵으로 與鄆州合勢하야 長驅入汴이면 彼城中旣空虛라 必望風自潰하리니 苟僞主授首하면 則諸將自降矣리이다 唐主曰 此正合朕意로다 丈夫得則爲王이요 失則爲虜니 吾行決矣로라 冬十月에 唐主以大軍濟河하야 至鄆州하야 遇梁兵하야 一戰敗之하고 追至中都하야 圍其城하니 城無守備라 少頃에 梁兵이 潰圍出이어늘 擒王彦章하야 斬之하다

唐主는 梁나라 사람들이 크게 군대를 일으켜 여러 길로 들어와 침략하고자 한다는 말을 듣고는 여러 장수들을 불러 회의하니, 郭崇韜가 다음과 같이 대

답하였다.

"段凝은 본래 장수의 재질이 있는 자가 아닙니다. 임기응변하여 계책을 결단하지 못하니 두려워할 만한 상대가 못 되며, 梁나라에서 항복해 온 자들이 모두 말하기를 '大梁에는 군대가 없다.'고 합니다. 폐하께서 만약 군대를 남겨두어 魏州를 지켜 楊劉를 굳게 막고, 스스로 정예병을 거느리고 鄆州와 합세하여 계속 몰아쳐서 汴京(大梁)으로 쳐들어간다면 저들의 성안은 이미 텅 비어 있을 것입니다. 저들은 반드시 소문만 듣고도 두려워서 스스로 궤멸될 것이니, 만약 괴뢰 군주가 목을 바친다면 여러 장수들이 스스로 항복할 것입니다."

이에 唐主가 말하기를 "이는 참으로 나의 뜻과 부합한다. 대장부가 잘되면 왕이 되고 잘못되면 포로가 되는 것이니, 나는 출전하기로 결정했다." 하였다.

겨울 10월에 唐主가 大軍을 거느리고 黃河를 건너 鄆州에 이르러서 梁나라 군대를 만나 一戰에 패퇴시키고, 추격하여 中都에 이르러서 그 성을 포위하니, 성에 수비가 없었다. 잠시 후에 梁나라 군대가 포위를 뚫고 나오자, 王彦章을 사로잡아 목을 베었다.

1)〔通鑑要解〕唐主聞梁人欲大擧數道入寇：聞於康延孝之言也라
　唐主가 康延孝의 말을 들은 것이다.

2)〔頭註〕郭崇韜：樞密使라
　郭崇韜는 樞密使이다.

3)〔頭註〕楊劉：地名이라
　楊劉는 지명이다.

○ **康延孝請亟取大梁**한대 **李嗣源**[1]**曰 兵貴神速**하니 **今彦章就擒**을 **段凝**이 **必未之知**라 **此去大梁至近**하고 **前無山險**하니 **方陳**[2]**橫行**하야 **晝夜兼程**이면 **信宿**[3]**可至**하리이다 **段凝**이 **未離河上**하야 **友貞**이 **已爲吾擒矣**리니 **延孝之言**이 **是也**니이다 **唐主從之**하야 **令下**에 **諸軍**이 **皆踊躍願行**이러라 **梁主使人促段凝軍**이러니 **旣辭**에 **皆亡匿**이라 **梁主日夜涕泣**하고 **不知所爲**하며 **置傳國寶於臥內**라가 **忽**

失之하니 **已爲左右竊之**하야 **迎唐軍矣**러라 **梁主謂皇甫麟**[4]**曰 李氏**는 **吾世讐**라 **理難降首**[5]요 **不可俟彼刀鋸**라 **吾不能自裁**하니 **卿可斷吾首**하라 **麟泣**하고 **遂弑梁主**하고 **因自殺**하다

康延孝가 大梁을 속히 점령할 것을 청하자, 李嗣源이 말하기를 "군대는 신속함을 소중히 여기니, 지금 王彦章이 사로잡힌 것을 段凝은 반드시 알지 못할 것입니다. 이곳은 大梁과의 거리가 매우 가깝고 앞에 險阻한 山川이 없으니, 方陣(方形의 陣)을 치고 횡행해서 밤낮으로 행군 속도를 배가한다면 이틀 밤이면 도착할 수 있을 것이니, 段凝이 河水 가를 떠나기 전에 朱友貞은 이미 우리에게 사로잡힐 것입니다. 康延孝의 말이 옳습니다." 하였다. 唐主가 그의 말을 따라 명령을 내리자, 諸軍들이 모두 기뻐 날뛰며 출전하기를 원하였다.

梁主가 사람을 시켜 段凝에게 군대를 출동할 것을 재촉하였는데, 段凝이 하직하자 군사들이 모두 도망하여 숨었다. 梁主가 밤낮으로 눈물을 흘리며 어찌할 줄을 몰랐으며, 傳國寶를 침실 안에 두었다가 갑자기 잃어버리니, 이미 좌우 사람들이 훔쳐가서 唐나라 군대를 맞이하였다. 梁主가 皇甫麟에게 이르기를 "李氏는 우리와 대대로 원수지간이다. 도리상 머리를 숙이고 항복할 수도 없고, 가만히 앉아서 저들의 칼과 톱(刑具)을 기다릴 수도 없다. 나는 용기가 없어 자결할 수 없으니, 卿이 나의 목을 자르라." 하였다. 이에 皇甫麟이 울면서 마침내 梁主를 시해한 다음 인하여 자살하였다.

1) 〔頭註〕 李嗣源 : 唐遣嗣源하야 取梁鄆州하고 以嗣源爲節度使하니라
 唐나라가 李嗣源을 보내어 梁나라 鄆州를 점령하고 李嗣源을 節度使로 임명하였다.

2) 〔頭註〕 方陳 : 陳은 讀曰陣이니 方陣[*]은 竝陣而進也라
 陳은 陣으로 읽으니, 方陣은 나란히 陣을 치고 전진하는 것이다.

*) 方陣 : 병사들을 사각형으로 배치하여 친 陣을 이른다. 옛날에는 方陣, 圓陣, 雁行陣, 鉤行陣 등 여러 종류의 陣法이 있었다.

3) 〔頭註〕 信宿 : 再宿曰信宿이라
 이틀밤을 묵는 것을 信宿이라 한다.

4)〔頭註〕皇甫麟：控鶴都指揮使라

皇甫麟은 控鶴都指揮使이다.

5)〔頭註〕降首：降(항)은 平聲이니 言迎降以自首也라 一說에 降(강)은 讀如字하니 低頭爲之下也라하니라

降(항)은 平聲이니, 적을 맞이하여 항복하고 자수하는 것을 말한다. 一說에 降(강)은 본자대로 읽으니, 머리를 숙여 그의 아랫사람이 되는 것이라고 하였다.

○ **梁主爲人**이 **溫恭儉約**하야 **無荒淫之失**호되 **但寵信趙, 張**하야 **使擅威福**하고 **疎棄敬李**[1]**舊臣**하야 **不用其言**하야 **以至於亡**하니라

梁主는 사람됨이 온화하고 공손하고 검약하여 酒色에 빠지는 잘못이 없었으나, 다만 趙巖과 張漢鼎을 총애하고 신임하여 그들로 하여금 위엄과 복을 멋대로 행사하게 하고 敬翔과 李振 등 太祖의 옛 신하들을 소원히 하고 버려서 그들의 말을 따르지 않아 멸망에 이르렀다.

1)〔頭註〕敬李：敬翔, 李振이라

敬李는 敬翔과 李振이다.

〔史略 史評〕史斷曰 均王이 誅友珪而嗣立하야 以義討賊하니 成功固宜나 然梁之稔禍가 非一日이라 天將廢之하니 誰能興之리오 況均王은 膏粱之子로 才不逮人하야 寵信趙張하고 疏棄敬李하며 賣官鬻爵하야 貨賂公行하야 政事不修하고 威權日去라 唐兵一麾에 宗廟遽滅하니 是는 非李亞子[1]用兵之善이요 乃梁之自不善耳라 夫朱三[2]이 起自降賊하야 遽擁旌旗하니 小人負乘[3]에 貪欲無厭이라 圍迫天子하고 害朝臣, 殺太后하며 剿(초)諸王, 殺(弑)二帝하야 移唐鼎이라 跡其罪戾하면 盡南山之竹이라도 有不足書者니 自王莽以來로 一人而已요 而凶殘淫穢 抑又甚焉하니 再世而亡은 非不幸也요 宜也니라

史斷에 말하였다.

"均王이 朱友珪를 죽이고 뒤를 이어 즉위하여 의리로써 역적을 토벌하였으니, 성공하는 것이 진실로 당연하다. 그러나 梁나라가 禍를 키운 것이 하루이틀이 아니므로 하늘이 장차 이를 폐하려 한 것이니, 누가 일으킬 수 있겠

는가. 더구나 均王은 부귀한 집안의 子弟로 재주가 보통사람에게도 미치지 못하여 趙巖과 張漢鼎을 총애하여 신임하고 敬翔과 李振을 소원하게 대하여 버렸으며, 매관매작을 하여 뇌물이 공공연히 행해져서 정사가 닦여지지 못하고 위엄과 권세가 날로 떠나갔다.

그리하여 당나라(後唐) 군대가 한번 지휘함에 종묘사직이 갑자기 멸망당하였으니, 이는 李亞子(李存勖)가 用兵을 잘했기 때문이 아니요, 梁나라가 스스로 잘못했기 때문일 뿐이다. 朱三(朱溫)이 항복한 역적으로서 일어나 하루아침에 갑자기 藩鎭의 符節을 소유하니, 지고 있어야 할 小人이 君子의 수레를 탐에 욕심을 부림이 끝이 없었다. 그리하여 天子를 포위하여 압박하였으며 朝臣을 살해하고 太后를 죽였으며 여러 왕을 죽이고 두 황제를 시해하여 唐나라의 國統을 빼앗았다. 그의 죄를 살펴보면 南山의 대나무를 다 베어 기록한다 해도 다 쓸 수가 없으니 王莽 이래로 한 사람일 뿐이요, 흉포하고 잔악하고 음란함은 王莽보다도 더 심하였으니, 두 代 만에 망한 것은 불행이 아니라 당연한 것이다."

1) 〔譯註〕 李亞子 : 後唐 莊宗 李存勖의 어렸을 때 이름이다.

2) 〔譯註〕 朱三 : 後梁의 太祖 朱溫의 형제 항렬이 세 번째이기 때문에 이렇게 칭한 것이다.

3) 〔譯註〕 小人負乘 : ≪周易≫ 解卦 六三爻辭에 "지고 있어야 할 자이면서 수레를 타고 있다. 이 때문에 도적을 불러온다.〔負且乘 致寇至〕" 하였는데, 〈繫辭傳〉에 다시 이를 부연하여 "지는 것은 소인의 일이고 탈 것(수레)은 군자의 기물이니, 소인으로서 군자의 기물을 타고 있기 때문에 도둑이 빼앗을 것을 생각하는 것이다." 하였다.

○ 唐主遣使하야 以滅梁告吳, 蜀하니 二國이 皆懼라 嚴可求曰 聞唐主始得中原에 志氣驕滿하고 御下無法하니 不出數年에 將有內變하리니 吾但當卑辭厚禮하야 保境安民以待之耳라하니라 唐主幼善音律이라 故로 伶人[1]이 多有寵하야 常侍左右하고 唐主或時自傅粉墨하고 與優人으로 共戲於庭하야 以悅劉夫人하니 優名謂之李天下[2]라 諸伶이 出入宮掖하야 侮弄縉紳하니 群臣이 憤嫉호되 莫

敢出氣러라

唐主가 사신을 보내어 梁나라를 멸망시킨 사실을 吳나라와 蜀나라에 알리니, 두 나라가 모두 두려워하였다. 吳나라의 嚴可求가 말하기를 "臣이 들으니, 唐主가 처음 中原을 얻자 뜻과 기운이 교만하고 아랫사람을 다스림에 법도가 없다고 하니, 몇 년이 지나지 않아 장차 內變(內亂)이 일어날 것입니다. 우리는 다만 말을 겸손하게 하고 예물을 후하게 하여 국경을 보존하고 백성을 편안히 하면서 기다릴 뿐입니다." 하였다.

唐主(李存勖)는 어려서부터 음률을 잘하였다. 그러므로 광대들 중에 총애받는 자가 많아서 항상 좌우에서 모시고, 唐主가 때때로 스스로 얼굴에 분과 먹을 바르고 광대들과 뜰에서 희롱하여 劉夫人을 기쁘게 하니, 唐主가 광대로 자처하여 광대 이름을 李天下라 하였다. 여러 광대들이 궁중을 출입하면서 사대부들을 업신여기고 희롱하니, 여러 신하들이 분노하고 미워하였으나 감히 노여운 기운을 드러내지 못하였다.

1)〔頭註〕伶人：伶은 樂官也니 伶倫*)은 古樂師라 故로 後世多號樂官爲伶官하니라
伶은 악관이니, 伶倫은 옛날 악사이다. 그러므로 후세에 대부분 악관을 伶官이라고 칭하였다.

*) 伶倫：옛날 黃帝 때의 樂官인데, 黃帝가 伶倫으로 하여금 律呂를 만들게 하고 대대로 樂官을 관장하게 하였으므로 후세에 악관을 일러 伶官이라고 한다.

2)〔頭註〕李天下：乃以優人自許하야 而自號曰李天下라하니라
唐主가 마침내 광대로 자처하여 스스로 李天下라고 칭하였다.

○ **張全義**[1)]**請唐主遷都洛陽**이어늘 **從之**하다

張全義가 唐主에게 洛陽으로 천도할 것을 청하자, 그의 말을 따랐다.

1)〔頭註〕張全義：河南尹이니 初名은 言이라 唐昭宗이 賜名全義하고 梁太祖가 賜名宗奭이러니 入朝于唐하야 復名全義하니라
張全義는 河南尹이니 처음 이름은 言이다. 唐나라 昭宗이 全義라는 이름을 하사하고 梁나라 太祖가 宗奭이라는 이름을 하사하였는데, 唐나라 조정에 들어가서는 다시 全義라고 이름하였다.

○ 契丹〈天贊二年이라〉

契丹 - 天贊 2년이다. -

【甲申】〈後唐同光二年이라 ○ 是歲에 岐降後唐하니 凡四國, 四鎭이라〉

갑신(924) - 後唐 同光 2년이다. ○ 이해에 岐王이 後唐에 항복하니, 모두 네 나라이고 네 鎭이다. -

正月에 唐以岐王[1)]으로 改封秦王하다

정월에 唐主가 岐王을 秦王으로 고쳐 봉하였다.

1) 〔頭註〕 岐王 : 李茂貞이라
岐王은 李茂貞이다.

○ 二月에 唐主祀南郊하고 大赦러니 郭崇韜首獻勞軍錢[1)]十萬緡하다 唐主內府之財山積호되 不肯給賜하고 曰 吾晉陽에 自有儲積하니 可令租庸[2)]輦取以相助라하니 於是에 軍士皆不滿望하야 始怨恨有離心矣러라

2월에 唐主가 南郊에 제사 지내고 크게 사면령을 내렸는데, 郭崇韜가 첫 번째로 勞軍錢(군사들을 위로하는 돈) 10만 緡을 바쳤다. 唐主는 內府의 재물이 산처럼 쌓였으나 군사들에게 내려주려고 하지 않으면서 말하기를 "내가 晉陽에 따로 저축한 재물이 있으니, 租庸使로 하여금 輦으로 실어와서 경비를 돕게 하겠다."라고 하였다. 이에 군사들이 모두 자신들이 기대했던 것에 차지 못하여 비로소 원망하고 한하여 배반할 마음이 있었다.

1) 〔附註〕 勞軍錢 : 唐分天下財賦하야 爲內外府하야 州縣上供者는 入外府하야 充經費하고 方鎭貢獻者는 入內府하야 充宴賜라 於是에 外府虛竭하고 內府山積이러니 及是에 乏勞軍錢이어늘 崇韜言於上曰 臣已傾家所有하야 以助大禮하니 願陛下亦出內府財하야 以賜有司하소서 唐主默然久之라가 曰 吾晉陽에 自有儲積하니 可令輦取以相助라하니라

唐나라가 천하의 재물을 內府와 外府로 나누어 州縣에서 上供한 것은 外府에 넣어 국가의 經費에 충당하고, 方鎭에서 貢物로 바친 것은 內府에 넣어 임금의 宴會와 賞賜에 충당하였다. 이에 外府는 텅 비어 고갈되고 內府는 물건이 산처럼 쌓여있었는데, 이때에 이르러 勞軍錢이 부족하자, 郭崇韜가 上에게 아뢰기를 "臣이 이미 소유한 家産을 모두 기울여 郊祀의 큰 禮를 도왔으니, 바라건대 폐하께서도 內府의 재물을 내어 有司에게 내리소서."라고 하였다. 唐主가 묵묵히 한참 있다가 말하기를 "내가 晉陽에 따로 저축한 재물이 있으니, 租庸使로 하여금 輦으로 실어와서 경비를 돕게 하겠다." 하였다.

2)〔頭註〕租庸：租庸使는 主運輸하니라

租庸使는 실어 나르는 것을 주관한다.

○ 唐郭崇韜位兼將相[1)]하고 復領節旄하야 以天下爲己任하니 權侔人主라 由是로 嬖倖이 疾之於內하고 勳舊怨之於外하니라

唐나라 郭崇韜가 장수와 재상의 지위를 겸하고 다시 절도사의 節旄(符節)를 겸하여 천하를 자신의 임무로 삼으니, 권력이 人主와 대등하였다. 이 때문에 총애하는 환관들은 안에서 미워하고 훈구대신들은 밖에서 원망하였다.

1)〔通鑑要解〕位兼將相：崇韜爲樞密使하고 加侍中領成德節樞密使하니 天下事無所不關이라

郭崇韜를 樞密使로 임명하고 侍中 領成德節度使 樞密使를 더하니, 천하의 일에 관여하지 않는 바가 없었다.

○ 四月에 秦忠敬王李茂貞卒할새 遺奏하야 以其子繼曮(엄)으로 權知鳳翔軍府事하다

4월에 秦나라 忠敬王 李茂貞이 죽을 적에 遺表를 올려 아들 繼曮을 權知鳳翔軍府事로 삼게 하였다.

○ 契丹 〈肖阿古只 寇唐幽蔚州하니라〉 唐遣李嗣源하야 鎭成德禦之하다

契丹 – 肖阿古只가 唐나라 幽州와 蔚州를 침략하였다. – 唐나라가 李嗣源

을 보내어 成德에 주둔하여 막게 하였다.

【乙酉】〈後唐同光三年이라 **○ 蜀咸康元年**이요 **漢白龍元年**이라 **○ 是歲**에 **凡四國, 四鎭**이라**〉**

을유(925) - 後唐 同光 3년이다. ○ 蜀나라 咸康 元年이고, 漢나라 白龍 元年이다. ○ 이해에 모두 네 나라이고 네 鎭이다. -

唐主性剛好勝하야 **不欲權在臣下**하야 **入洛之後**에 **信伶宦之讒**하고 **頗疎忌宿將**하니라

唐主는 성품이 굳세고 이기기를 좋아하여 권력이 신하에게 있는 것을 싫어해서 洛陽으로 들어온 뒤에는 광대와 환관들의 참언을 믿고 자못 옛 장수들을 소원히 하고 의심하였다.

〔史略 史評〕 胡氏曰 孔子曰 欲速則不達이요 見小利則大事不成[1)]이라하시니 晉王以夷狄賜姓하니 豈親宗室之比리오 朱氏未滅에 偏霸大國하야 周匝三垂(陲)하니 存勖戰克攻取之才 固爲群雄所服이나 而輔世長民之德은 天下未聞也라 於是에 而遽登宸極하니 則欲速見小利라 是以로 其行不達하야 而大事不成也하니라

胡氏(胡寅)가 말하였다.

"孔子께서 말씀하기를 '속히 하고자 하면 달성하지 못하고 작은 이익을 보면 큰 일을 이루지 못한다.' 하였다. 晉王이 오랑캐로서 李氏姓을 하사받았으니, 어찌 친족의 종실에 비할 수 있겠는가. 朱氏가 멸망하기 전에 편벽되이 一方을 점거하고 大國에 霸者가 되어서 세 변방을 포위하여 차지하였으니, 李存勖이 싸워서 승리하고 공격하여 점령한 재주는 진실로 群雄에게 복종을 받았으나, 세상을 다스리는 것을 돕고 백성을 기른 德은 천하에 알려지지 못하였다. 이에 갑자기 帝位에 올랐으니, 속히 하고자 하고 작은 이익을 본 것이다. 이 때문에 달성하지 못하고 큰 일을 이루지 못한 것이다."

1) 〔譯註〕 孔子曰……見小利則大事不成 : ≪論語≫ 〈子路〉에 子夏가 莒父의 邑宰가 되어 정사를 묻자, 孔子께서 말씀하기를 "속히 하려고 하지 말고 작은 이익을 보지 말아야 하니, 속히 하려고 하면 달성하지 못하고 작은 이익을 보면 큰 일을 이루지 못한다."라고 하였다.

○ 九月에 唐主與宰相으로 議伐蜀하야 以魏王繼岌(급)[1]으로 充西川四面行營都統하고 崇韜로 充東北面行營都招討制置等使하야 軍事를 悉以委之하다 戊申에 大軍이 西行入散關하야 倍道而進하니 王承捷[2]이 以鳳, 興, 文, 扶四州印節[3]로 迎降하고 自餘城鎭은 皆望風款附라 遂進兵逼成都한대 蜀王이 輿櫬銜璧[4]하고 出降하니 大軍이 入成都하다 崇韜禁軍士侵掠하야 市不改肆하니 自出師로 至克蜀히 凡七十日이러라

9월에 唐主가 재상들과 蜀을 정벌할 것을 의논하고서 魏王 繼岌을 西川四面行營都統으로 임명하고 郭崇韜를 東北面行營都招討制置等使로 임명하여 군대의 일을 모두 그에게 위임하였다.

戊申日(6월 18일)에 大軍이 서쪽으로 출동하여 散關으로 들어가서 행군 속도를 배가하여 전진하니, 王承捷이 鳳州·興州·文州·扶州 네 州의 印信 및 武興節度使의 印信과 旌節을 가지고 大軍을 맞이하여 항복하였으며, 그 나머지 城鎭도 모두 소문만 듣고 歸附하였다. 마침내 군대를 전진하여 成都를 핍박하였는데, 蜀王이 관을 수레에 싣고 입에 구슬을 물고 나와서 항복하니, 大軍이 成都로 들어갔다. 郭崇韜가 군사들에게 침략과 노략질을 금지하여 시장에서 평소와 다름없이 교역하니, 출병한 뒤로부터 蜀을 점령하기까지 모두 70일이 걸렸다.

1) 〔附註〕 繼岌 : 莊宗長子라 初에 唐主遣宦官李從襲等하야 從繼岌하니 雖爲都統이나 軍中制置 皆出崇韜하야 將吏賓客이 趨走盈庭이로되 而都統牙門이 索然하니 從襲等이 恥之하다 崇韜素疾宦官하야 嘗密謂繼岌曰 大王他日에 (騍)〔騸〕馬도 亦不可乘이어든 況任宦官이리오 宜盡去之하고 專用(土)〔士〕人하라하니 由是로 宦官이 皆切齒하다 及崇韜不出迎延嗣하야 〈延〉嗣怒하니 從襲曰 郭公專權하고 其

子(延)〔廷〕誨 日與驍將狎飮하며 指天畫地니이다 近聞自其父請表己以爲蜀帥라하니 一朝有變이면 吾屬이 不知委骨何地니이다 延嗣歸하야 以語(對)〔劉〕后하고 后又訴於主하야 請早救繼岌하다 前此에 唐主聞蜀人請崇韜爲帥하고 已不平이러니 至是에 不能無疑라 遣宦官馬彦珪하야 詣成都한대 彦珪見(對)〔劉〕后하고 曰 蜀中事勢는 憂在朝夕이어늘 安能禀命二千里乎아하니 后復言之라 唐主曰 傳聞之言은 未知虛實이니라 后退하야 自爲敎與繼岌하야 令殺崇韜하다 繼岌將發에 彦珪至하야 以敎示之하니 繼岌曰 彼無釁端이어늘 安可爲此리오 且主上無勅이어늘 獨以皇后敎로 殺招討使可乎아 從襲等泣하고 相與陳利害하니 繼岌從之하다 (騍)〔騍〕音(果)〔繒〕이니 牿馬也라

繼岌은 莊宗의 長子이다. 처음에 唐主가 환관 李從襲 등을 보내어 繼岌을 따르게 하였다. 繼岌이 비록 都統이 되었으나 군중의 制置가 모두 郭崇韜에게서 나와, 將吏(軍官)와 빈객들이 종종걸음으로 달려가 뜰에 가득하였으나 都統의 아문은 쓸쓸하였으므로 李從襲 등이 이를 부끄럽게 여겼다. 郭崇韜가 평소 환관을 미워하여 일찍이 은밀히 繼岌에게 말하기를 "大王은 후일에 騍馬(거세한 말)도 타서는 안 되는데, 하물며 환관에게 맡기신단 말입니까? 마땅히 모두 제거하고 오로지 선비를 등용해야 합니다." 하니, 이로 말미암아 환관들이 모두 이를 갈며 그를 미워하였다. 郭崇韜가 환관인 向延嗣를 나와서 맞이하지 않자 向延嗣가 노여워하니, 李從襲이 말하기를 "郭公이 권력을 독점하고 그 아들 廷誨가 날마다 용맹한 장수들과 친하여 술을 마시고 기고만장하여 위로 하늘을 가리키고 아래로 땅에 긋곤 합니다. 근래에 들으니, 그의 아비가 表文을 올려 스스로 蜀 지방의 장수가 될 것을 청했다 하니, 하루아침에 변란이 일어나면 우리들은 어디에 뼈를 묻게 될지 알 수 없습니다." 하였다. 向延嗣가 돌아가서 이것을 劉后에게 말하고, 劉后가 또 唐主에게 참소하여 繼岌을 일찌감치 구원할 것을 청하였다.

이보다 앞서 唐主는 蜀 지방 사람들이 郭崇韜를 장수로 삼을 것을 청한다는 말을 듣고 이미 마음속으로 불평하였는데 이때에 이르러 의심이 없지 못하였다. 이에 환관 馬彦珪를 보내자, 馬彦珪가 成都에 이르러서 劉后를 보고 말하기를 "蜀 지방은 事勢로 볼 때 조석간에 우환이 닥쳐오게 되었는데, 어찌 2천 리 밖의 명령을 받을 수 있겠습니까." 하니, 劉后가 다시 唐主에게 말하였다. 唐主가 말하기를 "전해들은 말은 허실을 알 수 없다." 하니, 劉后가 물러가서 스스로 敎書를 만들어 〈馬彦珪로 하여금〉 繼岌에게 주어 郭崇韜를 죽이게 하였다. 繼岌이 장차 출발하려 할 적에 馬彦珪가 이르러 敎文을 보이니, 繼岌이 말하기를 "저 사람이

잘못한 단서가 없는데 어찌 이렇게 한단 말인가? 또 主上의 칙령이 없는데 오직 皇后의 교서로 招討使를 죽여서야 되겠는가.” 하였다. 李從襲 등이 눈물을 흘리면서 서로 함께 利害를 말하니, 繼岌이 그 말을 따랐다. 驕은 음이 繪이니 거세한 말이다.

2)〔頭註〕王承捷：武興節度使라

王承捷은 武興節度使이다.

3)〔譯註〕四州印節：四州의 印信 및 武興節度使의 印信과 旌節이다.

4)〔釋義〕銜璧：王氏曰 古者相見之禮에 皆有所執以爲贄하니 公侯伯子男은 執玉이라 賈逵曰 銜璧者는 蓋以手縛于後하야 不能執璧이라 故로 銜之라

王氏가 말하였다. “옛날의 상견례에는 모두 손에 잡고서 禮物로 삼는 것이 있었으니, 公·侯·伯·子·男은 옥을 잡는다. 賈逵가 말하기를 ‘구슬을 문다는 것은 손을 뒤로 묶어서 구슬을 잡을 수가 없기 때문에 입에 문 것이다.’ 하였다.”

○ **十二月**에 **閩王審知卒**하니 **子延翰**이 **自稱威武留後**하다

12월에 閩中의 王審知가 죽으니, 아들 延翰이 스스로 威武留後라 칭하였다.

○ **時**에 **成都雖下**나 **而蜀中盜賊群起**하야 **布滿山林**이라 **崇韜恐大軍旣去**에 **更爲後患**하야 **命任圜, 張筠**하야 **分道招討**하니 **以是**로 **淹留未還**이라 **唐主遣宦者向延嗣**하야 **促之**어늘 **崇韜待之倨**러니 **延嗣歸言**호되 **崇韜專權**하니 **王**이 **寄身於虎狼之口**니이다 **唐主遣馬彦珪**하야 **馳詣成都**하야 **觀崇韜去就**할새 **皇后自爲教**하야 **與繼岌**하야 **令殺崇韜**하고 **以孟知祥**으로 **爲西川節度使**하다

이때 成都가 비록 함락되었으나 蜀 지방에는 도둑이 떼 지어 일어나서 山林에 가득하였다. 郭崇韜는 대군이 이미 떠나간 다음 다시 후환이 될까 걱정하여 任圜과 張筠에게 명해 길을 나누어 가서 토벌하게 하니, 이 때문에 지체하고 돌아오지 못하였다. 唐主가 宦官인 向延嗣를 郭崇韜에게 보내어 빨리 돌아오라고 재촉하였는데, 郭崇韜가 向延嗣를 매우 거만하게 대하자, 向延嗣가 돌아와 말하기를 “郭崇韜가 권력을 독단하니, 왕은 호랑이의 입에 몸을 맡긴 것과 같습니다.” 하였다.

唐主가 馬彦珪를 보내어 成都로 달려가서 郭崇韜의 거취를 살펴보게 하였는데, 이때 皇后가 따로 教書를 만들어 繼岌에게 주어서 郭崇韜를 죽이게 하고 孟知祥을 西川節度使로 임명하였다.

○ **契丹主** 〈**億**이 **丙戌年**에 **卒于扶餘**하니 **廟號太祖皇帝**라 **是年**에 **改天顯**하고 **次子德光立**하니 **是爲太宗**하니라〉

契丹主 - 耶律億이 병술년(926)에 扶餘에서 죽으니, 廟號가 太祖皇帝이다. 이해에 天顯으로 改元하고 次子 德光을 세우니, 이가 太宗이다. -

明宗※ **在位八年**이요 **壽六十七**이라

明宗은 재위가 8년이고 壽가 67세이다.

※ 本北狄種이니 莊宗이 養以爲子라 名嗣源이니 改名亶(단)이라 在位에 年穀屢豐하고 兵革罕用하니 校於五代에 粗爲小康하니라

明宗은 본래 北狄의 종족이니, 莊宗이 길러 양자로 삼았다. 이름이 嗣源이니, 뒤에 이름을 亶으로 고쳤다. 재위할 적에 年事가 여러 번 풍년이 들고 무력을 드물게 사용하니, 五代時代에 비교함에 그런대로 小康이었다.

【丙戌】 〈**後唐同光四年四月**은 **明宗李嗣源天成元年**이라 ○ **吳越寶正元年**이라 ○ **是歲**에 **蜀亡**하고 **閩建國**하니 **凡四國, 三鎭**이라〉

병술(926) - 後唐 同光 4년 4월은 明宗 李嗣源의 天成 元年이다. ○ 吳越의 寶正 元年이다. ○ 이해에 蜀이 망하고 閩이 나라를 세우니, 모두 네 나라이고 세 鎭이다. -

正月에 **唐魏王繼岌**이 **將發成都**할새 **馬彦珪至**하야 **以皇后教**로 **示繼岌**한대 **繼岌**이 **命召崇韜**하야 **計事**하고 **繼岌**은 **登樓避之**하다 **崇韜方升階**어늘 **繼岌從者李環**이 檛(과)**碎其首**[1]하고 **幷殺其子廷誨**하다

정월에 唐나라 魏王 繼岌이 장차 成都를 출발하려 할 적에 馬彦珪가 이르러서 皇后의 교서를 繼岌에게 보이니, 繼岌이 명하여 郭崇韜를 불러 일을 계책한다 하고는 繼岌은 누대에 올라가 그를 피하였다. 郭崇韜가 막 계단을 오르려 하는데 繼岌의 종자 李環이 채찍으로 그의 머리를 깨부수고 아울러 그의 아들 廷誨를 죽였다.

1)〔頭註〕撾(과)碎其首 : 撾는 張瓜切이니 箠也라
撾는 張瓜切(좌)이니, 채찍이다.

○ 唐趙在禮反[1]于鄴이어늘 命李嗣源[2]하야 討之하다 三月에 嗣源이 至鄴都하야 下令軍中하야 詰旦[3]攻城이러니 是夜에 從馬直[4]軍士張破敗 作亂하야 帥衆大譟하고 殺都將하고 焚營舍하다 詰旦에 亂兵이 逼中軍이어늘 嗣源이 叱而問之曰 爾曹欲何爲오 對曰 將士從主上十年에 百戰以得天下러니 今主上이 棄恩任威하야 云 克城之後에 當盡坑[5]魏博之軍이라하니 我輩初無叛心이요 但畏死耳라 今衆議欲城中合勢하야 擊退諸道之軍하오니 請主上帝河南하고 令公帝河北하야 爲軍民之主니이다 嗣源이 泣諭之호되 不從이러라 嗣源所奏 皆爲李紹榮所遏하야 不得通하니 嗣源이 由是疑懼라 石敬瑭[6]曰 夫事는 成於果決而敗於猶豫니이다 康義誠[7]曰 主上無道하야 軍民怨怒하니 公이 從衆則生하고 守節則死니이다 嗣源이 乃令安重誨[8]로 移檄會兵하니 軍勢大盛이러라 李紹榮이 請唐主幸關東하야 招撫之한대 唐主從之하다 唐主至萬勝鎭하야 聞嗣源已據大梁하고 諸軍離叛하고 神色沮喪하야 登高歎曰 吾不濟[9]矣로다 卽命旋師하야 歸入洛城하다 四月에 從馬直指揮使郭從謙[10]이 作亂하니 近臣宿將이 皆釋甲潛遁이라 俄而요 唐主爲流矢所中하야 須臾遂殂하니라

唐나라 趙在禮가 鄴都에서 배반하자, 李嗣源에게 명하여 토벌하게 하였다. 3월에 李嗣源이 鄴都에 이르러 軍中에 명령을 내려서 다음날 아침 성을 공격하기로 하였는데, 이날 밤에 從馬直의 軍士인 張破敗가 난을 일으켜 병사들

을 거느리고 크게 함성을 지르며 都將을 죽이고 營舍(막사)를 불태웠다.

다음날 아침 난을 일으킨 군사들이 中軍을 핍박하자, 李嗣源이 꾸짖고 묻기를 '너희들은 무엇을 하고자 하는가?' 하니, 대답하기를 '장병들이 主上을 따른 지가 이미 십 년인데 몸소 수많은 전투를 거친 뒤에야 비로소 천하를 얻었습니다. 그런데 지금 주상께서 은혜를 버리고 위엄에 맡겨서 성을 점령한 뒤에는 마땅히 魏博鎭의 군대를 다 묻어 죽인다고 하니, 우리들은 애당초 배반할 마음이 없고 다만 죽음을 두려워할 뿐입니다. 지금 衆論은 城中과 합세하여 諸道의 군대를 격퇴하고자 하오니, 청컨대 주상께서는 河南의 황제가 되시고 令公께서는 河北의 황제가 되어서 군사와 백성들의 군주가 되어주시기를 바랍니다.' 하였다. 李嗣源이 눈물을 흘리면서 타일렀으나 따르지 않았다.

李嗣源이 唐主에게 아뢰는 것을 李紹榮에게 모두 저지당하여 통하지 못하니, 李嗣源이 이로 말미암아 의심하고 두려워하였다. 石敬瑭이 말하기를 "일은 과감하게 결단하는 데서 이루어지고 망설이는 데서 실패합니다." 하였다. 康義誠이 말하기를 "주상이 무도하여 군사와 백성들이 원망하고 노여워하니, 公이 사람들의 의견을 따르면 살고 신하의 절개를 지키면 죽을 것입니다.' 하였다. 李嗣源이 마침내 安重誨로 하여금 檄文을 돌려 군사를 모으게 하니, 軍勢가 크게 성하였다.

李紹榮이 唐主에게 청하여 關東 지방에 가서 招撫할 것을 청하자, 唐主가 그의 말을 따랐다. 唐主가 萬勝鎭에 이르러 李嗣源이 이미 大梁을 점거하고 諸軍들이 이반하였다는 말을 듣고는 神色이 沮喪되어서 높은 곳에 올라가 한탄하기를 "내가 성공하지 못하겠다." 하고는 즉시 회군할 것을 명하여 돌아와 洛陽城으로 들어갔다.

4월에 從馬直指揮使 郭從謙이 난을 일으키니, 가까이 모시던 신하와 옛 장수들이 모두 갑옷을 벗고 몰래 도망하였다. 얼마 후에 唐主가 流矢를 맞아 잠깐 만에 마침내 죽었다.

1) 〔附註〕 趙在禮反 : 魏博指揮使楊仁晸이 將兵屯貝州하니 時에 天下莫知郭崇韜之罪하고 民間訛言皇后弑帝라하야 人情愈駭라 仁晸部兵皇甫暉作亂하야 劫仁晸曰 主上所以有天下者는 吾魏軍力也어늘 天下已定에 不念舊勞하고 更加猜忌니이다

今聞皇后弑逆하야 京師已亂이라하니 願與公歸면 安知不更爲富貴之資乎잇가 仁晸이 不從한대 暉殺之하고 又劫小校하야 不從한대 又殺之하다 效節指揮使趙在禮 聞亂而走어늘 暉追及하야 示以(一)〔二〕首*)하니 在禮懼而從之하니라

魏博指揮使 楊仁晸이 군대를 거느리고 貝州에 주둔하니, 당시에 천하 사람들은 郭崇韜의 죄를 알지 못하였고 민간에서는 황후가 황제를 시해했다고 와전되어 人情이 더욱 놀랐다. 楊仁晸의 부하 병사인 皇甫暉가 난을 일으켜 楊仁晸을 위협하기를 "主上께서 천하를 소유하게 된 것은 우리 魏博軍의 힘이었는데, 천하가 이미 평정된 뒤에 옛 공로를 생각하지 않고 다시 의심하십니다. 지금 들으니 황후가 弑逆을 저질러서 京師가 이미 혼란하다고 하니, 바라건대 公과 함께 돌아간다면 어찌 다시 부귀의 밑천이 되지 않을 줄 알겠습니까."라고 하였다. 楊仁晸이 그의 말을 따르지 않자 皇甫暉가 그를 죽였고, 또 小校를 위협하였는데 따르지 않자 또다시 小校를 죽였다. 效節指揮使 趙在禮가 난이 일어났다는 말을 듣고 달아나자, 皇甫暉가 쫓아가서 따라잡아 두 사람의 머리를 보이니, 趙在禮가 두려워하여 따랐다.

*) 示以(一)〔二〕首 : 楊仁晸과 小校의 머리를 보여준 것이다.

2) 〔頭註〕 李嗣源 : 成德節度使니 是爲明宗이라

李嗣源은 成德節度使이니, 이가 明宗이다.

3) 〔頭註〕 詰旦 : 平旦也라

詰旦은 平旦(동이 틀 때)이다.

4) 〔頭註〕 從馬直 : 莊宗選驍勇親軍하야 分置四指揮하고 號從馬直이라

莊宗이 날래고 용감한 親軍을 선발하여 네 指揮使를 나누어 설치하고 從馬直이라 호칭하였다.

5) 〔附註〕 當盡坑 : 鄴都亂이어늘 遣歸德節度使李紹榮하야 招撫러니 紹榮이 至鄴한대 皇甫暉拒戰하니 紹榮이 攻之不克이라 以狀聞한대 唐主怒曰 克城之日에 勿遺噍類하라 紹榮이 合諸道兵再攻하고 又遣嗣源하야 將親軍討之호되 不得通이라 嗣源之爲亂兵所逼也에 紹榮이 陳於城南이어늘 嗣源이 相繼召之하야 欲與共討호되 紹榮이 疑之하야 引避不應이라 及嗣源入鄴都에 遂引兵退하야 保衛州하고 奏嗣源已(判)〔叛〕하야 與賊合이라하니 嗣源이 遣使上章自理호되 不得通하니라

鄴都가 혼란하자 歸德節度使 李紹榮을 보내어 招撫하게 하였는데, 李紹榮이 鄴都에 이르자 皇甫暉가 항거하여 싸우니, 李紹榮이 공격하였으나 승리하지 못하였다. 狀啓로 이 사실을 아뢰자, 唐主가 노하여 말하기를 "성을 점령하는 날에

씨도 남기지 말고 다 죽여라.” 하였다. 李紹榮이 諸道의 군대를 규합하여 다시 공격하였으며 또다시 李嗣源을 보내어 親軍을 거느리고 토벌하게 하였으나 소식을 통할 수가 없었다.

李嗣源이 반란군에게 핍박받을 때에 李紹榮이 성의 남쪽에 진을 치고 있었는데, 李嗣源이 계속하여 불러서 함께 토벌하고자 하였으나 李紹榮이 의심하여 몸을 피하고 응하지 않았다. 그러다가 李嗣源이 鄴都로 들어가게 되자, 마침내 군대를 이끌고 후퇴하여 衛州를 지키면서 '李嗣源이 이미 배반하여 적과 연합했다.' 고 아뢰니, 李嗣源이 使者를 보내어 글을 올려 스스로 변명하였으나 소식을 통할 수가 없었다.

6)〔頭註〕石敬瑭：尙明宗女永寧公主한대 後爲晉高祖하니라

石敬瑭은 明宗의 딸 永寧公主에게 장가들었는데, 뒤에 晉나라 高祖가 되었다.

7)〔頭註〕康義誠：突騎都指揮使라

康義誠은 突騎都指揮使이다.

8)〔頭註〕安重誨：中門使也니 後爲樞密使하니라

安重誨는 中門使이니, 뒤에 樞密使가 되었다.

9)〔頭註〕不濟：濟는 成也라

濟는 이룸이다.

10)〔頭註〕郭從謙：伶人이라

郭從謙은 악공이다.

〔史略 史評〕胡氏曰 莊宗初立에 決勝夾寨하야 解潞州之圍하고 歸而治國訓兵에 事各有理하니 使朱溫未死면 固必爲所擒矣리라 旣違張承業忠謀하고 亟稱尊號하니 則擧措之失이 已稍形見이요 逮滅梁之後하야는 遂無一善可稱하야 與向者猶二人然하니 是何也오 才器有限也일새라 若曰天數면 則裂膚汗血하고 沐雨櫛風하야 凡十五年而後得이어늘 好遊畋하고 幸婦女하고 寵伶人하고 信宦官하야 不三年而滅亡이라 其心이 昔明而今暗하고 先戒而後肆하니 豈亦天邪아 故로 莊宗之命哲, 命吉凶, 命歷年[1)]은 皆所自貽니 不可歸之天數也니라

胡氏(胡寅)가 말하였다.

“莊宗이 처음 즉위했을 적에 夾寨에서 승리를 결정지어 潞州의 포위를 풀었고, 돌아와서 나라를 다스리고 군사들을 훈련함에 일마다 각각 조리가 있

었으니, 가령 朱溫이 죽지 않았다면 틀림없이 莊宗에게 사로잡히고 말았을 것이다. 이후 張承業의 충성스런 계책을 어기고 황제의 尊號를 급히 칭하니, 거조의 잘못이 이미 차츰 드러났다. 그리고 梁나라를 멸망시킨 뒤에는 마침내 칭찬할 만한 善行이 한 가지도 없어서 예전과 다른 것이 마치 딴 사람인 것 같으니, 이는 어째서인가? 재주와 器局이 한계가 있었기 때문이다.

만약 이것을 天運이라고 한다면 살이 터지고 피땀을 흘리며 객지에서 비바람에 시달려서 모두 15년 동안 온갖 고생을 한 뒤에야 얻었는데, 놀이와 사냥을 좋아하고 부녀자들을 사랑하며 악공을 총애하고 환관을 신임해서 3년이 못 되어 멸망하였다. 그리하여 그 마음이 옛날에는 밝다가 지금은 어둡고 처음에는 경계하다가 뒤에는 방자하였으니, 이것이 어찌 또한 天運이겠는가. 그러므로 하늘이 莊宗에게 어짊을 명할 것인지, 길흉을 명할 것인지, 오랜 역년을 명할 것인지는 모두 스스로 부르는 것이니, 이를 天運의 탓으로 돌릴 수 없는 것이다."

1) 〔譯註〕 命哲, 命吉凶, 命歷年 : ≪書經≫ 〈召誥〉에 召公이 成王에게 고한 내용에 "아! 자식을 낳음에 처음 태어날 때에 달려 있어 스스로 어진 命을 부르지 않음이 없음과 같으니, 이제 하늘이 우리에게 어짊을 명할 것인지, 길흉을 명할 것인지, 오랜 역년을 명할 것인지 이것을 아는 것은 지금 우리가 처음 정사함에 달려 있습니다.〔嗚呼 若生子 罔不在厥初生 自貽哲命 今天 其命哲 命吉凶 命歷年 知今我初服〕"라고 보인다.

○ **是日**에 **李嗣源**이 **至罌(앵)子谷**하야 **聞之慟哭**하고 **謂諸將曰 主上**이 **素得士心**이나 **正爲群小蔽惑**하야 **致此**하니 **今吾將安歸乎**아 **己丑**에 **嗣源**이 **入洛陽**하니 **百官**이 **三上牋(箋)**하야 **請嗣源監國**한대 **嗣源**이 **乃許之**하고 **於柩前**에 **卽皇帝位**하다

이날 李嗣源이 罌子谷에 이르러 唐主가 죽었다는 말을 듣고 통곡하고, 諸將들에게 이르기를 "主上이 평소 군사들의 마음을 깊이 얻었으나 다만 여러 소인배들에게 가리워지고 미혹되어 이렇게 되었으니, 지금 내가 장차 어디로

돌아가겠는가.” 하였다.

己丑日(4월 3일)에 李嗣源이 洛陽으로 들어가니, 백관들이 세 번 牋文을 올려 李嗣源에게 監國할 것을 청하였다. 李嗣源이 마침내 허락하고 靈柩 앞에서 황제에 즉위하였다.

○ 唐主目不知書하야 四方奏事를 皆令安重誨讀之하니 重誨亦不能盡通이라 乃奏호되 願倣前朝侍講侍讀[1)]과 近代直崇政樞密院[2)]하야 選文學之臣하야 與之共事하야 以備應對니이다 乃置端明殿學士할새 以翰林學士馮道, 趙鳳으로 爲之하다

唐主(李嗣源)가 눈으로 글을 읽을 줄 몰라 사방에서 아뢰는 일을 모두 安重誨에게 읽게 하니, 安重誨 또한 다 이해하지 못하였다. 이에 아뢰기를 “전대의 侍講과 侍讀, 근대의 直崇政院과 直樞密院의 고사를 따라 文學하는 신하를 뽑아 그와 함께 일을 논하여 황제의 下問의 대비할 것을 청합니다.” 하였다. 이에 端明殿學士를 둘 적에 翰林學士 馮道와 趙鳳을 端明殿學士로 임명하였다.

1) 〔頭註〕 侍講侍讀 : 盛唐之制라
侍講과 侍讀은 盛唐 때의 제도이다.

2) 〔頭註〕 直崇政樞密院[*)] : 直崇政院은 梁制요 直樞密院은 莊宗制也라
直崇政院은 梁나라의 제도이고, 直樞密院은 莊宗의 제도이다.

*) 直崇政樞密院 : 同光 2년에 崇政院을 옛 제도에 의거하여 樞密院으로 만들고 宰臣에게 院使를 겸임하게 하며 直院 1인을 두었다.

○ 昭武節度使王延翰[1)]이 自稱大閩國王하다

昭武節度使 王延翰이 스스로 大閩國王이라 칭하였다.

1) 〔頭註〕 王延翰 : 審知子也라
王延翰은 王審知의 아들이다.

【丁亥】〈後唐天成二年이라 ○ 吳乾貞元年이라 ○ 是歲에 後唐, 漢, 吳, 閩凡四國이요 吳越, 荊南, 湖南凡三鎭이라〉

정해(927) - 後唐 天成 2년이다. ○ 吳나라 乾貞 元年이다. ○ 이해에 後唐·漢·吳·閩 모두 네 나라이고, 吳越·荊南·湖南 모두 세 鎭이다. -

春正月에 馮道, 崔協이 竝爲中書侍郎同平章事하다

봄 정월에 馮道와 崔協이 아울러 中書侍郎 同平章事가 되었다.

○ 秋八月에 楚王殷[1)]이 始建國하다

가을 8월에 楚王 馬殷이 처음으로 나라를 세웠다.

1) 〔頭註〕 楚王殷 : 馬殷也라 初爲孫儒裨將이라가 唐明宗時에 拜潭州刺史하고 梁太祖가 封爲楚王하니라

楚王 殷은 馬殷이다. 처음에 孫儒의 裨將이 되었다가 唐나라 明宗 때에 潭州刺史에 제수되었고, 梁나라 太祖가 楚王에 봉하였다.

○ 十一月에 吳王[1)]이 卽皇帝位하다 吳丞相徐溫이 卒하니 吳主以其子知誥로 都督中外諸軍事하다

11월에 吳王이 황제에 즉위하였다. 吳나라 丞相 徐溫이 죽으니, 吳主가 그의 아들 知誥를 都督中外諸軍事로 삼았다.

1) 〔頭註〕 吳王 : 楊行密第四子楊溥라

吳王은 楊行密의 넷째 아들인 楊溥이다.

○ 契丹 〈太宗德光立하야 仍稱天顯二年하다〉

契丹 - 太宗 耶律德光이 즉위하여 그대로 天顯 2년이라 칭하였다. -

【戊子】〈後唐天成三年이라 ○ 漢大有元年이라 ○ 是歲에 凡四國, 三鎭이라〉

무자(928) - 後唐 天成 3년이다. ○ 漢나라 大有 元年이다. ○ 이해에 모두 네 나라이고 세 鎭이다. -

十二月에 **荊南節度使高季興**이 **卒**하니 **命其子從誨**하야 **權知軍府事**하다

11월에 荊南節度使 高季興이 죽으니, 그의 아들 從誨를 명하여 權知軍府事로 임명하였다.

○ **契丹** 〈天顯三年이라〉

契丹 - 天顯 3년이다. -

【己丑】 〈唐天成四年이라 ○ 吳大和元年이라 ○ 是歲에 四國, 三鎭이라〉

기축(929) - 唐나라 天成 4년이다. ○ 吳나라 大和 元年이다. ○ 이해에 네 나라이고 세 鎭이다. -

九月에 **唐(王)〔主〕與馮道**로 **從容語及年穀屢登**하고 **四方無事**한대 **道曰 臣常記昔在先皇幕府**[1]하야 **奉使中山**하야 **歷井陘之險**할새 **臣**이 **憂馬蹶**(궐)하야 **執轡甚謹**하야 **幸而無失**이러니 **逮至平路**하야 **放轡自逸**이라가 **俄至顚隕**하니 **凡爲天下者**도 **亦猶是也**니이다 **唐主深以爲然**하다 **又問道**호되 **今歲雖豐**이나 **百姓贍足否**아 **道曰 農家歲凶則死於流殍**하고 **歲豐則傷於穀賤**하니 **豐凶皆病者**는 **惟農家爲然**이니이다 **臣記進士聶夷中詩云 二月賣新絲**하고 **五月糶**(조)**新穀**하니 **醫得眼前瘡**이나 **剜却心頭肉**[2]이라하니 **語雖鄙俚**나 **曲盡田家之情狀**이라 **農於四人**[3]**之中**에 **最爲勤苦**하니 **人主不可不知也**니이다

9월에 唐主가 馮道와 함께 年事가 여러 번 풍년이 들고 사방이 무사함을 조용히 언급하자, 馮道가 말하기를 "신이 일찍이 기억하건대, 옛날 先皇帝의 幕府에 있으면서 中山으로 사명을 받들고 가느라 井陘의 험한 길을 지날 적에 신이 말이 넘어질까 염려해서 고삐를 꽉 잡고 매우 조심하여 다행히 실수

가 없었는데, 평탄한 길에 이르자 고삐를 놓고 스스로 안일하다가 잠시 후 넘어지고 떨어짐에 이르렀으니, 무릇 천하를 다스리는 것도 이와 같습니다.” 하였다. 唐主는 그 말을 깊이 옳게 여겼다.

唐主가 또다시 馮道에게 묻기를 “금년에 비록 풍년이 들었으나 백성들이 풍족한가?” 하니, 馮道가 말하기를 “농가는 흉년이 들면 유리하여 굶어죽고 풍년이 들면 곡식값이 싸서 손해를 보니, 풍년이든 흉년이든 모두 폐해를 입는 것은 오직 농가만이 그렇습니다. 신이 기억하건대 進士 聶夷中의 詩에 이르기를 ‘이월에 새 고치실을 미리 팔고 오월에 새 곡식을 미리 판다오. 당장 눈앞의 상처는 치료할 수 있으나 심장의 살을 도려내는 것과 같구나.〔二月賣新絲 五月糶新穀 醫得眼前瘡 剜却心頭肉〕’라고 하였으니, 이 말이 비록 비루하나 농가의 실정을 곡진히 다하였습니다. 농부는 四民 중에 가장 고생하니, 人主가 이를 알지 않아서는 안 됩니다.” 하였다.

1)〔通鑑要解〕先皇幕府：謂爲河東掌書記時也라

先皇帝의 幕府에 있었다는 것은 河東府 掌書記가 되었을 때를 이른다.

2)〔通鑑要解〕剜却心頭肉：剜은 烏官切이니 削也라 謂絲穀未熟에 農家艱食일새 先稱貸以自給하고 至於賣絲糶穀하야 僅足以償債耳라 註에 剜은 剔也라하니라

剜은 烏官切(완)이니, 도려내는 것이다. 生絲가 나오지 않고 곡식이 성숙하기 전에 농가에서 먹고 살기가 어렵기 때문에 우선 빚을 내어 스스로 공급하고, 생사를 팔고 곡식을 팔 때에 이르러서야 겨우 빚을 갚을 뿐임을 이른다. 註에 “剜은 도려내는 것이다.” 하였다.

3)〔頭註〕四人：謂士農工商이라

四人은 士, 農, 工, 商을 이른다.

○ **契丹** 〈天顯四年이라〉

契丹 - 天顯 4년이다. -

【庚寅】 〈唐長興元年이라 ○ 是歲에 凡四國, 三鎭이라〉

경인(930) - 唐나라 長興 元年이다. ○ 이해에 모두 네 나라이고 세 鎭

이다. -

唐以前忠武節度使張延朗으로 **行工部尙書**하고 **充三司**[1]**使**하니 **三司使之名**이 **自此始**하니라

唐나라가 前 忠武節度使 張延朗을 行工部尙書로 임명하고 三司使를 맡게 하니, 三司使라는 명칭이 이로부터 시작되었다.

1)〔頭註〕三司：鹽鐵戶部度(탁)支라
三司는 鹽鐵, 戶部, 度支이다.

○ **十一月**에 **楚王殷**이 **卒**하고 **子希聲**이 **襲位**하야 **稱遺命**하야 **去建國之制**하고 **復藩鎭之舊**어늘 **唐主以希聲爲武安, 靜江節度使**하다

11월에 楚王 馬殷이 죽고 아들 希聲이 왕위를 세습하여 遺命이라고 칭하면서 建國하는 제도를 버리고 藩鎭의 옛 제도를 회복하자, 唐主가 馬希聲을 武安·靜江節度使로 삼았다.

○ **契丹** 〈**天顯五年**이라〉

契丹 - 天顯 5년이다. -

【壬辰】 〈**唐長興三年**이라 ○ **是歲**에 **凡四國, 三鎭**이라〉

임진(932) - 唐나라 長興 3年이다. ○ 이해에 모두 네 나라이고 세 鎭이다. -

三月에 **吳越武肅王錢鏐卒**하니 **年八十一**이라 **中子傳瓘**[1]이 **立**하다

3월에 吳越의 武肅王 錢鏐가 죽으니, 나이가 81세였다. 둘째 아들 傳瓘이 즉위하였다.

1)〔頭註〕傳瓘：後改名元瓘이라

錢傳瓘은 뒤에 元瓘으로 개명하였다.

○ **秋七月**에 **唐武安, 靜江節度使馬希聲**이 **卒**하니 **六軍使袁詮, 潘約等**이 **迎希範**[1]**於朗州**하야 **而立之**하다

가을 7월에 唐나라 武安·靜江節度使 馬希聲이 죽으니, 六軍使 袁詮과 潘約 등이 馬希範을 朗州에서 맞이하여 세웠다.

1) 〔頭註〕 希範 : 希聲之弟라
馬希範은 馬希聲의 아우이다.

【癸巳】 〈**唐長興四年**이라 ○ 閩主王延鈞龍啓元年이라 ○ **是歲**에 **凡四國, 三鎭**이라〉

계사(933) - 唐나라 長興 4년이다. ○ 閩主 王延鈞 龍啓 元年이다. ○ 이해에 모두 네 나라이고 세 鎭이다. -

春正月에 閩**王延鈞**[1]이 **卽皇帝位**하야 **國號**를 **大**閩이라하다

봄 정월에 閩王 王延鈞이 황제에 즉위하여 國號를 大閩이라 하였다.

1) 〔頭註〕 延鈞 : 延翰之弟요 審知次子니 改名璘이라
王延鈞은 王延翰의 아우이고 王審知의 차자이니, 璘으로 개명하였다.

○ **三月**에 **唐以孟知祥**으로 **爲東西川節度使蜀王**하다

3월에 唐나라가 孟知祥을 東西川節度使 蜀王으로 임명하였다.

○ **十一月**에 **唐主**殂하다 **唐主性不猜忌**하야 **與物無競**하고 **登極之年**에 **已踰六十**이라 **每夕**에 **於宮中焚香祝天**하야 **曰 某**는 **胡人**이라 **因亂**하야 **爲衆所推**하니 **願天早生聖人**[1]하야 **爲生民主**하소서 **在位八年**에 **年穀屢**豐하고 **兵革罕用**하니 **校於五代**에 **粗爲小(唐)〔康〕**하니라

11월에 唐主가 죽었다. 唐主는 성품이 시기하지 아니하여 남과 다툼이 없

었고, 등극할 때의 나이가 이미 60세를 넘었다. 매일 밤마다 궁중에서 향을 사르고 하늘에 축원하기를 "저는 오랑캐 사람입니다. 난리로 인하여 대중들에게 임금으로 추대되었으니, 바라건대 하늘은 빨리 성인을 탄생시켜 生民의 주인이 되게 하소서."라고 하였다. 재위한 8년 동안 年事가 여러 번 풍년 들고 兵革을 드물게 사용하니, 五代時代에 비교함에 그런대로 小康이었다.

1) 〔通鑑要解〕 天早生聖人 : 范仲淹曰 我太祖應期而生하니라
范仲淹이 말하기를 "우리 太祖께서 天命에 응하여 태어나셨다." 하였다.

○ 契丹 〈天顯八年이라〉

契丹 - 天顯 8년이다. -

〔新增〕 胡氏曰 明宗은 美善頗多하고 過擧亦不至甚하니 求於漢唐之間하면 蓋亦賢主也라 其尤足稱者는 內無聲色하고 外無遊畋하며 不任宦官하고 廢內藏庫하며 賞廉吏하고 治贓蠹하니 若輔相得賢이면 則其過擧 當又損矣리라 其焚香祝天之言은 發於誠心하니 天旣厭亂하야 遂生聖人이라 用是觀之하면 天人交感之理를 不可誣矣니라

胡氏(胡寅)가 말하였다.

"明宗은 아름다운 善行이 자못 많고 지나친 행동 또한 심함에 이르지 않았으니, 漢나라와 唐나라 사이에서 찾아보면 또한 어진 군주이다. 그 중에 더욱 칭찬할 만한 것은 안으로 음악과 여색에 빠짐이 없고 밖으로 놀이와 사냥에 빠짐이 없었으며, 환관에게 맡기지 않고 內藏庫를 폐지하였으며, 청렴한 관리에게 상 주고 부정하게 뇌물을 받아 백성을 좀먹는 자들을 다스렸으니, 만약 輔相이 훌륭한 사람이었다면 지나친 행동이 마땅히 또 적었을 것이다. 그리고 향을 사르며 하늘에 축원한 말은 성심에서 나왔으니, 하늘이 이미 혼란함을 싫어해서 마침내 聖人을 탄생시켰다. 이것을 가지고 살펴보면 하늘과 인간이 서로 감동하는 이치를 속일 수가 없는 것이다."

〔史略 史評〕 史斷曰 明宗이 初無黃屋之心이러니 遭時之亂하야 邂逅得國이라

莅政之初에 斬孔謙而去苛法하고 誅宦寺而委宰相하며 命諸道以均民田하고 廢內藏庫以崇儉約하며 誅贓吏以示蠹民之戒하고 褒孫岳以化淸廉之風하며 遠女色而減後宮之員하고 優民力而免逋負之租하며 絶音樂之好而黜伶官하고 薄口體之奉而省庖廚하며 戒田獵之爲民害하야 而縱鷹犬하고 惡冗官之費하야 而罷有名無益之吏하며 戒橫斂, 斥私獻하야 而抑牧守進奉하며 有年之書 兩見于策이요 且目不知書로되 而所行이 暗合古訓이라 有如是者로되 惜其以戲殺從璨而無父子之恩하고 以誣殺安重誨而無君臣之義하며 年幾七十에 諱言儲嗣라가 卒致從榮稱兵하야 驚亂宮闈하야 父子祖孫이 一日而絶하야 身肉未寒에 家國俱破하니 雖曰輔相非人이나 亦不學之所致也니라

史斷에 말하였다.

"明宗은 애당초 황제가 되려는 마음이 없었는데 혼란한 때를 만나서 우연히 나라를 얻었다. 정사를 다스리는 초기에 孔謙의 목을 베어 가혹한 법을 제거하고 환관을 주벌하여 재상에게 맡겼으며, 여러 道에 명하여 백성들의 토지를 균등하게 하고 內藏庫를 폐지하여 검약을 숭상하였으며, 부패한 관리들을 주벌하여 백성을 좀먹는 것에 경계함을 보이고 孫岳에게 포상하여 청렴한 기풍을 강화하였으며, 女色을 멀리하여 後宮의 인원수를 줄이고 백성들의 재력을 넉넉하게 하여 체납된 조세를 감면하였으며, 음악의 嗜好를 끊어 伶官(樂工)을 내치고 자신의 입과 몸을 봉양하는 것을 박하게 하여 庖廚를 줄였으며, 田獵이 백성들에게 폐해가 됨을 경계하여 매와 사냥개를 풀어주고 쓸데없는 관원(冗官)이 國祿을 허비하는 것을 미워하여 명칭만 있고 유익함이 없는 관리를 혁파하였으며, 멋대로 세금을 거두는 것을 경계하고 사사로이 진상하는 것을 물리쳐 牧守(지방관)들이 進奉하는 것을 억제하였으며, 풍년이 들었다는 기록이 두 번이나 史策에 보이고, 또 눈으로 글을 읽을 줄 몰랐으나 행동하는 바는 은연중에 옛 교훈과 부합하였다.

이와 같은 미덕이 있었는데도 애석하게 장난으로 從璨을 죽여 부자간의 은혜가 없었고, 誣告 때문에 安重誨를 죽여 군신간의 의리가 없었으며, 나이가 거의 70세가 되어서도 儲嗣(後嗣)에 대해 말하기를 싫어하다가 끝내 從榮이 군대를 일으켜 宮闈(궁중의 내전)를 어지럽혀 父子間과 祖孫間이 하루아침

에 끊겨 육신이 차가워지기도 전에 집안과 나라가 모두 망하였으니, 비록 輔相이 훌륭한 사람이 아니었기 때문이라고 하나 또한 배우지 못한 소치이다."

○ 十二月에 **宋王從厚**[1]**卽皇帝位**하니 **是爲閔帝**라 **改元應順**하다 〈**甲午四月**에 **潞王卽位**하야 **改元淸泰**하다〉

12월에 宋王 李從厚가 황제에 즉위하니, 이가 閔帝이다. 應順으로 改元하였다. - 甲午年(934) 4月에 潞王이 즉위하여 淸泰로 改元하였다. -

1) 〔通鑑要解〕 從厚 : 明帝第五子라
李從厚는 明帝(李嗣源)의 다섯째 아들이다.

潞王※ 在位二年이라

潞王은 재위가 2년이다.

※ 名은 從珂니 明帝養子요 本姓王氏라 廢閔帝而自立이러니 石敬瑭反에 遂自焚하니 史曰廢帝라
潞王은 이름이 從珂이니, 明帝의 養子이고 本姓은 王氏이다. 閔帝를 폐하고 스스로 즉위하였는데, 石敬瑭이 배반하자 마침내 스스로 불타 죽으니, 역사책에 廢帝라고 하였다.

【甲午】 〈**唐閔帝從厚應順元年**이요 **四月以後**는 **唐主從珂淸泰元年**이라 ○ **蜀主孟知祥明德元年**이라 ○ **是歲**에 **蜀建國**하니 **凡五國, 三鎭**이라〉

갑오(934) - 唐나라 閔帝 從厚의 應順 元年이고, 4월 이후는 唐主 李從珂의 淸泰 元年이다. ○ 蜀主 孟知祥의 明德 元年이다. ○ 이해에 蜀이 나라를 세우니, 모두 다섯 나라이고 세 鎭이다. -

唐鳳翔節度使兼侍中潞王從珂(가)**與石敬瑭**으로 **少從明帝征伐**하야 **有功名**하야 **得衆心**이라 **朱弘昭, 馮贇**(빈)[1]**位望**이 **素出二人下遠甚**이러니 **一旦**에 **執朝**

政하니 **皆忌之**[2]라 **潞王**이 **由是疑懼**하니라

唐나라 鳳翔節度使 兼侍中인 潞王 李從珂가 石敬瑭과 함께 젊어서부터 明帝(李嗣源)를 따라 정벌해서 공명이 있어 민심을 얻었다. 朱弘昭와 馮贇은 지위와 인망이 평소 두 사람보다 크게 뒤졌는데, 하루아침에 조정의 정권을 잡자 두 사람을 모두 시기하였다. 潞王이 이로 말미암아 의심하고 두려워하였다.

1)〔頭註〕朱弘昭, 馮贇(빈) : 朱弘昭는 樞密使同平章事요 馮贇은 音彬이니 同中書門下二品이라

朱弘昭는 樞密使 同平章事이고, 馮贇의 贇은 음이 彬이니, 同中書門下 2품이다.

2)〔頭註〕皆忌之 : 忌從珂及敬唐이라

모두 시기하였다는 것은 李從珂와 石敬瑭을 시기한 것이다.

○ **閏月**에 **蜀將吏勸蜀王知祥**하야 **稱帝**어늘 **知祥**이 **卽皇帝位于成都**하다

閏月에 蜀나라 장수와 관리들이 蜀王 孟知祥에게 황제를 칭할 것을 권하자, 孟知祥이 成都에서 황제에 즉위하였다.

○ **唐潞王**이 **旣與朝廷猜阻**[1]라 **乃移檄隣道**하야 **言 朱弘昭等**이 **乘先帝疾亟**(극)하야 **殺長**[2]**立少**하고 **專制朝權**하니 **今從珂將入朝**하야 **以淸君側之惡**호리라 **三月**에 **潞王**이 **建大將旗鼓**하고 **整衆而東**하니 **唐主聞潞王至陝**하고 **憂駭**하야 **不知所爲**라 **是夕**에 **唐主以五十騎**로 **出玄武門**하야 **至衛州**하야 **依刺史王弘贄**하다

唐나라 潞王이 이미 조정과 서로 의심하고 소원하였다. 이에 이웃 道에 격문을 보내어 말하기를 "朱弘昭 등이 先帝의 병환이 위독한 틈을 타서 長子(李從榮)를 죽이고 少子(李從厚)를 세우고 조정의 권력을 전횡하니, 지금 이 從珂가 장차 조정에 들어가 군주 곁에 있는 악인들을 깨끗이 청소하겠다."라고 하였다.

3월에 潞王이 대장의 깃발과 북을 세우고 군대를 정돈하여 동쪽으로 진출하니, 唐主는 潞王이 陝州에 이르렀다는 말을 듣고는 근심하고 놀라서 어찌

할 바를 몰랐다. 이날 밤 唐主가 50명의 騎兵을 데리고 玄武門을 나가 衛州에 이르러서 刺史 王弘贄에게 의지하였다.

1)〔頭註〕猜阻：猜忌阻隔也라

猜阻는 시기하고 격조한 것이다.

2)〔附註〕殺長：長은 謂秦王從榮也라 明宗이 疾從榮이 擁兵入하야 宮門皆閉한대 乃走歸河南하니 安從益이 殺之하다 從榮死六日에 而帝崩하니라

長子는 秦王 李從榮을 이른다. 明宗은 李從榮이 병력을 보유하고 들어오는 것을 미워하여 궁궐문을 모두 닫자, 李從榮이 마침내 달아나 河南으로 돌아가니, 安從益이 그를 죽였다. 李從榮이 죽은 지 6일 만에 황제(明宗)가 승하하였다.

○ **唐潞王**이 **至蔣橋**하니 **馮道等**이 **皆上牋勸進**이어늘 **太后下令**하야 **廢少帝爲鄂王**하고 **令潞王**으로 **卽位於柩前**하다

唐나라 潞王이 蔣橋에 이르니, 馮道 등이 모두 牋文을 올려 황제의 지위에 오를 것을 권하였다. 태후가 명령을 내려 少帝를 폐하여 鄂王으로 삼고 潞王으로 하여금 靈柩 앞에서 즉위하게 하였다.

○ **唐主欲更命相**하야 **問所親信以朝臣聞望宜爲相者**한대 **皆以盧文紀, 崔居儉對**라 **唐主不能決**하야 **乃寘(置)其名於琉璃甁**하고 **夜焚香祝天**하고 **且以箸挾之**하야 **首得文紀**하야 **遂以爲相**하니라

唐主가 다시 재상을 임명하고자 하여 친애하고 신임하는 자에게 조정의 신하 중에 명성과 인망이 정승이 될 만한 자를 물으니, 모두 盧文紀와 崔居儉이라고 대답하였다. 唐主가 결정하지 못하여 마침내 종이쪽지에 두 사람의 이름을 써서 유리병에 넣은 다음 밤중에 향을 사르며 하늘에 축원하고 또 젓가락으로 병 속의 종이쪽지를 집었다. 그리하여 첫 번째로 盧文紀의 이름을 쓴 쪽지를 집어 마침내 그를 정승으로 삼았다.

○ **唐主與石敬瑭**이 **皆以勇力善鬪**로 **事明宗**하야 **爲左右**나 **然心競**하야 **素不**

相悅이러니 **帝卽位**에 **敬瑭**이 **不得已入朝**어늘 **乃復以爲河東節度使**하다

唐主와 石敬瑭이 모두 용력이 뛰어나고 전투를 잘하는 것으로 明宗을 섬겨 좌우의 측근이 되었다. 그러나 두 사람이 마음속으로 경쟁하여 평소 서로 좋아하지 않았는데, 황제가 즉위하자 石敬瑭이 부득이 들어와 조회하니, 이에 다시 河東節度使로 삼았다.

○ **蜀主**[1)] 殂하니 **太子仁贊**이 **卽皇帝位**하야 **更名昶**(창)하다

蜀主가 죽으니, 太子 孟仁贊이 황제에 즉위하여 이름을 昶으로 고쳤다.

1)〔頭註〕蜀主：孟知祥이라
蜀主는 孟知祥이다.

○ **契丹主** 〈**德光天顯九年**이라〉

契丹主 - 耶律德光의 天顯 9년이다. -

【乙未】 〈**唐淸泰二年**이라 ○ **吳天祚元年**이요 閩**永和元年**이라 ○ **是歲**에 **凡五國, 三鎭**이라〉

을미(935) - 唐나라 淸泰 2년이다. ○ 吳나라 天祚 元年이고, 閩나라 永和 元年이다. ○ 이해에 모두 다섯 나라이고 세 鎭이다. -

六月에 **唐河東節度使石敬瑭**이 **旣還鎭**에 **陰爲自全之計**러라

6월에 唐나라 河東節度使 石敬瑭이 鎭으로 돌아간 뒤에 은밀히 스스로 보전할 계책을 세웠다.

○ **吳徐知誥 進封齊王**하다

吳나라 徐知誥를 승진시켜 齊王으로 봉하였다.

歷年圖曰 武皇[1)]이 以沙陀微種으로 奄有河東하고 黃巢之亂에 有大功於唐室이러니 上源之變[2)]에 訟於朝廷이나 而不能自直[3)]하야 遂與朱氏로 治兵相攻하야 糾紛不解하야 流血成川하고 僵尸蔽野라 至其晩節하야는 鋒銳益衰하야 窮居一隅하야 僅能自保라 莊宗[4)]은 以弱齡襲位하니 麾下諸將이 皆白首行陣하야 與武皇으로 竝轡齊驅之人이어늘 乃能以恩信結其心하고 英果折其氣하야 莫不竭力致命하야 頤指如意하야 遂服眞定하고 從山東하며 取漁陽, 兼魏博하며 策馬度(渡)河에 而朱氏失國이라 當是之時하야 天下莫不震動하니 諸侯陸梁[5)]踞(倨)肆者 皆駭愕相顧하야 莫敢保其土地라 王衍이 恃其險遠하고 辭禮踞(倨)慢이어늘 偏師西指에 而劍閣不守하니 觀其行兵하면 可謂能矣라 惜其志小氣近하야 驕心易生하야 矜功自喜하고 御衆無法하며 便嬖是用하야 纔及三年에 隕身亡族하니 悲夫라 明宗은 無取國之心이러니 而爲衆所附하고 資性寬厚하야 克終天祿이라 淸泰는 於危難之中에 坐受神器之重하야 得之非難이요 失之亦易라 負扆(의)[6)]未安하야 家爲煨燼하야 十年之中에 易姓者四[7)]니 禍福相尋이 何其速哉아

≪歷年圖≫에 말하였다.

"武皇(李克用)은 미천한 沙陀族으로서 곧바로 河東 지방을 소유하고 黃巢의 난에 唐나라에 큰 공을 세웠는데, 上源驛의 변고가 일어나자 조정에 원통함을 호소하였으나 조정에서 바로잡아주지 못하였다. 그리하여 마침내 朱氏(朱全忠)와 군대를 동원하여 서로 공격하여 紛糾가 풀리지 않아 흘린 피가 냇물을 이루고 쓰러진 시체가 들을 뒤덮었다. 말년에 이르러서는 예봉이 더욱 꺾여 곤궁하게 한 귀퉁이에 거주하면서 겨우 스스로 보존하였다.

莊宗(李存勖)은 어린 나이로 지위를 세습하니, 휘하의 여러 장수들이 모두 行伍(군대) 사이에서 늙어 武皇과 함께 고삐를 잡고 나란히 말을 몬 사람들이었는데, 마침내 은혜와 신의로써 그 마음을 결속시키고 英明함과 과단함으로써 그 기운을 꺾으니, 힘을 다하고 명령을 바치지 않는 이가 없었다. 그리하여 턱과 손가락으로 마음대로 지시하여 마침내 眞定을 복종시키고 山東을 따르게 하였으며 漁陽을 점령하고 魏博을 겸병하였으며, 말을 채찍질하여 黃河를 건너가자 朱氏가 나라를 잃었다. 이때를 당하여 천하에 놀라서 동요하

지 않는 자가 없으니, 발호하여 오만방자한 제후들이 모두 놀라 서로 돌아보며 감히 자기의 토지를 보존하지 못하였다. 西蜀의 王衍이 지형이 험하고 먼 것을 믿고는 말과 禮가 거만하자, 일부의 군대〔偏師〕를 가지고 서쪽을 향함에 劍閣關이 지켜지지 못하였으니, 그 군대를 운용한 것을 살펴보면 능하다고 이를 만하다. 애석하게도 뜻이 작고 기개가 천근하여 교만한 마음이 쉽게 생겨나서 공을 과시하여 스스로 자만하였으며, 무리를 어거함에 법도가 없었고 총애하는 자들을 등용해서 즉위한 지 겨우 3년에 몸이 죽고 집안이 망하였으니, 슬프다.

明宗은 나라를 취할 마음이 없었는데 무리들에게 추종을 받았고 타고난 천성이 寬厚하여 하늘이 준 녹을 잘 마쳤다.

清泰(潞王 李從珂)는 위태롭고 어려운 가운데에 가만히 앉아 중요한 神器(제왕의 자리)를 받아서 얻은 것이 어렵지 않았고 잃은 것이 또한 쉬웠다. 병풍을 등지고 帝王의 자리에 있는 것이 편안하지 못하여 집안이 잿더미가 되어서 10년 동안에 國姓을 바꾼 것이 네 번이었으니, 禍와 福이 서로 이어지는 것이 어쩌면 이리도 신속하였는가."

1)〔頭註〕武皇 : 李克用이라

武皇은 李克用이다.

2)〔頭註〕上源之變*) : 上源은 驛名이라

上源은 驛의 이름이다.

*) 上源之變 : 朱全忠이 上源驛에서 李克用을 공격하였는데, 조정에서 그의 죄를 다스리지 않으니, 李克用이 원망하였다.

3)〔頭註〕不能自直 : 克用이 還晉陽하야 治兵하고 上表自陳하야 乞討全忠한대 僖宗이 方務姑息하야 優詔和解之하니라

李克用이 晉陽으로 돌아가 군대를 다스리고 表文을 올려 스스로 아뢰어서 朱全忠을 토벌할 것을 청하였는데, 僖宗이 우선 당장 눈앞의 편안함을 힘써서 우대하는 조칙을 내려 화해하게 하였다.

4)〔頭註〕莊宗 : 存勖이라

莊宗은 李存勖이다.

5)〔通鑑要解〕陸梁 : 猶强梁也니 逃走貌이요 又跳梁也라

陸梁은 强梁(강포함)과 같으니, 달아나는 모습이고 또 발호하는 것이다.

6)〔通鑑要解〕負扆(의) : 扆는 於豈切이니 狀如屛風하니 以絳爲質하고 高八尺이며 繡爲斧文이라 天子負扆하야 南面而立이라

扆는 於豈切(의)이니 모양이 병풍과 같으니, 붉은 비단으로 바탕을 삼고 높이가 8척이며 도끼 문양을 수놓았다. 천자는 扆를 등지고서 남면하여 선다.

7)〔附註〕易姓者四 : 莊宗은 本西突厥種朱邪氏니 附唐屬籍하야 賜姓李氏하고 明宗은 本北狄種이니 莊宗養子라 閔帝는 明宗子也요 (路)〔潞〕王은 明宗養子니 本姓王氏라 共三姓이어늘 而云易姓者四는 未詳이라 通要云 國姓三變이라하니라

莊宗은 본래 西突厥의 종족인 朱邪氏이니 唐나라의 屬籍에 붙여 李氏姓을 하사받았고, 明宗은 본래 北狄의 종족이니 莊宗의 양자이다. 閔帝는 明宗의 아들이고 潞王은 明宗의 양자이니, 본래 姓이 王氏이다. 모두 세 姓인데, 姓을 바꾼 것이 네 번이라고 한 것은 자세하지 않다. ≪通鑑要解≫에 “國姓이 모두 세 번 바뀌었다.”라고 하였다.

〔史略 史評〕史斷曰 潞王以明宗養子로 僥倖奪人之國하니 蓋至是而國姓三變焉이라 方其入洛에 許軍士以人賞百緡이러니 及其至洛에 府庫枵然하야 金帛不盈三萬이어늘 顧乃掊剋聚斂하야 括民以給之하니 民心愁嗟하야 思亂者衆이라 其始也에 戕民以買國하고 其終也에 民散而國亦隨之하니 宜其不能久有其國이어든 而況奪敬瑭之節度하고 殺敬瑭之子弟하야 以自促其亡哉아

史斷에 말하였다.

“潞王이 明宗의 養子로서 요행히 남의 나라를 빼앗으니, 後唐이 이때에 이르러 國姓이 세 번 바뀌었다. 潞王이 洛陽에 들어올 적에 군사들에게 사람마다 百緡의 돈을 賞으로 줄 것을 허락하였는데, 洛陽에 이르자 府庫가 텅 비어 황금과 비단이 채 3만이 못 되었으므로 마침내 가렴주구하여 백성들의 재물을 긁어모아 군사들에게 賞을 주니, 민심이 근심하고 서글퍼하여 반란을 생각하는 자가 많았다. 처음에는 백성을 해쳐서 나라를 사고 종말에는 백성이 흩어져서 나라가 또한 뒤따라 망하였으니, 오랫동안 나라를 소유하지 못한 것이 당연한데, 더구나 石敬瑭의 節度使 지위를 빼앗고 石敬瑭의 子弟를 죽여서 스스로 그 멸망을 재촉함에 있어서랴.”

右後唐은 四主에 共一十三年이라

이상 後唐은 네 군주에 모두 13년이다.

後晉紀

高祖※ 在位七年이요 壽五十一이라

高祖는 재위가 7년이고 壽가 51세이다.

※ 名은 敬瑭이요 姓은 石氏니 其先은 本出西夷種이라 勇力善戰하니 唐明宗이 愛之하야 妻以永寧公主라 淸泰元年에 鎭太原이라가 徙鎭天平하야 不受命하고 因求援於契丹이러니 尋卽帝位하니라

高祖는 이름이 敬瑭이고 성이 石氏이니, 그 선조는 본래 西夷의 종족에서 나왔다. 용력이 뛰어나고 전투를 잘하니, 唐나라 明宗이 石敬瑭을 총애하여 永寧公主를 시집보냈다. 淸泰 元年에 太原節度使로 있다가 天平節度使로 옮기자 명령을 받지 않고 인하여 거란에 구원을 청하였는데, 얼마 후 황제에 즉위하였다.

附丙申〈契丹主太宗德光天顯十一年이라〉

병신년 - 契丹主 太宗 耶律德光의 天顯 11년 - 을 붙였다.

【丙申】〈唐淸泰三年十一月以後는 晉高祖石敬瑭天福元年이라 ○ 閔主昶通文元年이라 ○ 是歲에 唐亡晉興하니 凡五國, 三鎭이라〉

병신(936) - 唐나라 淸泰 3년 11월 이후는 晉나라 高祖 石敬瑭의 天福 元年이다. ○ 閔主 孟昶의 通文 元年이다. ○ 이해에 唐나라가 망하고 晉나라가 일어나니, 모두 다섯 나라이고 세 鎭이다. -

春正月에 唐主以千春節置酒러니 晉國長公主上壽畢에 辭歸晉陽이어늘 唐主

醉하야 曰 何不且留하고 遽歸오 欲與石郞反邪아 石敬瑭이 聞之하고 益懼러라

봄 정월에 唐主가 千春節에 酒宴을 베풀었는데, 晉國長公主가 술잔을 올려 獻壽를 마친 다음 하직하고 晉陽으로 돌아가자, 唐主가 술에 취하여 말하기를 "어찌하여 더 머물지 않고 빨리 돌아가는가? 石郞과 함께 배반하고자 하는가?" 하였다. 石敬瑭이 이 말을 듣고 더욱 두려워하였다.

○ 初에 唐主欲使敬瑭移鎭鄆州한대 李崧, 呂琦[1]等이 皆力諫하야 以爲不可어늘 薛文遇[2]曰 河東은 移亦反이요 不移亦反하야 在旦暮耳니 不若先事圖之니이다 唐主大喜曰 卿言이 殊豁吾意하니 成敗에 吾決行之호리라 卽爲除目[3]하야 付學士院하야 使草制하야 以敬瑭으로 爲天平節度使하니 制出에 兩班[4]이 相顧失色이러라 敬瑭이 疑懼하야 謀於將佐曰 吾之再來河東也에 主上이 面許終身不除代러니 今忽有是命하니 得非如今年千春節與公主所言乎아 我不興亂이면 朝廷發之하리니 安能束手死於道路乎아 都押衙劉知遠曰 明公이 久將兵하야 得士卒心하고 今據形勝之地하야 士馬精彊하니 若稱兵傳檄이면 帝業을 可成하리니 奈何以一紙制書로 自投虎口乎잇가 掌書記桑維翰曰 契丹主部落이 近在雲, 應하니 公誠能推心하야 屈節[5]事之하면 萬一有急에 朝呼夕至하리니 何患無成이릿고 敬瑭이 意遂決하야 表唐主호되 養子[6]는 不應承祀하니 請傳位許王[7]하노이다 唐主手裂其表하야 抵地하고 制하야 削奪敬瑭官爵하고 以張敬達로 兼太原四面排陳使하야 率諸將討之하다

처음에 唐主가 石敬瑭을 鄆州의 鎭으로 옮기고자 하니, 李崧과 呂琦 등이 모두 강력히 간하여 불가하다고 하였다. 薛文遇가 말하기를 "河東(石敬瑭)은 鎭을 옮겨도 배반하고 鎭을 옮기지 않아도 배반하여, 반란이 조석간에 있을 것이니, 사전에 미리 도모하는 것만 못합니다." 하였다. 唐主가 크게 기뻐하여 말하기를 "卿의 말이 나의 마음을 시원하게 하니, 成敗에 관계없이 내 결행하겠다." 하였다. 즉시 除目을 만들어 學士院에 맡겨 制書를 草해서 石敬

瑭을 天平節度使로 임명하니, 制書가 나오자 文班과 武班이 서로 돌아보고 사색이 되었다.

石敬瑭이 의심하고 두려워하여 장수·막료들과 상의하기를 "내가 다시 河東에 올 때에 主上이 나와 대면하고서 종신토록 딴 곳으로 바꾸어 제수하지 않기로 허락하였는데, 지금 갑자기 이러한 명령이 있으니, 금년 千春節에 공주와 말씀한 바와 똑같지 않은가. 내가 난을 일으키지 않으면 조정에서 군대를 일으킬 것이니, 어찌 손을 묶고 도로에서 죽겠는가." 하였다.

都押衙인 劉知遠이 말하기를 "明公은 오랫동안 군대를 거느려서 사졸들의 마음을 얻었고, 지금 지형이 유리한 곳을 점거하여 군사와 말들이 정예하고 강하니, 만약 군대를 일으키고 격문을 돌린다면 황제의 기업을 이룰 수 있을 것입니다. 어찌 한 장의 制書 때문에 자신을 호랑이의 입에 던진단 말입니까." 하였다. 掌書記 桑維翰이 말하기를 "契丹主의 部落이 가까이 雲州와 應州에 있으니, 公이 진실로 마음을 다 바쳐 복종하여 섬긴다면 만에 하나 위급한 일이 있을 경우 아침에 부르면 저녁에 올 것이니, 어찌 성공하지 못함을 근심하겠습니까." 하였다.

石敬瑭이 마침내 결심하고 唐主에게 表文를 올리기를 "養子가 帝位를 계승해서는 안 되니, 許王에게 전위할 것을 청합니다." 하였다. 唐主가 石敬瑭의 表文을 손수 찢어 땅에 내던지고 制書를 내려서 石敬瑭의 관직을 삭탈하고 張敬達을 임명하여 太原四面排陳使를 겸임하게 하여 諸將을 거느리고 토벌하게 하였다.

1) 〔頭註〕 李崧, 呂琦 : 李崧은 翰林學士요 呂琦는 知制誥라
李崧은 翰林學士이고, 呂琦는 知制誥이다.

2) 〔頭註〕 薛文遇 : 知制誥라
薛文遇는 知制誥이다.

3) 〔譯註〕 除目 : 관리를 제수하는 명단을 이른다. 胡三省의 注에 이르기를 "황제가 御筆로 직접 제수하는 것을 除目이라 하고, 宰相의 上奏로 제수하는 것도 除目이라 한다." 하였다.

4) 〔頭註〕 兩班 : 文武官을 爲東班西班하니라

文官과 武官을 東班과 西班이라 하였다.

5)〔頭註〕屈節 : 屈折肢節하야 以服事也라

사지의 관절을 굽혀 복종하여 섬기는 것이다.

6)〔頭註〕養子 : 潞王이라

養子는 潞王이다.

7)〔頭註〕許王 : 名從益이니 明宗子라

許王은 이름이 從益이니, 明宗의 아들이다.

敬瑭이 遣間使[1)]하야 求救於契丹할새 令桑維翰으로 草表하야 稱臣於契丹主하고 且請以父禮事之하고 約事捷之日에 割盧龍一道及鴈門關以北諸州하야 與之하다 劉知遠이 諫曰 稱臣은 可矣어니와 以父事之는 太過요 厚以金帛賂之라도 自足以致其兵이니 不必許以土田이니 恐異日大爲中國之患이면 悔之無及이리이다 敬瑭이 不從하다 表至契丹하니 契丹主大喜하야 許俟仲秋하야 傾國赴援하다

石敬瑭이 은밀히 間使를 보내어 契丹에 구원을 요청할 적에 桑維翰으로 하여금 表文을 草하게 하여, 契丹主에게 臣이라 칭하고 또 아버지를 섬기는 예로 섬길 것을 청하였으며, 일이 성공하는 날에 盧龍의 한 道와 鴈門關 이북의 여러 州를 떼어줄 것을 약속하였다. 劉知遠이 간하기를 "신을 칭하는 것은 가하나 아버지를 섬기는 예로 섬기는 것은 너무 지나치며, 금과 비단을 후하게 주어도 충분히 그 군대를 부를 수 있으니, 굳이 토지를 떼어줄 것을 허락할 필요가 없습니다. 후일에 크게 중국의 후환거리가 되면 후회막급일까 두렵습니다." 하였으나 石敬瑭이 따르지 않았다. 表文이 契丹에 이르자, 契丹主가 크게 기뻐하여 仲秋(8월)를 기다려 국력을 기울여 달려가 구원할 것을 허락하였다.

1)〔頭註〕間使 : 間은 去聲이니 從間道遣使라

間은 去聲이니, 사잇길을 따라 은밀히 사신을 보내는 것이다.

○ 九月에 契丹主將五萬騎하고 號三十萬이라하야 自楊武谷而南하니 旌旗不

絶이 五十餘里라 至晉陽하야 屯於汾北之虎北口하야 與唐騎將高行周, 苻彦卿合戰할새 敬瑭이 乃遣劉知遠하야 出兵助之하니 唐兵이 大敗라 敬達이 遣使하야 告敗於唐한대 唐主大懼하야 下詔親征하니 諸軍이 自鳳翔推戴[1]以來로 驕悍하야 不爲用이로되 苻彦饒[2]恐其爲亂하야 不敢束之以法이러라 唐主至河陽하야 心憚北行하야 但日夕酣飮悲歌하고 群臣이 或勸其北行이면 則曰 卿輩勿言하라 石郎이 使我心膽墮地라하니라

9월에 契丹主가 5만의 기병을 거느리고 30만 대군이라 이름하면서 楊武谷으로부터 남진하니, 旌旗가 50여 리에 끊이지 않았다. 晉陽에 이르러서 汾水의 북쪽인 虎北口에 주둔하고서 唐나라 騎兵將인 高行周와 苻彦卿과 교전할 적에 石敬瑭이 마침내 劉知遠을 보내 출병하여 돕게 하니, 唐軍이 크게 패하였다. 張敬達이 사자를 보내어 唐나라에 패전을 알리자, 唐主가 크게 두려워하여 조서를 내리고 친히 정벌하니, 鳳翔에서 潞王을 황제로 추대한 이래로 諸軍들이 교만하고 사나워져서 부릴 수가 없었으나 苻彦饒는 이들이 반란할까 두려워하여 감히 군법으로 단속하지 못하였다. 唐主는 河陽에 이르러서 마음속에 북쪽으로 출정하는 것을 두려워하여 다만 밤낮으로 술을 마시고 슬피 노래하며, 신하들이 혹 북쪽으로 출동할 것을 권하면 말하기를 "경들은 말하지 말라. 石郎이 나로 하여금 억장이 무너지게 한다." 하였다.

1) 〔頭註〕 鳳翔推戴 : 潞王이 自鳳翔節度卽位하니라
　　潞王이 鳳翔節度使로 있다가 즉위하였다.
2) 〔頭註〕 苻彦饒 : 彰聖都指揮使니 時爲大軍*)後援하니라
　　苻彦饒는 彰聖都指揮使이니, 당시 大軍의 후원이 되었다.
*) 大軍 : 晉安寨의 군대를 이른다.

○ 十一月에 契丹主謂石敬瑭曰 吾三千里來赴難하니 必有成功이라 觀汝氣貌識量하니 眞中原之主也라 吾欲立汝爲天子하노라 敬瑭이 辭讓數四러니 將吏復勸進한대 乃許之하다 契丹主作冊書하야 命敬瑭爲大晉皇帝하니 是日에

卽皇帝位하야 **割幽**, **薊十六州**하야 **以與契丹**하고 **仍許歲輸帛三十萬匹**하고 **制改長興**[1] **七年**하야 **爲天福元年**하다

11월에 契丹主가 石敬瑭에게 이르기를 “내가 3천 리 밖에서 난리에 달려 왔으니, 반드시 성공할 것이다. 너의 기풍과 모습, 지식과 도량을 보니, 참으로 중원의 주인이다. 내 너를 세워 천자로 삼고자 한다.” 하였다. 石敬瑭이 서너 차례 사양하였는데, 장수와 관리들이 다시 황제의 자리에 오를 것을 권하자, 마침내 허락하였다.

契丹主가 책봉하는 글을 만들어 石敬瑭을 大晉皇帝로 임명하니, 石敬瑭이 이날 황제에 즉위하였다. 그리하여 幽州와 薊州 등 16주를 떼어서 契丹에게 주고 인하여 해마다 비단 30만 필을 바칠 것을 허락하였으며, 制書를 내려 長興 7년을 고쳐 天福 元年이라고 하였다.

1)〔頭註〕長興 : 明宗年號라
長興은 明宗의 연호이다.

〔史略 史評〕胡氏曰 敬瑭之罪는 在不助閔帝라 苟以閔帝失國이면 則當尊奉許王이니 不爲衛州之事하야 而歸奪國弑君之惡於從珂하고 兵以義擧하야 名實皆正이면 則其德美矣리라 乃急於近利하야 稱臣契丹하고 割棄土壤하야 以父事之러니 其利不能以再世하고 其害乃及於無窮이라 故로 以功利謀國而不本於禮義면 未有不旋中其禍者也니라

胡氏가 말하였다.

“石敬瑭의 죄는 閔帝를 돕지 않은 데에 있다. 만일 閔帝가 나라를 잃었으면 마땅히 許王을 높이 받들었어야 하니, 衛州의 일을 하지 아니하여 나라를 찬탈하고 군주를 시해한 죄를 李從珂에게 돌리고, 의리에 입각하여 군대를 일으켜서 名과 實이 모두 바르게 되었다면 그 德이 아름다웠을 것이다. 그런데 마침내 눈앞의 이익에 급급하여 契丹에게 신하를 칭하고 영토를 떼어주어 契丹의 군주를 아버지로 섬겼는데, 그 이익이 두 代를 가지 못하였고 그 폐해가 마침내 무궁한 후세에 미쳤다. 그러므로 功利로 나라를 도모하고 禮義

에 근본하지 않으면 곧바로 禍를 당하지 않는 자가 있지 않은 것이다.”

○ 唐主又與宋審虔[1]等四將으로 **議復向河陽**이러니 **而將校皆已飛狀**하야 **迎晉主**하니 **唐主遂携傳國寶**하고 **登玄武樓**하야 **自焚**하다

唐主가 또 宋審虔 등 네 장수와 함께 다시 河陽으로 향할 것을 의논하였는데, 將校들이 모두 이미 降書를 바쳐 晉主를 맞이하니, 唐主가 마침내 傳國寶를 가지고 玄武樓에 올라가서 스스로 불타 죽었다.

1)〔頭註〕宋審虔 : 馬軍都指揮使라
　宋審虔은 馬軍都指揮使이다.

【丁酉】〈**晉天福二年**이라 ○ **南唐烈祖徐誥昇元元年**이라 ○ **是歲**에 **吳亡**하니라 **晉, 蜀, 漢, 閩**에 **南唐代吳**하야 **凡五國**이요 **吳越, 湖南, 荊南凡三鎭**이라〉

정유(937) - 晉나라 天福 2년이다. ○ 南唐 烈祖 徐誥의 昇元 元年이다. ○ 이해에 吳나라가 망하였다. 晉·蜀·漢·閩에 南唐이 吳나라를 대신하여 모두 다섯 나라이고, 吳越·湖南·荊南 모두 세 鎭이다. -

晉以李崧으로 **爲中書侍郎同平章事**하야 **充樞密使**하고 **桑維翰**으로 **兼樞密使**하다 **時**에 **晉**이 **新得天下**하니 **藩鎭**이 **多未服從**하고 **或雖服從**이나 **反仄[1]不安**하고 **兵火之餘**에 **府庫殫竭**하야 **民間困窮**이어늘 **而契丹徵求無厭**이라 **維翰**이 **勸晉推誠棄怨**하야 **以撫藩鎭**하고 **卑辭厚禮**하야 **以奉契丹**하고 **訓卒繕兵**하야 **以修武備**하고 **務農桑**하야 **以實倉廩**하고 **通商賈**하야 **以豐貨財**하니 **數年之間**에 **中國稍安**하니라

晉나라가 李崧을 中書侍郎 同平章事로 임명하여 樞密使를 맡기고, 桑維翰을 兼樞密使로 임명하였다. 이때 晉나라가 새로 천하를 얻으니, 藩鎭들이 대부분 복종하지 않았고, 혹 복종하더라도 反仄하여 편안하지 못하였으며, 전란을 겪은 뒤에 조정의 府庫가 고갈되어서 민간이 곤궁하였는데 契丹의 무리한 요구는 만족함이 없었다.

桑維翰은 晉主에게 정성을 바치고 옛 원한을 버려 藩鎭을 어루만지고, 말을 낮추고 예를 후하게 하여 契丹을 받들며, 병졸을 훈련시키고 병기를 수선하여 武備를 닦고, 농업과 양잠을 힘써서 창고를 충실하게 하고, 商賈를 유통시켜 財貨를 풍족하게 할 것을 권하니, 몇 년 사이에 中國이 차츰 편안해졌다.

1)〔頭註〕反仄 : 不安也라
　反仄은 불안해하는 것이다.

○ **三月**에 **晉主謀徙都大梁**하니 **桑維翰**이 **因說晉主**하야 **以大梁北控燕, 趙**하고 **南通江, 淮**하야 **水陸都會**하야 **資用富饒**라하니 **晉主乃下詔東巡**하다

3월에 晉主가 大梁으로 천도할 것을 모의하니, 桑維翰이 인하여 晉主를 설득하기를 "大梁은 북쪽으로 燕 지방·趙 지방과 통하고 남쪽으로 長江·淮水와 통하여, 물에서 나오는 것과 육지에서 나오는 것이 모두 이곳에 모여 재용이 풍부합니다."라고 하니, 晉主가 마침내 조서를 내려 동쪽으로 순행하였다.

○ **夏四月**에 **晉主至汴州**하다

여름 4월에 晉主가 汴州(大梁)에 이르렀다.

○ **八月**에 **吳主**[1]**下詔**하야 **禪位于齊**[2]하다 **齊王誥卽皇帝位于金陵**[3]하야 **大赦**하고 **改元昇元**하고 **國號唐**[4]이라하고 **尊吳主曰讓皇**이라하다 〈**至宋朝**하야 **國除**하니라〉

8월에 吳主가 조서를 내려 帝位를 齊王 徐知誥에게 禪讓하였다. 齊王 徐知誥가 金陵에서 황제에 즉위하여 크게 사면령을 내리고 昇元으로 개원하고 국호를 唐이라 하였으며, 吳主를 높여 讓皇이라 하였다. - 宋나라 때에 이르러서 나라가 없어졌다. -

1)〔頭註〕吳主 : 楊溥라
　吳主는 楊溥이다.

2)〔原註〕禪位于齊 : 後復姓李[*]하니라

齊王 徐知誥는 뒤에 本姓인 李氏姓을 회복하였다.

*) 後復姓李 : 徐知誥는 처음에 楊行密에 의해 거두어 길러졌는데, 뒤에 吳나라 승상 徐溫의 양자가 되었다. 徐溫이 죽은 뒤에 吳나라의 정사를 전횡하여 齊王에 봉해졌다. 후에 성명을 李昪으로 고쳤다.

3) 〔原註〕 齊王誥卽皇帝位于金陵 : 徐知誥也라

齊王 誥는 徐知誥이다.

4) 〔頭註〕 國號唐 : 是爲南唐이라 徐知誥는 改名昪이라 〔通鑑要解〕 徐知誥는 本以李氏之子라 旣擧大號에 欲纂唐緖라 故로 改國號唐이라

〔頭註〕 이것이 南唐이다. 徐知誥는 昪으로 개명하였다. 〔通鑑要解〕 徐知誥는 본래 李氏의 아들이다. 이미 大號(황제의 칭호)를 거행한 뒤에 唐나라의 계통을 잇고자 하였다. 그러므로 국호를 唐으로 고쳤다.

【戊戌】 〈晉天福三年이라 ○ 蜀廣政元年이라 ○ 是歲에 凡五國, 三鎭이라〉

무술(938) - 晉나라 天福 3년이다. ○ 蜀나라 廣政 元年이다. ○ 이해에 모두 다섯 나라이고 세 鎭이다. -

閏月에 閩主殂하니 其叔父延羲 自稱閩國王하고 更名曦하다

閏月에 閩主가 죽으니, 그의 숙부인 王延羲가 스스로 閩國王이라 칭하고 曦로 이름을 고쳤다.

○ 八月에 晉以馮道로 守司徒兼侍中하고 詔中書하야 知印[1)]을 止委上相하니 由是로 事無巨細히 悉委於道하니라 晉主嘗訪以軍謀한대 對曰 征伐大事는 在聖心獨斷이요 臣은 書生이라 惟知謹守歷代成規而已라한대 晉主以爲然하니라

8월에 晉나라가 馮道를 守司徒 兼侍中으로 삼고 中書省에 명하여 知印을 오직 上相(馮道)에게 맡기니, 이로 말미암아 큰 일과 작은 일을 막론하고 모두 馮道에게 맡겼다. 晉主가 일찍이 군사의 계략을 묻자, 馮道가 대답하기를 "정벌하는 큰 일은 聖上의 마음으로 독단하는 데에 달려 있습니다. 신은 書生이라서 오직 역대에 이루어놓은 규칙을 삼가 지킬 줄만 알 뿐입니다." 하

니, 晉主가 옳게 여겼다.

1)〔頭註〕知印 : 舊制에 凡宰臣이 更日知印이라
옛 제도에 모든 宰臣은 날짜를 번갈아가면서 印章을 맡았다.

○ **契丹**이 **改元會同**하다

契丹이 會同으로 개원하였다.

【庚子】 〈**晉天福五年**이라 ○ **是歲**에 **凡五國, 三鎭**이라〉

경자(940) - 晉나라 天福 5년이다. ○ 이해에 모두 다섯 나라이고 세 鎭이다. -

閩**主曦旣立**에 **驕淫苛虐**이어늘 **建州刺史延政**이 **數**(삭)**以書諫之**하다 **於是**에 **兄弟積相猜恨**하야 **治兵相攻**하야 **互有勝負**하니 **福建之間**에 **暴骨如莽矣**러라

閩主 王曦가 즉위한 뒤에 교만하고 음란하고 가혹하고 사나우므로 建州刺史 王延政이 자주 글로 간하였다. 이에 형제가 서로 시기와 원한이 쌓여서 군대를 동원하여 서로 공격해서 서로 승부가 있으니, 福州와 建州 사이에 드러난 해골이 풀더미처럼 많았다.

○ **唐倉吏歲終**에 **獻羨**(연)**餘萬石**이어늘 **唐主曰 出納有數**하니 **苟非**掊**民**[1]**刻軍**이면 **安得羨餘邪**아

唐나라의 창고관리가 연말에 남은 곡식 1만 석을 바치자, 唐主가 말하기를 "出納은 일정한 수가 있으니, 만일 백성의 재물을 착취하고 군량을 깎아낸 것이 아니라면 어떻게 남을 수 있겠는가." 하였다.

1)〔頭註〕掊民 : 掊는 聚斂也라
掊는 聚斂하는 것이다.

○ **晉李崧**이 **奏**호되 **諸州倉糧**이 **於計帳**[1]**之外**에 **所餘頗多**라하니 **晉主曰 法外**

稅民은 **罪同枉法**이라 **倉吏**를 **特貸其死**하노니 **各痛懲之**하라

晉나라 李崧이 아뢰기를 "여러 州의 창고에 있는 양식이 計帳(회계장부) 이외에 남은 것이 자못 많습니다."라고 하니, 晉主가 말하기를 "법으로 정한 것 이외에 백성들에게 세금을 거두는 것은 죄가 법을 부정하게 적용하는 것과 같다. 창고관리는 특별히 그 죽음을 용서하니, 각각 통렬히 징계하라." 하였다.

1) 〔頭註〕 計帳 : 謂歲計其數하야 造帳以申三司者요 又具來歲課役之大數以報度支者라
計帳은 해마다 그 수를 계산하여 장부를 만들어 三司에 보고하는 것이요, 또 다음 해에 부과할 부역의 큰 수를 갖추어 度支에 보고하는 것이다.

○ **自黃巢犯長安以來**로 **天下血戰數十年**하니 **然後**에 **諸國**이 **各有分土**[1)]하야 **兵革稍息**이러니 **及唐主卽位**에 **江淮比年豐稔**하야 **兵食有餘**라 **群臣**이 **爭言**호되 **陛下中興**에 **今北方多難**하니 **宜出兵**하야 **恢復舊疆**이니이다 **唐主曰 吾少長軍旅**하야 **見兵之爲民害深矣**라 **不忍復言**하노니 **使彼民安**이면 **則吾民亦安矣**니 **又何求焉**이리오

黃巢가 長安을 침범한 이래로 천하가 수십 년 동안 혈전을 겪으니, 그런 뒤에 여러 나라가 각각 영토를 소유하여 전쟁이 다소 잠잠해졌는데, 唐主가 즉위하자 江·淮 지방에 매년 풍년이 들어서 군량이 남아돌았다. 여러 신하들이 다투어 말하기를 "폐하께서 중흥하심에 지금 북방에 어려움이 많으니, 마땅히 출병하여 옛날 소유했던 강토를 회복해야 합니다." 하였다. 唐主가 말하기를 "나는 어려서부터 軍中에서 자라 군대가 백성들의 폐해가 됨이 심함을 직접 보아왔다. 차마 다시는 출병하는 일을 말하지 못하겠다. 가령 저들의 백성들이 편안하면 우리 백성들 또한 편안하니, 또 어찌 더 바랄 것이 있겠는가." 하였다.

1) 〔頭註〕 分土 : 凡聚土하야 以封諸侯호되 其受封者 各有分也라
영토를 모아서 諸侯를 봉하되 封地를 받은 것이 각각 구분이 있는 것이다.

○ 晉成德節度使安重榮이 恥臣契丹하야 上表數千言하니 大抵斥晉主父事契丹하고 竭中國以媚無厭之虜러라 桑維翰이 密上疏曰 陛下免於晉陽之難[1] 而有天下는 皆契丹之功也니 不可負之어늘 議者以歲致繒帛으로 謂之耗蠹하고 有所卑遜으로 謂之屈辱하니 殊不知兵連而不休하고 禍結而不解하면 財力將匱하리니 耗蠹孰甚焉이며 用兵則武吏功臣이 過求姑息하고 邊藩遠郡이 得以驕矜하야 下陵上替하리니 屈辱이 孰大焉이니잇고 臣은 願陛下訓農習戰하고 養兵息民하야 俟國無內憂하고 民有餘力이니 然後觀釁而動이면 動必有成矣리이다

晉나라 成德節度使 安重榮이 契丹에게 신하 노릇하는 것을 부끄러워하여 수천 자의 表文을 올리니, 대저 晉主가 契丹을 아버지로 섬기고 中國의 재정을 고갈시켜 만족함이 없는 오랑캐에게 잘 보이는 것을 배척하였다. 이에 桑維翰이 다음과 같이 은밀하게 상소하였다.

"폐하께서 晉陽의 난을 벗어나 천하를 소유하신 것은 모두 契丹의 공이니, 이를 저버려서는 안 됩니다. 그런데 의논하는 자들은 해마다 비단을 바치는 것을 가지고 국가의 재정을 소모한다고 이르고, 몸을 낮추고 겸손한 것을 가지고 굴욕을 겪는다고 이릅니다. 그러나 전쟁이 이어져 그치지 않고 화가 맺혀서 풀리지 않는다면 재력이 점차 고갈될 것이니, 국가의 재정을 소모함이 무엇이 이보다 더 심하겠습니까. 무력을 동원하게 되면 武官과 功臣들이 우선 당장의 편안함만 지나치게 바라고 邊方의 藩鎭과 먼 郡들이 교만하고 잘난 체하여 아랫사람은 능멸하고 윗사람은 침체할 것이니, 굴욕을 당함이 무엇이 이보다 크겠습니까. 신은 바라건대 폐하께서 농사를 가르치고 군사들에게 전술을 익히게 하며 군대를 기르고 백성을 쉬게 하여, 나라에 內憂가 없고 백성들에게 남은 힘이 있기를 기다려야 할 것이니, 그런 뒤에 틈을 보아 출동하시면 출동함에 반드시 성공이 있을 것입니다."

1) 〔頭註〕 晉陽之難 : 在上丙申年하니라
晉陽의 난리는 앞의 丙申年(936)에 있었다.

○ **吳越王弘佐[1]卽王位**하다

吳越王 錢弘佐가 왕에 즉위하였다.

1) 〔頭註〕 弘佐 : 錢鏐子元瓘之子라
錢弘佐는 錢鏐의 아들인 元瓘의 아들이다.

【壬寅】 〈晉天福七年六月에 **晉主重貴立**하니라 ○ **漢主玢光天元年**이라 ○ **是歲**에 **凡五國, 三鎭**이라〉

임인(942) - 晉나라 天福 7년 6월에 晉主 石重貴가 즉위하였다. ○ 漢主 劉玢의 光天 元年이다. ○ 이해에 모두 다섯 나라이고 세 鎭이다. -

夏四月에 **漢高祖[1]**殂하니 **秦王弘度 卽皇帝位**하야 **更名**玢하다

여름 4월에 漢나라 高祖가 죽으니, 秦王 劉弘度가 황제에 즉위하여 이름을 玢으로 고쳤다.

1) 〔附註〕 漢高祖 : 南漢也라 劉隱之弟니 初名巖이라 梁封隱하야 爲南平王이러니 隱卒에 巖이 繼封爲南海王이라가 丁丑年에 稱帝하고 國號大越하며 戊寅年에 改國號大漢하고 改名龑(엄)하니라 弘度는 龑之子也라 本傳에 龑音嚴이라
漢나라 高祖는 南漢의 군주이다. 劉隱의 아우이니, 처음 이름은 巖이다. 梁나라가 劉隱을 南平王에 봉하였는데, 劉隱이 죽자 劉巖이 뒤를 이어 南海王에 봉해졌다가 丁丑年(917)에 황제를 칭하고 국호를 大越이라 하였으며, 戊寅年(918)에 국호를 大漢이라 고치고 이름을 龑으로 고쳤다. 劉弘度는 龑의 아들이다. 本傳에 "龑은 음이 嚴이다." 하였다.

○ **六月**에 **晉主**殂하니 **馮道[1]與景延廣**으로 **議以國家多難**하니 **宜立長君**이라하고 **乃奉廣晉尹齊王重貴[2]爲嗣**하니 **是日**에 **齊王**이 **卽皇帝位**하다 **延廣以爲己功**이라하야 **始用事**하니라

6월에 晉主(石敬瑭)가 죽으니, 馮道가 景延廣과 함께 의논하기를 "국가에 어려움이 많으니, 마땅히 長君(長子)을 세워야 한다." 하고 마침내 廣晉尹

齊王 石重貴를 받들어 후사로 삼으니, 이날 齊王이 황제에 즉위하였다. 景延廣은 〈황제를 세운 것이〉 자신의 공이라 하여 비로소 권력을 행사하였다.

1) 〔頭註〕 馮道 : 守司徒兼侍中이라
馮道는 守司徒 兼侍中이다.

2) 〔原註〕 廣晉尹齊王重貴 : 帝兄之子라 〔頭註〕 廣晉은 本紀에 作大(太)原하니라
〔原註〕 石重貴는 황제(石敬瑭)의 兄(石敬儒)의 아들이다. 〔頭註〕 廣晉은 〈高祖本紀〉에 太原으로 되어 있다.

〔史略 史評〕 史斷曰 晉祖以唐朝禁臠(련)[1]之親으로 地尊勢重이어늘 迫於猜疑하야 請兵契丹하야 賂以土地하고 而取人之國이라 跡其以中國之君으로 而屈身夷狄하면 玩好珍異 旁午道途호되 小不如意하면 譙責繼之하야 當時朝野 莫不痛心이로되 而晉祖事之에 殊無赧色이라 夫以古人行一不義殺一不辜而得天下라도 猶且不爲[2]어든 況附夷狄以伐中國하고 又從而取之者乎아 綱目에 書晉上尊號於契丹하고 契丹加晉主尊號는 所以著中國夷狄首足倒懸之極이니 其惡契丹而賤敬瑭也 甚矣로다

史斷에 말하였다.

"晉나라 高祖는 唐나라 禁臠의 친척(駙馬)으로 지위가 높고 권세가 중하였는데 황제의 시기와 혐의에 핍박을 받아 거란에게 군대를 청하여 土地로써 뇌물을 주고 남의 나라를 차지하였다. 中國의 군주로서 오랑캐에게 몸을 굽힌 것을 찾아보건대, 완호품과 진귀한 물건을 거란에 바친 것이 도로에 이어졌으나 조금이라도 거란의 마음에 차지 않으면 견책이 이어져서, 당시 朝野의 사람들 가운데 가슴 아파하지 않는 이가 없었으나 晉나라 高祖는 거란을 섬김에 조금도 부끄러워하는 기색이 없었다.

옛사람은 한 가지라도 不義의 일을 행하고 한 사람이라도 무죄한 사람을 죽이고 천하를 얻더라도 오히려 이러한 일을 하지 않았는데, 하물며 오랑캐에게 붙어서 中國을 정벌하고 또 따라서 나라를 차지함에 있어서랴. ≪資治通鑑綱目≫에 '晉나라가 거란에게 尊號를 올리고, 거란이 晉主에게 尊號를 가했다.'라고 쓴 것은 中國과 夷狄이 마치 머리와 발이 거꾸로 전도된 것처럼

상하가 도치됨이 극에 달하였음을 나타낸 것이니, 거란을 미워하고 石敬瑭을 천시함이 심하다."

1) 〔譯註〕 禁臠(련) : 임금이 아끼고 소중히 여기는 물건으로, 임금의 사위를 가리킨다. 東晉의 武帝가 晉陵公主를 위하여 王珣에게 배필을 구하게 하니, 王珣이 謝混을 천거하였는데, 武帝가 謝混을 駙馬로 삼으려다가 얼마 안 되어 붕어하였다. 이에 袁山松이 자기의 딸을 謝混에게 시집보내고자 하였으나 王珣이 袁山松에게 "禁臠을 가까이하지 말라."고 하였는데, 謝混은 끝내 공주에게 장가들었다. 禁臠은 본래 돼지의 목덜미 살인데, 晉나라 元帝가 강남으로 천도한 뒤에 公私間에 매우 궁핍하여 돼지를 잡으면 목덜미 살은 元帝에게만 올린 데에서 유래하였다.

2) 古人……猶且不爲 : 이 내용은 ≪孟子≫ 〈公孫丑 上〉에 보인다.

○ **晉主之初卽位也**에 **大臣**이 **議奉表稱臣告哀於契丹**이러니 **景延廣**[1]이 **請致書稱孫而不稱臣**[2]하다 **契丹**이 **大怒**하야 **遣使來責讓**이어늘 **延廣**이 **復以不遜語**[3]**答之**하다 **契丹盧龍節度使趙延壽**[4] **欲代晉帝中國**하야 **屢說契丹擊晉**한대 **契丹主頗然之**하니라

晉主가 처음 즉위할 적에 大臣들이 표문을 받들어 올리고 臣이라 칭하며 契丹에게 喪事를 알릴 것을 의논하였는데, 景延廣은 〈표문을 올리지 말고〉 편지를 보내되 孫이라 칭하고 臣이라 칭하지 말 것을 청하였다. 契丹이 크게 노하여 사자를 보내어 꾸짖자, 景延廣이 다시 불손한 말로 답하였다. 契丹의 盧龍節度使 趙延壽는 晉나라를 대신해서 中國의 황제가 되고자 하여 자주 契丹을 설득해서 晉나라를 공격하게 하니, 契丹主가 자못 그 말을 옳게 여겼다.

1) 〔頭註〕 景延廣 : 天平節度使侍衛馬步都虞候라

景延廣은 天平節度使 侍衛馬步都虞候이다.

2) 〔通鑑要解〕 請致書稱孫而不稱臣 : 因契丹主令高祖稱兒皇帝[*)]하야 用家人之禮致書也라

〈景延廣의 의논은〉 契丹主가 高祖(石敬瑭)로 하여금 兒皇帝라고 칭하게 한 것을 이용하여 家人의 禮를 써서 편지를 보낸 것이다.

＊) 兒皇帝 : 五代時代 契丹의 제도에 군주가 죽으면 무덤 곁에 집을 짓되 이를 일러 明殿이라고 하고, 아울러 學士 1명을 두어 詔書를 초하는 일을 맡게 하였는데, 큰 경조사를 만나게 되면 學士가 죽은 임금의 이름으로 글을 짓고 새로 즉위한 임금은 兒皇帝라고 칭하였다. 後晉의 石敬瑭은 거란의 도움으로 즉위한 뒤에 거란의 군주인 耶律德光를 높여 아버지라 하고, 거란의 풍속을 따라 스스로 兒皇帝라고 칭하였다.

3)〔附註〕不遜語 : 延廣이 囚契丹使라가 已而요 遣歸曰 說爾主호되 先帝는 爲北朝所立이라 故로 稱臣奉表어니와 今上은 中國所立이니 稱孫足矣라 翁怒來하면 則孫有十萬橫磨劍이라하니라

불손한 말이란 景延廣이 契丹의 사신을 가두었다가 이윽고 돌려보내며 말하기를 "돌아가거든 네 임금에게 말하기를 '先帝는 北朝(契丹)에서 세웠기 때문에 臣이라고 칭하고 표문을 받들어 올렸지만, 今上은 中國에서 세웠으니 孫이라고 칭하면 충분하다. 할아버지(契丹主)가 노하여 와서 교전한다면 손자는 십만 자루의 잘 연마한 검을 차고 상대할 뿐이다.'라고 하라." 하였다.

4)〔原註〕趙延壽 : 本唐人이니 晉初에 爲契丹所虜하니라

趙延壽는 본래 唐나라 사람인데, 晉나라 초기에 契丹에게 사로잡혔다.

○ 契丹〈太宗會同五年이라〉

契丹 - 太宗 會同 5년이다. -

齊王은 名重貴니 高祖兄敬儒之子로 史曰出帝라 在位四年이라

齊王은 이름이 重貴이니, 高祖의 형인 石敬儒의 아들로 역사책에 出帝라 칭하였다. 재위는 4년이다.

【癸卯】〈晉天福八年이라 凡五國, 三鎭이라〉

계묘(943) - 晉나라 天福 8년이다. 모두 다섯 나라이고 세 鎭이다. -

春에 唐主[1]餌方士靈丹하고 浸成躁急하다 二月에 唐主疽發背어늘 召齊王璟[2]

하야 **入侍疾**할새 **唐主謂璟曰 吾餌金石**은 **始欲益壽**어늘 **乃更傷生**하니 **汝宜戒之**하라 **是夕**에 **殂**하니 **元宗**이 **卽位**하다

봄에 唐主(南唐의 군주)가 영험한 효험이 있다는 方士들의 丹藥을 먹고는 점점 조급증이 생겼다.

2월에 唐主가 등창이 났는데, 齊王 李璟을 불러 궁중에 들어와서 병을 간호하게 할 적에 唐主가 李璟에게 이르기를 "내가 金石의 丹藥을 복용한 것은 본래 수명을 연장하고자 해서였는데 도리어 생명을 더 손상시켰으니, 너는 마땅히 경계하라." 하였다. 이날 밤에 죽으니, 元宗이 즉위하였다.

1)〔頭註〕唐主 : 南唐李昪이라
　　唐主는 南唐의 李昪이다.
2)〔頭註〕璟 : 昪之長子라
　　李璟은 李昪의 長子이다.

〔新增〕胡氏曰 生不可益而疾可治라 漢高도 猶曰 命乃在天하니 雖扁鵲인들 何益이리오하니 今無疾以求益生之祥하니 其惑을 不待貶也라 然坐此致斃者幾何人이완대 而莫之戒者는 貪本不除也일새라 方士敎人延年不死하고 釋氏敎人死而得果[1]하니 惟貪者入之라 故로 曰 養心莫善於寡欲이라하니라 異端佛老之學은 或割除親愛하고 或遺棄萬事하야 灰心槁形於寂寞之濱하야 若無欲者로되 而望輕擧하고 冀後果하야 其欲莫大焉하니 君子不可不愼也니라

胡氏(胡寅)가 말하였다.

"〈약은〉 생명을 더 연장할 수는 없으나 병은 치료할 수 있다. 漢나라 高祖도 오히려 말하기를 '사람의 목숨은 마침내 하늘에 달려있으니, 비록 扁鵲인들 무슨 유익함이 있겠는가.'라고 하였다. 이제 병이 없이 생명을 연장하는 祥瑞를 구하였으니, 그 미혹됨을 굳이 폄하할 것이 없다. 그러나 여기에 걸려들어 죽음을 초래한 자가 얼마나 많은가. 그런데도 이를 경계하는 자가 없는 것은 탐욕의 뿌리를 제거하지 못했기 때문이다. 方士는 사람들에게 수명을 연장하여 죽지 않는 방법을 가르치고, 釋氏는 사람들에게 죽어서 證果를 얻을 것을 가르치니, 오직 탐욕스러운 자들이 여기에 빠진다. 그러므로 ≪孟

子≫에 이르기를 '마음을 기름은 욕망을 적게 하는 것보다 더 좋은 것이 없다.'고 한 것이다.

異端과 佛老의 학문은 혹 친애하는 마음을 잘라서 제거하기도 하고 혹 세상만사를 버려 적막한 물가에서 마음이 불꺼진 재와 같고 형체가 마른 나무와 같아서 욕망이 없는 자와 같다. 그러나 道士들은 신선이 되어 가볍게 날아다니기를 바라고 佛者들은 후일의 果報를 바라서 그 욕망이 더 클 수가 없으니, 군자가 삼가지 않으면 안 된다."

1)〔譯註〕得果 : 證果를 얻는 것으로, 證果는 깊은 修行의 결과로 얻어지는 果報이다. 최종의 得果는 바로 成佛의 경지이다.

閩王延政[1]이 稱帝於建州하고 國號를 大殷이라하다

閩王 王延政이 建州에서 황제를 칭하고 국호를 大殷이라 하였다.

1)〔頭註〕閩王延政 : 王審知子라
閩王 王延政은 王審知의 아들이다.

○ 漢晉王弘熙[1] 卽皇帝位하야 更名晟하다

南漢의 晉王 劉弘熙가 황제에 즉위하여 이름을 晟으로 고쳤다.

1)〔頭註〕弘熙 : 玢之弟也니 殺玢自立者라
劉弘熙는 劉玢의 아우이니, 劉玢을 죽이고 스스로 즉위한 자이다.

○ 晉桑維翰이 屢請遜辭以謝契丹호되 每爲延廣所沮러니 晉主以延廣有定策功이라 故로 寵冠群臣하고 又總宿衛兵이라 故로 大臣이 莫能與之爭이러라 河東節度使劉知遠[1]이 知延廣必致寇로되 而畏其方用事하야 不敢言하고 但益募兵하야 以備契丹이러니 契丹主乃集山後及盧龍兵五萬人하야 使趙延壽將之하고 委延壽經略中國하야 曰 若得之면 當立汝爲帝라하니 由是로 爲契丹盡力하야 畫取中國之策하니라

晉나라 桑維翰이 여러 번 공손한 말로 契丹에 사죄할 것을 청하였으나 매번 景延廣에게 저지당하였다. 晉主는 景延廣이 계책을 결정하고 자신을 황제로 옹립한 공이 있으므로 그에 대한 총애가 여러 신하 중에 으뜸이었고, 또 景延廣이 宿衛의 군대를 총괄하였으므로 大臣들이 감히 그와 다투지 못하였다. 河東節度使 劉知遠은 景延廣이 반드시 거란의 침입을 초래할 것이라는 것을 알았으나 그가 권력을 행사하고 있음을 두려워하여 감히 말하지 못하고, 다만 더욱 군대를 모집하여 契丹의 침공에 대비하였다.

契丹主가 마침내 山後와 盧龍의 군대 5만 명을 모아서 趙延壽로 하여금 거느리게 하고 趙延壽에게 中國을 경략하는 일을 맡기며 말하기를 "네가 만약 中國을 얻으면 너를 황제로 세우겠다." 하니, 이로 말미암아 趙延壽가 契丹을 위해 힘을 다해서 中國을 점령할 계책을 세웠다.

1) 〔頭註〕 劉知遠 : 河東節度使니 是爲後漢高祖라
劉知遠은 河東節度使이니, 이가 後漢의 高祖이다.

○ 契丹 〈會同六年이라〉

契丹 - 會同 6년이다. -

【甲辰】 〈晉開運元年이라 ○ 是歲에 凡六國, 三鎭이라〉

갑진(944) - 晉나라 開運 元年이다. ○ 이해에 모두 여섯 나라이고 세 鎭이다. -

正月에 契丹이 陷貝州하다 時에 用兵方略號令이 皆出延廣하고 宰相以下는 皆無所預라 延廣이 乘勢使氣하야 陵侮諸將하니 雖天子라도 亦不能制러라

정월에 契丹이 貝州를 함락하였다. 이때 용병하는 방략과 호령이 모두 景延廣에게서 나오고 재상 이하는 모두 참여하지 못하였다. 景延廣은 권세를 믿고 기세를 부려서 장수들을 능멸하고 모욕하니, 비록 천자라도 제재하지 못하였다.

○ 閩拱宸都指揮使朱文進이 弑閩王曦하다

閩나라 拱宸都指揮使 朱文進이 閩王 王曦를 시해하였다.

○ 或謂晉主曰 陛下欲禦北狄, 安天下인댄 非桑維翰이면 不可라한대 乃復置樞密院하고 以維翰爲中書令兼樞密使하야 事無大小히 悉以委之하니 數月之間에 朝廷이 差治하니라

혹자가 晉主에게 이르기를 "폐하께서 北狄을 막고 천하를 편안히 하고자 하신다면 桑維翰이 아니면 안 됩니다."라고 하자, 晉主가 마침내 다시 樞密院을 설치하고 桑維翰을 中書令 兼樞密使로 임명하여 크고 작은 일을 막론하고 모두 그에게 맡기니, 몇 달 만에 조정이 다소 다스려졌다.

○ 契丹之入寇也에 晉主再命劉知遠하야 會兵山東호되 皆後期不至하니 晉主疑其有異圖라 郭威[1]見知遠有憂色하고 謂知遠曰 河東은 山河險固하고 風俗尙武하며 土多戰馬하야 靜則勤稼穡하고 動則習軍旅하니 此는 霸王之資라 何憂乎리오하니라

契丹이 침입하였을 적에 晉主가 다시 劉知遠에게 명하여 군대를 이끌고 山東에서 회합하게 하였으나 모두 기한이 지나도 오지 않으니, 晉主가 그에게 딴 생각이 있는가 의심하였다. 郭威는 劉知遠에게 근심하는 기색이 있음을 알아차리고는 劉知遠에게 이르기를 "河東 지방은 산천이 험고하고 풍속이 武勇을 숭상하며, 이 지역에는 戰馬가 많아서 조용할 때에는 농사를 부지런히 힘쓰고 동요할 때에는 군대를 훈련시키니, 이는 霸王을 이룩할 수 있는 밑천입니다. 어찌 걱정하십니까." 하였다.

1) 〔頭註〕 郭威 : 藩漢孔目官이니 是爲後周太祖라
郭威는 藩漢孔目官이니, 이가 後周의 太祖이다.

○ 契丹〈會同七年이라〉

契丹 - 會同 7년이다. -

【乙巳】〈晉開運二年이라 ○ 是歲에 凡五國, 三鎭이라 殷改稱閩而亡하니라〉

을사(945) - 晉나라 開運 2년이다. ○ 이해에 모두 다섯 나라이고 세 鎭이다. 殷나라가 閩이라고 개칭하였으나 바로 망하였다. -

契丹이 復大擧入寇라가 大敗北歸하다

契丹이 다시 크게 군대를 일으켜 침입하였다가 대패하고 북쪽으로 돌아갔다.

○ 契丹이 連歲入寇하니 中國이 疲於奔命하고 邊民塗地어늘 桑維翰이 屢勸晉主하야 復請和於契丹하야 以紓國患하다

契丹이 해마다 침입하니, 中國의 백성들은 명령을 받드느라 지치고 변방의 백성들은 참혹하게 죽임을 당하였다. 이에 桑維翰은 晉主에게 여러 번 권해서 다시 契丹에게 화친을 청하여 국가의 환난을 풀도록 하였다.

○ 晉主自陽城之捷[1)]으로 謂天下無虞라하야 驕侈益甚하고 馮玉[2)]이 乘勢弄權하야 四方賂遺 輻輳其門하니 由是로 朝政이 益壞하니라

晉主가 陽城에서 승리한 뒤로 천하에 근심할 일이 없다 하여 교만하고 사치함이 더욱 심하였고, 馮玉이 세력을 믿고 권세를 농간하여 사방의 뇌물이 그의 집에 폭주하니, 이로 말미암아 조정의 정사가 더욱 파괴되었다.

1)〔頭註〕陽城之捷 : 是年三月에 都排陳使苻彦卿等이 至陽城하야 擊契丹하야 大敗之하니라

이해 3월에 都排陳使 苻彦卿 등이 陽城에 이르러서 契丹을 공격하여 크게 패퇴시켰다.

2)〔頭註〕馮玉 : 同平章이라

馮玉은 同平章事이다.

○ 契丹 〈會同八年이라〉

契丹 - 會同 8년이다. -

【丙午】 〈晉開運三年이라 ○ 是歲에 凡四國, 三鎭이라〉

병오(946) - 晉나라 開運 3년이다. ○ 이해에 모두 네 나라이고 세 鎭이다. -

十一月에 契丹主大擧入寇어늘 晉主以杜威爲上將[1)]이러니 威與李守貞[2)], 宋彦筠[3)]謀降契丹하다 契丹主紿之曰 趙延壽威望素淺하야 恐不能帝中國이라 汝果降者면 當以汝爲之호리라 威喜하야 遂降하고 命軍士釋甲하니 軍士皆慟哭하야 聲振原野러라 張彦澤[4)]이 倍道疾驅하야 夜度白馬津하야 未明에 自封丘門으로 斬關而入하야 遷晉主於開封府하다

11월에 契丹主가 크게 군대를 일으켜 들어와 침략하자, 晉主가 杜威를 上將으로 임명하였는데, 杜威는 李守貞, 宋彦筠과 함께 契丹에 항복할 것을 모의하였다. 契丹主가 이들을 속여 말하기를 "趙延壽는 위엄과 인망이 본래 부족하여 中國의 황제가 되지 못할까 두렵다. 너희들이 과연 항복한다면 마땅히 너를 황제로 세우겠다." 하였다. 杜威가 기뻐하여 마침내 항복하고 군사들에게 갑옷을 벗으라고 명하니, 군사들이 모두 통곡하여 통곡하는 소리가 언덕과 들판에 진동하였다.

張彦澤이 행군 속도를 배가하여 급히 달려와서 밤에 白馬津을 건너 날이 밝기 전에 封丘門으로부터 관문을 부수고 성 안으로 들어와서 晉主를 開封府로 옮겼다.

1)〔頭註〕杜威爲上將 : 謂北面行營都招討使也라

杜威를 上將으로 임명하였다는 것은 北面行營都招討使로 임명한 것을 이른다.

2)〔頭註〕李守貞 : 以天平節度使로 爲兵馬都監하니라

李守貞은 天平節度使로서 兵馬都監이 되었다.

3)〔頭註〕宋彦筠：以前威勝節度使로 爲步軍左廂都指揮使하니라

宋彦筠은 前 威勝節度使로서 步軍左廂都指揮使가 되었다.

4)〔頭註〕張彦澤：彰德節度使니 引兵爲前鋒하니라

張彦澤은 彰德節度使이니, 군대를 이끌고 선봉이 되었다.

○ 契丹〈會同九年이라〉

契丹 - 會同 9년이다. -

歷年圖曰 高祖[1)]以地尊勢重으로 迫於猜嫌한대 親執臣子之禮하야 以事戎狄하고 賂之土地하야 籍其兵力하야 以取天下하니 羽翼未成이면 不可以高飛요 國家未治면 不可以應敵이라 齊王은 捨桑維翰之深謀하고 信景延廣之狂策하야 內政不修하고 而外挑彊隣하야 使流民塗野草하고 胡騎汚宮闕하야 生爲降虜하고 死爲羈魄하니 非不幸也니라

≪歷年圖≫에 말하였다.

"高祖(石敬塘)는 지위가 높고 권세가 중한 이유로 황제의 시기와 혐의에 핍박을 받자, 신하의 예를 친히 행하여 戎狄(거란)을 섬기고 토지를 바쳐 병력을 빌려서 이로써 천하를 차지하였으니, 羽翼이 이루어지지 않으면 높이 날 수가 없고 국가가 다스려지지 않으면 적에 대응할 수가 없는 것이다.

齊王(石重貴)은 桑維翰의 깊은 계책을 버리고 景延廣의 미친 계책을 믿고서 內政을 닦지 않고 밖으로 강한 이웃나라에 도전하여, 유리하는 백성들로 하여금 들풀에 피를 뿌리게 하고 오랑캐 기병으로 하여금 궁궐을 더럽히게 하여, 살아서는 항복한 포로가 되고 죽어서는 떠돌아다니는 혼백이 되었으니, 이는 불행이 아니라 당연한 것이다."

1)〔頭註〕高祖：石敬塘이라

高祖는 石敬塘이다.

〔史略 史評〕史斷曰 少主信景延廣之狂策하야 內政不修하고 外挑强胡라 自陽

城一捷之後로 顧謂國勢無虞라하야 驕奢益甚하야 四方貢獻을 皆歸內府하며 廣置宮室하고 崇飾後庭하며 賞賜伶優에 多寡無算하고 委任馮玉하야 倚勢弄權이라 當旱蝗水潦 國脈如線之時하야 方且今年에 遣使括民穀하고 明年에 遣使括民財하며 迨夫契丹入寇하야 境內皇皇이로되 猶且調鷹苑內하고 排沮人言하야 遂使橫尸蔽野하고 宗廟丘墟하니 跡其人謀하면 豈不幸哉아 夫以晉之立國이 絶滅三綱하고 屛棄五常이라 報叔母爲妻하야 而夫婦亂矣요 尊夷狄爲父하야 而父子亂矣요 爲中國主하야 臣于契丹하야 而君臣亂矣라 三綱旣失에 中國已淪胥爲夷하니 不待契丹主服赭袍坐崇元殿하야 令百官行入閤禮하고 而風聲氣習之來侵이 已非一日矣라 此蓋人道之大變이요 中國之巨禍라 至使斯人으로 與禽獸雜處하야 而又罹其害焉하니 此豈容以常理斷哉아

史斷에 말하였다.

"少主(石重貴)가 景延廣의 미친 계책을 믿고서 안으로 정사를 닦지 않고 밖으로 강한 오랑캐에게 도전하였다. 그리하여 陽城에서 한 번 승리한 뒤로는 도리어 國勢가 근심할 것이 없다고 생각하여 교만하고 사치함이 더욱 심하였다. 그리하여 四方에서 貢物로 바친 것을 모두 內府로 돌리며, 궁실을 널리 건축하고 後庭을 성대하게 꾸미며, 광대들에게 賞을 줄 적에 많고 적음을 따지지 않고 외척인 馮玉에게 정사를 위임하여 권세를 믿고 농간하게 하였다. 가뭄이 들고 蝗蟲이 발생하며 수해가 들어 국가의 명맥이 실낱 같은 때를 당하여, 도리어 금년에 使者를 보내어 백성들의 곡식을 긁어모으고, 다음해에 使者를 보내어 백성들의 재물을 긁어모았으며, 거란이 쳐들어옴에 미쳐서 境內가 위급하였으나 오히려 上林苑 안에서 매를 조련하고 사람들의 간언을 배척하고 막아서 마침내 시신이 들을 뒤덮고 宗廟가 폐허가 되게 하였으니, 사람의 잘못된 계책을 살펴보면 어찌 불행이라 하겠는가.

晉나라가 건국할 때에 三綱을 끊어 없애고 五常(五倫)을 물리쳐 버렸다. 叔母를 간음하고 아내로 삼아 夫婦의 윤리가 문란하였고, 夷狄을 높여 아버지라 칭하여 父子의 윤리가 혼란하였고, 中國의 군주로서 契丹에게 신하 노릇하여 君臣의 도리가 혼란해졌다. 三綱을 잃은 뒤에 中國이 이미 몰락하여 서로 오랑캐가 되었으니, 굳이 契丹의 군주가 붉은 도포를 입고 崇元殿에 앉

아서 百官들로 하여금 入閤禮를 행하게 하기를 기다릴 것도 없이 오랑캐의 風聲(風敎)과 氣習에 침입당한 것이 이미 하루 이틀의 일이 아니었다. 이는 人道의 큰 변고이고 中國의 큰 禍이다. 그리하여 이 사람들로 하여금 禽獸와 함께 처하게 하여 또다시 그 폐해를 입게 하였으니, 이 어찌 떳떳한 이치로 판단할 수 있겠는가."

右後晉은 **二主**에 **共十一年**이라

이상 後晉은 두 군주에 모두 11년이다.

五代紀

後漢紀

高祖※ 在位二年이요 壽五十四라

高祖는 재위가 2년이고, 壽가 54세이다.

※ 名은 暠(호)요 姓은 劉氏니 本名은 知遠이요 其先은 沙陀人이라 晉開運二年에 封北平王이러니 四年에 晉主北遷高祖한대 乃圖義擧하야 卽位於晉陽하니라

高祖는 이름이 暠이고 姓이 劉氏이니, 本名은 知遠이고 그 선조는 沙陀 사람이다. 晉나라 開運 2년(945)에 北平王에 봉해졌는데, 4년에 晉主(石重貴)가 高祖를 북쪽의 藩鎭으로 옮기자, 마침내 의거를 도모하여 晉陽에서 즉위하였다.

【丁未】〈漢高祖劉知遠은 **仍稱晉天福十二年**하니라 ○ **是歲**에 **晉亡漢興**하니 **幷蜀, 南漢, 南唐**하야 **凡四國**이요 **吳越, 湖南, 荊南凡三鎭**이라〉

정미(947) - 漢나라 高祖 劉知遠은 晉나라 天福 12년을 그대로 칭하였다. ○ 이해에 晉나라가 망하고 漢나라가 일어나니, 蜀・南漢・南唐을 아울러 모두 네 나라이고, 吳越・湖南・荊南 모두 세 鎭이다. -

春正月朔에 **契丹主至大梁**하야 **以晉主**로 **爲負義侯**하야 **置於黃龍府**[1)]하다

봄 정월 초하루에 契丹主가 大梁에 이르러 晉主를 負義侯로 강등시키고 黃

龍府에 유치하였다.

1) 〔釋義〕 置於黃龍府 : 黃龍府는 在臨潢府東南二百餘里라 按契丹國志에 東渡遼水하야 至(勃)〔渤〕海國鐵州요 又行七八日하야 過南海府하야 〈遂至黃龍府也라〉 初에 契丹主阿保機 見黃龍在其氈屋上하고 連發二矢殪(에)之러니 後에 太子德光이 於其地에 置黃龍府하니라

黃龍府는 臨潢府의 동남쪽 200여 리 지점에 있다. 살펴보건대 ≪契丹國志≫에 "동쪽으로 遼水를 건너 渤海國의 鐵州에 이르고, 또 7, 8일을 걸어 南海府를 지나 〈마침내 黃龍府에 이른다.〉" 하였다. 처음에 契丹主 耶律阿保機가 黃龍이 털방석으로 만든 지붕 위에 있는 것을 보고 연이어 두 발의 화살을 쏘아 죽였는데, 뒤에 太子 耶律德光이 이곳에 黃龍府를 설치하였다.

○ 契丹主縱胡騎四出하야 以牧馬爲名하고 分番剽(표)掠[1]하니 謂之打草穀이라 丁壯은 斃於鋒刃하고 老弱은 委於溝壑하야 自東西兩畿[2]로 及鄭, 滑, 曹, 濮히 數百里間에 財畜殆盡하니 於是에 內外怨憤하고 始患苦契丹하야 皆思逐之矣러라

契丹主가 오랑캐 기병을 풀어놓아 사방으로 내보내서 말을 먹인다고 이름하고 番을 나누어 노략질하니, 이를 일러 打草穀이라 하였다. 그리하여 中國의 壯丁들은 칼날에 죽고 노약자들은 시신이 도랑에 버려져서 東京과 西京의 兩畿로부터 鄭州·滑州·曹州·濮州에 이르기까지 수백 리 사이에 재물과 가축이 거의 다 없어지니, 이에 內外가 원망하고 분노하였으며, 비로소 契丹을 근심하고 괴로워하여 모두 쫓아낼 것을 생각하였다.

1) 〔釋義〕 剽(표)掠 : 剽는 劫奪也라

剽는 위협하여 빼앗는 것이다.

2) 〔頭註〕 東西兩畿 : 東西二京也라 畿는 天子千里之地니 夏曰縣內요 殷曰畿內라 大梁屬縣은 爲東畿요 洛陽屬縣은 西畿니라

東西兩畿는 東京과 西京 두 京師이다. 畿는 天子가 다스리는 千里의 땅이니, 夏나라는 縣內라고 하였고 殷나라는 畿內라고 하였다. 大梁의 屬縣은 東畿가 되고, 洛陽의 屬縣은 西畿가 된다.

○ 晉劉知遠이 在河東하야 富强이 冠諸鎭하야 步騎至五萬人이라 晉主與契丹結怨하니 知遠이 知其必危호되 而未嘗論諫하다 契丹이 屢深入호되 知遠이 初無邀遮[1]入援之志러니 及聞契丹入汴하고 知遠이 分兵守四境하야 以防侵軼(일)이라 於是에 將佐勸知遠稱尊號하야 以號令四方한대 知遠이 不許어늘 軍士皆曰 今契丹이 陷京城, 執天子하야 天下無主하니 主天下者 非我王而誰오 宜先正位號하고 然後出師하소서

晉나라 劉知遠이 河東에 있으면서 부강함이 여러 鎭 중에 으뜸이 되어 보병과 기병이 5만 명에 이르렀다. 晉主가 契丹과 원한을 맺으니, 劉知遠은 반드시 위험을 초래할 줄을 알았으나 한번도 의논하고 간하지 않았다. 契丹이 여러 번 깊숙히 침입하였지만 劉知遠은 애당초 적을 가로막고 들어와 구원할 뜻이 없었는데 契丹이 汴州로 쳐들어왔다는 말을 듣고, 劉知遠은 군대를 나누어 사방의 경계를 수비하여 침략을 방비하였다. 이에 장수와 막료들이 劉知遠에게 존호를 칭하여 사방을 호령할 것을 권하자, 劉知遠이 허락하지 않았다. 군사들이 모두 말하기를 "지금 契丹이 京城을 함락하고 천자를 사로잡아 천하에 군주가 없으니, 천하를 주관할 자가 우리 왕이 아니고 누구란 말입니까. 마땅히 먼저 皇帝의 지위와 존호를 바로잡고 그런 뒤에 출정하소서." 하였다.

1) 〔頭註〕 邀遮 : 邀도 亦遮也라
邀 또한 가로막는 것이다.

○ 二月辛未에 晉知遠이 卽皇帝位하야 自言未忍改晉國이라하고 又惡開運[1]之名하야 乃更稱天福[2]十二年하다

2월 辛未日(15일)에 晉나라 劉知遠이 황제에 즉위하여 스스로 말하기를 "차마 晉나라의 국호를 고칠 수 없다." 하고, 또 開運이라는 명칭을 싫어하여 마침내 다시 天福 12년이라고 칭하였다.

1)〔頭註〕開運：晉齊王年號라
開運은 晉나라 齊王(石重貴)의 연호이다.
2)〔頭註〕天福：晉高祖年號라
天福은 晉나라 高祖(石敬瑭)의 연호이다.

○ 東方에 群盜大起어늘 契丹主謂左右曰 我不知中國之人을 難制如此로다 復召晉百官하야 諭之曰 天時向暑하니 吾難久留라하고 以蕭翰[1]으로 爲節度使하다 契丹이 建國號遼하다 遼主發大梁하니 晉文武諸司從者數千人이라 盡載府庫之實以行하다

東方에 도둑떼가 크게 일어나자, 契丹主가 좌우의 신하에게 이르기를 "나는 中國 사람들을 제어하기 어려움이 이와 같을 줄은 알지 못했다." 하고, 다시 晉나라 百官들을 불러 타이르기를 "날씨가 더워지니 내가 이곳에 오래 머물기가 어렵다." 하고, 蕭翰을 節度使로 삼았다.

契丹이 나라를 세우고 국호를 遼라 하였다. 遼主가 大梁을 출발하니, 晉나라의 여러 文武 官司 중에 따르는 자가 수천 명이었는데, 府庫에 가득한 물건을 모조리 싣고 갔다.

1)〔附註〕蕭翰：契丹主邪(耶)律德光〈太〉后述律太后之兄子라 其妹復爲契丹主后하니 始以蕭爲姓이라 自是로 契丹后族을 皆稱蕭氏하니라
蕭翰은 契丹主 耶律德光의 太后인 述律太后의 오라비의 아들이다. 그 누이가 다시 契丹主의 后가 되니, 처음으로 蕭氏를 姓으로 삼았다. 이로부터 契丹의 后族을 모두 蕭氏라 칭하였다.

○ 遼主至殺胡林[1]而卒이어늘 國人이 剖其腹하고 實鹽數斗하야 載之北去하니 晉人이 謂之帝羓(파)[2]라하니라

遼主가 殺胡林에 이르러 죽자, 國人들이 그의 배를 가르고 소금 몇 말을 뱃속에 채워 수레에 싣고 북쪽으로 가니, 晉나라 사람들이 이를 일러 帝羓라 하였다.

1)〔釋義〕殺胡林：胡는 本作狐라 按契丹志에 殺狐林者는 村民이 於林中에 射殺一狐하고 因名焉이라 今名死狐嶺하니 在眞定府欒城縣北하니라

殺胡林의 胡는 본래 狐로 되어있다. 살펴보건대 ≪契丹志≫에 "殺狐林은 마을 백성들이 숲속에서 여우 한 마리를 쏘아 죽이고 인하여 이렇게 이름했다." 하였다. 지금은 死狐嶺이라고 이름하니, 眞定府 欒城縣의 북쪽에 있다.

2)〔頭註〕帝羓(파)：羓는 音巴니 腊屬이라 凡獸全乾者曰腊이니 卽太宗德光也라

羓는 음이 巴이니, 포의 종류이다. 모든 짐승 고기를 완전히 말린 것을 포라고 하니, 帝羓는 바로 太宗 耶律德光이다.

○ **楚王希範**[1]이 **卒**하니 **將佐奉其弟希廣立之**하다

楚王 馬希範이 죽으니, 장수와 막료들이 그의 아우 希廣을 받들어 세웠다.

1)〔頭註〕希範：馬殷子也니 見上卷하니라

馬希範은 馬殷의 아들이니, 上卷에 보인다.

○ **晉主**[1]**發太原**하야 **自陰地關**으로 **出晉, 絳**[2]하니 **史弘肇**[3]**奏克澤州**[4]하다 **弘肇爲人**이 **沈毅寡言**하고 **御衆嚴整**하야 **所向必克**하니 **晉主自晉陽**으로 **安行**하야 **入洛及汴**에 **兵不血刃**은 **皆弘肇之力也**라 **晉主由是**로 **倚愛之**하니라

晉主(劉知遠)가 太原을 출발하여 陰地關으로부터 晉州와 絳州로 나오니, 史弘肇가 澤州를 점령하였음을 아뢰었다. 史弘肇는 사람됨이 침착하고 굳세고 말이 적으며 무리를 어거함에 엄격하고 정돈되어서 향하는 곳마다 반드시 승리하니, 晉主가 晉陽으로부터 편안히 행군하여 洛陽과 汴州(大梁)에 들어갈 적에 병사들이 병기에 피를 묻히지 않은 것은 모두 史弘肇의 힘이었다. 晉主가 이로 말미암아 그를 의지하고 사랑하였다.

1)〔頭註〕晉主：劉知遠이라

晉主는 劉知遠이다.

2)〔頭註〕晉, 絳：地名이라

晉州와 絳州는 지명이다.

3)〔頭註〕史弘肇：侍衛都指揮使라

史弘肇는 侍衛都指揮使이다.

4)〔頭註〕克澤州：契丹昭義節度使耿崇美 屯澤州하야 將攻潞州어늘 弘肇取之하니라
거란의 昭義節度使 耿崇美가 澤州에 주둔하여 潞州를 공격하려 하자, 史弘肇가 澤州를 점령하였다.

○ **蕭翰**이 **聞晉主擁兵而南**하고 **欲北歸**호되 **恐中國無主**하야 **必大亂**이러니 **時**에 **唐明宗子許王從益**이 **與王淑妃**[1]로 **在洛陽**이어늘 **翰**이 **迎而立之**하야 **以爲帝**하다

蕭翰은 晉主가 군대를 거느리고 南下한다는 말을 듣고는 북쪽으로 돌아가고자 하였으나, 中國에 군주가 없어서 반드시 크게 혼란해질까 두려워하였다. 이때 唐나라 明宗의 아들 許王 李從益이 王淑妃와 함께 洛陽에 있었는데, 蕭翰이 그를 맞이하여 황제로 세웠다.

1)〔頭註〕王淑妃：許王母라
王淑妃는 許王(李從益)의 어머니이다.

○ **六月**에 **吳越忠獻王弘佐卒**할새 **遺令**하야 **以丞相弘倧**[1]으로 **爲鎭海, 鎭東節度使**하다 〈**是歲**에 **爲內牙統軍使胡進思所廢**하고 **更立其弟弘俶**하니라〉

6월에 吳越의 忠獻王 錢弘佐가 죽을 적에 遺命을 내려 丞相 錢弘倧을 鎭海·鎭東節度使로 삼게 하였다. - 이해에 錢弘倧이 內牙統軍使 胡進思에게 폐위당하고, 다시 그의 아우 錢弘俶을 세웠다. -

1)〔頭註〕弘倧：弘佐之弟라
錢弘倧은 錢弘佐의 아우이다.

○ **晉主至洛陽**하야 **命鄭州防禦使郭從義**하야 **先入大梁淸宮**[1]하고 **密令殺李從益及王淑妃**하다

晉主(劉知遠)가 洛陽에 이르러 鄭州防禦使 郭從義에게 명하여 大梁(汴州)에 먼저 들어가 궁궐을 깨끗이 청소하게 하고 은밀히 李從益과 王淑妃를 죽이게 하였다.

1)〔頭註〕淸宮：灑掃殿內也라
　淸宮은 궁전 안에 물을 뿌려 청소하는 것이다.

○ 晉主[1)]至大梁하야 復以汴州爲東京하고 改國號曰漢이라하고 仍稱天福年하고 曰 余未忍忘晉也라하니라

晉主가 大梁에 이르러 다시 汴州를 東京이라 하고 국호를 漢으로 고치고, 天福이라는 연호를 그대로 칭하며 말하기를 "내가 晉나라를 차마 잊지 못해서이다."라고 하였다.

1)〔頭註〕晉主：綱目에 作漢主라
　晉主는 ≪資治通鑑綱目≫에는 漢主로 되어 있다.

○ 遼〈大同元年九月에 世宗(元)〔兀〕欲이 更名阮하고 天祿元年이라〉

遼나라 - 大同 元年 9월에 世宗 耶律兀欲이 이름을 阮으로 고치고 天祿 元年이라 칭하였다. -

【戊申】〈漢改乾祐元年하다 二月에 隱帝承祐立하니라 ○ 是歲에 凡四國, 三鎭이라〉

무신(948) - 漢나라는 乾祐 元年으로 고쳤다. 2월에 隱帝 劉承祐가 즉위하였다. ○ 이해에 모두 네 나라이고 세 鎭이다. -

春正月에 晉主不豫어늘 召蘇逢吉, 楊邠, 史弘肇, 郭威[1)]하야 入受顧命할새 曰 承祐幼弱하니 後事를 託在卿輩하노라 二月에 立皇子承祐爲周王하야 卽皇帝位하다

봄 정월에 晉主가 편찮았는데, 蘇逢吉·楊邠·史弘肇·郭威를 불러 궁궐에 들어와서 顧命을 받게 하고, 말하기를 "承祐가 어리고 약하니, 뒷일을 경들에게 부탁한다." 하였다.

2월에 皇子 劉承祐를 周王으로 세워 황제에 즉위하게 하였다.

1) 〔頭註〕 蘇逢吉……郭威 : 蘇逢吉은 同平章事요 楊邠은 樞密使요 郭威는 副樞密使라
蘇逢吉은 同平章事이고, 楊邠은 樞密使이고, 郭威는 副樞密使였다.

○ 冬十月에 荊南節度使南平獻王高從誨卒하니 其子保融이 知留後하다

겨울 10월에 荊南節度使 南平獻王 高從誨가 죽으니, 그의 아들 高保融이 留後를 맡았다.

○ 遼 〈天祿二年이라 遼主阮은 太祖太子人皇王倍子니 是爲孝和莊憲皇帝라〉

遼나라 - 天祿 2년이다. 遼主 耶律阮은 太祖(耶律阿保機)의 太子인 人皇王 耶律倍의 아들이니, 이가 孝和莊憲皇帝이다. -

隱皇帝 名은 承祐니 高祖第二子라 在位三年이요 壽二十이라

隱皇帝는 이름이 承祐이니, 高祖(劉知遠)의 둘째 아들이다. 재위가 3년이고 壽가 20세이다.

【庚戌】 〈漢乾祐三年이라 ○ 是歲에 四國, 三鎭이러니 漢亡하니라〉

경술(950) - 漢나라 乾祐 3년이다. ○ 이해에 네 나라이고 세 鎭이었는데, 漢나라가 망하였다. -

夏四月에 漢朝以契丹近入寇橫行호되 河北諸藩鎭이 各自守하고 無扞禦之者라하야 制하야 以郭威로 爲鄴都留守天雄節度使하야 樞密使는 如故[1]하고 以左監門衛將軍郭榮으로 爲天雄衙內都指揮使하다 榮은 本姓이 柴니 父守禮는 郭威之妻兄也라 威未有子時에 養以爲子하니라 〈威微時에 刺其頂上하야 爲雀兒하니 人皆稱爲郭雀兒러니 後爲周高祖하고 榮爲世宗하니라〉

여름 4월에 漢나라 조정에서는 契丹이 가까이 침입하여 횡행하였으나 河北의 여러 藩鎭들이 각각 자신만 지키고 거란을 막는 자가 없다 하여, 制書를 내려 郭威를 鄴都留守 天雄節度使로 임명하여 樞密使는 예전처럼 맡게 하고, 左監門衛將軍 郭榮을 天雄衙內都指揮使로 임명하였다. 郭榮은 本姓이 柴이니, 아버지 守禮는 郭威의 妻兄이었다. 郭威가 아들이 없었을 때에 길러서 양자로 삼았다. - 郭威가 미천했을 때 이마 위에 雀兒라고 刺字하니, 사람들이 모두 郭雀兒라고 칭하였는데, 뒤에 郭威는 周나라 高祖가 되고 郭榮은 世宗이 되었다. -

1)〔頭註〕如故：漢主卽位하야 以威로 仍爲樞密使同平章事하니라
漢主(劉承祐)가 즉위하여 郭威를 樞密使 同平章事에 그대로 임명하였다.

○ 漢主自卽位以來로 楊邠은 總機政하고 郭威는 主征伐하고 史弘肇는 典宿衛하고 王章[1]은 掌財賦하니 以是로 國家粗安이러라 章이 聚斂刻急하야 有犯鹽礬[2]酒麯之禁者면 錙銖涓滴이라도 罪皆死하다 章이 尤不喜文臣하야 嘗曰 此輩는 授之握算이면 不知縱橫[3]이니 何益於用이리오 史弘肇曰 安定國家는 在長槍大劍이니 安用毛錐[4]리오 章曰 無毛錐면 則財賦何從可出고하니 於是에 將相이 始有隙하니라

漢主(劉承祐)가 즉위한 이래로 楊邠은 機務와 정사를 총괄하고 郭威는 정벌을 주관하고 史弘肇는 宿衛를 맡고 王章은 財賦를 맡으니, 이 때문에 국가가 다소 편안하였다. 王章은 재정을 거두어들일 적에 각박하고 급박해서 소금과 백반과 술과 누룩에 대한 금령을 범한 자가 있으면 저울눈만한 것과 물방울만한 것이라도 모두 사형에 처하였다.

王章은 더욱이 文臣들을 좋아하지 아니하여 일찍이 말하기를 "이들은 握算(주판)을 주면 다룰 줄 모르니, 등용한들 무엇이 유익하겠는가." 하였다. 史弘肇가 말하기를 "국가를 안정시키는 것은 긴 창과 큰 검에 달려 있으니, 毛錐(붓)를 어디다 쓰겠는가." 하였다. 王章이 말하기를 "毛錐가 없다면 財賦가 어디로부터 나오겠는가?" 하였다. 이에 장수와 정승이 서로 틈이 생기게 되

었다.

1)〔頭註〕王章：三司使同平章事라
王章은 三司使 同平章事이다.

2)〔頭註〕鹽礬：礬은 藥石也니 有白青黃黑赤五種이라 或染者 借以成色하니라
礬은 藥石이니, 백색·청색·황색·흑색·적색 다섯 종류가 있다. 염색하는 자가 이를 이용하여 색(물감)을 만들기도 한다.

3)〔通鑑要解〕縱橫：算之橫豎니 王章爲三司使하야 寔掌財賦故로 云然也라
縱橫은 주판의 가로와 세로이니, 王章이 三司使가 되어 실로 財賦를 맡았기 때문에 이렇게 말한 것이다.

4)〔通鑑要解〕毛錐：筆也라 以束毛爲筆하니 形如錐也라
毛錐는 붓이다. 털을 묶어서 붓을 만드니, 모양이 송곳과 같다.

○ 漢主年益壯에 厭爲大臣所制하야 積不能平이어늘 左右因乘間하야 譖之於漢主호되 云 邠等이 專恣하니 終當爲亂이라한대 漢主信之하야 遂謀誅邠等하다 十一月丙子에 邠等이 入朝할새 有甲士數十이 自廣政殿出하야 殺邠, 弘肇, 章於東廡下하다 漢主遣供奉官孟業하야 齎密詔하고 詣澶州及鄴都하야 殺王殷[1], 郭威, 王峻[2]하니 郭威召郭崇威[3], 曹威[4]及諸將하야 告以楊邠等寃死와 及有密詔之狀하고 且曰 吾與諸公으로 披荊棘[5]하고 從先帝하야 取天下하야 受託孤之任하야 竭力以衛國家러니 今諸公已死하니 吾何心獨生이리오 郭崇威等이 皆泣曰 天子幼沖하니 此必左右群小所爲리니 願從公入朝自訴하야 盪滌鼠輩하야 以清朝廷이요 不可爲單使所殺이니이다 郭威乃留其養子榮하야 鎭鄴都하고 命郭崇威하야 將騎兵前驅하고 自將大軍繼之하야 至封丘하니 人情恟懼러라 漢主遣慕容彦超[6]等하야 將兵拒之러니 彦超等이 戰敗遂還이어늘 是日에 漢主出勞軍이라가 兵敗하야 爲亂兵所弑하다 郭威自迎春門入하야 丁亥에 帥百官하고 起居太后하고 具奏稱호되 軍國事殷[7]하니 請早立嗣君이니이다 太后誥迎漢主弟河東節度使贇(빈)[8]하야 卽皇帝位하다

漢主(劉承祐)는 나이가 더욱 장성하자 大臣들에게 제재받는 것을 싫어하여 불평하는 마음이 쌓여갔다. 좌우의 신하들이 이를 틈타서 漢主에게 참소하기를 "楊邠 등이 전횡하고 방자하니, 끝내 난을 일으킬 것입니다." 하니, 漢主가 그 말을 믿고 마침내 楊邠 등을 죽일 것을 모의하였다.

11월 丙子日(13일)에 楊邠 등이 들어와 조회할 적에 甲士 수십 명이 廣政殿으로부터 뛰쳐나와서 楊邠·史弘肇·王章을 동쪽 행랑채 아래에서 죽였다. 漢主가 供奉官 孟業을 보내어 密詔를 가지고 澶州와 鄴都로 가서 王殷·郭威·王峻을 죽이게 하니, 郭威가 郭崇威와 曹威 및 여러 장수들을 불러 楊邠 등이 억울하게 죽은 사실과 황제가 密詔를 내린 실상을 말하고, 또 말하기를 "내가 諸公들과 온갖 고난을 헤치고 先帝(劉知遠)를 따라 천하를 차지하여 孤兒(나이 어린 군주)를 부탁하는 중임을 받고 힘을 다해 국가를 보위하였는데, 이제 諸公들이 이미 죽었으니, 내 무슨 마음으로 홀로 살겠는가." 하였다.

郭崇威 등이 모두 울면서 말하기를 "天子의 나이가 어리니, 이는 반드시 좌우에 있는 여러 소인들이 한 짓일 것입니다. 바라건대 公을 따라 조정에 들어가서 스스로 황제에게 하소연하고 쥐새끼 같은 무리들을 소탕하여 조정을 깨끗이 청소해야 할 것이요, 일개 使者에게 죽임을 당해서는 안 됩니다." 하였다. 郭威가 마침내 그의 養子인 郭榮을 남겨두어 鄴都에 鎭駐하게 하고, 郭崇威에게 명하여 기병을 거느려 先鋒이 되게 하고 자신은 大軍을 거느리고 그 뒤를 이어서 封丘縣에 이르니, 인심이 흉흉하고 두려워하였다.

漢主가 慕容彦超 등을 보내어 군대를 거느리고 이들을 막게 하였는데, 慕容彦超 등이 싸움에 패하고 마침내 돌아왔다. 이날 漢主가 친히 나가 군사를 위로하다가 군사들이 패하여 亂兵에게 시해당하였다. 郭威가 迎春門으로 들어와 丁亥日(24일)에 百官을 거느리고 太后의 안부를 물었으며, 글을 갖추어 上奏하기를 "軍國의 일이 많으니 뒤를 이을 군주를 일찍 세우소서." 하였다. 太后가 誥命을 내려 漢主의 아우(從弟) 河東節度使 劉贇을 맞이하여 황제에 즉위하게 하였다.

1)〔頭註〕王殷 : 侍衛步軍都指揮使니 時在澶州하니라

王殷은 侍衛步軍 都指揮使이니, 이때 澶州에 있었다.

2)〔頭註〕王峻：監軍宣徽殿使니 時與郭威로 在鄴都하니라

王峻은 監軍宣徽殿使이니, 이때 郭威와 함께 鄴都에 있었다.

3)〔頭註〕郭崇威：行營馬軍都指揮使라

郭崇威는 行營馬軍 都指揮使이다.

4)〔頭註〕曹威：行營步軍都指揮使라

曹威는 行營步軍 都指揮使이다.

5)〔頭註〕披荊棘：荊棘은 喩亂也라

荊棘은 난리를 비유한 것이다.

6)〔頭註〕慕容彦超：奉寧節度使니 時徵諸帥하야 以從兵衛宮闕하니라

慕容彦超는 奉寧節度使이니, 이때 여러 장수들을 불러서 병사를 거느리고 궁궐을 호위하였다.

7)〔頭註〕軍國事殷：殷은 盛也라

殷은 많은 것이다.

8)〔頭註〕漢主弟河東節度使贇(빈)：贇은 漢主弟요 河東節度使崇之子요 高祖暠之猶子[*)]니라

劉贇은 漢主(劉承祐)의 아우이고, 河東節度使 劉崇의 아들이며, 高祖 劉暠(劉知遠의 改名)의 조카이다.

*) 贇……高祖暠之猶子：後漢의 世系를 살펴보면 隱帝 劉承祐는 高祖 劉知遠의 아들이고, 劉贇은 北漢의 世祖인 劉崇의 아들이며, 劉崇은 劉知遠의 아우이므로, 劉贇은 劉知遠의 조카이고 劉承祐의 從弟이다.

○ **武平節度使馬希萼**[1)]이 **攻楚王希廣殺之**하고 **自稱武安, 靜江, 寧遠等軍節度使**하다

武平節度使 馬希萼이 楚王 馬希廣을 공격하여 죽이고, 스스로 武安軍·靜江軍·寧遠軍 등의 節度使를 칭하였다.

1)〔頭註〕馬希萼：希廣之兄이라

馬希萼은 馬希廣의 형이다.

○ **遼主**[1)]**入寇**어늘 **漢太后命郭威**하야 **將大軍擊之**하다 **十二月**에 **威發大梁**하야

館于澶州러니 癸丑旦에 將發할새 將士數千人이 忽大譟어늘 威命閉門하니 將士踰垣登屋而入曰 天子는 須侍中自爲之요 將士已與劉氏[2]爲仇하니 不可立也라하고 或裂黃旗하야 以被威體하고 共扶抱之하야 呼萬歲震地하고 因擁威南行이라 威乃上太后牋호되 請奉漢宗廟하고 事太后爲母라하다 己未에 太后誥廢贇하야 爲湘陰公하고 以侍中威로 監國하니 百官藩鎭이 相繼上表勸進하다

遼主가 들어와 침략하자 漢나라 太后가 郭威에게 명하여 大軍을 거느리고 공격하게 하였다.

12월에 郭威가 大梁을 출발하여 澶州에 머물러 있었는데, 癸丑日(20일) 아침 장차 출발하려 할 즈음에 장병 수천 명이 갑자기 크게 고함을 치며 시끄럽게 떠들었다. 郭威가 성문을 닫도록 명하니, 장병들이 담장을 뛰어넘어 지붕 위로 올라와 궁중 안으로 들어와서 말하기를 "천자는 모름지기 郭侍中(郭威)께서 스스로 해야 할 것이요, 장병들은 이미 劉氏와 원수가 되었으니, 그를 세워서는 안 됩니다." 하였고, 혹자는 황색 깃발을 찢어 郭威의 몸에 입혀주고 함께 부둥켜 안고서 만세를 불러 만세소리가 천지에 진동하였으며, 인하여 郭威를 옹위하고 남쪽으로 갔다.

郭威가 마침내 태후에게 牋文을 올려 "漢나라 종묘를 받들고 태후를 섬겨 어머니로 삼겠다."고 청하였다. 己未日(26일)에 太后가 誥命을 내려 劉贇을 폐하여 湘陰公으로 삼고 侍中 郭威를 監國으로 삼으니, 百官과 藩鎭이 서로 이어 郭威에게 표문을 올려 황제에 오를 것을 권하였다.

1) 〔譯註〕 遼主 : 耶律阮을 가리킨다. 遼나라 太祖 耶律阿保機는 耶律德光이 遼나라를 일으킬 수 있을 것이라고 여겨 원래 皇太子였던 耶律倍 대신 耶律德光이 즉위하게 하니, 耶律倍가 耶律德光을 피하여 後唐으로 달아났다. 그후 耶律德光이 죽은 뒤에 耶律倍의 아들 耶律阮이 스스로 즉위하여 황제가 되었다.

2) 〔頭註〕 劉氏 : 漢姓이라

劉氏는 漢나라의 姓이다.

歷年圖曰 高祖擁精銳之兵하고 居形便之地러니 屬胡騎北旋하고 中州乏主라

故로 雍容南面而天下歸之하니 豈其材德之首出哉아 乃會其時之可爲也라 夫根疏者不固하고 基薄者易危라 隱帝는 雖有南面之號나 而政非己出하야 民不知君하고 輕信群小之謀하야 欲除跋扈之臣이라가 禍不旋踵하니 自然之勢也라 父子相繼四年而滅하니 自古享國之短이 未有若玆也니라

≪歷年圖≫에 말하였다.

"高祖(劉知遠)는 정예한 병력을 보유하고 지형이 유리한 지역에 있었는데, 마침 오랑캐의 기병이 북쪽으로 돌아가고 中原에 주인이 없었다. 그러므로 온화하게 南面하여 천하가 그에게 歸附하였으니, 어찌 그의 재주와 덕이 크게 뛰어났기 때문이겠는가. 바로 큰일을 할 수 있는 좋은 기회를 만났기 때문이다. 뿌리가 엉성한 자는 견고하지 못하고, 기반이 약한 자는 위태롭기가 쉽다.

隱帝(劉承祐)는 비록 南面(제왕)의 칭호를 소유하였으나 정사가 자신에게서 나오지 아니하여 백성들이 군주를 알지 못하였고, 여러 소인들의 계책을 가볍게 믿어서 발호하는 신하를 제거하고자 하다가 발걸음을 돌리기도 전에 禍가 미쳤으니, 이는 자연의 형세이다. 父子가 서로 계승해서 4년 만에 멸망하였으니, 예로부터 나라를 누린 것이 이와 같이 짧은 경우는 있지 않았다."

右後漢은 **二主**에 **共四年**이라

이상 後漢은 두 군주에 모두 4년이다.

後周紀

太祖 名威요 **姓郭氏**요 **字仲文**이니 **邢州堯山人**이라 **在位三年**이요 **壽五十二**이라

太祖는 이름이 威이고 성이 郭氏이고 字가 仲文이니, 邢州 堯山 사람이다. 재위가 3년이고 壽가 52세이다.

【辛亥】〈周太祖郭威廣順元年이라 ○ 北漢主劉崇乾祐四年이라 ○ 是歲에 周代漢하고 北漢建國하니 凡五國, 三鎭이라〉

신해(951) - 周나라 太祖 郭威의 廣順 元年이다. ○ 北漢主 劉崇의 乾祐 4년이다. ○ 이해에 周나라가 漢나라를 대신하고 北漢이 건국하였으니, 모두 다섯 나라이고 세 鎭이다. -

春正月에 漢監國이 卽皇帝位하야 國號를 周라하다

봄 정월에 漢나라의 監國(郭威)이 황제에 즉위하여 국호를 周라 하였다.

○ 初에 漢河東節度使兼中書令劉崇[1)]이 聞隱帝遇害하고 欲起兵南向이러니 聞迎立湘陰公하고 乃止曰 吾兒爲帝하니 吾又何求리오 及贇廢에 崇乃卽皇帝位於晉陽하야 更名旻하고 仍用乾祐[2)]年號하다 〈是爲北漢이라〉

처음에 漢나라 河東節度使 兼中書令 劉崇이 隱帝(劉承祐)가 시해당했다는 말을 듣고 군대를 일으켜 남쪽으로 향하고자 하였는데, 湘陰公(劉贇)을 맞이하여 황제로 삼았다는 말을 듣고 마침내 중지하며 말하기를 "내 아들이 황제가 되었으니, 내가 또 무엇을 바라겠는가." 하였다. 그러다가 劉贇이 폐위되자, 劉崇이 晉陽에서 황제에 즉위하여 이름을 旻으로 고치고 乾祐라는 연호를 그대로 사용하였다. - 이것이 北漢이다. -

1)〔頭註〕劉崇 : 漢高祖母弟라
　劉崇은 漢나라 高祖(劉知遠)의 同母弟이다.
2)〔通鑑要解〕乾祐 : 隱帝年號라
　乾祐는 隱帝의 연호이다.

○ 初에 周主討河中[1)]하니 已爲人望所屬이라 李穀이 時爲轉運使러니 周主數以微言諷之호되 穀이 但以人臣盡節로 爲對라 周主以是賢之하야 卽位에 首用爲相하니라 時에 國家新造하야 四方多故어늘 王峻[2)]은 夙夜盡心하야 知無不爲하야

軍旅之謀를 **多所裨益**하고 **范質**[3]은 **明敏彊記**하야 **謹守法度**하고 **李穀**[4]은 **沈毅有器略**하야 **在周主前論議**할새 **辭氣忼(慷)慨**[5]하고 **善譬諭**하야 **以開主意**하니라

처음에 周主(郭威)가 河中을 토벌하니, 이미 사람들에게 촉망을 받았다. 李穀이 당시 轉運使로 있었는데, 周主가 여러 번 은미한 말로 넌지시 말하였으나 李穀은 단지 '신하는 충절을 다해야 한다.'고 대답하였다. 周主가 이 때문에 그를 어질게 여겨서 즉위한 뒤에 첫 번째로 등용하여 재상으로 임명하였다.

이때 국가를 새로 세워 사방에 사고가 많았는데, 王峻은 밤낮으로 마음을 다하여 아는 것을 시행하지 않음이 없어 군대의 계책에 도움이 되는 바가 많았고, 范質은 밝고 민첩하고 기억력이 뛰어나 법도를 삼가 지켰고, 李穀은 침착하고 굳세고 기국과 지략이 있어 周主 앞에서 의논할 적에 말소리가 비분강개하고 비유를 잘하여 군주의 마음을 열어주곤 하였다.

1) 〔頭註〕 周主討河中 : 己酉年에 節度使李守貞反이어늘 討殺之하니라
   己酉年(949)에 河中節度使 李守貞이 반란하자 周主가 토벌하여 죽였다.
2) 〔頭註〕 王峻 : 左僕射兼門下侍郎이라
   王峻은 左僕射 兼門下侍郎이다.
3) 〔頭註〕 范質 : 戶部侍郎判三司라
   范質은 戶部侍郎 判三司이다.
4) 〔頭註〕 李穀 : 中書侍郎 同平章事라
   李穀은 中書侍郎 同平章事이다.
5) 〔頭註〕 辭氣忼(慷)慨 : 忼은 亦作慷하니 竭誠也요 又倜儻貌라
   忼은 또한 慷으로도 쓰니, 정성을 다하고 또 기개가 있는 모양이다.

○ **唐主遣邊鎬**[1]하야 **平湖南**[2]하고 **以鎬**로 **爲武安節度使**하다

唐主가 邊鎬를 보내어 湖南을 평정하고 邊鎬를 武安節度使로 임명하였다.

1) 〔頭註〕 唐主遣邊鎬 : 唐主는 李昪(변)長子璟也요 邊鎬는 信州刺史라
   唐主는 李昪의 長子인 李璟이고, 邊鎬는 信州刺史이다.
2) 〔頭註〕 平湖南 : 湖南은 楚馬氏라

湖南은 楚나라 馬氏이다.

○ 遼〈穆宗璟應曆元年이라〉

遼나라 - 穆宗 耶律璟의 應曆 元年이다. -

【壬子】〈周廣順二年이라 ○ 是歲에 周, 南漢, 蜀, 唐, 北漢凡五國이요 吳越, 湖南, 荊南凡三鎭이라〉

임자(952) - 周나라 廣順 2년이다. ○ 이해에 周・南漢・蜀・唐・北漢 모두 다섯 나라이고, 吳越・湖南・荊南 모두 세 鎭이다. -

周主自入秋로 得風痺疾[1]하야 害於食飮及步趨하니라

周主가 가을이 된 뒤로 중풍에 걸려 수족이 마비되어서 음식을 먹을 때와 걸음을 걸을 때 장애가 되었다.

1)〔通鑑要解〕痺疾：脚冷濕病이라
痺疾은 다리가 차고 습한 병이다.

○ 遼〈應曆二年이라〉

遼나라 - 應曆 2년이다. -

【甲寅】〈周顯德元年正月에 睿武孝文皇帝榮立하고 北漢乾祐七年에 孝和帝鈞立하니라 ○ 是歲에 凡五國, 三鎭이라〉

갑인(954) - 周나라 顯德 元年 정월에 睿武孝文皇帝 郭榮이 즉위하고, 北漢 乾祐 7년에 孝和帝 劉鈞이 즉위하였다. ○ 이해에 모두 다섯 나라이고 세 鎭이다. -

春正月에 周加晉王榮[1]兼侍中判內外兵馬事하다 時에 群臣이 希(稀)得見周主하야 中外恐懼러니 聞晉王典兵하고 人心稍安하니라 壬辰에 周主殂하니 晉王

이 **卽皇帝位**하다

봄 정월에 周나라가 晉王 郭榮에게 兼侍中 判內外兵馬事를 가하였다. 이때 여러 신하들이 周主를 만나보는 일이 드물어서 中外가 두려워하였는데, 晉王이 군대를 맡았다는 말을 듣고는 인심이 다소 안정되었다. 壬辰日에 周主가 죽으니, 晉王이 황제에 즉위하였다.

1)〔頭註〕晉王榮 : 太祖養子니 是爲世宗이라
晉王 郭榮은 太祖(郭威)의 양자이니, 이가 世宗이다.

〔史略 史評〕史斷曰 周祖兩弑其君하고 簒取大位러니 得國之初에 罷四方貢獻珍食하고 詔百官上封事하며 毁漢宮寶器하고 立訴訟法하며 定稅牛皮法하고 罷戶部營田務하고 除租牛課하며 又如曲阜하야 謁孔子祠하고 拜其墓라 況有王峻以贊軍事하고 范質以守法度하고 李穀以道上意하니 雖享國日淺이나 而施爲有足稱者라 故로 先儒稱其爲唐明, 周世之亞는 蓋以此耳라 然이나 其旣已文身而甘心從夷하고 又偃然自處天位하니 則是黃屋[1]之中에 居一黥人耳니 何以令天下衆庶乎아 觀其語劉崇曰 自古豈有花項天子[2]리오하니 則周祖之自處亦是明矣니라

史斷에 말하였다.

"周나라 太祖(郭威)는 두 번이나 군주를 시해하고 大位를 찬탈하였는데, 나라를 얻은 초기에 四方에서 貢獻과 진귀한 음식을 바치는 것을 중지시키고 百官들에게 명하여 封事疏를 올리게 하였으며, 後漢의 궁궐과 寶器를 부수고 訴訟하는 法을 만들었으며, 牛皮에 세금을 매기는 法을 정하고 戶部의 營田하는 일을 파하고 소에게 조세를 부과하는 것을 면제하였으며, 曲阜에 가서 孔子의 祠堂에 배알하고 묘소에 참배하였다. 더구나 王峻이 軍事를 돕고 范質이 法度를 지키고 李穀이 上의 뜻을 말하게 하였으니, 비록 나라를 누린 것은 日淺하였으나 시행한 것은 충분히 칭찬할 만한 점이 있다. 그러므로 先儒가 唐나라 明宗과 周나라 世宗의 다음이라고 칭찬한 것은 이 때문이다. 그러나 이미 文身을 하여 오랑캐를 따르는 것을 마음에 달갑게 여기고 또 버

것이 스스로 天子의 자리에 거하였으니, 이는 黃屋(임금의 자리)의 가운데에 한 文身한 사람이 앉아 있는 것이니, 어떻게 천하의 백성들을 호령할 수 있겠는가. 그가 劉崇에게 '예로부터 어찌 花項天子가 있겠는가.'라고 말한 것을 보면 周나라 太祖가 자처한 것이 또한 분명하다."

1) 〔譯註〕 黃屋 : 黃屋左纛의 줄임말이다. 纛은 纛旗로 황제의 수레를 꾸미는 물건인바, 검정색 들소의 꼬리로 만드는데 크기가 말〔斗〕만 하며, 왼쪽 곁말의 멍에 위에 매단다. 황제의 수레는 노란 비단으로 수레의 덮개를 만들고 纛旗를 왼쪽에 달므로 黃屋左纛은 임금이 타는 수레를 일컫는 말로 쓰이며 임금을 직접 가리키기도 한다.

2) 〔譯註〕 花項天子 : 목에 文身한 天子라는 뜻이다. 郭威는 미천했을 때에 목에 참새 모양의 文身을 하여 郭雀兒라고 불렸다. 郭威는 勇力이 뛰어나 高祖인 劉知遠을 도와 漢나라를 세우는 데 큰 공을 세우고 隱帝인 劉承祐 때에 節度留守가 되었는데, 隱帝가 그를 살해하려다가 도리어 쫓겨나 亂兵에게 시해당하자, 郭威는 太后에게 湘陰公 劉贇을 세울 것을 청하였다. 劉贇의 아버지인 劉崇은 高祖인 劉知遠의 同母弟였는데, 劉崇은 郭威가 딴마음을 품었는가 의심하여 사람을 시켜 물으니, 郭威는 자신을 가리키며 "예로부터 어찌 목에 文身한 天子가 있겠는가." 하였다. 이는 곧 '자신은 미천하여 목에 文身이나 한 졸병 출신이니, 어떻게 천자가 되겠는가.'라는 뜻이었다. 그러나 郭威는 군사들에게 추대되어 帝位에 오르고 劉贇을 곧 살해하였다.

○ **北漢主[1]聞太祖晏駕**하고 **甚喜**하야 **謀大擧入寇**할새 **遣使請兵于遼**하다

北漢主(劉崇)는 太祖(郭威)가 승하했다는 말을 듣고 매우 기뻐하여 군대를 크게 일으켜 침략할 것을 도모할 적에 遼나라에 사신을 보내어 군대를 청하였다.

1) 〔頭註〕 北漢主 : 劉崇이라

北漢主는 劉崇이다.

○ **二月**에 **遼主遣其將楊兗**(연)하야 **將萬餘騎**하고 **如晉陽**한대 **北漢主自將兵三萬**하고 **與契丹**으로 **南趣(趨)潞州**하다 **周主世宗**이 **聞北漢主入寇**하고 **欲自**

將兵禦之하니 群臣皆曰 劉崇이 自平陽遁走[1]以來로 勢蹙氣沮하야 必不敢自來요 陛下新卽位하사 山陵有日하니 人心易搖라 不宜輕動이니 宜命將禦之니이다 世宗曰 崇이 幸我大喪하고 輕朕年少新立하야 有呑天下之心하야 此必自來하리니 朕不可不往이니라 乙酉에 周主發大梁하야 壬辰에 過澤州하야 宿於州東北이러니 北漢主不知周主至하고 過潞州不攻하고 引兵而南하야 是夕에 軍於高平之南하다 周主介馬[2]하고 自臨陣督戰할새 合戰未幾에 樊愛能, 何徽[3]引騎兵先遁하야 右軍潰하니 步兵千餘人이 解甲呼萬歲하고 降于北漢이라 周主見兵勢危하고 自引兵하야 親犯矢石督戰하니 太祖皇帝時爲宿衛將[4]하야 謂同列曰 主危如此하니 吾屬이 何得不致死리오 又謂張永德[5]曰 賊氣驕하니 力戰이면 可破也라하고 乃身先士卒하야 馳犯其鋒한대 士卒死戰하야 無不一當百하니 北漢兵披(피)靡[6]라 時에 南風益盛이어늘 周兵爭奮하니 北漢兵이 大敗라 追至高平하니 僵尸滿山谷하고 委棄御物[7]及輜重器械雜畜이 不可勝紀러라

2월에 遼主가 그의 장수 楊兗을 보내어 만여 명의 기병을 거느리고 晉陽으로 가게 하니, 北漢主가 스스로 3만 명의 병력을 거느리고 契丹과 함께 남쪽으로 潞州로 진출하였다.

周主 世宗(郭榮)은 北漢主가 쳐들어와 침략한다는 말을 듣고는 스스로 군대를 인솔하여 막고자 하니, 여러 신하들이 모두 말하기를 "劉崇이 平陽에서 패하여 도망간 이래로 형세가 위축되고 기운이 꺾여서 반드시 감히 직접 오지 못할 것이고, 폐하께서는 새로 즉위하여 山陵에 장례를 모실 날이 잡혀 있으니, 인심이 동요되기 쉽습니다. 가볍게 움직여서는 안 되니, 마땅히 장수에게 명하여 막아야 합니다." 하였다. 이에 世宗이 말하기를 "劉崇이 우리나라에 大喪(國喪)이 있는 것을 요행으로 여기며, 朕이 나이가 젊고 새로 즉위한 것을 깔보아 천하를 병탄하려는 마음이 있어서 이번에 반드시 스스로 올 것이니, 짐이 가지 않을 수 없다." 하였다.

乙酉日(11일)에 周主가 大梁을 출발하여 壬辰日(18일)에 澤州를 지나 澤

州의 동북쪽에 유숙하였다. 北漢主는 周主가 온 것을 알지 못하여 潞州를 지나가면서 공격하지 않고 군대를 이끌고 남쪽으로 가서 이날 저녁 高平의 남쪽에 주둔하였다. 周主가 갑옷을 입힌 戰馬를 타고 스스로 陣에 임하여 전투를 독려하였는데, 교전한 지 얼마 안 되어 樊愛能과 何徽가 기병을 이끌고 먼저 도망하여 右軍이 무너지니, 보병 천여 명이 갑옷을 벗고 만세를 부르며 北漢에 항복하였다.

周主는 전세가 위급한 것을 보고 스스로 군대를 이끌고 친히 화살과 砲石을 무릅쓰고 전투를 독려하니, 宋나라 太祖皇帝(趙匡胤)가 이때 宿衛將으로 있으면서 同列들에게 이르기를 "군주의 위태로움이 이와 같은데, 우리들이 어찌 목숨을 바치지 않을 수 있겠는가." 하고, 또 張永德에게 이르기를 "적의 기세가 교만하니, 우리가 힘써 싸우면 격파할 수 있다." 하였다. 이에 몸소 사졸들에 앞장서서 달려가 적의 칼날을 무릅쓰자, 병졸들이 결사적으로 싸워 한 명이 백 명을 당해내지 않는 자가 없으니, 北漢의 군대가 패하여 흩어져 달아났다.

이때 남풍이 매우 거세게 불어오므로 周나라 군사들이 다투어 분발하니, 北漢軍이 크게 패하였다. 추격하여 高平에 이르니, 쓰러진 시체가 산골짜기에 가득하고 버려진 御用 物品과 輜重, 병기와 각종 가축들을 이루 다 셀 수가 없었다.

1)〔頭註〕平陽遁走 : 辛亥年에 崇稱帝於晉陽하고 乞師契丹하야 會伐周러니 久不克하고 乏食이어늘 燒營夜遁하니라

辛亥年(951)에 劉崇이 晉陽에서 황제를 칭하고 거란에 군대를 요청하여 모여서 周나라를 공격하였는데, 오랫동안 이기지 못하고 군량이 바닥나자, 진영을 불태우고 밤에 도망하였다.

2)〔釋義〕介馬 : 介는 甲也라

介는 갑옷이다.

3)〔頭註〕樊愛能, 何徽 : 樊愛能은 馬軍都指揮使요 何徽는 步軍都指揮使라

樊愛能은 馬軍都指揮使이고, 何徽는 步軍都指揮使이다.

4)〔釋義〕太祖皇帝時爲宿衛將 : 太祖皇帝는 謂宋太祖趙匡胤也라

太祖皇帝는 宋나라 太祖 趙匡胤을 이른다.

5)〔頭註〕張永德：殿前都指揮使也라 太祖之壻니 掌禁兵하니라
張永德은 殿前都指揮使이다. 太祖(郭威)의 사위이니 禁兵을 관장하였다.
6)〔頭註〕披(피)靡：披는 分也니 言相違라
披는 나뉘는 것이니, 서로 떠남을 말한다.
7)〔頭註〕御物：謂服御之物이라
御物은 임금의 服飾과 車馬 따위의 물건을 이른다.

○ 周樊愛能等이 聞周兵大捷하고 與士卒로 稍稍復還이라 周主欲誅樊愛能等하야 以肅軍政하야 卽收愛能, 徽及所部軍吏以上七十餘人하야 責之曰 汝輩皆累朝宿將으로 非不能戰이어늘 今望風奔逃者는 無他라 正欲以朕爲奇貨하야 賣與劉崇耳라하고 悉斬之하니 自是로 驕將惰卒이 始知所懼하야 不行姑息之政矣러라

周나라 樊愛能 등이 周軍이 크게 승리했다는 말을 듣고, 사졸들과 함께 차츰차츰 다시 돌아왔다. 周主는 樊愛能 등을 죽여 軍政을 엄숙하게 하고자 해서 즉시 樊愛能과 何徽 및 그들 휘하의 軍吏 이상 70여 명을 잡아 꾸짖기를 "너희들은 모두 여러 조정을 섬긴 옛 장수로서 잘 싸우지 못하는 것이 아닌데, 지금 소문만 듣고도 달아나 도망한 것은 딴 이유가 없다. 바로 짐을 奇貨로 여겨 劉崇에게 팔아넘기고자 한 것일 뿐이다." 하고 모두 목을 베니, 이로부터 교만한 장수와 나태한 사졸들이 비로소 두려워할 줄을 알아서 당장 눈앞의 편안함만 구하는 정사를 행하지 않았다.

○ 周太師中書令瀛文懿王馮道卒하다 道少以孝謹知名이러니 唐莊宗世에 始貴顯하야 自是로 累朝에 不離將相三公三師之位하다 爲人이 淸儉寬弘하야 人莫測其喜慍하고 滑(골)稽[1]多智하야 浮沈取容이라 嘗著長樂老敍[2]할새 自述累朝榮遇之狀하니 時人이 往往皆以德量推之하니라

周나라 太師中書令 瀛文懿王 馮道가 별세하였다. 馮道는 젊어서부터 효도와 恭謹함으로 이름이 알려졌는데, 唐나라 莊宗 때에 처음으로 부귀하고 현

달하여 이후로 역대의 조정에 장수와 재상, 三公과 三師의 지위를 떠나지 않았다. 사람됨이 청렴하고 검소하고 너그럽고 도량이 커서 사람들이 그의 기쁨과 성냄을 측량하지 못하였고, 익살을 부리고 지혜가 많아서 세상을 따라 부침하여 임금에게 용납됨을 취하였다. 일찍이 〈長樂老敍〉를 지을 적에 역대의 조정에서 총애와 예우를 받은 내용을 스스로 기술하니, 당시 사람들이 왕왕 모두 德量이 있다고 推重하였다.

1) 〔頭註〕 滑(골)稽 : 滑은 音骨이니 亂也요 稽는 音鷄니 同也라 言辯捷之人은 言非若是하고 言是若非하야 能亂異同也라

滑은 음이 골이니 어지럽힘이요, 稽는 음이 계이니 같음이다. 말을 잘하고 빨리하는 사람은 그른 것을 말하면서 옳은 것처럼 하고 옳은 것을 말하면서 그른 것처럼 하여 同異를 혼란시킴을 말한 것이다.

2) 〔附註〕 長樂老敍 : 道自號長樂老하고 著書數百言하야 陳已更事四姓과 契丹所賜階勳官爵하고 以爲榮하야 自謂 孝於家하고 忠於國하며 有子有孫이라 時開一卷하고 時飮一杯하니 何樂如之리오하니 其自述之(意)〔敍〕 (太)〔大〕略如是하니라

馮道가 스스로 長樂老라 이름하고, 수백 자의 글을 지어서 자신이 네 姓氏의 王朝를 번갈아 섬긴 것과 契丹에서 하사한 品階와 공훈과 관작을 서술하고 영화롭게 여겨 스스로 이르기를 "집에서 효도하고 나라에 충성하였으며, 훌륭한 자식이 있고 손자가 있다. 때로 책 한 권을 펼치고 때로 술 한 잔을 마시니, 어떤 즐거움이 이보다 더하겠는가." 하니, 그 스스로 지은 敍文의 내용이 대략 이와 같았다.

歐陽修論曰 禮義廉恥는 國之四維[1]니 四維不張이면 國乃滅亡이라 禮義는 治人之大法이요 廉恥는 立人之大節이니 況爲大臣而無廉恥면 天下其有不亂이요 國家其有不亡者乎아 予讀馮道長樂老敍컨대 見其自述以爲榮하니 其可謂無廉恥者矣니 則天下國家를 可從而知也라 予於五代에 得全節之士三[2]과 死事之臣十有五[3]하니 皆武夫戰卒이니 豈於儒者에 果無其人哉아 得非高節之士는 惡時之亂하야 薄其世而不肯出歟아 抑君天下者不足顧而莫能致之歟아 予嘗聞五代時에 有王凝者하니 家靑齊之間하야 爲虢州司戶參軍이러니 以疾卒于官이라 凝家素貧하고 一子尙幼어늘 妻李氏携其子하고 負其遺骸以歸할새 東過開

封이라가 止於旅舍하니 主人不納이라 李氏顧天已暮하야 不肯去어늘 主人이 牽其臂而出之한대 李氏仰天慟曰 我爲婦人하야 不能守節하야 而此手爲人所執邪아하고 卽引斧하야 自斷其臂하니 見者爲之嗟泣이라 開封尹이 聞之하고 白其事於朝하야 厚恤李氏하고 而笞其主人하니라 嗚呼라 士不自愛其身하고 而忍恥以偸生者 聞李氏之風이면 宜少知愧哉인저

歐陽修가 논평하였다.

"禮·義·廉·恥는 국가를 다스리는 네 가지 綱維이니, 네 가지 綱維가 펴지지 못하면 나라가 마침내 멸망한다. 禮義는 사람을 다스리는 큰 법이요, 廉恥는 사람을 세우는 큰 절개이니, 하물며 大臣이 되어서 염치가 없다면 천하가 어찌 혼란하지 않는 경우가 있고 국가가 어찌 망하지 않는 경우가 있겠는가. 내가 馮道의 〈長樂老敍〉를 읽어보건대 스스로 기술하고 영화라고 여겼으니, 廉恥가 없는 자라고 이를 만하다. 그러하니 천하와 나라와 집안을 따라서 알 수 있는 것이다.

내가 五代時代의 역사 가운데에 절개를 온전히 지킨 선비 3명과 국사를 위해 죽은 신하 15명을 얻었는데 모두 武夫와 戰士이니, 어찌 儒者 중에 과연 그러한 사람이 없었겠는가. 이는 절개가 높은 선비들은 세상이 혼란한 것을 싫어하여 세상을 비루하게 여겨 나오려고 하지 않았기 때문이 아니겠는가. 아니면 천하의 군주 노릇하는 자가 돌아볼 만한 인물이 못 된다고 생각하여 초치하지 못하였기 때문이 아니겠는가.

내가 일찍이 들으니, 五代時代에 王凝이란 자가 있었으니, 靑州와 齊州 사이에 거주하면서 虢州司戶參軍이 되었는데 병으로 인해 관청에서 죽었다. 王凝은 집이 평소 가난하고 한 아들은 아직 어렸으므로 그의 아내 李氏가 아들을 데리고 그의 遺骸를 등에 지고 고향으로 돌아갈 적에 동쪽으로 開封府를 지나다가 여관방에 머물게 되었는데, 주인이 받아주지 않았다. 李氏가 하늘을 보니 해가 이미 저물었으므로 가려고 하지 않자, 주인이 그녀의 팔뚝을 잡아 끌어 나가게 하였다. 이에 李氏가 하늘을 우러러 통곡하며 말하기를 '내가 아녀자의 몸으로 절개를 지키지 못하여 이 팔뚝을 남의 남자에게 잡힌단 말인가.' 하고는 즉시 도끼를 가져다 스스로 자기 팔뚝을 자르니, 보는 자들

이 감탄하고 눈물을 흘렸다. 開封府尹이 이 말을 듣고 그 일을 조정에 아뢰어서 李氏를 후하게 구휼하고 그 여관 주인을 매질하였다.

아! 선비들 가운데 스스로 자기 몸의 지조를 아끼지 않고 부끄러움을 참고 구차하게 살기를 꾀한 자들이 李氏의 유풍을 들으면 마땅히 다소 부끄러움을 알 것이다.”

1)〔頭註〕四維：維는 綱也라

維는 벼릿줄이다.

2)〔頭註〕全節之士三：五代史에 王彦章, 裴均, 劉仁贍이라

절개를 온전히 지킨 선비 3명은 ≪五代史≫의 王彦章, 裴均, 劉仁贍이다.

3)〔附註〕死事之臣十有五：張源德, 夏魯奇, 姚洪, 王思同, 張敬達, 翟進宗, 沈斌, 王淸, 史彦超, 孫晟, 鄭遨, 張蕘明, 石昂, 程福斌, 李自倫이니 訓義엔 鄭(邊)〔遨〕以下五人을 作馬彦超, 宋〈令〉詢, 李遐, 張彦卿, 鄭昭業하니라

국사를 위해 목숨을 바친 신하 15명은 張源德・夏魯奇・姚洪・王思同・張敬達・翟進宗・沈斌・王淸・史彦超・孫晟・鄭遨・張蕘明・石昂・程福斌・李自倫이니, ≪資治通鑑訓義≫에는 鄭遨 이하 5명을 馬彦超・宋令詢・李遐・張彦卿・鄭昭業이라 하였다.

溫公曰 天地設位어늘 聖人則之하야 以制禮立法하야 內有夫婦하고 外有君臣하니 婦之從夫에 終身不改하고 臣之事君에 有死無貳는 此人道之大倫也니 苟或廢之면 亂莫大焉이라 范質이 稱馮道厚德稽古하고 宏材偉量하야 雖朝代遷貿나 人無間言하야 屹若[1)]巨山하야 不可轉也라하니 臣愚以爲正女는 不從二夫하고 忠臣은 不事二君하나니 爲女不正[2)]이면 雖復華色之美하고 織(衽)〔紝〕[3)]之巧라도 不足賢矣요 爲臣不忠이면 雖復才智之多하고 治行之優라도 不足貴矣니 何則고 大節已虧故也라 道之爲相에 歷五朝八姓하야 若逆旅之視過客하야 朝爲仇敵이라가 暮爲君臣하야 易面變辭하야 曾無愧怍이라 大節如此하니 雖有小善이나 庸足稱乎아

溫公이 말하였다.

"하늘과 땅이 높고 낮은 자리를 베풀자, 聖人이 이것을 본받아 禮를 만들고 法을 세워서 안에는 夫婦가 있고 밖에는 君臣이 있게 하였다. 부인이 남편을 따름에 종신토록 바꾸지 않고, 신하가 군주를 섬김에 죽음은 있고 두 마음이 없는 것은 이는 人道의 큰 윤리이니, 만일 혹시라도 이것을 폐하면 禍亂이 이보다 더 큰 것이 없다.

范質이 馮道를 칭찬하기를 '후덕하고 옛일을 상고하여 잘 알며 재주가 크고 도량이 뛰어나서 비록 朝代(王朝)가 여러 번 바뀌었으나 사람들이 비난하는 말이 없어 큰 산이 우뚝히 서 있는 것과 같아서 동요시킬 수 없다.' 하였다.

그러나 어리석은 내가 생각건대 貞操를 지키는 여자는 두 남편을 따르지 않고 충성스러운 신하는 두 군주를 섬기지 않는 법이니, 여자가 정숙하지 못하면 비록 다시 꽃다운 용모가 아름답고 길쌈하는 솜씨가 공교롭더라도 어질게 여길 것이 못 되며, 신하가 충성스럽지 않으면 비록 다시 재주와 지혜가 많고 다스린 업적이 뛰어나더라도 귀하게 여길 것이 못 된다. 어째서인가? 큰 절개가 이미 훼손되었기 때문이다.

馮道가 재상이 되었을 적에 다섯 王朝와 여덟 姓의 군주를 차례로 섬겨서 逆旅(여관)가 지나가는 나그네를 보는 것처럼 아침에는 원수가 되었다가 저녁에는 군신간이 되어 얼굴을 바꾸고 말을 바꾸면서 일찍이 부끄러워하는 마음이 없었다. 큰 절개가 이와 같았으니, 비록 작은 善行이 있으나 어찌 칭찬할 것이 있겠는가.

1) 〔通鑑要解〕 屹若 : 危峻貌라
屹若는 높고 험한 모양이다.

2) 〔通鑑要解〕 爲女不正 : 正은 本作貞하니 避宋仁宗嫌名[*)]하야 作正하니라
正은 본래 貞으로 되어 있으니 宋나라 仁宗의 이름을 휘하여 正으로 쓴 것이다.

*) 避宋仁宗嫌名 : 宋나라 仁宗의 휘가 禎이므로 貞을 피휘하였는바, 禎과 음이 유사한 徵은 證으로, 貞은 正으로 바꿔 썼다.

3) 〔通鑑要解〕 織(袵)〔紝〕 : 紝은 繒帛之屬이라
紝은 비단 등속이다.

或以爲自唐室之亡으로 群雄力爭하야 帝王興廢가 遠者는 十餘年이요 近者는 四三年이니 雖有忠智나 將若之何오 當是之時하야 失臣節者 非道一人이니 豈得獨罪道哉아하니 臣愚는 以爲忠臣은 憂公如家하고 見危致命이라 君有過어든 則强諫力爭하고 國敗亡이면 則竭節效死하며 智士는 邦有道則見(현)하고 邦無道則隱하야 或滅跡山林하고 或優遊下僚하나니 今道는 尊寵則冠三師하고 權任則首諸相이어늘 國存則依違拱默하야 竊位素餐하고 國亡則圖全苟免하야 迎謁勸進하야 君則興亡接踵이나 道則富貴自如하니 玆乃奸臣之尤라 安得與他人爲比哉리오 或謂 道能全身遠害於亂世하니 斯亦賢已라하니 臣謂君子有殺身成仁이요 無求生害仁하나니 豈專以全身遠害爲賢哉리오 然則盜跖病終而子路醢[1])하니 果誰賢乎아 抑此非特道之愆也요 時君亦有責焉이라 何則고 不正之女는 中士羞以爲家하고 不忠之人은 中君羞以爲臣하나니 彼相前朝하야 語其忠하면 則反君事讐하고 語其智면 則社稷爲墟어늘 後來之君이 不誅不棄하고 乃復用以爲相하니 彼又安肯忠於我而能獲其用乎아 故로 曰非特道之愆이요 亦時君之責也라하노라

혹자는 말하기를 '唐나라 황실이 멸망한 뒤로부터 여러 영웅들이 힘으로 다투어서 제왕들이 흥하고 망한 것이 오래가면 십여 년이고 짧으면 3, 4년이었으니, 비록 충성과 지혜가 있으나 장차 어찌하겠는가. 이때를 당하여 신하의 절개를 잃은 자가 馮道 한 사람뿐만이 아니었으니, 어찌 홀로 馮道만 나무랄 것이 있는가.'라고 한다.

그러나 어리석은 나는 생각하건대, 충신은 국가를 근심하기를 자기 집안일처럼 여기고 위태로움을 보면 목숨을 바친다. 군주가 잘못이 있으면 강력히 간쟁하고 나라가 패망하면 충절을 다하여 목숨을 바치며, 지혜로운 선비는 나라에 道가 있으면 나타나고 나라에 道가 없으면 은

둔하여, 혹은 산림에 자취를 감추고 혹은 낮은 벼슬아치가 되어 한가롭게 논다. 그런데 지금 馮道는 존귀함과 총애가 三師(三公) 중에 으뜸이었고 권력과 직임이 여러 재상 중에 으뜸이었는데, 나라가 보존되면 依違(觀望)하여 팔짱을 끼고 침묵해서 지위를 도둑질하고 공밥을 먹으며, 나라가 망하면 生命을 보전하기를 도모하고 죽음을 구차히 면해서 새 군주를 맞이하여 뵙고 즉위하기를 권하였다. 그리하여 군주는 흥망이 서로 이어졌지만 馮道는 부귀함이 그대로였으니, 이는 바로 간신 중에 뛰어난 자이다. 어찌 다른 사람과 견줄 수 있겠는가.

혹자는 말하기를 '馮道가 난세에 자기 몸을 보전하고 폐해를 멀리하였으니, 이 또한 어질다.'라고 한다. 그러나 내가 생각하건대 군자는 목숨을 바쳐 仁을 이룸은 있고 삶을 구하여 仁을 해침은 없으니, 어찌 오로지 몸을 보전하고 폐해를 멀리한 것만 가지고 어질다고 말할 수 있겠는가. 그렇다면 盜跖은 天壽를 누리다가 병들어 죽었고 子路는 죽임을 당하여 젓 담가졌으니, 과연 누가 어질단 말인가.

그러나 이것은 비단 馮道의 잘못일 뿐만이 아니요, 당시의 군주에게도 책임이 있는 것이다. 어째서인가? 정숙하지 못한 여자는 보통의 남자도 室家(아내)로 삼는 것을 부끄러워하고, 충성스럽지 않은 사람은 보통의 군주도 신하로 삼는 것을 부끄러워한다. 저 馮道가 前朝의 재상이 되어 그 충성으로 말하면 군주를 배반하고 원수를 섬겼고, 그 지혜로 말하면 사직이 폐허가 되었는데, 후래의 군주가 그를 죽이거나 버리지 않고 도리어 다시 등용하여 재상으로 삼았으니, 저가 또 어찌 기꺼이 나에게 충성하여 그를 활용할 수 있겠는가. 그러므로 말하기를 '비단 馮道의 잘못일 뿐만이 아니요, 당시 군주에게도 책임이 있다.'고 한 것이다."

1) 〔原註〕 醢 : 許亥反이니 肉醬也라
醢는 許亥反(해)이니 肉醬이다.

周主違衆議하고 **破北漢**하니 **自是**로 **政事無大小**히 **皆親決**하고 **百官**은 **受成於下而已**러라

周主가 衆論을 어기고 北漢을 격파하니, 이로부터 크고 작은 정사를 막론하고 모두 직접 결정하고 백관들은 이뤄놓은 계책을 아래에서 받을 뿐이었다.

○ 初에 宿衛之士 累朝相承하야 務求姑息하고 不欲簡閱[1)]하야 恐傷人情하니 由是로 羸(리)老者居多하고 但驕蹇[2)]不用命하야 實不可用이라 每遇大敵에 不走卽降하니 其所以失國이 亦多由此라 周主因高平之戰하야 始知其弊하고 謂侍臣曰 凡兵은 務精이요 不務多라 今以農夫百으로 未能養甲士一이어늘 奈何浚[3)]民之膏澤하야 養此無用之物乎아 且健懦不分이면 衆無所勸이라하고 乃命大簡諸軍하야 精銳者는 升之上軍하고 羸弱者는 斥去之하다 又以驍勇之士 多爲諸藩鎭所蓄이라하야 詔募天下壯士하야 咸遣詣闕하고 命宋太祖皇帝하야 選其尤者하야 爲殿前諸班하고 其騎步諸軍은 各命將帥選之하다 由是로 士卒精强이 近代無比하야 征伐四方에 所向皆捷하니 選練之力也러라

처음에 宿衛하는 군사들이 여러 왕조를 서로 이어오면서 되도록 당장의 편안함을 구하고, 군사들을 선발하고 사열하여 사람들의 마음을 두렵게 하거나 상하게 하려고 하지 않았다. 이 때문에 약하고 늙은 자가 대부분을 차지하였고 오직 교만하기만 하여 명령을 따르지 않아서 실로 쓸 수가 없었다. 매번 큰 적을 만날 때마다 도망가지 않으면 항복하니, 나라를 잃게 된 것도 대부분 여기에서 연유되었다.

周主는 高平의 전투로 인해 비로소 그 폐단을 알고는 近臣에게 이르기를 "무릇 군대는 정예함을 힘쓰고 많음을 힘쓰지 않는다. 지금 농부 백 명으로 甲士 한 명을 기르지 못하는데, 어찌 백성들의 피와 땀을 짜내어 이런 무용지물을 기른단 말인가. 또 건장한 자와 나약한 자를 구분하지 않는다면 군사들이 권면하는 바가 없다." 하고, 마침내 명하여 여러 군사들을 크게 사열하여 정예한 자는 上軍으로 올리고 파리하고 약한 자는 물리쳐 보냈다.

또 날래고 용감한 군사들은 대부분 여러 藩鎭에서 길러지고 있다 하여, 천하의 壯士들을 모집해서 모두 서울로 보내어 대궐에 이르게 해서 宋나라 太

祖皇帝에게 명하여 그 중에 뛰어난 자를 뽑아 殿前諸班으로 삼고, 기병과 보병의 여러 군사들은 각각 장수에게 명하여 선발하게 하였다. 이 때문에 사졸들의 정예롭고 강함이 근대에 견줄 데가 없어서 사방을 정벌할 적에 향하는 곳마다 모두 승리하니, 이는 군사들을 잘 선발하여 훈련하였기 때문이었다.

1)〔頭註〕簡閱：簡은 選也요 閱은 數也라
簡은 선발함이고, 閱은 헤아림이다.
2)〔頭註〕驕蹇：驕는 恣也요 蹇은 險難也라
驕는 방자함이고, 蹇은 험난함이다.
3)〔頭註〕浚民之膏澤：浚은 取出之也라
浚은 착취하는 것이다.

〔新增〕胡氏曰 五代之主 多刻於民而紓於軍이어늘 世宗則嚴於軍而寬於民이라 旣得柄에 制輕重之權하고 又沙汰羸老하야 簡升驍銳라 且曰 兵은 務精이요 不務多니 百農夫未能養一甲士어늘 奈何浚民膏血하야 養無用之物고 且健懦不分이면 衆何所勸고하니 聖人復起사도 不易此言矣시리라

胡氏(胡寅)가 말하였다.

"五代의 군주들은 대부분 백성들에게서 깎아 군사들에게 후하게 하였는데, 世宗은 군사들에게는 엄하게 하고 백성들에게는 너그럽게 하였다. 정권을 얻은 뒤에 輕重의 권한을 통제하였고, 또 약하고 늙은 자들을 도태시켜 날래고 정예한 자들을 簡拔하여 올렸다. 周主(郭榮)가 또 말하기를 '군대는 정예함을 힘쓰고 많음을 힘쓰지 않으니, 백 명의 농부가 한 명의 甲士를 기르지 못하는데, 어찌 백성들의 피와 땀을 짜내어 이런 무용지물을 기른단 말인가. 건장한 자와 나약한 자를 구분하지 않는다면 군사들이 어떻게 권면되겠는가.'라고 하였으니, 聖人이 다시 나온다 해도 이 말을 바꾸지 않으실 것이다."

北漢主殂하니 **子承鈞**이 **立**하야 **更名鈞**이라하다 **北漢孝和帝 性孝謹**이러니 **旣嗣位**에 **勤於爲政**하고 **愛民禮士**하니 **境內粗安**이러라

北漢主(劉崇)가 죽으니, 아들 劉承鈞이 즉위하여 이름을 鈞이라고 고쳤다.

北漢의 孝和帝(劉鈞)는 성품이 효성스럽고 恭謹하였는데, 왕위를 계승한 뒤에 정사를 다스림에 부지런하며 백성들을 사랑하고 선비들을 예우하니, 경내가 다소 편안해졌다.

○ 遼〈應曆四年이라〉

遼나라 - 應曆 4년이다. -

世宗※ 在位六年이요 壽三十九라

世宗은 재위가 6년이고 壽가 39세이다.

※ 名은 榮이요 姓은 柴氏니 太祖柴皇后兄守禮之子라 太祖無嗣하야 養以爲子하니라 五代之君에 世宗이 最號英武어늘 而享年不永하니 蓋太平之業을 天將啓聖人而授之니 非人謀之所及也니라

世宗은 이름이 榮이고 성이 柴氏이니, 太祖 柴皇后의 오라비인 柴守禮의 아들이다. 太祖가 後嗣가 없으므로 길러서 아들로 삼았다. 五代의 군주 중에 世宗이 가장 英明하고 武勇이 있다고 이름났으나 享年이 길지 못하였으니, 아마도 太平한 업적을 하늘이 장차 聖人(宋나라 太祖 趙匡胤)에게 열어서 주려고 한 것이니, 人力이 미칠 수 있는 바가 아니다.

【乙卯】〈周世宗이 仍稱顯德二年하니라 ○ 是歲에 凡五國, 三鎭이라〉

을묘(955) - 周나라 世宗은 顯德 2년이라고 그대로 칭하였다. ○ 이해에 모두 다섯 나라이고 세 鎭이다. -

周世宗이 常憤廣明[1]以來로 中國日蹙하더니 及高平旣捷에 慨然有削平天下之志하니라

周나라 世宗이 廣明 연간 이래로 中國의 영토가 날로 위축됨을 항상 분하게 여겼는데, 高平에서 승리한 뒤에 慨然히 천하를 평정할 뜻을 두었다.

1)〔頭註〕廣明 : 唐僖宗廣明元年에 黃巢入長安하니 自此之後로 彊藩割據하야 中國日蹙矣라
唐나라 僖宗 廣明 元年(880)에 黃巢가 長安으로 쳐들어오니, 이로부터 이후로 강한 藩鎭들이 할거하여 中國의 영토가 날로 위축되었다.

○ 周世宗이 謂宰相曰 朕이 每思致治之方호되 未得其要하야 寢食不忘하노라 又自唐, 晉以來로 吳, 蜀, 幽, 幷[1]이 皆阻聲敎하야 未能混一하니 宜命近臣하야 著爲君難爲臣不易論及開邊策[2]一篇하라 朕將覽焉호리라 比部郎中[3]王朴이 獻策하야 以爲中國之失吳, 蜀, 幽, 幷[4]이 皆由失道하니 今必先觀所以失之之原이니 然後에 知所以取之之術이니이다 其始失之也에 莫不以君暗臣邪하고 兵驕民困하며 姦黨內熾하고 武夫外橫하야 因小致大하고 積微成著하니 今欲取之인댄 莫若反其所爲而已니이다 夫進賢, 退不肖는 所以收其才也요 恩德誠信은 所以結其心也요 賞功罰罪는 所以盡其力也요 去奢節用은 所以豐其財也요 時使薄斂은 所以阜其民也라 俟群才旣集하고 政事旣治하고 財用旣充하고 士民旣附하야 然後에 擧而用之하면 功無不成矣리이다 彼之人이 觀我有必取之勢하면 則知其情狀者는 願爲間諜하고 知其山川者는 願爲鄕導하야 民心旣歸면 天意必從矣리이다

周나라 世宗이 재상들에게 이르기를 "짐이 매양 훌륭한 정치를 이룩하는 방법을 생각하였으나 그 요점을 얻지 못하여 잠을 자고 밥을 먹을 때에도 이것을 잊지 못하였다. 또 唐(後唐)나라와 晉(後晉)나라 이후로 吳·蜀과 幽州·幷州가 모두 聲敎가 미치지 못하여 통일되지 못하니, 마땅히 近臣에게 명하여 爲君難爲臣不易論과 開邊策을 한 편씩 지으라. 짐이 장차 이것을 보겠다." 하였다.

이에 比部郎中 王朴이 다음과 같은 계책을 올렸다.

"中國이 吳·蜀과 幽州·幷州를 잃은 것은 모두 군주가 道를 잃은 데에서 연유하였습니다. 이제 반드시 먼저 영토를 잃게 된 근본 원인을 살펴보아야

하니, 그런 뒤에야 잃어버린 영토를 취할 수 있는 방법을 알 수 있습니다. 처음에 영토를 잃었을 적엔 군주가 어둡고 신하가 간사하며, 군사들이 교만하고 백성들이 곤궁하며, 간사한 무리들은 안에서 치성하고 武夫들은 밖에서 횡행하여 작은 것으로부터 커지게 되고 은미한 것이 쌓여 드러나게 되었으니, 이제 잃어버린 영토를 취하고자 한다면 그 시행한 바를 예전과 반대로 하는 것보다 더 나은 방법이 없습니다.

어진 자를 등용하고 불초한 자를 물리침은 인재를 거두는 방법이요, 은덕을 베풀고 성실하게 함은 백성들의 마음을 결속시키는 방법이요, 공이 있는 자에게 상을 주고 죄가 있는 자에게 벌을 내림은 그 힘을 다하게 하는 방법이요, 사치를 제거하고 財用을 절약함은 재정을 풍족하게 하는 방법이요, 철(농한기)에 따라 농민을 부역시키고 세금을 적게 거둠은 백성을 부유하게 하는 방법입니다. 여러 인재들이 이미 모이고 정사가 이미 다스려지고 財用(財政)이 이미 충족하고 士民들이 이미 따르기를 기다려서 그런 뒤에 군대를 일으켜 그들을 쓴다면 공을 이루지 못함이 없을 것입니다.

저 적국의 백성들은 우리나라가 반드시 저들을 취할 수 있는 형세가 있음을 보게 되면 이러한 정상을 아는 자는 간첩이 되기를 원할 것이요, 산천의 지리를 잘 아는 자는 嚮導가 되기를 원할 것이니, 그리하여 민심이 이미 돌아오면 하늘의 뜻이 반드시 따르게 될 것입니다.

1) 〔頭註〕 吳, 蜀, 幽, 幷 : 吳는 李氏요 蜀은 孟氏요 幽는 入於契丹하고 幷은 爲北漢하니라

吳 지방은 李氏(李璟의 南唐)이고, 蜀땅은 孟氏(孟知詳)이고, 幽州는 契丹으로 들어갔고, 幷州는 北漢이 되었다.

2) 〔譯註〕 爲君難爲臣不易論及開邊策 : 爲君難爲臣不易는 군주 노릇 하기가 어렵고 신하 노릇 하기가 쉽지 않다는 뜻으로 원래 ≪論語≫ 〈子路〉에 보이는 내용인데, 이것을 가지고 論을 짓게 한 것이며, 開邊策은 국경을 개척하여 영토를 확장하는 계책을 이른다.

3) 〔頭註〕 比部郎中 : 官名이라

比部郎中은 관직명이다.

4) 〔頭註〕 中國之失吳, 蜀, 幽, 幷 : 梁失吳하고 唐得蜀而復失之하고 晉失幽하고 周

失幷하니라

梁나라는 吳를 잃었고, 唐나라는 蜀을 얻었다가 다시 잃었고, 晉나라는 幽州를 잃었고, 周나라는 幷州를 잃었다.

凡攻取之道는 必先其易者하나니 唐[1]與吾接境이 幾二千里하야 其勢易擾也라 擾之는 當以無備之處爲始하야 備東則擾西하고 備西則擾東이면 彼必奔走而救之하리니 奔走之間에 可以知其虛實强弱이라 然後에 避實擊虛하고 避强擊弱호되 未須大擧요 且以輕兵擾之하면 南人懦怯하야 聞小有警이면 必悉師以救之하리니 師數(삭)動이면 則民疲而財竭하고 不悉師면 則我可以乘虛取之니이다 如此면 江北諸州 將悉爲我有하리니 旣得江北이어든 則用彼之民하야 行我之法이면 江南을 亦易取也라 得江南이면 則巴蜀은 可傳檄而定이요 南方旣定이면 則燕地[2]必望風內附하니 若其不至어든 移兵攻之하면 席卷可平矣리이다 惟河東[3]은 必死之寇라 不可以恩信誘요 必當以强兵制之니이다 然이나 彼自高平之敗로 力竭氣沮하야 必未能爲邊患이니 宜且以爲後圖하야 俟天下旣平하고 然後伺間一擧하면 可擒也니이다 今士卒精練하고 甲兵有備하며 群下畏法하고 諸將效力하야 期年之後에 可以出師니 宜自夏秋로 蓄積實邊矣니이다 世宗이 欣然納之러라 時에 群臣이 多守常偸安하야 所對少有可取者로되 惟朴이 神峻氣勁하고 有謀能斷하야 凡所規畫[4]이 皆稱世宗意하니 世宗이 由是로 重其器識하니라

무릇 적을 공격하여 점령하는 방법은 반드시 쉬운 곳을 먼저 공격해야 하니, 南唐(李璟)은 우리와 접경하고 있는 것이 거의 2천 리여서 그 형세가 동요시키기가 쉽습니다. 적국을 동요시킬 때에는 마땅히 대비가 없는 곳부터 시작하여, 적국이 동쪽을 대비하면 서쪽을 동요시키고 서쪽을 대비하면 동쪽을 동요시켜야 합니다. 이렇게 하면 저들이 반드시 분주히 달려가 구원할 것이니, 분주히 달려가는 사이에 그들의 虛實과 强弱을 알 수 있을 것입니다.

그런 뒤에 견실한 곳을 피하고 허약한 곳을 공격하며 강한 곳을 피하고 약한 곳을 공격하되, 굳이 크게 군대를 일으킬 것 없이 우선 경무장한 군대로 적을 동요시킨다면 남쪽 사람들은 나약하고 겁이 많아서 소소한 警報만 들어도 반드시 군대를 모두 동원하여 구원할 것이니, 군대가 자주 출동하면 백성들이 피로하고 재정이 고갈되며, 군대를 다 동원하지 않으면 우리가 빈틈을 타고 점령할 수 있을 것입니다.

이와 같이 하면 江北의 여러 州가 장차 모두 우리의 소유가 될 것이니, 이미 江北을 얻고 난 뒤에 저들의 백성을 사용하여 우리의 방법을 시행한다면 江南도 취하기가 쉬울 것입니다. 江南을 얻으면 巴蜀은 檄文만 돌리고도 평정할 수 있고, 南方이 이미 평정되면 燕 지방(幽州)은 반드시 소문만 듣고도 歸附할 것이니, 만약 歸附해 오지 않거든 군대를 옮겨 공격한다면 석권하여 평정할 수 있을 것입니다.

다만 河東(北漢)은 반드시 결사적으로 싸울 도적이니, 은혜와 신의로 유인할 수 없고 반드시 강한 군대로 제어해야 할 것입니다. 그러나 저들은 高平에서 패전한 뒤로 힘이 다하고 사기가 꺾여 반드시 변경의 우환이 되지 못할 것이니, 마땅히 우선 후일을 도모하여 천하가 이미 평정되기를 기다린 뒤에 틈을 타서 한번 출동하면 漢主(劉崇)를 사로잡을 수 있을 것입니다.

지금 사졸들이 정예롭고 훈련이 잘 되어 있으며 갑옷과 병기가 모두 충분한 대비가 있으며, 아랫사람들이 군법을 두려워하고 諸將들이 힘을 다 바쳐서 期年이 지난 뒤에는 군대를 출동할 수 있으니, 마땅히 가을과 겨울로부터 저축하여 변경을 충실하게 해야 할 것입니다."

世宗이 흔연히 그의 말을 받아들였다. 이때 여러 장수들이 대부분 일상적인 방법을 지키고 구차하게 安逸을 탐하여 대답한 내용이 취할 만한 것이 적었으나 오직 王朴만은 정신이 높고 기개가 굳세며 책략이 있고 결단력이 있어서 모든 계획한 바가 모두 世宗의 뜻에 맞으니, 世宗이 이로 말미암아 그의 기국과 식견을 소중히 여겼다.

1) 〔頭註〕 唐 : 李璟이라
唐은 南唐의 李璟이다.

2)〔頭註〕燕地 : 時에 契丹이 跨有燕地하니라
당시에 契丹이 燕 지방을 차지하고 있었다.

3)〔通鑑要解〕河東 : 北漢據河東하야 與周爲世仇也라
北漢이 河東을 차지하여 周나라(後周)와 대대로 원수가 되었다.

4)〔頭註〕規畫 : 規圖也라
規畫은 계획하는 것이다.

【丙辰】〈周顯德三年이라 ○ 是歲에 凡五國, 四鎭이라〉

병진(956) - 周나라 顯德 3년이다. ○ 이해에 모두 다섯 나라이고 네 鎭이다. -

正月庚子에 **周世宗**이 **下詔**하고 **親征淮南**할새 **命歸德節度使李重進**하야 **將兵先赴正陽**하다 **李谷(穀)**[1]이 **攻壽州**호되 **久不克**이러니 **唐劉彦貞**[2]이 **引兵救之**어늘 **李重進**이 **度淮**하야 **逆戰於正陽東**하야 **大破之**하고 **斬彦貞**하다

정월 庚子日(6일)에 周나라 世宗이 조서를 내리고 친히 淮南(南唐)을 정벌할 적에 歸德節度使 李重進에게 명하여 군대를 거느리고 먼저 正陽으로 달려가게 하였다. 李穀이 壽州를 공격하였으나 오랫동안 이기지 못하였는데, 唐나라(南唐)의 劉彦貞이 군대를 이끌고 와서 구원하자, 李重進이 淮水를 건너 正陽의 동쪽에서 그를 맞아 싸워 크게 쳐부수고 劉彦貞의 목을 베었다.

1)〔頭註〕李谷(穀) : 谷은 綱目에 作穀이라 以穀爲淮南道前軍行營都部署하니 淮南은 謂唐也라
'谷'은 ≪資治通鑑綱目≫에 '穀'으로 되어 있다. 李穀을 淮南道前軍行營都部署로 임명하니, 淮南은 南唐을 이른다.

2)〔頭註〕劉彦貞 : 北面行營都部署라
劉彦貞은 北面行營都部署이다.

○ **是時**에 **江淮久安**하고 **民不習戰**하니 **彦貞旣敗**에 **唐人**이 **大恐**이라 **皇甫暉, 姚鳳**[1]이 **退保淸流關**이어늘 **丙辰**에 **周世宗**이 **至壽州城下**하야 **命諸軍**하야 **圍壽**

州하다 二月에 世宗이 命太祖皇帝하야 倍道襲淸流關하니 皇甫暉等이 陳(陣)於山下하고 方與前鋒戰할새 太祖皇帝引兵出山後하니 暉等이 大驚하야 走入滁州하야 欲斷橋自守라 太祖皇帝躍馬麾兵하고 涉水하야 直抵城下하니 暉曰 人各爲其主니 願容成列而戰하노라 太祖皇帝笑而許之하니 暉整衆而出이라 宋太祖皇帝擁馬頸하고 突陳而入하야 大呼曰 吾止取皇甫暉요 他人은 非吾敵也라하고 手劍擊暉中腦하야 生擒之하고 幷擒姚鳳하야 遂克滁州하다 後에 世宗이 遣翰林學士竇儀하야 籍滁州帑(탕)藏[2]이러니 宋太祖皇帝遣親吏하야 取藏中絹한대 儀曰 公이 初克城時엔 雖傾藏取之라도 無傷也어니와 今旣籍爲官物하니 非有詔書면 不可得也니라 宋太祖皇帝由是로 重儀하니라

이때 江淮 지방이 오랫동안 편안하고 백성들이 전투를 익히지 않으니, 劉彦貞이 이미 패한 뒤에 南唐 사람들이 크게 두려워하였다. 皇甫暉와 姚鳳이 후퇴하여 淸流關을 지켰다. 丙辰日(22일)에 周나라 世宗이 壽州城 아래에 이르러서 諸軍에게 명해 壽州城을 포위하게 하였다.

2월에 世宗이 太祖皇帝(趙匡胤)에게 명하여 행군속도를 배가해서 淸流關을 습격하게 하니, 皇甫暉 등이 산 아래에 진을 치고 周나라의 선봉부대와 싸울 적에 太祖皇帝가 군대를 거느리고 산 뒤로 나오니, 皇甫暉 등이 크게 놀라서 도망하여 滁州로 들어가 다리를 끊고 스스로 지키고자 하였다. 太祖皇帝가 말에 뛰어올라 병기를 휘두르며 물을 건너 곧바로 성 아래에 이르니, 皇甫暉가 말하기를 "사람은 각각 자기 군주를 위하니, 대열을 이루기를 기다린 뒤에 싸우기를 원한다." 하였다. 太祖皇帝가 웃으면서 허락하니, 皇甫暉가 무리를 정돈하고 출전하였다.

宋나라 太祖皇帝가 말의 목을 끼고 陣中으로 돌진하여 들어가서 크게 고함치기를 "나는 다만 皇甫暉를 잡고자 할 뿐이요, 다른 사람은 나의 적수가 아니다." 하고는 손에 잡은 검으로 皇甫暉를 공격하여 그의 뇌를 맞혀 사로잡고 아울러 姚鳳을 사로잡아 마침내 滁州를 함락시켰다.

뒤에 世宗이 翰林學士 竇儀를 보내어 滁州 창고의 재물을 장부에 기재하게

하였는데, 宋나라 太祖皇帝가 심복인 관리를 보내어 창고 안에 있는 비단을 가져가려 하였다. 竇儀가 말하기를 "公이 처음 성을 함락시켰을 때엔 비록 창고에 있는 물건을 모두 가져가더라도 나쁠 것이 없지만, 지금은 이미 장부에 기재하여 관청의 물건이 되었으니 황제의 조서가 있지 않으면 가져갈 수 없다." 하였다. 宋나라 太祖皇帝가 이로 말미암아 竇儀를 소중히 여겼다.

1)〔頭註〕皇甫暉, 姚鳳 : 皇甫暉는 奉化節度使同平章事요 姚鳳은 常州團鍊使라
皇甫暉는 奉化節度使 同平章事이고, 姚鳳은 常州團鍊使이다.

2)〔頭註〕帑(탕)藏 : 帑은 音儻이니 金帛所藏이라
帑은 음이 儻(탕)이니, 황금과 비단을 보관하는 곳이다.

○ 初에 周劉詞遺表하야 薦其幕僚薊人趙普有才可用이러니 會에 滁州平이어늘 范質이 薦普爲滁州軍事判官한대 宋太祖皇帝與語悅之하니라 宋太祖皇帝威名日盛이라 每臨陳에 必繁(반)纓[1]飾馬하고 鎧(개)仗鮮明하니 或曰 如此면 爲敵所識이라한대 宋太祖皇帝曰 吾固欲其識之耳라하니라

처음에 周나라 劉詞가 죽을 때에 표문을 올려 그의 막료인 薊州 사람 趙普가 쓸 만한 재주가 있다고 천거하였는데, 마침 滁州가 평정되자 范質이 趙普를 천거하여 滁州軍事判官으로 임명하였다. 이에 宋나라 太祖皇帝가 趙普와 함께 말을 해보고는 매우 기뻐하였다. 宋나라 太祖皇帝는 위엄과 명망이 날로 성하였다. 매번 적진에 임할 때마다 반드시 繁纓으로 말을 꾸미고 투구와 의장을 선명하게 하니, 혹자가 말하기를 "이와 같이 하면 적들에게 인식될 것입니다." 하였으나, 宋나라 太祖皇帝는 말하기를 "내 진실로 저들에게 인식되고자 한다." 하였다.

1)〔頭註〕繁(반)纓 : 見一卷[*)]하니라
繁纓은 1卷에 보인다.

*) 見一卷 : 繁纓에 대한 註는 1권 맨앞 溫公의 史評에 보인다. 繁은 본래 鞶으로 말갈기 위의 장식이고 纓은 말 가슴 앞의 장식인데, 繁纓은 제후의 말에만 꾸밀 수 있는 장식이다. 春秋時代에 衛侯가 齊나라를 공격하여 新築에서 싸웠는데, 仲叔于奚가 孫桓子를 구원하여 살려주었다. 衛侯가 고을을 상으로 내렸으나 仲

叔于奚는 이것을 사양하고 제후라야 쓸 수 있는 曲縣과 繁纓을 갖추고 조회할 것을 청하니, 이를 허락하였다. 孔子는 이 말을 듣고 "애석하구나! 고을을 많이 주는 것만 못하다. 기물과 명칭은 아무에게나 함부로 줄 수 없는 것이니, 임금이 맡은 것이다." 하고 탄식하였다. 曲縣은 三面에 악기를 설치한 수레이다. 이 내용은 ≪春秋左傳≫ 成公 2年條에 보인다.

○ 唐主兵屢敗하니 懼亡하야 乃遣鍾謨, 李德明[1]하야 奉表稱臣하고 來請平[2]하다 謨, 德明이 素辯口하니 周世宗이 知其欲遊說[3]하고 盛陳甲兵而見之하야 曰 我非六國[4]愚主니 豈汝口舌所能移邪아 可歸語汝主호되 亟(극)來見朕하고 再拜謝過하면 則無事矣어니와 不然이면 朕欲往觀金陵城하고 借府庫하야 以勞軍하노니 汝君臣이 得無悔乎아 謨, 德明이 戰栗[5]하야 不敢言하니라

唐主(李璟)는 南唐의 군대가 여러 번 패하자, 나라가 망할까 두려워하여 마침내 鍾謨와 李德明을 보내어 표문을 받들어 올려 臣을 칭하고 와서 화평을 청하였다. 鍾謨와 李德明은 평소에 말을 잘하니, 周나라 世宗은 이들이 유세하고자 한다는 것을 알고는 갑옷과 병기를 성대하게 진열하고 만나보며 말하기를 "나는 戰國時代 六國의 어리석은 군주가 아니니, 어찌 너희들의 입과 혀로 나의 마음을 바꿀 수 있겠는가. 너희들은 돌아가 너희 군주에게 말하여 빨리 와서 짐을 만나 재배하고 사과하도록 하라. 이렇게 하면 무사하겠지만, 그렇지 않으면 짐이 직접 가서 金陵城을 구경하고 창고에 있는 재물을 빌어 군사들을 위로하고자 하니, 이렇게 되면 너희 군주와 신하가 어찌 후회가 없겠는가." 하였다. 이에 鍾謨와 李德明이 두려워 몸이 떨려서 감히 말하지 못하였다.

1) 〔頭註〕 鍾謨, 李德明 : 鍾謨는 翰林學士戶部侍郎이요 李德明은 工部侍郎文理院學士라

鍾謨는 翰林學士 戶部侍郎이고, 李德明은 工部侍郎 文理院學士였다.

2) 〔頭註〕 請平 : 平은 和也라

평은 화평함이다.

3) 〔頭註〕 遊說 : 飾辨辭하고 設詐謀하야 馳逐於諸侯하야 以要時勢者라

말을 꾸미고 속임수를 써서 諸侯들을 좇아 時勢에 맞추고자 하는 것이다.

4)〔頭註〕六國：戰國韓趙魏燕齊楚라

六國은 戰國時代의 韓, 趙, 魏, 燕, 齊, 楚나라이다.

5)〔頭註〕戰栗：恐懼貌라

戰栗은 두려워하는 모양이다.

○ 唐主復使李德明, 孫晟[1]으로 言於周世宗하야 請去帝號하고 割壽, 濠, 泗, 楚, 光, 海六州之地하고 仍歲輸金帛百萬하야 以求罷兵이로되 世宗이 以淮南之地已半爲周有하고 諸將捷奏日至라하야 欲盡得江北之地하야 不許라 德明이 見周兵日進하고 奏稱호되 唐主不知陛下兵力如此之盛하니 願寬臣五日之誅하야 得歸白唐主면 盡獻江北之地하리이다 世宗이 乃許之하고 賜唐主詔書하니 其略曰 但存帝號면 何爽歲寒[2]이리오 倘堅事大之心이면 終不迫人于險하리라 又曰 俟諸郡[3]之悉來하야 卽大軍之立罷호리니 言盡於此하고 更不煩云하노니 苟曰未然이면 請從玆絶하노라 德明이 稱世宗威德과 及甲兵之强하고 勸唐主割江北之地한대 唐主大怒하야 斬德明於市하고 命齊王景達[4]하야 將兵以拒周하다 景達이 將兵二萬하고 自瓜步[5]로 濟江하야 距六合[6]二十餘里하야 設柵不進하니 諸將이 欲擊之어늘 宋太祖皇帝曰 彼設柵自固는 懼我也라 今吾衆이 不滿二千하니 若往擊之면 則彼見吾衆寡矣라 不如俟其來而擊之하니 破之必矣리라 居數日에 唐出兵趣(趨)六合이어늘 宋太祖皇帝 奮擊大破之하야 殺獲近五千人호되 餘衆이 尙萬餘라 走渡江하야 爭舟溺死者甚衆하니 於是에 唐之精卒이 盡矣러라 是戰也에 士卒有不致力者어늘 宋太祖皇帝陽(佯)爲督戰하야 以劍斫其皮笠이라가 明日에 徧閱皮笠하고 有劍跡者數十人을 皆斬之하니 由是로 部兵이 莫敢不盡死하니라

唐主가 다시 李德明과 孫晟으로 하여금 周나라 世宗에게 말하여 황제의 칭호를 제거하는 한편 壽州·濠州·泗州·楚州·光州·海州 등 여섯 州의 땅

을 떼어 바치고, 이어서 해마다 황금과 비단 백만을 바쳐 전쟁을 중지할 것을 청하였다. 그러나 世宗은 淮南 땅의 절반이 이미 周나라의 소유가 되었고 諸將들의 승전보고가 날로 이른다 하여 江北 땅을 다 얻고자 해서 허락하지 않았다.

李德明은 周나라 군대가 날로 진격하는 것을 보고 世宗에게 아뢰기를 "唐主는 폐하의 병력이 이처럼 강성한지 알지 못하니, 바라건대 臣을 5일 동안만 정벌하지 말아서 臣으로 하여금 돌아가 唐主에게 아뢸 수 있게 해주신다면 江北의 땅을 모두 바치게 하겠습니다." 하였다. 世宗이 마침내 허락하고 唐主에게 詔書를 내리니, 그 내용에 대략 이르기를 "단지 황제의 칭호를 보존한다면 역경에도 변치 않는 歲寒의 志操를 어찌 어기겠는가. 진실로 그대가 大國을 섬기려는 마음만 견고하다면 나는 끝내 사람을 험난한 데에 몰아넣지 않을 것이다." 하였고, 또 이르기를 "여러 郡을 다 바쳐 오기를 기다려서 당장 大軍을 철수하겠다. 말은 이에서 다하고 다시 번거롭게 말하고자 하지 않으니, 만일 이렇게 하지 않으면 이로부터 국교를 단절할 것을 청한다." 하였다.

李德明이 돌아가 世宗의 위엄과 덕망 및 군대의 강성함을 극구 말하고 唐主에게 江北의 땅을 떼어 바칠 것을 권하자, 唐主가 크게 노하여 시장에서 李德明의 목을 베고, 齊主 李景達에게 명하여 군대를 거느리고 가서 周나라 군대를 막게 하였다.

李景達이 2만 명의 병력을 거느리고 瓜步山로부터 양자강을 건너 六合縣에서 20여 리 떨어진 지점에 城柵을 만들고 전진하지 않으니, 周나라의 諸將들이 이를 공격하려 하였는데, 宋나라 太祖皇帝가 말하기를 "저들이 城柵을 만들어 스스로 굳게 지킴은 우리를 두려워해서이다. 지금 우리의 병력이 채 2천 명이 되지 못하니, 만약 가서 공격한다면 저들은 우리의 병력이 적음을 알게 될 것이다. 저들이 오기를 기다려 공격하는 것만 못하니, 이렇게 하면 틀림없이 적을 격파할 수 있을 것이다." 하였다.

며칠 있다가 唐나라가 出兵하여 六合縣으로 진출하자, 宋나라 太祖皇帝가 분발하여 공격해서 唐나라 군대를 크게 격파하여, 죽이고 사로잡은 것이 5천

명에 가까웠으나 남은 무리가 아직도 만여 명이었다. 이들이 도망하여 강을 건너느라 배를 다투다가 물에 빠져 죽은 자가 매우 많으니, 이 때문에 唐나라 정예병이 다 없어졌다.

이 전투에서 사졸들 가운데 힘을 다해 싸우지 않는 자가 있자, 宋나라 太祖皇帝가 거짓으로 督戰하는 체하면서 검으로 힘을 다해 싸우지 않는 사졸의 皮笠을 찍어 두었다가 다음날 皮笠을 살펴보고 검으로 찍은 흔적이 있는 자 수십 명을 모두 목 베니, 이로 말미암아 部下 병사들이 감히 힘을 다해 싸우지 않는 자가 없었다.

1) 〔頭註〕 孫晟 : 右僕射라

孫晟은 右僕射이다.

2) 〔頭註〕 何爽歲寒[*)] : 爽은 差也라 言歲寒知松柏之後凋는 此約不差也니 許唐主自帝江南이라

爽은 어긋나는 것이다. 해가 저물어 추워진 뒤에야 소나무와 잣나무가 뒤늦게 마른다고 말한 것은 이 약속을 어기지 않는 것이니, 唐主가 스스로 江南에서 황제 노릇을 하도록 허락한 것이다.

*) 歲寒 : 해가 저물어 날씨가 추워지는 것으로, 孔子는 "해가 저물어 추워진 뒤에야 소나무와 측백나무가 뒤늦게 마름을 안다.〔歲寒然後知松柏之後凋也〕" 하였는바, 이는 사람의 의지가 굳어 아무리 험난한 경우를 만나도 志節을 변치 않음을 비유한 것이다.

3) 〔頭註〕 諸郡 : 江北諸郡이라

諸郡은 江北의 여러 郡이다.

4) 〔頭註〕 景達 : 唐主之弟라

李景達은 唐主의 아우이다.

5) 〔頭註〕 瓜步 : 山名이라

瓜步는 山의 이름이다.

6) 〔頭註〕 六合 : 縣名이라

六合은 縣의 이름이다.

○ **周以太祖皇帝로 爲定國節度使[1)]兼殿前都指揮使하다**

周나라가 太祖皇帝(趙匡胤)를 定國節度使 兼殿前都指揮使로 임명하였다.

1)〔通鑑要解〕定國節度使：定國軍은 卽同州匡國軍也라 太祖登極이어늘 避御名하야 始改爲定國軍이러니 史亦因以後所改軍號書之也라

定國軍은 바로 同州匡國軍이다. 太祖가 登極하자 御名의 匡을 피하여 비로소 定國軍이라고 고쳤는데, 역사책에도 이로 인해 이후로는 軍號를 고쳐서 쓴 것이다.

【丁巳】〈周顯德四年이라 ○ 北漢天會元年이라 ○ 是歲에 凡五國, 三鎭이라〉

정사(957) - 周나라 顯德 4년이다. ○ 北漢 天會 元年이다. ○ 이해에 모두 다섯 나라이고 세 鎭이다. -

周兵이 圍壽春[1]하야 連年未下어늘 議者以唐援兵尙强이라하야 多請罷兵하니 世宗疑之라 李穀이 寢疾在第러니 二月에 世宗이 使范質, 王溥[2]로 就與之謀한대 穀이 上疏하야 以爲壽春危困하야 破在旦夕하니 若鑾駕[3]親征하시면 則將士爭奮하고 援兵震恐하리니 城中知亡이면 必可下矣리이다 世宗이 悅하다

周나라 군대가 壽春縣을 포위하였으나 여러 해가 지나도 함락시키지 못하였다. 의논하는 자들이 南唐의 구원병이 아직도 강성하다 하여 많은 사람들이 군대를 철수할 것을 청하니, 世宗이 의심하였다. 이때 李穀이 병이 들어 집에 있었는데, 2월에 世宗이 范質과 王溥로 하여금 찾아가서 그와 상의하게 하니, 李穀이 상소하여 아뢰기를 "壽春縣이 위태롭고 곤궁하여 아침저녁 사이에 격파당할 터인데, 만약 皇上이 친히 정벌하신다면 장병들이 다투어 분발하고 南唐의 구원병이 두려워할 것이니, 성 안에 있는 군사들이 자기 나라가 망할 줄을 알게 되면 우리가 틀림없이 함락시킬 수 있을 것입니다." 하였다. 이에 世宗이 기뻐하였다.

1)〔頭註〕壽春：縣名이니 屬壽州하니라

壽春은 縣의 이름이니, 壽州에 속하였다.

2)〔頭註〕王溥：中書侍郎同平章事라

王溥는 中書侍郎 同平章事이다.

3) 〔附註〕 鑾駕：和鑾은 皆鈴也니 和는 金口木舌이요 鑾은 金口金舌이니 所以節車之行이라 乘車則馬動하고 馬動則鑾鳴하고 鑾鳴則和應하야 自然有箇節奏로되 車駕大(太)速則不相應이요 大(太)遲則不響하며 若雜然響이면 則不合節奏也라 乘車는 和在軾하고 鑾在衡하며 戎車는 鑾(輿)〔在〕鑣(丑)하니 駟馬는 八鑾也라

和와 鑾은 모두 방울이니, 和는 쇠로 된 입에 나무로 된 혀이고, 鑾은 쇠로 된 입에 쇠로 된 혀이니, 수레가 가는 것을 절제하는 것이다. 수레를 타면 말이 움직이고 말이 움직이면 鑾이 울리고 鑾이 울리면 和가 응하여 자연히 節奏(리듬)가 있게 되는데, 車駕가 너무 빠르면 서로 응하지 못하고 너무 느리면 소리가 나지 않으며, 만약 뒤섞여 소리가 나면 節奏에 합하지 않는다. 乘車는 和가 軾에 있고 鑾이 衡에 있으며, 戎車는 鑾이 재갈에 있으니, 駟馬는 鑾이 여덟 개이다.

○ 二月乙亥에 周主世宗이 發大梁하다 先是에 周與唐戰할새 唐水軍銳敏하야 周人이 無以敵之라 世宗이 每以爲恨이러니 返自壽春으로 於大梁城西汴水側에 造戰艦數百艘(소)하고 命唐降卒하야 敎北人水戰하니 數月之後에 縱橫出沒이 殆勝唐兵이라 至是에 命右驍衛大將軍王環하야 將水軍數千하고 自閔河로 沿潁入淮하니 唐人이 見之하고 大驚하니라 壬辰旦에 世宗이 軍于趙步하니 諸將이 擊唐紫金山寨하야 大破之하고 殺獲萬餘人하다 甲辰에 世宗이 耀兵于壽春城北이라 唐淸淮節度使劉仁贍(섬)이 病甚하야 不知人하니 監軍使周廷構等이 作仁贍表하야 舁(여)仁贍하야 出城降하다 夏四月에 周世宗이 還大梁하다

2월 乙亥日(17일)에 周主 世宗이 大梁을 출발하였다. 이보다 앞서 周나라가 南唐과 싸울 적에 南唐의 수군이 예리하고 민첩해서 周나라 사람들이 상대할 수가 없었다. 世宗은 매번 이것을 통한으로 여겼는데, 壽春에서 돌아온 뒤로 大梁城 서쪽 汴水 가에 전함 수백 척을 建造하고 南唐의 항복한 병졸들에게 명하여 북쪽 사람들에게 水戰을 가르치게 하니, 몇 달 뒤에 周나라 수군이 종횡으로 출몰함에 자못 南唐의 수군보다도 나았다. 이때에 이르러 右驍衛大將軍 王環에게 명하여 수군 수천 명을 거느리고 閔河로부터 潁水를 따라 淮水로 들어가게 하니, 南唐 사람들이 이것을 보고는 크게 놀랐다.

壬辰日(3월 5일) 아침에 世宗이 趙步에 군대를 주둔하니, 諸將들이 南唐의 紫金山 城寨를 공격하여 대파하고 만여 명을 죽이거나 사로잡았다. 甲辰日(17일)에 世宗이 壽春城 북쪽에서 군용을 과시하였다. 唐나라 淸淮節度使 劉仁贍이 질병이 심하여 사람을 알아보지 못하니, 監軍使 周廷構 등이 劉仁贍의 이름으로 표문을 지어 劉仁贍을 가마로 메고서 성을 나와 항복하였다.

여름 4월에 世宗이 大梁으로 돌아왔다.

○ 冬十月에 周世宗이 發大梁하야 十一月에 至濠州하야 大破唐兵於洞口하니 斬首五千餘級이요 降卒二千餘人이라 因鼓行而東하니 所至皆下하다 唐兵이 退保淸口러니 戊午旦에 世宗이 自將親軍하고 自淮北進하야 命宋太祖皇帝하야 將步騎하야 自淮南進하고 諸將은 以水軍으로 自中流進하야 共追唐兵하니 所獲戰船이 燒沈之餘에 得三百餘艘하고 士卒殺溺之餘에 得七千餘人이라 唐之戰船在淮上者 於是盡矣하니라

겨울 10월에 周나라 世宗이 大梁을 출발하여 11월에 濠州에 이르러 南唐의 군대를 洞口에서 대파하니, 머리를 벤 것이 5천여 수급이고 항복한 병사가 2천여 명이었다. 이어서 승세를 타고 북을 치면서 행군하여 동쪽으로 가니, 이르는 곳마다 모두 항복하였다.

南唐의 군대가 후퇴하여 淸口를 지키자, 戊午日(12월 6일) 아침에 世宗은 스스로 친위군을 거느리고 淮水 북쪽으로부터 전진하고, 宋나라 太祖皇帝에게 명하여 보병과 기병을 거느리고 淮水 남쪽으로부터 전진하게 하고, 諸將들은 수군을 거느리고 中流로부터 전진하게 하여 함께 南唐의 군대를 추격하였다. 그리하여 노획한 전선은 불타고 침몰한 것 이외에 3백여 척을 얻었으며, 사졸은 죽임을 당하고 물에 빠져 죽은 자 이외에 7천여 명을 사로잡았다. 淮水 가에 있던 南唐의 戰船이 이때에 다 없어졌다.

【戊午】〈周顯德五年이라 ○ 唐中興元年이요 南漢主鋹大寶元年이라 ○ 是歲에 凡五國, 三鎭이라〉

무오(958) - 周나라 顯德 5년이다 ○ 南唐의 中興 元年이고, 南漢主 劉鋹의 大寶 元年이다. ○ 이해에 모두 다섯 나라이고 세 鎭이다. -

三月에 周世宗이 如迎鑾鎭[1]하야 屢至江口하야 遣水軍하야 擊唐兵破之하니 唐主聞世宗在江上하고 恐遂南渡하고 又恥降號稱藩하야 乃遣兵部侍郞陳覺하야 奉表請傳位於太子弘冀하야 使聽命於中國하니 時에 淮南에 惟廬, 舒, 蘄, 黃이 未下라 覺이 至迎鑾하야 見周兵之盛하고 白世宗하야 請遣人渡江取表하야 獻四州之地하고 畫江爲境하야 以求息兵호되 辭旨甚哀라 世宗曰 朕本興師는 止取江北이러니 今爾主能擧國內附하니 朕復何求리오 覺이 拜謝而退하야 遣其屬劉承遇[2]하야 如金陵[3]이라 世宗이 賜唐主書호되 稱 皇帝恭問江南國主하노라하고 慰納之하다 唐主復遣承遇하야 奉表獻江北四州하고 歲輸貢物數十萬하니 於是에 江北이 悉平이라 得州十四와 縣六十하다 是月에 浚汴口하야 導河流하야 達于淮하니 於是에 江淮舟檝(楫)이 始通[4]하니라

3월에 周나라 世宗이 迎鑾鎭에 가서 여러 차례 江口에 이르러 수군을 보내 南唐의 군대를 격파하였다. 唐主는 世宗이 강가에 있다는 말을 듣고 마침내 남쪽으로 강을 건너올까 두렵고, 또 황제의 칭호를 貶降하고 藩臣을 칭하는 것을 부끄러워하여, 마침내 兵部侍郞 陳覺을 周나라에 보내어 표문을 올려 太子 李弘冀에게 傳位할 것을 청하고 太子로 하여금 中原(周)의 명령을 듣게 하니, 이때 淮水 남쪽에 오직 廬州・舒州・蘄州・黃州만이 아직 함락되지 않았다.

陳覺이 迎鑾鎭에 이르러 周나라 군대가 강성한 것을 보고 世宗에게 아뢰어서 사람을 보내 양자강을 건너가 表文을 가져와 네 州의 땅을 바치고 江을 국경으로 삼아서 전쟁을 중지할 것을 청하였는데, 내용이 매우 애처로웠다. 世宗이 말하기를 "朕이 본래 군대를 일으킨 것은 다만 江北을 취하려는 것이었는데, 이제 너의 군주가 온 나라를 들어 歸附하니, 朕이 다시 무엇을 바라겠는가." 하였다. 陳覺이 절하고 사례하고 물러가서 그의 관속인 劉承遇를

金陵에 보내었다. 世宗이 唐主에게 내린 서신에 이르기를 "皇帝는 공손히 江南國主에게 묻노라."라고 하여 위무하고 그를 받아들였다.

唐主가 다시 劉承遇를 보내어 表文을 올려 江北의 네 州를 바치고 해마다 貢物 수십만을 바치기로 하였다. 이에 江北이 모두 평정되어 14州와 60縣을 얻었다. 이달에 汴口를 깊이 파서 黃河의 물을 인도하여 淮水에 도달하게 하니, 이에 江淮의 선박이 비로소 통하였다.

1) 〔釋義〕 迎鑾鎭 : 今眞州是라 五代時에 僞吳置迎鑾鎭이러니 後에 宋改建安軍하고 眞宗時에 陞眞州하니라
迎鑾鎭은 지금의 眞州가 이곳이다. 五代時代에 괴뢰정권인 吳나라가 迎鑾鎭을 설치하였는데, 뒤에 宋나라가 建安軍으로 개칭하고 眞宗 때에 眞州로 승격시켰다.

2) 〔頭註〕 劉承遇 : 閤門承旨라
劉承遇는 閤門承旨이다.

3) 〔頭註〕 金陵 : 唐所都라
金陵(南京)은 당나라가 도읍한 곳이다.

4) 〔頭註〕 江淮舟檝(楫) 始通 : 此卽唐時運路也라 自江淮爲南唐所據로 運漕不通하야 水路湮塞이러니 今復浚之하니라
이는 唐나라 때 漕運하던 길이었다. 江・淮가 南唐에게 점거당한 뒤로 漕運이 통하지 아니하여 水路가 막혔는데, 지금 다시 통하게 된 것이다.

○ 五月에 唐主避周諱하야 更名景[1)]하다

5월에 唐主가 周나라의 諱를 피하여 이름을 景으로 고쳤다.

1) 〔通鑑要解〕 更名景 : 唐主는 本名璟이니 以周太祖之高祖亦名璟이라 故로 避하니라
唐主는 본래 이름이 璟이니, 周나라 太祖의 高祖도 이름이 璟이었다. 그러므로 피한 것이다.

○ 南漢中宗[1)]이 殂하니 長子衛王繼興이 卽帝位하야 更名鋹(창)하다

南漢의 中宗이 죽으니, 長子 衛王 劉繼興이 황제에 즉위하여 이름을 鋹으로 고쳤다.

1)〔頭註〕南漢中宗 : 漢晉王晟也라
　南漢의 中宗은 漢나라의 晉王 劉晟이다.

【己未】〈周顯德六年六月에 恭帝宗訓이 立하다 ○ 是歲에 凡五國, 三鎭이라〉

기미(959) - 周나라 顯德 6년 6월에 恭帝 柴宗訓이 즉위하였다. ○ 이해에 모두 다섯 나라이고 세 鎭이다. -

周淮南饑어늘 世宗이 命以米貸之한대 或曰 民貧하니 恐不能償이니이다 世宗曰 民은 吾子也라 安有子倒懸而父不爲之解哉며 安在責其必償也리오

周나라 淮南 지방이 굶주리자 世宗이 쌀을 꾸어주도록 명하였다. 혹자가 아뢰기를 "백성들이 가난하니 제대로 갚지 못할까 두렵습니다." 하니, 世宗이 말하기를 "백성들은 나의 자식이다. 자식이 거꾸로 매달려 있는데(곤궁한데) 아버지가 어찌 풀어주지 않겠으며, 어찌 반드시 갚기를 바라겠는가?" 하였다.

○ **遼**〈應曆九年이라〉

遼나라 - 應曆 9년이다. -

〔新增〕胡氏曰 世宗이 視民猶子하야 匡救其乏而不責其必償하니 仁人之心이요 王者之政也라 五代十二君에 愛民者三人[1]이로되 而世宗爲最라 漕運給耗[2]는 慮倍輸也요 保任令錄[3]은 防貪穢也요 冬役春罷는 恐妨農也요 毁寺, 禁度僧[4]은 減蠹弊也요 立兩(歲)〔稅〕限[5]은 知早徵之害也요 設科求士는 欲吏治有方也요 均定田租는 使富不掩貧也요 併鄕置團耆[6]는 絶公皁[7]侵漁也요 罷課戶俸戶[8]는 省(생)官方私擾也요 稱貸[9]不責償은 庶下沾實惠也라 蓋自唐宣宗而後로 政不及民하야 而置諸湯火[10]之中者 將百年이러니 而後에 世宗이 有人君之德하야 行不忍人之政이라 蓋嘗因與將相食할새 曰 連日之寒에 朕深愧無功於民而坐享天祿하노니 惟親冒矢石하야 爲百姓除害라야 差可自安耳라하고 又命刻木爲耕夫織婦하야 置諸庭하야 留心邦本이 如此하니 宜其赫然南面指麾하

야 而四海賓服也니라

胡氏(胡寅)가 말하였다.

“世宗은 백성을 보기를 자식처럼 여겨 궁핍함을 구휼해주고 꾸어준 곡식을 반드시 갚기를 바라지 않았으니, 仁人의 마음이고 王者의 정사이다. 五代時代 12명의 군주 중에 백성을 사랑한 자가 3명인데, 世宗이 그 중에 으뜸이다.

漕運할 때 耗穀을 지급한 것은 백성들이 곱절로 갚을까 염려해서였고, 保任한 자들을 기록하게 한 것은 탐욕을 부려 부정한 짓을 하는 것을 막기 위해서였고, 겨울에만 부역시키고 봄에는 부역을 중지한 것은 농사에 방해될까 염려해서였고, 사찰을 허물고 승려의 度牒을 주는 것을 금한 것은 재물을 좀먹는 폐해를 줄이기 위해서였고, 兩稅의 기한을 정한 것은 일찍 징수하는 폐해를 알기 때문이었고, 과거를 설치하여 선비를 뽑은 것은 관리의 다스림이 좋은 방법을 얻기를 바라서였고, 田租를 똑같이 정함은 부유한 자가 가난한 자를 해치지 않게 하기 위해서였고, 鄕을 겸병하고 團耆를 둔 것은 公皁(公吏)가 백성들을 침탈함을 끊기 위해서였고, 課戶와 俸戶를 파한 것은 官方의 사사로운 소요를 줄이기 위해서였고, 곡식을 꾸어주되 갚기를 바라지 않은 것은 아랫사람들이 실제 혜택을 입기를 바라서였다.

唐나라 宣宗 이후로 어진 정사가 백성들에게 미치지 아니하여 백성들을 끓는 물과 불 속(塗炭)에 버려둔 지가 거의 백 년이었는데, 그런 뒤에 世宗이 임금의 덕이 있어서 백성을 차마 해치지 못하는 정사(仁政)를 행하였다. 世宗이 일찍이 將相들과 밥을 먹을 적에 인하여 말하기를 ‘연일 계속되는 추위에 짐은 백성들에게 공이 없으면서 가만히 앉아서 天祿을 누리는 것이 매우 부끄러우니, 오직 내가 백성들을 위해 직접 화살과 砲石을 무릅쓰고서 백성을 해치는 자들을 제거하여야 다소 스스로 편안할 수 있다.’ 하였고, 또 나무를 조각하여 밭 가는 지아비와 길쌈하는 지어미의 像을 만들어서 이것을 뜰에다 놓고, 나라의 근본인 백성들에게 마음을 둠이 이와 같았으니, 赫然히 남면하고 지휘함에 온 천하가 복종한 것이 당연하다 하겠다.”

1) 〔頭註〕 愛民者三人 : 唐明宗, 周太祖, 世宗이라

백성을 사랑한 군주 세 명은 唐나라(後唐) 明宗과 周나라 太祖와 世宗이다.

2) 〔頭註〕 漕運給耗*) : 乙卯年에 漕運不給하야 斗耗更多하야 以虧欠抵罪한대 詔每斛에 給耗一斗하니라

乙卯年에 漕運이 제대로 공급되지 않아 한 말씩 지급하던 耗穀*)이 갈수록 더 많아져서 漕運하는 자들이 곡식을 축낸 것으로 처벌받게 되자, 황제가 조서를 내려 매 斛마다 耗穀 한 말을 지급하게 하였다.

*) 耗穀 : 환자를 받을 적에 곡식을 쌓아두는 동안 축이 날 것을 미리 셈하여 일정 비율로 덧붙여 받는 곡식을 이른다.

3) 〔附註〕 保任令錄 : 或以父任爲官하고 或以兄任爲官者를 謂之任子하니 任亦保也라 乙卯年에 令翰林學士院으로 自擧令錄호되 除官之日에 仍署擧者姓名하고 若貪佞敗官이면 竝當連坐하니라

혹은 아버지가 보증하여 관원이 되고 혹은 형이 보증하여 관원이 되는 것을 任子라 하니, 任 또한 보증하는 것이다. 乙卯年에 翰林學士院으로 하여금 스스로 천거하여 任子를 기록하게 하되 관직을 제수하는 날에 擧者의 姓名을 연이어 쓰고, 만약 탐욕스럽고 간사하여 관직을 망치면 모두 連坐하게 하였다.

4) 〔附註〕 毁寺, 禁度僧 : 乙卯年에 廢(殷銅)〔寺院〕二萬七百三十六하고 存者二千六百九十四요 禁私度僧尼하야 令諸州로 每歲造僧帳하야 有死者歸俗이면 皆隨時開落하니 見存僧尼七萬六百九十이요 (殷)〔毁〕銅佛하야 (壽)〔鑄〕錢하니라

乙卯年에 寺院 20736개를 없애고 남은 것이 2694개였으며, 도첩을 받지 않고 사사로이 승려가 되는 것을 금지하여 여러 州로 하여금 매년 僧侶의 명부를 만들어서 사망하거나 환속하는 자가 있으면 모두 그때마다 제명하게 하니, 현재 남아있는 승려가 70690명이었고, 구리로 만든 불상을 부수어 돈을 주조하였다.

5) 〔附註〕 立兩(歲)〔稅〕限 : 丙辰年에 立兩稅起徵할새 限以徵斂穀帛호되 多不竢收穫紡績之畢이러니 乃詔호되 自今으로 夏稅以六月하고 秋稅以十月起徵이라하니 民便之하니라

丙辰年에, 예전에 兩稅法을 만들어 세금을 징수할 적에 곡식과 비단으로 거두되 대부분 곡식을 수확하거나 길쌈이 끝나기를 기다리지 않았는데, 이때 마침내 황제가 조서를 내리기를 "지금부터 여름세금은 6월에, 가을세금은 10월에 징수한다." 하니, 백성들이 편리하게 여겼다.

6) 〔附註〕 置團耆 : 戊午年에 諸州併鄕村할새 率以百戶爲團하고 團置耆長三人하니 團은 聚也라 六十曰耆니 記曰 耆指使라하니 言指事使人也라

戊午年에 여러 州에서 鄕村을 겸병할 적에 대체로 100戶를 團으로 삼고 團에

는 耆長 3명을 두니, 團은 모은다는 뜻이다. 60세를 耆라 하니, ≪禮記≫에 이르기를 "60세 된 노인은 〈직접 일하지 않고〉 손가락으로 남을 지시하여 부린다." 하였으니, 일을 지시하여 사람을 부림을 말한 것이다.

7)〔頭註〕公皁：猶言公吏也라

公皁는 公吏(국가의 관리)라는 말과 같다.

8)〔附註〕課戶俸戶：戊午年에 詔凡諸色課戶及俸戶를 竝勒歸州縣하고 自今으로 竝支俸錢及(未)〔米〕麥이라하다 唐初에 諸司置公廨本錢하야 以貿易取息하고 計員多少爲月料러니 其後에 罷諸司公廨本錢하고 以天下上戶七千人으로 爲胥士而收其課하고 計官多少而給之하니 此所謂課戶라 唐又簿斂一歲稅호되 以高戶主之하고 月收息給俸하니 此所謂俸戶라

戊午年에 황제가 조서를 내리기를 "모든 종류의 課戶와 俸戶를 모두 강제로 州縣에 돌리고, 〈막료들과 州縣의 관원들에게는〉 지금부터 官府에서 俸錢과 쌀과 보리를 아울러 지급한다." 하였다. 唐나라 초기에 諸司에서는 公廨(공청)에 本錢을 적립한 다음 이것을 가지고 물건을 매매하여 利息을 취해서 관원의 많고 적음을 헤아려 月料를 지급하였다. 그런데 그 뒤에 諸司의 公廨에 있는 本錢을 없애고는 천하의 上戶(부유한 가호) 7천 명을 胥士로 임명하여 이들에게 세금을 부과하고 이것으로 관원의 많고 적음을 헤아려 녹봉을 지급하니, 이것이 課戶라는 것이다. 唐나라는 또 1년의 세금을 장부에 기재하여 거두되 高戶(富戶)로써 이것을 주관하게 하고 매월 利息을 취하여 녹봉을 지급하니, 이것이 이른바 俸戶라는 것이다.

9)〔頭註〕稱貸：稱은 去聲이니 擧也라 今所謂擧錢也라 貸는 從人求物也라

稱은 去聲이니, 빌리는 것이다. 지금의 이른바 擧錢(빚을 빌림)이란 것이다. 貸는 남에게 물건을 구하는(빌리는) 것이다.

10)〔通鑑要解〕湯火：民之危險이 如墜湯火之中하니 卽書所謂塗炭也라

백성들의 위태로움이 끓는 물과 불 속에 떨어진 것과 같은 것이니, 곧 ≪書經≫의 이른바 塗炭이라는 것이다.

周世宗이 **以北鄙未復**이라하야 **將幸滄州**할새 **卽日**에 **帥**(솔)**步騎數萬**하고 **直趍(趨)契丹之境**하니 **契丹守將**이 **皆擧城降**이라 **於是**에 **關南**[1]이 **悉平**하다

周나라 世宗이 북쪽 변방을 아직 수복하지 못했다 하여 장차 滄州로 행차

하려 할 적에 당일로 보병과 기병 수만 명을 거느리고 契丹의 국경으로 곧장 향하니, 契丹의 수비하는 장수들이 모두 성을 가지고 와서 항복하였다. 이에 關南 지방이 모두 평정되었다.

1) 〔頭註〕 關南 : 瓦橋關以南이라
關南은 瓦橋關 이남 지방이다.

○ 六月에 唐主遣其子紀公從善하야 與鍾謨로 俱入貢이어늘 周主問謨曰 江南[1]이 亦治兵修守備乎아 對曰 旣臣事大國하니 不敢復爾[2]로소이다 上曰 不然하다 曏時則爲仇敵이어니와 今日則爲一家라 吾與汝國으로 大義已定하니 保無他虞라 然이나 人生難期하야 至於後世면 則事不可知니 歸語汝主호되 可及吾時하야 完城郭, 繕甲兵하고 據守要害하야 爲子孫計하라 謨歸하야 以告唐主한대 唐主乃城金陵하고 凡諸州城之不完者를 葺之하고 戍兵少者를 益之하니라

6월에 唐主가 그의 아들 紀公 李從善을 보내어 鍾謨와 함께 入朝해서 공물을 바치게 하였다. 周主가 鍾謨에게 묻기를 “江南(南唐) 또한 군대를 다스려 수비를 하는가?” 하니, 鍾謨가 대답하기를 “이미 신하로서 大國을 섬기고 있으니, 감히 다시는 이렇게 하지 못합니다.” 하였다.

上이 말하기를 “그렇지 않다. 지난날에는 우리가 서로 원수지간이었지만 지금은 한 집안이 되었다. 우리는 너희 나라와 군신간의 大義가 이미 정해졌으니, 보장하건대 딴 염려가 없을 것이다. 그러나 인생은 기약하기 어려워 후세에 이르면 일이 어떻게 될지 알 수 없으니, 돌아가 너의 군주에게 고하되 ‘내가 살아있을 때에 성곽을 완전히 보수하고 갑옷과 병기를 수선하며 요해처를 점거하고 지켜서 자손을 위한 계책을 세우라.’고 하라.” 하였다.

鍾謨가 돌아가 唐主에게 이것을 아뢰자, 唐主가 이에 金陵에 城을 쌓고 여러 州의 城 가운데 완전하지 못한 것들을 수리하고 수자리 사는 병사가 적은 곳을 보충하여 늘렸다.

1) 〔通鑑要解〕 江南 : 唐也라
江南은 唐나라이다.

2)〔頭註〕不敢復爾：爾는 猶言如此也라
爾는 이와 같다는 말이다.

溫公曰 或問臣호되 五代帝王에 唐莊宗, 周世宗은 皆稱英武하니 二主孰賢고하니 臣應之曰 莊宗은 善戰者也라 故로 能以弱晉勝彊梁이러니 旣得之하야 曾不數年에 外內離叛하야 置身無所하니 誠由知用兵之術이요 不知爲天下之道故也라 世宗은 以信令御群臣하고 以正義責諸國이라 王環以不降受賞[1)]하고 劉仁贍以堅守蒙褒[2)]하고 嚴續以盡忠獲存[3)]하고 蜀兵以反覆就誅[4)]하고 馮道以失節被棄하고 張美以私恩見疎[5)]하며 江南未服이면 則親犯矢石하야 期於必克하고 旣服이면 則愛之如子하야 推誠盡言하야 爲之遠慮하니 其宏規大度가 莊宗이 豈得同日語哉리오 書曰 無偏無黨하면 王道蕩蕩[6)]이라하고 又曰 大邦畏其力하고 小邦懷其德이라하니 世宗近之矣니라

溫公이 말하였다.

"혹자가 나에게 묻기를 '五代時代의 帝王 중에 唐나라 莊宗과 周나라 世宗은 모두 英武하다고 알려져 있으니, 두 군주 중에 누가 더 어진가?'라고 하기에 나는 다음과 같이 대답하였다.

'莊宗은 전투를 잘한 자이다. 그러므로 약한 晉나라를 가지고 강한 梁나라를 이겼는데, 이미 천하를 얻은 뒤에는 일찍이 몇 년이 못 되어 내외가 이반하여 몸 둘 곳이 없었으니, 이는 진실로 用兵하는 방법만 알고 천하를 다스리는 방법을 알지 못했기 때문이다. 世宗은 진실한 명령으로 신하들을 어거하고 正義로 여러 나라를 책망하였다. 그리하여 王環은 항복하지 않은 것으로 상을 받았고 劉仁贍은 굳게 성을 지킴으로써 표창을 받았으며, 嚴續은 충성을 다함으로써 생존을 얻었고 蜀나라의 병사들은 반복무상함으로써 죽임을 당하였으며, 馮道는 절개를 잃었다 하여 버림받고 張美는 사사로운 은혜로 인해 소외당하였으며, 江南 지

방이 복종하기 전에는 친히 화살과 砲石을 무릅쓰고 기필코 이길 것을 기약하였고 이미 복종한 뒤에는 자식처럼 사랑하여 정성을 다하고 아는 것을 다 말해서 그들을 위하여 멀리 생각하였으니, 그 큰 규모와 큰 도량을 어찌 莊宗과 똑같이 놓고 말할 수 있겠는가. ≪書經≫에 이르기를 「편벽됨이 없고 편당함이 없으면 王道가 蕩蕩하다.」 하였고, 또 말하기를 「큰 나라는 그의 힘을 두려워하고, 작은 나라는 그의 덕을 그리워한다.」라고 하였으니, 世宗이 이에 가깝다.'"

1) 〔附註〕 王環以不降受賞 : 王環이 爲蜀鳳州節度使러니 世宗이 攻之한대 堅守라가 力屈就擒하니 世宗嘆曰 用之면 可勸事君者라하고 乃拜爲右驍衛將軍하니라

王環이 蜀나라 鳳州節度使가 되었는데, 世宗이 공격하자 굳게 지키다가 힘이 다하여 사로잡히니, 世宗이 감탄하며 말하기를 "이 사람을 등용하면 군주를 섬기는 자를 권면할 수 있다." 하고 마침내 右驍衛將軍으로 임명하였다.

2) 〔附註〕 劉仁贍以堅守蒙褒 : 南唐이 以仁贍爲淸淮節度使하야 鎭壽州러니 世宗이 攻之하야 踰時不下라 仁贍子崇諫이 幸其病하야 謀降이어늘 仁贍이 命斬之하다 病甚에 副使孫羽詐爲書하야 以城降하니 是日에 卒이라 世宗이 復其軍曰忠正軍이라하야 以旌仁贍之節也하니라

南唐이 劉仁贍을 淸淮節度使로 임명하여 壽州에 진주하게 하였는데, 世宗이 壽州를 공격하여 한 철이 지나도 함락시키지 못하였다. 劉仁贍의 아들 劉崇諫이 아버지의 병환을 요행으로 여겨 항복할 것을 모의하자 劉仁贍이 명령하여 자식의 목을 베게 하였다. 劉仁贍의 병이 위독해지자, 副使 孫羽가 거짓으로 항복문서를 만들어 城을 가지고 항복하니, 이날 劉仁贍이 죽었다. 世宗이 그의 군대를 회복하여 忠正軍이라 이름해서 劉仁贍의 충절을 표창하였다.

3) 〔附註〕 嚴續以盡忠獲存 : 陳覺이 自周還하야 矯世宗之命하야 謂唐主曰 江南連歲拒命은 皆宰相嚴續之謀니 當爲我斬之하라 唐主知覺素與續有隙하고 未之信하야 使鍾謨復命曰 久拒王師는 皆臣愚迷요 非續之罪라하다 世宗聞之하고 大驚曰 審如此면 則續乃忠臣이니 朕爲天下主하야 豈敎人殺忠臣乎아하니라

陳覺이 周나라로부터 돌아와서 世宗의 命을 사칭하여 唐主에게 이르기를 "江南이 여러 해를 이어 황제(世宗)의 명령에 항거한 것은 모두 宰相 嚴續이 모의한 것이니, 마땅히 나를 위하여 그의 목을 베라."고 하였다. 唐主는 陳覺이 평소 嚴續과 틈이 있다는 것을 알고, 그의 말을 믿지 않고 鍾謨를 시켜 世宗에게 복명하

기를 "오랫동안 王의 군대에게 항거한 것은 모두 신의 어리석고 혼미함 때문이지, 嚴續의 죄가 아닙니다." 하였다. 世宗이 이 말을 듣고 크게 놀라 말하기를 "진실로 이와 같다면 嚴續은 바로 충신이니, 짐이 천하의 군주가 되어서 어찌 사람으로 하여금 충신을 죽이게 하겠는가." 하였다.

4) 〔附註〕 蜀兵以反覆就誅 : 世宗이 謀取蜀, 秦하고 遣鳳翔節度使王景攻之하야 虜其蜀將王(巒)〔巒〕及其將士三千人하다 秦州降하니 世宗이 赦所俘蜀兵하야 隸軍籍하고 從征淮南이러니 (後王)〔復亡〕하야 走入唐이어늘 唐主獻五十人하니 世宗이 悉命斬之하니라

世宗이 蜀과 秦지방을 점령할 것을 모의하고 鳳翔節度使 王景을 보내어 공격하게 해서 蜀나라의 장수 王巒과 그의 장병 3천 명을 사로잡았다. 秦州가 항복하니, 世宗이 사로잡은 蜀나라의 병사들을 사면하여 軍籍에 예속시키고 從軍하여 淮南을 정벌하게 하였는데, 다시 도망하여 南唐으로 달아나자, 唐主가 이들 50명을 바치니, 世宗이 모두 명하여 목을 베게 하였다.

5) 〔附註〕 張美以私恩見疎 : (宗族之類)〔世宗之爲〕晉王也하야 在(亶)〔澶〕州할새 美掌州穀이러니 世宗이 或私有所求면 美曲爲供副하다 及其卽位에 以美治積穀이 當時鮮及이라 故로 以利權授之하니 征伐四方호되 用度不乏은 美之力也라 然이나 終不以公忠待之하니라 供副者는 供給軍需辦以應副所求라

世宗이 晉王가 되어 澶州에 있을 적에 張美가 州의 곡식을 관장하였는데, 世宗이 혹 사사로이 요구하는 바가 있으면 張美가 곡진히 장만하여 요구에 부응하였다. 世宗이 즉위하자 張美가 비축한 곡식을 다스림에 당시 그를 따라갈 만한 자가 없었다. 그러므로 이권을 그에게 주니, 사방을 정벌할 적에 用度가 궁핍하지 않은 것은 모두 張美의 공로였다. 그러나 끝내 공평함과 충성함으로 대우하지 않았다. 供副는 軍需를 공급하고 마련하여 요구에 부응함을 이른다.

6) 〔頭註〕 無偏無黨 王道蕩蕩 : 偏은 不中也요 黨은 不公也라 蕩蕩은 廣遠也라

偏은 中하지 못한 것이요, 黨은 공평하지 않은 것이다. 蕩蕩은 넓고도 먼 것이다.

周主立皇子宗訓하야 **爲梁王**하다 **癸巳**에 **周主世宗**이 **殂**하다 **世宗**이 **在藩**에 **多務韜晦**[1]러니 **及卽位**에 **破高平之寇**하니 **人**이 **始服其英武**하니라 **其御軍**에 **號令**이 **嚴明**하야 **人莫敢犯**하고 **攻城對敵**에 **矢石**이 **落其左右**하야 **人皆失色**이로되 **而世宗**이 **略不動容**하고 **應機決策**이 **出人意表**하다 **又勤於爲治**하야 **百司簿籍**을 **過**

目無所忘하고 發奸擿伏[2]에 聰察如神이라 閑暇則召儒者하야 讀前史하야 商確[3] 大義하며 性不好絲竹珍玩之物이라 常言太祖養成王峻, 王殷[4]之惡하야 致君臣之分不終[5]이라 故로 群臣有過則面責之하야 服則赦之하고 有功則厚賞之하고 文武參用하야 各盡其能하니 人無不畏其明而懷其惠라 故로 能破敵廣地하야 所向無前이러라 然이나 用法大(太)嚴하야 群臣職事 小有不擧하면 往往寘(置)之極刑하야 雖素有才幹聲名이라도 無所開宥하고 尋亦悔之러니 末年에 浸寬이러라 登遐之日에 遠邇哀慕焉하니라

周主(世宗)가 皇子 柴宗訓을 梁王으로 세웠다. 癸巳日(6월 19일)에 周主 世宗이 죽었다. 世宗은 藩邸(藩王의 저택)에 있을 적에 되도록 자신의 재주와 지혜를 감추었는데, 즉위하자 高平의 적을 격파하니, 사람들이 비로소 그의 英明함과 武勇에 탄복하였다. 군대를 통솔할 적에 호령이 엄격하고 분명해서 사람들이 감히 범하지 못하였고, 적의 성을 공격하고 적진을 대할 적에 적의 화살과 포석이 좌우에 떨어지면 다른 사람들은 모두 놀라서 얼굴빛이 사색이 되었으나 世宗은 조금도 동요하지 않았고 임기응변하여 계책을 내는 것이 사람들의 意表를 찔렀다. 또 정사를 다스림에 부지런하여 여러 官司의 장부를 눈으로 한 번 보고 지나가면 잊는 법이 없었으며, 간악한 일을 적발하고 숨겨진 일을 적발함에 총명하게 살피는 것이 귀신과 같았다. 한가할 때에는 儒者들을 불러서 예전의 역사책을 읽게 하여 大義를 강구하고 의논하였으며 타고난 성품이 관현악과 진귀한 물건을 좋아하지 않았다.

항상 말하기를 "太祖가 王峻과 王殷의 惡을 양성하여 군신간의 분수를 잘 끝마치지 못하게 만들었다." 하였다. 그러므로 신하들에게 잘못이 있으면 대면하고 책망하여 죄를 인정하면 용서하고 공이 있으면 상을 후하게 내렸으며, 文武의 인재를 섞어 등용해서 각각 재능을 다하게 하니, 사람들이 그의 총명함을 두려워하고 그의 은혜를 그리워하지 않는 자가 없었다. 그러므로 적을 격파하고 영토를 넓혀서 향하는 곳마다 대적하는 자가 없었다. 그러나 법을 적용하는 것이 너무 엄격하여 신하들 중에 직분에 관계된 일을 조금이

라도 거행하지 못한 것이 있으면 왕왕 극형에 처하였다. 그리하여 비록 평소에 재간과 명망이 있는 자라도 관대하게 용서해주는 법이 없었고 얼마 뒤엔 또한 이를 후회하였는데, 말년에는 점점 너그러워졌다. 승하하는 날에 원근에서 모두 슬퍼하고 사모하였다.

1) 〔頭註〕 韜晦 : 謂韜光晦跡이라
韜晦는 재능을 감추고 행적을 숨김을 이른다.

2) 〔釋義〕 擿伏 : 擿은 他歷反이니 挑也요 伏은 隱也니 凡隱匿者를 爲動發之라
擿은 他歷反(적)이니 들추어내는 것이고, 伏은 숨겨진 것이니, 모든 숨겨져 있는 것을 들추어 드러내는 것이다.

3) 〔釋義〕 商確 : 確은 訖岳反이니 博求義理當否也라
確은 訖岳反(확)이니, 의리에 합당한지 여부를 널리 찾는 것이다.

4) 〔頭註〕 王峻, 王殷 : 王峻은 樞密使平盧節度使同平章事요 王殷은 邠郡節度使兼親軍都指揮使同平章事라
王峻은 樞密使 平盧節度使 同平章事이고, 王殷은 邠郡節度使 兼親軍都指揮使 同平章事였다.

5) 〔附註〕 不終 : 上庚戌年에 漢隱帝遣孟業하야 殺監軍王峻等이러니 王殷이 先知其事하고 (因多製書)〔囚業遣人〕하야 以密詔示太祖하다 太祖起兵할새 王殷이 以部兵數百하고 峻亦以監軍從하야 夙夜盡心하야 多有佐命功이라 由是로 恃功專橫하다 王峻言事에 帝或未允이면 輒慍하야 語多不遜하고 忌鎭寧節度使晉王榮之英烈하야 沮其入朝라 太祖不悅하고 因殷入朝하야 殺之하고 貶峻爲商州司馬而卒하니라
앞의 庚戌年(950)에 漢나라 隱帝가 孟業을 보내어서 監軍 王峻 등을 죽이게 하였는데, 王殷이 그 일을 미리 알고는 孟業을 가두고 사람을 보내어 密詔를 太祖에게 보였다. 太祖가 군대를 일으킬 적에 王殷이 휘하의 군대 수백 명을 거느리고 수행하였으며, 王峻 또한 監軍을 거느리고 수행하여 밤낮으로 마음을 다해 왕이 창업할 때 보좌한 功이 많이 있었는데, 이로 말미암아 이들이 공을 믿고 專橫하였다. 王峻이 일을 말할 적에 황제가 혹 윤허하지 않으면 그때마다 성을 내어 불손한 말이 많았으며, 鎭寧節度使 晉王 柴榮의 英烈함을 시기하여 그가 들어와 조회하는 것을 저지하였다. 이에 太祖가 기뻐하지 않고 王殷이 入朝함을 틈타 그를 죽였고, 王峻을 商州司馬로 좌천시켜 그곳에서 죽게 하였다.

〔新增〕 歐陽氏脩曰 嗚呼라 五代는 可謂亂世也歟인저 世宗이 區區五六年間에 取秦隴[1]하고 平淮右[2]하고 復三關[3]하야 威武之聲이 震懾[4]夷夏하고 而方內(納)延[5]儒學文章之士하야 考制度하고 修通禮하고 定正樂하고 議刑統[6]하야 其制作之法이 皆可施於後世라 其爲人이 明達英果하고 論議偉然하야 卽位之明年에 廢天下佛寺三千[7]三百三十六이라 是時에 中國乏錢이어늘 乃詔悉毁天下銅佛像하야 以鑄錢이라 嘗曰 吾聞佛說이 以身世爲妄而以利人爲急이라하니 使其眞身尙在인댄 苟利於世면 猶欲割截이어든 況此佛像을 豈其所惜哉아하니 由是로 群臣이 皆不敢言이라 嘗夜讀書라가 見唐元稹均田圖하고 慨然嘆曰 此致治之本也니 王者之政이 自此始라하고 乃詔頒其圖法하야 使吏民先習知之하야 期以一歲大均天下之田하니 其規爲志意 大矣哉라

歐陽氏(歐陽脩)가 말하였다.

"아! 五代時代는 난세라고 이를 만하였다. 그런데 世宗은 구구하게 5, 6년 동안에 秦隴을 취하고 淮右를 평정하고 三關을 수복하여 威武의 명성이 오랑캐 지방과 中夏에 진동하였고, 유학과 문장을 하는 선비들을 사방에서 받아들여 제도를 고찰하고 통행하는 禮를 닦고 純正한 음악을 제정하고 刑統을 의논하여 제작한 법이 모두 후세에 시행할 만하였다. 사람됨이 총명하고 사리에 통달하고 영명하고 과단성이 있으며, 의논이 훌륭하여 즉위한 다음 해에 천하의 佛寺 3336개소를 폐지하였다. 이때 中國에 돈이 없자, 마침내 명하여 천하의 銅으로 만든 불상들을 모두 부수어서 돈을 주조하게 하였다.

世宗은 일찍이 말하기를 '내 들으니 佛家의 학설은 몸과 세상을 허망한 것으로 여기고 남을 이롭게 하는 것을 급하게 여긴다고 하니, 만약 眞身(부처)이 아직 살아있을 경우 만일 세상에 이롭기만 하다면 자기 몸을 베어주고자 할 터인데, 하물며 이 불상을 어찌 아까워하겠는가.'라고 하니, 이로 말미암아 여러 신하들이 모두 감히 말하지 못하였다.

일찍이 밤중에 책을 읽다가 唐나라 元稹의 均田圖를 보고 慨然히 감탄하기를 '이는 훌륭한 정치를 이룩하는 근본이니, 王者의 정사가 이로부터 시작된다.' 하고는 마침내 명하여 이 그림과 법을 천하에 반포해서 관리와 백성들로 하여금 먼저 익숙히 알게 해서 1년 동안에 천하의 田地를 크게 균등하게 할

것을 기약하였으니, 그 規爲(규모)와 의지가 참으로 훌륭하다.”

1)〔頭註〕取秦隴：世宗二年에 克成階鳳州하니 時三州入于蜀하니라
世宗 2년(955)에 成州, 階州, 鳳州를 점령하니, 이 당시에 이 세 州가 蜀으로 들어가 있었다.

2)〔頭註〕平淮右：世宗五年에 克淮南四十州하니라
世宗 5년(958)에 淮南의 40州를 점령하였다.

3)〔頭註〕三關：游口關, 益津關, 瓦橋關이니 皆中國故地라
三關은 游口關, 益津關, 瓦橋關이니, 모두 中原의 옛 영토이다.

4)〔頭註〕震慴：慴은 懼也니 通作讋이니 失氣也라
慴은 두려워하는 것으로 讋과 통하니 의기소침하여 기운을 잃은 것이다.

5)〔頭註〕內(納)延：內은 與納通이라
內은 納과 통한다.

6)〔譯註〕刑統：원래는 刑法의 正統이라는 뜻으로 사용하였는데, 뒤에는 刑法書가 되었다. 唐나라 宣宗 때 ≪唐律疏義≫를 기본으로 하여 北周 顯德 4年에 竇儀와 張湜 등이 만들었는데, 모두 21권으로 되어 있는바, 이 책은 法律書의 基本으로 인식되어 왔다.

7)〔頭註〕三千：綱目及資治에 作二萬하니라
三千은 ≪資治通鑑綱目≫과 ≪資治通鑑≫에는 二萬으로 되어 있다.

甲午에 **宣遺詔**하야 **命梁王宗訓**하야 **卽皇帝位**하니 **生七年矣**러라

甲午日(6월 20일)에 遺詔를 선포해서 梁王 柴宗訓에게 명하여 황제에 즉위하게 하니, 태어난 지 겨우 7세였다.

○ **周世宗**이 **仍歲征伐**할새 **宋太祖累立大功**하고 **加以法令嚴明**하니 **士卒畏服**이라 **恭帝幼沖**하니 **中外物情**이 **皆附于太祖**하야 **密有推戴之意**하니라

周나라 世宗이 해마다 정벌할 적에 宋나라 太祖가 여러 번 큰 공을 세우고 게다가 法令이 엄격하고 분명하니, 사졸들이 두려워하여 복종하였다. 恭帝는 나이가 어리니, 中外의 물정(인심)이 모두 太祖에게 歸附하여 은밀히 황제로 추대할 뜻을 두었다.

恭帝 名은 宗訓이니 世宗長子라 在位半年에 禪于宋하니라

恭帝는 이름이 宗訓이니, 世宗의 長子이다. 재위한 지 반년 만에 宋나라에 禪讓하였다.

【庚申】〈周恭帝는 仍稱顯德七年하니라 正月은 宋太祖皇帝建隆元年이라 ○ 是歲에 周禪于宋하니라〉

경신(960) - 周나라 恭帝는 顯德 7년을 그대로 칭하였다. 정월은 宋나라 太祖皇帝의 建隆 元年이다. ○ 이해에 周나라가 宋나라에 禪讓하였다. -

正月에 鎭定驛告호되 河東劉鈞[1)]이 結遼兵入寇라하니 周主命宋太祖北征이러니 至陳橋驛하야 諸將이 擁逼南歸하야 自仁和門入하다 宋太祖歸公署하니 宰相范質等이 詣崇元殿하야 召文武百僚하야 至晡班定[2)]하다 周恭帝自內降制曰 天生蒸民에 樹之司牧이라 二帝는 惟公而禪位하고 三王은 乘時而革命하니 其極은 一也라 予末小子[3)] 遭家不造[4)]하야 人心已去하고 天命有歸라 咨爾歸德軍節度使殿前都點撿趙某는 禀上聖之姿하고 有神武之略하야 佐我高祖하야 格于皇天하고 逮事世宗하야 功存納麓[5)]하고 東征西怨하야 厥績懋焉[6)]하니 天地鬼神이 享于有德하고 謳歌獄訟이 歸于至仁이라 應天順人하야 法堯禪舜하니 如釋重負라 予其作賓하노니 嗚呼欽哉하라 祇畏天命하노라 〈陶穀所撰也라〉 宣徽使引宋太祖하야 就龍墀하야 聽命訖에 宰相이 掖宋太祖升殿이어늘 由東序하야 服御服하고 登座하니 群臣朝賀하다 詔改周顯德七年하야 爲建隆元年하고 國號를 大宋이라하니 正月五日也러라

정월에 鎭定驛에서 아뢰기를 "河東의 劉鈞이 遼나라 군대와 결탁하여 쳐들어와서 침략했다." 하니, 周主(恭帝)가 宋나라 太祖에게 명하여 북쪽을 정벌

하게 하였다. 宋나라 太祖가 陳橋驛에 이르자, 諸將들이 옹위하고 핍박하여 남쪽으로 돌아가게 하니, 仁和門을 통해 도성으로 들어왔다. 宋나라 太祖가 公署로 돌아가니, 재상 范質 등이 崇元殿에 나와 文武百官을 불러 晡時(申時)에 이르자 반열을 정하였다. 周나라 恭帝가 大內에서 다음과 같은 制書를 내렸다.

"하늘이 만백성을 내고 司牧(군주)을 세웠다. 堯임금과 舜임금은 공변되어 禪位하였고 三王은 때를 틈타 혁명하였으니, 그 극치는 똑같다. 나 末小子는 국가가 편안하지 못할 때를 만나서 人心이 이미 떠나가고 天命이 딴 사람에게 돌아갔다.

아! 너 歸德軍節度使 殿前都點撿 趙某는 上聖의 자질을 타고났으며 神武한 지략이 있어서 우리 高祖를 보좌하여 皇天을 감동시키고 世宗을 섬겨 큰 정사를 총괄함에 공적이 남아있으며, 동쪽 나라를 정벌하면 서쪽 나라에서 자기 나라를 뒤에 정벌하는 것을 원망하여 그 공적이 성대하니, 천지의 귀신은 덕이 있는 자에게 흠향하고 백성들의 謳歌하고 訟事함은 지극히 인자한 사람에게 돌아간다. 나는 하늘의 뜻에 부응하고 인심을 따라서 堯임금이 舜임금에게 禪讓한 것을 본받으니, 나는 마치 무거운 짐을 벗어놓은 듯이 홀가분하다. 나는 손님이 될 것이니, 아! 공경하라. 천명을 공경하고 두려워하라." - 陶穀이 지은 것이다. -

宣徽使의 인도로 宋나라 太祖가 龍墀에 나아가 명령을 다 들은 다음 재상들이 宋나라 太祖를 부축하여 殿에 오르게 하였다. 東序를 통해 올라가서 御服을 입고 자리에 오르니, 여러 신하들이 조회하고 축하하였다. 황제의 명으로 周나라 顯德 7년을 고쳐 建隆 元年이라 하고 국호를 大宋이라 하니, 정월 5일이었다.

1) 〔頭註〕 劉鈞 : 北漢主라
   劉鈞은 北漢의 군주이다.
2) 〔頭註〕 至晡班定 : 晡曰申時라
   晡는 申時(오후 4시 전후)를 이른다.
3) 〔頭註〕 末小子 : 末은 弱也라

末은 미약함이다.

4)〔頭註〕遭家不造：造는 成也라

造는 이룸이다.

5)〔頭註〕納麓：書에 納于大麓*)이라

≪書經≫〈舜典〉에 "堯임금이 舜임금을 받아들여 萬機의 정사를 기록하게 했다."라고 보인다.

*) 納于大麓：孔安國의 傳에 "麓은 錄이니, 堯임금이 舜임금을 받아들여 萬機의 政事를 크게 기록했다." 하였다. 이후로 納麓은 큰 정사를 총괄함을 이르게 되었다.

6)〔頭註〕厥績懋焉：懋는 美也요 又通作茂하니 盛也라

懋는 아름다움이요, 또 茂로도 통용하여 쓰니, 성대함이다.

歷年圖曰 太祖[1]負震主之威하고 挾不賞之功하야 措身無所하야 乘危而發[2]하야 雖履天下之籍이나 而室家先覆[3]矣라 世祖는 以異姓之親[4]으로 入承大統에 知近世之弊起於威令不行하야 下陵上替라 故로 高平之役에 首誅樊, 何[5]하야 以振軍法하야 遂能變弱爲强하고 因敗爲功하야 乘勝逐北하야 至于太原이라 歸而簡師習戰하야 幷心進取하니 於是에 南割江淮하고 西克秦鳳하고 北開關南하야 攻無堅城하고 戰無彊陣이라 又以枹鼓之隙에 治律曆, 明典禮하고 審法令, 修政事하고 收賢才, 養百姓하니 可謂知治安之本矣라 大功未成에 中道而夭하니 蓋太平之業을 天將啓聖人而授之니 非人謀之所及也니라

≪歷年圖≫에 말하였다.

"太祖(郭威)는 군주를 두렵게 할 만한 위엄을 가지고 상 줄 수 없는 큰 공을 지녀 몸 둘 곳이 없어서 위험한 고비를 넘기고 발신하여 비록 天子의 지위에 올랐으나 室家가 먼저 전복되었다.

世祖는 異姓의 친척으로 들어와서 大統을 이음에 근세의 병폐가 군주의 위엄과 명령이 제대로 행해지지 못하는 데에서 시작되어 아랫사람이 능멸하고 윗사람이 침체된다는 것을 알았다. 그러므로 高平의 전쟁에 첫 번째로 樊愛能과 何徽를 주벌하여 군법을 진작시켰다. 그리하여 마침내 약함을 바꾸어 강하게 만들고 실패를 바꾸어 성공으로 삼아서, 승세를 타고 패주하는 적들

을 추격하여 太原에 이르렀다. 돌아와 군사들을 선발해서 전투하는 방법을 익히게 하여 進取하는 데에 온 마음을 쏟으니, 이에 남쪽으로 江淮를 할양받고 서쪽으로 秦州와 鳳翔을 점령하고 북쪽으로 關南을 개척하여 공격하면 견고한 성이 없고 싸우면 강한 적이 없었다. 또 북채를 잡고 북을 치는 틈에 律曆을 다스리고 典禮를 밝히며 법령을 살피고 정사를 닦으며 어진 이와 재능이 있는 자를 거두어 쓰고 백성을 길렀으니, 백성을 다스려 편안하게 하는 근본을 알았다고 이를 만하다. 그런데 큰 공이 이루어지기 전에 중도에 요절하였으니, 이는 태평한 기업을 하늘이 장차 聖人(趙匡胤)에게 열어서 주려고 한 것이니, 사람의 지모로 미칠 수 있는 바가 아니다."

1)〔頭註〕太祖：郭威라
　太祖는 郭威이다.
2)〔頭註〕乘危而發：見上庚戌年하니라
　위험한 고비를 넘기고 발신한 것은 앞의 庚戌年(950)에 보인다.
3)〔頭註〕室家先覆：漢隱帝聞太祖擧兵渡河하고 乃誅太祖家屬于京師하야 嬰孺無免者하니라
　漢나라 隱帝(劉承祐)는 太祖(郭威)가 군대를 일으켜 강을 건너온다는 말을 듣고, 京師에서 太祖의 家屬을 죽여 갓난아이도 화를 면한 자가 없었다.
4)〔頭註〕異姓之親：世宗은 名榮이니 太祖柴皇后兄守禮之子라 太祖無嗣하야 養以爲子하니라
　世宗은 이름이 榮이니, 太祖의 柴皇后의 오라비인 柴守禮의 아들이다. 太祖가 後嗣가 없어 그를 길러 아들로 삼았다.
5)〔頭註〕首誅樊, 何：樊, 何는 見上甲寅年이라
　樊愛能과 何徽의 일은 앞의 甲寅年(954)에 보인다.

〔史略 史評〕史斷曰 恭帝以區區孺子로 纂承大統하야 不足以當皇天之眷命이라 然이나 眞人德業日隆하야 已爲天下所歸戴면 則其重負를 安得而不釋乎아 昔聞諸先儒說호니 五代之君이 更十有二에 周世宗爲上이요 唐明宗次之요 餘無足稱焉이라하니라 歷考五代之世컨대 正如中夜晦冥하니 孤山窮谷之間에 鼯鼠鵂鶹와 狐狸鬼魅가 何物不有리오 故로 有以盜賊而君天下者하니 朱梁이 是

也요 有以夷人而君天下者하니 後唐, 晉, 漢諸君이 是也요 有以黥卒而君天下者하니 周郭威 是也요 有以丐養之子而君天下者하니 唐明宗, 潞王, 周世宗이 是也라 其變之大者는 則同姓之親은 斃於刀鋸而不恤하고 盜賊夷人之裔는 則養爲己子하야 使紹大統而不顧하며 中國之君은 已之所嘗北面而委質者어늘 則叛逆簒弑而忍爲하고 夷狄之主는 中國所當拒絶者어늘 則稱父稱臣而不恥하야 首足倒懸하고 冠屨逆置라 自書契以來로 其禍敗之慘과 滅亡之速이 未有甚於斯時者也하니 人生斯世는 何其不幸歟아

史斷(史官의 論斷)에 말하였다.

"恭帝는 보잘것없는 어린아이로 大統을 이어받아서 皇天의 돌아보는 天命을 감당할 수가 없었다. 그러나 眞人(宋 太祖)의 德業이 날로 높아져서 이미 천하 사람들이 귀의하고 추대하는 바가 되었으니, 그 무거운 짐(帝位)을 어찌 벗어놓지 않을 수 있겠는가. 옛날에 先儒들의 말씀을 들어보니, '五代時代의 군주가 12명인데 周나라 世宗이 가장 으뜸이고 唐나라 明宗이 그 다음이며 나머지는 칭찬할 만한 사람이 없다.' 하였다.

五代의 세상을 차례로 살펴보건대 바로 한밤중처럼 깜깜하니, 외로운 산과 깊은 골짜기에 날다람쥐와 올빼미, 솔개와 여우, 살쾡이와 도깨비 같은 것들이 어떤 나쁜 물건인들 있지 않겠는가. 그러므로 도둑으로서 天下에 군주 노릇을 한 자가 있으니 朱全忠의 梁나라가 이것이요, 오랑캐로서 천하에 군주 노릇을 한 자가 있으니 後唐과 晉·漢의 여러 군주가 이것이요, 文身한 병졸로서 천하에 군주 노릇을 한 자가 있으니 周나라 郭威가 이것이요, 데려다 기른 자식으로서 천하에 군주 노릇을 한 자가 있으니 唐나라 明宗과 潞王, 周나라 世宗이 이것이다.

변고 중에 가장 큰 것은, 同姓의 친척이 칼과 톱에 형벌을 당하여 죽어도 걱정하지 않고, 도적과 오랑캐 자식을 길러서 자기 자식으로 삼아 大統을 잇게 하면서도 돌아보지 않으며, 中國의 군주는 자신이 일찍이 북향하여 폐백을 바치고 섬겼던 자인데도 叛逆과 찬탈과 시해를 자행하였고, 夷狄의 군주는 中國에서 마땅히 거절해야 할 자인데도 아버지라고 칭하고 신하라고 칭하는 것을 부끄러워하지 않은 것이다. 그리하여 머리와 발이 거꾸로 달리고 冠

과 신발이 거꾸로 놓였다. 文字가 생긴 이래로 禍敗의 참혹함과 멸망의 신속함이 이때보다 더 심한 적이 있지 않았으니, 이때에 태어난 사람은 어쩌면 그리도 불행한가."

右後周는 **三主**에 **共十年**이라

이상 後周는 세 임금에 모두 10년이다.

故事成語 · 熟語

通鑑節要 卷之四十八

○ 竭力排之 : 11
힘을 다해 배척함을 이른다.

○ 至亂未嘗不任不肖 至治未嘗不任忠賢 : 12
지극히 혼란함은 불초한 자에게 맡기지 않은 적이 없었고, 지극히 다스려짐은 忠賢한 자에게 맡기지 않은 적이 없다는 말로, 唐나라 太宗이 편찬한 ≪金鏡錄≫에 보인다.

○ 正色拱手 : 12
얼굴빛을 엄숙하게 하고 두 손을 모아 공경의 뜻을 나타냄을 이른다.

○ 克成先志 : 14
선조의 뜻을 이루었음을 이른다.

○ 屛左右 與之語 : 15
좌우의 사람들을 물리치고 그와 함께 은밀히 말함을 이른다.

○ 閉目搖手 : 15
눈을 감고 손을 내저으며 부정함을 이른다.

○ 全未全未 : 16
전혀 그렇지 않다고 거듭 부정하는 말이다.

○ 濫及無辜 : 16
죄 없는 자에게까지 죽임이 함부로 미침을 이른다.

○ 有罪勿捨 有闕勿補 : 16
세력을 약화시키기 위하여 죄가 있으면 용서해주지 말고 결원이 있어도 보충하지 않음을 이른다.

○ 考滿當罷 詣府乞留 : 17

지방관이 考課의 기한이 차서 마땅히 관직을 그만두어야 하는데, 백성들이 府에 나아가 유임시켜주기를 청원함을 이른다. 唐나라 宣宗이 渭水 가로 사냥을 나갔는데, 父老 십수 명이 佛祠에 모여있었다. 宣宗이 그 이유를 묻자, 父老들이 대답하기를 "저희들은 醴泉縣의 백성입니다. 縣令 李君奭이 특별히 훌륭한 정사를 베풀었으나 考課의 기한이 차서 마땅히 관직을 그만두어야 하므로 저희들이 府에 나아가 유임시켜주기를 청원하였습니다. 그러므로 부처님에게 기원하여 저희들의 소원이 이루어지기를 바라는 것입니다." 하였다. 懷州刺史가 결원이 생기자, 宣宗은 손수 임명장을 써서 李君奭을 제수하였다.

○ 樂聞規諫 : 18

규간하는 말을 듣기 좋아함을 이른다.

○ 屈意從之 : 18

상대방의 말에 뜻을 굽혀 따름을 이른다.

○ 焚香盥手而讀之 : 18

훌륭한 글이나 상소문을 읽을 적에 향을 사르고 손을 씻어 경의를 표함을 이르는바, 唐나라 宣宗은 大臣의 章疏를 얻으면 반드시 향을 사르고 손을 씻고서 읽었다 한다.

○ 便(편)道之官 : 20

便道는 곧바로 길을 떠나는 것으로, 관직에 제수되거나 명을 받은 뒤에 入朝하여 謝恩하지 않고 직접 부임함을 이른다.

○ 廢格(각)不用 : 21

폐기하고 쓰지 않음을 이른다.

○ 宰相可謂有權 : 21

군주는 실권이 없고 재상이 권세가 있다고 이를 만함을 이른다.

○ 汗透重裘 : 21

두려워서 식은땀이 흘러 두터운 갖옷을 적심을 이른다.

○ 明察沈斷 : 23

성품이 명찰하고 침착하고 결단력이 있음을 이른다.

○ 用法無私 : 23

법을 적용함에 사사로움이 없어 공평함을 이른다.

○ 從諫如流 : 23
물이 흘러가는 것처럼 군주가 간언을 잘 따름을 이른다.

○ 小太宗 : 23
작은 太宗이라는 뜻으로, 백성들이 唐나라 宣宗의 정사를 사모하고 칭송하여, 太宗에게 견주어 작은 太宗이라 하였다.

○ 政在臣下 : 28
군주가 실권이 없어 정권이 신하에게 있음을 이른다.

○ 互相矛楯(盾) : 28
창과 방패처럼 서로 대립함을 이른다.

○ 連年水旱 州縣不以實聞 : 28
해마다 水災와 旱災가 들어 백성들이 굶주리는데도 州縣에서 사실대로 조정에 보고하지 않음을 이른다.

○ 上下相蒙 : 28
윗사람과 아랫사람이 서로 은폐함을 이른다.

○ 無所控訴 : 28
하소연할 곳이 없음을 이른다.

○ 所在蜂起 : 28
곳곳마다 봉기함을 이른다.

○ 專事遊戲 : 29
오로지 놀이만 일삼음을 이른다.

○ 粗涉書傳 : 29
서책을 대략 섭렵함을 이른다.

○ 閭里晏然 : 32
마을사람들이 동요하지 않고 편안함을 이른다.

○ 伏尸數十里 : 34
전쟁에 패배하여 땅에 쓰러진 시신이 수십 리에 널려있음을 이른다.

○ 詔令不通 : 34
황제의 詔令이 통하지 않음을 이른다.

○ 賊不足平 : 35
쉽게 적을 평정하여 문제될 것이 없음을 이른다.

○ 力戰不勝 : 35
힘껏 싸웠으나 이기지 못함을 이른다.

○ 獨眼龍 : 36
後唐의 太祖 李克用은 용감하면서 한쪽 눈이 약간 작으니, 당시 사람들이 그를 獨眼龍이라고 불렀다.

○ 僅能自免 : 37
겨우 스스로 죽음을 면함을 이른다.

○ 發兵誅討 : 37
군대를 동원하여 토벌함을 이른다.

○ 累年補葺 : 40
다년간 보수함을 이른다.

○ 體貌明粹 : 44
體貌가 깨끗하고 순수함을 이른다.

○ 夢想賢傑 : 44
어진 자와 영걸들을 꿈속에서도 생각함을 이른다.

○ 中外欣欣 : 44
中外가 기뻐함을 이른다.

○ 千載一時 : 47
천 년에 한 번 있을 좋은 기회를 이른다.

○ 不戰而走 : 48
싸우지 않고 패주함을 이른다.

○ 楊一益二 : 48
楊州와 益州는 백성들이 많고 풍족하여 당시 사람들이 楊州가 첫 번째이고 益州가 두 번째라고 칭함을 이른다.

○ 掃地盡矣 : 48
비로 쓴 것처럼 다 없어짐을 이른다.

○ 轉徙幾盡 : 49
백성들이 딴 곳으로 옮겨가서 거의 다 없어짐을 이른다.

○ 公私富庶 : 49
公私間에 모두 부유함을 이른다.

○ 門高則驕心易生 族盛則爲人所嫉 : 50

문벌이 높으면 교만한 마음이 생기기 쉽고, 가문이 번창하면 사람들에게 질시를 받음을 이른다.

○ 恃功驕橫 : 51

공로를 믿고 교만하고 방자함을 이른다.

○ 望風奔潰 : 51

소문만 듣고도 두려워서 달아나 궤멸됨을 이른다.

○ 特出聖意 : 52

특별히 성상의 뜻에서 나온 것임을 이른다

○ 歇後鄭五作宰相 時事可知矣 : 52

歇後詩를 짓던 鄭五가 재상이 되었으니, 세상일을 알 만하다는 뜻이다. 鄭五는 唐나라 昭宗 때 재상이었던 鄭綮를 가리키는바, 鄭綮는 형제의 항렬이 다섯 번째이고 歇後詩를 지었으므로 당시에 그를 歇後鄭五라 칭하였다. 그는 본래 해학적인 시를 많이 지어 매번 조정의 失政을 풍자했는데, 환관이 그의 시를 昭宗 앞에서 외우자, 昭宗은 그가 가슴속에 깊은 경륜이 있다고 여겨 그를 재상으로 임명하였다. 鄭綮는 스스로 자신을 재상의 자격이 되지 못한다고 여겨 탄식하기를 "내가 재상이 된다면 천하 사람이 웃을 것이다." 하고, 또 "내가 재상이 되었으니 국사를 알 만하다." 하고 굳이 사양했으나 윤허하지 않자 마지못해 정무를 보다가 겨우 3개월 만에 끝내 사직하고 말았다.

○ 燔燒俱盡 : 55

불에 타서 모두 없어짐을 이른다.

○ 專制朝政 : 58

조정의 정사를 제멋대로 결정함을 이른다.

○ 喜怒不常 : 58

변덕이 심하여 기쁨과 노여움이 일정하지 않음을 이른다.

○ 已爲亂梃所斃 : 61

이미 이 사람 저 사람이 사정없이 내리치는 몽둥이에 맞아 죽음을 이른다.

○ 肘腋(주액)之患 : 61

팔꿈치와 겨드랑이, 즉 가까운 신변에서 뜻하지 않은 우환이 생김을 이른다.

○ 挾天子令諸侯 : 61

천자를 끼고서 제후들을 호령함을 이른다.

○ 今不速來 必成罪人 : 61
지금 빨리 오지 않으면 반드시 죄인이 됨을 이른다.

○ 出戰累敗 儲峙已竭 : 63
나와서 싸웠으나 여러 번 패하였고 저축한 재물이 이미 고갈됨을 이른다.

○ 參掌機密 : 64
機密의 事務에 참여하여 관장함을 이른다.

○ 上下彌縫 共爲不法 : 64
윗사람과 아랫사람이 서로 임시변통으로 彌縫하여 함께 不法을 자행함을 이른다.

○ 賣官鬻獄 蠹害朝政 : 64
매관매직하고 옥사를 미끼로 뇌물을 받아 조정을 좀먹고 해침을 이른다.

○ 不翦其根 禍終不已 : 64
화의 근원을 잘라버리지 않으면 화가 끝내 그치지 않음을 이른다.

○ 冤號之聲 徹於內外 : 64
원통함을 호소하는 소리가 대궐 안팎에 진동함을 이른다.

○ 專權亂國 : 80
권력을 독단하여 나라를 어지럽힘을 이른다.

○ 竟不中第 : 83
여러 번 과거시험에 응시하였으나 끝내 급제하지 못함을 이른다.

○ 大度寡欲 令嚴衆附 : 100
도량이 크고 욕심이 적으며 명령이 엄격하고 무리들이 따름을 이른다.

○ 敎民稼穡 : 100
백성들에게 농사를 가르침을 이른다.

○ 樹藝桑麻 : 101
직물을 직조하기 위하여 뽕나무와 삼을 심고 가꿈을 이른다.

○ 自亡之道 : 102
스스로 패망하는 길임을 이른다.

○ 設壇告天 : 103
壇을 만들고 하늘에 고유함을 이른다.

通鑑節要 卷之四十九

○ 稱臣奉貢 : 107
상대방에게 신하를 칭하고 공물을 바침을 이른다.

○ 誓於此生 靡敢失節 : 108
이생에서는 감히 신하의 절개를 잃지 않겠다고 맹세함을 이른다.

○ 閉城拒守 : 110
성문을 닫고 항거하며 지킴을 이른다.

○ 晝夜攻之 : 110
밤낮으로 쉬지 않고 공격함을 이른다.

○ 未閑軍旅 : 111
군대의 일에 익숙하지 못함을 이른다.

○ 取威定霸 在此一擧 : 111
위엄을 취하고 霸業을 정하는 것이 이 한 번의 擧事에 달려있음을 이른다.

○ 生子當如李亞子 至如吾兒豚犬耳 : 111
자식을 낳으려면 마땅히 李亞子와 같아야 하는데, 내 자식들은 돼지나 개와 같은 것들일 뿐이라는 뜻이다. 李亞子는 李存勖의 어렸을 적 이름이다. 後梁의 太祖 朱溫이 後唐의 太祖 李克用이 죽은 것을 틈타 後唐을 공격하다가 李克用의 아들 李存勖에게 패한 뒤에 탄식한 말이다.

○ 休兵行賞 : 114
군대를 휴식시키고 賞을 내림을 이른다.

○ 吾當問其鼎 : 115
내 마땅히 솥의 輕重을 물을 것이라는 뜻이다. 솥은 禹임금이 九州의 쇠를 모아 만들었다는 九鼎을 가리키는데, 후세에는 국가를 상징하는 물건을 가리킨다. 春秋時代 楚나라 莊王이 陸渾의 오랑캐를 물리치고 마침내 洛邑에 이르러 閱兵을 하자 定王이 王孫滿을 시켜 楚王을 위로하게 하였는데, 楚王이 九鼎의 輕重을 물었다. 이는 九鼎을 자신이 취하여 周나라를 대신하고자 하는 뜻을 내비친 것이었는데, 王孫滿이 "천하를 다스리는 것은 德에 달려있는 것이지 九鼎에 달려있는 것이 아니다."라고 대답하였다. 이후로 솥의 輕重을 묻는다는 말은 상대방이 차지하고 있는 帝王의 자리를 빼앗겠다는 뜻으로 사용한다.

○ 吾無葬地矣 : 117

내가 장사 지낼 곳이 없게 될 것이라는 말로, 국가나 가문이 곧 멸망할 것임을 예언한 말이다.

○ 絶而復蘇 : 117
기절했다가 다시 소생함을 이른다.

○ 吾事立辦 : 119
우리 일이 당장 이루어질 수 있다는 말이다.

○ 不世之功 : 119
세상에 없는 큰 공을 이른다.

○ 自度(탁)不免 : 119
스스로 죽음을 면치 못할 것을 헤아림을 이른다.

○ 依勢弄權 : 122
세력을 믿고 권력을 농간함을 이른다.

○ 疆域日蹙 : 124
疆域(領土)이 날로 축소됨을 이른다.

○ 御衆以寬 約身以儉 : 125
관대함으로 무리들을 다스리고 검소함으로 몸을 단속함을 이른다.

○ 地不爲狹 兵不爲少 : 131
영토가 좁지도 않고 병력이 적지도 않음을 이른다.

○ 迹其行事 終必敗亡 : 131
행하는 일을 살펴보면 끝내 반드시 패망할 것임을 이른다.

○ 臨機決策 無足可畏 : 131
임기응변하여 계책을 결단하지 못하니 두려워할 만한 상대가 못 됨을 이른다.

○ 望風自潰 : 131
소문만 듣고도 두려워서 스스로 궤멸됨을 이른다.

○ 得則爲王 失則爲虜 : 131
대장부가 잘되면 왕이 되고 잘못되면 포로가 됨을 이른다.

○ 城無守備 : 131
성에 수비가 없음을 이른다.

○ 兵貴神速 : 132
군대는 신속히 행동함을 소중히 여김을 이른다.

○ 晝夜兼程 信宿可至 : 132
信宿은 이틀 밤을 유숙하는 것으로, 행군속도를 배가한다면 사흘이면 도착할 수 있음을 이른다.

○ 御下無法 : 135
아랫사람을 다스림에 법도가 없음을 이른다.

○ 李天下 : 135
後唐의 莊宗 李存勖은 어려서부터 음률을 잘하였는데, 즉위한 다음 때때로 얼굴에 분과 먹을 바르고 광대들과 뜰에서 희롱하여 어머니 劉夫人을 기쁘게 하였으며, 광대로 자처하여 광대 이름을 李天下라 하였다.

○ 位兼將相 : 138
장수와 재상의 지위를 겸함을 이른다.

○ 權侔人主 : 138
권력이 人主와 대등함을 이른다.

○ 嬖倖疾之於內 勳舊怨之於外 : 138
총애하는 환관들은 안에서 미워하고 훈구대신들은 밖에서 원망함을 이른다.

○ 望風款附 : 140
소문만 듣고도 歸附함을 이른다.

○ 棄恩任威 : 144
은혜를 버리고 위엄에 맡김을 이른다.

○ 初無叛心 但畏死耳 : 144
애당초 배반할 마음이 없었고 다만 죽음을 두려워한 것이었을 뿐임을 이른다.

○ 事成於果決而敗於猶豫 : 144
일은 과감하게 결단하는 데서 이루어지고 망설이는 데서 실패함을 이른다.

○ 從衆則生 守節則死 : 144
사람들의 의견을 따르면 살고 신하의 절개를 지키면 죽음을 이른다.

○ 神色沮喪 : 144
정신과 안색이 저상됨을 이른다.

○ 釋甲潛遁 : 144
갑옷을 벗고 몰래 도망함을 이른다.

○ 目不知書 : 149

눈으로 글을 읽을 줄 모름을 이른다.

○ 豐凶皆病者 惟農家爲然 : 150
풍년이든 흉년이든 모두 폐해를 입는 것은 오직 농가만이 그러함을 이른다.

○ 與物無競 : 153
남과 다툼이 없음을 이른다.

○ 願天早生聖人 爲生民主 : 153
하늘이 빨리 聖人을 탄생시켜 生民의 주인이 되게 하기를 바람을 이른다.

○ 專制朝權 : 158
조정의 권력을 전횡함을 이른다.

○ 焚香祝天 : 159
향을 사르며 하늘에 축원함을 이른다.

○ 陰爲自全之計 : 160
은밀히 스스로 몸을 보전할 계책을 세움을 이른다.

○ 不若先事圖之 : 165
사전에 미리 도모하여 선제공격하는 것만 못함을 이른다.

○ 相顧失色 : 165
서로 돌아보고 사색이 됨을 이른다.

○ 屈節事之 : 165
마음을 다 바쳐 복종하여 섬김을 이른다.

○ 朝呼夕至 : 165
아침에 부르면 당장 저녁에 달려옴을 이른다.

○ 使我心膽墮地 : 168
나로 하여금 억장이 무너지게 한다는 말이다.

○ 反仄不安 : 170
반측하여 편안하지 못함을 이른다.

○ 徵求無厭 : 170
요구가 끊임없이 계속되어 만족함이 없음을 이른다.

○ 水陸都會 : 171
물에서 나오는 것과 육지에서 나오는 것들이 모두 모여있는 곳을 이른다.

○ 驕淫苛虐 : 173

교만하고 음란하고 가혹하고 사나움을 이른다.

○ 法外稅民 罪同枉法 : 173
법으로 정한 것 이외에 백성들에게 세금을 거두는 것은 법을 부정하게 적용하는 죄와 똑같이 처벌함을 이른다.

○ 比年豐稔 : 174
매년 풍년이 드는 것을 이른다.

○ 恢復舊疆 : 174
옛날 소유했던 영토를 회복함을 이른다.

○ 兵連而不休 禍結而不解 : 175
전쟁이 이어져 그치지 않고 화가 계속되어 풀리지 않음을 이른다.

○ 觀釁而動 動必有成 : 175
틈을 보아 출동하면 출동함에 반드시 성공이 있음을 이른다.

○ 始欲益壽 乃更傷生 : 180
처음에는 수명을 연장하고자 한 것이었는데, 도리어 생명을 더 손상시킴을 이른다.

○ 寵冠群臣 : 181
총애가 여러 신하 중에 으뜸임을 이른다.

○ 乘勢使氣 : 182
권세를 믿고 기세를 부림을 이른다.

○ 後期不至 : 183
기한이 지나도 오지 않음을 이른다.

○ 驕侈益甚 : 184
교만하고 사치함이 더욱 심함을 이른다.

○ 聲振原野 : 185
통곡하는 소리가 언덕과 들판에 진동함을 이른다.

通鑑節要 卷之五十

○ 打草穀 : 190
契丹主가 오랑캐 기병을 사방으로 풀어놓아 말을 먹인다고 이름하고 番을 나누어 노략질하고는 이를 일러 打草穀이라 하였다.

○ 丁壯斃於鋒刃 老弱委於溝壑 : 190
壯丁들은 칼날에 죽고 노약자들은 시신이 도랑에 버려짐을 이른다.

○ 內外怨憤 : 190
內外가 원망하고 분노함을 이른다.

○ 群盜大起 : 192
도둑떼가 크게 일어남을 이른다.

○ 帝羓(파) : 192
遼의 太宗 耶律德光이 後晉을 멸망시킨 뒤에 後漢의 高祖 劉知遠이 太原에서 군대를 일으키니, 耶律德光이 크게 두려워하여 북쪽으로 돌아가던 중 殺胡林에 이르러 죽자, 국민들이 그의 배를 가르고 소금 몇 말을 뱃속에 채워 수레에 싣고 북쪽으로 가니, 晉나라 사람이 이를 일러 帝羓라 하였다.

○ 沈毅寡言 : 193
침착하고 굳세고 과묵함을 이른다.

○ 御衆嚴整 : 193
무리를 어거함에 엄격하고 정돈됨을 이른다.

○ 所向必克 : 193
향하는 곳마다 반드시 승리함을 이른다.

○ 錙銖涓滴 罪皆死 : 197
五代時代 後漢의 王章은 재정을 거두어들일 때에 각박하고 급박해서 소금과 백반과 술과 누룩에 대한 금령을 범한 자가 있으면 한 푼과 한 방울이라도 모두 사형에 처하였다.

○ 終當爲亂 : 198
끝내 난을 일으킴을 이른다.

○ 何心獨生 : 198
무슨 마음으로 홀로 살겠느냐는 말이다.

○ 盪滌鼠輩 以淸朝廷 : 198
쥐새끼 같은 무리들을 소탕하여 조정을 깨끗이 청소해야 함을 이른다.

○ 明敏彊記 : 204
밝고 민첩하고 기억력이 뛰어남을 이른다.

○ 勢蹙氣沮 : 208

형세가 위축되고 기운이 꺾임을 이른다.

○ 臨陣督戰 : 208
戰場에 임하여 전투를 독려함을 이른다.

○ 力戰可破 : 208
힘써 싸우면 상대방을 격파할 수 있음을 이른다.

○ 驕將惰卒 : 210
교만한 장수와 나태한 사졸을 이른다.

○ 滑(골)稽多智 浮沈取容 : 210
익살을 부리고 지혜가 많아서 세상에 따라 영합함을 이른다.

○ 不走卽降 : 217
적을 만날 때마다 도망가지 않으면 항복함을 이른다.

○ 凡兵務精 不務多 : 217
무릇 군대는 정예함을 힘쓰고 많음을 힘쓰지 않음을 이른다.

○ 近代無比 : 217
근대에 견줄 데가 없음을 이른다.

○ 君暗臣邪 兵驕民困 : 220
군주가 어둡고 신하가 간사하며, 군사들이 교만하고 백성들이 곤궁함을 이른다.

○ 時使薄斂 : 220
철(농한기)에 따라 농민을 부역시키고 세금을 적게 거둠을 이른다.

○ 民心旣歸 天意必從 : 220
민심이 이미 돌아오면 하늘의 뜻이 반드시 따르게 됨을 이른다.

○ 神峻氣勁 有謀能斷 : 222
정신이 높고 기개가 굳세며 책략이 있고 결단력이 있음을 이른다.

○ 重其器識 : 222
상대방의 기국과 식견을 소중히 여김을 이른다.

○ 躍馬麾兵 : 225
말에 뛰어올라 병기를 휘두르는 것을 이른다.

○ 笑而許之 : 225
웃으면서 허락함을 이른다.

○ 戰栗不敢言 : 227

두려워서 몸이 떨려 감히 말하지 못함을 이른다.

○ 言盡於此 更不煩云 : 228
말은 여기에서 다하고 다시 번거롭게 말하고자 하지 않음을 이른다.

○ 破在旦夕 : 231
아침저녁 사이에 격파당함을 이른다.

○ 辭旨甚哀 : 234
말뜻이 매우 애처로움을 이른다.

○ 保無他虞 : 240
딴 염려가 없을 것이라고 보장함을 이른다.

○ 爲子孫計 : 240
자손을 위한 계책을 세움을 이른다.

○ 出人意表 : 243
사람들의 意表를 찌름을 이른다.

○ 發奸擿伏 : 244
간악한 일을 적발하고 드러나지 않은 일을 적발함을 이른다.

○ 天地鬼神 享于有德 謳歌獄訟 歸于至仁 : 248
천지의 귀신은 덕이 있는 자에게 흠향하고, 백성들의 謳歌하고 訟事하는 것은 지극히 인자한 사람에게 돌아감을 이른다.

唐王室 世系圖(李氏)

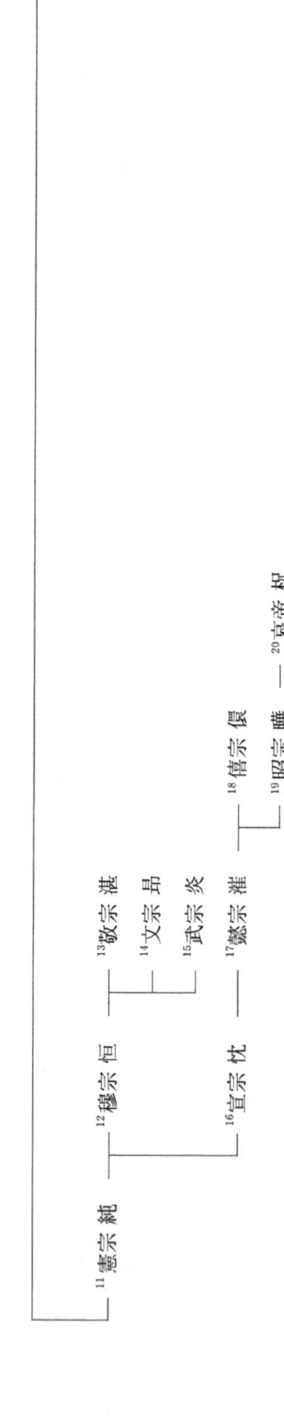

1高祖 李淵
2太宗 世民
3高宗 治
則天武后 武曌
4中宗 顯
5睿宗 旦
6玄宗 隆基
7肅宗 亨
8代宗 豫
9德宗 适
10順宗 誦
11憲宗 純
12穆宗 恒
13敬宗 湛
14文宗 昂
15武宗 炎
16宣宗 忱
17懿宗 漼
18僖宗 儇
19昭宗 曄
20哀帝 柷

後梁王室 世系圖

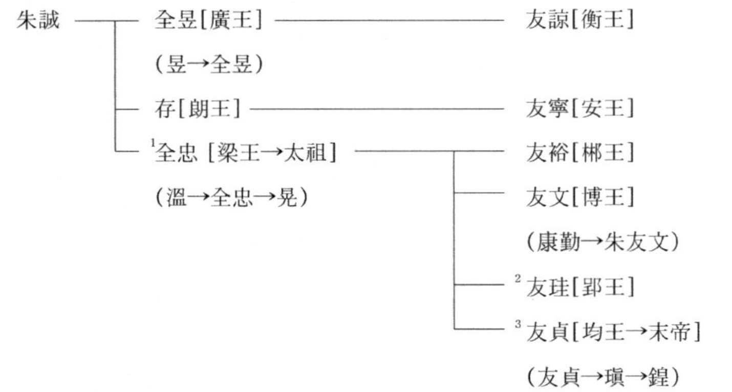

後唐王室 世系圖

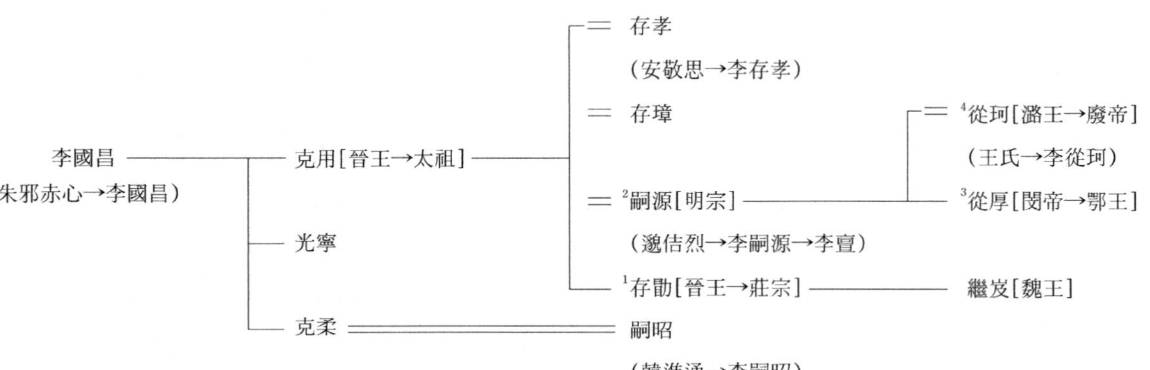

後晉王室 世系圖

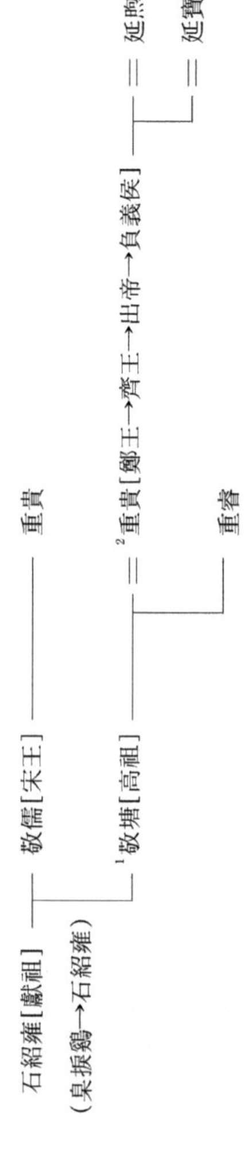

後漢王室 世系圖

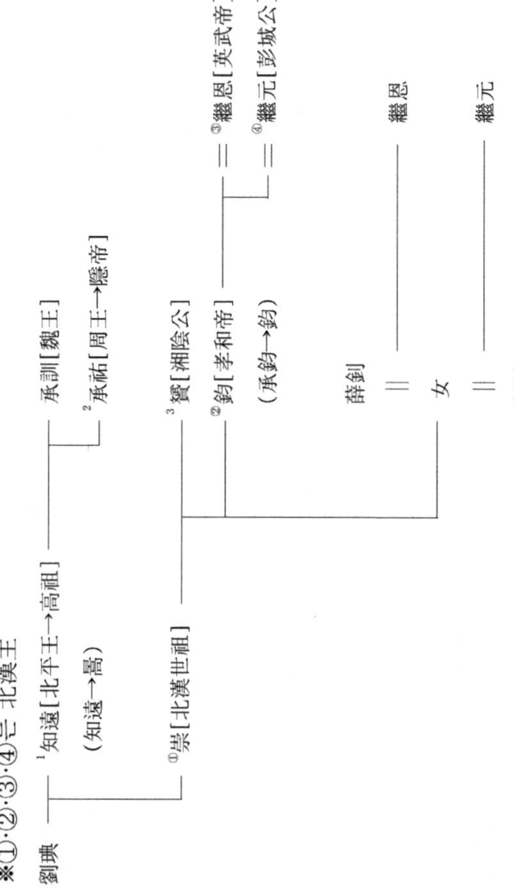

後周王室 世系圖

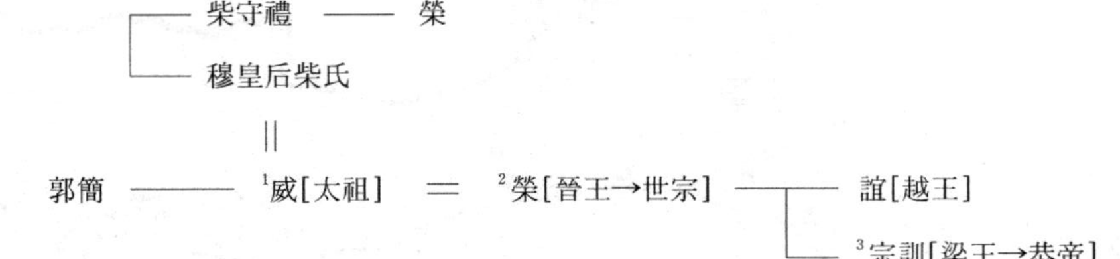

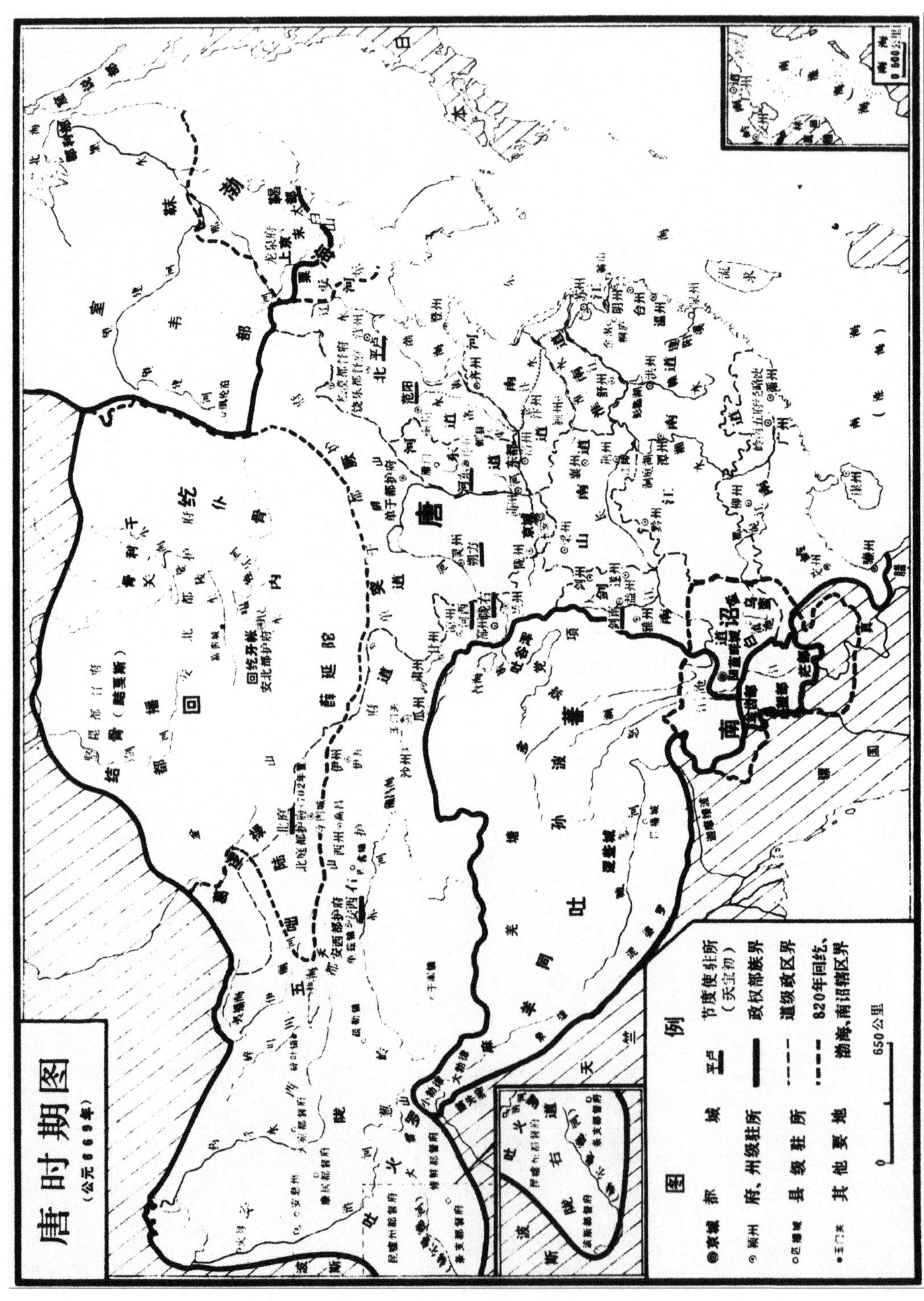
唐时期图
(公元669年)
图例
◎京城 都城
⊙朔州 府、州级驻所
○且渠城 县级驻所
•玉门关 其他要地
平卢 节度使驻所（天宝初）
政权部族界
道级政区界
820年回纥、渤海、南诏辖区界
650公里
唐
吐蕃
回纥
渤海
南诏
安西都护府
安北都护府
北庭都护府
单于都护府

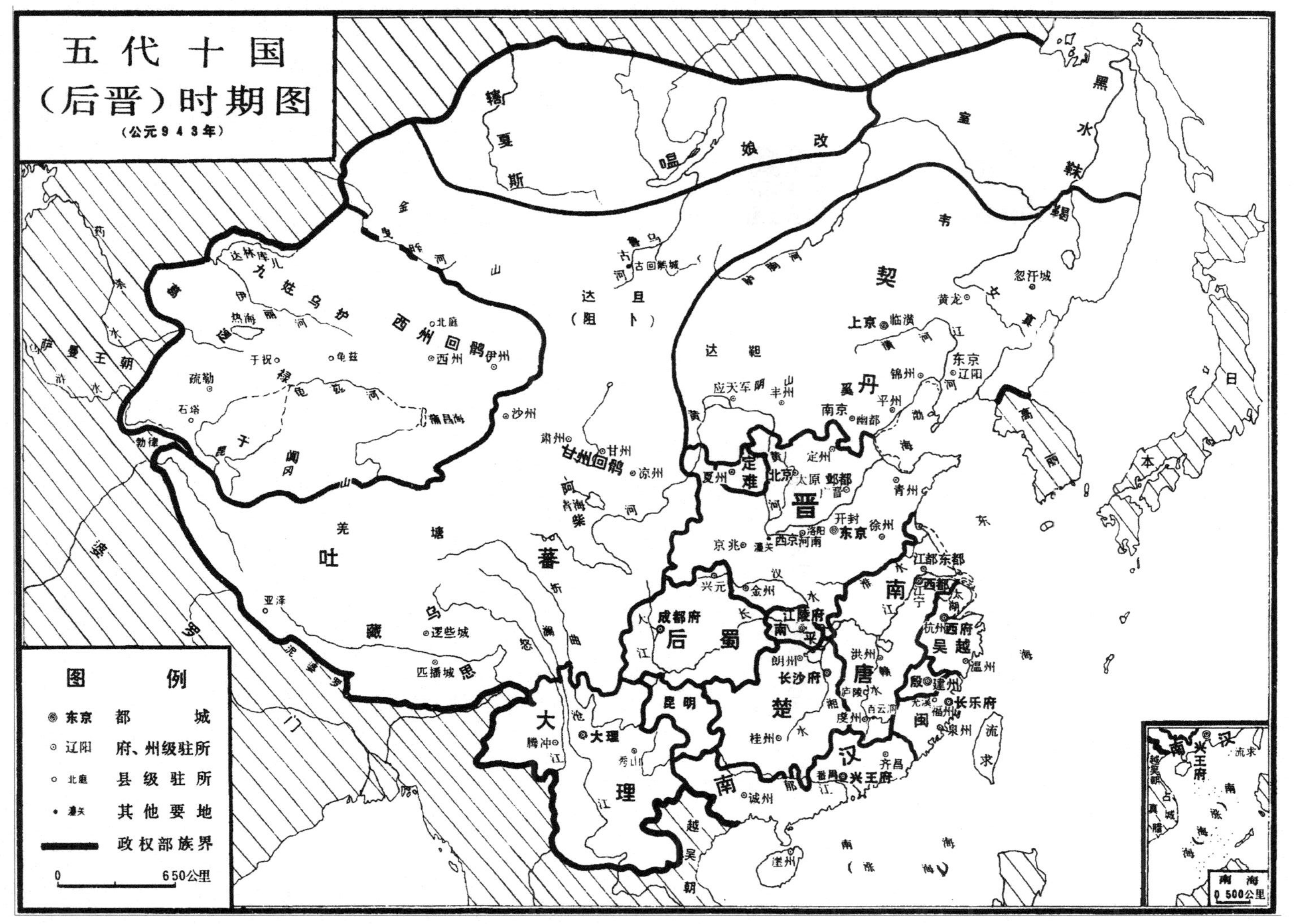
五代十国
(后晋)时期图
(公元943年)
图例
东京 都城
辽阳 府、州级驻所
北庭 县级驻所
潼关 其他要地
政权部族界
0 650公里
契丹
晋
南唐
吴越
闽
南汉
楚
南平
后蜀
大理
吐蕃
西州回鹘
甘州回鹘
黑水靺鞨
室韦
女真
高丽
日本
东京
西京河南
北京
上京
开封
太原
成都府
长沙府
江陵府
兴王府
长乐府
杭州西府
大理
南海
0 500公里

≪通鑑節要 9≫ 參考資料

1. ≪通鑑節要≫ 總目次

2. ≪通鑑節要≫ 강의 안내

索 引

凡 例

1. 색인 대상

본 색인은 ≪通鑑節要≫ 全9冊의 原文과 原註를 대상으로 하되, 〈一般 索引〉과 〈故事成語·熟語 索引〉으로 나누어 작성하였다.

2. 선정 기준

① 인명, 지명, 서명 등 고유명사와 주요 용어, 고사와 각 주석의 표제어 등을 선정하였다. 단, 표제어에 대한 설명이 있는 경우에만 선정하였다.

② 표제어의 변별이 필요할 경우 ( ) 속에 국명과 서명 등을 보충하되, 국명을 보충하는 것으로 부족할 경우에는 다시 :(쌍점)을 치고 시대명을 보충하였다.

③ 연호의 경우 ( ) 속에 '年號'라고 보충하였다.

④ 정식 제왕의 경우 상호참조 항목에서 대표 표제어를 밝히고, ( ) 속에 국명을 보충하였다. 정식 제왕은 각 왕조 世系圖를, 封侯된 왕은 모두 姓+名을 대표 표제어로 삼았다.

3. 항목 배열 및 표시

① 배열은 한글의 가나다 순서를 따르되 두음법칙을 적용하였다.

② 종속항목은 지명에 딸린 관직명과 관직자 및 서명에 딸린 편장명으로 제한하였다.

③ 이칭·약칭·별칭 등은 대표 표제어로 모아줌으로써 상호 참조가 되도록 하였다.

④ 출처는 冊數와 面數를 아라비아숫자로 표시하였다.

⑤ 각 주석의 출처는 다음과 같은 略號로 표시하였다.

(原) : 原註　　(要) : ≪通鑑要解≫
(釋) : 釋義　　(譯) : 번역자의 역주
(附) : 附註　　(目) : 題目註
(頭) : 頭註

⑥ 제목과 史評에서 선정한 표제어는 ( ) 속에 표시하였다.

(評) : 附記된 각 史評　　(略) : ≪二十史略≫의 사평
(題) : 제목

⑦ 색인에 사용한 부호는 다음과 같다.

—— 표제어에 종속항목이 있을 경우 원 표제어의 생략
→ 상호참조를 위해 대표 표제어로 가는 표시
← 상호참조를 위해 대표 표제어로 모아주는 표시

一般 索引

【ㄱ】

柯 1-113(釋) 121(釋)
家居 4-175(要)
賈瓊 6-198
嘉穀 2-129
賈公閭→賈充 5-115
賈公彦 7-86
賈郭 5-125(頭)
可翹足待 6-195(釋)
賈逵 1-105, 125 4-51 9-142
賈貴人 4-64(頭)
假其將軍印綬 3-267(譯)
賈女 4-144
嘉德殿 4-185
可突干 9-99
伽藍 9-27
家令 2-89
嘉寧(年號) 5-212
家令言 2-88(附)
葭萌 4-254(釋)
葭萌縣 4-262
賈模 5-115
歌舞於道 4-197
家無噍類 3-38(釋)
賈謐 5-126
賈復←膠東侯 3-206, 223, 240~242, 316 ~319 4-19 7-96
賈復傳(後漢書) 3-223, 317, 318
賈夫人(漢) 4-194
賈賁 8-14(頭)
賈似道 1-53, 55, 62
假司馬 4-34(釋)
家事任長 4-165(釋)
嘉山 8-17
賈山 2-122, 138
賈山傳(漢書) 2-124, 139
稼穡之艱難 8-180(頭)
賈生→賈誼 2-120, 136, 161, 162, 372
賈生之言 1-308(譯)
可省許昌左右諸稻田 5-31(頭)
哥舒曜 8-162
哥舒翰 7-346(頭), 359 8-17, 18, 20 9-86
可雪前恥 6-365(釋)
賈餗 8-376(頭)
枷鎖 6-196(頭)
可仰之積 3-233(釋)(要)
家語 屈節解 8-195(釋)
可與權 7-238(譯)
可與爲非 4-132(要)
可與爲善 4-132(要)
加役流 6-332(釋)(頭)
賈捐之 3-122
賈捐之傳(漢書) 2-117 3-122, 123
假王 1-377
佳鷂 6-361(要)
嘉祐(年號) 6-248
可謂流涕者 2-160 7-39(譯)

可謂長太息者 2-158(釋), 160
可爲痛哭者 2-160
迦維國 4-27
賈閏甫 6-255
歌吟之聲未絶 2-97(要)
柯邑 1-113
賈誼←賈生 1-89(譯), 300(評) 2-120, 126, 129, 136, 138, 141, 158, 160 3-49, 99 7-39, 264 8-273
賈誼傳(漢書) 2-158, 161 7-62, 353
可以寄六尺之孤 2-158(譯)
可以托六尺之孤 3-260(譯)
家人 1-111(頭)
假仁者 7-153(譯)
家人子 2-58(釋)(要)
假子 8-81 9-117
賈子 4-144
假節 5-200(譯)
街亭 4-339(釋), 343
家宗人 1-169 5-344
家之長老 8-82(釋)
假借納用 2-194(釋)
假借外家 3-261(釋)
賈充←賈公閭 4-262 5-44, 44(頭), 82, 100, 115
賈充之爭 5-155(附)
嫁娶 4-51
嘉平(年號) 5-37, 57, 143, 328
賈彪 4-141, 143, 148, 149
賈疋 5-146(釋), 148
可汗 6-286, 309, 312, 368, 371 8-76 9-103
街巷 2-215(頭)
家兄→錢 5-125
賈胡 6-345(釋)
嘉禾 2-254
嘉禾(年號) 4-350 5-11
假黃鉞 6-58(譯), 79, 141, 243
假皇帝→王莽 3-179, 200
賈后 5-241
賈詡 4-322, 346
賈后(西晉) 5-45, 115(頭), 128
嘉興(年號) 5-337
嘉熙(年號) 1-37(譯)
慤 4-170(釋)
脚價錢 8-235(附)
角巾 5-101(要)
角巾東路 5-170(譯)
榷酤 2-374
榷酤官 2-370
刻鵠不成尙類鶩 3-345(要)
榷茶 8-138
閣道 1-258(頭), 260 5-15
閣道星 1-258
角力而後臣之 7-61(釋)
各領部曲 3-217(譯)
榷利 8-129(譯)
刻木爲吏期不對 3-30(釋)
各保一州 4-314(頭)
各使守一藝 3-317(譯)
各實所部 3-290(頭)
榷鹽 8-180
榷鹽法 8-41, 137
刻意篇(莊子) 2-32
角觝戲 3-341
榷酒酤 2-344(釋)
茖蔥 8-68
簡 4-55(頭) 6-20, 90(頭), 308(頭)
間 4-33(釋), 349(頭)
間架稅 8-160, 180, 339
衎衎 4-76(釋)
侃侃范太史 7-184(頭)
肝鬲 4-246(頭)
簡公(鄭:先秦) 7-92
簡公(齊:先秦) 1-101(附)
間關 5-60(頭)
奸軌 2-219(頭)
間金 1-230(譯), 231

間道 6-129(頭)
肝膂 6-327
幹离不粘罕 1-56
姦吏因緣爲市 3-28(釋)
簡文帝(東晉)←簡文皇帝, 道萬, 司馬昱, 太宗, 會稽王 5-212, 259, 261, 296, 346
簡文帝(梁:南朝)←簡文皇帝, 蕭綱, 太宗 6-136(要), 139, 148
簡文皇帝→簡文帝(東晉) 5-254(要)
簡文皇帝→簡文帝(梁:南朝) 6-134, 141
干寶 5-155(評)(頭)
間使 1-371(譯) 9-167(頭)
幹山海 8-141(頭)
干城之將 1-109(釋)
澗水 2-30 3-246
間視 1-356(釋)
簡閱 9-217(頭)
奸人得乘間弄威福 8-274(要)
刊章 4-161(釋)(要)
干將 7-352
刊定 7-92(頭)
簡除 4-133(頭)
干戚之舞 4-119(釋)
簡牒 2-100 6-317
間諜 1-215(頭)
懇惻 8-323(頭)
間廁其間 5-33(釋)
間行 4-189(頭)
羯 4-305 5-106, 142, 241, 253, 270(要)
羯奴 8-12(釋)(頭)
葛燈籠 6-44
曷魯 9-103
碣石 2-321
葛榮 6-91(頭), 104
葛烏兎 6-107 9-98
渴者易爲飮 6-382(譯)
戡 7-292(釋)
酣 5-300(頭)
監國 7-154, 223 8-72 9-58, 59, 148, 201, 203
監軍 7-303 8-247, 277, 280, 392
監軍使 8-106(頭)
甘棠 7-45(要)
戡亂 6-331(要)
甘露 2-254 3-81, 88, 361 7-286 8-376 9-121
甘露(年號) 3-165 4-51 5-42, 58, 63, 235
甘露殿 8-66
甘露之變 8-380
甘龍 1-115, 116(譯)
甘陵 4-140
監臨部主 2-298(評), 299(譯)
監臨部主法 3-28(釋)
監門 1-291 2-86
監門衛 7-284 8-367
監司 5-69(要)
瞰城中 8-49(釋)
甘松 5-50(頭)
甘延壽←義成侯 3-131, 132
甘蔗 8-120
減竈 4-84(釋)
甘州 2-47 3-122
監察御史裏行 7-179(釋)
甘泉 2-190(頭), 321 3-58, 161
甘泉宮 2-310, 349
甘泉倉 2-323
減天下稅租之半 4-128(釋)
甘忠可 3-297
甘卓 5-145
甘皇后(蜀:三國) 4-311
感興詩 7-184
甲兵 3-317 6-388 8-108
甲夜 3-273
甲寅 2-103(譯)
甲子日 5-308
甲第 7-351
甲諸第 2-236(要)
彊 3-333(釋)

羌 2-47 3-65~67, 70 4-64, 84, 147, 305 5-104(頭), 106, 253, 270(要), 293, 294(頭) 6-290 8-72, 85
慷慨 8-41(釋)
康居 3-15, 131
康居國←康國 3-132
江京 4-85
康季榮 9-14
康公(齊:先秦) 1-101, 108
康公(秦:先秦) 2-163, 165
姜公輔 8-167(頭), 189, 190(頭), 191, 337(頭)
彊獷 5-104(釋)
姜肱 4-131
康國→康居國 7-17(頭), 18
絳郡 6-307
江南 1-49, 103, 175, 324, 375 2-75 6-111, 116, 183, 192, 335 9-222, 240(要), 241
江南東道 7-298
江南西道 7-298
江寧 5-184
江寧縣 5-319
江湛 6-35, 38
江都 2-205 4-199 6-207, 233, 237, 250, 270, 350
江都國 2-228 4-330
江都易王傳(漢書) 1-161
江都王→李緒 7-227
江東 1-283, 325 4-201, 216, 234, 241, 315 5-95, 96, 98, 138, 140, 145, 162, 168, 181, 185, 200, 225, 226, 279, 280 6-126, 185 7-46
彊梁 4-114, 143
康陵 5-343
江陵 4-227(釋), 229, 238, 240, 244, 249, 273, 282, 283 5-76, 81, 89~91, 230, 318, 325 6-79, 129, 141, 144, 147, 148, 275, 307 9-110, 117
——令 劉昆 3-337
江陵府 4-223 5-92
剛明 5-258(頭)
綱目提要 4-322
綱目之所以繼獲麟而作 1-65(譯)
江默←建寧公
襁褓 7-341(釋)
襁負 5-148
江北 5-314 6-183 9-222, 228
彊仕 4-103(釋)
江祀 6-75
降省佸 8-260(釋)(頭)(要)
江西 8-233, 258
——判官 李泌 8-114
江西軍 9-24
江祏 6-75
江船 8-139(釋)
繈屬 6-146(頭)
繦屬不絶 2-309(原)
江水 2-105
康叔 1-98 4-83
康承訓 9-25(頭)
强臣 5-155(頭) 6-176(頭) 9-93
彊臣之竊命 4-78
姜牙→呂尙 1-281(釋) 7-63(附)
剛惡 1-204
姜讓 5-287
江陽王→元繼 6-93
江淵←南山主人
康延孝 9-130, 132
江汭 4-232
江翁 3-108
江王→文宗(唐) 8-352
絳王→李悟 8-352(頭) 9-69(頭)
康王(南涼:十六國)←禿髮利鹿孤, 武威王, 利鹿孤, 河西王
康王(周) 1-57, 204, 206 2-198, 218, 224, 229, 372 3-65, 319, 360 6-330 7-78, 151 8-275

江外 5-240(頭)
江鎔 1-37
姜維 5-13, 35, 39, 40~43, 45, 48, 50~56, 59
江油 5-51(釋)
綱維不攝 5-68(頭)
剛毅 6-52(頭)
絳衣大冠 3-190(釋)(頭)
康義誠 9-145, 148(頭)
剛氏道 5-52
彊敵 5-205(要)
康帝(東晉)←康皇帝, 琅琊王, 司馬岳, 世同 5-211, 238
江左 1-48(譯) 4-309 5-204, 208 6-27, 178
江左餘風 8-328(頭)
江州 4-312(釋) 5-312, 314, 315
——刺史 劉子勛 6-49
絳州 4-140 8-71, 72, 74
羌中 3-81 7-333
江贄←少微先生
江總 6-186
江充←趙虜 2-347, 349, 351, 353, 354
江充傳(漢書) 2-347, 349
姜太公→呂尙 4-97, 149, 226 7-292
江統 5-120 6-370
江表 5-239(要) 6-192
江表傳(三國志) 5-73
江馮 3-295
江豐 6-98
江夏 4-98, 230(釋), 273
——相 謝尙 5-208(要)
——太守 劉琦 4-232
江夏郡 4-230
江夏王→李道宗 7-27, 117, 123, 128
江河之異 5-146(要)
强伉 4-289(釋)
絳縣 2-137
彊華 3-223(釋), 297
康皇帝→康帝(東晉) 5-208(頭)
江淮 2-140, 250, 320 3-287 8-38, 51, 54, 92, 120, 253, 260 9-125, 174, 224, 235, 250
——轉運使 韓滉 8-206
——租庸使 第五琦 8-33
——租庸轉運使 韋堅 7-324
康懷貞 9-110
江淮舟楫始通 9-234(頭)
絳侯→周勃 2-38, 71, 103, 107, 119, 137, 158, 161 3-176
姜洽 8-347
介 4-134(附)(要)
介潔 7-300(頭)
皆決於亮 5-187(譯)
皆估其直 8-220(頭)
改過 2-358
開國郡公 7-307(附)
開國縣公 7-307(附)
開國縣男 7-307(附)
開國縣伯 7-307(附)
開國縣子 7-307(附)
開國縣侯 7-307(附)
蓋金→蓋蘇文 7-116
開東閤 2-278(釋)
介鱗 4-46(頭)
介馬 9-208(釋)
開明(年號) 6-262
蓋牟城 7-123
蓋文達 6-272(頭)
開邊策 9-220(譯)
開封 9-211
開封府 9-185
開封府縣 1-293(釋)
開府 6-138(頭)
介山 4-137(釋)
開三府 7-191(附)
開成(年號) 8-380
改姓苻氏 5-221(釋)

改姓元氏 6-73(附)
蓋蘇文←蓋金 7-115(附)
皆如漢氏故事 5-103(譯)
慨然 6-211(頭)
蓋延 4-19
皆隸諸衛 7-46(譯)
開運(年號) 9-182, 189, 191(頭)
改元 3-58, 223(譯) 4-149, 294(頭), 302, 345 5-133, 165, 305, 310 6-98, 103, 140, 144, 161, 173, 243, 250, 330 7-191, 200 8-11, 25, 169, 180 9-33, 82, 104, 124, 143, 157, 171, 173
開元(年號) 6-303 7-152, 225, 244, 245, 247, 270, 271, 279, 307, 336 8-27, 47, 206, 335, 366 9-86, 99
開遠門 9-40
開元神武皇帝→則天武后 7-254
開元之治 9-95
開元通寶 6-272
開元通寶錢 6-271(頭)
皆有武字 7-142(頭)
皆有月數 7-92(譯)
介子推←介之推 4-137
鎧仗 5-151(要), 246(釋)
蓋長公主(漢)←長公主 2-371(頭)
開籍田 上親耕 2-126(釋)
剴切 6-340(頭)
改政事堂曰中書門下 7-281(譯)
愷悌 4-59(頭)
改制勅爲誥 8-33(要)
開州司馬 宋申錫 8-360 9-73
——司馬 王伾 8-244
介冑之士不拜 2-191(釋)
介之推→介子推 4-137
開創 5-141(要)
開拓 5-290(頭)
開阡陌 1-127(原)(頭)
開平(年號) 9-107
開皇(年號) 6-175, 200, 216, 217(頭), 228, 335, 351
介休縣 6-265
客卿 1-144(頭), 174, 219
客星 3-281
客主之義 4-269(頭)
客戶 7-275(譯), 281~283
賡歌 6-376(頭)
坑殺之 1-179(頭)
坑儒 1-262
坑儒燒書 4-167
據→劉據 2-368
祛 4-309(頭)
遽 5-249(要)
鉅 7-250(頭)
莒 1-159(釋), 169, 172 3-189
車駕 2-29(頭), 118(釋), 321(頭) 3-228 6-215(頭) 9-62
車駕還宮 3-275(頭)
居高屋之上建瓴水 2-36(釋)
莒公→後主(梁:南朝) 6-183
居官者以爲姓號 2-215(釋)
擧鉤黨 4-153(釋)
巨君→王莽 3-178
車騎府 8-110
車騎將軍 8-367
契丹 1-56, 58 6-251(頭), 252 7-302(頭) 8-43, 47 9-98, 102~104, 110(題), 164, 167, 169, 175, 177, 178, 181~185, 190~192, 196, 207, 209, 211, 221, 224, 239
契丹國志 9-190
契丹王→楷落 9-100
契丹主 9-105
契丹志 9-193
車郎 2-131
鉅鹿 1-333 2-180, 182 4-179 5-142, 279
——都尉 劉回 3-245
鉅鹿郡 1-295 3-211, 214, 218
鉅鹿之盜 1-302(頭)

渠犁 2-333 3-72
車犁單于 3-165
擧網竭澤 8-284
鉅昧水 3-271(釋)
居門下 6-85(譯)
居拔城 7-87
去副封 3-19(釋)
車師→姑師國 3-336(釋)
車師 2-326 3-72, 338
擧事無所變更 2-95(釋)
踞牀 1-360(釋)
擧善而敎不能則勸 3-232(評)(譯)
居攝 5-201(要)
居攝(年號) 3-178, 180
莒城 1-163
擧所佩玉玦 1-317(釋)
居鄛縣 1-283
渠帥 5-251
渠水 1-381
居安思危 7-17(譯)
鉅野 1-280 4-200
巨洋 3-273
拒御史 7-266(頭)
車裂 1-131, 135
擧以爲收孥 1-115(原)(釋)
擧錢 9-239(頭)
莒州 1-161(釋)
車冑 4-211
居重以馭輕 8-159(譯)
去讒篇(帝範) 7-138
秬鬯 3-172 4-257
踞廁而視 2-285(釋)
去河北賊 8-370(頭)
據險守要 4-323(頭)
莒縣山 1-377(釋)
居麾下 1-328(釋)
謇 4-76(釋)
乾綱 4-152(譯)
建康 3-248 5-165, 173, 185, 191, 195, 200, 214, 222, 256, 313, 315, 318, 324, 326, 331, 333, 334, 337 6-13, 17, 26, 38, 76, 77, 134, 139, 141, 144, 150, 166, 186
——令 蕭道成 6-51
——太守 段業 5-318
建康(年號) 4-112
建康宮 5-321
乾綱一以墜 7-185(頭)
乾阬 9-35
巾車之恩 3-288(原)
巾車鄕 3-290
犍橐 8-301
乾坤 5-280
乾坤之象 5-125(釋)
乾卦 1-76, 136 4-125(譯)
巾幗 5-13(釋)(要), 15
建國(年號) 5-202
乾寧(年號) 9-51
建寧(年號) 4-156
建寧公→江默 1-37
建寧王→李倓 8-22, 9-70
乾德(年號) 9-126
建德(年號) 6-165
建德垂風 5-30(頭)
虔劉庸代 3-365(頭)
建隆(年號) 1-51 9-248
乾陵之南 8-95(頭)
乾明(年號) 6-161
建明(年號) 6-102, 103
建卯月 8-71(頭)
建武(年號) 3-165, 192, 221, 267, 280, 284, 339, 366 4-11, 39, 41, 44, 96, 275, 297(頭) 5-162 6-34, 69, 98
建白 3-119(釋)
乾封 2-326
乾封(年號) 7-285
乾封故事 7-285(頭)
乾封之祥 7-309(頭)

乾符(年號) 9-28
建碑立廟 5-85
蹇碩 4-184, 185
建成侯→呂澤 2-79, 80
建昭(年號) 3-128
蹇叔 1-219(釋)
建始(年號) 3-136, 155
建信侯→劉敬 2-52, 58, 59
建安 1-69
建安(年號) 4-202, 257(頭)
建安軍 9-32, 33, 235
乾陽殿 6-269
建業 4-255, 281, 345(釋) 5-68, 69, 93, 100, 138, 163, 176 6-142
建王→李恪(唐憲宗 子) 4-306, 308
乾祐(年號) 9-195, 203(要)
乾元(年號) 8-56, 148
建元(年號) 2-221(原) 5-153, 208, 245 6-62
乾位 4-302
犍爲太守 李嚴 4-277
犍爲郡 2-268 3-151, 311, 313
建義(年號) 5-291
建寅月 2-120 6-150
建寅之月 2-328
建子 1-243
建子月 2-120 6-150
建章宮 2-306
——宮監 衛青 2-262
建章臺 2-57
建儲 9-20, 24
建正 2-329
乾貞(年號) 9-150
建州 9-110, 173, 181
——刺史 王延政 9-173
虔州 1-54
鞬鞴 4-119(釋)
建中(年號) 8-109, 126, 148, 202, 217, 259(頭)
建初(年號) 4-15(頭), 46 5-297, 326
建丑 1-243
建丑月 2-120 6-150
建親篇(帝範) 7-138
建平 4-318(釋) 5-75, 78, 94
——太守 吾彦 5-75
建平(年號) 3-159, 322 5-196, 310, 316
建平園 5-195
建衡(年號) 5-71
建弘(年號) 6-12
乾化(年號) 9-115, 119
建和(年號) 4-116 5-316
乾侯 7-187
建興(年號) 4-321 5-11, 40, 55, 132, 150, 162, 297
建熙(年號) 5-235
桀 1-76, 104, 204(評), 256(評), 310 2-56(評), 83, 254 3-150(釋), 200(略), 320(釋) 4-176(評), 294(評) 5-19(評), 96(略), 98(評), 237(頭) 6-56(略), 171(評), 326(釋), 327(釋), 342(評), 345, 356, 373, 382 7-13(評), 55 9-116(釋)
桀犬吠堯 7-57(譯)
乞伏乾歸→武元王(西秦) 5-299, 303(頭) 6-155
乞伏國仁→先烈王(西秦) 5-286(頭), 291, 297, 303 7-77, 108
乞伏熾磐→文昭王(西秦) 6-12, 28
乞失活 8-153
桀心 3-163(頭)
契(글)苾 7-129
契(글)苾何力 7-336(原)
乞骸骨 1-351 3-27(譯), 54
契(글)胡 6-93, 104(頭)
劍閣 4-265(譯), 329 5-50, 51, 80
劍閣關 9-161
劍客 2-336
鈐鍵 8-366(頭)
檢括 7-275(頭)

檢校兼守判知 6-347(譯)
劍南 6-335 7-298, 319 8-121 9-89
劍舞 1-317
黔夫 1-123(釋)
黔首 1-219(釋), 298, 300
檢玉岱宗 6-33(釋)(頭)
劍州刺史 文德昭 8-249
黔州 7-170
黔中 7-298
黔中郡 3-343
檢覈 3-324(釋)
跲而復奮 8-326(頭)
劫之以兵 8-166(要)
劫遷岐陽 9-72(頭)
揭→桓公(周) 1-197
擊毬 8-352(頭) 9-45
擊鞠 8-381
檄文 6-57
擊缶 1-165(釋)
格殺 3-333(釋)
格言 2-367 4-177
擊鷹郎將 7-57(頭)
激張說 7-277(頭)
擊柝 6-90, 320
激濁 6-381(頭)
激濁揚淸 4-152, 168
滆湖 5-302
甄 4-339(頭)
鄄 1-112(釋)
狷介 7-131(頭)(要)
甄拔 5-78(釋)
甄別 8-117(頭)
牽復 7-249(頭)
繭絲 1-81(原)
遣使乞降 6-49(附)
遣使來降 5-215(頭)
見事風生 3-42(釋)
鄄城 1-131
——令 韋濟 7-267
見性成佛 4-28
鄄城縣 1-113
見小利則大事不成 9-139(譯)
遣信要濬 5-93(頭)
堅鐔 4-19
犬牙相制 2-112(釋)
汧源縣 8-84
犬肉 9-63
犬戎 1-56
畎夷 3-167
遣人至襄陽 6-76(譯)
遣子入侍 3-277(要)
遣長史劉鈞等 3-268(要)
見知故縱 2-298(譯)
見知故縱法 3-28(釋)
見知法 2-251(釋)
犬彘 5-15
甄琛 6-89
訣 4-163(要) 7-198(頭)
結骨 7-140(譯)
決隙 1-267
結綺閣 6-180
決賭 5-46(要)
觖望自危之心 2-43(釋)
結繩之約 4-119(釋)
結繩之治 6-385(譯)
結贊 8-212
鉗 2-203(附)
兼領三鎭 7-343(頭)
拑勒 4-119(釋)
縑帛 7-171(頭)
兼幷 3-26
兼愛之激 8-323(頭)
兼從 3-339(釋)
兼黃門監 7-260(譯)
郟鄏 9-116(釋)
京 4-248(要)
頃 6-283(頭)
景監 1-114(釋)

傾蓋 4-307(譯)
耿耿 4-246(釋)
耿恭 4-38, 39
景公(齊:先秦) 5-21 7-303
傾巧 7-318(頭)
卿校 4-85(頭)
景駒 1-280, 282
京口 5-313, 314, 322, 326
京口城 4-248
耿國 3-342 4-68
耿國傳(後漢書) 3-342
經國之務 8-180(要)
輕軍 4-229
瓊宮 6-326
京畿 2-54, 281 3-52 7-298(釋) 8-38
——觀察使 盧杞 8-145
耿夔 4-68(要)
輕騎 1-356(頭) 6-18(頭)
輕騎追之 5-143(要)
鯁其喉牙 8-54(頭)
竟寧(年號) 3-131
勁弩長戟 射疏及遠 2-168(釋)(頭)
景丹 3-222, 319 4-19
京雒→洛陽 4-198
景略→王猛 5-265(釋)
經略 5-340(頭) 6-33(頭)
經歷盛衰 5-80(要)
經論 6-291
涇隴 8-160
景龍(年號) 7-233
經理 3-363(釋)
瓊林庫 8-163
瓊林大盈庫 8-183
景明(年號) 6-76
更名景 9-235(要)
更名曰楚 1-193(釋)
景明帝(前秦)←苻健
更名晃 9-107(釋)
景穆太子 6-41
景穆皇帝→拓跋晃 6-103
京房 3-108, 128, 129 5-28(頭), 69(釋)
京房傳(漢書) 3-128
傾盃樂 8-35(要)
耿秉 4-34, 38, 67
慶父 7-114, 115, 228
景福(年號) 9-48
更封陳平 2-54(譯)
卿父 4-209(頭)
景附 4-267(釋)
經史子集 6-319
敬翔 9-122, 124, 128, 129, 134
京索間 1-349(釋)
經書 3-139
耿舒 3-347
慶緒尋卽帝位 8-44(頭)
京西行營 8-215
磬石 3-152
慶善宮 7-26
輕褻 7-80(要)
京城 1-350 7-299
經星 5-253
輕世肆志 1-201(釋)
景昭帝(前燕:十六國)←慕容儁
涇水 1-286, 298 6-307 8-95, 273
輕殊死刑 3-322(釋)
耿壽昌←耿中丞 3-68, 82
敬肅王→劉彭祖 2-347(要)
耿純 3-208, 223, 304 4-19
耿純傳(後漢書) 3-208, 223, 304
經術 2-236, 365, 380 3-63, 139 8-328
經術士 2-378
耿崇美 9-194
景升→劉表 4-228, 262(釋), 325
更始→劉玄 3-177, 193, 195~197, 201, 202, 204, 207, 209, 216, 222(釋), 223(譯), 225, 226, 228, 229(略), 235, 240, 243, 248(釋), 252, 267, 366(頭)
更始(年號) 3-192 4-296 5-291, 328

更始將軍→劉玄 3-192
瓊室 6-326
傾軋 8-341(釋)
涇陽 3-183 5-302 6-308 8-99, 149, 171 9-15
涇陽君→嬴悝 1-157(頭)
耿弇 3-206, 216, 222, 250, 251, 259, 270, 271, 274, 317 4-19
耿弇傳(後漢書) 3-271, 274, 317
景延廣 9-176, 178(頭), 179, 181, 182, 186
警穎 7-327(頭)
慶王→李琮 7-336(釋)
景王→劉章 3-227
景王(南涼:十六國)←禿髮傉檀
景耀(年號) 5-43
經用竭 2-290(釋)
卿雲 8-119(頭)
景雲(年號) 7-238
慶雲 2-129 8-119(頭)
慶雲圖 8-118(頭)
慶元 3-106(頭)
涇原 8-95, 97
——兵馬使 韓旻 8-167
——將吏 何明禮 8-168
——節度使 段秀實 8-166
——節度使 姚令言 8-163
——節度使 康季榮 9-14
景元(年號) 5-44
慶元間中興輔佐孰優論 3-106(評)
慶元府 9-25
涇渭 2-286(頭)
更爲曲突 3-34(釋)
更爲書 1-262(要)
經緯天地之謂文 7-292(釋)(頭)
京邑 5-333
更衣 6-201
脛衣 4-52
更衣 又使之執蓋 5-164(譯)
黥劓之辜 不及大夫 2-156(釋)
黥人 9-206
庚日 3-84
庚子(年號) 5-316
卿子冠軍→宋義 1-287(釋), 337, 375
卿將尹校 4-127(要)
勍敵 5-276(釋)
耕籍 2-258(附)
經傳 2-340
磬折 3-252(釋)
敬帝(北魏:北朝)←東海王, 元曄, 長廣王
景帝(成:十六國)←李特
景宗(閩:五代)←閩國王, 王延羲, 王曦
敬帝(梁:南朝)←蕭方智, 晉安王 6-149, 160
景帝(吳:三國)←琅琊王, 孫休 5-43, 98(頭)
景帝(漢)←劉啓, 孝景帝, 孝景皇帝 1-49, 294(釋) 2-99(附), 116(評), 127(釋), 198(目), 202, 209(評), 213(附), 218(評), 219(評), 221(目), 229(評), 230(頭), 250, 281(釋), 298, 332, 347(要), 363(評), 370, 372(評) 3-52(附), 92(評), 105(頭), 112(評), 134(略), 176(評), 190(頭), 221(目), 238(頭), 245(附), 292(要), 319(評), 339(評), 340(頭) 4-194(頭), 224(頭), 300(目), 330(釋) 5-343(附) 6-295(頭) 8-275
景帝紀(漢書) 2-116
經濟大略 8-253(要)
景帝本紀(史記) 2-339
徑造 5-93(頭)
輕佻 5-64(頭)
京兆 1-258, 261, 299 2-211 4-131 6-240 7-280
——掾 第五倫 3-358
——尹 王章 3-142
——尹 王徽 9-40
——尹 張敞 3-62, 80, 88
——尹 趙廣漢 3-16, 43
——尹 何武 3-147

——尹 黃霸 3-57, 76
京兆邏卒 8-376(頭)
京兆王→元愉 6-110
京兆尹 2-281, 329
黥卒 9-252
敬宗→孝莊帝(北魏:北朝) 6-92, 95(原), 104(頭), 105
敬宗(唐)←李湛 8-346, 349, 350(目), 353, 354, 379, 384, 392 9-20, 71, 79
黥罪 2-138
慶州 1-258 2-170, 178
景州 8-333
涇州 2-170, 178 7-286 8-388
涇舟膠楚澤 1-203(評)(頭)
涇州道 8-113
敬仲→楊簡 1-69
耿中丞→耿壽昌 3-67(釋)
鯁直 8-271(釋)
經天 6-298
景初(年號) 5-27
景春 1-156(略)
驚蟄 8-298
景平(年號) 6-15
黥布←九江王, 英布, 淮南王 1-281, 282(頭)(釋), 314, 334(評), 336, 348, 360, 361, 367, 381 2-62(評), 72, 73, 74(釋), 77, 78, 83, 84, 90(評), 99(評) 3-263, 265(釋) 6-121(頭) 7-148(評)
黥布傳(史記) 1-336, 348, 361
黥布傳(漢書) 2-74
警蹕 3-252(釋)(頭)
經學 3-51, 116, 118, 186, 256
更化 2-224(要)
景和(年號) 6-46
景皇帝→李虎 6-249
敬暉←平陽王 1-46 7-213, 223(頭), 229, 230, 232
稽服 4-267
薊 3-223, 240
髻 4-48(原)
啓(夏) 1-204 2-229
季康子 1-80 6-321
係頸以組 1-307(釋)
械繫 2-33(頭)
棨戟 7-290(附)
繼岌→李繼岌 9-140(附)
溪洞 1-103
稽落山 4-67(釋), 68
季歷 6-301
季路→子路 2-271(釋), 275
鷄婁鼓 6-357(釋)
桂林 1-302
桂林郡 1-300
繫馬千駟而不視者 7-148(頭)
鷄鳴 2-120 6-150
鷄鳴狗盜 無不賓禮 2-271(釋)
鷄鳴狗吠 1-158
啓明星 6-298
啓民可汗 6-209
鷄坊 8-244
計不顧制 3-163(頭)
繼四父而輔政 3-151(譯)
繫辭傳(周易) 1-136(要) 3-359(釋) 5-241(要) 6-330(要) 8-50(釋), 313(頭)
繼嗣之咎 3-136(頭)
鷄山 3-41
稽顙 6-332
係縲 2-156(釋)
季孫←季氏 3-47
季孫斯→季桓子
季孫意如→季平子 1-80
季孫行父 4-138
稽首 1-196
季氏→季孫 1-78(頭)
桂掖 7-351(頭)
季野→褚裒 5-200(釋)
桂陽 4-243, 244, 273
桂陽公→劉義眞 5-340

桂陽郡 4-252
契魚 1-189(釋)
戒於闕黨 5-25(附)
戒嚴 2-180
戒盈篇(帝範) 7-138
季友 7-115
季友鴆叔牙以存魯 7-114(附)
洎于稷契 咸佐唐虞 3-262(譯)
稽疑 1-344
季子←季札 1-59
計帳 9-173(頭)
雞障 7-351(附)
階州 9-247
薊州 1-268 8-81 9-169, 226
季札→季子
繼體宜昏風 7-184(頭)
繫太原獄 6-225(要)
季平子←季孫意如 1-80
季布 2-25~27, 86, 96, 135, 372 3-99
計偕 2-252(釋)
薊縣 3-210
季桓子←季孫斯 3-48
稽侯 3-165
孤 4-264(頭)
袴 4-52(頭)
顧 7-138(頭), 174(頭)
高閣 5-208(譯)
告姦者與斬敵首同賞 1-115(頭)
高蓋 5-289
高湝←任成王 6-170
高祛 2-179, 182
高車 6-153(頭)
鼓車 3-316
高車部 7-129
高居深拱 7-82(譯)
高居誨 3-122
櫜鞬 8-300(釋)(要), 394(釋)
古磬 3-151(要)
高熲 6-177, 183(頭), 185, 186
高季昌→武信王(荊南:十國) 9-110, 117(頭)
高季興→武信王(荊南:十國) 9-117, 151
考功課吏法 3-129 5-70
考工記(周禮) 7-70
考功法 3-129
考工室 2-237
考工地 2-236(釋)
考課法 5-27, 69
高光之才 6-225(頭)
蠱卦 3-282, 284
股肱 3-80, 105 4-324 6-376 7-131
股肱郡 2-372
股肱之臣 6-43 8-169
高句麗←高麗 4-195 7-115 9-98
高君雅 6-220
高闕 1-217(釋)
高貴鄉公(魏:三國)←曹髦 5-41, 44, 57(頭), 100(頭), 158(附)
高貴鄉公墮車之痛 5-160(譯)
古今韻會擧要 3-25, 235, 359 4-93 5-198 6-199
古今註 1-127
高起 2-21(譯)
鼓旗軍 8-113
高湛→武成帝(北齊:北朝) 6-162, 172
高唐 1-123(釋), 263
高德儒 6-219, 230
故道 5-306(頭)
皐陶←咎繇 1-282
鼓刀 3-60
固道郡 1-335
皐狼 1-81, 84
膏粱子弟 9-50(頭)
膏粱之子 9-128(譯)
高勵 6-183(頭)
高閭 6-72
高麗→高句麗 6-27, 213~215, 217, 238, 329 7-85, 87, 115, 115(譯), 116, 121, 123, 124, 140, 144, 145, 153, 155,

171, 222 9-99
高麗 3-167(附) 8-58, 109
高麗傳(新唐書) 7-125, 127
高力士 7-246, 252, 291, 316, 329, 348 8-21, 66 9-68
固陵 2-11(釋), 64 3-317
高陵 3-74
高陵路 2-133
高陵縣 6-308
苦利 7-150(頭)
鼓里 1-160
叩馬 3-333(頭) 6-310(頭)
固廝城 7-87
庫莫奚 9-98
誥命 7-217
高明 3-294
顧命 5-189 6-13 7-163 9-195
顧命篇(書經) 2-155
顧命大臣 7-165
顧命書諸策 3-337(釋)
高明曜 8-196
高明而不能柔克 1-43(譯)
高廟 3-237, 238
告墓之正 1-69(譯)
古文 2-99 3-141 4-172(要)
庫門 6-326
皐門 6-326
浩亹 3-67(原)(釋)
告緡錢 2-258(附)
高密 1-372(釋)
高密郡 3-230
告密者 不可勝數 7-205(釋)
高密縣 2-205
高密侯→鄧禹 3-316(釋), 318
高駢 9-31(頭), 42(頭), 43
高保融 9-196
敲扑 7-198(頭)(要)
孤憤 1-221(釋)
姑師國←車師 3-336
高士廉 6-295, 310 7-104, 119, 124
高士傳 3-186
高翔 4-346
庫上里 1-339
考索 4-304
藁城 7-356 8-13
考城 4-135(釋)
考城縣 4-137, 138
高成縣 2-278
賈餗 9-73
瞽瞍 6-296
姑孰 5-256, 263
高崧 5-223
高崇文 8-247, 251, 252
高崇文傳(新唐書) 8-252
鼓瑟 1-165(頭)
固始縣 1-282 2-12 9-57
固始侯→李通 3-316(釋), 318
姑息 4-124(頭), 257 8-59, 97, 115, 240, 247, 337, 364 9-162, 217
姑息之政 8-110 9-87, 210
告身 7-176, 350 8-48
高氏 6-176(頭)
高雅之 5-313
固安縣 1-215, 226
告訐 2-176(原), 349(要)
古冶氏→古冶子 5-21(附)
古冶子←古冶氏 5-21(附)
高洋→文宣帝(北齊:北朝) 6-110(要), 119, 128(譯), 136, 150, 161, 162, 172, 360
高陽 1-291(釋) 5-251
高陽氏 7-30
高陽王→元雍 6-97
孤偃 4-205
姑衍 2-300(釋) 3-161
高演→孝昭帝(北齊) 6-161, 162, 172
高延宗←安德王 6-169(附), 170
考烈王(楚:先秦) 1-199, 210
顧榮 5-130, 138, 149, 204

高叡←趙郡王 6-172
高午 3-312
考王(周) 1-73, 197, 370
皐陶←咎繇 2-175 3-91, 126, 152, 232 4-125(譯), 144 6-340(釋), 342, 376
咎繇→皐陶 6-342
固要 2-178(釋)
高要縣 7-219
高郵 9-43
高雲 5-327
高元→嬰陽王(高句麗) 6-217
告元不孝 4-135(要)
高緯→後主(北齊:北朝) 6-163, 169, 170, 172 7-41
膏腴 2-236(頭)
苦窳 2-313
高誘 1-104, 196
膏腴地 2-199(釋)
高允 1-48
高殷→廢帝(北齊:北朝) 6-161, 162
高邑 3-224
告者皆封 3-34(釋)
槀葬 3-346(釋)
古長城 6-358(譯)
高戩 7-218(頭), 219
故節 5-195(譯)
高帝(前秦:十六國)←南安王, 苻登
高帝(齊:南朝)←蕭道成, 紹伯, 太祖 6-62, 63, 65, 68, 79(頭)
高帝(漢)←高祖, 高皇帝, 劉季, 劉邦, 赤帝子, 太祖, 沛公, 漢高, 漢高祖, 漢王, 漢祖 1-309(評), 313(略), 315(略), 320(評), 334(評), 341(評), 352(略) 2-24(評), 31(略), 32(評), 41(頭), 42(附), 43(評)(要), 59(要), 77(略), 85(評), 89(評), 95, 96, 98(評), 100(評), 103, 109(略), 111, 134(釋), 175(釋), 187, 202, 205(釋), 206(釋), 207, 242(評), 274(釋), 330(評), 333(釋), 360(略), 373(略) 3-105(頭), 138(附), 211(評), 227(頭), 238(頭), 256, 262(釋), 265, 271, 319(評), 340(頭), 359(釋) 4-62(頭), 121(釋), 341 5-86, 87, 179(評), 343(附)
高帝紀(漢書) 1-271, 272, 335, 336, 353
告祭柴望 7-21(原)
高帝優相國之禮 3-295(譯)
雇租 2-138(附)
高肇 6-79, 156
高祖→高帝(漢) 1-43, 128, 271, 307, 325, 326, 347 2-23, 28, 34, 51, 53, 63, 64, 70, 75, 82, 91~93, 98, 100, 115, 138, 200, 215, 282, 363, 372 3-13, 14, 80, 95, 99, 146, 161, 176, 203, 204, 206, 219, 225, 237, 263, 282, 322, 368 4-200, 203, 232, 258, 268, 269 5-62, 120, 135, 197, 198, 279 6-225, 227, 260, 369 7-26, 36, 122, 148 8-284
高祖→光文帝(前趙:十六國) 5-132
高祖→明帝(後趙:十六國) 5-166
高祖→武帝(梁:南朝) 6-82(譯)
高祖→武帝(北周:北朝) 1-49 6-162, 173(頭), 177
高祖→武帝(宋:南朝) 5-315 6-12, 13, 44, 58(頭)
高祖→武帝(陳:南朝) 6-130, 159, 201
高祖→文帝(魏:三國) 6-179(頭)
高祖→太祖(後周:五代) 9-196
高祖→孝文帝(北魏:北朝) 6-51, 52(原), 72, 74
高祖(南漢:十國)←南海王, 劉巖, 劉龑
高祖(唐)←唐公, 唐王, 淑德, 神堯, 神堯皇帝, 李淵 1-189 5-180 6-217, 220, 228, 229, 249(附), 254, 276, 282, 300, 302, 307, 330, 378 7-27, 28, 36, 41, 45, 117, 133, 148, 185, 197, 217, 227, 332 8-27, 29, 73, 113, 317, 319, 328, 368 9-84, 95

高祖(代:十六國)←拓拔什翼犍, 拓跋什翼犍 5-202
高祖(隋)←文帝, 文皇帝, 隋王, 楊堅 6-175, 189, 200, 244
高祖(吳:十國)←宣王, 楊隆演
高祖(前蜀:十國)←王建, 蜀王
高祖(後晉:五代)←大晉皇帝, 石敬塘, 石敬瑭 9-164(目), 178, 179, 186, 192
高祖(後蜀:十國)←孟知祥
高祖(後漢:五代)←北平王, 劉知遠, 劉暠 9-181, 189(目), 196, 200, 201, 203
高祖功臣表(史記) 2-45
高祖功臣侯年表(史記) 2-43
高祖紀(漢書) 1-309
高祖本紀(史記) 1-276, 288, 299, 314, 321, 323, 345 2-52, 61
高祖實錄 7-114
高祖有文王之明 6-300(釋)
鼓譟入于石頭城 5-93(釋)
高鳥盡 良弓藏 2-33(要)
高祖兄仲 3-189(釋)
故縱 3-29
瞽宗 3-153(釋)
高宗→明帝(齊:南朝) 6-68(要), 69, 70
9-183
高宗→武丁(殷) 3-65, 109, 323
高宗→文成帝(北魏:北朝) 6-41, 46(頭), 47
高宗→宣帝(陳:南朝) 6-164, 178
高宗(唐)←大帝, 李治, 晉王, 天皇 4-159 7-21, 110, 158(目), 160, 161, 164 ~166, 180, 201, 211, 225, 229, 238, 240, 242, 274, 285 8-15, 82, 96, 206 9-84
高宗(宋) 1-54
高宗(殷) 1-351 7-30
高從誨→文獻王(荊南:十國) 9-151, 196
孤竹君←子朝 3-280
庫直 6-273(要)
高澄←文襄, 齊襄 6-117(頭), 119, 122, 128, 129, 134, 169, 172, 191
高昌 6-203, 244(頭), 251(釋) 7-85(頭), 88, 99
高昌國 3-254
菰菜 5-131(釋)
高墌 6-256(頭)
固請立晉王治 7-107(附)
鼓吹 8-346(釋)
鼓吹樂 8-34(釋)
高枕 8-88
高寢郞 2-353(頭)
高平 4-124 9-208, 217, 219, 222, 243, 250
高平范氏→范仲淹 3-280(略)
高平范仲淹論之 3-282(譯)
顧彼之久行 2-158(釋)
高霞寓 8-252, 294(頭)
叩閤力爭 7-219(要)
高恒→幼主(北齊:北朝) 6-169, 170
苦行 6-99
鼓行 6-240(釋)
高行周 9-168
高惠功臣表(漢書) 2-332
高戶 9-239
蠱惑 9-26
高歡←神武帝, 賀六渾, 獻武王 6-92(頭), 95, 96, 104~110, 117, 119, 121, 132, 134, 153, 161, 170, 171, 177
高皇帝→高帝(漢) 1-306(目) 2-247 3-237 4-311 7-108
高皇帝約束 2-276(譯)
高皇后→高后(漢) 2-102(頭) 3-161
高會 1-345(頭) 6-263(頭)
高孝基 6-195
高后(漢)←高皇后, 呂雉, 呂太后, 呂后 2-38, 96, 97, 107, 215, 333 3-100, 105, 138
高暉 3-185
斛 3-23

曲江 7-253
曲突徙薪 3-34
穀梁俶→穀梁赤 3-108
穀梁赤←穀梁俶, 元始
穀梁傳→春秋穀梁傳 3-107
穀梁春秋→春秋穀梁傳 3-107(釋)
曲禮篇(禮記) 1-91, 226, 298 2-156, 193, 196, 260, 272 4-23, 104 5-123 7-51, 86 8-358 9-20
穀門 4-186(頭)
曲阜 4-233 9-206
曲阜縣 3-272
穀石三十 4-192(要)
穀城 1-203 2-11, 16
谷崇 3-241
曲陽 3-210(釋)
曲逆縣 2-54
曲逆侯 2-54(釋)
谷永←谷子雲 2-285(附) 3-136, 137, 139 (評), 150, 156(略), 248(釋)
曲沃 1-154
谷子雲→谷永 2-285(附)
曲學以阿世 2-256
髡 4-153(頭)
鯀←崇伯 4-151 5-28 6-350
髡鉗 2-25(釋)
坤卦 1-76 2-102(評) 3-225(釋) 7-202(頭)
崑崙山 3-62 5-147
袞冕之服 5-42(頭)
昆明池 3-238
昆陽 3-193, 196, 364 4-296
困於燕爵 2-313(頭)
昆夷 4-177
閫以內 2-181(釋)
悃愊 4-58(原)
骨鯁 1-363(頭) 7-119(頭) 8-271, 357
滑稽 2-314(附) 9-210(頭)
骨利幹 7-129, 136(頭)(要)
鶻坊 8-244
骨肉相攻 6-358(譯)
骨醉 7-167
骨朵子 5-109(頭)
共 1-232(釋)
鞏 1-196, 197, 203, 369(釋)
貢擧 4-55 7-85
公車 3-88 4-39(釋), 119(譯)
公車令 2-188, 189
公車司馬 2-320
公車司馬令 4-41
孔謙 9-156
公高 1-74
公估 8-261
共鯀驩苗 6-349(釋)
共工 3-126 6-350, 376 8-223(頭)
公共禁弗予 2-200(釋)
孔光 3-139, 140, 156, 158, 167, 170
共國 1-150
公瑾→周瑜 4-235(頭), 285(釋)
孔僅 2-297, 298
工女 7-256
公達→叔齊 3-280
公達→荀攸 4-271(釋)
公大父 1-117(附)
功德百之 3-132(釋)
功德使 8-312(頭)
供頓 7-19(頭)
邛崍山 2-292
公亮 5-34(頭)
公路→袁術 4-209(原)(附) 5-64(頭)
公劉 4-176 6-288
控馬 8-394(頭)
孔孟之訓 4-125
孔明→諸葛亮 1-43 4-220(頭), 224, 226, 248, 264, 268, 307, 338 5-12, 15, 18, 21, 41, 62, 96, 210, 233
空名告身 8-47(釋)
空名告身牒 9-43
孔廟 5-306

孔文祥 2-208
孔方→錢 5-125
孔範 6-187, 187(頭)
孔壁 4-172
孔壁雖壞 2-98(附)
公輔 3-295
供副 9-243
公賓 3-199
孔斌←子順 1-180(原), 202
公嗣→後皇帝(蜀) 4-329
公士 1-117
公山不狃 7-295
空桑 6-292
公西赤 4-257
功成慶善樂 7-26(釋)
控訴 8-59(頭)
公孫賈 1-118, 133
公孫擧 4-126
公孫卿 2-308, 320, 326, 328 7-311
公孫度 4-194(附)
公孫述←公孫子陽, 輔漢將軍, 子陽 3-197, 252, 253, 268, 287, 288, 309, 310, 312~314, 366 4-280, 325
公孫述傳(後漢書) 3-312
公孫鞅←商君, 商鞅, 衛鞅 1-114(釋) 2-148
公孫衍←犀首 1-143, 155, 156
公孫敖 2-261
公孫子→公孫弘 2-256
公孫子陽→公孫述 3-268
公孫接 5-21
公孫支←子桑 1-219(釋)
公孫瓚 4-193(頭), 199(原), 210(附)
公孫賀 2-248, 261, 331
公孫弘←公孫子, 平津侯 1-61 2-252, 254, 255, 256, 275, 276, 279, 280, 286~288, 291, 304, 313, 314, 331 3-99 5-177
公孫弘傳(史記) 2-256
公孫弘贊 3-111(評)
控首 1-196
龔遂 3-23, 40, 41, 111
龔遂傳(漢書) 3-42
公叔 1-98
公叔座 1-107
公乘 1-117
龔勝 3-185, 187 4-71
龔勝傳(漢書) 3-185
工市 7-352
公信→伯夷 3-280
拱宸都指揮使 朱文進 9-183
孔氏→孔安國 3-122
孔氏→孔毅父 2-40
孔氏→孔子 2-229 4-88
公安 4-241(頭), 263(釋), 273 5-72
孔安國←孔氏 3-359
孔襄 4-172
公羊傳→春秋公羊傳 3-107
公琰→蔣琬 4-345(釋) 5-13(頭)
孔穎達 1-91 6-272 7-37, 52, 85, 86
共敖←臨江王 1-306
公玉帶 2-232
恭王→劉餘 2-99
貢禹 2-282 3-116, 117, 134, 187
貢禹傳(漢書) 3-116
孔昱 4-160
公有十勝 4-207(附)
孔融 4-165
孔毅父←孔氏
恭仁王→楷落 9-100
孔子←孔氏, 丘, 文宣王, 夫子, 仲尼 1-60, 76, 77, 168, 180, 202, 237, 243, 256, 261, 264, 308, 336 2-75, 77, 86, 99, 152, 157, 218, 227, 236, 280, 318 3-47, 48, 86, 91, 108, 154, 232(評), 257, 275, 292, 316 4-61(要), 97, 103, 124, 171, 177, 258, 260 5-26, 124 6-321, 345, 370, 372 7-30, 100, 160, 218, 292~294, 317 8-59, 103, 142,

195, 225, 320, 326 9-76, 139
孔子家語 2-236 4-122
———— 五刑 2-157
公子虔 1-118, 131, 132
公子咎→魏咎 1-278
孔子廟 9-126
孔子祠 9-206
公子卬 1-132
公子元(齊:先秦) 4-161
孔子遠佞人 3-130(譯)
公子鮑→文公(宋:先秦) 3-200
公綽 9-50(頭)
孔雀 6-219
功狀 5-28
供張 2-126
笻杖 2-308
公戰 1-118
公田 2-217 3-134
公除 8-339(釋)
恭帝→楊侗 6-249
控制 7-332(頭)
恭帝(東晉)←恭皇帝, 德文, 司馬德文 5-349
恭帝(西魏:北朝)←元廓 6-144, 149, 152, 158, 159
恭帝(隋)←恭皇帝, 代王, 楊侑 6-221(頭), 231, 245, 249, 250, 262
恭帝(後周:五代)←柴宗訓, 梁王 9-236, 247, 248, 251
公皁 9-236(頭)
功曹 4-86, 140
公主 2-96(頭) 5-102
共主 1-206 7-68(原)
邛竹杖 2-292(釋)
共之 4-176(要)
共逐之 2-67(頭)
共治 4-60
孔坦 5-190(頭)
孔霸 3-107
孔褒 4-165(要)
控鶴都指揮使 皇甫麟 9-134
控弦 6-352(頭)
鞏縣 1-104 6-208(譯)
控弦之士 2-46(釋)
恭皇帝→恭帝(東晉) 5-347
恭皇帝→恭帝(隋) 6-264
恭懷皇后(東漢) 4-128
恭孝王(楚:五代)←馬希萼
孔僖 4-61
過官 8-213
果亡 2-371(頭)
科目 2-264
瓜步 6-38 9-228(頭)
撾殺 7-172(釋)
胯衫 9-79
撾碎其首 9-143(頭)
課殿 2-309(釋)
課殿最 2-310
過折←北平王 9-99
瓜州 3-122 7-45, 334
咼之 8-12(頭)
過秦論 1-300 2-129
課戶 9-236(附)
郭嘉 4-207, 213
郭旴 8-148
霍去病 2-300, 314, 359 3-21, 161 6-285
霍去病傳(漢書) 2-300
郭慶 5-251
郭璟 9-235
霍光←博陸侯 1-43 2-285, 287, 314, 359 (頭), 360~362, 365, 367, 368, 370, 371, 373, 374, 376~378, 380, 381 3-11, 12, 14, 18, 19, 21, 27, 28, 36~38, 105, 139, 176 5-255, 256, 338 7-154
霍光擁立二君 1-64(譯)
霍光傳(漢書) 2-359, 361, 362, 371, 377, 379, 380 3-11, 27, 34
郭槐 5-126

郭伋←細侯 3-259, 311(釋) 4-20(頭)
郭伋傳(後漢書) 3-311
鑊其城 8-298(釋)(要)
郭令公→郭子儀 8-86(釋)
郭門 6-255
郭璞 2-317 6-185(頭)
郭汾陽→郭子儀 1-64
郭汜 4-197(頭), 201(原)
霍山←樂平侯 3-19, 21, 33, 38
郭曙 8-148
霍諝 4-148, 149
霍仙鳴 8-165, 275 9-68
郭城 1-259
霍成君(霍光女) 3-14
霍叔 4-176
郭恂 4-34
郭崇韜 9-131(頭), 137, 138, 140~143, 145
郭崇威 9-198(頭)
郭晊 8-148
郭曖 1-64 8-148
郭映 8-148
郭榮→世宗(後周:五代) 9-196, 198, 205
郭晤 8-148
霍王→李元軌 7-227
郭隗 1-150
郭曜 8-148
霍禹 3-20, 33, 38
霍雲 3-33, 38
郭威→太祖(後周:五代) 7-77 9-183(頭), 195(頭), 196, 197, 198, 200~203, 252
郭攸之 4-334(頭), 336
郭揖 4-163
霍邑 6-231, 238(釋)(頭), 239, 307
郭誼 8-396~398
郭林宗→郭泰 4-135
郭子儀←郭令公, 郭汾陽, 汾陽王, 子儀, 忠武王 7-357 8-13, 16, 17, 22, 32, 45, 47, 48, 50, 55, 57, 63, 65, 72, 74, 75, 77, 78, 81, 85, 86, 90~92, 94, 95, 97~100, 103, 104, 107, 108, 115, 145, 147~149, 151, 382 9-68, 71, 87, 88
郭子橫→郭憲 3-304
郭雀兒→太祖(後周:五代) 9-196
郭廷誨 9-141, 143
郭祚 6-72
郭從謙 9-144(頭)
郭從謹 8-19
郭從義 9-194
霍州 6-239
崞州 1-217
郭遵 4-106
郭彰 5-126
郭泰←郭林宗 4-86(頭), 134, 135, 138, 141, 152, 160, 164, 168, 289
郭賀 4-23
郭解←翁伯 2-270(釋), 271 5-177(頭)
郭憲←郭子橫 3-302, 304
霍顯(霍光妻) 3-14, 15, 33, 37, 38, 139
郭況 3-328, 335(頭)
郭皇后(東漢)←郭后 3-330, 335
霍皇后(漢) 3-33
郭孝恪 6-258(要), 259, 268
郭后→郭皇后(東漢) 3-328(頭)
郭欽 3-187(評)(頭) 5-104, 105, 155 6-370
郭欽蔣詡 好遯不汚 3-187(評)(頭)
郭晞 8-148
觀 1-127, 259
貫 7-11(頭)
關 6-362(頭)
管敢 2-336
冠蓋 1-187
官鎧 4-283(要)
冠蓋接道 4-58(頭)
官健 9-31(附)

管鍵 2-100(頭)
觀禊 5-138(附)(要)
款曲 3-328(釋)
館穀帀民 6-35(釋)
毌寡 2-333 3-132
毌丘儉 5-49, 57, 58
關君門戶事 5-249(頭)
觀軍容 8-57, 105(要)
冠軍將軍 5-132
冠軍侯(西涼:十六國)←李恂
關南 9-239(頭), 250
關內 6-335 7-298 8-121
關內道 8-162
關內侯 1-117 2-52(要), 261 3-22(譯), 25, 76, 82, 132, 158, 209(釋) 5-127(頭)
管寧←幼安 4-194(頭)
官大夫 1-117
官渡 4-214(頭), 258, 259, 343
館陶 3-217
館陶公主 4-39(頭)
官渡水 1-381
官僮 5-44
關東 1-107, 297 2-270 3-82 4-190 5-254, 283, 285, 288 8-45, 139 9-28
關東爲憂 3-122(頭)
觀燈 7-236
冠禮 4-178
管輅 5-37
關門 1-174 3-210 6-326
官方 5-69(要)
關白 3-11(頭)
觀兵 4-331(頭) 5-246(頭)
關輔之間 8-160(釋)
官不同人 5-111
寬譬之 3-207(釋)
官師 2-154(譯)
款塞 3-165(頭)
關西 1-107 3-217 4-348 5-221 9-123
關陝 5-280
官守 8-335
官首 2-290
灌輸 2-324
管叔 2-372 4-176 7-114 9-104
管崇嗣 8-29
貫習 8-263(釋)
官市 4-268
關市 2-249(頭)
館於太僕厚廩食之 6-369(釋)
館驛 1-274 3-231
館驛使 8-340
官鹽 8-138
灌嬰 1-324, 325, 334, 352 2-12, 25, 38, 71, 137, 161, 3-176, 321 5-86(釋), 87
款五原塞 3-97(釋), 342(釋)
冠玉 1-351
關外 7-83
寬饒怨謗 3-71(要)
關龍逄←龍逄 3-150 6-342
關羽←雲長 4-193, 211, 214, 215, 222, 227, 230, 241, 248, 253, 273, 274, 278, 279, 281~285, 311, 313, 314, 325
關羽傳(三國志) 4-284
管夷吾→管仲 5-146(釋), 210
管子←筦子 2-126, 150, 193 7-349
筦子→管子 2-149(釋)
貫籍 7-332
管仲←管夷吾, 夷吾, 仲父 1-121, 162, 364 2-150, 160, 279, 280 3-288, 289, 354 4-119, 220, 224, 226, 257, 258, 260 5-18, 24(譯), 147, 208, 245, 338 6-304, 305 7-260 8-242, 267
關中 1-258(頭), 288(譯), 300, 311, 313, 314, 316, 317, 323, 325, 331, 336, 340, 346, 349, 352 2-17, 29, 30, 31, 36, 44, 83, 85, 88, 98, 266 3-86, 203, 209, 218, 219, 244, 250, 276, 288, 351 4-200, 235, 249, 255, 260

(頭), 268, 296, 337 5-43, 48, 121(釋), 194, 215, 228, 229(頭), 232, 254, 279, 292~295, 338, 340, 341, 344 6-14, 38, 175, 241, 249, 255, 264, 323, 346, 383 7-83, 200, 359 8-25, 93, 159, 205, 213, 214, 389 9-84, 89
關中 阻山帶河 四塞之地 1-321(釋)
關中行臺 6-107
官職耗廢 2-290(釋)
冠幘 3-201(釋)
筦天下之利 7-75(原)
關七聖 5-27(頭)
關平 4-284
髖髀 2-143(原)
寬鄉 6-284
官戶 7-234
觀胡人進戲 7-180(譯)
綰皇帝璽 2-137(釋)
括客 7-282(釋)
刮目相待 4-251(頭)
括苗 8-129(譯)
括富商錢 8-154(頭)
括城中婦人 8-51(頭)
括田使 7-289
括地志 1-103, 104, 113, 160~162, 195, 200, 201, 203, 215, 218, 252, 258, 259, 268, 282, 291, 294, 295, 298, 299, 308, 313, 324, 327, 335, 346, 350, 367, 368, 374, 377 2-12, 15, 16, 22, 30, 41, 47, 53, 54, 170, 178, 192, 205, 206, 211, 248, 273, 320, 322 3-199, 205, 217, 247, 272, 273, 275, 303, 306, 317 4-84, 223, 255, 312 5-247 7-148, 334 8-26
光→闔閭 4-49
廣 4-34(釋)
光啓(年號) 9-39
廣固 5-232, 310, 311, 317, 329, 331 6-14, 58(頭)
匡郭 7-123
匡國節度使 王檀 9-124
光極殿 5-150(要), 164
廣南 9-31
廣內 3-141 6-72
狂戇書生 8-246(原)
光大(年號) 6-164
廣德(年號) 8-79, 332(頭)
廣都 3-310, 312
廣都長 4-270(釋)
廣東 1-59 4-255
廣東省 8-47
獷戾 8-304(頭)
光祿 2-329
光祿勳 2-305 3-302(頭), 337(釋) 4-188
廣柳車 2-26
廣陵 1-324 4-103, 329(釋), 331 5-170, 192, 219, 247, 249, 256 6-35, 177 9-43
──相 高雅之 5-313
──相 劉牢之 5-278
──張嬰 4-108
光陵郡 3-343(釋)
廣陵郡 4-330
廣陵王→元羽 6-106
廣陵王→節閔帝(北魏) 6-105(原)(頭), 132
廣陵王→憲宗(唐) 8-244
廣明(年號) 9-32, 219(頭)
廣武 1-373 2-52(釋) 3-100
廣武間 1-375(譯)
廣武君→李左車 1-354, 356, 359
光武帝(東漢)←光武皇帝, 銅馬帝, 文叔, 世祖, 蕭王, 劉秀 1-43, 238, 313 2-31, 294, 327 3-165, 192, 205, 211, 225, 226, 232, 240, 244, 246, 248, 280~282, 287, 289, 290, 293, 297, 300, 324, 328, 335, 343, 348, 351, 354, 363, 364, 366, 368, 369 4-46, 50, 76, 78, 94, 96, 200, 258, 275, 287, 289, 296,

299, 303, 309, 325 5-62, 179, 197, 198, 279 6-34, 225, 227 7-96, 122 8-191, 284, 397, 398
光武帝紀(後漢書) 3-190, 196, 202, 203
光武皇帝→光武帝(東漢) 3-221(頭)(目)
光武卽位于鄗 4-309(評)
撗門 2-192 5-344(頭)
光文帝(前趙:十六國)←高祖, 元海, 劉淵 5-166
廣文學 6-252
廣微→袁甫 1-69
廣微魁天下於少年 1-69(譯)
匡復府 7-192(附)
曠世一事 5-93(頭)
光昭殿 6-180
光壽(年號) 5-232
廣順(年號) 9-203
光始(年號) 5-317
廣阿郡 3-215
廣安(年號) 6-91
廣野君→酈食其 1-292(釋)
廣陽郡 1-215
廣陽王→劉嘉 3-211
光王→李琚 7-314, 315
光王→宣宗(唐) 8-400
廣韻 5-290, 291 6-239 7-249 8-369
廣運(年號) 6-182
廣威侯→劉勳 3-178
廣政(年號) 9-172
廣政殿 9-198
光州 1-282 2-12 3-317 8-266, 287, 292 9-228
——刺史 高勵 6-185
廣州 2-312 4-223 5-91, 92, 180, 224 6-97 9-109
——刺史 陶侃 5-154
——刺史 盧循 5-333
廣晉尹 齊王 重貴 9-176(原)(頭)
廣川 2-221
光天(年號) 9-124, 176
光初(年號) 5-165, 166
光泰門 9-35
光宅(年號) 7-184, 188
曠土 9-125(要)
廣平王→代宗(唐) 8-22, 40(頭), 50, 55
廣平王→劉羡 4-51(頭)
廣平王→元懷 6-106, 156
廣平忠侯→吳漢 3-334(頭)
匡蒲人 所以要孔子者 8-391(譯)
光弼等 畏偪不終 8-149(附)
廣漢 3-310, 313 4-98
——太守 何祗 4-277
廣漢郡 2-43 4-338 5-49, 52 8-253
廣漢長 4-267
筐篋 2-147(釋)
匡衡 3-127, 132, 134, 136
匡衡傳(漢書) 3-136
光化(年號) 9-57
光和(年號) 4-174
光化軍 2-39
光興(年號) 5-142
光熙(年號) 5-136
掛首 2-68
罣罭 5-108
乖氣 3-125
瑰麗 6-180(頭)
槐里令 3-149(要)
——— 朱雲 3-149, 150
蕢山 1-299
塊蓴 5-131
壞汝萬里長城 6-26(譯)
蒯聵 2-275, 367
——出奔 2-365(釋)
蒯徹←蒯通 1-371, 379 2-63, 64, 66
怪草 8-119
蒯通→蒯徹 5-198(釋)
蒯通傳(漢書) 2-67
虢國 1-365

虢州 4-337
——司戶參軍 王凝 9-211
——刺史 崔仲方 6-185
宏→靈帝(東漢) 4-155, 156
宏→孝文帝(北魏:北朝) 6-73, 120
矯 4-58(頭), 218(頭)
膠 1-379
較 1-91
驕→安王(周) 1-100, 101
橋閣 5-51
佼彊 3-258(釋)(頭)
驕蹇 9-217(頭)
膠結則不遷 5-155(頭)
交關 3-215(頭)
交廣 5-91(釋)
皦皦 4-98(釋)
郊畿 5-124 8-160 9-54
膠東 2-204(釋)
——相 吳祐 4-110
膠東國 3-317
膠東王→劉熊渠 3-24, 25
膠東王→劉雄渠 2-42, 206, 212
膠東王→武帝(漢) 2-213
膠東王→田市 1-278, 306
膠東侯→賈復 3-316(釋), 318
橋頭 5-48, 50
橋梁 2-128
校獵 8-353(頭)
蛟龍 4-248
喬琳 8-122, 123
矯命 2-271
橋門 4-14(釋)
教坊 7-254
教坊樂 8-34(釋)
交拜禮 3-252
驕兵 3-46
郊祀 3-296
郊祀志(漢書) 2-184, 305 3-58, 63, 358
6-274
膠西 2-209
膠西王→劉端 2-279
膠西王→劉卬 2-42, 204(釋), 212
膠西縣 2-205
狡數 7-300(頭)
膠水縣 1-113 2-206 3-317
喬氏 5-134
較若畫一 2-95(原)(釋)
交讓冠 3-252(要)
交午柱 2-128
矯枉過直 8-117
郊甸 5-294(頭) 6-310(譯)
矯正 5-324(頭)
矯制 2-239(頭) 7-233
郊兆 3-237, 357
翹足 5-318(頭)
交州 4-223, 317 5-180, 224 6-373
——牧 陶璜 5-103
——刺史 杜慧度 5-334
膠州 2-205
膠柱鼓瑟 1-177(頭)
膠州縣 1-113
交趾 2-326 3-169, 270, 336, 345, 346
4-266 6-245, 250, 359
交趾女子 3-330(附)
茭草 5-131
矯稱上語 8-66(頭)
郊泰畤 3-58(原)(頭) 4-12
狡兔死 走狗烹 2-33(要)
郊特牲篇(禮記) 7-20
交河城 7-88
狡險忌克 7-168(頭)
橋玄 4-180
鄡縣 3-217(釋)
絞刑 1-256
教化 1-246(頭)
驕橫 8-46(釋)
教訓 6-112
狡黠 7-334(頭)

丘→孔子 5-124
歐 7-26(原)
舅 4-201(釋)
韭 8-68
咰 7-80(頭)
九歌篇(楚辭) 2-27
裘褐 8-190
九江 1-324, 348, 360 2-14 6-250
九江郡 2-14, 15
九江王→黥布 1-306, 336, 344, 360
九江王布 楚梟將 1-348(釋)
鉤鉅 3-16(釋)(頭)
句檢簿書 8-133(釋)(頭)
寇謙之 1-60 6-29, 32
九卿 2-277, 304(附), 311 3-25, 154
九經 1-50(譯)
九曲 3-339, 340
九功舞 7-26, 27, 32
九功惟敍 7-27
九官 3-124(附)
姤卦 7-167
區區之心 8-19(頭)
區區之忠義 4-264(頭)
九國 6-262(譯)
毬鞠 8-380(附)(要)
仇國論 5-43(要)
九軍度遼 6-215(頭)
九級 2-154(頭)
九旗圖 1-242
丘其糟而池其酒 6-325(釋)
彀弩持滿 2-190(釋)
鉤黨 4-161(釋)
舊唐書→唐書 6-248
—— 食貨志 8-220
—— 天文志 7-137
九等 2-155
求郎 4-39(釋), 44
寇略 4-205(頭)
糗糧 7-338(頭)
九黎 6-382
區廬 2-108, 138
拘攣 4-61(頭)
舊令 4-58(頭)
鳩摩羅什 1-60 6-291
狗馬之心 2-303(釋)
苟免 9-215
九命 6-157
仇牧 2-271(釋), 275
廏牧 6-292
九廟 8-180(頭)
九門 8-13
求媚於上 6-280(要)
狗坊 8-244
九變 3-126
苟變 1-109
裘甫 9-25(釋)
口分田 6-284 8-129
糗糒 9-72(釋)
九嬪 7-141
九賓 1-225(頭) 2-354 3-335
舊史→唐書 7-270
仇士良 8-376, 378, 384~396 9-45, 69, 73
具斯五刑論 1-286(頭)
龜山楊氏→楊時 1-168(評) 2-23(評)
舅甥之親 8-100(頭)
九錫 1-64 3-172(釋) 4-256(釋)(附), 263, 315 5-39(譯), 43, 255, 320, 345 9-84
九成 3-126
區星 5-95(譯)
溝水 6-286
拘守職之吏 2-251(釋)
寇恂 3-219, 222, 241, 242, 304, 306, 319 4-19
寇恂傳(後漢書) 3-219, 241, 304
九寺 2-305
求市 6-207(頭)
久視(年號) 7-213

救時之相 7-260(要)
丘神勣 7-202, 203
緱氏 1-203 2-320(附)
歐陽建 5-129
歐陽高 3-108
歐陽公→歐陽脩 6-248(評) 7-33(評) 8-231(評)
歐陽文忠公→歐陽脩 9-106
歐陽脩←歐陽公, 歐陽文忠公, 歐陽子, 文忠公 1-52, 305 4-308 7-184(評), 187, 286 9-211(評), 246(評)
歐陽詢 6-272, 318
歐陽子→歐陽脩 7-184
寇彦卿 9-81
懼然 2-101(附)
瞿然 6-340(釋)
區寓 8-191(釋)(要)
九牛大弩 2-169
九原 1-154, 257, 258 2-321
具瑗 3-321 4-128, 129
九原郡 2-320 3-98
口有蜜 腹有劍 7-325(要)
九儀 1-226
九夷 8-305
九夷八蠻 3-167(附)
鉤弋 2-346
鉤弋宮 2-345(釋)
鉤弋夫人 2-359, 360
舊人 6-67(譯)
求仁得仁 1-69(譯)
龜茲 2-374 3-72, 338(釋) 5-294(原)(頭) 7-140(原)
龜茲國 6-166(譯)
枸醬 2-251, 308
苟萇 5-266
蒟醬 3-339
廏將 1-281
姤壯勿取之義 7-166(附)
口傳 7-235
口占 6-72(頭)
九鼎 3-275(附)
舊制 3-292(要)
朐䏰 3-72(原)
九族 2-50
九州 2-123, 232 3-186, 275, 365 5-28, 147, 230 6-298
九疇 1-72, 342(附) 3-359
句注 1-347 2-46
滱州 1-226
句注山 2-53
丘濬 6-113
九峻 1-128
寇準 1-52, 54
九峻山 5-345
九重 6-325(釋)
狗軹 3-167
苟池 5-246
九眞 3-270
勾陳星 7-292
寇洲 7-287, 287(頭)
九天 7-226
九泉 7-43
句踐←越王 2-228
口捷 7-289
口體之奉 9-156
仇台 7-87
九推 2-127, 260
欋梎 7-203(釋)(要)
求破家 7-195(譯)
九品 5-109, 110
九品官人之法 4-293
久陷賊庭 8-196(釋)
仇香 4-135
丘墟 4-289(釋)
朐縣 1-258
求賢篇(帝範) 7-138
九縣飇回 3-364(頭)
構會吏民 3-74(頭)

鞠 4-101(頭)
國計簿 8-258(譯)
國公 4-256 6-252, 360 7-307
鞠躬 4-341(要)
國都 1-248 2-217, 231
鞠旅 2-375(頭)
國老 7-213(要)
國無類 1-110(頭)
國富篇(荀子) 2-113
國司 6-323
國師 3-141
國士 1-89, 90
國士無雙 1-329(要)
國山 3-361
麴勝 5-65
國語 2-340
國亦尋滅 8-317(頭)
鞠獄 3-32(原)
鞫獄 6-114(頭)
麴允 5-150
國邑 2-54
國子監 6-252 7-85, 86
國子生 6-252
國子學 5-311 6-72, 252
鞠場 8-300(釋)
國賊 4-241(頭)
國之將亡 本必先顚 5-155(評)(譯)
國珍 3-97(釋)
國策→戰國策 1-88(釋), 141(釋)
跼蹐 4-53(釋)
國忠之言 不能入矣 7-347(要)
國統三絶 3-200(譯)
國夏 2-367(評)
國學 1-250 6-83(譯) 7-85
國號唐 9-171(頭)(要)
軍家 9-15
君卿→馮野王 3-143
郡國 2-244, 312, 342, 368 3-26
軍國事殷 9-198(頭)
郡君 4-159(釋)
君道 3-329
軍都 9-127(釋)
軍旅 2-330(附) 5-258(頭)
軍禮 2-191
軍壘 8-104
群牧 8-112
君無忘射鉤 3-288(釋)
君房→侯霸 3-286
軍司馬 4-35
君象 3-294
群書考索 1-249 7-71, 105(略)
軍市租 2-181(釋)
群臣多諫 6-314(要)
群臣莫及 3-239(要)
群臣逡 2-252(釋)(頭)
君臣篇(申子) 3-112
軍實 3-194(釋) 4-229(頭)
郡王 7-307
軍容 6-310
軍尉 8-104
軍衛 2-290
軍議校尉 4-253(要)
君以此始 亦以此終 6-245(略)(譯)
君子矜而不爭 群而不黨 9-13(略)(譯)
君子愛人以德 4-256(要)
軍政皆決於家僮 8-277(頭)
郡朝 4-133(要)
群從子弟 5-168(頭)
郡主簿 4-25
軍中股慄 8-196(頭)
君之愛子 幽之於別宮 7-191(要)
君之子無傅 臣進屈侯鮒 1-95(釋)
群策屈群力 2-18(釋)
君體篇(帝範) 7-138
郡置守尉監 1-243(釋)
君亢急 3-294(釋)
郡縣 1-245, 246
郡縣之制 7-75

軍候管敢 2-336(要)
窟哥 9-99
屈彊 7-101(頭)
倔彊者 8-281(釋)
屈起 3-204(釋)
屈突通 6-215(頭), 231, 239~241, 266(要) 7-104(頭), 105
屈列 9-99
屈鮒←屈侯鮒
屈戍巴剌可汗 9-100
窟室 6-31
屈原 2-161
屈節 9-165(頭)
屈節解(家語) 8-195
屈侯鮒→屈鮒 1-95(釋)
窮 4-302(釋)
宮壼 7-42(要)
穹廬 6-210
窮髮之地 7-140(釋)
宮司 7-43(譯)
窮奢極欲 8-151(譯)
宮省 4-139
宮市 8-235(譯), 236, 243
弓矢 3-172 4-257
宮掖 4-53 7-341(頭)
宮闈 2-237 4-18(頭)
宮中所化 7-39(譯)
宮刑 1-260 2-175, 254, 339
躬擐甲胄 6-166(要)
卷甲 5-333(譯) 6-58
權勾當軍國事 8-352(頭)
勸農使 7-281
勸農社 7-283
勸農之道 2-177
權德輿 3-259(評) 8-221, 269(頭), 282, 328
權德輿傳(新唐書) 8-269
權道 1-361, 363
權斂戍 6-20(要)
權萬紀 7-11, 45
權萬紀傳(新唐書) 7-46
拳夫人→趙倢伃(漢) 2-345(要)
權數 4-180(釋)
卷阿篇(詩經) 7-180
權輿 3-275(頭) 5-163(頭)
權翼 5-232(要), 269, 269(要), 284, 285
權知六軍→朱泚 8-165
勸學興禮 2-288(頭)
闕 1-127, 258, 259(附) 4-132(頭) 6-269(附)
闕黨童子 5-26
闕里 4-61(要)
蹶上將 1-129(釋)
闕塞山 1-104(釋)
厥績懋焉 9-248(頭)
氿濫 4-86(釋)
軌範 7-319
机上 7-230(釋)
几席之上 戶庭之間 2-51(譯)
潰癰雖痛 勝於內食 4-185(頭)
几杖 2-194(釋), 197, 200, 202, 209
詭譎 8-222(釋)
歸德節度使 李紹榮 9-146
——節度使 李重進 9-224
歸德軍節度使 趙匡胤 9-248
歸德府 1-274
歸德侯 3-72
歸登 8-227(頭)
歸來望思之臺 2-353(釋)
鬼魅 6-383(頭) 9-251
歸命→孫皓(吳) 5-98(頭)
歸命侯→孫皓(吳) 5-100
鬼朴 7-205(釋)(要)
鬼方 1-216 3-185 6-210, 251 7-30
貴不可言 1-379(頭)
貴不期驕 富不期侈 7-51(要)
貴妃→楊貴妃(唐) 1-45
歸死 3-163(頭)

鬼神方 2-302
歸春陵擧兵 3-190(釋)
貴遊 6-179(譯)
鬼幽 5-37(譯)
貴人 3-236(譯)
貴人馬氏→馬皇后(東漢) 4-18
貴人梁氏 4-102(頭)
歸長沙 2-72(頭)
歸田錄 7-119
鬼躁 5-37(譯)
歸州 4-318 5-92
歸重於越 2-72(釋)
貴湖 5-302
樛 1-196
珪→拓跋珪 5-267(頭)
規諫 6-343 7-43(頭), 119 9-18(頭), 125
規利 8-397(頭)
規摹 2-87(要)
閨房 2-107
嬀水 2-47
窺窬 5-245(要)
窺窬之心 8-36(釋)
嬀州 1-370 8-81
窺覘 8-191(原)
珪幣 2-184(釋)
糾合 5-151(頭)
規畫 8-194(頭) 9-222(頭)
匀德實 9-100
均無僥利 8-127(釋)(頭)
均輸 2-258(附) 3-41
均輸官 2-368(釋)
均輸法 4-56, 57
均王→末帝(後梁:五代) 9-119(目), 120, 128, 134
均田 6-283(頭)
均田圖 9-246
均州 8-109
囷倉 2-217
劇 2-205 4-59(頭), 126(釋)
剋期 6-130(譯)
劇虜 3-270(釋)
克聊城 1-201(譯)
戟里城 1-162
劇孟 2-271(釋)
棘門 2-190, 190(釋), 191, 192 3-161
克伐怨欲不行焉 9-13(譯)
棘城 5-151
劇辛 1-150
劇易 4-285(釋)
棘原 1-294(釋), 296
棘邑 1-162
郤衣而凍死 1-69(譯)
克澤州 9-193(頭)
劇縣 3-271, 273
極刑 2-340
克黃 3-38 7-67
靳 4-183(原)
近郊門 6-326
勤息 4-28
勤政樓 7-353
勤政務本之樓 7-258(譯)
近住 6-99(附)
靳準 5-165(頭), 166
勤行 4-28
謹厚女徒 2-379(要)
金鏡錄 9-12
金鷄障 7-353
禁錮 1-53 2-290 4-149(要), 161, 173 8-283
金光門 9-32
金龜 4-33
金甌 6-118(頭), 126, 134
金匱石室 2-87(釋)
禁忌 4-40
金氣 3-84
金泥 3-355 6-34
金丹 8-311(頭), 321, 337, 340, 401
禁闥 2-361(釋)

金德 1-241
金縢 2-88 3-173, 195
禁禦 9-177(譯)
金陵 4-345 5-95, 139 6-101, 150 9-171, 234(頭), 240
金陵城 9-227
金馬 3-58(頭), 59
金馬門 2-254
金馬坊 3-58
禁罔疏闊 2-176(釋)
金微山 4-68
禁方 2-307(頭)
今上實錄 7-114
金石 2-152 9-180
金仙觀 7-250
金城 1-300 2-29 3-65, 67, 68, 70 7-333
——校尉 薛擧 6-223
金聲而玉振之 2-316(釋)
金城湯池 3-366
今召君矣 2-303(釋)
琴瑟 2-224 4-47
金繩 6-34
金吾衛 7-284 8-367
金吾將軍→張萬福 8-228(頭)
金褺 6-323
金墉 5-194
金墉城 5-231
金牛縣 4-223
金人 1-243, 244, 300 2-295 4-27
金印 5-173
今因其敗 9-47(頭)
金紫 7-356(頭) 8-47(譯), 188
金雀 2-118
嶔岑山 2-30
禁杖人背 8-269(譯)
禁錢 4-180
禽制 5-103(頭)
禁中 1-285(頭) 2-362 4-187 6-84(頭)
今此數將周 6-185(要)
禁滯積及出塞者 8-342(頭)
金湯失險 3-365(頭)
金統(年號) 9-33
金婆山 4-305
禁圃 3-41
金河 3-122 6-209
金穴 3-335
禁毁佛像 6-203(譯)
給公上 8-129(頭)
汲郡 1-139 5-253 7-359
給復 7-19(頭)
給事中 3-19(譯)
汲黯 2-239, 241, 242(評), 243(評), 256, 276, 280~282(評), 286(評), 287, 291, 292, 295, 296, 303, 304(評), 314(評) 3-282(評) 4-71(頭) 7-309(評)
汲黯傳(史記) 2-292, 303
汲黯傳(漢書) 2-241, 280, 286
給役 7-55(頭)
給繒布 8-45(頭)
汲冢古文 1-104 6-326, 327
給餉餽 2-21(釋)
急刑 3-29
亘 7-137(頭)
矜伐 7-91(頭)
矜愎 4-217(要)
夔 3-126 4-62(釋) 6-376
奇 6-212(頭)
岐 9-60
棄→后稷 3-126 4-149 6-342
蘄 1-268 2-74 4-224(頭)
齮 1-293(釋)
掎角 4-319(釋) 6-19
紀綱 1-75 2-51
氣蓋世 2-12
箕踞 6-289(釋)
其去楊廣僅一間耳 7-161(譯)
箕踞而鍛 5-46(釋)
起居注 7-97(頭)

騎劫 1-170(釋), 172
飢歉 7-55(釋)
機警 4-180(釋) 6-44(頭)
綺縠 4-18
奇功 2-375
紀公→李從善 9-240
棄功之慘 5-264(釋)
騎官軍 8-113
機括 8-84(釋)
己校尉 4-38(附)
崎嶇 8-25(頭)
器局峻整 8-262(要)
冀闕 1-127(釋)
飢饉 3-184(頭)
饑饉流隷 3-263(釋)
期期 2-60(釋)
畿內 8-306 9-190
耆年 4-172(要)
期年而生子政 1-193(釋)
寄奴→武帝(宋:南朝) 6-12
騎都尉 3-209(釋)
伎樂 2-236
騎郎 2-130(要), 131
祁連 4-341(頭)
岐靈岳 8-167~169
綺里季 2-81
麒麟 3-106
麒麟閣 3-105(頭), 106 8-284
驥馬 1-267
器滿則傾 7-217(附)
欺罔 8-384(頭)
期門 4-15(頭), 30, 76
羈縻 3-99, 101(釋), 163(頭) 5-123 7-319
羇縻 8-98(頭)
棋盤 2-201
岐伯 3-63
羈魄 9-186
奇兵 1-179(釋) 2-52 4-346 5-81
畿服 5-121(頭)
起復 8-268, 344
騎士從容言 至高陽傳舍 1-291(釋)
祁山 4-337(釋), 339, 342, 346, 348, 350 5-23, 50
箕山之節 3-186(譯)
機石 8-16
羈紲 3-51(頭)
紀星 5-253
其聲哀思 6-352(釋)
棄城夜遁 6-50(要)
譏世卿 3-19(釋)
奇獸 8-119
奇首 9-98, 100
淇水 5-218
耆帥 4-330
棄市 1-62, 254(釋), 311 2-134, 170, 199, 239 3-33, 77, 78, 88 4-119 6-194 7-209
其蒔也 8-289(頭)
紀信 1-366
記室 6-223, 234
機心 7-149
己氏縣 1-290
伎樂 8-34
岐陽→鳳翔 9-72, 75, 80
岐陽 6-152 7-286
起於井田 8-109(附)
器業 4-194(頭) 8-123(釋)
箕屋山 1-377
冀王→朱滔 8-156
夔王→李滋 9-20, 24
岐王→李茂貞 9-61, 108, 137
岐王→李範 7-257
紀王→李愼 7-228
覬覦 3-265(釋)
奇日 8-353(頭)
箕子 6-213
飢者易爲食 6-382(譯)
其子傳道→董傳道 8-300

耆長 9-238
奇材 2-336(譯)
其在吳王 5-253(要)
畿甸 5-270(要) 8-100
譏切侯霸之語 3-284(附)
奇正 1-179
旣濟卦 7-30
驥足 4-252
騎從 5-138(要)
冀州 1-103 2-326 3-88, 214, 327 4-130, 179, 214, 219, 263 5-187, 246 6-35, 39, 49, 50, 93, 153, 200, 271, 273 7-134 8-81
——刺史 蘇章 4-110
——刺史 張永 6-42
——刺史 張敞 3-89
夔州 1-324 4-280, 318 6-275
沂州 8-109, 304
鄿州 9-234
岐周 1-56
岐州 1-220 3-303 4-84 7-280, 286 8-38, 388
岐州道 8-113
紀逡 3-186, 187
器之 4-220(頭) 8-247(頭)
掎之 6-18(釋)(要)
基址旣成而一臺不築 6-344(譯)
紀瞻 5-138, 138
箕帚妾 1-272(譯)
譏揣 4-140(頭)
旗幟皆從金色 7-191(譯)
岐漆山 3-303
紀通 2-109
幾陷其父於槊刃之下 6-129(譯)
祁奚 4-149(釋)
畿縣 8-99(譯)
蘄縣 1-269
奇貨 9-210
岐華 9-54
奇貨可居 1-191(釋)
期會簿書 3-64(釋)
蛣蜣 3-60
吉甫→尹吉甫 8-174(譯)
吉甫歌誦周宣 8-174(譯)
吉翂 6-126
吉士 4-94
吉溫 7-330
吉溫傳(唐書) 7-330
吉土 3-355(頭)
吉貝 6-113
吉行 2-117
金安上 3-51
金日磾←日磾 2-295, 314, 360, 361
金日磾傳(漢書) 2-294, 361
金敞 3-118

【ㄴ】

羅鉗吉網 7-330(頭)
贏股肱 7-293(頭)
邏吏 4-235(頭)
羅璧→羅璧識遺 3-153
羅璧識遺←羅璧 2-232
羅尙 5-135
蘭氏 5-134
羅立言 8-378
羅織 7-205(頭)
羅織經 7-195
羅川令 蕭銑 6-242
羅八珍於前 6-325(釋)
羅弘信 9-47
羅希奭 7-330
洛 1-369(釋)
洛澗 5-275, 276
駱谷 4-329 5-43, 48(釋), 50 9-33
洛口 6-213
洛口倉 6-208, 222, 226, 254(譯) 7-55
洛宮 8-354

落那 5-203
樂道 1-37
落落 2-287 3-271(釋)
樂浪 3-167
駱賓王 7-177(原), 191~193
雒舍 4-186(頭)
洛城 4-187
洛水 1-286 2-29, 105 3-359 5-342, 348 6-14, 58, 153, 206, 370 7-19 9-86
樂壽縣 6-270(頭)
樂安國 3-273
樂安郡 4-154
洛陽←京雒, 雒陽, 神都 1-104, 138, 196, 200, 203, 286, 340, 341 2-25, 28, 29, 38, 42, 54, 66~68, 119, 136, 161, 210, 275 3-77, 201, 233, 237, 246, 248, 268, 291, 310, 348, 364 4-33, 185, 232, 292, 315 5-50, 73, 86, 125, 127, 135, 144, 194, 216, 225(頭), 231, 239, 240, 244, 249, 251, 279, 280, 284, 333, 337 6-20, 23, 35, 66, 67, 72, 108, 109, 130, 132, 206, 215, 237, 268, 278, 294, 373 7-39, 105, 122, 158 8-12, 22, 34, 38, 51, 68, 69, 77 9-57, 75, 81, 115, 119, 120, 136, 139, 148, 163, 190, 193, 194
——令 薛琡 6-89
—— 宣德亭 4-105
雒陽→洛陽 3-245(釋), 287, 316 4-134, 139, 148, 149, 192, 203, 296
—— 都亭 4-106, 157
——令 董宣 3-333
——令 任峻 4-110
——令 周紆 4-52
—— 宣平門 4-176
洛陽宮 6-98, 373 7-49, 59, 225
洛陽南宮 2-21(釋)
洛陽城←雒陽城 3-310 6-269 9-144
—— 白馬寺 4-28
雒陽城→洛陽城 3-237
洛陽縣 2-22 4-188
駱悅 8-69
洛汭 6-146
洛邑←雒邑 1-206 5-246
雒邑→洛邑 7-70
落而爲萁 3-83(釋)
雒將 3-330(附)
洛州 1-84, 104, 313, 367, 373 2-22, 30, 211 3-247, 366 6-346 8-17, 81
——刺史 鄧羌 5-246
——刺史 張是連提 6-39
——長史 薛季昶 7-229
——長史 宋璟 7-242
——節度使 薛嵩 8-80
洛州司馬 7-213(譯)
洛州縣 1-195
洛川 5-98
樂平縣 2-62(釋)
樂平侯→霍山 3-19
洛下閎 2-314
樂鄉 5-91
鸞 6-219
鑾駕 4-204 9-231(附)
蘭京 6-128(釋)(要)
鸞旗 2-117(釋) 3-252(頭), 341
欒大←五利將軍 2-307 8-311
蘭臺石室 1-59(譯)
亂略 9-84(頭)
蘭陵 6-65
蘭陵公主(唐) 7-59(頭)
蘭陵縣 6-51
欒城縣 9-193
亂世 2-224 9-246
亂世之姦雄 4-180, 182(頭) 5-66(略), 293 (評)
亂臣 1-85
亂臣賊子 4-260 5-181 9-82
爛然 8-149(頭)

欒黶之惡已彰 7-66(釋)(要)
欒盈 4-151 7-67
赧王(周)←延 1-73, 149(頭), 195, 197, 204, 208 2-104, 274 3-163 5-259 8-383, 386 9-72, 74
赧王徙都西周 1-196(釋)
藍田 2-210(釋)
鸞鳥 2-118
蘭州 6-223 7-286
嬾眞子 2-329(釋)
亂秦之緒 4-119(釋)
欒巴 4-106
難平者事 5-22(頭)
欒布 2-69, 206
欒布傳(史記) 2-69
欄檻 6-180(譯)
難眩以僞 4-292(要)
蘭欽 6-128
剌葛 9-105(原)
剌葛安端 9-104(評)
南康 1-103
南羌 3-339
南康公主(東晉) 5-209
南康王→和帝(齊:南朝) 6-77~79
南康忠武王→韋皐 8-245
南冠 5-148
南關 3-211
南郊 3-58 4-11(頭) 7-20
南郡 1-324 2-278 3-191 4-117, 221, 238, 273 5-92
南郡公→桓玄 5-301
南宮 2-42 3-213(釋) 4-157
南宮萬 2-275
南宮氏→南宮靖一 2-109(略)
南宮靖一←南宮氏 1-197(譯), 208
覽其行事 豈虛乎哉 3-80(譯)
南內 8-68
南唐 9-114, 172
南唐世家 4-308
南頓 1-238
南頓令 劉欽 3-189, 221
南頓君→劉欽 3-245
南頓郡 6-50
南膜 7-263
南蠻 1-56 6-373
南面 1-135(評), 148, 158(略), 170 2-64 (評), 113(附), 223 3-200(略), 225(略), 229(略) 7-70(原) 9-89(評), 163(要), 202(評)
南面招討使 何弘敬 8-394
男服 8-306
南北 4-302(釋)
南北司 9-16(譯)
南北朝 6-11(題)
攬轡 4-130(釋)
南史 3-254
南司 7-225 8-144, 379 9-53, 60
南山種豆歌 3-86
南山主人→江淵 1-37
南上 6-286(頭)(要)
南塞 1-322
南單于 3-344, 350 5-327
南城 1-123(釋)
南牙→南衙 7-225
南牙 8-144(頭)
南衙←南牙 7-225 9-28
南衙立仗馬 7-313
南安 4-337(釋), 342
南安郡 5-148, 149
南安王→高帝(前秦:十六國) 5-299(原)
南安王→李穎 7-228
南安王→拓跋余 6-47
南安州 4-338
南岸地 4-244(頭)
南陽 1-335 2-39, 130, 211, 212, 296 3-188, 189, 191, 192, 195, 199, 204, 221, 228, 271, 297, 300, 324 4-20 (頭), 92, 189, 191, 221, 229, 243,

334, 341(頭) 5-18, 19, 22, 279 6-361 7-92, 96 8-284 9-79
—— 張奉 4-57
—— 朱暉 4-56(釋)
——太守 杜詩 3-301
——太守 成瑨 4-140
——太守 召信臣 3-131
南陽郡 1-293(釋)
南陽貴士 7-92(釋)
南陽不可問 4-44
南陽王→文帝(西魏:北朝) 6-109, 134
南陽王→袁恕己 7-232
南豫州牧 侯景 6-121, 134
南越 2-194, 250, 312, 319 3-121, 138
南粵武王→趙佗 3-268
南越武帝→趙佗 3-138
藍田 1-299 2-192 8-86
南鄭 1-323, 323(釋), 327, 329 4-273 5-279
南霽雲 8-49, 51
南朝 6-11(目)
南詔 7-348(頭)
南州民 5-85(頭)
嵐州使 7-286
南中 4-331
南天竺國 6-101
南楚 1-324
南取幷州 6-153(頭)
南平襄王→烈祖(南漢:十國) 9-115
南平王→烈祖(南漢:十國) 9-176
南平王→武信王(荊南:十國) 9-117
南平獻王→文獻王(荊南:十國) 9-196
南浦閏 7-286
南豐→曾鞏 7-153(評)
南皮 4-220(釋)
南漢(十國) 9-176
南漢 中宗 9-235(頭)
南海尉 任囂 3-268, 270
南海武王→趙佗 3-138
南海府 9-190
南海王→高祖(南漢:十國) 9-176
南海王→烈祖(南漢:十國) 9-109
南海珠厓等九郡 2-312(釋)
南向坐 7-317(要)
南軒張氏→張栻 5-22(評)
南華仙人→莊子 5-38, 157
南皇堂 5-184
南匈奴 3-343 4-26 5-86, 135
臘 3-83(附)
納諫篇(帝範) 7-138
納麓 9-248(頭)
納巢剌王妃而封子明 1-45(譯)
納約自牖 2-82
納汚藏疾 7-137(釋)
納李程而罷營殿 8-354(譯)
臘日 3-173(釋)
納子婦 7-329
納陛 3-172 4-257
納誨箴 8-350
拉朽 6-280(原), 312(頭)
郎 3-34(釋)
狼居胥 6-33(釋)(頭)
狼居胥山 2-300(釋) 3-161
狼顧 1-264(頭)
囊括不言 4-168(頭)
朗陵侯相 荀淑 4-117
郎吏 7-252
狼望 3-163(釋)
廊廟 4-76(頭)
郎僕射 竊識視之 2-361(釋)
朗山 8-301~303
琅琊 1-377 2-36, 246, 322 3-108, 189 4-126, 198, 220 5-46, 312
琅琊恭王→司馬覲 5-139
琅琊郡 3-316 5-330
琅琊王→康帝(東晉) 5-205, 207
琅琊王→景帝(吳:三國) 5-44(原)
琅琊王→司馬覲 5-162(附)

琅琊王→司馬道子 5-296, 300, 301, 312
琅琊王→司馬伷 5-82, 89(頭)
琅琊王→李沖 7-228
琅琊王→哀帝(東晉) 5-237
琅琊王→元帝(東晉) 4-307(譯) 5-138(附)(要), 145, 146, 348
琅琊王→廢帝(東晉) 5-244
郎位 4-40
稂莠 3-335 6-356(要)
娘子 7-327
娘子軍 6-241(附)
朗州 9-154
閬州 4-312 8-251 9-74
郎中 1-378(釋) 4-40
浪蕩渠 1-346
浪蕩渠水 5-32
狼狽 4-349(頭) 5-98(附)
狼虎谷 9-37
乃 2-150(釋)
耐 2-170(原)
內庫 8-164, 280
乃公 2-70(釋)
內教坊 7-15(要), 255 8-35
內難 9-95
內府 9-137
內附 7-17(譯)
內不能平 5-202(要)
來聘 1-221(譯)
內史 2-281 3-52
內射生使 8-72(附)
內射生手 8-72
萊山 2-322
內相 8-189
乃署 5-228(頭)
內禪 9-95
內省 6-74(頭)
來蘇之望 5-331(釋)
內豎 1-43
內侍 9-15
內牙統軍使 胡進思 9-194
內延 9-246(頭)
內外閑廄使 7-286(頭)
萊夷 7-293(釋)(頭)
內藏庫 9-155
來濟 7-169
萊州 1-113, 173 6-214 7-319 8-109, 333
來俊臣 7-195, 198, 202, 207, 209, 228
來瑱 8-109 9-68(頭), 89
內寵 4-78, 85
內則篇(禮記) 4-14 5-131
內宅 8-64(頭)
內鄉縣 1-131
內訌 8-149(頭)
來和 6-168(頭)
內黃 5-221
來歙 3-256, 277, 307, 309, 310 7-96
冷道縣 3-191
瀘 4-334(釋)
魯 3-270(釋)
老奸巨猾 7-314(頭)
魯炅 8-57(頭)
顱骨 8-292(原)
魯公→項羽 2-16
魯恭 7-267(頭)
魯恭王→劉餘 4-224
盧綰 2-64
魯廣達 6-189(頭)
盧國 2-145
魯郡 5-219
勞軍錢 9-137(附)
盧杞 1-46 8-126, 145, 146, 149, 152, 156, 172, 177, 184, 185, 189, 203, 217, 275, 337(頭)
瀘南縣 4-335
老聃→老子 1-127
露臺 2-194(釋), 197
露臺鄉 2-195
奴刺 8-98(頭)

勞來 3-25(釋)(要)
勞來之 3-233(釋)
奴虜 2-261(附)
盧龍 7-359 8-114, 153(頭), 155, 365, 369, 371, 395 9-89, 167, 181
——節度使 劉總 8-307
——節度使 李懷仙 8-80, 80(釋), 97, 132
——節度使 趙延壽 9-178
老瞞→曹操 4-241(釋)
怒萬乘之主 4-92(要)(附)
鹵莽(무) 7-68(原)
路門 6-326
盧文紀 9-159
路博德 3-138
魯般門 2-255
盧芳 3-366
魯邦之少卯 8-223(附)
盧辯 6-151
爐餠 8-20
鹵簿 5-216
路不拾遺 6-320
路思令 6-96
魯山令 元德秀 7-300
魯爽 6-41(頭)
老上單于 2-146, 178
盧生 1-253, 261
老生→宋老生 6-235(頭)
鹵城 4-346
鹵城縣 3-211
魯世家(史記) 3-255
瀘水 4-335
魯肅←子敬 4-229, 230, 233, 234, 236, 249~252, 273, 279, 285, 287, 316
盧循 5-320, 333(頭), 334, 338, 347 6-14, 58
盧承慶 7-172
盧植 4-180, 182, 186, 193
魯申公→申培 2-203(釋)
老氏→老子 1-59 2-230, 240
路巖 9-92
嫪毒(애)←長信侯 7-186
魯陽 4-190~192
魯陽縣 3-195
鱸魚膾 5-131(釋)
老易 5-200(釋)
奴隷 7-338(頭)
路溫舒 3-29
路溫舒傳(漢書) 3-30, 32
潞王→末帝(後唐:五代) 9-157(目), 158, 159, 163, 168, 252
魯王→李靈夔 7-197(頭), 227
盧龍鎭 9-47
魯元公主(漢)←嫡長公主 2-59(要), 111
盧醫→扁鵲 2-84, 145
老子←老聃, 老氏, 聃, 伯陽, 李聃, 李耳, 重耳, 太上玄元皇帝, 玄元皇帝 1-58, 91, 127 2-234 3-363 4-63, 179 5-38, 157, 315 6-53, 145, 148, 313 7-53, 335 8-15, 322, 323
鹵斫 8-299
盧潛 6-166
老莊 5-38(附), 46, 116, 119, 160
盧藏用 7-238
露積 2-215(要)
魯店 8-173
盧照隣 7-177
盧祖尙 6-359
盧從史所離間 8-267(頭)
勞酒 2-127
潞州 1-105, 177 2-62 8-97, 393 9-110, 111, 147, 194, 207, 208
瀘州刺史 柳玭 9-50
魯朱家→朱家 2-25(釋)(頭) 3-51(譯)
魯仲連 1-172, 185, 201, 202, 204
瀘津關 4-335
潞川 5-251
路充國 2-334
露板 9-121

露布 6-367, 367(釋) 8-78(附), 196(釋), 332 9-121(釋)
魯褒 5-125
盧弈 8-145
魯縞 4-230(釋)
盧懷愼 7-260, 262, 263 8-146, 334
錄 4-33(頭)
鹿 5-197(釋)
祿去王室 3-167(頭)
鹿谷山 2-62
騄驥馬 4-180
錄圖書 1-253(頭)
鹿頭關 8-252(釋)
鹿頭山 8-253
甪里先生←元道, 周術, 霸上先生 2-81
綠林山 3-188 4-229
綠林賊 3-191
祿命 7-92(譯)
鹿毛壽 1-148
錄尙書事 4-156 5-243(頭), 296(頭) 6-57(頭)
綠野堂 8-382
綠珠 5-129
祿之以天下而不顧 7-148(頭)
鹿車 5-46(頭)
論難空有 8-322(頭)
論登封者 莫善於許懋 3-360(原)
論佛骨表 8-316, 323
論事 5-93(頭)
論輸左校 4-147(附)
論語 2-99, 328, 380 3-54, 216 4-176 5-60, 124 6-234 7-141, 145 8-83
——憲問篇 4-56
論語集註 2-328
儂 6-192(釋)
隴 8-273
隴東 5-299
農不供貢 2-196(頭)
隴山關 1-322
隴西 1-217 2-28, 180, 293 3-196 4-186 5-286, 303 6-95, 223, 234
隴西郡 1-254 3-303, 305
隴西縣公→牛仙客 7-306
弄臣 2-187(釋)
隴外 6-256
隴右 3-256, 308 4-337 5-58, 222 6-335 7-148, 285~287, 298, 319 8-26, 84 9-14
——節度使 哥舒翰 7-346
——節度使 王忠嗣 7-332
隴州 8-38, 84, 388
隴蜀 5-60
隴蜀合從 3-267(釋)
賚 7-258(釋)
賚篇(詩經) 3-245
靁鼓 4-238(頭)
雷同 3-314(附) 6-319(釋) 8-174(釋)
磊磊落落 5-197(釋)
雷萬春 8-31, 49, 51
耒耜 2-127
挼穗 8-93(釋)
牢修 4-144(要), 148
耒陽 4-252(釋)
牢獄 3-119
雷池 5-191
雷澤縣 3-275
雷海淸 8-38
婁敬→劉敬 2-28, 29, 31(頭), 53(釋), 88(評) 6-260(評)
婁敬傳(史記) 2-29
樓君卿→樓護 2-285
樓蘭國 2-374, 375
累卵之危 4-210
耨里思 9-100
樓望 4-51
樓煩 1-217(釋)
婁師德 7-206, 212
樓船 3-123

樓緩 1-155, 157
屢誅大臣 3-167(頭)
樓護←樓君卿 2-283(附)
勒兵 6-41(頭), 286(頭) 8-145(頭)
廩 2-170(釋)(頭)
廩給 2-171 3-328
凜凜 4-244(頭)
廩食 2-171 3-328
廩延邑 5-291(釋)
廩犧 3-78(釋)
楞伽經 6-99
能開衡山之雲 8-330(譯)
菱芡 6-207(要)
能權 2-165
陵轢 4-281(要)
陵上 8-24
凌霄 5-284(頭)
能馴鱷魚之暴 8-330(譯)
能臣 4-180 5-293
陵陽 8-166
凌煙閣 6-369 7-104(頭)
凌雲臺 5-84(要)
陵夷 2-271(要) 7-152(頭)
陵寢 8-22(頭)

【ㄷ】

多空地棄 2-82(釋)
多多益善 2-38(原)
多覽葛 7-129(附)
多不遂志 6-125(頭)
多士 3-61
茶山 8-220
多心經 6-99
多以爲疑 4-341(要)
旦→周公 3-37
段干 1-91
段干木 1-90(頭), 95
段龕 5-232(要)
斷車靷 3-302(釋)
團結 9-31
但顧其微弱 5-121(要)
端拱 5-258(頭)
檀弓篇(禮記) 4-257 6-301
段珪 4-185
團耆 9-236
檀道濟 5-337 6-13, 17, 23~26, 35, 38
斷頭將軍 4-313
段蘭 5-232(要)
團練使 8-106(頭)
鍛鍊成獄 7-330(附)
鍛鍊之吏 4-55(釋)(要)
端明殿 9-149
端門 7-225
端門樓 6-269(頭)
段文昌 8-343(頭), 362
段文楚 9-30
短兵接 2-27(釋)
檀敷 4-160
斷臂 8-317
單辭 3-366, 367(譯)
丹砂可化爲黃金 2-244(釋)
丹書 3-299
丹書帛 3-169(頭)
丹書鐵券 2-87(釋)
丹霄殿 7-23, 24
段隨 5-298
段秀 5-184
段秀實 8-166(附), 167(頭)
丹藥 1-59
丹楊丞 杜乂 5-200
丹陽 4-32 5-312
丹陽郡 4-345 6-123 7-46
段業←涼王業 5-308, 318
丹淵 7-67
端午 8-70(頭)
斷獄 3-64, 74
段凝 9-129(頭), 131, 132

丹扆 8-354
丹扆六箴 8-350(釋)
檀子 1-123(釋)
但坐嘯 4-141(要)
丹朱 7-67
單州 1-273
檀州 1-268 8-81
端州 9-42
澶州 8-282 9-198, 199, 201, 243
短主簿 5-243(頭)
斷趾 7-153
斷趾法 6-378
段志沖 7-137
段志玄 7-104
段平仲 8-270(頭)
段匹磾 5-163
湍悍 8-139(釋)
袒割 4-15(頭)
段暉 5-329
達官 5-69(要) 6-312
妲己 1-41
達旦徹備 8-49
達磨 6-100(頭)
撻馬狘沙里→太祖(遼) 9-101
啗 1-299(釋)
郯 1-280(釋)
聃→老子 2-234
湛盧 7-352(頭)
澹林 2-181
儋林 1-217
潭城 5-92
覃王→李嗣周 9-51, 74
儋耳 3-167
儋耳郡 3-121, 138
潭州 1-103 9-109
——都督 褚遂良 7-165
——刺史 馬殷 9-150
譚忠 8-308
郯縣 1-281
沓中 5-48(頭), 50
答布 3-254
唐 9-222(頭)
黨 4-149 8-284
唐邯 3-312
唐鑑 6-228(評), 339(評) 7-188 8-239(評)
唐儉 7-104, 119
堂谿氏 8-297
黨錮 3-367, 368, 368 4-152
黨錮傳(後漢書) 4-160
黨錮之禍 4-116, 167
儻谷 5-49
唐公→高祖(唐) 6-220
唐公洛 5-267(頭)
黨禁 4-165, 167, 179
唐紀 6-248(題), 330(題) 7-11(題), 65(題), 158(題), 244(題), 302(題) 8-11(題), 79(題), 126(題), 180(題), 246(題), 341(題) 9-11(題)
唐都 2-314
當塗 4-250(釋)
當塗縣 4-127
儻來之運 5-258
唐曆 7-137
堂吏 9-52
當利 5-190(頭)
唐林 3-186, 187
當免 2-263(要)
唐蒙 2-250, 251, 268
唐文皇→太宗(唐) 7-122(頭)
唐兵三變 7-320(譯)
唐彬 5-82, 89
唐史→新唐書 7-270
唐書←舊唐書, 舊史 4-306 9-94
—— 李密傳 8-16
—— 百官志 8-134
—— 輿服志 2-196
—— 韓洄傳 2-140
唐雅樂 6-352

唐安公主(唐) 8-190(頭)
戇駃 5-125(釋)
當陽 4-227(頭) 5-92
當陽之長坂 4-229(釋)
讜言 7-28(原), 117 8-350(頭)
黨與 1-254, 270, 284, 363 2-371 3-140
唐王→高祖(唐) 6-243
當王天下 6-168(頭)
唐堯→堯 3-281
黨友 3-88
唐虞 2-240, 242(評), 243(評), 376 3-24, 94(評), 185(釋), 186, 262, 4-295(評) 6-385(評)
唐虞官天下 7-78(譯)
黨援 4-193 6-250(要) 8-265(要)
唐六典 6-252
棠邑 9-32
黨議 4-148
當以不敬論 2-263(要)
黨人 4-140, 144, 148, 149, 153, 161, 163, 164, 168, 172, 188 8-283
黨人獄 4-147
唐人有言 5-179(譯)
黨人之禁 4-161
當自子之 1-193(釋)
當載筆 7-97(釋)
唐宗→太宗(唐) 1-57
唐周 4-179
唐州 2-212, 213 8-138
——節度使 李愬 8-294
唐主遣邊鎬 9-204(頭)
唐遵 3-186, 187
唐仲友 2-37(評), 42(評), 44(評), 85(評), 88(評) 3-23(評), 110(評) 4-74(評), 111(評)
唐之奇 7-191, 192
當盡坑 9-144(附)
唐策 7-12
唐莜 4-37(釋)
唐統紀 7-137
党項 8-85(頭), 98
党項界 3-122
唐衡 3-321 4-128, 129
唐弘夫 9-34(頭)
幢麾 4-215
大駕 2-118
臺閣 2-237(頭) 3-221, 369(頭) 4-78(頭), 100(頭) 6-362(頭)
帶甲 4-219
大擧 5-273(要)
帶劍履上殿 入朝不趨 2-45(頭)
大京尹 王承業 8-13
大經 7-87 8-83
大驚 4-227(要)
大計 1-334
戴溪 2-311(評) 3-81(評), 92(評), 139(評) 4-31(評), 42(評), 59(評)
大故 2-147(要)
大誥篇(書經) 3-179
代谷 2-51
大功 4-173
大公之心 7-242
臺觀 6-207
大窖 2-335(原)(釋)
代國 1-216
大國有征伐之兵 4-316(要)
代郡 1-216, 217 2-261, 278, 300 3-211 6-107
大權 7-232
大器 2-153 3-192
大難屢作 5-57(頭)
大唐 9-129
大憝 4-74 5-187, 348(頭)
大戴禮 2-157
代都 3-366
大道 2-186, 231, 340 5-170
大都 1-248
大同(年號) 3-358 6-134 9-195

大同 6-110 7-280
——防禦使 段文楚 9-30(釋)
大同軍節度使 李國昌 9-25
大同路 3-98
大同府 2-53
大臺 8-129(頭)
大略不世出 4-190(譯)
大梁 1-210(釋) 7-265 9-58, 61, 119, 120, 131, 132, 144, 171, 189, 190, 192, 194, 195, 200, 208, 232, 233
戴良 4-86
大梁城 1-381
大曆(年號) 8-104, 121(頭), 128, 328(頭)
大練 3-366(譯) 4-18(要)
大輅 5-216
大麓 9-250
大隴山 1-322
大牢 1-366
大理少卿 6-333(譯)
代馬飮於江津 6-59(頭)
大漠 6-153(頭), 367, 371 7-88 9-104
戴逸 5-163
大明 6-45
大明篇(詩經) 2-346
大明宮 8-68
玳瑁 2-308(頭)
瑇瑁 3-339
大物 8-74
大閩 9-154
大戹谷 2-62
大閩國王→嗣王(閩) 9-149
帶方 7-87
大筏 5-90(釋)
大辟 2-175, 254
大柄 3-38
大寶 9-58
大寶(年號) 6-136, 137 9-233
大寶箴 6-325(釋)
大寶殿 6-200, 238 7-79
大夫 1-117
大府 8-123(釋)(頭)
臺府 5-111
代北 5-336
大佛閣 6-116
大比 1-250
大聘 1-248
大捨 6-98(附)
臺榭 7-138(釋)
大司寇(周禮) 1-88
大事記 1-246 2-149
大司農 2-329
大司丞 耿壽昌 3-82
大射禮 4-13(釋)
大蒜 8-68
岱山 1-370 5-348 7-19, 235
大喪 9-208
大象(年號) 6-173, 189
大象傳(周易) 1-250 8-62
大上造 1-117(附)
代相陳豨 2-271(釋)
臺省 8-219
大胥(周禮) 7-86
大庶長 1-117(附)
大鮮卑 5-153
大船數十艘 6-123(頭)
大單于 5-132, 142, 153
大雪 8-298
戴聖 3-107
臺城 1-58 6-31, 116, 134(譯), 144, 146, 291 8-317
大聖神烈天皇帝→太祖(遼) 9-104
臺省爲空 7-335(頭)
臺城之辱 6-349(譯)
大小夏侯尙書 3-107(釋)
大率 8-258(要)
大宋 9-248
大水 8-221
大樹將軍→馮異 3-216

大順(年號) 9-46, 48
戴施 3-248
大食 8-251
大臣多短之 2-136(原)
大雅篇(詩經) 2-340
大惡 4-97(釋) 8-225(附)
大安(年號) 5-291
大安軍 4-338
大安宮 7-155
代雁門 1-215(釋)
大陽 5-193
對敭 7-117(釋)
大業 2-124(譯) 4-200
大業(年號) 6-198(頭), 205, 256, 335
大燕 9-115
戴淵 5-169(頭), 170, 173, 175, 176
大衍曆義 7-137
大燕皇帝→史思明 8-64
大燕皇帝→安祿山 8-11
大盈 8-123(頭), 163(要)
大盈庫 8-124
大宛 2-47, 292, 306, 308, 326, 330, 333, 374
大宛國 3-132, 338
大宛郡 3-339
大宛傳(史記) 1-87 2-326
代王→恭帝(隋) 6-230(頭), 231, 233, 243, 251
代王→道武帝(北魏:北朝) 5-298
代王→文帝(漢) 2-111(譯), 112, 113
代王→劉如意 2-60
代王→劉喜 2-41
代王→趙歇 1-280, 306
代王→陳餘 1-338 2-65
代王→陳豨 2-60
代王→拓跋猗盧 5-153
代王嘉(趙:先秦) 1-225
大撓 6-180
大愚 1-238
大禹→禹 5-185 7-100
大禹謨篇(書經) 3-31
大禹之序西戎 3-339(釋)
大越 9-176
大月氏 2-47
大位 3-50 6-302 7-242 9-206
大儒 2-51, 229 3-91
大有(年號) 9-150
大有年 3-26(評)
大殷 9-181
大人賦 3-63
大一統 2-227
大稔 6-383(頭)
大章 4-62(釋)
對仗 7-273(頭)
大長公主 5-102
戴長樂 3-83
大丈夫 1-156, 272(附)
大杖則走 6-295(譯)
大長秋 9-78
代田 2-356(附)
大篆 3-134 4-172
大節 9-213
大政 7-245
大定(年號) 6-149
大帝→高宗(唐) 7-217(譯), 223
大齊 9-33
大帝(吳:三國)←大皇帝, 孫權, 孫仲謀, 孫討虜, 仲謀 5-98(頭)
大帝以二子托陛下 7-210(頭)
待詔 4-174
待詔金馬門 2-254(釋)
大趙天王→明帝(後趙:十六國) 5-196
岱宗 2-316 3-359
代宗(唐)←廣平王, 睿文孝武皇帝, 李俶, 李豫 6-302 8-72(附), 76, 77, 79(頭)(目), 87, 94, 115, 121, 126, 138, 145, 148, 151, 198, 200, 203, 329, 332 9-31, 68, 75, 87, 89, 94

大宗伯 7-54
待罪 2-135(譯)
代州 2-53 7-206 8-170
戴胄 6-333, 381 7-59
大周萬國頌德天樞 7-186
戴胄傳(唐書) 6-333
大中(年號) 3-93(譯) 9-11, 23
大中正 5-109 6-283
大震 1-322
大震關 8-84(釋)
大秦天王→宣昭帝(前秦:十六國) 5-234
大晉皇帝→高祖(後晉:五代) 9-168
大秦皇帝→朱泚 8-169, 183
大迭烈府 9-101
大塹 3-252(要)
大槍 3-217, 222(釋)
臺昌 1-377
大策 3-271(譯)
對策 2-252, 264(頭) 8-341(譯), 356
對策文 4-119
大楚 1-268 8-183
大蜀 9-110
大澤鄕 1-268(釋)
大統 3-332 6-110 9-251, 252
大通(年號) 3-358 6-92, 134, 146
代陂 5-219
大夏 2-47, 292, 306
大河 5-187 9-87
大賀氏 9-98
大夏天王→武烈帝(夏:十六國) 5-327(附)
大夏侯→夏侯勝 3-108
大寒 3-84, 85, 173
大漢 9-176
大旱之變 7-309(頭)
大海 7-45
大行 2-247(要) 6-173(頭)
大峴山 5-328(釋), 329
大俠 2-270
大號 9-172
大鴻臚 2-329, 353(釋) 3-335(頭)
大和(年號) 9-151
大皇帝→大帝(吳:三國) 5-40
戴侯→劉熊渠 3-192(頭)
德公→龐德 4-226(頭)
德文→恭帝(東晉) 5-347
德妃 9-122(頭)
德色 7-260(釋)
德星 5-253
德勝 4-208
德勝北城 9-127(頭)
德陽殿 4-90
德陽亭 5-51
德陽縣 8-253
德興→武帝(宋:南朝) 6-12
德彝→封德彝 6-386
德操→司馬徽 4-226(釋)
德宗→安帝(東晉) 5-308
德宗(唐)←奉節王, 聖神文武皇帝, 雍王, 李适 8-77, 109, 115, 126(目), 128, 132, 148, 159, 177, 183, 186, 197, 209, 215, 216, 226, 231, 239~243, 259, 260, 274, 327, 338, 354, 384, 392 9-68, 71, 75, 89
德宗自經憂患 8-247(譯)
德州 1-263 2-273 8-56, 109, 307, 333
——都防禦使 田承嗣 8-80
德皇帝→宇文泰 6-108
堵 1-248
度 7-234(頭)
韜 4-281(要)
饕 4-108
屠家 8-279
陶侃 5-145, 154, 185~187, 192, 195, 200, 206, 348
渡江 6-58(頭)
刀鋸 8-357
道學 8-82(釋)(頭)
陶謙 4-198~200

圖經 3-280 4-318
屠沽 4-94(頭) 7-234(譯)
陶穀 9-248
悼公(前涼:十六國)←西平博公, 張天錫
倒戈 5-73(釋)
倒戈之志 7-57(釋)
都官考課法 5-27
道教 1-60 8-84
道九原 1-257(釋)
道君→徽宗(宋) 1-58, 60
屠耆 6-209(頭)
度紀 4-119(頭)
道畿→明帝(東晉) 5-181
都畿 7-298(釋)
屠耆單于 3-165
盜其嫂 1-350(要)
擣其虛 6-25(頭)
都內 2-258
韜匿 8-400(頭)
陶唐氏 2-339
道德 2-56(評)
道德經 2-176 5-157, 201
都督中外諸軍 5-31(頭)
道得費 8-236(頭)
盜弄陛下之兵於潢池中 3-40(釋)
度遼營 4-26(釋)
屠戮之慘 亦略相報稱 6-245(譯)
塗廩不下 6-295(釋)
桃李 7-213(附)
桃林縣 2-30 6-260
度幕輕留 2-300(釋)
道萬→簡文帝(東晉) 5-254
道武帝(北魏:北朝)←代王, 拓跋珪, 珪, 太祖 5-268, 297 6-132, 153(頭)
稻米 6-327
盜發幽陵 8-149(頭)
都排陳使 苻彥卿 9-184
屠伯 3-78
滔不可 8-156(附)
道不拾遺 3-231(釋)
都鄙 2-215(頭)
屠肆 8-277(頭)
逃死 8-343(頭)
道士 1-60 6-292(頭) 8-401 9-22, 180
度尙 4-160
圖上方略 3-65(頭)
圖書 4-32(要)
都省 8-261
盜所主守直十金以上 3-136(釋)
兜率天 4-27
道術 2-151
度勝 4-207
道勝 4-207
都試 8-96(釋)
盜臣 8-129, 305(頭), 335(頭)
跳身 2-44(釋)
道安 1-60
都押衙 9-165
度厄 2-349
悼襄王(趙:先秦)←偃 1-214
到彥之 5-279(頭) 6-20, 23, 35
塗屋以椒 5-107(頭)
導溫戮卓 5-96(譯)
悼王(楚:先秦) 1-106, 108
屠牛坦 2-143
道遇沛公 1-280(要)
道院 8-312
都兪吁咈之治 1-52(譯)
屠邑 1-162(頭)
島夷 4-305
島夷卉服 6-113
陶人 3-348(釋)
導引 2-33 4-122
道引不食穀 2-31(釋)
導引術 7-143
導引之士 2-32
導人追宗 4-160(釋)
蹈藉 5-277(頭)

陶潛爲晉處士 1-65(譯)
道場 6-269(譯)
圖籍 1-309
盜賊蜂起 6-92(釋)
稻田 5-31
挑戰 1-372(釋)
都亭 4-106(頭), 157, 315
都亭驛 9-53(頭)
道濟天下之溺 8-329(評)(頭)
都宗人 1-169 5-344
道州 3-191
——司馬 楊炎 8-122
——刺史 陽城 8-237
涂中 5-89(釋)
都之夫數 1-245(原)
擣珍 6-326
韜戢干戈 5-103(釋)
圖讖 3-296, 300, 361, 362, 364 6-234 7-341
盜跖←蹠 7-75(頭) 9-215
盜泉 7-328
度牒 7-235 8-319
塗炭 8-36 9-239
都統 8-266
都播 7-129
都彭城 1-323(釋)
都布單衣 3-252(釋)
刀筆 6-316(頭)
刀筆吏 2-99(頭), 276
徒河涉歸 6-252 7-333
導行費 9-78
都鄕侯→劉甫德 4-85
倒懸 2-145 9-236, 252
倒縣 2-145 5-78
徒刑 1-258(原)(釋), 274 6-378
悼惠王→劉肥 2-41, 143, 205, 206
悼惠王(齊:先秦) 4-134
逃戶 7-281, 283
都護 3-72(譯), 338, 339 4-72(要)
度淮 2-212(釋)
陶回 5-189(頭), 190
韜晦 9-243(頭)
獨居 3-207(釋)
獨孤損 8-284 9-83
獨孤皇后(隋) 6-201, 203
獨斷 3-85
禿髮傉檀→景王(南涼:十六國) 5-317, 318, 328(頭) 6-28
禿髮利鹿孤→康王(南涼:十六國) 5-316, 317, 328
禿髮樹機能 5-317
禿髮烏孤→武王(南涼:十六國) 5-308, 317 7-77
毒痡四海 7-226(頭)
讀史管見 1-90(評), 313(略) 2-104(評), 108(評), 129(評), 219(評), 232, 358(評) 3-26(評), 165, 282(評) 4-125(評), 176(評), 307(評) 6-90(評), 342(評), 385(評) 7-13(評) 8-142(評), 390(評)
獨眼龍 9-36
督郵 4-24(釋), 163(頭)
督亢之地圖 1-223(釋)
獨行傳(後漢書) 3-313
獨行之士 4-119(釋)
頓 5-240(頭)
頓迷 7-131(頭)
頓首 1-195(頭) 6-331(頭)
豚魚 8-330(譯)
頓輿 4-241(頭)
頓于阿城 6-241(頭)
燉煌 2-333 6-249
敦煌郡 2-296 3-340
敦煌太守 王遵 3-338
突厥 1-56, 216 4-305 6-155, 203, 209(附), 218, 222, 227~229, 235, 237, 244, 250, 251(釋), 265, 277, 278, 285, 286, 307, 308, 310, 312, 313, 319, 331, 348, 352, 358, 365~367,

369, 370, 372, 387 7-24, 36, 90, 105, 155, 172, 182, 225, 268, 319, 337 9-84, 99
突厥傳(唐書) 6-251, 285, 312, 358, 367, 370
突厥傳(北史) 6-210
突騎 3-217
突騎施 7-347
咄咄怪事 5-227
突利可汗 6-286, 287, 308, 365, 370 7-85
突欲→義宗(遼) 9-104
咄于 9-99
突將 8-71(頭)
突地吼 7-195(譯)
童建 5-167
東京 2-283 7-356, 358, 359 8-13, 55, 63, 66, 68, 77, 78, 84 9-195
董景珍 6-242
董公 1-344
東郭咸陽 2-297
東觀 6-72
潼關 4-253(釋), 341(附) 5-17, 340, 345 6-38, 41, 268, 307 7-359 8-17, 25 9-32, 86
童貫 1-62
東觀記 3-344
東觀漢記 3-229
同光(年號) 9-129, 137
東廣武城 1-374
東甌 2-250, 309, 319
洞口 9-233
東郡 1-201 3-74, 78, 304(釋)
——太守 耿純 3-304
——太守 翟義 3-179
——太守 曹操 4-197
——太守 韓延壽 3-74
同詘上 8-284(頭)
董厥 5-50, 52
東畿 9-190
東南風 4-237
東內 8-68
同年 8-272(頭)
東丹國 9-104
同德 8-313
東屠 3-167
東都 6-216, 220, 225, 232, 307 7-55, 201, 210, 234, 272, 299, 318 8-69, 146
——留守 劉允章 9-32
——留守 李光弼 8-92
東都之兵 6-232(頭)
洞洞屬屬 3-137(要)
同羅 7-129 8-43
東萊→呂祖謙 1-94(評), 99(評) 2-116(評), 160, 162, 282(評)
東萊 6-213(要)
東萊郡 4-154
東萊守捉 7-319(頭)
東萊呂氏→呂祖謙 1-246 2-62, 197(評), 264(評), 286(評) 3-112(評), 368(評) 4-64(評) 7-320(評)
棟樑之重 6-195
銅馬 3-217
銅馬帝→光武帝(東漢) 3-217
東明→東明聖王(高句麗) 7-87
東明聖王(高句麗)←東明
東武陽侯 具瑗 4-129
東方京 2-255
東方朔 1-61 2-235, 255, 314, 321
桐柏山 2-212
桐柏縣 2-213
東封 7-286(頭)
東府 5-336(頭)
東北面 都招討使 朱全忠 9-36
東北面行營都招討制置等使 郭崇韜 9-140
銅佛 9-238
銅山 2-201
東序 3-153

東西兩畿 9-190(頭)
東西周分治 1-196(釋)
東西秦 2-36(要)
東西川節度使 孟知祥 9-154
董宣 3-333
董宣傳(後漢書) 3-333
東城 2-14(釋)
東省 8-199
董昭 4-204(要), 255
潼水 4-253
董承 4-201, 211(頭), 212, 261
東市 8-236
冬十月 1-307(原) 2-49(要)
同心結 6-201
東阿 1-113, 284 4-104
東岳 2-316
董安于 7-54
東陽 3-214 5-311
東陽驛 6-108
銅魚 1-189 7-338(頭)
銅鹽爲資 2-200(頭)
東嬴公→司馬騰 5-132(要)
董翳←翟王 1-280, 306, 323, 325, 331, 335
東莞郡 5-330
童謠 5-68
東隅 3-246(釋)
東園公←宣明 2-81
東越 2-212, 250
東越王→餘善 2-320
東魏 6-110(頭)
東渭橋 2-133
董允 4-334(頭), 336 5-34
東夷 1-56 2-294 7-87, 129
東夷國 7-115
東夷傳(後漢書) 7-88
董子→董仲舒 2-229
董子 雖有大意 1-43(要)
同的 2-168(頭)
董傳道←其子傳道 8-300
東井 6-298
同正員 6-347(譯) 7-235
洞庭湖 1-103 5-92 6-275
同州 1-154 7-280
——防禦使 朱溫 9-34
——刺史 姚崇 7-248, 249
——刺史 尉遲敬德 7-26
潼州 1-324
同州匡國軍 9-231
東周君 1-203, 204, 207
東周君 1-197(題)
同州道 8-113
東周惠公 1-197, 370
董仲舒←董子 1-45, 61 2-221, 225, 228, 244, 279, 280, 304, 314 3-49, 99~101, 157, 182
同中書門下三品 7-109(附)
董仲舒傳(史記) 2-279
董重質 8-300, 397
董昌 9-30, 56
東昌路 1-125
東昌府 3-306 6-365
東川 8-248
——節度使 李康 8-246
東遷 1-42, 206
東楚 1-324
銅駝 5-127(要)
董卓 1-43 3-248, 321, 368 4-185(附), 186, 188~192, 195~198, 203, 246, 265, 289, 295, 297, 300 5-96 7-78 9-76
同泰寺 6-98, 117
同泰寺浮圖災 6-115(釋)
東坡→蘇軾 7-72
東平 3-108
—— 鄭均 4-57
東平郡王→安祿山 7-341
東平府 1-113

東平王→劉蒼 4-11(頭), 30
東平王→龐萌 3-260
東漢刊誤 4-14
東漢紀 3-221(題), 287(題)
東漢史→後漢書 4-213
東漢之衰 宦官最名驕橫 9-65(釋)(頭)
東海 1-185, 258, 281, 324 2-11, 310 3-77, 78, 258, 278, 287 7-19 9-104
——太守 尹翁歸 3-45
東海公→明帝(東漢) 3-325 4-44
東海公陽→明帝(東漢) 3-324(譯)
東海國相 宋均 4-24
東海郡 2-40, 204
東海相 4-140
東海王→敬帝(北魏:北朝) 6-106
東海王→明帝(東漢) 3-330~332
東海王→司馬越 5-136, 143
東海王→宣昭帝(前秦:十六國) 5-232(頭)
東海王→廢帝(東晉) 5-256, 257
東海太守 汲黯 2-239(釋)
東鄉 1-335(譯)
董憲 3-249, 258, 260, 287
董賢 3-160, 167, 168
東胡 1-215 2-46, 181 3-16 5-105 6-251 7-303 9-98
銅虎符 1-189
東昏庫上里 1-339
東昏縣 2-41
東昏侯(齊:南朝)←涪陵王, 蕭寶卷 6-74, 75, 79, 79, 88
同華 9-118
董和 1-45 4-267
斗綱 6-180
杜學 4-111
竇建德←長樂王 6-214(頭), 221, 249, 268 (頭), 269, 271, 278, 297, 307, 316 7-32 9-84
竇建德傳(唐書) 6-269
杜景儉 7-198, 208
杜季良→杜保 3-345(頭)
竇固 4-34, 38
杜曲 2-218
竇廣國 2-187
斗魁 4-189(附) 7-54(附)
杜喬 4-106, 116, 117, 152, 289
杜求仁 7-191, 192
杜路 4-319
杜陵 5-343
頭曼 2-46, 58
頭曼單于 5-166
斗秏 9-238
杜母→杜詩 3-301
杜牧 4-258 8-328, 359, 364
兜鍪 6-210
杜茂 4-19 7-96
竇武 4-148, 155, 156(頭), 157, 160, 161, 188, 292
竇文場 8-165, 200, 275 9-68
杜密 4-144, 147, 157, 160, 161, 163
斗柄 8-71
斗柄而坐 3-197(附)
杜保←杜季良 3-346, 347
杜甫 3-59 8-328
杜伏威 6-222(附)
杜恕 5-27
杜暹 7-312
杜詩←杜母 3-301
杜亞 8-198
杜讓能 9-51(頭)
杜淹 6-340, 352
杜業傳(漢書) 2-270
杜如晦←蔡成公 1-45 6-195, 272, 274, 316, 359, 362 7-104, 105, 146, 153, 172, 173, 269, 270
杜衍 1-52
杜延年 2-368 3-105, 106, 111
杜延年傳(漢書) 2-368
竇嬰←魏其, 魏其侯 2-200, 207, 231, 274

杜乂 5-200, 208
杜叡 4-350
杜預 1-113, 374 3-247 5-32, 69, 82, 85, 87, 89~91, 93, 94, 103, 252
杜吳 3-199
杜佑 4-253, 350 5-147 8-154
杜郵 1-190
杜元穎 8-343
杜威爲上將 9-185(頭)
竇融 3-266~270 4-19
竇融傳(後漢書) 3-269
杜愔 3-343
竇儀 9-225
蠹財 8-322(釋)
杜正倫 7-37, 112
杜周 2-279, 298
豆粥 3-210
杜璡 7-312
竇衡 5-289
斗卮酒 1-318(要)
竇太后(漢) 2-199, 234
杜弼 6-120
杜荷 7-173
竇憲 3-321 4-45, 53, 54, 64, 66~69, 74, 292 9-78
竇憲傳(後漢書) 4-68, 69
杜慧度 5-334
杜鴻漸 8-25, 97(頭)
杜黃裳←遵素 8-246(頭)(要), 247, 249, 253, 264
杜黃裳傳(新唐書) 8-247
竇皇后(東漢) 3-321 4-64, 155, 157
竇懷貞 7-246
竇勳 4-65
杜欽 3-136, 139, 156
屯卦 3-282, 284
屯兵 3-27, 70 8-271
屯衛 7-278
屯長 1-268(要)
屯田 3-67, 69 4-349 5-15, 31, 32 8-129, 166, 213(頭)
屯田都尉 4-205
得果 9-180(譯)
得關其忠 3-59(要)
得其一 3-215(頭)
得死牖下 7-173(譯)
得色 7-261(釋)
得神馬於渥洼水中 2-295(釋)
得魚忘筌 4-243
得玉杯 2-184(原)
得終 2-331(譯)
得兔忘蹄 4-243
得禍尤慘 6-30(頭)
登歌 4-11(譯)
鄧羌 5-246, 249
鄧景山 8-71, 74
鄧公→鄧先 2-208(釋)
滕公→夏侯嬰 1-334, 367 2-25, 72
鄧廣宗←西平侯 4-85
鄧廣漢 3-28
登國(年號) 5-297
滕恬之 5-290
鄧悝 4-85
登臨翰海 2-300(釋)
滕文公(孟子) 7-72
登封縣 2-322
騰書 3-288(釋)
鄧先←鄧公 2-208
鄧城 5-279
鄧世隆 7-58
鄧晨 7-96
鄧氏→鄧皇后(東漢) 4-85(頭)
鄧艾 5-31, 39, 43, 45, 50~53, 58~60, 82, 101(釋)
鄧颺 5-36, 37
鄧曄 3-197
登瀛洲 6-273(釋)
登龍門 4-139(要)

鄧禹←高密侯, 鄭侯 3-192, 204~206, 213, 215, 218, 219, 227, 228, 233, 238, 243~245, 316, 317, 319 4-19, 73, 285(頭) 7-96
鄧禹傳(後漢書) 3-204, 215, 227, 233, 238, 243, 245, 317
鄧展 4-14
登州 1-113 2-206 7-319 8-109, 333
鄧州 1-131, 294 4-221, 241 8-109, 137
——節度使 李愬 8-294
鄧騭 1-43 4-80, 82, 292
鄧芝 4-327
鄧閶 4-85
騰竺 4-28
鄧忠 5-60
鄧太后(東漢) 4-85
鄧通 2-101, 187
鄧縣 4-221 8-345
鄧惠 5-60
登虎圈 2-131(原)(釋)
鄧弘 4-85
鄧皇后(東漢)←鄧氏 2-102
鄧侯不殺楚文王 1-320(頭)

【ㅁ】

馬駕鼓車 3-315(釋)
馬官 8-105
馬軍都指揮使 宋審虔 9-170
馬宮 3-170
馬敦 3-345
馬騰 4-265, 265(頭)
馬廖 4-48
馬廖傳(後漢書) 4-48
馬陵 1-129(釋)
馬邈 5-51
馬鳴閣 4-276
馬武 3-188, 258, 350, 351 4-19 7-96
馬武傳(後漢書) 3-318 4-19(譯)
馬坊 7-286
馬服君→趙奢 1-177
馬復令 2-356(釋)
馬糞 4-39
馬生角 2-336
馬成 3-311, 343(頭) 4-19 7-96
馬少良 8-294
馬謖 4-330, 339
馬燧 8-152(頭), 153, 155, 162, 165, 200, 201, 209~212
麻蠅拂 6-44
馬愼交 9-119
馬氏→馬融 7-22(原)
馬鞍山 4-319(釋)
摩耶夫人 4-27
馬彦珪 9-141~143
馬彦超 9-213
馬嚴 3-345
馬嵬 8-22, 38
馬嵬驛 8-21(釋), 25
馬嵬坡 8-22, 30
馬援←伏波將軍, 新息侯 3-235, 252, 253, 256, 293, 302, 330, 336, 343, 345~348 4-18, 64 8-191
馬援傳(後漢書) 3-236, 252, 256, 293, 302, 336, 346 4-19
馬元贇 9-45
馬融←馬氏
馬殷→武穆王(楚:十國) 9-109, 150, 153, 193
馬邑 2-46, 53, 247, 248, 250 3-161, 162 6-235, 236, 238, 367
馬邑丞 李靖 6-242
馬邑郡 6-222
魔障 6-116(頭)
馬存亮之弭亂 9-75(釋)
馬周 6-364 7-54, 62, 63, 65, 119, 134, 179
馬周傳(唐書) 6-364

馬周傳(新唐書) 7-55, 62
馬超 4-234(頭)(要), 248(原), 253, 266, 344 5-64(頭)
痲秋 5-295 6-155
馬忠 4-284(頭)
馬駘其銜 4-119(釋)
馬通←重合侯 3-139
馬何羅 3-139
馬韓 7-87
馬湖江 2-268(原)
馬或犇踶而致千里 2-327(釋)
馬況 3-235
馬皇后(東漢)←貴人馬氏 2-102 4-33
馬懷素 6-319
馬后傳(後漢書) 4-18
馬希廣→廢王(楚:十國) 9-193, 200
馬希範→文昭王(楚:十國) 9-154(頭), 193(頭)
馬希聲→衡陽王(楚:十國) 9-153, 154
馬希萼→恭孝王(楚:十國) 9-200(頭)
莫那 9-98
莫利先入關 1-288(釋)
莫離支 7-116
膜拜 7-263(原)(頭)
幕府 2-183
莫府 1-215(釋)
漠北 1-56, 58 7-101
莫不關掌 6-253(頭)
莫弗賀勿于 9-98
鏌邪 7-352
莫敖子華 4-49
莫爲持難 3-43(頭)
莫州 8-79, 81
莫護跋 5-151
樠溪 3-344
萬古開群蒙 7-184(頭)
萬國俊 7-195
萬斤 2-122(譯)
萬機 1-244 2-373 4-74 6-17, 23, 52, 53, 114, 160, 375 7-252 8-191
萬騎 7-234 8-104
萬年道 8-113
萬年縣 1-308 2-125 6-253
輓輅 2-30
萬里長城 6-26
萬里長城之人 6-43(譯)
蠻貊 3-200 8-103
蠻貉 8-108(頭)
萬象神宮 7-197(附)
萬石君 2-234(原)
萬歲 2-320
萬世之通義 1-336
萬歲通天(年號) 7-208
萬脩 4-19
萬乘 1-172, 185, 228, 249, 300, 308, 324, 325 2-72 5-285 6-315, 368 7-91, 122, 217
萬乘之車數 1-245(原)
萬勝鎭 9-144
滿飾 3-167
萬安大長公主 9-120
彎烏號 3-61(要)
蠻夷 2-145, 167, 293 3-99, 101
萬全 2-168, 169
萬匹 2-323(頭)
萬戶侯→張良 2-31
萬化 2-267
靺鞨 6-203, 244(頭), 366(頭) 8-149
秣陵 4-255 5-139
末伏 3-84
末小子 9-248(頭)
末帝(前秦:十六國)←苻崇
末帝(後唐:五代)←潞王, 李從珂, 廢帝
末帝(後梁:五代)←均王, 朱鍠, 朱友貞, 朱瑱
妹喜 1-41
妄 4-293(頭)
望空 5-155(釋)
望氣 5-139 6-169

望氣者 2-345
望門投止 4-165(釋)
忘富貴利達之心 1-69(譯)
亡不即死 2-365(釋)
望仙閣 6-180
望仙觀 8-402
望實 5-195(要)
望深 4-98(頭)
罔(網)亦少密 2-332(釋)
亡維楫 2-150(釋)
望夷宮 1-297(釋)
望夷之禍 6-349(頭)
妄自矜大 7-36(要)
芒種 8-298
亡秦者胡也 1-253(釋) 3-297(評)
莽太子四友 3-186(頭)
望風奔潰 1-162(譯)
望風奔北(배) 6-316(譯)
芒縣 1-274
望賢宮 8-55
妹 7-234(頭)
枚 4-241(釋)
每季秋後請讞 3-32(原)(釋)
枚皐←枚生 2-235
枚皐傳(漢書) 2-236
賣官 4-174, 188 5-107
每飯 2-180(釋)
梅福 3-146, 156, 170, 171
梅福傳(漢書) 3-146, 170
枚生→枚皐 2-314
枚乘 4-187
媒蘖其短 2-338(釋)
每自比西伯 3-277(譯)
脈理 6-336
麥城 4-284
麥穗兩岐 3-326(釋)
貊人 3-222
麥胡心 7-203(要)
孟軻→孟子 1-136, 256 4-17 8-326
孟簡一書 8-323(頭)
孟康 1-107 2-175, 241 3-49
孟公綽 4-55(釋)(要)
孟冀 3-336
孟德→曹操 1-64 4-285(頭)
孟德睥睨神器 1-64(譯)
孟冬 3-85
孟門 1-105
孟敏 4-135, 138
孟博→范滂 4-141(頭)
孟賁 1-152(譯) 2-122(譯), 241(釋)
孟嘗君→田文 1-145, 145(頭), 157, 158 2-273, 274 9-67
孟氏→孟子 1-54
孟業 9-198, 245
孟鬣 2-275
孟仁贊→後主(後蜀:十國) 9-160
孟子←孟軻, 孟氏 1-42, 60, 136, 137, 148, 156, 168, 208, 256 2-232, 318 3-95, 294 4-176, 177, 235 5-19 6-101, 382 7-63, 68, 149 8-108, 121, 323, 330
—— 滕文公 7-72
—— 盡心 7-126
孟子有言捨魚 6-101(譯)
孟州 9-47
孟之反 3-216
孟知祥→高祖(後蜀:十國) 9-108, 142, 154, 157, 158, 160
孟津 2-37 6-235
盟津之會 6-232(原)(釋)
孟昶→後主(後蜀:十國) 9-160, 164
孟通 3-174
孟獲 4-331
綿力 4-241(要)
冕旒 4-23(頭)
冕旒冠 7-118
冕旒蔽目 6-325(釋)
綿蔓水 1-358
面縛 4-143(頭) 5-52(釋), 56, 93(釋)(頭),

214, 232 6-58, 269
面壁 6-101
冕服 5-42
沔水 4-222, 223 5-76
免臧(贓)罪 2-290(頭)
綿蕞 2-48
面從 7-24
免左丞相 5-234(譯)
綿州 4-255
綿竹 5-55
免崔發之死 8-354(譯)
免浩爲庶人 5-227(附)(要)
滅虢取虞之勢 5-48(釋)
滅其十子 9-93(頭)
滅四人之族 9-61(頭)
名 1-75, 77
明 6-297(頭)
茗 8-220
名檢 5-155(頭)
明經 2-264
明經加帖括 8-82(釋)(附)
名教 5-117
名器 8-47(譯)
命段平仲同詳定 8-270(要)
明堂 2-231(釋), 233 3-362(譯) 4-12(釋), 16 7-197
明堂圖 2-232 8-269
明堂針灸圖 6-379
明堂鍼灸書 6-378(譯)
明德(年號) 9-157
明德太后 4-63(頭)
冥道 6-86(譯)
螟蛉 6-55(譯)
名論 5-138(釋)
明明在朝穆穆布列 3-61(要)
明明側陋之揚 7-75(原)
命服 5-42
命復其家 8-215(釋)
鳴鳳(年號) 6-221
明府 4-108, 133
名分 1-78
鳴沙 8-98
明四目達四聰 6-349(頭)
鳴沙山 3-122
名世 4-21
命世才 6-224(頭)
命世之雄才 5-155(頭)
命世之才 4-180(要)
明勝 4-208
明王樓 9-104
明元帝(北魏:北朝)←拓跋嗣, 太宗 5-330 6-12, 153(頭)
明月→平原公主(北魏) 6-109
命爲制 1-236(譯)
名爲惠帝子而立之 7-188(頭)
明著 3-105(頭)
鳴鏑 2-58
名田 3-159(頭)
明政(年號) 6-262
明帝→孝明帝(北魏:北朝) 6-95
明帝→孝明帝(北周:北朝) 6-159
明帝(東晉)←道畿, 明皇帝, 司馬紹, 肅宗 5-187, 204, 209, 348(頭) 6-32
明帝(東漢)←東海公, 東海公陽, 東海王, 劉陽, 劉莊, 莊, 顯宗, 孝明, 孝明皇帝 1-59, 60 2-236 3-280, 331 4-41, 42, 44, 54, 63, 65, 297, 299 5-62 6-29, 291 8-314, 316
明帝(宋:南朝)←湘東王, 劉彧, 太宗 6-46 (頭), 55, 56, 57, 59(頭)
明帝(梁:南朝)←世宗, 蕭巋, 孝明皇帝 7-280
明帝(魏:三國)←烈祖, 曹叡 4-332 5-30, 36, 44, 64(頭), 66 6-179 8-249, 251
明帝(齊:南朝)←高宗, 西昌侯, 宣城公, 宣城王, 蕭鸞, 蕭衍 5-282 6-68(要), 69, 74, 78, 79(頭)
明帝(後唐:五代) 9-157
明帝(後趙:十六國)←高祖, 大趙天王, 石勒, 石

世龍, 趙王, 太祖
鳴條 3-319 6-238
鳴條之攻 1-341(譯)
明宗(唐) 9-206
明宗(後唐:五代)←李亶, 李嗣源 2-88 9-109, 143(目), 146, 147, 150, 155, 159, 161, 163, 164, 169, 237, 251, 252
鳴鐘鼓 4-185(頭)
明主 8-372
明州 9-25
洺州 6-277, 279 8-394, 396
名之爲賈 4-143(釋)
命哲命吉凶命歷年 9-147(譯)
明哲保身 2-32
瞑眩 3-324
鳴和鑾 4-119(釋)
明皇→玄宗(唐) 1-45, 56, 62 6-302 7-21, 247, 255, 258, 269, 271, 305, 309, 315, 329, 342, 349, 351, 355 8-29, 35, 36 9-68, 75, 86, 95
明皇雜錄 7-301
明皇帝→明帝(東晉) 5-181(頭)
明皇帝→玄宗(唐) 7-244(目)
明皇帝→孝明帝(北周:北朝) 6-160
冥會 6-219(頭)
耗穀 9-236
毛公 1-210(譯)
旄騎 3-252(釋)
毛幢 8-249
侔德殷宗周宣 3-109(釋)
旄頭 3-254
旄頭騎 1-242
摸稜 7-211(釋)(頭)
謀謨 4-271(要)
冒死決策 7-132(要)
茅塞 4-88
冒絮 2-201
冒姓 2-262
毛遂 1-181~184
矛楯 9-28
謀勝 4-208
毛詩→詩經 4-53
毛詩箋 1-109
謀臣 2-33, 40, 43 4-205
茅容 4-138
慕容 5-151
慕容恪←太原王 5-226, 232, 235, 236, 244, 245(頭), 246, 248, 338
慕容宏 5-292
慕容納←北海王 5-327
慕容農 5-287, 288, 304(頭)
慕容德→獻武帝(南燕:十六國) 5-287, 310, 311, 317, 326 6-60 7-77
慕容麟←遼西王, 趙王 5-304(頭), 308~310
慕容寶→惠愍帝(後燕:十六國) 5-283, 304, 309, 310
慕容備德→獻武帝(南燕:十六國) 5-317, 326(頭), 327
慕容詳 5-309
慕容盛→昭武帝(後燕:十六國) 5-310, 310(頭), 318
慕容紹 5-273
慕容紹宗 6-104, 134
慕容垂→成武帝(後燕:十六國) 5-244(頭), 246, 248, 250, 254, 273, 283(頭), 284, 286~290, 292, 293, 296, 297, 303, 304, 310, 318, 338 6-155 7-77
慕容彦超 9-198(頭)
慕容永 5-297, 298(頭), 303
慕容廆←遼東公 4-305 5-106, 150(附), 160, 172, 199, 298 7-77, 333
慕容暐→幽帝(前燕:十六國) 5-235, 245(頭), 246, 251, 253, 338
慕容儁→景昭帝(前燕:十六國) 5-215, 224, 226, 235, 236, 245, 246
慕容超 5-326(頭), 327, 329, 331, 338
慕容筑←武威王 5-251
慕容沖→威帝(西燕:十六國) 5-289, 291~

293, 298
慕容評←上庸王 5-246, 248, 251
慕容楷 5-273(頭)
慕容泓→濟北王(西燕:十六國) 5-288, 289
慕容皝→文明帝(前燕:十六國) 5-172, 199, 203(頭), 211, 215, 245, 246, 310 9-98
慕容熙→昭文帝(後燕:十六國) 5-317, 318 (頭), 327
旄牛 1-242
旄牛徼 4-335
毛員鼓 6-357(釋)
旄鉞 8-247(釋)
謀爲東帝 2-141(原)
牟融 4-46
母儀 7-161
毛義 4-57
侮而兼之 5-56(頭)
茅茨土階 8-36(釋)
母錢 2-285 8-155
毛傳 4-165
毛錐 9-197(要)
茅土 7-66(釋) 8-45(釋)
謀廢立 9-58(附)
模楷 4-141(要)
母后之亂 7-183(目)
木車茅馬 3-348(譯)
牧犍→哀王(北涼:十六國) 6-25(頭)(要)
木契 1-189 7-338(頭)
穆公(秦:先秦) 1-132, 134, 206, 219, 220 2-125, 165 7-75
繆(목)公(魯:先秦) 1-251
木德 1-241
木綿皁帳 6-111(附)
木無刃 8-273(釋)(要)
牧靡南山 5-89
木索 7-330
穆生 2-203
木首 8-75
牧守 4-104
木柹 5-75(釋)
牧野 1-237 3-319 6-231, 232
牧野之戰 1-341(譯)
穆王(周) 1-74 8-316
沐浴請討 1-336(譯)
木偶 3-32
木牛 4-346
木牛徼 4-38
木牛流馬 4-350(釋)
木偶人 8-397(頭)
沐雨櫛風 9-147
木人 2-349
牧羝 2-335(原)
穆帝(東晉)←穆皇帝, 司馬聃, 籛鏗, 彭祖, 孝宗 3-248 5-238, 250
穆提婆 6-166(頭), 170
穆宗(唐)←李恒 8-337, 341(目), 349, 350, 356, 387 9-20, 44, 45, 91
穆宗(遼)←耶律璟 9-205
木從繩則正 君從諫則聖 7-111(譯)
睦州 8-256
——刺史 杜亞 8-198
木鳶 2-170
木柙 1-354
穆皇帝→穆帝(東晉) 5-211(要)
穆侯→范汪 4-88
沐猴而冠 1-321(釋)
沒沒 6-325(釋)
蒙恬 1-211, 226, 253, 257, 261, 263, 264 2-79 3-161
蒙頭衣 5-311
蒙武 1-211
蒙遜→武宣王(北涼:十六國) 6-25(頭)
夢魘之人 8-199(頭)
蒙驁 1-210(釋), 211
蒙入江陵 釋于禁之囚 4-283(釋)
蒙塵 4-204(釋)(頭) 5-181
蒙衝鬪艦 4-237(釋)

蒙縣 5-38, 157
廟堂 8-186
墓道 1-79
苗不可以不伐 1-341(譯)
廟樂 3-13(附)
苗晉卿 7-326
妙擇 7-163(頭)
武 5-90(頭)
畮 3-67(附)
武街 5-50
無可無不可 3-256(譯), 257
無蓋藏 2-217
巫覡 7-92(要)
潕溪 3-344
巫蠱 2-349, 353, 379 3-50 6-42
武庫 2-101, 210(釋), 236
巫蠱之禍 2-346(釋)
武功 8-38, 85
武公(前涼:十六國)←張軌
武公(周) 1-199
武公依 1-196(釋)
武功爵 2-290(釋)
武功縣 5-11 7-27
武功縣長 孟通 3-174
武冠 3-191
武關 1-156, 159, 261, 322 2-210(釋) 3-197 5-124, 229 8-38
戊校尉 4-38(附)
巫嫗 1-96
武騎 4-329
無忌→魏無忌 1-186, 187, 190, 211, 212 2-273, 274
戊己校尉 4-38(附)
戊己土 4-38
務農篇(帝範) 7-138
武斷 2-218
武擔山 4-302(釋)(要)
無當 4-346(頭)
武德(年號) 6-249, 378 7-16, 28(要), 41, 132(頭), 332 8-110(頭), 319
武德舞 3-13
武德殿 6-297
武都 3-196, 248, 311 5-55, 120
武都郡 4-223
無道之君 1-214
武都太守→虞詡 4-84
亡(毋)得鹵掠 1-293(釋)
無慮 8-328(頭)
武連縣公→李君羨 7-143
武寧 8-308(頭)
武寧軍 9-24, 37
武靈王(趙:先秦) 1-217
無禮之刑 7-95
武露 9-121
武牢 6-269 7-358
無賴 7-174(附)
蕪蔞亭 3-210(釋)
蕪蔞亭豆粥 3-288(譯)
茂陵 3-34, 197, 253 5-343 6-309
武陵 3-343, 344, 347 4-243, 244, 273
武陵蠻 寇臨沅 3-343(釋)(頭)
茂陵書 2-87
武陵王→蕭紀 6-144(頭)
武陵王→孝武帝(宋:南朝) 6-42
茂陵中書 2-290
武吏 5-103
舞馬百匹 8-34(要)
無名錢 3-53
武穆王(楚:十國)←馬殷, 楚王, 楚王殷
舞文 8-345(釋)
娬媚 7-24(頭)
無復行人 4-198(頭)
武夫 8-335(頭)
無父子君臣夫婦 7-152(頭)
無不簡心 4-76(頭)
武不能死君 3-278(釋)
無備權對 4-323(頭)
無赦 3-335(譯)

武士彠←周國公 7-144, 160, 197
武散階 8-188
巫山縣 4-318
武三思 1-46 7-210(頭), 221, 230~233, 236, 252, 328
無上皇→後主(北齊:北朝) 6-170
無紓目前之虞 8-159(要)
茂先→張華 5-127(頭)
武宣王→元勰 6-95(頭)
武宣王(北涼:十六國)←蒙遜, 沮渠蒙遜 6-12
武涉 1-378, 379
武成篇(書經) 5-74 9-85
武成(年號) 6-161 9-111
武成帝(北齊:北朝)←高湛, 世祖 6-162, 171 (要)
武城侯→劉賢 2-205
無勢而熱 5-125(譯)
無所牟大利 2-323(頭)
無所事信 1-329(釋)
武昭儀→則天武后 7-163, 165
無所回避 3-43(釋)
武昭帝(西涼:十六國)←李暠
武遂 1-215(釋)
武肅王→太祖(吳越:十國) 9-153
武崇訓 7-231, 233
武勝 4-208
武承嗣 7-192, 210(頭)
武始伯→胡國珍 6-93
亡(無)是翁 8-289(釋)
誣植抵罪 4-182(附)
武臣←武信君 1-270
武信君→武臣 1-270
武信君→項梁 1-284
武信王(荊南:十國)←高季昌, 高季興, 南平王, 渤海王
武臣傳(史記) 1-270
武信侯→光武帝(東漢) 3-196
武氏→則天武后 1-45 2-102 7-159(頭), 161, 166, 167, 188, 193, 225
武安→田蚡 2-271(釋)
武安 7-143
——節度使 馬殷 9-109
——節度使 馬希聲 9-153, 154
——節度使 邊鎬 9-204
武安君→白起 1-178, 179, 181(頭), 190
武安軍節度使 馬希萼 9-200
武安侯→田蚡 2-236, 274
武陽 3-310, 310(釋)
無恙 2-346(頭) 8-189(頭)
務於東 4-341(頭)
貿易 8-157(釋)
憮然 5-276(頭) 6-70(原)
武延秀 7-328
武烈帝(夏:十六國)←大夏天王, 世祖, 赫連勃勃
武烈皇帝→孫堅 4-345
無鹽 1-290
無豫經費 7-331(頭)
蕪穢不治 3-83(釋)
武王 1-57, 73, 74, 76, 78, 98, 102, 125, 165, 204, 207, 238, 243, 264, 324, 325, 362 2-70, 75, 153, 222, 224, 229, 243 3-37, 95, 173, 244, 295, 360 4-119, 176, 294 5-198, 271, 309 6-233, 235, 237, 244, 277, 301, 330, 338, 339, 367, 382 7-54, 68, 75, 151, 292 8-249, 301, 306, 313, 316, 325
武王(南涼:十六國)←禿髮烏孤, 西平王
武王(齊:南朝)←世祖
武王(秦:先秦) 1-154, 302
無用之物 9-217, 218
無憂城 8-387
武元慶 7-211
無冤民 3-18(要)
武元爽 7-211
武元王(西秦:十六國)←乞伏乾歸, 西秦王, 梁王, 河南王
武元衡 8-253, 255, 292

武元衡傳(唐書) 8-292
武原侯→徐璜 4-129
武衛 7-278, 284 8-367
無爲 2-109
武威郡 2-294 3-340, 349
武威節度使 王潮 9-57
——太守 任延 3-314
無爲山陵波池 3-348(釋)
武威王 ›康王(南涼:十六國) 5-317
武威王→慕容筑 5-251
無謂者 其十六衛乎 8-366(附)
無爲州 1-283 2-14
武攸止 7-328
無恩之刑 7-95
武邑 7-216
撫膺 8-17(頭)
武義(年號) 9-126
撫夷論 6-217
無以尹鐸爲少 1-81(釋)
無人臣禮 2-381
無逸(書經) 1-57(譯)
武子 1-74
武帳 2-285(釋)
茂才 2-264, 327(頭)
武丁 8-285, 316
武定(年號) 6-111
武丁(殷)←高宗 1-204 2-229 3-65
武帝→曹操 4-239, 257～259, 289 5-45, 67, 120, 293 6-179 7-122
武帝→孝武帝(東晉) 5-306, 308, 346
武帝(梁:南朝)←高祖, 蕭衍, 叔達, 梁公, 梁王 1-58 3-358, 361 6-82(譯), 87, 100, 101, 116, 126, 136, 142, 146(頭), 148, 290, 291, 349, 350 7-58 8-314, 316
武帝(北魏:北朝) 6-177
武帝(北周:北朝)←高祖, 宇文高祖, 宇文邕 6-162, 162(頭), 173, 176(頭)
武帝(西晉)←武皇帝, 司馬炎, 世祖, 炎 1-48, 49 5-84, 87, 89, 102, 108, 113～116, 131, 136, 146, 158 6-370 7-52, 140 8-305
武帝(成:十六國)←成都王, 李雄, 仲雋, 太宗
武帝(宋:南朝)←高祖, 寄奴, 德輿, 劉裕, 劉下邳 6-12, 14
武帝(齊:南朝)←武皇, 世祖, 蕭賾 6-65, 68, 79(頭)
武帝(陳:南朝)←高祖, 陳霸先, 興國 6-159, 161, 164, 190(頭), 191
武帝(漢)←膠東王, 世宗, 劉徹, 漢武, 孝武帝, 孝武皇帝 1-43, 61, 128, 161, 217, 305, 372 2-108, 194, 221, 225, 228, 229, 233, 237, 238, 242, 243, 257, 258, 260, 261, 264, 268, 281, 286, 287, 292～294, 296, 298, 301, 304, 308, 313, 325, 329, 330, 340, 354, 357, 360, 365, 368, 370, 377, 380 3-11～13, 29, 50, 52, 58, 59, 67, 71, 106, 119, 121, 133, 138, 139, 157, 159, 160, 162, 164, 165, 168, 183, 209, 211, 238, 242, 319, 335, 337, 360 4-56, 64, 330 5-23, 47, 49, 62, 178, 343 6-34, 211, 244, 309, 368 7-140, 309, 311 8-87, 141, 230, 311
武帝(後趙:十六國)←石虎, 中山公
武帝紀(漢書) 1-340
武曌→則天武后 7-183, 184
武宗(唐)←穎王, 李炎, 李瀍 1-60 8-384, 387(目), 397, 399, 401 9-11, 19, 20, 45, 69, 91
無終人徐樂 2-266(釋)
巫州 8-66
茂州 4-37
武州 2-247
武州塞 2-248(釋)
武仲→許由 3-186
舞智以御人 2-276(要)
武昌 4-233 5-64, 68, 89, 93, 172, 175,

183, 200, 223
武昌縣 4-237
武川 6-107
巫祝 8-320
無它意 2-353(頭)
無偏無黨 王道蕩蕩 9-241(頭)
武平節度使 馬希萼 9-200
武平一 6-319
毋鄕 4-161
無向遼東浪死歌 6-214(頭)
武鄕侯→諸葛亮 4-326
巫峽 4-318(釋) 6-186
武惠妃(唐) 7-315, 327(附)
蕪湖 4-281 5-172
蕪湖縣 5-95
茂弘→王導 5-173(頭)
無華 4-58(釋)
武皇→李克用 9-161(頭)
武皇→武帝(齊:南朝) 6-69
武皇帝→武帝(西晉) 5-90
武皇帝→曹操 4-294
無懷氏 3-354
武后→則天武后 7-170, 179, 180, 184~186, 190, 211, 229, 240, 250, 273, 287 8-188, 206 9-99
武侯→諸葛亮 4-350
武侯(魏:先秦)←子擊 1-102, 106
武后紀(新唐書) 7-187
武侯隊 2-193
武侯疑之 1-106(頭)
無恤→趙襄子 1-81, 84
武興節度使 王承捷 9-142
武興公→石閔 5-215(要), 220
墨 2-175
墨離軍 7-332(釋)
墨綬 4-106(頭)(要)
墨氏→墨翟 8-325
默齋→游九言 8-44(評)
默齋→蔡正孫 4-170(評)
墨翟←墨氏 1-60 8-323, 326
墨詔 7-235
默啜 7-268
墨勅 7-234(頭) 9-35(頭), 112(譯)
冒頓(묵특) 2-46, 51, 52, 57~59, 97 3-16, 137 5-87, 106, 135, 166
冒頓單于 2-96 9-98
墨刑 2-254
文姜 7-226(頭)
刎頸之交 1-167(釋) 6-216 8-239
文季→朱暉 4-57
文公→朱子 7-184 9-77
文公(魯:先秦) 3-200
文公(宋:先秦)←公子鮑 3-200
文公(燕:先秦) 1-138
文公(前涼:十六國)←西平公, 張駿
文公(周) 1-199
文公(晉:先秦)←重耳 1-78, 81, 120, 121, 134, 204, 206, 320 2-163, 165, 271 3-95, 268 4-119, 137, 203, 205 7-75 8-59, 149 9-78
文公(秦:先秦) 1-242
門觀 6-270
文起八代之衰 8-329(頭)
問難 4-13(釋)
文德 9-44
文德昭 8-249
文德皇后(唐) 1-45 7-44
文露 9-121
文理 7-177
文理院 9-227
文吏以法繩之 2-181(釋)
門望 6-283(頭)
文面 2-156
文明(年號) 7-184
文明帝(前燕:十六國)←慕容皝
文明皇后(西晉) 5-107(頭)
文武→太宗(唐) 7-217(頭)
文武欲盡 2-327(頭)

文法 2-95, 251, 256, 277 6-191, 379
文辨 3-256(頭)
文部 7-343
汶山 4-37(釋)(要) 5-22(要)
文散階 8-188
問上林尉諸禽獸簿 2-131(譯)
門生 9-69, 80
文犀 3-346(釋)
文選 3-61
文宣王→孔子 7-86, 317
文宣帝(北齊:北朝)←高洋, 齊郡王, 齊王, 太原公, 顯祖 6-136, 162, 171(頭), 359(頭)
文城 8-301
文成公主(唐) 8-103
文成宮體 6-139(譯)
文成將軍→少翁 2-302, 307, 308
文成帝(北燕:十六國)←太祖, 馮跋
文成帝(北魏:北朝)←高宗, 拓跋濬, 拓跋濬, 皇孫濬 6-41, 47
文城柵 8-295(釋)
文昭王(西秦:十六國)←乞伏熾磐 6-12
文昭王(楚:十國)←馬希範
汶水 1-160
紋繡 2-146
文叔→光武帝(東漢) 3-221, 328(譯), 333
文勝 4-208
文始舞 3-13, 14
文身 9-206
文信侯→呂不韋 1-203, 212 7-186
文深小苛 2-276(頭)
文心雕龍 9-121
文雅 5-269(要)
文安 1-226 3-211
文若→荀彧 1-64 4-271(釋)
文襄→高澄 6-171(頭), 291
文彦博 1-52
文言傳(周易) 1-136
聞延壽 3-78(要)
文藝傳(新唐書) 8-328(評)
文王←西伯, 昌 1-56, 57, 78, 125, 165, 238, 243, 281 2-71, 75, 222, 229, 243 3-245, 295, 315 4-13, 119, 175, 177, 288(頭) 5-198 6-244, 300, 301 7-54, 63, 292 8-197, 313, 316, 325 9-93
文王(楚:先秦) 1-320
文王序易 1-76(譯)
文王世子篇(禮記) 3-175
文王有聲篇(詩經) 3-153
聞瑤臺之諷而有李漢 8-354(譯)
文偉→費褘 5-13(要)
聞一知十 4-103
文子 7-52(要)
文章正宗 2-149, 225
問鼎 9-116
文定公→胡安國 3-284
文正公→吳澄 4-142
文帝→高祖(隋) 6-175, 185, 196, 199, 205, 214, 218, 243(頭), 246, 336, 351, 375, 376 8-68, 249, 251, 305
文帝→司馬昭 5-87, 130, 148
文帝→宇文泰 6-175(頭)
文帝→孝文帝(北魏:北朝) 6-95
文帝(西魏:北朝)←南陽王, 元寶炬 6-110, 138, 144, 158
文帝(宋:南朝)←劉義隆, 宜都王, 太祖 4-213 6-17, 23, 43, 46, 58(頭)
文帝(隋) 6-168
文帝(魏:三國)←高祖, 曹丕 2-164 4-63, 292 5-64(頭), 68, 84 6-179
文帝(陳:南朝)←世祖, 臨川王, 子華, 陳蒨 6-161, 163, 190(頭)
文帝(漢)←代王, 劉恒, 太宗, 孝文, 孝文帝, 孝文皇帝 1-43, 49, 189 2-129, 161, 163~165, 175, 179, 182, 188, 195, 197~200, 202, 206, 209, 218, 219, 221, 229, 242, 250, 257, 264, 286, 298, 332, 363, 370, 372 3-23, 92, 95,

100, 105, 134, 176, 238, 250, 292, 319, 339~341, 349, 354 5-62, 86, 87, 343 6-344 7-19, 39 8-273, 275
文帝紀(漢書) 2-112
文帝所以固讓 2-116(譯)
文種←子禽 2-228
文終→蕭何 2-94
文宗(唐)←江王, 李昂, 李涵 3-118 8-352, 356, 363, 372, 379, 384, 386, 391, 400 9-45, 69, 71, 72, 91
文州 9-140
文中子→王通 2-246 6-198
門地 6-94(頭)
文質 6-382
文集 7-58
文昌 7-202(頭)
文昌臺 7-203
文天祥 1-55
文忠公→歐陽脩 7-187
文表→秦松 4-285(頭)
門下省 6-309(要)
文學掌故 2-288(釋)
文降 4-147
閺鄕縣 4-337
文獻王(荊南:十國)←高從誨, 南平獻王
文縣 5-49
文惠→狄仁傑 7-214
門戶掃除之役 8-357(釋)
文桓帝(後秦:十六國)←姚興
文皇→太宗(唐) 7-123 9-93
文皇帝→高祖(隋) 6-189
文皇帝→太宗(唐) 7-210(頭)
文侯→夏侯嬰 2-74
文侯(魏:先秦) 1-90(釋), 91, 92, 94, 97~102, 120 5-293
文欽 5-49
物價騰踊 2-138(要)
物故 8-247(頭)
物理其本 5-18(頭)
郿 4-266
微管仲 吾其被髮左衽 6-372(譯)
羋(미)槐→懷王(楚:先秦) 1-284
彌年 5-223(要)
未能頓遣 6-66(要)
米饍 5-108
尾大不掉 8-369
尾大中乾 8-366(頭)(要)
未得與北軍齒 8-104(頭)
麊泠縣 3-330
彌留 5-64(頭)
眯目 7-203(釋)
未聞有以家待之者 1-93(譯)
未聞有以國待之者 1-93(譯)
靡靡 7-62(頭)
亹亹 4-70(頭)
糜芳 4-283(要)
彌縫 7-146(頭)
彌縫遺闕 5-115(要)
靡不有初 鮮克有終 7-244(譯)
糜沸 4-289(頭)
微生→尾生 1-351
尾生←微生, 微生高
微生高→尾生 1-351
尾生孝己之行 1-350(釋)
彌時 6-287(頭)
羋心→義帝(楚:先秦) 1-284, 306
未央宮 2-55(釋), 57, 211, 320 3-28, 136 7-36, 155
未央殿 4-51
未厭 7-19(頭)
米鹽 5-28(譯)
弭怨 8-160(釋)
未有敢訾之者 6-30(頭)
未有分地 2-11(譯)
未有年號 9-108
未易才 5-243(要)
未作而罷 3-152(譯)
米賊 4-265(頭), 266 6-33(譯)

眉州刺史 李敬業 7-191
微旨大義 4-17
糜竺 4-199
郿縣 5-11, 12
愍 4-302(頭)
澠 2-210(釋)
閔公(魯:先秦) 1-318 7-115, 228
閔公(宋:先秦) 2-275
閩國王→景宗(閩:十國) 9-172
民極 7-68(原)
民無所措手足 1-76(譯)
悶悶 4-63
民部郞 6-256
民事 3-21
澠水 1-173 5-89
愍然 5-342(頭)
湣王(齊:先秦) 1-159, 161, 163
閩王→太祖(閩:十國) 9-110
閩王延政→殷帝(閩:十國) 9-181(頭)
閩越 2-250, 309
民自以不冤 3-18(頭)
民籍 5-134
緡錢 2-260
愍帝(西晉)←司馬鄴, 秦王, 孝愍皇帝 1-48, 56 5-146, 155(頭), 160, 163~165, 181
閔帝(後唐:五代)←宋王, 李從厚 9-157, 163, 169
岷州 1-254 4-338
閩中 9-110
澠池 1-165, 168 2-29 3-246 5-254
澠池縣 1-313 3-247
閔河 9-232
民患 4-59
密如 4-119(頭)
密雲 7-359
密雲縣 1-268
密詔 4-211, 212, 300, 325 6-94 9-61
密州 1-372, 377 2-205 3-230, 317 8-109, 304
密旨 8-360, 378
密縣 3-231
——令 卓茂 3-229(釋)

【ㅂ】

駁 6-364(頭)
亳 6-237, 238
博局 2-200(釋), 209
博浪沙 1-252(釋)
博浪沙亭 1-252
博陸 5-315
博陸侯→霍光 3-105, 106, 139
博陵 8-17
博陵王→崔玄暐 7-232
博望苑 2-351(釋)
博士 2-75 3-13, 107 4-250
薄胥堂 3-165
博城 2-316
薄昭 2-163, 165
薄蝕 3-125(附)(要)
駁言 4-285(頭)
薄于南海 5-98(頭)
博州 1-201 6-365 8-81, 282
——都防禦使 田承嗣 8-80(釋)
亳州 2-13 4-332 9-30
亳州營 9-117
博州縣 1-125
薄之 8-69(頭)
薄太后(漢) 2-190, 204
博平 7-357
博奕 8-243
薄皇后(漢) 2-137
班→惠公(周) 1-197
班 4-144(頭), 302(頭)
絆 5-48(原)
般 7-114
反間 1-170(釋), 177, 363(頭), 364 2-55

8-190
盤庚(殷) 1-204 2-229
班景倩 7-265
班固 1-272, 305 2-89(評), 99(評), 101(評), 107(評), 160(評), 194(評), 218(評), 279(評), 313(評), 340(評), 363(評) 3-36(評), 99(評), 110, 174(評), 187(評), 200(評), 339(評) 4-51, 61, 67, 70, 304 8-325
叛君棄母 8-99(要)
反君事讎 行若狗彘 1-89(譯)
盤根錯節 4-82(釋)
半兩錢 2-138(譯)
伴侶曲 6-352(頭)
攀鱗附翼 6-232(譯)
潘孟陽 8-262(頭)
潘孟陽傳(唐書) 8-262
槃木 4-37(釋)
槃舞 6-39(頭)
攀附 3-51
班簿 9-53
反復盜名字者 3-252(頭)
班師 6-192(釋), 217(頭) 7-127(頭)
班書→漢書 1-305
磐石之宗 2-112(釋)
班昭 4-70(原)
反是實 7-195(譯)
伴食宰相 7-260
潘岳 5-128(要)
般若多羅 6-101
潘約 9-154
盤陽 2-205
反梁地 1-348(譯)
潘榮←陽節潘氏榮
繁(반)纓 1-76(釋)(頭)
反刓以樸 8-325(頭)
繁纓 9-226(頭)
攀龍鱗 3-223(譯)
盤于游田 3-315(頭)
叛人 6-146(頭)
盼子→田盼 1-123(原)(釋)
潘璋 4-279
反正 1-46 5-129(頭) 7-225, 231
反支日 4-39(釋)
班婕妤 3-136
班超 4-34(要), 64, 72
反仄 9-170(頭)
反側 8-178
反側子 3-215
班彪 1-305 2-91(評) 3-133(評), 155(評), 235, 260, 262, 266 4-35
班彪傳(後漢書) 3-262, 267
反形已具 2-67(頭)
槃瓠 3-344
潘好禮 7-328
畔渙 7-351(頭)
盤桓 8-226(頭)
拔 1-282(譯)
發 7-293(釋)
發姦擿伏如神 3-16(釋)
發關中老弱未傅者 1-349(釋)
拔朐 3-287(原)(附)
發鳩山 2-62
勃渡海墮水 7-177(譯)
撥亂 2-363(頭)
撥亂之才 6-229(頭)
跋馬 8-22(釋)
發蒙振落 2-291(釋)
發北山石槨 1-258(頭)
拔士論 7-153
撥衰反正 8-326(頭)
拔野古 7-129
發閭左 1-268(釋)
發日勑 7-350
勃鞮→披 9-78(釋)
發縱指示獸處者人也 2-39(原)(釋)
撥麵 6-176(頭)
拔河 7-236(譯)

渤海 2-36 3-41 6-94 7-235 8-149 9-104
——校尉 公孫瓚 4-193
——太守 龔遂 3-40
——太守 袁紹 4-189, 190
渤海國 9-190
渤海郡 2-37, 84, 343
渤海王→武信王(荊南:十國) 9-117
渤海孝王→劉鴻 4-113
跋扈 4-115 5-315(頭) 8-263(釋), 293, 332, 392
跋扈將軍 梁冀 4-113, 114(釋)
榜 8-183(釋)
房琯 8-33, 41~43
邦國殄瘁 4-164(釋)
方軌而進 5-51(釋)
方技 4-144
房闥 3-319
放達 5-46(要)
龐德←德公 4-226, 278
謗讟 6-343(頭)
枋頭 5-215(釋), 220, 250, 255, 280, 294 6-155
枋頭誠爲失利 5-249(釋)(附)
方略 3-63(頭)
房陵 7-218, 229
房陵縣 7-183
芳林園 5-126
龐萌←東平王, 平敵將軍 3-260, 287
逢萌 3-171
逢萌傳(漢書) 3-171
方面 5-208(要) 6-146(頭)
防微箴 8-350
方復更徵 6-323(頭)
方士 1-251 2-244, 307, 321, 349, 355 3-58, 62 5-244 8-310, 311, 323, 337, 346, 401 9-22, 93, 179, 180
龐士元→龐統 4-252
方山 1-373
放殺之 1-340(釋)
方城 1-215(釋) 4-344
方叔 3-105 5-209 9-86
方術家 8-68
房植←伯武 4-140
房室 1-259
方嶽 7-21
方藥 3-63
方言 3-324 7-235
房彦謙 6-195
房彦藻 6-255
方輿勝覽 2-14, 16 4-37, 237, 335, 340
龐涓 1-129, 131
旁緣莽禁 3-188(頭)
方輿 2-376(頭)
方隅 8-183
坊院 7-256
房幃 4-90
房幃烈禍 5-306(譯)
房遺愛 7-173
方夷 3-167
方以類聚 8-313(頭)
房子國 8-298(釋)
放仗 5-318(釋)
方丈 6-274
方丈山 6-206
方正 2-221
方徂之旅 不可不遏 1-341(譯)
龐從 9-36
坊州 8-38, 272
房州 1-65 7-187, 193, 196, 206 8-109
方峻 4-131(要)
房指謂石顯 3-128(釋)
方鎭 7-320(譯) 8-110, 129, 276, 337 9-44
方陳 9-132(頭)
方朕太甲 5-172(頭)
旁春 3-167

放誕盈朝 5-68(頭)
龐統←龐士元, 士元 4-221, 252, 253, 262
龐統傳(三國志) 4-252
蚌蛤 4-206
房玄齡 1-45 6-195, 241, 272, 274, 310, 316, 317, 346, 362, 364, 373, 375, 378, 381, 388 7-39, 42, 43, 48, 59, 61, 65, 101, 104, 105, 107, 109, 113, 114, 131, 132, 144, 146, 153, 172, 173, 269, 270
房玄齡杜如晦列傳(新唐書) 7-146
房玄齡傳(唐書) 6-274, 316
房玄齡傳(新唐書) 7-61, 65
彷徨 4-33(釋)(頭)
龐勛 9-25(頭)
蚌鷸之勢 6-232(釋)
倍→義宗(遼) 9-104
裴監 6-253(要)
裴寬 7-327, 345
裴光庭 7-289
裴光庭傳(新唐書) 7-289
裴矩 6-211, 213, 319, 328, 329
裴均 9-213
裴垍(기) 8-149, 150, 253(要), 255, 259~263
排闥直入 2-71(釋)
倍道 6-18(頭), 19
裴度←晉國公 1-45 8-281, 285, 291~294, 296, 300, 301, 303, 304, 307, 309, 313, 314, 333, 334, 340, 343, 351, 354 9-12
裴度傳(唐書) 8-292, 294, 296, 303
裴度傳(新唐書) 8-309
裴度薨 8-382(附)
裴冕 8-25(頭), 28
裴芬之 6-77
排死節 4-70(頭)
裴秀 5-148
背水陣 1-358
裴肅 8-233
拜叔孫通爲太常 2-49(原)(釋)
裴叔業 6-76, 77
陪臣 2-271(釋)(要)
裴延齡 8-146(附), 147, 220~224, 226~228, 231, 232, 234, 259, 275, 384
陪列 5-165(頭)
裴炎 7-182, 190
裴蘊 6-216(頭) 7-49
裴耀卿 7-300, 308
俳優 2-235(釋)(頭)
裴頠←逸民 5-115, 119, 127, 128
倍日兼行 6-19
倍日幷行 1-129(頭)
裴寂 6-224, 227, 228, 230, 235, 237~239, 252, 253, 263, 299, 307, 322
裴樞 9-83
拜表即行 5-213(釋)
裴行儉 7-176, 177
裴弘 6-332
裴休 8-359 9-20
百家 2-227, 363(頭)
白居易 3-145 8-266, 328
白居易傳(唐書) 8-266
白見四人 2-60(釋)
百高座 8-115
白公→白勝 1-78(頭)
百官志(唐書) 6-340 8-134
百官志(新唐書) 6-347 7-110, 254, 273, 284
百官志(漢書) 6-242
百官志(後漢書) 1-255 2-50, 132, 293 3-149, 303, 319 4-22, 38, 41 5-210
百官表(漢書) 1-196 2-65, 132, 158, 237, 281, 352, 369 3-36, 52, 71, 209, 337

白溝 5-218
百口 5-174
百揆 5-318(釋) 6-82(頭)
伯禽 3-255
白金 2-258
柏耆 8-307(要)
白起←武安君 1-182, 235 7-95, 292
百騎 7-234
白徒 7-281
白登 1-347 2-52(釋), 55 5-120
白登臺 2-53
白登山 2-53 6-369
白藤紙 8-230
白蘭 7-333
白狼 4-37(釋)
白狼山 4-343
白狼水 9-98
柏梁臺 2-57, 305(釋)(附)
白露 8-298
白鷺 5-326
白鹿 2-260
白龍(年號) 9-139
白龍堆 2-374(頭)
百六掾 5-145(釋)
伯陵→項伯 1-317 2-17
百里 4-39(頭)
百里自嚮 3-59(頭)
百里之命 5-173(頭)
百里奚←五羖大夫, 井伯 1-133, 134, 219 (譯), 359
白麻 8-228(附)(要), 231
白馬 4-215
白馬寺 4-28 7-228
白馬城 1-370
白馬驛 9-83
白麻紙 8-230
白馬之津 1-369(釋)
白馬津 9-185
百萬 3-193
百蠻 1-107, 302
白望 8-235(頭)
白面書生 6-35(頭), 43
白茅 8-46
白旄 8-249
伯武→房植 4-140(要)
白敏中 9-11
白璧 4-100
伯山 4-343
白生 2-203
帛書 3-297
白石侯→劉雄渠 2-206
百姓和合於下 2-254(釋)
百艘 4-227(頭)
白獸門 7-240(譯)
白水鄉 3-191
白霫 7-129
白勝←白公 1-228(頭)
伯始→胡廣 4-170(釋)
百神 7-285
伯牙 3-61
白巖城 7-123
伯陽→老子 2-234 5-157
百餘萬斛 8-139(頭)
柏翳→伯益 1-208(頭), 209
白玉 8-91(頭)
白元光 8-100
百越 1-106(釋), 300(頭), 302
伯邑考 6-301
白衣 4-283(頭)
伯夷←公信 3-126, 278(附) 4-98(譯), 149 (頭) 6-376 7-75
白夷 3-167(附)
伯益←柏翳 1-209 3-91, 126
伯仁→周顗 5-173(釋), 177
伯仁由我而死 5-175(要)
白雀(年號) 5-286

白藏 6-143
白狄 8-390
白丁 6-40(頭) 7-280(頭), 358
白亭河 3-122
白帝 3-237
百濟 7-85(釋), 115
白帝白招矩 7-285(頭)
白帝城 4-279(釋), 280, 319, 325
白帝子 1-275(頭)
白志貞 8-162, 164, 172, 177, 200
白志遷 9-36
柏直 1-352
百泉縣 2-178
白疊布 3-252(頭), 254
白雉 6-357
百雉 1-245
伯通→彭寵 3-259
白珩 1-125
白虎觀 4-15, 51(釋)
白虎議奏 4-51(釋)
白虎殿 3-137
白虎通 2-254 3-172 4-51 6-34
伯和→獻帝(東漢) 4-190
白孝德 8-71
樊 4-227(釋)
樊口 4-229(釋), 235, 237
藩國 2-270 3-330
燔其龍城 2-267(釋)
藩籬 5-79, 80
煩懣症 3-15
藩屛 3-331, 344
番上 7-46(譯)
樊城 4-278, 279, 281, 282, 284, 325 5-279
反(翻)脣而相稽 2-147(釋)
樊崇 3-189, 218, 227 8-397
燔柴 3-357 7-22
藩臣 1-221 2-200 3-100, 109, 309 4-314 8-97
樊雅 5-282
樊愛能 9-208(頭), 210, 250
樊英 4-92
樊英傳(後漢書) 4-93
樊於(오)期 1-223
藩維 8-180(要)
樊毅 6-189(頭)
藩邸 7-246(頭) 8-259 9-46, 243
蕃邸樂 8-35
幡柱 6-86
樊準 4-76
樊準傳(後漢書) 4-76
藩鎭 1-46, 62, 175 8-240, 247, 293, 332, 363 9-38, 57, 80, 97, 153, 170, 175
藩鎭愓息 8-254(原)(釋)
藩鎭傳(新唐書) 8-332
繁昌縣 5-95
樊噲 1-276, 310, 318, 324, 325, 334 2-71, 96, 97 3-99 4-19
蕃表 5-78(頭)
蕃漢 9-54(頭)
藩漢孔目官 9-183
蕃嚮 4-160
伐 2-66
伐閱 2-355(釋)
閥閱 4-55(頭)
閥閱未奏 8-305(頭)
伐原之利 1-120(附)
伐魏 4-339
伐葦爲筏 6-38(頭)
伐漢 5-213(原)(頭)
泛駕之馬 2-327(釋)
范康 4-160
范彊 4-312
范昆 2-342
范甯 5-237

范蠡 1-173 2-228 7-53
凡例執此容 7-184(頭)
范明友 3-28, 164
范滂←孟博 4-130, 135, 140, 144, 149, 152, 160, 161, 163, 167, 289 8-284
范史 4-212(頭)
范宣子 4-151
范蘇二公 7-68(附)
范雎←應侯 1-174(譯), 175, 199, 219 2-274
范升 3-278, 282, 284 4-94(釋)
范氏→范祖禹 6-254(評), 260(評), 277, 321(評), 337(評), 368(評) 7-18(評), 21(評), 72, 100(評), 121(略), 121(評), 127(略), 165(評), 173(評), 193, 269(評), 271(略), 315(評), 329(評), 342(略) 8-28(評), 43(評), 49(評), 73(評), 81(評), 107(評), 128(略), 159(略), 177(略), 209(略), 227(評), 239(評), 240(略), 243(略), 261(評), 335(評), 359(略), 379(略) 9-12(略), 16(略), 19(評), 23(評), 38(略), 57(略), 60(略)
范陽 3-222 5-151, 168 7-177, 319, 320, 347, 355, 359 8-12, 17, 57, 263(釋)
——副使 烏承恩 8-57
——節度使 史思明 8-46
——節度使 安祿山 7-327, 334, 343 8-365
范陽王→李藹 7-227
范陽王→獻武帝(南燕:十六國) 5-287, 310
梵語 6-99, 116
梵言 5-300 6-86
范曄 4-41(評), 63(評), 88(略), 213
范汪←穆侯
範圍 7-122(頭)
梵音 6-114
犯而不校 8-353
范祖禹←范氏, 范太史 6-228(評), 282(評), 304(評), 315(評), 339(評), 372(評), 376(評), 387(評) 7-30(評), 125(評), 129(評), 148(評), 187, 188, 247(評), 279(評), 349(評) 9-95(評)
汎舟江湖 4-323(頭)
范仲淹←高平范氏 1-52 3-282
范增←亞父 1-283(釋), 314, 317, 320, 323 2-18, 21, 23
范志誠 8-98(頭)
范質 1-52 9-204(頭), 206, 213, 226, 231, 248
范太史→范祖禹 7-184
范通 5-101
梵唄 6-114
犯蹕當罰金 2-132(釋)
法駕 2-118 6-95, 243 8-55
法曲 7-254(譯), 255
法冠 7-274
法蘭 4-28(附)
法籙 8-402(譯)
法門寺 8-312
法言 2-18(評)
法衣 6-98
法章→襄王(齊:先秦) 1-163
法正←孝直 4-224, 253(頭), 268, 275, 276, 320
法酒 2-49(釋)
甓 5-154(釋)
碧鷄 3-58(頭), 59, 114
碧鷄坊 3-59
辟穀 1-43 2-32, 33 7-143 8-66
壁帶 6-180(頭)
辟扶風鮑恢 3-309(頭)
壁鄣 1-185(譯)
辟易 8-14(釋)
璧玉 1-168 7-46
辟雍←辟廱 3-151, 152, 362(譯) 4-13(釋), 16, 44, 292
辟廱→辟雍 3-153

汴 9-58, 60
汴渠 5-342
汴京 4-305 9-131
邊境之事 2-267(要)
卞壼 5-138, 145, 187~189, 348
汴口 9-234
辯給 7-30(頭), 288(頭) 9-65(要)
汴梁路 1-252
變例 2-102, 109
弁冕 3-202
弁髦 4-177(附)
辮髮 5-296 8-105(頭)
辨方正位 7-68(原)
卞範之 5-318
邊鄙 2-217 8-100(頭)
辯士 2-71
辯士蒯徹 1-371(原)
辨邪箴 8-350
汴船 8-140
汴水 1-373 8-93, 139 9-232
邊五郡 2-293(釋)
卞州 8-81
汴州 1-291 2-41 6-98 8-138, 147 9-37, 47, 171, 191, 193, 195
──刺史 倪若水 7-265
汴河 1-381
邊鎬 9-204
卞和 1-165
別駕 4-252(頭) 8-227(頭)
別駕府 8-110
別部司馬 4-193
鼈山 2-212
炳→沖帝(東漢) 4-112
兵家 3-161
軿車 3-352
兵過 8-212(頭)
丙吉 2-379, 380 3-49, 51, 65, 73, 79, 80, 87, 105, 106, 111 4-326(譯)
丙吉傳(漢書) 2-380
丙吉知狀 3-50(釋)
兵農之分 7-278
餅餤 7-239(頭)
病力 2-303(釋)
倂力於西邊 8-387(要)
兵馬掾 4-186
秉旄宣武 9-128(頭)
兵法 2-167
兵法家 7-296
兵符 1-188(釋)
屛富貴 6-101(頭)
兵不血 8-273(釋)(要)
兵士帖 6-201
屛息 5-238(頭)
邴原 4-194
駢邑 5-24
病已→宣帝(漢) 2-379, 379(釋), 380 3-11, 28, 300
幷黜 6-322(釋)
秉政 5-115(頭)
邴尊 4-128
屛左右 9-15(頭)
兵主 2-322
幷州 1-177, 358 2-290, 326 4-159, 219 5-86, 142, 246 6-93, 97, 104, 153, 264, 265, 278, 286, 307 7-182 8-393 9-221, 222
──刺史 高延宗 6-169
──牧使 郭伋 3-311 4-21
──刺史 司馬騰 5-134
──刺史 元天穆 6-96
──長史 李勣 7-90
病之 4-346(附)
兵志(唐書) 7-339
兵志(隋書) 7-291
兵志(新唐書) 7-47, 278, 280, 284, 286, 288, 323 8-109(評), 368

兵之大勢三變 8-109(頭)
屛譏慝 7-42(頭)
病創臥 1-375(釋)
秉鐸 2-290
秉筆迷至公 7-184(頭)
兵火之後 8-93(頭)
保→順帝(東漢) 4-91
保介 2-127
輔車相依 3-52
補缺 2-356(釋)
寶鷄 9-41
步白 2-204
步軍 1-129
簠簋 2-159
簠簋不飾 2-157, 158(釋)
保納舍藏 4-165(頭)
寶曆(年號) 8-350 9-68(頭), 91(譯)
寶命 6-70
黼黻 4-23(釋)(頭)
寶城 6-219
報囚 3-77(釋)
保樂 7-286
寶玉 2-184
普曜經 4-27
步搖冠 5-151
寶位 7-217
普閏縣 3-303
寶應(年號) 8-70
寶應軍 8-73
保頤東宮 9-58(頭)
保任令錄 9-236(附)
保障 1-81(原) 8-51(頭)
堡鄣 6-358(譯)
步障 5-107(附)
保章氏 6-298
寶藏王(高句麗) 7-116, 171
保定(年號) 6-162
寶正(年號) 9-143
寶鼎 2-310 6-126
寶鼎(年號) 5-68
寶鼎歌 2-310
保定縣 6-258
步騭 5-76
步闡 5-75, 76
普泰(年號) 6-105
普通(年號) 6-91, 134, 146
保平節度使 康懷貞 9-110
保弼 3-186
輔漢將軍→公孫述 3-197
步協 5-76
保衡 3-37
保護功 8-89(頭)
普回 6-107, 108
伏 3-84
復 1-258(釋) 3-132(原) 6-323(原)
覆車 9-22
服虔 2-128, 201, 317, 342
福建 8-258 9-107
——觀察使 王潮 9-57
——留後 王審知 9-57
僕固 7-129
僕固瑒 8-77, 79, 91
僕固懷恩←太寧郡王 8-68(頭), 69, 76~80, 84, 85, 90, 91, 94, 95, 98~100, 102, 147(附) 9-68, 87, 88
僕固懷恩傳(唐書) 8-80
覆國 5-34
復國號曰唐 7-229(譯)
復其家 2-170(頭)
復其官蔭 6-359(要)
復其身 1-115(原)(頭)
伏湛 3-228
伏湛傳(後漢書) 3-228
福堂 6-56
復唐祚於靈武 5-279(頭)
福德星 5-272

福德在燕 5-251(釋)
福德在吳 5-269(釋)(頭)(要)
複道 1-258(釋)(頭) 2-101
伏臘 3-83(釋)
伏龍 4-220
伏隆 3-271
宓不齊 8-195
腹誹 2-304(原)
服舍 2-205
卜相 1-94 8-123
服箱之牛 7-300(頭)
服色 2-120(附)
卜筮 1-255 3-297(附) 6-111
福先寺 7-250
復姓冉氏 5-221(頭)(原)
復售 5-240(頭)
卜式 2-299, 312~314, 323
伏軾 掉三寸之舌 1-371(釋)
腹心臣 2-372
卜氏 5-134
伏氏(伏完 女) 4-261
僕射 6-362
濮陽 1-192, 284 2-26
濮陽興 5-96
服御 7-257
鰒魚 3-196(釋)
覆獄 6-115
伏完 4-261
濮王→趙允讓 9-98
伏龍 4-325
伏而不謁 3-278(譯)
伏日 3-84
宓子賤 8-195
卜子夏→子夏 1-90, 95
復齋胡氏 1-197
伏前聽詔 2-378(要)
復州 8-109
福州 7-319 9-110, 173
覆奏 7-11(頭), 15
輻湊 2-143(釋) 5-336(頭)
濮州 1-113, 131 3-275 8-109 9-28, 124, 190
覆舟山 5-189
伏質 3-263(釋)(頭)
伏波將軍→馬援 3-330
伏閤諫 8-228(釋)
伏羲←太昊 1-166 3-354, 359 5-326 6-87 7-129
本估 8-235(要)
本貫 8-214(頭)
本色 8-261
本始(年號) 3-11, 163
本將 8-52(要)
本傳 7-249(頭)
本初→袁紹 4-211(頭) 5-64(頭)
本初(年號) 4-114, 129(要)
本草綱目 6-143
鳳閣 7-203
封疆日蹙 6-92(頭)
封建 1-204, 245, 246 2-34 3-95 6-340 7-12, 13, 14, 68(原), 72, 75, 78
封建論 7-75
奉高→袁閎 4-86(釋)
封丘門 9-185
封丘縣 9-198
封君 2-215
蜂起 5-313(釋)
蠭起 1-283(釋)
奉寧節度使 慕容彦超 9-200
封德彝←德彝, 封倫 6-206, 223, 224, 278, 309, 322, 330, 331, 334, 382, 383, 387
蓬萊 2-244, 321, 355 6-274
蓬萊宮 7-255 8-35, 68
蓬萊山 2-246 6-206
蓬萊書院 8-198

蓬萊安期生 2-244(釋)
俸祿 3-73(頭)
封倫→封德彝 6-385(頭)
鳳鳴朝陽 7-179(釋)
逄門子 3-61
封駁 9-18(頭)(要)
封孚 5-251
封事 3-19(釋), 293 6-130(譯)
鳳翔←岐陽 5-335 8-132, 258, 312, 317 9-34, 40, 42, 62, 63, 75, 107, 109, 250
——監軍 楊復恭 9-74
——監軍 張仲淸 8-378
——軍府事 李繼曮 9-138
——節度使 李茂貞 9-61
——節度使 李玭 9-14
——節度使 李從珂 9-157
——節度使 王景 9-243
——節度使 田令孜 9-41
——節度使 鄭畋 9-33
——節度使 鄭注 8-374
封常淸 7-356, 358
鳳翔推戴 9-168(頭)
封禪 1-61 2-244(附), 317, 320, 363 3-353~355, 358, 360, 364 7-19, 21, 179, 287, 311
封禪書 6-33(釋)
封禪書(史記) 2-274, 302, 307, 321, 322, 326, 340 3-354
封禪儀 2-316(釋) 7-285
封邑 2-54, 218
封刃 6-66(譯)
鋒鏑 7-210(原) 8-194(釋)
俸錢 9-239
奉節王→德宗(唐) 8-198
奉朝請 2-64(頭) 3-38(釋), 317(釋)
鳳州 1-335, 335 9-140, 247
——節度使 王環 9-242
蜂蠆有毒 6-189(譯)
奉策 4-315(頭)
奉天 8-85, 95~97, 132, 165, 167, 170~172, 178, 185, 190, 199, 202, 217, 233, 240, 337 9-89
鳳雛 4-220, 226, 325
奉春君→劉敬 2-29(頭)
奉卮酒爲壽 1-316(釋)
封項伯爲列侯 2-16(頭)
俸戶 9-236(附)
奉化節度使 皇甫暉 9-226
烽火 2-19, 190
鳳凰 3-76, 81, 114, 124 5-292 6-354
鳳凰(年號) 5-74
敷 7-30(頭)
涪 4-254(釋)
富家翁 1-310
夫槩 8-297
傅介子←義陽侯 2-374
傅介子傳(漢書) 2-374
副車 1-252(譯)
附契丹 9-98(譯)
婦居尊位 7-201
苻健→景明帝(前秦:十六國) 5-222, 223, 225, 230, 294(評), 295(頭)(附)
負劍 1-225(頭)
苻堅→宣昭帝(前秦:十六國) 1-60, 235 4-309 5-160, 218, 222, 232~235, 238, 245, 246, 248, 249, 251, 253, 254, 258, 264~267, 269, 270, 273, 276~278, 280, 283~286, 290, 292~294, 296, 332, 338 6-28 7-272
梟更 3-167
符契 8-206
府庫 1-316(譯)
枹鼓數起 3-88(釋)
祔姑於廟 7-210(釋)
部曲 2-337 3-217 4-193(譯) 5-151(頭)

8-85(釋)
苻廣←安成王 5-303
俘馘 6-146(頭)
苻宏 5-265
浮橋 3-308(頭)
浮丘公 3-62 6-54
浮丘伯 2-203(釋)
富貴而詘於人 1-201(釋)
鳧葵 5-131
掊克 3-26, 74 4-176(頭) 8-121(要), 223
富給 6-343(頭)
負笈 4-100(釋)
傅岐 6-122
阜陵 5-190
部黨 4-144, 161
附黨 4-147
副大使 8-277(頭)
浮圖 4-37 5-300 6-53, 85(頭), 115 7-151 8-153(頭)
浮屠 5-300(附) 6-116, 126, 146 7-155 8-386, 402
不得具鈞駟 2-214(釋)
不得免者 1-168(頭)
不得不任其責 5-230(要)
苻登→高帝(前秦:十六國) 5-297, 299(原), 302, 303
苻洛 5-267
傅亮 6-13, 17, 18
符籙 1-59 6-32(譯), 33
阜陵 1-283
涪陵王→東昏侯(齊:南朝) 6-78, 79
附麗(리) 8-347(釋)
駙馬都尉 3-160(要)
符命 1-253 3-174(譯), 191, 297 4-93, 316
傅母 4-183(釋)
掊民 9-173(頭)
富民侯→田千秋 2-355, 356
鄜坊 8-258
——觀察使 元義方 8-272
府兵 7-279, 280, 338 8-109, 159, 206(頭), 213, 214, 366, 367
府兵內剷 8-366(釋)
府兵之制 7-47(譯)
符寶 7-339
副本 3-21
副封 3-19
附鳳翼 3-223(譯)
剖符 2-39(原)
拊缶 3-83(釋)
剖符作誓 2-86(釋)
拊髀 2-179(頭)
苻丕→哀平帝(前秦:十六國) 5-280, 286(頭), 287~289, 296, 298, 299
苻飛龍 5-288
復事西南夷 2-292(頭)
傅士仁 4-283(要)
浮山堰 6-87(頭)
符璽 1-263
苻生→越王(前秦:十六國) 5-230, 232, 234
符瑞 3-81, 141 4-33 7-19
負黍 1-195(釋)
簿胥堂 6-210
簿書不報期會 2-147(頭)
負黍亭 1-195
負黍聚 1-195
傅宣 5-136
父城 1-293
涪城 4-262
扶蘇 1-48, 261, 262, 264 2-72, 78, 79
負俗 2-327
膚受 9-67
俛(俯)首刮席 3-209(釋)
苻崇→末帝(前秦:十六國) 5-302, 303
傅丞 3-186
府丞義 出行蝗 3-76(釋)

府寺 9-40(譯)
罘罳 8-376(頭)
腐身薰子 4-90(譯)
阜安 7-159(頭)
鳧鴨 5-326
富陽 3-280
滏陽 8-57(頭)
扶陽王→桓彦範 7-232
苻彦卿 9-168, 184
苻彦饒 9-168(頭)
扶餘 7-87 9-104, 143
復與泰有隙 6-109(附)
傅說 2-315 3-323 4-226 7-63(附) 8-285, 288
扶搖風 7-257
附庸 1-248
附庸國 3-48
芙蓉園 7-132
苻雄 5-233
鈇鉞 3-172 4-257
府衛 8-129
父爲九州伯 5-301(譯)
復爲趙王 1-337(要)
府衛之法 7-320(頭)
傅遊藝 7-200
傅育 4-64
符融 4-134, 135, 152, 289
苻融←陽平公 4-309 5-269, 270, 273, 275~277
符應 3-265(譯)
傅毅 4-27
負扆 9-161(要)
扶義而西 1-288(釋)
負義侯→出帝(後晉) 9-189
夫人殺侍婢 3-43(要)
不(否)者 3-34(釋)
不貲 7-19(頭)
夫子→孔子 1-42, 49 3-171
父子 4-263(頭)
父子不責善 7-173(譯)
夫子尙以放鄭聲爲戒 7-256(譯)
不訾之身 4-92(釋)
阜將 1-358
不在外戚則在宦官 3-319(評)
不在此數 8-258(頭)
不在宦官則在武將 3-319(評)
符傳 6-259
符節 1-307
部亭長 3-230(頭)
否正直 4-70(頭)
不濟 9-144(頭)
付諸李氏之子 6-55(譯)
府朝 4-134
不存形迹 6-340(頭)
弗從 1-133(譯)
扶州 9-140
鄜州 8-38, 272
傅俊 4-19
不卽其長帥 6-35(釋)(要)
不至數升 5-13(要)
不震不竦 5-22(頭)
斧質 8-59(頭)
不戢部將 3-242(頭)
不戢自焚之災 8-159(釋)(頭)
符讖 3-366
傅僉 5-53(頭)
負芻 6-301
負芻(楚:先秦) 1-225, 227
蜉蝤出以陰 3-59(釋)
富春山 3-278(釋), 281
富春縣 3-280
俛(俯)出袴下蒲伏 1-328(釋)
府帑 3-161(釋)
負販 7-338(頭) 9-45
負販者 亦嗤之 8-308(頭)
富平 3-217, 250(譯)

富平道 8-113
富平縣 3-259
富平獲索 3-259(釋)
扶風 2-362 3-309 8-38, 40
——太守 尹翁歸 3-45
扶風郡 3-235 5-12
扶風王→後皇帝(蜀:三國) 5-58
扶風縣 3-253
富弼 1-52
傅咸 5-155(附)
傅咸之奏 5-155(附)
阜鄕亭 2-246
傅奕 6-290, 292, 293, 297
傅奕傳(唐書) 6-292
傅玄 5-67, 155, 158
涪縣 5-51
腐刑 2-338(釋)
負荊 1-167(頭)
苻洪→惠武帝(前秦:十六國) 4-305 5-106, 294, 295 7-77
苻洪載記(晉書) 5-221
傅弘之 5-340, 344
傅喜 3-168
北 5-329(釋)
燓 2-268
踣 7-112(要)
北闕 2-178
北郊 3-58 4-11(頭)
北軍 2-107(附), 108, 109, 112, 137, 138 8-104
北闕 2-319(附)
北斗 1-260 3-198 4-105
北斗星 3-237
北芒阪下 4-186(釋)
北面 1-336, 374 2-113 3-163, 225 7-70, 105
——招討使 段凝 9-129
——招討使 楊師厚 9-120
——行營都部署 劉彦貞 9-224
北面行營都招討使 杜威 9-185
北溟 7-128
北門 7-225 8-144
北普閏 7-286
北史 突厥傳 6-210
北司 7-225 8-378(附) 9-15, 28, 53, 60, 79
北山 4-341(附)
北單于 4-38
北首爭死敵 2-338(釋)
北寺(시) 8-144(頭)
北寺獄 4-144(釋), 157
北辰(신) 7-71
北兗州 6-51
北憂漁陽 3-250(譯)
北院 8-230
北魏 1-56
北有勃海之利 2-36(釋)
北戎 6-368
北狄 1-56 6-371 9-183
北狄傳(晉書) 5-134
北庭 7-319
北朝 6-11 7-57
北地 1-217 2-180, 293 3-233, 236, 238 5-254(要), 288(頭), 289
——太守 皇甫嵩 4-179
北地郡 2-178
北地都尉 2-178(釋)
北地王→劉諶 5-52(頭), 53
北平 3-222
北平王→高祖(後漢:五代) 9-189
北平王→過折 9-99
北平縣 2-54
北風之思 5-240(釋)(頭)
北風篇(詩經) 5-242
北漢 9-203
北海 2-302, 335, 335(釋) 3-163, 171

4-194 9-84
——太守 朱邑 3-40
——太守 賀蘭進明 8-33, 42
北海郡 1-372 3-274, 317 4-154
北海王→慕容納 5-327
北海王→元顥 6-97(頭), 132
北鄕侯→劉懿 4-89(釋), 90
北匈奴 3-349 4-26, 34, 36, 64
分 1-75, 77
紛更之爲 2-276(釋)
鶡(븐)鷄 3-81(釋)
鶡冠 3-191
分其地 1-111(釋)
分道夜追 左軍復還 6-235(頭)
分命 6-166(要)
奮武司馬 4-196(要)
奮武將軍 4-196
粉白不去手 5-38(頭)
分番 7-48
忿兵 3-46
汾上之師 8-91(頭)
焚書坑儒 1-214
汾水 6-197, 212 9-168
汾陽 8-147
糞壤 7-338
汾陽宮 6-212, 227
汾陽王→郭子儀 8-72, 91(頭)
奮威→孫瑜 4-248(原)(要)
奮威將軍→孫瑜 4-249
奮威將軍→祖逖 5-151
奔劉備於袁軍 4-215(頭)
分陰 5-186(釋)
憤邑 5-101(釋)
鶡雀 3-80(釋), 81
分田劫假 3-181(原)(釋)
焚頂 8-317
糞除 5-64(要)
分注 2-102
汾州 1-96 6-97, 212, 232(頭) 8-91, 92, 97, 102, 393
——刺史 楊數 6-165
——刺史 爾朱兆 6-103
犇走 3-186
墳策 4-15(頭)
氛祲 2-129
分土 1-114(釋) 4-19(譯) 9-174(頭)
分表 5-219(釋)(頭)
汾河 6-104
憤河朔三鎭之桀驁 8-364(頭)
分行 7-38(頭), 275(頭)
佛 1-58 4-27(附) 5-300
紱 6-175(要)
不可勝載 7-135(頭)
不加遠征 5-120(頭)
不可則止 數斯辱矣 3-129(譯)
不可則止之義 8-232(譯)
不覺屐齒之折 5-284(要)
不竭其力則常得乘之 7-111(頭)
不敢復爾 9-240(頭)
不敢惴 1-168(頭)
不格 1-152(釋)
不激詭 4-70(頭)
不更 1-117(附)
不競 8-49(頭), 226(頭)
不經 2-236
佛經 4-28
佛經四十二章 1-59
不告姦者 與降敵同罰 1-115(頭)
不固維城之基 5-30(頭)
佛骨 8-312, 313, 317, 331 9-27
不拘文法 2-239(譯)
不軌 4-161(頭) 7-142(頭), 169
不極 2-378(要)
不根 2-235(釋)
不近刑人 3-119(釋)
不給 8-305(頭)

佛老 9-180
不能給 8-110(頭)
不能庇其子 9-87(頭)
不能養其父 9-87(頭)
不能五十里 邦國之制 1-245(原)
不能爲已 2-143(要)
不能自直 9-161(頭)
不能治天下 2-93(頭)
不能回憲宗之惑 8-330(譯)
不泥於法 5-69(頭)
不啖 7-15(要)
佛堂 8-21
佛圖澄 1-60
不逞 2-209(頭)
不令還許 4-258(頭)
佛老 1-59, 60
弗陵→昭帝(漢) 2-345, 359, 360, 365
弗滿品 2-342(譯)
不毛 4-334(要)
佛廟 6-29
不問戎事 5-13(要)
不聞天子詔 2-190(釋)
不拜太子 7-343(譯)
不伐 2-64(頭) 3-216(釋)
佛法 3-301 6-29, 134, 290 7-142 8-314, 316
不保丘壟 9-68(頭)
不副本望 6-260(附)(要)
不復受甲 7-320(頭)
不負李密 7-110(頭)
不復引過門下 7-297(譯)
佛寺 4-247 6-31 9-246
佛祠 9-17
不死藥 1-251
不事王侯 3-282(頭)
不死之說 9-19
不死之藥 2-307
佛像 1-59 6-32, 203 9-246
不相得 2-303(頭)
不賞之功 9-250
不生除節帥 8-247(頭)
佛書 6-32
不屑 5-19(頭)
佛說 9-246
不世出 3-64(要) 4-190 8-239
不遜語 9-178(附)
不遜之志 4-246(頭)
不受節度 5-101(頭)
不時使人存問長老 2-116(釋)
不信宰相 8-274(要)
不臣之心 9-72(附)
不申戶口外 8-258(頭)
不失舊物 4-296(頭) 8-197(頭) 9-87(頭)
佛氏 6-87
不諳其才 8-282(釋)
不養子 4-143(要)
不御之權 2-158(頭)
不抑抗 4-70(頭)
不言而躬行 2-234(附)
不與臣者 8-387(頭)
弗與也 2-167(頭)
不茹葷 8-66(釋)(要)
不易之常道 4-124
不穢 4-70(頭)
不豫 2-83(要) 5-205(頭) 8-66(頭)
不曳地 2-194(釋)
不吾虞 8-297(釋)
不畏彊禦 4-141(釋)
不用 1-215(頭)
不偶 7-191(釋)
不虞 4-84
不虞之變 5-270(要)
不義 6-79(頭)
不宜專用南陽人 3-311(頭)
不義侯→子密 3-258
不弛固守 5-120(頭)

不以已長格物 6-362(頭)(要)
不以白珩爲寶 1-125(譯)
不夷不惠 4-98(譯)
不以生類爲藥 6-87(頭)
佛以世嫡而叛其父 6-292(要)
不稔之端 8-136(頭)
不任進道 3-278(釋)
佛指骨 8-312
佛地論 4-27
不次除官 7-195(譯)
不次之位 4-174
不聽軍過 4-272(頭)
不聽爲仇 3-271(譯)
不逮 2-121(頭)
不肖子 7-172(頭)
不肖者拘焉 1-115(頭)
不出戶庭之戒 9-16(譯)
不置三品官 7-246(譯)
不稱天 4-324(要)
不墮 7-138(要)
佛陀 6-53
佛佗 5-300(附)
佛塔 6-29
不避彊禦 3-309(頭)
不下司馬門 2-188(附)
不閑軍旅 8-42(頭)
不閑吏務 6-223(要)
不閑將略 5-275(頭)
不咸山 7-264
不害爲堯舜 6-356(頭)
不享 4-18
不許度人爲僧尼道士 8-317(頭)
不叶 5-69(要)
不慧 8-400(頭)
不惑 4-103
不毁則日中而跫 7-92(頭)
朋 8-284
棚閣 8-35
朋黨 1-53 3-16, 75, 119 7-131 8-283~
285, 309, 313, 341, 364, 370, 372,
384 9-12
朋徒 4-140
批 7-302(頭)
比 2-304(釋) 4-336(要) 6-210
菲 4-333(釋)
閟 6-308(釋)
髀 4-217(釋)
非家至而人說之 3-127(要)
祕閣 6-71(要)
比干 3-149(釋) 6-340(釋), 342 7-75, 155
鞞鼓之聲 6-37(釋)
費觀 4-267
非關右之地鴻溝以西 5-72(要)
否卦 3-125 8-173
賁卦 3-147 6-328
飛橋 5-216
比丘 6-99
比丘尼 6-99
飛騎 7-85(譯), 240, 288
祕記 3-297, 301 7-142, 143
飛騎營 7-240
非乃所知 2-85(譯)
比能 9-98
非但君擇臣 臣亦擇君 3-252(譯)
飛丹砂 8-311
飛廉 7-75(頭)
飛龍 3-61
飛龍廏 7-313
飛龍廏馬 8-22(頭)
飛樓 8-49(譯)
鄙吝之萌 4-86(釋)(原)
非名非器 1-76(頭)
比目魚 3-341
誹謗之木 2-128(釋)
飛白 7-117(釋)
非法敎 1-254(頭)

比部郎中 9-220(頭)
比部覆其出入 8-123(頭)
比舍郎 5-117(釋)
費誓所以得列 9-113(譯)
飛仙 1-59
比歲 8-235(釋)
匕首 1-86(釋), 223(頭), 225, 228
肥水 6-166
淝水 5-276, 279, 280, 306
祕臣 4-69
祕室 3-141
批逆鱗 7-249(附)
睥睨 5-280(頭)
裨王 2-282
費褘←文偉 4-334(頭), 336 5-15, 25, 33, 35, 36, 40
鄙儒 2-48
邳彤 3-213 4-19
邳彤傳(後漢書) 3-213
費貽 3-313
非以德上 2-170(譯)
比二千石 3-71, 209
裨益 7-42(要)
費人 7-293(附)
比長 6-355
飛將軍→李廣 2-266
裨將傳餐 1-356(釋)
非適 4-288(釋)
比坐 2-331(要)
比之爲徧 8-149(頭)
非眞孝惠子 2-111(附)
痺疾 9-205(要)
蜚蛭 7-264
備責 6-212(頭)
毗牒 9-100
翡翠毛 6-181
琵琶 6-369
丕豹 1-219(釋)
椑榼 1-87(釋)
肥鄉縣 1-84
比弦韋 7-52(釋)
蜚狐口 8-171
飛狐道 8-170(釋)
蜚狐之口 1-369(釋)
蜚狐縣 2-267
非禾稼之損 7-309(頭)
卑禾海 7-333
比況 3-28(釋)
非孝者無親 6-292(譯)
儐 4-136
臏 2-175
邠 1-341
牝雞之晨 7-185
豳國 6-288
豳國公→牛仙客 7-315
邠郡節度使 王殷 9-245
邠岐 9-81
邠寧 8-160, 258
——節度使 王行瑜 9-51
——節度使 張君緒 9-14
——節度使 朱玫 9-41
——節度使 韓遊瓌 8-211
牝晨司禍凶 7-184(頭)
瀕於危殆 5-51(要)
豳王→李守禮 7-257
賓王反誅 7-177(譯)
擯而不齒 7-339(頭)
彬州 8-97
豳州 3-303 6-258, 286(釋), 288 7-286
邠州 8-388 9-54, 74
——節度使 王行瑜 9-74
髕刑 2-254
聘問 2-260
氷山 7-345
氷霜之戒 7-236(譯)

【人】

寫 7-119(頭)
思→後皇帝(蜀) 5-74
捨 6-101
泗 1-379
社 6-182(譯)
蜡 3-85
私奸服舍 2-204(頭)
私改之 5-249(要)
謝擧 6-118
莎車 3-336(釋)
駟車庶長 1-117
莎車王 3-45, 338
射堅殺之 4-193(頭)
思結 7-129
史敬思 9-38
史高 3-118, 119
四鼓 8-298(頭)
沙固 9-99
私估 8-261
賜告 2-241
四庫書 6-319
斜谷 4-277, 329, 336, 350 5-11, 13, 15, 50
謝鯤 5-117, 172, 210
司空 7-163(頭)
四公 4-169(釋)
射工 6-143
謝公著 2-63
士官 7-294
四關重擾 3-365(頭)
祠官祝釐 2-184(釋)
師卦 1-272 7-30 8-103
司寇 2-158
沙丘 1-262(譯)
泗口 2-212 5-218
謝玖 5-113
使君 4-211(譯) 6-289
嗣君 9-82
四君 1-219(譯)
四郡 3-340 5-55(譯)
士君子 6-385
事權 7-324(釋)(要)
史記←遷史 1-96, 196, 271, 272, 294, 312, 321, 357, 360, 368 2-40, 127, 130, 168, 204, 215, 248, 292 3-297 5-198 6-34 7-303
—— 汲黯傳 2-303
—— 大宛傳 2-326
—— 呂后本紀 2-107
—— 叔孫通傳 2-50
—— 諡法解 1-237 2-348
—— 樂書 2-295
—— 吳王濞列傳 2-202
—— 袁盎傳 2-125
—— 田千秋傳 2-355
—— 周紀 3-65
—— 周勃世家 2-191, 201
—— 晉世家 9-78
—— 陳丞相世家 2-119
—— 平準書 2-297, 302, 304
—— 項羽本紀 1-295
—— 淮南王劉安傳 9-22
—— 淮陰侯列傳 2-63
—— 孝武本紀 2-231
射騎 7-284
辭氣忼慨 9-204(頭)
史記索隱 1-87, 93, 98, 124, 131, 134, 184, 186, 187, 192, 194, 197, 199, 273, 322, 333, 372 2-43, 81, 113, 133, 175, 193, 195, 196, 201, 204, 205, 233, 267, 274, 282 5-253, 272
史記正義 1-103, 105, 107, 131, 134, 140, 154, 177, 192, 251, 260, 282, 322, 356, 361 2-13, 67, 202, 205,

278 3-354
史記集解 1-295
敉吉刎死 6-126(譯)
士吉射 4-187
史女 3-64
史魯 3-64
司農 2-305
史斷 2-109(略), 373(略) 3-134(略), 156(略), 175(略), 363(略) 4-65(略), 74(略), 90(略), 111(略), 113(評), 115(略), 152(略), 188(略) 5-55(略), 62(略), 95(略), 113(略), 137(略), 149(略), 160(略), 181(略), 187(略), 204(略), 205(略), 238(略), 257(略), 259(略), 306(略), 347(略), 349(略) 6-14(略), 16(略), 43(略), 45(略), 48(略), 55(評), 56(評), 61(評), 63(略), 68(略), 69(略), 71(略), 73(略), 75(略), 80(略), 126(略), 129(略), 136(略), 139(略), 148(略), 157(略), 158(略), 202(略), 245(略), 307(略) 7-155(略), 180(略), 236(略), 242(略) 8-115(略), 245(略), 340(略), 349(略), 386(略), 401(略) 9-26(略), 45(略), 80(略), 112(略), 118(略), 134(略), 155(略), 163(略), 177(略), 186(略), 206(略), 251(略)
師丹 3-158, 168
邪道 2-350
四瀆 3-357 7-22
史略史評 1-148(譯)
沙磧 3-122
司祿 7-54
絲綸 8-232
屣履到門 4-141(釋)(要)
駟馬 2-216 3-27 9-232
司馬 1-325
司馬冏←齊王 5-129(頭), 130, 131
司馬公→司馬光 1-308(略) 2-33, 82, 93(評), 325, 330(評) 3-229(略) 4-96, 339 7-262(略) 8-115
司馬光←司馬公, 司馬氏, 司馬溫公, 溫公 1-52 2-324
司馬覲←琅琊恭王, 琅琊王 5-139, 162, 163
司馬澹 5-158
司馬談 2-65, 339
司馬聃→穆帝(東晉) 5-211
司馬德文→恭帝(東晉) 5-346
司馬德宗→安帝(東晉) 5-338(頭)
司馬道子←琅琊王, 會稽王 5-296(頭), 300, 301, 306, 311, 313, 318, 347, 348, 349
司馬敦 5-140
司馬騰←東嬴公 5-132(要), 135
司馬亮←汝南王 5-115(頭), 116
司馬倫←趙王 5-128(要), 129, 241
司馬門 1-294(釋), 296 2-188
司馬法 1-99, 249 2-357 3-68 8-112
司馬兵法 2-193(釋)
司馬孚←安平王 5-131
司馬丕→哀帝(東晉) 5-205, 237, 239
司馬師 5-37, 40, 41, 49, 113, 149
司馬相如 1-61 2-235, 238, 250, 295, 314, 316 3-63
司馬尙之 5-318
司馬昭←文帝, 晉公←散騎常侍昭 5-37, 41～44, 46, 48, 58～60, 63, 90, 113, 130
司馬紹→明帝(東晉) 5-181, 348
司馬氏→司馬光 3-94 4-125, 260, 307 8-390
司馬岳→康帝(東晉) 5-205, 208
司馬晏←吳王 5-146, 149
司馬卬←殷王 1-306
司馬穰苴←田穰苴 1-97(釋) 7-303
司馬彦璋 5-318
司馬鄴→愍帝(西晉) 5-146(頭), 148, 149,

159
司馬衍→成帝(東晉) 5-188
司馬炎→武帝(西晉) 5-44, 63, 84, 87, 89, 102, 115, 116, 131, 142, 146, 159, 160
司馬穎←成都王 5-131(要), 132, 135
司馬睿→元帝(東晉) 4-307(譯) 5-138(附)(要), 145, 146, 151, 162, 348
司馬溫公→司馬光 2-165 6-248 9-106
司馬顒←河間王 5-131(要), 136
司馬曜→孝武帝(東晉) 5-261, 346
司馬昱→簡文帝(東晉) 5-212(頭), 214, 223, 254, 256
司馬元顯←會稽世子 5-311, 313, 318, 324, 347~349
司馬越←東海王 5-136, 137, 140, 143, 159
司馬瑋←楚王 5-115(頭)
司馬攸←齊王 5-130
司馬允←淮南王 5-129
司馬懿←司馬仲達, 宣帝, 仲達 4-273, 279, 329, 332, 336, 346, 348, 349 5-11~13, 15, 25, 30, 31, 36, 37, 39, 40, 57, 66, 90, 113, 116, 128, 131, 137, 139
司馬程據 5-84
司馬伷←琅琊王 5-82, 89(頭), 93
司馬仲達→司馬懿 5-197
司馬澄 5-140
司馬遷←太史公 1-305 2-65, 314, 328, 337, 338, 340 3-297 4-70, 71 8-325
司馬遷傳(漢書) 2-65, 339(評)
司馬衷→惠帝(西晉) 5-84, 159
司馬熾→懷帝(西晉) 5-135, 137, 159
司馬奕→廢帝(東晉) 5-205, 244, 245, 250
司馬徽←德操 4-220, 226 5-73
司馬遹 5-113
司馬欣←塞王 1-280, 294, 296, 306, 323, 331, 333, 335, 373
沙漠 2-301 3-162 5-203 6-367
事末利 1-115(釋)
司命 7-54
師命 4-301(頭)
四牡橫奔 4-119(釋)
司牧 4-294
徙木之賞 1-120
司墓 7-92
司墓之室 7-92(釋)
史墨 5-252
四門 6-72(頭)
斯文 1-53
沙門 1-58, 60 4-27, 27(頭) 6-29(頭)(要), 31, 32, 52, 292
四門生 6-252(附)(要)
四門小學 6-72
司門令史 6-328(頭)
事文類抄 5-129
四門學 6-252 8-375
史彌遠 1-55
祀軷 3-55
四百 2-176(頭)
四百石 4-174
斜封 7-234
斜封官 7-234, 242
事不同能 5-111
四部無遮大會 6-98(譯)
四部書 6-318(附)(要)
事不辭難 4-161(要)
似不相容 6-294(要)
射不穿札 5-103(釋)
死比 3-28(釋)
使司 7-283(頭) 8-133(頭)
四事 6-111(要)
史思明←大燕皇帝 8-11, 13, 16(頭), 17, 46, 56, 57, 63~66, 68~70, 97, 102, 132, 269, 333

事事物物 5-120
死事之臣十有五 9-211(附)
仕三國 5-19(頭)
司常 1-242
謝尙 3-248 5-208
泗上十二諸侯 1-123(譯)
泗上亭長 1-274(釋)
捨生取義 6-101
史書 3-133(頭)
四書 1-214
謝石 5-273, 275, 276
四善 8-134
邪說 4-168
莎城 9-72, 74, 80
賜姓 4-305
嗣聖(年號) 7-184, 188, 191
賜姓金氏 2-294(頭)
四姓小侯 4-30(釋)
四世之事 3-100(頭)
史炤 4-159
舍昭昭之白過 3-137(釋)
四小州 8-305(譯)
士孫瑞 4-196(釋)
泗水 1-114, 123, 346, 381 3-275 4-198 5-328 6-20 8-289
汜水 1-373(原)(釋)
泗水郡 1-271
社首山 7-285
四銖錢 2-138(釋)
泗水亭 1-274
汜水之陽 2-21(譯)
死綏之志 8-194(釋)
泗水縣 1-252 2-317
汜水縣 1-367, 373
絲蓴 5-131
使舜浚井不出 6-295(釋)
舍食 3-210(要)
捨身 6-134
四十二章經 4-28
四十八監 7-285(附)
四岳 5-177
謝安←謝安石, 安石 5-187, 200, 236, 256, 259, 261, 262, 264, 268, 269, 273, 274, 284, 290, 296, 306, 348, 349
舍鞍馬 杖舟楫 4-234(頭)
謝安石→謝安 5-275(頭)
士鞅 7-67
史良娣(漢) 3-28, 64
射陽縣 5-247
史彦超 9-213
謝掾→謝玄 5-243
司列少常伯 7-176(要)
私鹽 9-29
謝琰 5-277, 313
謝靈運 5-259
四裔 3-181(釋)
司隷校尉 3-71(頭), 295
司隷州牧 3-290(頭)
士伍 1-190(頭)
嗣王(閩:十國)←大閩國王, 王延翰, 威武留後
史用誠 8-296
死友 8-238(頭)
士元→龐統 4-220(頭), 226
嗣爲薛公 1-145(頭)
詐爲勅書發民以鼓怨也 6-237(附)
四維 2-149(譯) 5-155(頭) 9-211(頭)
徙戎論 5-120
師疑 3-186
射義篇(禮記) 4-13
賜衣一襲 8-314(頭)
四夷 1-57, 302 3-99
使李郭爲將 8-82(頭)
四夷雲集 龍鬪野 3-223(釋)
四夷傳 7-333
四人 9-151(頭)
舍人 1-166(頭)

使人自慴 6-125(頭)
使人偵之 8-22(釋)
舍人弟 2-63(釋)
使入援京師 5-143(要)(頭)
四子皆不得其死 7-236(譯)
思子宮 2-353
赦箴尹克黃 3-38(譯)
四長 4-126(頭)(要)
舍仗 5-234(頭)
死財三年 3-36(釋)
死猪愁 7-195(譯)
四銓 7-234(譯)
私錢 4-175
思政殿 8-383
祠竈 2-244(釋)
私詔 6-95
史朝義 8-70, 76, 77, 79, 80
史朝淸 8-70
四宗 9-96(頭)
史籒 3-134
司州 5-151, 224, 333(頭) 6-20, 49, 153
——刺史 魯爽 6-42
四州 4-219(頭), 328(頭) 6-50(頭)
沙州 2-47
泗州 9-228
肆州 6-97, 104
使酒難近 2-135(釋)
四州印節 9-140(譯)
絲竹 6-385
司中 7-54
四衆 6-98(附)
社稷 4-161
社稷臣 2-241(譯), 287 3-260 7-41
師直爲壯 6-45(譯)
社稷之憂 3-123
四鎭 6-20(頭)
賜酖 8-375(頭)
伺察 6-103(釋)
史策 3-337
射策 2-264(附)
寫蜀 1-258(釋)
士稚→祖逖 5-171
四親廟 3-245(附)
四七之際火爲主 3-223(釋)
詐稱公子扶蘇項燕 1-268(釋)
沙陀 4-305 9-112, 127, 161, 189
沙陁 9-26, 35
——兵馬使 李國昌 9-30
沙陁所爲 9-47(頭)
奢泰 7-75(頭)
沙汰 6-292(要)
祠八神 2-320(釋)
司敗 7-67
賜酺 8-34
四表 4-94
史弼 4-153, 154
祀夏配天 3-203(頭)
史學 1-37
四學 3-152
事核 2-340(頭)
師行 2-117
師行有紀 3-233(釋)
史憲誠 8-343, 344(附), 365(頭)
謝奕 5-243
謝玄←謝掾, 幼度 1-235 5-243, 268, 273~277, 279, 290, 306, 349, 349
死刑 6-378
司刑丞 7-198(譯)
四皓 2-88, 91 3-282
四豪 2-271(釋)
射湖 5-302
死狐嶺 9-193(釋)
士或有負俗之累 2-327(釋)
史弘肇 9-193(頭), 194, 195(頭), 197, 198
謝桓 5-290

史皇孫→劉進 2-379(釋) 3-11, 28(頭)
謝晦 6-13, 17, 18
赦懷光 有五不可 8-200(譯)
謝囂 3-174
賜孝義粟 7-155(譯)
四凶 1-49 6-350
朔南 3-122
數(삭)騰書隴蜀 告示禍福 3-288(要)
朔漠 9-98
朔方 2-293 8-50, 63, 74, 90, 91, 98, 199
——留後 杜鴻漸 8-25
——節度大使 郭子儀 7-357
——節度使 郭子儀 8-57
——節度使 唐弘夫 9-34
——節度使 李光弼 8-65
——節度使 李茹 8-149
——節度使 僕固懷恩 8-68
——節度使 王忠嗣 7-332
——節度使 牛仙客 7-306
朔方郡 1-218 2-275 5-346 8-26
朔方水北黑水之南 5-335(頭)(要)
朔方州 2-326
槊上 6-39(頭)
朔野 6-153(頭)
數(삭)戰不利 5-246(釋)
數條 3-49(釋)
朔州 1-217 2-53, 290
朔州城 2-248
削地之策 2-209
蒜 8-68
山公啓事 5-78
散官 7-300(頭)
散關 1-261 4-344 5-55, 124, 229 9-140
散騎常侍昭→司馬昭 5-37(頭)
山南 6-335 8-120, 193, 200, 248 9-47, 72, 80, 89
——宣慰安撫使 蕭復 8-184
——節度使 梁崇義 9-89
——節度使 柳公綽 8-345
——節度使 李德裕 8-370
——節度使 嚴礪 8-247
山南東道 7-298
————節度使 來瑱 9-71
————節度使 劉臣容 9-31
山南西道 7-298
————節度使 李茂貞 9-50
————節度使 楊守亮 9-74
山堂考索 4-51 6-357
山濤 5-46, 78, 88, 103, 117
山都長 龍述 3-346
山東 1-138, 154, 174, 180, 300, 314 2-29, 36, 44, 72, 124, 275, 323 3-193, 204, 235, 287 4-191 5-293 6-307, 316, 351 7-155, 263, 266 8-96, 172, 181, 206, 392(頭) 9-183
山東三州 8-392(頭)
山東之難 4-200(頭)
山北 8-191
山桑 5-226
算商車 2-257(附)
山桑之敗 5-239(譯)
山墅 5-273(釋)
滻水 8-90, 163, 376
山藪藏疾 4-42(頭)
散試官 8-187(要)
散樂 8-34(釋)
山陽 1-161 2-212 3-278 4-162 5-246, 246(釋), 333
山陽公→奚斤 6-19
山陽公→獻帝(東漢) 4-294, 295
山陽郡 4-124
山陽縣 1-105, 293
山戎 1-216 3-185 6-210
山戎國 2-267
山陰 8-238
山陰縣 4-133

山人 8-40, 70, 232, 310
酸棗 4-190(要)
山車 8-34(頭)
算學 6-252
山海經 2-292 7-264
珊瑚 5-107(要)
山後 9-181
薩葛 9-26
殺功臣 3-297(附)
薩剌德 9-100
撒剌的 9-100, 101
殺父代立 妻群母 2-57(釋)(要)
殺三子 7-309(頭), 329
殺身成仁 4-70(評)(頭) 9-215
殺身徇義 6-101
殺身以成仁 1-64
殺身之禍 4-81(譯)
殺燕主沖 5-298(頭)
殺營陽廬陵王之罪 6-18(頭)
殺六寶 6-87(頭)
殺以食士 8-51(要)
殺刺史 4-197(頭)
殺長 9-158(附)
殺周亞夫 2-219(頭)
殺之 4-210(頭)
殺狐林→殺胡林 9-193
殺胡林←殺狐林 9-192(釋)
殺后 5-128(附)
糝 6-326
三家 1-81, 84
三加冠 4-178
三鑑 7-102
三江 4-328(頭)
三綱 1-72, 342 5-181 7-152, 155, 329
8-28 9-187
三綱絶 3-171(附)
三傑 2-32 3-211(頭)
三考 3-291(釋)
三顧 4-224, 325 5-19, 22
三公←三司 2-151(譯)
三公府 4-131
三關 9-246(頭)
三光 2-121
三橋 8-197 9-51(頭)
三國 1-217(頭)
三國鼎峙 4-302(釋)
三國志 4-212, 235, 250, 300, 308, 339
三窟 5-140(要)
三奇吉門 3-198
三年 4-321(釋)
三老董公之遮說 1-204(評)(譯)
三代 1-41, 48, 55, 204 2-34, 51, 150,
160, 218, 229, 363 3-64, 91, 95, 112,
275, 297, 331, 355 6-340, 382, 385
7-13, 21, 47, 54, 68, 72, 78, 155,
271, 279 8-129 9-19, 84, 95, 96
三代之佐 4-226(譯)
三德 1-344 3-294 4-14
三途 6-290(頭)
三道 8-332(頭)
三都 7-295
三頭爇火 4-36(要)
三略 2-34
三禮圖 6-362
三老 1-96 2-257 3-153 4-13(釋)
三老董公遮說王 1-340(釋)
三木 4-150
三木囊頭 4-149(釋)(頭)
三苗 2-268 3-99 5-105 6-350 8-86
三苗氏 1-102(釋)(頭)
三叛 5-57(頭)
三方 7-140(頭)
三百五十年之厄 4-98(附)
三輔 2-108, 281 3-51(附), 82, 197, 201,
213, 235(譯), 243 5-228, 341 8-162
三輔舊事 2-306

三輔黃圖 2-192, 231, 345 4-12, 51 5-124
三輔黃圖記 8-87
三伏 3-84
三覆五奏 7-144(頭)
三府 4-146, 149
三墳 4-16 5-21
三司→三公 7-286(頭)
三司 4-170(頭) 9-153(頭)
三師 7-297(要)
三捨 6-99
三司使 9-153
三山 2-322 5-93(釋)
三甥 1-321
三世 4-222(頭) 5-204(要)
三少 2-151(譯)
三神山 1-251 2-246 6-274
三十六方 4-179(頭)
三十稅一 3-292
三語掾 5-116(釋)
三吳 5-190(頭), 311(譯), 313, 314
三五民丁 6-35(頭)
三雍 4-15(頭)
三王 1-59 2-47, 123, 224, 225, 357 3-71, 161 4-260 6-382 7-30, 34, 78, 127 9-75, 96, 248
三王可四 4-17(譯)
三原 6-243
三衛 7-274
芟夷 4-230(頭)
三仁 2-228 5-271
三者無毛髮之辜 3-137(頭)
三子一弟 7-107(頭)
三章 2-86, 90
三才 6-21
三正 1-341
三精 3-364(頭)
三州 4-316(頭)
三重榻 8-35
三晉 1-81(頭), 106, 152, 159, 180, 230(譯), 233, 235
三鎭 8-110 9-54
三秦 1-324(釋) 2-63(譯), 90 3-248 5-228, 342(譯)
三秦記 2-192
三秦王→惠武帝(前秦:十六國) 5-221
三秦王爲將 1-331(釋)
三尺劍 2-84, 85 3-176 5-179
三尺法 6-261(頭)
三千 9-246(頭)
三川 8-246(釋)
三川守 李由 1-286(釋)
三置晉君 1-132(釋)
三台星 4-189 7-54
三推 2-127, 260
三表 2-161
三河 1-340(譯)
三河未澄 3-365(頭)
三河王→懿武帝(後涼:十六國) 5-299, 305
三韓 7-88
參合縣 3-211
三峽 6-250
三刑 7-92(附)
三慧經 6-115, 117
三宦 8-115(譯)
三桓 1-80
三皇 1-236, 238 2-211 3-72 6-246
三皇山 1-373
三皇世紀 1-40
三皇后 4-127(附)
三后 1-62(譯)
鍤 1-170(釋)
歃血 1-182(釋) 2-104 5-163(譯) 6-289
啑血盟 2-103(釋)(附)
相 4-153(頭)
象 6-296
尙可孤 8-196(頭)

商椎 6-318(頭)
上監 7-286
上江 3-217
上客 1-183
尙結贊 8-211(頭)
上京 8-33
上卿 1-166, 248
相經 1-273
上計 2-72 3-25, 26
上考 6-314(譯)
上谷 2-261, 291 3-250
上谷郡 2-268
常袞 8-107, 114, 116, 328
上供 8-259
常貢 8-243
象恭 8-225
上功幕府 2-181(原)(釋)
尙公主 4-127(頭)
喪冠 5-15
上官桀←安陽侯 1-43 2-285, 360, 371, 373 3-12, 38, 139
上官昭容→上官婉兒 7-239(頭)
相灌輸 2-323(釋)
上官安 2-371, 373
上官婉兒←上官昭容, 上官婕妤 7-231(頭)
上官婕妤→上官婉兒 7-234, 240
上懼 8-18(要)
上郡 1-217, 261 2-79, 178, 180, 190, 278, 293, 319 3-233
商君→公孫鞅 1-115, 120, 131, 132, 135 2-147(釋)
湘君 1-251
象郡 1-300 5-92
相君之面 1-379(要)
上邽 3-304(釋) 4-346 6-18
商均 7-67
上奇焉 2-294(頭)
上黨 1-84, 105, 176(釋), 177 2-62 3-82 4-54 6-95 7-304 8-96, 387, 396(頭), 402 9-91, 111, 113
上黨郡 1-370 2-352
上黨縣 1-177
相代 6-76(頭)
上臺斬莽 3-197(要)
常德府 3-343
上都 8-193
桑道茂 8-132
桑道茂之言 8-165(頭)
常道鄕公→元帝(魏:三國) 5-44(頭)
上東門候 郅惲 3-315(釋)
湘東王→明帝(宋:南朝) 6-48
湘東王→元帝(梁:南朝) 6-129(頭), 137, 138, 140~142, 144
上洛 1-105
桑落洲 5-334
商洛縣 1-105, 131 2-211
相勞苦如平生 8-16(釋)
上林成都 3-276(頭)
上林苑 1-258, 259 2-82, 126, 132, 179, 369 3-41, 100, 117, 134, 250, 300
象林縣 6-373
上戊 7-292(頭)
桑無附枝 3-326(頭)
桑門 4-28 9-26(譯)
桑門之行 6-146(譯)
向(상)敏中 1-52
尙方 3-78(頭)
相方 3-324(頭)
尙方待詔 3-62(頭)
賞罰篇(帝範) 7-138
常法 7-34
上變告 7-106(釋)
上士 2-66
上事今至矣 4-321(頭)
賞賜邑錢 3-151(頭)
上巳日 5-139

象山 8-120 9-25(釋)
常山 1-102, 154, 337, 355 2-209 5-142, 306 7-179 8-13, 16
──太守 顔杲卿 7-356
常山公主 5-101, 101(附), 102
常山郡 1-218 2-204 3-224
湘山祠 1-251(譯)
常山王→李朝 9-82
常山王→張耳 1-280, 306
常山王→孝昭帝(北齊:北朝) 6-162
上庠 3-153
上生時故宅 7-26(頭)
庠序 2-223 3-151 7-153
祥瑞 2-308 3-48, 81, 129 6-356 7-155
尙書→書經 2-232 3-14, 108, 141 4-14 7-27, 87
尙書謄詔下敦府 5-184(頭)
尙書郞 4-40
尙書省官 7-265(頭)
上書自訟 8-84(譯)
常壻畜之 5-208(要)
上書皇后 沮止其事 7-166(附)
相城 1-271
上疏爭之 7-65(頭)
上壽 2-49(頭) 6-209(頭)
湘水 2-161 4-273 5-91(釋)
向(상)秀 5-46
上首功之國 1-185(釋)
相須以濟 8-129(頭)
常侍 4-183
常侍傳語 8-298(頭)
尙食 7-15(要)
商辛→桀 6-231(釋)(頭), 232
上失其道 民散久矣 2-271(譯)
桑椹 4-205(要)
商鞅→公孫鞅 1-121, 122, 127, 128, 133, 135, 186, 209, 264 2-221 3-157
尙讓 9-30(頭), 31, 34, 35, 37
上陽宮 7-223
上讞之 4-165(釋)
向(상)延嗣 9-140, 141, 142
商於(오) 1-133
商於十五邑 1-131(釋)
相王→睿宗(唐) 7-219(頭), 240
上庸王→慕容評 5-251
上虞令 5-311
廂虞候 8-296(頭)
上元(年號) 8-66, 71
上源之變 9-112(譯), 161(頭)
相衛 8-114
──節度使 薛嵩 8-97
象魏 1-127, 259
上違孝道 3-330(譯)
桑楡 3-246(釋)
桑維翰 9-165, 167, 170, 171, 175, 181, 183, 184, 186
湘陰公→劉贇 9-201, 203
嘗邑 2-273(釋)
傷夷 2-97(釋)
相移 3-74(要)
相人 1-272, 379
傷人及盜抵罪 1-311(釋)
相杵 1-132(釋)
象傳(周易) 8-58
上帝 1-72, 341 7-42, 285
上第 8-82(釋)
殤帝→李重茂 7-239, 240
殤帝(南漢:十國)←劉玢, 劉弘度
殤帝(東漢)←隆, 孝殤皇帝 3-321 4-73, 167
上帝之冊 3-359
上造 1-117
商州 1-105, 131 2-211 8-86
──司馬 王峻 9-245
常州 8-256
──團鍊使 姚鳳 9-226
──刺史 裴肅 8-233

湘州 6-148
相州 1-139 6-271 7-11 8-81, 282
——節度使 薛嵩 8-80(頭)
象州 7-182 8-375
上柱國→後主(梁:南朝) 6-183
上柱國 7-291
上酎祭宗廟 3-123(釋)
商紂之國 1-102(釋)
賞之 8-260(頭)
上津 8-38
常珍奇 6-49
上津路 8-38(要)
喪車 2-26
上蔡 3-311 9-40
上蔡侯→左悺 4-129
床簀 6-245
常棣 7-259
上椒酒 3-173(頭)
相推 4-194(要)
上台 4-189
上太子牋 8-25(釋)
常平茶鹽官 8-138
常平鹽 8-138(頭)
常平倉 3-82 7-283
上表勸進 6-142(釋)
相標榜 4-160(釋)
桑皮線 7-207
常何 6-364
上下交而其志通 3-329(譯)
上下相敺以刻爲明 3-30(釋)
上下解體 8-63(要)
傷寒 4-119
上海 2-336
商縣 3-199
常惠 2-334, 335, 369
上戶 9-239
象笏 8-167
桑弘羊 2-297, 298, 310, 314, 322~324, 368
商碓 9-244(釋)
上皇竝列 7-128(頭)
尙黑 1-240(釋)
塞門 3-98
璽符 2-112, 113, 114
璽書 3-65, 67, 185, 246, 268, 269 4-102, 147 6-368
璽綬 2-376 5-52 6-17, 52, 95 7-165
塞王→司馬欣 1-306, 325, 335
璽組 2-379
索家 3-167(附)
索頭 5-294(頭)
索虜 4-305
嗇夫 2-131(釋)
索水 1-350
嗇於財 6-200(要)
色役 7-278(頭)
色役使 7-331(釋)
索元禮←胡元禮 7-195, 202, 228
索隱 9-121
索靖 5-127
索敞 6-28
色取仁而行違 3-200(譯)
索綝 5-146(釋), 150
色渝 6-207(頭)
生寧馨兒 5-117(釋)
牲牢 6-86(頭)
生髮未燥 6-20(釋)
生不遂 2-130(要)
省寺 9-64(頭)
生蛆 6-213(要)
生聚 6-112
生刑 2-213
庶 2-203
序(通鑑節要) 1-37(題), 40(題)
犀角 2-35
西羌 3-67 5-265(頭) 7-333 9-14

書經←尙書 1-72, 103, 145, 209 2-99, 221, 317 3-30, 71, 80, 99, 107, 141, 322 4-18, 95 5-56, 320, 332 6-350, 376 7-52, 166, 247, 271 8-59, 213, 225, 249 9-23, 38, 239, 241, 250
—— 顧命篇 2-155
—— 旅獒篇 8-306
—— 武成篇 5-74 9-85
—— 舜典篇 3-126, 292 7-22
—— 堯典篇 7-74, 77
—— 禹貢篇 3-99, 122, 341 5-187
—— 伊訓篇 6-238
—— 仲虺之誥篇 3-110
—— 太甲篇 6-337
—— 洪範篇 3-294
西京 2-322 7-55, 234, 318 8-50, 55, 84
——留守 郭子儀 8-87
西京賦 3-341
徐敬業→李敬業 7-192, 195
書契 2-340 6-385(譯) 7-72 9-252
西溪 3-344
書戒蠻夷猾夏 3-99(譯)
徐誥→烈祖(南唐) 9-170
徐光 5-197, 198
徐廣 1-194, 195, 200, 203, 310 2-195, 201 9-66
徐嶠 7-315
徐璆 3-248
鉏鉤 3-41(釋)
西軍 5-195(要)
書券 8-351(頭)
西畿 9-190
西南夷傳(漢書) 2-292
西南夷傳(後漢書) 4-37
西內 8-66(附), 70 9-70
徐湛之 6-35
胥徒 8-188(頭)
西道 8-248
徐道覆 5-333(頭)
西突厥 6-231 7-99 9-26, 129, 163
徐厲 2-190
西零 7-333
西陵 5-72, 78, 90, 93, 94, 279
——督 步騭 5-76
——督 步闡 5-75
犀利 6-287(釋)
西麟道 8-113
西門之外 8-38(頭)
西門豹 1-96 7-54
胥靡 2-204, 315 7-63
徐防 4-78
西伯→文王 3-277
西藩 5-274(譯)
書法 2-102
徐福 3-34
胥附 3-186
西部都尉府 3-65
徐市(불) 1-251
胥士 9-239
西塞 3-68
書生 9-172
西省 8-198(頭)
徐庶 4-220
徐宣 3-246 8-397
徐羨之 6-13, 16~18
徐盛 4-315
西城 3-302(釋)
徐世勣→李世勣 6-220(頭), 258, 259
犀首→公孫衍 1-143(釋), 155
徐淑 4-103
徐淑擧孝廉 2-264(譯)
絜舜 3-88(釋)
犀兕 5-282
西市 8-236
書紳 8-256(頭)
徐樂(악) 2-266, 267

西安侯→劉孝 3-227
西陽門 6-103
西陽王→蕭子明 6-80
書御 4-106(頭)
徐彦伯 7-210
庶孼 2-202(釋)
西域 2-47, 292, 294, 306, 330 3-45, 46, 72, 166, 282, 336, 338, 340 4-27, 34, 38, 343 5-296 6-53, 113, 211, 252, 290, 345, 369 7-23, 45, 88, 141 8-50
——都護 甘延壽 3-131
西域圖記 6-211
西域都護 4-38
西域傳(漢書) 2-333, 356, 374 3-72
西域傳(後漢書) 3-338, 339 4-27, 35
西域傳(新唐書) 7-99
徐兗 6-39(頭)
西燕主沖 5-292(要)
犀銳 5-279(頭)
徐溫 4-308 9-114, 126(頭), 150
西王母 3-62 6-54
西園 4-179(要), 183
西苑 6-219(譯)
舒元輿 8-375, 376(頭) 9-73
西渭橋 2-133
西魏王→魏豹 1-306
署爲捉生將 8-294(頭)
徐有功 7-198, 209
西有濁河之限 2-36(釋)
西戎 1-56, 219 6-288
西夷 9-164
西邸 4-174(頭)
徐勣→李世勣 6-220
敍傳(漢書) 2-196(評) 3-265
噬臍無及 7-230(釋)
徐州 1-123(釋), 281 2-212, 239, 326 3-327 4-108, 179, 192, 198~200, 203, 212, 308 5-81(頭), 145, 249 6-35, 50, 88, 172, 173 8-92, 94, 109 9-25
——牧 呂布 4-203
——刺史 謝琰 5-313
——刺史 薛安都 6-49
——刺史 車胄 4-211
——刺史 桓脩 5-322
——刺史 桓溫 5-212
——節度使 張建封 8-236
——招討使 康承訓 9-26
舒州 1-125 9-234
——都督 張鎭周 6-289
西州 4-147, 235 7-88
西疇 1-275
西周 1-195, 205
西周公 1-197, 199
西周君 1-197
徐州牧 4-210
西州上將軍→隗囂 3-235
徐州縣 1-271 3-217
西周桓公 1-197
徐知誥→烈祖(南唐) 9-114, 125, 150, 160, 171, 172
黍稷 2-159
西秦王→武元王(西秦:十六國) 5-303
西秦霸王→薛擧 6-223
庶徵 1-344
西昌侯→明帝(齊:南朝) 6-66(頭), 69, 71
西川 8-233, 248 9-53, 107, 107(頭), 111
——都統 李繼岌 9-140
——留後 王建 9-48
——節度使 段文昌 8-362
——節度使 李德裕 8-361
——節度使 孟知祥 9-142
——節度使 韋皐 8-245
西楚 1-324 5-72
西楚霸王→項羽 1-323(譯), 337
西蜀 4-266 8-387

西竺 7-232
徐稺 4-131
署勅 6-322(頭)
西平公→文公(前涼:十六國) 5-141, 212
西平博公→悼公(前涼:十六國) 5-244
西平王→武王(南涼:十六國) 5-317
西平侯→鄧廣宗 4-85
西平侯→劉廣宗 4-85
犀布 3-339
西河 1-102(釋), 105 2-180, 319 3-161 6-238, 307
——守 吳起 1-95(釋)
西河郡丞 高德儒 6-230
書學 6-252
徐行爲殿 9-127(釋)
署香 4-135(頭)
西向讓三 南向讓再 1-43(譯)
西鄉讓者三 南鄉讓者再 2-112(附)
舒縣 4-199
徐惠←充容 7-140(附)
西胡 3-111
西和州 1-254
西華侯→劉忠 4-85
徐晃 4-238, 274, 276
徐璜←武原侯 3-321 4-128, 129, 147
徐孝德 7-141
徐孝嗣 6-75
徐紇 6-94, 95
奭→召公 1-125
奭→元帝(漢) 3-116
釋伽 4-28
釋家 8-68
石杠 2-344
石渠閣 4-15(頭), 50 6-72
石渠故事 4-50(釋)
石建 2-234, 314
石虔 5-290
席建侯 7-327
石乞 2-275
石檢 3-359, 360
石慶 2-234, 310, 311, 314, 331
石磬 3-151, 255
石鏡都知兵馬使 董昌 9-30
石敬瑭→高祖(後晉:五代) 7-77 9-127, 144 (頭), 157~160, 163~165, 167~169, 177
石敬儒 9-179
石鏡縣 1-324
釋教 6-126
石君立 9-123
席卷 5-80 6-186
席捲 1-300
釋其怨 3-271(譯)
石祁子 1-318
石泥 6-34
石德 2-349
石韜 5-216
石頭城 4-255 5-175(釋), 177, 189, 192, 195, 206, 312, 324 6-38
石勒→明帝(後趙:十六國) 1-60 3-248 4-305 5-106, 142(要), 143, 144(頭), 160, 165, 166(原), 167, 194, 196~199, 221 7-77, 302
石曼姑 2-367
釋名 4-239 5-346
石門驛 9-14
石門鎭 9-74
石閔←武興公 5-215(要), 217, 220, 221
石梵 6-145
石奮傳(史記) 2-311
惜不令封德彝見之 6-383(譯)
石斌 5-217, 217
石生 5-193(頭)
石宣 5-216
石世→譙王(後趙) 5-215, 217
石世龍→明帝(後趙) 5-198(譯)

石崇 5-107, 128(要)
釋氏 6-53, 84, 111, 145, 293 8-322, 323 9-180
釋氏經 6-99
釋氏語錄 6-99
石昂 9-213
石營 5-40
石原 6-33(略)
石越 5-269, 272, 287
昔爲仇讎 7-24(要)
昔有爲我言 2-180(要)
釋典 5-300 6-293
釋奠 7-85(附)(要)
釋奠祭 7-155, 295
石亭 4-341
石州 1-105
石遵→彭城王(後趙) 5-215(附), 217, 220
石重貴→出帝(後晉) 9-176, 179
石祗→新興王(後趙) 5-220
舍(석)菜 7-86(附)
石鍼 2-325
石砲 1-173
石苞 5-107
石顯 3-112, 118~121, 124, 125, 128, 129, 132, 134, 150 4-157(釋), 159 8-284
石顯傳(漢書) 3-119
石峽 9-14
石虎→武帝(後趙:十六國) 5-193(頭), 201, 202, 215(附), 216~218, 220, 221, 238
石弘→海陽王(後趙:十六國) 5-199, 201
禪→後皇帝(蜀:三國) 4-294(頭), 311(頭), 329 5-95
善覺 4-28
先甲 3-294
選擧法 9-78
選擧志(唐書) 6-252, 346
選擧志(新唐書) 7-86, 177, 289, 297
先庚 3-294
宣公(魯:先秦) 7-67
宣公(曹:先秦) 6-301
先驅 2-193
先君子 3-282(譯)
善譚 4-252(頭)
宣德(年號) 1-40
宣德宮 6-78
宣德殿 3-252
宣德亭 4-105
宣德皇太后(齊:南朝) 6-77(頭), 79
仙道 2-246
先登 4-215(頭) 8-298(要)
先零 3-65(原), 67
宣陵→桓帝(東漢) 4-173(釋)
宣明→東園公 2-81
宣武 8-308(頭) 9-118
宣武軍 9-38
———節度使 朱全忠 9-106
宣武帝(北魏:北朝)←宣武皇帝, 世宗, 元恪 6-76, 84, 85, 153(頭), 268
宣武皇帝→宣武帝(北魏:北朝) 6-74, 130
單父(선보) 3-272, 273(釋) 8-195
單父人呂公 1-272(釋)
膳夫 3-209(要)
鮮卑 3-342 4-305 5-82, 104(釋)(頭), 106, 151, 232, 253, 265(頭), 270, 286, 288, 294(頭), 296, 298, 317, 329 6-107, 130, 252 7-333
鮮卑山 5-105 6-251 9-98
先師 7-317
選士 1-250
鄯善 2-374 3-338
鄯善國 4-34
先聖 7-317
宣城公→明帝(齊:南朝) 6-71
宣城王→明帝(齊:南朝) 6-70(頭)

宣昭帝(前秦:十六國)←大秦天王, 東海王, 苻堅, 壯烈天王
宣室 2-136(譯) 3-32, 197
宣陽門 5-144 6-123
善陽縣 2-290
禪於梁父 1-251(釋)
先烈王(西秦:十六國)←乞伏國仁
宣王→高祖(吳:五代) 9-126
宣王(齊:先秦) 1-144, 240 2-246 4-161, 175 5-38
宣王(周) 1-126, 204 2-222, 229 3-109, 134, 138, 183, 360 5-124, 209 8-174
單于 1-215(釋) 2-53, 57(釋), 58, 145, 160, 181, 186, 248, 249, 300, 333, 335, 336, 339 3-15, 73, 98, 100, 101, 109, 161, 162, 339, 340 4-26, 67 5-120, 132 6-91, 210, 365
單于臺 2-319 6-209(譯)
單于頭曼 2-46(釋)
單雄信 6-220(頭), 266(原)
禪位 4-295 5-64 9-107, 248
禪位於齊王 6-136(頭)
禪位于齊 9-171(原)
禪位于周 6-152(頭)
宣慰李渤而擢劉棲楚 8-354(譯)
先以桃梸 祓除不祥 8-320(頭)
仙人 2-32, 320, 321, 355
善人 2-187
選人 7-297(譯), 326
宣仁皇后(宋)←女中堯舜 1-51, 52
宣慈 7-30(頭)
宣政一見 8-314(釋)(頭)
宣政殿 7-267 8-244, 316, 320
宣帝→司馬懿 5-113(頭), 116, 128, 131, 139, 151, 162
宣帝(梁:南朝)←蕭詧, 岳陽王, 中宗 6-149, 242
宣帝(北周:北朝)←宇文贇, 宇文贇, 天元, 天元皇帝 6-173, 174, 176(頭), 245 7-41
宣帝(陳:南朝)←高宗, 安成王, 陳頊 6-164, 178 8-155
宣帝(漢)←病已, 詢, 中宗, 皇曾孫, 孝宣帝, 孝宣皇帝 2-134, 339, 348 3-23, 26, 36, 39, 50, 64, 81, 82, 92~95, 106, 108, 110, 112, 114, 116, 118, 127, 159, 165, 168, 178, 179, 185, 209, 238, 297, 300 4-50, 102 5-62, 343 8-114, 284
宣帝紀(漢書) 2-380
選諸所表 以次用之 3-22(釋)
宣宗(唐)←光王, 小太宗, 李怡, 李忱 3-41, 93 4-42 8-401 9-11(目)(頭), 19, 20, 23, 24, 45, 69, 72, 91, 236
先主→昭烈帝(蜀:三國) 5-96
宣州 7-45(釋) 9-31
——觀察使 秦彦 9-43
——刺史 穆提婆 6-170
鄯州 7-333
旋軫 4-204(釋)
先天 3-294
先天(唐) 7-244
單(선)超←新豐侯 3-321 4-128, 129
宣平門 3-197 4-176
宣平侯→張敖 2-60
先行其言 而後從之 7-18(譯)
選賢立政 7-132(要)
宣惠王(韓:先秦) 1-252
宣化門 9-58
綖(선)環錢 6-47(要), 48
先皇幕府 9-151(要)
先後 3-186
宣徽使 9-248
宣歙 8-258
——節度使 劉贊 8-234
契(설) 3-91, 126, 262 5-27 6-340(釋), 342, 376 7-24

禼 4-148(要)(釋)
薛 1-283
爇 7-174(釋)
薛擧←西秦霸王 6-221, 223(附), 254, 258
薛景仙之功 8-38(釋)
薛季昶 7-229, 231
薛公(齊:先秦) 1-210(譯)
設官分職 7-68(原)
薛廣德 3-107, 123, 134
薛廣德傳(漢書) 3-124
薛道衡 6-185(頭)
薛蘭 4-200
薛禮←薛仁貴 7-125
薛陵 1-112
說林 1-221(釋)
褻嫚 2-96(頭)
薛萬徹 6-365 7-117(頭), 128
薛萬徹傳(新唐書) 7-117
薛文遇 9-165(頭)
說文解字 1-117(釋), 125(釋) 2-68(要), 118(釋), 196(釋), 245(釋), 351(要) 3-58(頭), 74(頭), 78(釋), 85(附), 198(釋), 205(釋) 4-59(原), 93(頭), 101(釋), 142(要) 5-266(釋), 346(頭) 6-40(附) 7-257(釋) 8-16, 197(釋) 9-79(釋), 127(釋)
薛方 3-186, 187
設百礮環城 樓堞皆盡 8-14(釋)(要)
齧腹臍 7-230
薛思行 7-223
薛城 2-273
薛收 6-272
薛琡 6-89, 96
薛嵩 8-80, 97, 114
薛深 6-264
薛安都 6-37, 38, 49, 50 7-125
褻狎 7-248(要)
薛約 8-237
薛延陀 7-101, 128, 129, 129, 172
薛延陁 6-369(附)
薛邕 8-144
薛王→李業 7-256, 257
泄庸 2-228
說苑 1-88 4-123 8-195 9-67
薛元敬 6-272
說袁紹 4-214(要)
屑越 6-255(釋)(要)
薛邑 1-145 2-273
屑意 8-227(頭)
薛仁杲 6-223, 254, 256, 257, 258, 307 7-32
薛仁杲傳(唐書) 6-257
薛仁貴→薛禮 7-124(頭)(要), 127, 171, 182
薛齊偓 9-58, 61
設祖道 供張東都門外 3-54(釋)
薛志勤 9-38
薛稷 6-319
薛眞度 6-77
薛瓚 1-107 2-87, 127, 290, 292, 317
薛讚 5-232(要)
雪恥 7-144(頭)
薛縣 1-125
陝 6-37
纖芥 5-121(頭)
陝郡 7-345
——太守 韋堅 7-324
陝西 2-30
陝西省 8-26
陝城 6-38
陝州 1-211 8-17, 77, 85, 92, 205 4-84 6-294 9-68, 158
——長史 杜如晦 6-274(頭)
陝縣 2-211 3-247 4-84
攝 7-275(頭)
葉 1-367

葉公 1-229
涉獵 4-250(釋)
攝摩 4-28
讋服 7-115(頭)
攝書 5-284(頭)
聶翁一→聶壹 2-248 3-162
聶夷中 9-151
聶壹←聶翁一, 豪聶壹 2-248
葉護 8-55(釋)
攝皇帝→王莽 3-174
葉侯→劉廣德 4-85
星經 6-298
成皐 1-140, 152, 361, 367(釋), 369, 372, 373, 375 2-29, 69, 72 3-246 6-206, 232
成皐城 1-373
成皐玉門 1-367(譯)
成皐之道 6-232(頭)
聖公→劉玄 3-192
成公(宋:先秦)←王臣 3-20
成公(周) 1-197
星官 8-73
聲教 5-264(頭) 7-318(釋)
郕國夫人 7-234
成均 3-153
成紀 3-196(釋) 6-234
星紀 5-253
成紀縣 3-197, 235(頭)
城南 1-128
省內 4-185(附)
城內擾亂 3-210(頭)
成丹 3-188
盛唐 9-149
成德 8-155, 281(頭), 369 9-138
——兵馬使 王庭湊 8-342
——節度使 李寶臣 8-97, 145(頭)
——節度使 李嗣源 9-146
——節度使 安重榮 9-175
——節度使 王承宗 8-308(頭)
——節度使 李師道 8-267
——節度使 王士眞 8-264
成德軍 8-81, 263
聖德論 7-25
盛德舞 3-13
成德鎭 9-47
成都→劉璋 4-262(頭)
成都 1-324 3-197, 252, 312 4-52, 255, 263, 267, 268, 270, 278, 302, 324, 325 5-17, 52, 55, 80, 213, 214, 263 8-30, 252 9-33, 48, 53, 140~143, 158
成都路 4-37
成都王→武帝(成:十六國) 5-135, 136
成都王→司馬穎 5-131(要), 132
城東驛 7-314
星曆 3-189
聖曆(年號) 7-210, 231
成禮葬之 3-323(釋)
城武 1-161
聖武(年號) 8-11
成武帝(後燕)←慕容垂, 世祖, 吳王
成武縣 1-291
城門 6-326
聲問 4-199(頭)
聖門四代禮樂 2-329(譯)
成方遂 2-366
成僻 3-81(頭)
城堡 5-290(要)
城濮 1-321 8-59
成封 4-51
城府 7-313(頭)
省符 6-346(頭)
城不浸者三版 1-84(釋)
城社 9-67
省司 7-281(要)
成山 2-322

聖書 7-289
聖緖 2-263(原)(要)
聲勢烜赫 8-374(釋)
性習之相遠 8-27(譯)
誠信 8-174
聖神文武之號 8-180(頭)
聖神文武皇帝→德宗(唐) 8-182
聖神皇→則天武后 7-203
聖神皇帝→則天武后 7-200
性惡 1-256
成安君→陳餘 1-354~356, 359 2-65
成藥 5-76(釋)
城陽 3-274(釋), 275
城陽王→元徽 6-103
成陽侯→趙臨 3-156
盛彦師 6-260(頭)
成如王莽 3-263(釋)
成燕偏重 8-366(頭)
腥穢 5-280(頭)
聖王 2-316
成王(周) 1-57, 74, 98, 165, 204, 206 2-198, 218, 224, 229, 359, 362, 372, 374 3-37, 65, 169, 175, 319, 341, 354, 360 6-330 7-78, 151 8-275, 285, 306 9-116
姓苑 1-93 3-90
聖人 1-85
聖人不責其死而稱其功 6-305(譯)
聲子(蔡大夫) 4-48
腥羶 8-273(頭)
腥膻 9-86(頭)
成丁 6-324 7-278(譯)
成濟 4-262 5-44
成帝(東晉)←司馬衍, 成皇帝, 顯宗 5-204, 205, 208, 239, 245
成帝(漢)←驁, 孝成帝, 孝成皇帝 1-305 2-164, 238, 241 3-109, 112, 137, 143, 155, 156, 165, 175, 208, 238, 261, 297 4-79 5-120, 343
成濟之謀 6-148(譯)
成周 1-196
成州 9-247
聖主得賢臣頌 3-59
省中 4-187 6-310 7-252(頭)
成瑨 4-140, 141
盛陳陛衛 3-252(要)
成湯→湯 1-57 4-294 6-237 8-305 9-23
星土 6-298
城必諫諍死職下 8-227(釋)
聖學 1-42 8-321
城狐社鼠 5-172(頭) 9-67
城隍 8-186(頭)
成皇帝→成帝(東晉) 5-188(頭)
貰 4-82(釋)
稅間架 8-157(頭)
世卿 1-101 3-20
世敎 4-212
世仇 9-224
說難 1-221(釋)
稅茶 8-220(要)
世同→康帝(東晉) 5-208
細柳 2-190 3-161
世吏 3-42
世里 9-100
洗馬 5-120(要)
貰馬 2-292(釋)
世民→太宗(唐) 6-330
世本 2-340
歲星 5-251, 252, 272
歲首 1-243, 307 2-49, 116(釋), 328, 329 8-71
世襲之弊 8-263(釋)
世室 2-231 4-12
洗兒金銀錢 7-341(譯)
洗兒錢 1-45
世業 6-283(譯)

世業田 6-284 8-129
稅外方圓 8-233(頭)
世有亂人而無亂法 5-27(頭)
說諭回紇 8-84(頭)
細人 1-318
世子重華 5-212(譯)
世在西陵 5-75(頭)
世祖→光武帝(東漢) 3-203, 221(頭)(目), 331, 360(頭), 367
世祖→李昞 6-249
世祖→武列帝(夏:十六國) 6-12
世祖→武成帝(北齊:北朝) 6-162(頭), 163
世祖→武王(齊:南朝) 6-66
世祖→武帝(西晉) 5-63, 90
世祖→武帝(齊:南朝) 6-65
世祖→文帝(陳:南朝) 6-161
世祖→成武帝(後燕:十六國) 5-286
世祖→世宗(後周:五代) 9-250
世祖→元帝(梁:南朝) 6-142
世祖→太武帝(北魏:北朝) 6-16(原), 17, 41, 46(頭), 47
世祖→孝武帝(宋:南朝) 6-43(頭), 44
世祖(北漢:十國)←劉旻, 劉崇
世祖(隋)←阿麽, 楊廣, 楊英, 煬帝, 煬皇帝, 晉王
世宗→明帝(梁:南朝) 6-163, 182(頭)
世宗→武帝(漢) 2-221(目), 363 3-13, 14, 237, 282
世宗→宣武帝(北魏:北朝) 6-76, 84, 85, 96, 130
世宗→孝明帝(北周:北朝) 6-159, 160, 162
世宗(金)←完顏世宗
世宗(吳越:十國)←錢元瓘, 錢傳瓘
世宗(遼)←耶律兀欲, 耶律阮, 耶律阮, 孝和莊憲皇帝 9-195
世宗(後周:五代)←郭榮, 世祖, 柴世宗, 柴榮, 睿武孝文皇帝, 晉王榮 9-196, 206, 207, 218, 219(目), 220, 222, 224, 227, 228, 231~234, 236, 237, 239, 241~243, 246~248, 251, 252
歲寒之心 7-57(譯)
細行之矜 8-305(頭)
細侯→郭伋 3-311
蔬 4-81
泝 6-209(要)
艘 4-228
巢堪 4-61
小康 8-362 9-143, 154
蕭綱→簡文帝(梁:南朝) 6-136, 141, 143
少康(殷) 2-229
少康(夏) 1-204
蕭介 6-121
小車 4-132
巢車 1-374
素車白馬 1-307(譯)
小經 7-87
蕭炅 7-330
邵固 9-99
召誥篇(書經) 7-70
召公←奭 1-125, 228 2-64 3-71 4-176 8-288 9-86
小功 4-173
昭公(魯:先秦) 1-80, 195 7-74, 96, 322 8-369
昭公(宋:先秦)←處臼 3-20, 200
昭公(前涼:十六國)←元公, 張寔
蕭關 1-261 2-178(釋) 5-124, 229 8-26 9-14
疏廣 3-54, 56
疏廣傳(漢書) 3-54
蕭宏←臨川王 6-124
小校 9-146
蕭鈞←衡陽王 6-80
小國十餘 1-114(譯)
小國有備禦之固 4-316(要)
蕭巋→明帝(梁:南朝) 6-163, 182

蕭紀←武陵王 6-144(頭)
疏其名於屛風 6-361(釋)
蘇老泉→蘇洵 1-233(評), 334(評)
小丹陽 5-189, 190
蘇代 1-148, 155 6-233
昭德舞 3-13
蕭德言 6-318
小都 1-248
少道→夏黃公 2-81
蕭道生←始安貞王 6-67
蕭道成→高帝(齊:南朝) 6-51(頭), 57, 58, 62, 63, 80
蕭棟←豫章王, 淮陰王 6-139, 140, 141
蘇東坡→蘇軾 1-121(評), 135(評), 235(評), 256(評), 264(評) 3-367(評) 4-239(評), 263(評) 8-329(評)
蕭鸞→明帝(齊:南朝) 6-66(頭), 68~71, 73, 75, 80
巢剌王→李元吉 1-45 7-161, 185
巢剌王妃 7-160(原)(頭)
蕭郎 6-65(頭)
小梁 1-211
蘇厲 1-148, 155
巢櫓 1-374
小牢 1-366 2-75 6-86
少牢 7-127(譯)
疏勒 4-38(要)
召陵 3-241
昭陵 7-44
邵陵厲公(魏:三國)←齊王, 曹芳 5-57, 66
小吏 3-73
少利 3-82(頭)
蘇林 1-161 2-36, 326 9-22
少林寺 6-101
所立者九 9-93(附)
蕭摩訶 6-189(頭)
小馬坊使 9-29(要)
小滿 6-65
蕭望之 2-282, 285 3-44, 45, 51, 56, 78, 79, 87, 88, 97, 98, 100, 105~107, 111, 118~120, 121, 134 4-157(釋) 7-253 8-284
蕭望之傳(漢書) 3-45, 97, 119
蕭俛 8-343(頭)
昭明→蕭統 6-84
昭明太子→蕭統 6-139, 141, 147
召募 7-278(頭)
蘇摸稜→蘇味道 7-211
昭武節度使 王延翰 9-149
蘇武←蘇中郎 2-282, 314, 334, 335, 369, 370 3-105, 106
蘇茂 3-250, 258, 274, 287(原)
韶舞 3-14
蘇武旣徙北海上 2-369(譯)
蘇武節 5-195(譯)
昭武帝(前趙:十六國)←烈宗, 劉聰, 楚王
昭武帝(後燕:十六國)←慕容盛, 長樂王
昭武帝(後秦:十六國)←姚萇, 太祖, 後秦王
蘇武持漢節於匈奴 1-64(譯)
昭文帝(成:十六國)←李壽, 中宗
昭文帝(後燕:十六國)←慕容熙
蘇味道←蘇摸稜 7-177, 211, 213
少微先生→江贄 1-37(譯), 40
蕭方智→敬帝(梁:南朝) 6-149, 150
小白→桓公(齊:先秦) 1-81 3-289 6-304
紹伯→高帝(齊:南朝) 6-51
蕭範←鄱陽王 6-127(頭)
蘇弁 8-236
少保 2-152
巢父 3-186(附), 281 4-98
蕭寶卷→東昏侯(齊:南朝) 6-73, 74, 77, 78, 88(頭)
蕭寶嵩 6-88(頭)
蕭寶攸 6-88(頭)
蕭寶融→和帝(齊:南朝) 6-77~79, 88
蕭寶夤 6-88(頭)

蕭寶貞 6-88(頭)
蕭寶晊 6-88(頭)
蕭寶玄 6-88(頭)
素服 1-340
蕭復 8-184(頭), 185, 337(頭)
蕭鳳 6-75
蘇逢吉 9-195(頭)
召父→召信臣 3-132, 301
少傅 2-152
少府 2-305
所不能致者四人 2-79(釋)
小聘 1-248
小捨 6-99
少師 2-152
小司徒 1-249, 250
蕭思話 6-41(頭)
小蒜 8-68
少山 2-62
蕭相國→蕭何 1-326 2-63
蕭相國世家(史記) 1-309 2-39, 45, 83, 94
小上造 1-117(附)
蕭賾→武帝(齊:南朝) 6-65, 80
小暑 8-298
小選 7-298
蕭銑 6-221, 242(附), 249, 250, 262, 265, 268, 275, 277, 307 9-84
蕭銑傳(唐書) 6-275
昭宣帝→哀帝(唐) 9-81(頭), 102, 107, 108
昭姓考瑞 2-316(釋)
昭成帝(北燕:十六國)←馮弘
蘇世長 6-272
簫韶九成 3-124(頭)
蕭昭文→海陵王(齊:南朝) 6-69(頭), 78
蕭昭業→鬱林王(齊:南朝) 6-67, 69
少損周之文 致用夏之忠 2-225(釋)(要)
疏受 3-54
小修武 1-368(釋)
小豎子 1-182(釋)
蕭叔國 3-217
蕭淑妃(唐) 7-165, 167
蘇洵←蘇老泉
蕭嵩 7-280(要), 296, 336
少習 2-211
素食 4-80(頭)
蘇軾←東坡, 蘇東坡, 蘇氏, 蘇子 1-52 2-155
消息盈虛之理 3-130 7-166(譯)
召信臣←召父, 翁卿 3-23, 111, 131, 301 (釋)
蕭氏 9-192(附)
蘇氏→蘇軾 2-162 7-78
小兒 8-243(附)
小雅篇(詩經) 2-340
蘇鶚演義 2-25
蘇安恒 7-216, 217
蕭巖 6-185
小冶 5-47(釋)
昭襄王(秦:先秦)←稷, 秦王 1-156, 197, 199, 200, 208
少陽院 9-58, 60
召讓魏無知 1-350(譯)
所予 4-300(頭)
蕭繹→元帝(梁:南朝) 6-129(頭), 137, 138, 140~142, 144, 147
蕭然 2-250(譯)
蕭衍→明帝(齊:南朝) 5-279(頭) 6-30
蕭衍→武帝(梁:南朝) 6-65(頭), 74, 76~80, 82, 147
蕭淵明←貞陽侯 6-150(頭), 151
少延赤帝子之祀 5-60(譯)
昭烈→昭烈帝(蜀:三國) 1-45 4-263~265, 303, 308, 324, 325, 339 5-52, 53, 56, 60
昭烈王→陳道譚 6-164
昭烈帝(蜀:三國)←先主, 昭烈, 昭烈皇帝, 劉備, 劉豫州, 劉玄德, 漢中王, 玄德 4-194, 212, 224, 307, 311, 312, 337, 338

5-19, 62 6-19 7-122
昭烈皇帝→昭烈帝(蜀:三國) 4-300(頭)(目), 329
少翁←文成將軍 2-302
巢王→李元吉 7-161, 185
蕭王→光武帝(東漢) 3-206, 216(釋), 217, 218, 219, 222
昭王(燕:先秦) 1-150, 151, 159, 169, 170 2-246 4-168
昭王(周) 1-205(頭) 3-360
昭王(秦:先秦) 1-164, 302 2-133, 273 3-275
昭王(楚:先秦) 3-86 8-178
昭王得范雎 1-219(譯)
蕭遙光←始安王 6-74(頭), 75
昭容牛氏→牛昭容(唐) 8-242(譯)
蕭瑀 6-253(頭), 292, 299, 309, 310, 312, 336, 338~340, 375 7-32, 38, 41, 104, 105, 109, 131
蕭瑀不生於空桑 6-292(釋)
蕭瑀傳(新唐書) 7-41
蘇勖 6-272
蘇元明 9-79
小月氏 2-47
蘇威 6-177, 192(頭), 209
紹有十敗 4-207(附)
召瑜還 4-234(要)
昭儀 7-159(頭)
昭義 8-396, 397
——節度使 8-392(頭)
——節度使 耿崇美 9-194
——節度使 盧從史 8-268
——節度使 李嗣昭 9-110, 123
——節度使 李抱眞 8-152
素衣 6-145
蕭懿←長沙王 6-150
少儀篇(禮記) 5-131
宵衣旰食 6-53 8-273(頭)
宵衣求理 8-346(釋)
昭義軍 8-97
宵衣箴 8-350
小人 1-85
小仁 2-93
銷印 1-362
鄛人范增 1-283(釋)
小人負乘 9-134(譯)
小人在側 7-218(頭)
蘇逸 5-192, 195
小子 7-223(譯)
少訾 2-229(頭)
蘇子→蘇軾 7-13
蕭子明←西陽王 6-80
蘇綽 6-151, 157
疏爵土 8-45(釋)
蕭墻 8-357
蕭鏘←鄱陽王 6-73, 80
蘇章←孺文 4-110, 111
蕭長懋 6-67
蕭墻之內 3-47(釋)
小杖則受 6-295(譯)
小篆 4-172
少典 2-234
小定 4-274(要)
蘇頲←許國公 7-268, 272 8-334
蕭正德←臨賀王 6-115, 123(頭), 127, 128
少正卯 4-94(釋)(附), 97 8-225
少帝 2-111(譯)
昭帝→昭宗(唐) 8-114
昭帝(東漢) 4-74, 95
少帝(宋:南朝)←營陽王, 劉義符 6-15, 16
昭帝(漢)←弗陵, 孝昭帝, 孝昭皇帝 1-43 2-284, 325, 372 3-11, 36, 63, 139, 238, 300 5-257, 343
掃除陵廟 4-192(譯)
掃除墓地 3-77(頭)
蕭琮→後主(梁:南朝) 6-182, 183

昭宗(唐)←昭帝, 壽王傑, 李傑, 李敏, 李曄 9-44, 45, 46(目)(頭), 53, 54, 69, 72, 75, 79~81, 91, 98, 106, 108, 109, 136
小坐 6-111(譯)
蘇佐明 8-352 9-69
蘇州 4-223 5-191 8-256
韶州 8-47
疏浚 8-93(頭)
蘇峻 5-188(附), 189~192, 206, 349
蘇中郎→蘇武 3-106
所葺宮室市肆 燔燒俱盡 9-55(譯)
燒指 8-317
掃地而祭 7-19(頭)
蕭至忠 7-246
蘇秦 1-107, 138, 140~144, 147, 148, 155, 204 2-221 4-245(釋)
蕭詧(찰)→宣帝(梁:南朝) 6-141, 143, 145, 147, 149, 163, 242
所天 6-255(頭)
蘇轍 1-212(原)
小畜卦 7-251
召致廷尉爲下獄 3-56(原)
所親許史 3-27(頭)
蕭坦之 6-75
紹泰(年號) 6-149
小太宗→宣宗(唐) 9-23
蕭統←昭明, 昭明太子 6-84(頭), 134, 139, 141
蘇通 2-370
疏退賢輔 5-306(譯)
小沛 4-211
蕭何←文終, 蕭相國, 酇文終侯, 酇侯 1-43, 275, 276, 309, 324~326, 328, 329, 349, 352 2-21, 32, 44, 45, 56, 59, 82, 83, 85, 86, 88, 90, 95, 99, 100, 211 3-80, 176, 206, 213, 219, 228 4-19, 20(頭), 258 5-18, 245 6-62 7-146
蕭何獨先入 1-309(原)
蕭何封酇侯 2-39(釋)
泝河西上 6-20(原)
蕭何傳(漢書) 1-324
小夏侯→夏侯建 3-108
小寒 8-298
蕭翰 9-192(附)
蕭轄剌 9-103
蕭該 2-201
巢縣 1-283
蕭鉉←河東王 6-80
召虎 3-105 5-209 9-86
少昊 1-241, 275 5-326 8-316
少好弓矢 6-336(要)
召忽 6-304
蕭歡←華容公 6-139
小黃門 3-333 4-128(頭)
小侯 4-30
昭侯(韓:先秦) 1-126, 252
屬車 2-117(釋) 3-341
屬國 2-145, 293 3-70(頭)
俗吏 3-26
束髮加帽 5-310(要)
束帛 3-146(附) 6-325(附)
束帛加璧 2-231(釋)
俗樂 7-254~256
速耶烏 4-68
俗語 3-30
續輿服志 5-15(요)
俗儒 3-91
屬籍 6-232(釋)(附) 9-129
續通鑑節要 1-40
俗何以不若成康 3-64(釋)
續漢書 3-16
續漢志 2-337 5-35
孫建 3-183
孫堅←武烈皇帝 3-248 4-191(原), 192,

193, 199, 216, 223, 345 5-95, 98
孫卿 3-108
孫匡 4-199, 216
損卦 8-173
孫皎 4-280, 282
孫權→大帝(吳:三國) 4-191, 199, 216, 222, 223, 229, 230, 233~235, 239, 241, 244, 248~250, 255, 256, 272, 273, 279, 281, 282, 284, 285, 287, 288, 308, 311~315, 321, 323, 325 5-44, 62, 76, 96, 99
孫權傳(三國志) 4-315
損其戶數 1-81(釋)
孫德昭 9-58, 61
孫登 4-345
孫郎→孫策 4-201(要)
孫亮→會稽王(吳:三國) 5-39, 40, 44, 96, 100
孫武 1-130 7-292, 293
孫武開 7-85
孫武斬宮嬪 7-302(釋)
孫甫 6-302(評)
孫伏伽 6-253, 263(頭), 307 7-59
孫伏伽傳(唐書) 6-253, 263
孫夫人(漢) 2-41
孫臏←孫子 1-129(頭) 4-84(釋), 341
孫臏之減竈 6-25(頭)
遜書 7-226(頭)
孫晟 9-213, 228(頭)
孫盛 5-30(評), 249, 250
孫秀 5-128(要), 129
孫壽 1-298
孫壽(梁冀 妻)←襄城君 4-128(頭)
孫叔殺蛇而致福 7-263(釋)
孫叔敖 7-264
孫岳 9-156
孫卬 2-178(釋)
孫羽 9-242
遜于琅邪第 6-13(譯)
孫儒 9-43, 48(頭), 150
孫瑜←奮威, 奮威將軍 4-249
孫恩 5-311(附), 313~315, 320, 333
孫翊 4-199, 216
孫子→孫臏 1-129
孫子兵法 1-171, 359
孫綽 5-240
孫程 3-321 4-90
孫仲謀→大帝(吳:三國) 5-195
孫策←孫郎, 長沙桓王 4-199, 201, 216(頭), 223, 345 5-96, 98, 99
孫綝 5-44
孫泰 5-312
孫討虜→大帝(吳:三國) 4-229(釋)
孫皓←歸命, 歸命侯 5-59(譯), 63, 80, 81, 83, 87, 93, 96, 100, 101, 106
孫和 5-63
孫會宗 3-83
孫孝哲 8-25
孫休→景帝(吳:三國) 5-43, 44(原), 58(頭), 63, 96, 100
孫歆 5-91
率多死 2-199(頭)
率物 4-183(要)
帥(솔)僧衆迎之 8-312(頭)
松江 4-329 5-131
宋璟 1-45 7-219(頭), 221, 236, 242, 268, 269, 270~273, 277, 289, 296, 312 8-19, 334, 335 9-87
誦官 2-376
宋國天王→幼主(北齊:北朝) 6-170
宋貴人 4-65
宋均 4-11, 14, 24, 41 9-121
宋金剛 6-265
宋祁 2-248
宋紀 6-12(題)
宋老生←老生 6-231(頭), 236, 239

送徒 1-274(頭)
松漠都督 窟哥 9-99
——都督 李懷秀 9-100
宋毋忌 2-246
宋文通→李茂貞 9-72, 80, 109
宋弁 6-72
送浮屠文暢師序 8-323
送使 8-259(頭), 260
宋申錫 8-360(頭) 9-72(頭)
宋申錫獲罪 8-373(頭)
宋審虔 9-170(頭)
松耶柏耶之歌 1-231(譯)
宋襄 1-290(頭)
宋彦筠 9-185(頭)
宋令詢 9-213
松鳩→王逢 1-40 4-301
宋王→李憲 7-241, 257, 258
宋王→閔帝(後唐:五代) 9-157
宋遙 7-326
宋義←卿子冠軍 1-287, 289, 290
宋齊丘 9-125
宋祖→太祖(宋) 1-57
宋州 1-290
——刺史 寇泚 7-287(頭)
宋噈 3-81(譯)
宋主欲伐魏 6-35(譯)
宋之問 8-328
宋昌 2-112(譯), 113
誦帖括 8-82(釋)
宋太子劭弑其君義隆 6-42(頭)
宋鮑之所以弑其君 3-199(附)
宋咸 2-18
宋獻→獻公(宋:先秦) 1-161(譯)
宋弘 3-238, 239
宋諱 6-302
送歛喪 3-309(頭)
誶語 2-147
受 1-145
垂 3-126 4-182(頭) 5-269(頭) 6-376
戍 5-90(釋)
數 1-264(釋) 3-334(釋)
銖 2-140
祟 2-349(原)
繻葛倒懸 1-203(頭)
水鑑 4-226
受建武正朔 3-267(譯)
數遣中使存問之 8-92(頭)
水經 1-104, 263 3-344 4-237
水經注 2-212
壽考 4-163
首功 1-186
垂拱(年號) 7-193, 205(譯), 249(原), 286 (頭)
守管籥 2-99(頭)
壽光(年號) 5-230
壽光縣 2-205 3-273
受賕 6-328(釋), 345(頭)
樹國 固必相疑之勢 2-141(釋)
守闕 3-43(釋)
水葵 5-131
首級 1-186 3-70
隋紀 6-189(題)
收其傭 日三尺 6-283(釋)
數其罪惡 8-223(釋)
收孥 2-117(釋)
水德 1-240~242
須冬寒地凍 6-20(頭)
戍邏 5-71(要)
銖兩之物 8-38(頭)
垂簾 7-170
垂簾之政 1-51
雖令不從 7-160(譯)
修禮 6-91
殊禮 2-46
壽陵 1-218(釋) 3-348(釋)(頭), 349 4-34 (釋)

睢陵 4-198
受命之璽 3-359
數目 1-317(釋)
修武縣 1-368
守文之主 2-348(頭) 5-155(頭)
須眉 2-80(頭)
垂髮戴白 3-233(釋)
鬚髮盡白 2-369(要)
殊方 9-91
數百年之宗祀遽滅 1-208(原)
數百千級 3-194(要)
溲便器 1-87
垂兵 4-349(頭)
綏服 5-123
首服 3-325(釋)
酬奉 8-328(譯)
收司 1-117
殊死 4-47(釋)
邃師 6-355
首事 1-283(頭)
守死善道 3-187(譯)
殊死戰 1-356(原)
殊死刑 3-322
守相 4-102
隋書 兵志 7-291
水仙 5-312
受成 3-153
守成 2-241 7-61 9-96
水城 6-275
遂城 1-215(釋)
受成獻馘 7-293(釋)(頭)
守歲 7-236(譯)
數世之失權 4-78
水所以載舟 亦所以覆舟 7-111(譯)
搜粟都尉 趙過 2-356
洙水 8-289
睢水 1-345(釋) 3-211 5-179
守丞 3-25, 26
垂翅回谿 3-246(釋)
修飾邊幅 3-252(釋)
讎臣 7-155
搜神記 2-247
邃深銜之 5-46(要)
數十百人 1-277(頭)
首惡 7-160(譯)
壽陽 5-275 6-77, 123, 134(譯)
睢陽 2-11 3-250, 260 5-157 8-49, 51, 54
——令 任延 3-314
——太守 許遠 8-52
首陽山 4-149, 151
壽陽城 5-276 6-87, 88, 166
睢陽城 6-97
睢陽侯→張昌 2-332
戍漁陽 1-268(釋)
粹然→蔡正孫 4-171
守延英門 8-227(釋)
水玉 3-62
雖曰不利 臣不信也 6-304(譯)
壽王→李瑁 1-45 7-315, 316
隋王→高祖(隋) 6-189
壽王傑→昭宗(唐) 9-44(頭)
壽王妃楊氏→楊貴妃(唐) 7-327(頭)
數用五 2-328(釋)
秀容縣 6-132(譯)
水牛 3-347
數羽十罪 1-375(釋)
數月而退 3-159(釋)
守尉 1-254(頭)
輸委 2-299(頭)
豎儒 1-371
豎儒幾敗迺公事 1-362(釋)
雖有蚩尤爲帥 8-366(釋)
水銀 3-359, 360
遂飮毒而死 3-313(要)
繡衣 2-342, 343(頭)

數以六爲紀 1-240(釋)
蓨人 6-94(頭)
手刃賊臣 6-153(頭)
隋資 7-59(釋)
竪子 2-60(譯)
秀自兄縯之死 3-207(原)
垂將 6-269(頭)
壽張 7-171
水災 8-220(頭)
修齋誦經 1-58(譯)
受諸將金 1-350(要)
壽寂之 6-48(頭)
水田 6-183
壽闐 5-317
遂竊周鼎 6-202(譯)
受制於家奴 8-383(頭)
受制於彊諸侯 8-383(頭)
戍卒 2-86(譯)
隨坐 1-178(頭)
壽州 9-57, 224, 228, 231, 242
——都督 張鎭周 6-289
綏州 6-286
隨州節度使 李愬 8-294
巂州 4-335(釋)
雖周公阿衡 3-36(釋)
手注班簿 9-52(頭)
首誅樊何 9-250(頭)
壽州城 9-224
睢州縣 4-138
收之 2-138(原)
輸之司寇 2-156(釋)
遂至愛子慈父皆不能庇 9-68(頭)
授之以利器 6-120(譯)
水地以縣 7-70
首止之盟 2-82(譯)
須昌 6-20
垂策書於春秋 3-265(譯)
收天下兵 1-243(釋)
殊轍而同歸 1-69(譯)
壽春 3-251 4-198, 199, 209, 256 5-48, 218, 248, 255 6-134(譯) 9-231(頭), 232
壽春縣 5-278
遂致遺憂國母 5-206(譯)
需七年 8-231(頭)
遂寢 7-19(要)
水土異齊 4-153(釋)
垂統已如此 7-184(頭)
手版 5-261(頭)
誰辦取日功 7-184(頭)
隨風而靡 2-131(譯)
隨何 1-344, 348, 360 5-86(釋), 87
壽何以不若高宗 3-64(釋)
水旱 2-172, 185, 215 3-26
受降幕 7-124(頭)
水衡 3-116(釋)
水衡都尉 3-40(頭)
垂惠 3-250
綏和(年號) 3-151
垂訓 7-156
誰毁誰譽 5-25(譯)
叔達→武帝(梁:南朝) 6-65
淑德→高祖(唐) 6-249
叔度→黃憲 4-86(頭)
宿留 2-320(原)
菽麥 5-137
宿兵 8-270(頭)
叔父之所惡 1-78(譯)
叔孫建 6-24
叔孫通 2-47~51, 78, 86, 101, 242 4-62
叔孫通傳(史記) 2-50, 78
叔孫通傳(漢書) 2-50
肅愼 6-245
叔牙 7-114, 115
孰與 4-341(頭)
叔玉 7-102

叔虞 1-74
宿衛 5-234(頭) 6-130(譯), 314(頭), 387(頭) 7-278(頭)
宿將 5-98(頭) 8-200(頭)
肅章門 7-233
叔齊←公達 3-278(附) 4-149(頭)
肅宗→明帝(東晉) 5-181
肅宗→章帝(東漢) 4-15(頭), 45(目), 113(頭), 116, 156
肅宗→孝明帝(北魏:北朝) 6-85, 86, 93, 94(頭), 96
肅宗→孝昭帝(北齊:北朝) 6-161, 162(原)
肅宗(唐)←李璵, 李亨, 忠王 5-282 6-302 7-147, 152, 153, 337 8-11(目)(頭), 25, 28, 29, 43, 49, 58, 70, 72~74, 76, 79, 85, 94, 103, 148, 198, 334 9-42, 75, 79, 87, 95
肅宗收兵靈武 9-68(頭)
宿罪 4-83
肅州 2-47 3-122
宿重兵 8-133(頭)
宿飽 1-355(譯)
叔向→羊舌肸 4-149(釋)
叔虎→羊舌虎 4-151
肅侯(趙:先秦) 1-138, 143
徇 4-243(頭) 5-322(釋)
盾 1-318(釋)
舜←虞舜, 帝舜 1-49, 52, 53, 56, 57, 209, 238, 256, 264 2-75, 122, 123, 225, 240, 242, 243, 252 3-14, 122, 124, 186, 262, 291, 354, 360 4-98, 125, 176, 294 5-19, 68, 177, 201 6-87, 295, 349, 376, 381 7-24, 34, 46, 68, 100, 103, 148, 271, 292, 326 8-37, 249, 305, 325, 383 9-93, 248
詢→宣帝(漢) 2-381 3-11
蓴羹 5-131(釋)
舜擧皐陶 3-232(譯)
荀儉 4-118
荀卿→荀子 1-256(頭)
荀緄 4-118
純鉤 7-352
荀燾 4-118
巡邏 8-294(頭)
醇醪 4-250(要)
循吏 3-23(頭)
循吏傳(漢書) 3-22, 23
循吏傳(後漢書) 3-314, 315, 366
循吏傳序(唐書) 6-361
郇模 8-105(釋)
淳毋 6-326
醇駟 2-216
荀爽 4-118, 188
馴象 8-119(要)
郇相 3-186
循序及修省 1-69(譯)
順孫 4-73
巡守 7-329(頭)
巡狩 1-205, 245, 248 2-33, 34, 231, 233, 323, 345 3-356
鶉首 6-298
荀淑 4-86, 117(頭), 118, 126, 196
荀肅 4-118
荀悅 1-189, 283, 363(評) 2-272, 296 3-98(評), 130(略)
順烈皇后(東漢) 4-128
淳熬 6-326
荀吳圍鼓 8-388(頭)
荀汪 4-118
淳于衍 3-14, 15, 37
淳于意 2-174
荀勖 5-77, 82
荀彧←文若 4-196, 200, 203, 207, 256~260, 307 5-39
荀彧傳(三國志) 4-257
巡院 8-121

郇越 3-186
巡遊 2-364
淳維 1-216 3-185 6-210
荀攸←公達 4-219, 271
栒邑 3-233(釋), 244
荀翊 4-160, 161
荀寅 4-187
荀子←荀卿, 荀況 1-161(略) 5-341 6-256
—— 國富篇 2-113
循資格 7-289, 297
鶉爵 3-58
鶉鵲之不若 7-161(譯)
荀專 4-118
舜典篇(書經) 2-317 3-126, 292 7-22
荀靖 4-118
順帝(東漢)←保, 濟陰王, 孝順皇帝 3-321 4-99, 111, 170, 292
順帝(宋:南朝)←安成王, 汝陰王, 劉準 6-57(頭), 63
徇諸郡 7-359(頭)
徇趙 1-270(頭)
順宗(唐)←李誦 8-241(頭)(目), 242, 245, 246 9-89
醇酒 2-261 5-76 8-380 9-65
荀粲 5-38(頭)
順天門樓 6-369
馴致 4-59(頭)
馴致亂階 8-180(頭)
循行郡縣 3-207(釋)
巡行園陵 3-238(頭)
順乎天而應乎人 6-339(譯)
荀況→荀子 1-257 8-326
沭瀾 9-101
述律太后(遼) 9-192
術士 5-73
術數之學 3-296
戌日 3-84, 85, 173
述職 1-245, 248 2-34
崇儉篇(帝範) 7-138
嵩高山 2-322
崇光宮 6-52
崇文篇(帝範) 7-138
崇文館 1-51 6-252 7-153(譯)
崇伯→鯀 6-350
嵩山 5-280 6-101 7-179, 345
崇元殿 9-187, 248
崇有論 5-119
崇恩廟 7-242(譯)
崇玄館 8-312, 402
崇訓佛寺 6-106
膝下 7-131(釋)
慴 5-261(頭)
霫 9-101
拾芥 5-264(頭)
濕城 4-205
隰城尉 6-241(頭)
習爾 9-100
隰州 9-55
襲秦故 2-50(釋)
習鑿齒 4-228(評)(頭) 5-24(評)
繩 7-249(頭)
勝廣 1-268(釋)
承光(年號) 6-17, 170
承基坐事繫獄 7-106(頭)
僧尼 1-60 6-292 8-319 9-238
承露盤 2-305(釋) 7-186
乘馬 3-352(釋)
騬馬 9-140(附)
昇明(年號) 6-57
承明殿 3-197
勝兵 6-241, 250 7-191 9-98
僧寺 6-116
丞相綰 1-243(釋)
丞相虎 5-201(頭)
乘城 1-170(釋)
承聖(年號) 6-142, 144

乘勝逐北(배) 1-288(釋)
乘時 3-144(要)
乘輿 2-132, 188(頭), 377 3-123, 304, 310 5-64, 129, 287, 319, 324, 325 6-218 8-166, 187 9-41, 45, 86
乘吳 5-31(釋)
昇元(年號) 9-170, 171
繩違 6-253(釋)
乘危而發 9-250(頭)
升陑 3-319(釋)
乘字牝者擯而不得聚會 2-215(釋)
勝殘 8-191(頭)
乘傳 6-258(釋)
乘田 6-90
乘傳詣洛陽 2-24(釋)
承制 6-138(譯)
勝州 1-258 2-320 3-98
升中喬嶽 3-354(附)
乘車 9-232
升平 8-37
升平(年號) 5-232, 236
承平 5-311(頭) 8-36(頭)
承乏 7-218(譯)
承暉殿 8-305
侍講侍讀 9-149(頭)
始改年 1-240(譯)
時擧傳納 3-111(頭)
始建國(年號) 3-180
恃犬羊之衆 6-278(譯)
詩經←毛詩, 詩傳 1-110, 133, 151, 320 2-55, 203, 204, 221, 229, 380 3-23, 61, 71, 98, 99, 107, 141, 153, 220, 310 4-102, 247, 280, 349 5-31, 282 6-288 7-87, 131, 141, 258, 259, 271, 351 8-42, 59, 121, 194 9-75
—— 卷阿篇 7-180
—— 大明篇 2-346
—— 靈臺篇 3-153
—— 北風篇 5-242
—— 烝民篇 4-143
—— 秦風篇 2-165
—— 瞻印篇 4-165
—— 兎罝篇 1-109
—— 巷伯篇 9-77
詩經疏 1-272
詩經集傳 9-77
詩話 4-122
時曲 8-291(頭)
恃功 9-51(頭)
侍官 7-338
試官 7-203(頭)
始光(年號) 6-17
猜忌 6-191(頭) 8-337(頭)
弒其君 7-115(譯)
廝徒 1-141(釋)
豺狼遯於藩籬 9-86(頭)
時令 4-47
緦麻 4-173
試馬殿 8-38
柴望 3-355(附)
侍謀 8-40(頭)
侍武帝宴 5-141(頭)
諡法 1-149, 236(釋), 238~240 2-228 5-74
諡法解(史記) 1-237 2-348
弒父殺兄 6-237(頭)
市不易肆 9-96(頭)
時殺 3-33
柴桑 4-237(釋)
詩索 3-330(附)
詩書 2-70, 75, 77, 86, 88, 98
矢石 1-173(頭)
柴世宗→世宗(後周:五代) 1-48
恃勢之刑 7-95
是歲僭國二 大一小一 5-132(譯)
尸素 5-258(頭)

柴紹 6-241, 242, 365 7-104
施讎 3-107
柴守禮 9-196, 219, 251
弑隋主侗 6-264(要)
時時前說稱詩書 2-70(釋)
始安王→蕭遙光 6-74, 75
始安王→趙主(前趙:十六國) 5-144(頭), 145
始安貞王→蕭道生 6-68(譯)
始安縣 5-92
柴榮→世宗(後周:五代) 9-219, 245
謚曰思 5-74(頭)
始元(年號) 2-365, 373
時月之間 4-86(頭)
尸位 6-141(譯)
尸位素餐 3-149(釋) 5-259
是爲元年 9-103(原)
是爲後梁 6-147(原)(頭)
弑二君 6-87(頭)
寺人 2-341
時人 7-203(譯)
猜忍 8-69(頭)
詩人 2-229
猜忍沮謀 8-149(頭)
寺人之官 9-75(原)
寺人披之事君 9-75(釋)
侍子 3-100(譯), 336(譯) 4-321(要) 5-86(譯)
尸子 2-128
侍子久留敦煌 3-338(附)
示寂 6-99
市廛 8-164
詩傳→詩經 1-366 3-60
詩傳通釋 5-22
市井 6-47 7-338(附) 8-164
市井之子孫 2-215(譯)
市租 1-215(譯)
猜阻 9-158(頭)
始條理 2-318
柴宗訓→恭帝(後周:五代) 9-236, 243, 247, 248
時主 2-322
釃酒 3-271(釋)
時中 3-130
矢盡道窮 士張空弮 2-338(釋)
視天子如委裘 9-68(譯)
弑天下母 4-260(附)
詩稱戎狄是膺 3-99(譯)
時太子於北門起居 7-223(釋)(附)
視品 8-48
始畢可汗 6-218, 228
始皇→始皇帝 1-121, 128, 221, 235, 238, 240, 243, 244, 251~253, 258, 259, 261~264, 274, 298, 300, 302, 307, 375, 381 2-79, 246 3-275 6-338 7-68, 72, 73
始皇帝←始皇, 呂政, 嬴秦, 政, 秦始, 秦始皇, 秦始皇帝, 秦政, 秦皇, 秦皇帝 1-214(目), 236 5-139 6-366 8-249
始興太守 陳霸先 6-129, 141
始興郡 8-47
始興王→陳道譚 6-161, 164
式 1-90(釋)
殖 3-236(釋)
軾 1-91
食客 1-145, 158, 186
式車 2-191(原)
食其力 2-126(釋) 9-19(頭)
食其子 1-99(頭)
息女 1-272(頭)
息夫躬 3-168
食三品料 7-312(釋)
食實封三百戶 7-306(附)
食言 5-15 8-370
息隱王→李建成 6-301
食邑 2-54, 59 7-307
息州 4-143

食貨志(唐書) 6-263, 271, 283, 284 7-338 8-220
食貨志(新唐書) 6-272 7-282, 283 8-94, 129, 258
食貨志(漢書) 1-119 2-126, 139, 173, 195, 198, 250, 290, 291, 298, 305, 356 3-82, 158, 188
式侯→劉萌 3-227
新 4-302(釋)
神麢(年號) 6-20
辛甲 1-84
臣居尊位 7-201(頭)
辛景 5-312
辛慶忌 3-149, 171
辰溪 3-344(釋)
申公→申培 2-231, 233, 242
神功(年號) 7-209
神功破陳樂 6-331(釋)
新舊 5-138(頭)
神龜 3-359 7-108
神龜(年號) 6-89
新舊大國三 1-306(附)
申句須 7-295
神君 2-306 4-118
身勸爲之駕 2-71(原)(釋)
愼厥麗 8-36
宸極 6-69, 139 7-216 9-139
神器 1-62, 64 3-263, 288, 297 4-159, 265 6-55(譯) 7-183, 191, 342(譯) 9-161
神農 1-241 3-62, 354 6-54
新唐書←唐史 6-248
——— 武后紀 7-187
——— 天文志 7-137
信都 5-306 6-272(頭)
——太守 任光 3-213(釋)
新都 3-365(頭)
神都→洛陽 7-200(頭)
臣道 3-329
身都 5-53(頭)
申屠嘉 2-187, 219, 220
申屠嘉傳(漢書) 2-187
信都郡 3-214
申屠蟠 4-167, 168, 188
新都侯→王莽 3-145, 168, 365
新羅 7-85, 87, 115(釋), 144
神靈 2-53
新論 2-53
神龍(年號) 7-223
神龍殿 8-72
信陵君→魏無忌 1-190, 210(釋), 211 2-273, 274
信陵無忌→魏無忌 2-271(釋)
神明 4-39, 82
神明臺 2-306
神母 2-90
神巫 2-349
神武 2-90, 91 6-331(譯) 9-96
臣無忘檻車 3-288(釋)
神武帝→高歡 6-94, 162, 171(頭)
辛武賢 3-65
神物 6-32
申培←魯申公, 申公 2-204
申伯 3-199
申伯之忠 3-137(釋)
新法 1-61
身富榮 1-138(釋)
愼夫人(漢) 2-125, 194
新附諸帥 8-202(頭)
申不害←申子 1-126(釋)(頭) 2-221, 264 3-112 8-323, 325
申不害傳(史記) 1-127
辛毗←辛佐治 4-219 5-13
辛賓 5-164
晨牝之凶 7-180
神祠 3-58

臣象 3-294
信賞必罰 1-41, 71
神璽(年號) 5-308
申生 2-79
新序 4-104, 137
新書 7-264
辛恕 5-194
神仙 1-58 2-32, 33, 229, 244, 307 3-59, 176 4-135 9-19
神仙集 2-245
新城 1-128, 340, 341 2-79
新城縣 1-224
汛掃 5-98(頭) 6-58(頭)
汛掃門庭 7-132(釋)
信宿 9-132(頭)
信順 5-240(要)
新市 3-188, 190, 192, 195 5-308
新市兵 3-191
新市平林兵 3-189(附)
新息 3-241
新息縣 4-143(釋)
新息侯→馬援 3-347, 364
藎臣 8-194
新室 4-306
臣實不能 8-184(要)
新安 1-294, 313(釋), 331, 375 5-254, 311
新安王→海陵王(齊:南朝) 6-69
新安志 3-280
新野 2-296 3-297, 300, 328 4-217, 227, 267
莘野 4-224(頭)
申陽←河南王 1-306
新語 2-70(釋), 71 7-46
臣亦願國家 3-288(要)
申王→李成義 7-257
臣外祖兄弟 3-133(譯)
神堯→高祖(唐) 5-179(頭) 7-217(頭)
神堯皇帝→高祖(唐) 6-249(附)(目)
信用非人 8-338(頭)
信用讒邪 6-171(頭)
辛雲京 8-71, 74, 84
辛雄 6-96
伸冤 7-194
新垣衍 1-185
新垣平 2-184
信威北夷 3-109(釋)
申胤 5-251
信義 7-33, 34
神人 2-355(釋)
申子→申不害 1-126
申子 君臣之篇 3-112
臣者景 6-329(釋)
神爵 3-58, 76, 80, 81
神爵(年號) 3-57(釋), 81, 163
新傳 7-301
新店 8-215
新亭 5-146(譯), 261, 318(釋), 334
神鼎(年號) 5-317
新亭數語 5-306(譯)
愼靚王(周)←定 1-145, 146, 149
神宗(宋)←趙頊 1-52, 54, 61 2-324 9-98
身坐 1-312
辛佐治→辛毗 5-13(要)
信州 9-31
——刺史 邊鎬 9-204
新州 5-318
——司馬 盧杞 8-177
申州 8-266, 287, 292
神州 3-357 5-146(釋), 204
神州陸沈 5-181(譯), 230(釋)(要)
新秦中 1-254
申蔡 8-265(頭)
新蔡郡 6-50
神策 8-162, 170
神冊(年號) 9-104, 124

神策軍 8-90, 104, 172, 189, 200, 266 9-64, 79
——中尉 田令孜 9-29
神策軍使 高崇文 8-247
神策兵 8-152(頭)
神策六軍 8-205
神策六軍之兵繼出關外 8-160(頭)
信牒 8-47(頭)
申牒 7-332
申版籍 8-277(釋)
新平 5-292
新平縣 3-303
新豐 1-260, 314(釋), 315 2-195 7-248, 249
新豐侯→單超 4-129
申韓 8-323(頭)
愼侯→劉賜 3-240
新興公主(唐) 7-101(頭)
新興王(後趙)←石祗
室家先覆 9-250(頭)
悉怛謀 8-361, 362, 387, 389, 390
實錄 2-340 7-137
實封 7-306
失匕箸 4-211(要)
蟋蟀俟秋唫 3-59(釋)
悉數 8-225
失信 4-272(要)
室韋 6-203, 244(頭), 251(釋) 9-101(要)
失入 6-379(譯)
失職 1-336(譯)
失出 6-379(譯)
悉出內史 8-88(頭)
實戶 7-275
失活 9-99
尋 6-359(頭)
深堅 2-241(釋)
沈敬仁 5-344
沈慶之 6-35, 47
深戒東昏 6-79(頭)
審官篇(帝範) 7-138
沈括 1-140
深根固柢 8-159(頭)
心機 4-69(頭)
審吉氏 9-100
深念 2-106(頭)
心勞而日拙 1-65(譯)
心膂 7-131
深文 2-251(釋)
審配 4-218(頭)
沈法興 6-262, 265
心非 1-254(譯)
沈斌 9-213
尋相 6-265(頭)(要), 266
尋常萬萬 8-314(頭)
鄩城 1-104
沁水 4-54
沁水公主 4-53(釋)
深悉 8-174(頭)
潯陽 1-103
尋陽 4-251, 282 5-189, 321(譯) 6-150
尋陽城 5-325
深源→殷浩 5-208(釋)
沈攸之 6-49, 50, 57
沈佺期 6-319
尋邑王郎 3-282(頭)
深衣 2-120
沈毅 5-30(要)
審食(이)其 1-345
尋引規矩繩墨 8-287(譯)
深者獲公名 3-30(釋)
尋章摘句 4-316(頭)
沈全交 7-203(譯)
沈佺期 8-328
心前星 7-245
沈田子 5-337, 340, 341, 344
深州 8-56, 81

心疾 7-11
沈充 5-172, 183
審擇其人 5-83(要)
十九侯 3-321 4-90
十金 1-118(附)
十道 7-46(譯)
十郎→李林甫 7-347
十陵 5-342(附)
什方侯→雍齒 2-42(釋)
十使 7-265(頭)
十四而識上官桀之詐 1-43(譯)
十艘爲一綱 8-139(頭)
十失 3-30(釋)
什伍 1-117 2-168(頭)
十五 3-73(頭)
十有三代 8-270(頭)
十六國 7-75(附)
十六衛 7-320(頭)
十二 4-41(原), 44
十二軍 8-208
十二牧 5-177
十二分休 5-31(釋)
十二諸侯年表(史記) 1-134
十二辰 7-95
十一帝 3-238(頭)
什一之稅 3-292
什長 8-189
十哲 7-292(要), 293
十八學士 6-273
十行 3-366
雙陸 6-167 7-231(附)(要)
雙湖胡氏→胡一桂 1-196(釋), 197, 203 (評), 213(略), 231(評)

【ㅇ】

阿 1-112(釋)
雅 4-270(頭), 293(頭)
亞卿 1-150
餓鬼 6-291
牙旗 5-92 6-104
阿基房 1-259(釋)
我起兵時主簿 3-288(要)
我得專封拜 3-204(釋)
雅里 9-99, 100
阿麼→世祖(隋) 6-203(譯), 205
阿瞞→曹操 4-243
阿蒙→呂蒙 4-251(譯)
牙門 5-90(附) 6-210 8-102
雅薄富貴 6-52(頭)
阿房 5-291(原)(要), 292
阿房宮 1-258(釋), 267 2-192
我輩登科 8-357(頭)
牙兵 8-303(譯)
阿保 4-183
阿輔 3-186
亞父→范增 1-363(釋), 365
阿父 6-75
阿保機→太祖(遼) 9-101~103
阿保之功 3-50(釋)
阿跌 7-129
餓死 4-48(釋), 151
阿史那 6-210
阿史那結社率 7-85
阿史那大奈 6-231(頭)
阿史那社爾 7-335(頭)
阿史那氏 6-251
餓死臺城 8-314(譯)
亞聖 7-256
牙城 8-298(釋)(要)
阿城 1-259 6-241
雅性謙素 5-36(要)
雅俗之樂 7-254(頭)
阿修羅 6-291
雅詩 3-307
雅樂 7-255 8-34

鵝眼錢 6-47, 48
阿枉 3-325(釋)
雅春 2-204(附)
兒爲五湖長 5-301(譯)
牙將 8-99(頭)
牙帳 8-300
牙籌 5-116
阿主沙里→太祖(遼) 9-101
餓殍 7-179(要) 8-136(頭)
阿縣 4-104
阿兄 6-76
阿衡→伊尹 3-37
阿衡 4-19(頭), 106(釋)
兒皇帝 9-178
樂卿 2-290
樂廣 5-116, 117
樂記篇(禮記) 4-62 6-354 8-301
鄂道 8-262
岳牧 5-176(頭)
惡木 7-328
岳武穆→岳飛 1-64
握髮 7-310
樂府 2-295(譯) 3-134
岳飛←岳武穆 1-54
握槊 6-166(頭)
握算 9-197
樂書(史記) 2-295, 340 6-353
樂石 3-152(要)
樂松 4-175, 177
鄂岳 8-258
樂羊 1-92, 95, 99, 100
惡陽嶺 6-367
岳陽王→宣帝(梁:南朝) 6-141, 143
幄帟 7-341(頭)
愕然 6-297(頭)
握衍朐鞮單于 3-72
渥洼水 2-295(釋), 296, 310
鄂王→李瑤 7-314, 315
鄂王 9-159
樂毅←昌國君 1-150, 151, 159, 162, 169, 170 4-220, 224, 226 5-18 7-292
惡衣菲食 8-36(釋)
樂毅藉濟西 5-93(原)(頭)
樂正 1-250
樂正取士之法 1-245(原)
岳州 1-103
鄂州 4-233
鄂千秋←安平侯 2-44, 45
惡草 2-55
惡草具進 1-365(釋)
樂則 3-172 4-257
樂鄉 5-72
鄂縣 4-229, 230, 232 6-241
晏駕 2-349(頭) 7-218(頭)
按摭 1-177(頭)
安車 2-231(釋) 3-27, 186, 281 4-131(釋)
安慶 9-26
案經三府 4-144(頭)
安慶緖 8-44, 46, 50, 55~57, 64, 149
顔杲卿 7-355(譯), 356(譯), 357, 359 8-11, 12
安丘 3-274(釋)
安丘侯→張步 3-274
安國寺 9-27
安金藏 7-207
安期生 2-244, 307
安南 8-120
──都護 王式 9-25
安祿山←大燕皇帝, 東平郡王 1-56 7-302, 304, 318, 320, 325~327, 334~336, 341, 343, 346, 347, 350, 353~359 8-11, 12, 14, 17~19, 25, 28, 34, 38, 43, 44, 46, 47, 73, 81, 97, 102, 110, 132, 146, 148, 150, 159, 171, 269, 333~335, 365, 369 9-86, 100
安德王→高延宗 6-169

安堵 8-196(釋)
安道→田興 8-279
安都聞大兵北上懼 6-49(附)
安東司馬 王導 5-138
安樂(年號) 6-249
安樂公→後皇帝(蜀) 5-56(頭), 61, 74, 133
安樂公主(唐) 7-231, 234(頭), 239, 240 9-96
顔良 4-215
安陸 5-218
安陵 5-343
雁門 2-248, 261 6-218, 238
——節度使 李克用 9-35
雁門關 9-167
雁門郡 1-217 2-53, 248 9-30
雁門 馬邑 2-247(釋)
雁門 李僕射 9-34(頭)
雁門縣 1-216 2-53
按兵 5-338(頭)
顔師古 1-87, 143, 151, 184, 187, 333, 373, 374 2-25, 53, 77, 96, 118, 134, 142, 155, 196, 241, 248, 281, 282, 293, 327, 344~346 3-50, 55, 84 5-51 6-289, 361, 367 7-12, 299 8-353 9-127
安思義 8-13
安上門 7-86
顔相時 6-272
安西 7-319
安西路 8-22
安石→謝安 5-236, 256
安成王→苻廣 5-303
安成王→宣帝(陳:南朝) 6-164(頭), 165
安成王→順帝(宋:南朝) 6-57
安成王→桓脩 5-322
晏殊 1-52
安守忠 8-42
安市城 7-124
安息 2-47, 292, 308
安息國 3-105
安息郡 3-339
安陽 1-289(釋) 4-131 5-286, 287
安陽令 毛義 4-57
安陽侯→上官桀 3-139
顔回←顔子, 顔淵 2-280 4-103, 105 7-111
顔延年 2-327
安閭山 1-226
晏嬰←晏子 2-279, 280 7-260, 303 8-323
安王(周)←驕 1-100, 101, 111 3-270
安遠門 7-346
安戎 8-84
安邑 1-353
顔異 2-304
晏子→晏嬰 5-21
顔子→顔回 4-86 7-256
安子國 3-254
安定 2-180 3-233, 238 4-337, 342 5-298, 302 7-286
——太守 賈疋 5-146
——太守 孫會宗 3-83
安定公→宇文泰 6-110
安定公→孺子嬰 3-180
安定郡 2-178
安定太后→孝平皇后(漢) 3-180
顔題 3-202
安帝(東晉)←德宗, 司馬德宗, 安皇帝 5-316, 320, 337, 339, 347, 349 6-28, 60
安帝(東漢)←祜, 孝安皇帝 3-321 4-15(頭), 81, 89, 90, 92, 101, 170, 292
安從益 9-159
安州 8-56
——刺史 周炅 6-167
安重榮 9-175
安重誨 9-144(頭), 149, 156
顔之推 3-349
顔眞卿 1-64 7-357, 359

案察 4-130(頭)
按察使 7-265
安昌侯→張禹 3-148, 149
顏忠 4-33
安平 1-169
晏平(年號) 5-136
安平君→田單 1-172
安平王→司馬孚 5-131
安平侯→鄂千秋 2-45
安豐 1-282 5-278
安漢公→王莽 3-169, 172, 174
安皇帝→安帝(東晉) 5-308(頭)
安釐(희)王(魏:先秦) 1-199, 202, 210 2-273
訐 4-167(頭)
謁告 6-359(頭)
謁官 5-325
閼父 1-101
謁者僕射 2-130(釋)
遏天子之乘輿 2-188(譯)
闇奸 3-263(釋)
喑啞 6-356(頭)
喑噁叱咤 1-331(原)(釋)
巖阻 4-222(頭)
巖州 7-325
巖穴 8-359
狎客 6-180(譯)
狎暱 6-17(要)
鴨綠柵 7-171(譯)
押署 8-64(要)
壓之 4-274(頭)
仰給度支 8-157(頭)
殃及池魚 6-120(附)
哀姜 7-226(頭)
哀公(魯:先秦) 1-80 6-345 8-198
哀公(齊:先秦) 2-334
哀公(晉:先秦) 1-80
愛民者三人 9-236(頭)
艾父子 5-59(頭)
哀王→劉髆 2-376(頭)
哀公(前涼:十六國)←張曜靈
哀王(北涼:十六國)←牧犍, 沮渠牧犍, 河西公
騃孺子 8-396(頭)
愛人喜施 1-271(釋)
睚眦 2-270(釋)
哀章 3-297, 297(附)
哀帝(唐)←昭宣帝, 李柷, 濟陰王, 輝王 9-81, 82
哀帝(東晉)←琅琊王, 司馬丕, 哀皇帝, 千齡 5-257(譯)
哀帝(成:十六國)←李班
哀帝(漢)←劉欣, 定陶王, 孝哀帝, 孝哀皇帝 2-164 3-112, 136, 155, 157, 165, 166, 168, 229, 238, 261, 322 4-79 5-343
崖州司馬 楊炎 8-152
——司戶 李德裕 9-12
——司戶 皇甫鎛 8-337
哀平短祚 國嗣三絶 3-261(譯)
哀平帝(前秦:十六國)←苻丕, 長樂公
哀皇帝→哀帝(東晉) 5-239(頭)
扼 6-297(要)
縊殺之 6-127(頭)
扼腕 7-125(頭)
搤腕 2-271(釋), 307(釋)
掖庭 3-197(頭) 5-106(頭)
扼天下之吭而拊其背也 2-29(釋)
掖縣 1-173
罌缶 1-354
罌子谷 9-148
冶家 4-167
夜徑澤中 1-275(釋)
耶瀾可汗 9-100
夜郎 2-267
夜半 2-120 6-150
野水渡 8-65

野王 3-219, 228
野王令 4-139
野王令 王梁 3-227
耶律 9-100
耶律璟→穆宗(遼) 9-205
耶律歐里思 9-103
耶律德光→太宗(遼) 9-143, 150, 190, 192, 193
耶律剌葛 9-119, 122
耶律倍←人皇王 9-196
耶律阿保機→太祖(遼) 9-98, 110, 190
耶律億→太祖(遼) 9-119, 143
耶律兀欲→世宗(遼) 9-195
耶律阮→世宗(遼) 9-195, 196
夜邑 1-173(釋)
夜徹圍退士卒驚擾 6-41(頭)
夜縋城下 8-31(頭)
夜縋斫營 8-14(釋)(要)
略 5-244(頭)
若干 8-136(頭)
藥葛羅 8-99(頭), 100
弱冠 5-132(頭)
略無備豫 4-337(要)
約法十二條 6-242
約法三章 1-311, 312 2-19, 85, 98, 175 3-95 4-268
約法十二條 6-378
若非魏徵辰嬴之喩 1-45(譯)
若使殺蝗有禍祟 7-263(要)
若西止五丈原 5-11(要)
藥石 2-325(頭) 4-119 9-198
若水 4-335
藥崧 4-22(釋)
弱息 7-177(釋)
若邪(야)山 4-133
若藥弗瞑眩 厥疾弗瘳 3-323(頭)(譯)
略陽 5-297
略陽郡 5-218
約言析理 5-117(釋)
若敖氏 7-67
若王猛之治國 5-338(譯)
若有芒刺在背 3-36(釋)
藥餌 7-102(頭)
約劑 6-385(附)
約從 1-147
略陳 5-277(頭)
若出武功 5-11(要)
梁 5-248
禳 7-179(要)
陽嘉(年號) 4-102
揚摧 7-62(頭)
楊簡←敬仲
羊胛 7-136(釋)(要)
羊車 5-106(要)
涼去年號 5-230(譯)
楊堅→高祖(隋) 1-48 6-168(頭), 173~175, 189, 244, 245
陽堦 8-230
陽曲川 6-104
兩骨都侯 3-342(附)
梁公→武帝(梁:南朝) 6-82
襄公→李虎 6-249
襄公(魯:先秦) 1-294 3-120 7-67 8-148, 358
襄公(宋:先秦)←慈父 1-206 3-20 7-75
襄公(齊:先秦) 2-334 3-289 7-228
襄公(秦:先秦) 1-209
楊綰 8-81, 107, 107
陽關 2-47
楊廣→世祖(隋) 1-48 6-183(頭), 195, 196, 201, 205, 245, 249 7-78(頭), 161
梁丘 1-161, 291
羊裘 2-28
梁丘易 3-107(釋)
梁丘賀←長翁 3-105, 106, 108, 111
梁國 1-274 6-98(頭)

襄國 5-194(釋), 215 7-304
梁國公→狄仁傑 7-214
楊國忠←楊釗 1-46, 62 7-312, 337, 341, 345~351, 354 8-18, 20, 21, 334, 335 9-86
楊國忠傳(唐書) 7-345, 346
兩軍 8-200(頭)
兩宮衛將 3-27(頭)
楊貴妃(唐)←貴妃, 壽王妃楊氏, 太眞 7-337 8-20, 21, 28
楊貴妃傳(唐書) 7-327
梁貴人 4-72(頭)
梁冀 1-62 3-321 4-106, 106(頭), 108, 113, 114, 116, 117, 127, 129, 130, 132, 171, 292 7-250
梁紀 6-82(題)
兩當縣 1-335
梁臺 6-138(頭)
襄道 8-262
陽都縣 5-330
楊侗←恭帝, 越王, 皇泰王 6-249, 250(頭)(要), 256, 262, 264
兩頭蛇 7-264
羊頭山 4-54
楊得意 2-238
楊諒←漢王 6-213(頭)
楊令公→楊師厚 9-119(頭)
養老禮 4-13(釋)
洋隴 9-74
楊劉 9-131(頭)
楊隆演→高祖(吳:五代) 9-126
陽陵 5-343
良吏 3-22, 23, 41 4-102
楊萬石 8-14
陽武 1-252(釋), 338, 339 4-217
楊武谷 9-167
涼武昭王 6-249
楊武威 6-269
陽武縣 1-381 2-41
楊墨之學 8-323(譯)
楊文幹 6-304
梁文惠公→狄仁傑 7-213(頭)
養民五世 3-339(頭)
兩班 9-165(頭)
楊伯起→楊震 4-80(頭)
楊秉 4-152, 176
梁父(보) 1-251 2-316(釋), 317, 322 3-354
梁父縣 1-160(釋)
楊復恭 9-44(頭), 45, 46, 69, 72, 74, 80
楊復光 9-34
楊復光之討賊 9-75(釋)
楊奉 4-201, 203
楊敷 6-165
楊溥→睿帝(吳:五代) 9-150, 171
梁不疑 4-106(釋)
楊邠 9-195(頭), 197, 198
良士 2-290
楊賜 4-175(釋), 183
梁師都 6-221, 249, 262, 265, 268, 282
楊師道 7-119
梁師成 1-62
楊思勖 7-291
楊師厚←楊令公 9-119
陽朔(年號) 3-142
梁商 4-102, 106, 128, 292
羊舌虎←叔虎 4-151
羊舌肸←叔向 4-151
梁城 1-200
梁成 5-249, 275(頭), 276
襄城 1-282, 288, 293 8-163
——令 劉方 4-58, 60
陽城 1-268 2-322 8-218, 227~229, 231, 232, 237 9-186
兩省官 8-376(頭)
襄城君→孫壽(梁冀 妻) 4-128

陽城負黍 1-195(釋)
釀成靖康之禍 1-53(譯)
陽城之捷 9-184(頭)
陽城縣 2-322
兩稅 8-215(譯), 260(譯)
兩稅法 8-126(釋), 129, 342(頭)
楊昭←元德 6-221
楊素←淸河公 1-48 6-165(頭), 183, 192, 193, 197(頭), 201, 205, 215
楊釗→楊國忠 7-337(頭), 341
梁松 3-347, 358
梁竦 3-321 4-65, 72(頭), 128
梁竦傳(後漢書) 4-72
楊秀←蜀王 6-196
洋水 3-273
梁守謙 8-337
楊守亮 9-74
羊叔子→羊祜 5-76(釋)
梁崇義 8-108(附), 109 9-89
楊時←龜山楊氏
兩市 8-235(頭)
良臣 6-340
陽信公主(漢) 2-262
楊愼矜 7-314, 324, 345 8-142(頭), 336
養心 9-180
養心吳氏 1-111, 122, 125(評) 2-109(評), 161(評), 293 3-37, 106(評), 145(評), 251(評) 5-105(評), 187(評), 233(評) 6-25(評)
楊氏→楊朱 8-325
陽阿公主 3-156
楊偓→烈祖(吳:十國) 9-84, 114
楊安 5-251
陽安關 5-48, 54
陽安侯→劉珍 4-85
諒陰 8-115(頭)
襄陽 4-220(釋), 227, 229, 241, 248, 279, 281 5-57, 71, 85, 103 6-76, 78, 80, 141, 147 8-38, 109 9-31
襄陽短狐 未全革面 6-143(釋)(附)
襄陽城 5-85
楊彦洪 9-38
陽輿善 2-278(釋)
陽域 8-230
楊兗 9-207
楊炎 8-122, 123, 124, 126, 128, 131, 132, 146, 152, 166, 184, 328
楊英→世祖(隋) 6-205
梁郢王 友珪→郢王 9-117(頭)
楊於(오)陵 8-332(頭), 342
楊玉夫 6-57(頭)
楊顒 4-326
梁王→恭帝(後周:五代) 9-243, 247
梁王→劉武 2-200
梁王→劉永 3-258
梁王→劉揖 2-189, 219
梁王→武元王(西秦:十六國) 5-303(頭)
梁王→武帝(梁:南朝) 6-82, 83
梁王→太祖(後梁:五代) 9-84, 106, 107
梁王→彭越 2-20
梁王→惠王(魏:先秦) 1-137(譯)
襄王→李僙 9-42
襄王(梁:先秦) 4-260(附)
襄王(魏:先秦) 1-147
襄王(齊:先秦)←法章 1-172
襄王(周) 1-78 4-203
襄王(韓:先秦) 1-252, 338 2-47
梁王故事 6-294(頭)
涼王業→段業 5-317(附)
襄王熅→李熅 9-42(頭)
梁王 劉永 3-249(頭)
楊勇 1-48(譯) 6-195, 201, 203, 205
梁寓 4-288
楊惲 3-83, 87, 88, 112, 114
陽雲臺 4-318
楊惲傳(漢書) 3-86

揚雄←揚子, 揚子雲 2-340 3-161, 324 8-325, 326 9-96(評)
揚雄爲莽大夫 1-65(譯)
良月 1-37(譯)
兩越 2-250(頭)
陽位 7-20
楊侑→恭帝(隋) 6-221, 231, 243, 249
粱肉 4-119(要)
楊隆演 9-114
陽瘖 9-72(原)
襄邑 5-246
襄邑王→李神符 7-35
養鷹 4-209
楊儀 5-13
兩儀殿 7-107
陽夷 3-167
良二千石 3-22(釋)
梁寅←臨江梁氏
陽人 4-192(頭)
梁人欲大擧數道入寇 9-131(要)
楊仁晸 9-145, 146
陽人聚 1-197, 200, 203(釋)
揚子→揚雄 2-18(評)
揚子江 4-199, 201 8-141
揚子雲→揚雄 2-209 3-87
楊子縣 8-140(頭)
羊腸 1-102(釋)
兩將軍 3-163(頭)
羊腸阪 1-105
楊再思 7-222
穰苴誅莊賈 7-302(釋)
陽翟 1-294
陽翟大賈 1-191(釋)
陽翟縣 1-104, 192
楊佺期 5-315(頭)
梁田陂 9-35
陽節潘氏榮→潘榮 1-41(譯)
梁庭芬 8-197
煬帝→世祖(隋) 6-185, 199, 214, 216, 221, 223, 231, 233, 237, 238, 243, 244, 249, 250, 336, 343, 349, 350, 351, 357, 373, 388 7-23, 29, 37, 55, 58, 79, 90, 127, 129, 145 8-82
煬帝作此宮苑 7-49(譯)
梁趙 3-365(頭)
陽尊 1-323(譯)
楊終 4-46, 50, 65
楊終傳(後漢書) 4-46
梁主→太祖(後梁:五代) 9-111
梁州 4-223, 328 5-81(頭), 82, 224, 263 8-93, 185, 352 9-71, 72
——刺史 朱序 5-276
涼州 2-47, 326 3-122 4-253 5-82(附), 227, 266, 317 6-29 8-76
——牧 竇融 3-269
——刺史 呂光 5-297
——刺史 張軌 5-141
——刺史 沮渠蒙遜 6-28
揚州 1-103 2-212, 326 4-108, 109, 223, 315, 317, 328, 330 5-31, 68, 73, 81(頭), 96, 98, 138, 175, 180, 204, 247, 338, 348 6-88, 144 7-191
——都督 毌丘儉 5-49
——都督 曹休 4-340
——牧 蕭衍 6-82
——刺史 王述 5-244
——刺史 王顯 5-276
——刺史 王浹 5-218
——刺史 殷浩 5-212, 214, 227
——采訪使 班景倩 7-265
楊州 3-138 4-179, 330 6-237 8-139 9-32, 48
楊朱←楊氏 1-60 8-323, 326
洋州 8-93
襄州刺史 梁崇義 8-109
陽主 2-322

揚州大都督府 7-192
涼州自張氏以來 6-28(附)
梁主切責之 6-111(頭)
楊俊←秦王 6-183(頭), 196, 203
楊駿 5-106, 114(頭), 115
讓之 8-99(頭)
亮之所以爲龍也 1-64(譯)
兩鎭 8-392(要)
楊震←楊伯起 1-43 4-80, 81, 289 6-189
羊車 5-154
楊敞 2-378, 379, 380
楊瑒 7-282
羊陟 4-160
楊椿 6-96
楊忠 6-145, 168
梁碭 4-167(要)
揚湯止沸 4-185(要)
梁太后(東漢) 4-112, 113
梁統 3-322
襄平 6-234
陽平 4-273(要)
陽平公→苻融 5-269, 273, 275, 276
陽平關 4-276, 278
梁平老 5-233(頭)
陽蒲 4-305
兩河 8-154(附)(要), 268, 293
陽夏 1-268
兩河藩鎭 共請討之 9-47(頭)
陽夏侯→陳豨 2-60
陽海山 5-92
楊行密→太祖(吳:十國) 4-308 9-42(附), 48, 49, 84, 114, 126, 150
梁縣 1-203
楊玄感 6-215(原), 216
楊玄琰 7-328
楊炯 7-177 8-328
楊惠琳 8-255
羊祜←羊叔子 5-71, 75~77, 79, 82, 83, 85, 87
陽虎 3-48 7-215
養虎 4-209, 249
楊洪 4-276, 277
讓皇→睿帝(吳:十國) 9-171
煬皇帝→世祖(隋) 6-205(頭)
讓皇帝→李憲 6-303
梁皇后(東漢) 3-321
梁懷王→劉揖 2-161
楊洄 7-314(附)
梁孝王→劉武 2-199, 200 3-250
兩侯 3-132(頭)(要)
楊厚 4-98
楊后 5-115
穰侯 1-174(譯)
楊欽忠 8-35
梁熙 6-28
圉→靈王(楚:先秦) 4-49
魚貫而進 5-51(釋)
御溝 4-51
魚龍角抵之戲 3-339(附)
禦侮 3-186
御物 9-208(頭)
魚鼈 4-47
魚保家 7-194
魚復國 4-280
魚腹縣 4-325
御史臺從人 8-376(頭)
御史中執法 2-71(譯)
魚書 7-320(頭)
圉城 1-291
御羞 3-41
漁水 1-268
御宿川 8-86(要)
於時 1-180(頭)
漁陽 1-268 3-250 4-33 7-359 8-17 9-161
——太守 郭伋 3-259

——太守 張堪 3-326
——太守 彭寵 3-240
御牛 5-67
禦衛 7-278
馭委其轡 4-119(釋)
魚肉 9-93
禦戎無上策 6-366(譯)
魚朝恩 8-57, 65, 68, 69, 77(頭), 90, 103~105, 147, 151, 165, 200 9-68, 71
魚藻池 8-349
御座星 3-281
魚志弘 8-376
御幸 3-116(頭)
魚豢 3-246
億→太祖(遼) 9-103, 104, 114
偃→悼襄王(趙:先秦) 1-214
鄢 1-182
郾 3-193, 193, 240
偃蹇驕悍 3-278(釋)
焉耆 7-88(譯)
言路 2-129
言文刻深 2-95(釋)
彦方→王烈 4-194(頭)
偃師 1-203
言語嘔嘔 1-331(原)
言利事 析秋毫 2-297(釋)
言切 4-144(釋)
焉知天道 8-31(要)
孽 2-203 4-167(頭)
孽臣 4-99
奄 7-68
嚴可求 9-135
奄官 9-77
嚴光←子陵, 莊遵 1-69 3-277(頭), 281, 284, 286
嚴光傳(後漢書) 3-280, 284
嚴礪 8-247, 249
嚴陵 3-282
嚴陵瀨 3-281
嚴陵山 3-280
晻昧之瞽說 3-137(釋)
嚴善思 7-205
嚴續以盡忠獲存 9-241(附)
嚴綬 8-233, 287
嚴安 2-266, 267
嚴顔 4-253, 312(附)
嚴延年 2-381 3-76, 77, 78, 111
嚴延年傳(漢書) 3-77
嚴尤 3-183, 194
嚴尤論之詳矣 3-101(頭)
淹留 6-51(要)
閹孺 2-238(頭)
閹人 7-249
嚴莊 8-44
嚴助←莊助 2-236, 238, 250, 314
嚴助之一試 2-308(附)
嚴遵美之避權 9-75(釋)
嚴彭祖 3-107, 111
閹宦 4-91, 111
閹宦專朝 5-57(頭)
鄴 1-190 2-62 5-44, 132, 202, 220, 226, 248 6-132 9-144, 146
鄴郡 7-359
鄴都 5-215, 217, 251 9-198, 200
——留守 郭威 9-196
鄴城 3-248 4-253 5-251, 280, 286~289, 292, 296, 306, 309, 310 6-106, 109, 169, 170 7-122 8-56, 57
業延 7-333
業已 2-106(頭) 8-293(頭)
業已講解 1-323(釋)
鄴中 5-217
鄴縣 1-95 3-204, 206
恚憤 3-307(釋)
呂嘉 3-137(附)

女嫁絶域 8-84(頭)
黎幹 8-107, 108
呂强 4-179 9-78
廬江 1-283 4-57 6-177
呂强之直諫 9-75(釋)
旅拒朝命 8-333(頭)
厲階 8-59(頭)
予告 2-241
如故 9-196(頭)
厲公(晉:先秦) 6-301
厲公(陳:先秦) 1-101
與公併倨 2-147(釋)(頭)
呂公著 1-52
藜藿 7-132
女冠 8-319
呂光→懿武帝(後涼:十六國) 5-297(頭), 299, 305, 316, 317 6-28 7-77
與丘隴同體 3-348(釋)
廬朐山 3-164
女國 6-203, 244(頭)
與國 6-146(頭)
厲鬼 8-51(要)
癘鬼 5-250
輿鬼 6-298(釋)
呂琦 9-165(頭)
與其殺不辜 寧失不經 3-30(要)
汝南 1-294, 324 4-86, 130, 131, 143, 149(釋), 217 8-297
——督郵 吳道 4-163
——陳蕃 4-103
——太守 常珍奇 6-49
——太守 王龔 4-86
——太守 宗資 4-140
汝南公→宇文慶 6-173
汝南郡 6-50
汝南王→司馬亮 5-115(頭), 116
汝寧府 4-151
呂大防 1-54
女徒 2-381
呂梁 6-50(頭)
膂力 5-86(頭)
呂祿 2-38, 107, 109 7-229(原), 250
呂隆→後主(後涼:十六國) 5-316, 317 6-28
廬陵刺史 楊行密 9-43
廬陵王→劉義眞 6-18
廬陵王→中宗(唐) 7-190, 191, 193, 210, 218
廬陵劉氏→劉義眞 1-262(略), 313(略) 2-77(略)
輿馬 3-172 4-257
呂望→呂尙 4-148(釋) 7-63(附)
呂蒙←阿蒙, 子明 4-250, 251, 273, 279, 281~285, 287, 316
呂蒙傳(三國志) 4-284
呂文←呂淑平 1-273
予民 2-176(要)
糲飯 6-111(釋)(要) 8-19(頭)
麗法 7-200
輿服志(唐書) 2-196
輿服志(晉書) 5-106, 130, 311
與父老約 1-311(譯)
呂不韋←文信侯 1-122, 191~194, 203, 209, 212 4-307(譯) 7-186
呂不韋傳(史記) 1-194
荔非元禮 8-71(頭)
廬舍 8-85, 93
呂産 2-107 7-229(原)
廬山 3-163(釋)
驪山 1-258(釋), 263, 274, 282 2-74, 195 7-248
驪山之徒 2-72(釋)
呂尙←姜牙, 姜太公, 呂望, 太公, 太公望 1-281 2-279, 280, 372, 374 5-27
輿上訣 7-42(頭)
餘善←東越王 2-320
與選吏部 6-195(頭)

呂紹→隱王(後涼:十六國) 5-305, 316 6-28
汝水 1-381 3-195 5-32
呂須謀行 2-109(譯)
呂淑平→呂文 1-273
如淳 1-216, 217, 295, 307 2-87, 128, 134, 178, 202, 217, 218, 302, 344 3-23 9-22
呂氏之亂 3-176
呂氏春秋 1-87
女樂 6-188
如約 1-323(譯)
黎陽 4-215, 218, 341(頭) 5-290 6-213, 215, 258(頭), 307
黎陽津 1-370
黎陽倉 6-259
汝陽侯 唐衡 4-129
餘孽 9-117(頭)
呂乂 5-34
旅獒篇(書經) 8-306
蠡吾侯→劉翼 4-116
蠡吾侯→桓帝(東漢) 4-114, 140
呂溫 8-238(頭)
厲王(周) 1-78, 204 2-222 3-124, 128 7-55, 74, 308
女媧 2-102
呂用之 9-43
餘蔚 5-251
女垣 8-16
黎元 2-187
如有不諱 2-360(釋)
驪戎 2-79
驪戎國 1-260
汝陰王→順帝(宋:南朝) 6-62
汝陰縣 2-74
汝陰侯滕公→夏侯嬰 2-72(頭)
呂猗 5-175, 175(頭)
與二世 1-297(要)
廬帳 6-209, 209(頭)
與張后同謀 8-70(頭)
呂才 7-26, 92
勵精 7-248(頭)
呂政→始皇帝 1-208, 210 2-358
輿皁 8-188(要)
閭左 1-268
與坐雲臺之下 3-278(釋)
女主 7-142
呂州 6-265
廬州 9-234
——摠管 韓擒虎 6-177, 185
黎州 6-271
汝州 1-200, 203 8-137
與朱泚書 8-132(附)
與衆 1-269(釋)
女中堯舜→宣仁皇后(宋) 1-52
呂祖謙←東萊, 東萊呂氏
舁之 7-341(頭)
輿地 8-280
輿地圖 3-206, 215(釋)
與之同仇 4-279(頭)
輿地要覽 1-217, 252
女眞 1-56 9-103
呂秦 6-56(譯)
輿疾討賊 8-309(頭)
呂纂→靈帝(後涼:十六國) 5-311, 316(原)(頭) 6-28
呂超 5-316
輿櫬 5-52(原), 93(釋)(頭), 154, 160, 214
呂雉→高后(漢) 2-102
如致前却 6-196(釋)
女則(칙)三十卷 7-43(譯)
戾太子→劉據 2-347(釋), 366
戾太子傳(漢書) 2-351, 353
呂太后→高后(漢) 2-92, 101, 112
呂澤←建成侯 2-79, 80
呂婆樓 5-232, 234, 297
呂布 4-197, 200, 203(附), 207, 209,

210, 235, 260 5-64(頭)
女學士 6-180(譯)
與漢平 1-370(頭)
呂刑篇(書經) 2-175
呂惠卿 1-53, 54, 61
汝回紇有大功於唐 8-99(頭)
呂后→高后(漢) 1-272, 345, 381 2-34, 58, 63, 66~68, 79, 84~86, 109, 204, 360 3-99, 340 7-188
呂后本紀(史記) 2-93, 107
呂后立常山王 9-82(頭)
驪姬 2-78, 79, 165 9-78
如姬 1-188(釋) 2-274
懌 7-26(原)
曆家 2-121 3-85
易經→周易 3-107, 108
曆紀 2-328
酈寄 2-107, 109, 206
驛騎 2-25
易紀傳而爲編年 1-37(譯)
歷年圖 1-206(評), 207 3-176(評) 4-296 (評) 5-56(評), 64(評), 98(略), 159 (評), 294(評), 348(評) 6-58(評), 79 (評), 146(評), 153(評), 171(評), 175 (評), 190(評), 243(評) 9-84(評), 128 (評), 161(評), 186(評), 201(評), 250 (評)
酈道元 1-104
疫癘 5-249(要)
逆旅 2-136 4-86(頭)(要) 7-247
驛馬 4-107
力拔山 2-12
力不從心 3-338(譯)
酈商←衛尉
酈生→酈食其 1-292, 344, 363, 369, 372 2-91 3-265, 271
曆書(史記) 2-340
歷城 6-24
易姓 3-349 5-64(譯) 7-188
易姓者四 9-161(附)
曆數 3-262(頭) 5-270(頭) 7-143
易水 1-154, 225(原) 6-233
易牙 1-99
歷陽 5-188, 191, 192, 226 6-222
力役 6-324
易王 2-228(頭)
易王(燕:先秦) 1-144
亦欲稱帝 6-120(頭)
易有否泰 3-125(譯)
易挹 4-86(要)
亦泣而宥之 6-114(頭)
歷衣青綠朱紫 7-200(譯)
酈食(이)其←廣野君, 酈生 1-291, 292, 299, 352, 361, 370, 371 5-197
酈食其傳(漢書) 1-292
逆賊 3-81(頭)
易傳→周易 2-102 3-71
易定 8-153(頭), 258, 263(釋) 9-35(頭)
易州 1-215, 226 8-81
逆主 6-120(頭)
逆朱泚於晉昌里第 8-165(附)
易地皆然 6-342(評)
易之道 3-130
逆取而順守之 2-70(附)
歷下 1-370, 372 3-270(釋), 271
枌侯→劉辟光 2-206
爩 5-192(頭)
延→赧王(周) 1-149
延 4-108(頭)
燕 1-359(原)
緣 4-18(要)
衍→後主(前蜀) 9-126
延駕 1-140
延閣 3-141 6-72
延康(年號) 6-262
輦車 5-106

燕居 1-158
年格 6-90
延頸 4-157(要)
燕京 9-30
連頸就誅 9-72(頭)
連谷縣 1-258 2-320
輦過郎署 2-180(釋)
捐館 8-99(頭)
捐關以東等棄之 1-348(譯)
燕廣 4-33
延光(年號) 4-85
燕國公→張說 8-328
淵德 4-172(要)
延歷 4-119(頭)
延齡→廢帝(東晉) 5-245
延陵 5-343
掾吏 2-279 4-82
連理木 6-356(要)
掾吏欲引南 4-143(釋)
燕滅魏 5-225(頭)
延袤 1-253(釋)
羨(연)門子高 1-253(頭) 2-246(附), 307
年迫日索 3-343(釋)
戀赴義之士 4-228(頭)
掾史 3-151 4-24
連山 1-218
燕山 9-121
縯常非笑之 3-189(釋)
連城 4-19(譯)
掾屬 5-145, 243
連帥 8-112
延壽 7-124(釋)(要)
緣飾以儒術 2-256(頭)
鬻身 8-317
燕氏之衰 6-153(頭)
煉藥 8-310
羨餘 8-222(釋), 223
蠕蠕 6-153(頭)
燕然山 4-67(釋)
延英→延英殿 8-282(頭)
延英殿←延英 8-227, 228, 273, 277, 362, 378, 380 9-21
燕王→劉旦 2-371, 373
燕王→劉守光 9-115
燕王→臧荼 1-306
燕王噲(燕:先秦)←子噲 1-148, 150
燕王喜(燕:先秦) 1-210, 228
兗鄆 8-281(頭)
延恩 7-194
燕衣 2-120
涓人 1-150(釋)
燕人 1-123(頭)
燕雀 1-180
延岑 3-243, 312
延岑拒廣漢 3-310(要)
延載(年號) 7-207
羨田 7-283
連組累節 7-351(要)
淵從之 6-227(要)
連坐 3-29
延州 1-252 2-47
兗州 1-104, 251 2-316, 317, 326 3-272 4-106, 109, 179, 197, 200, 246, 258 5-81(頭), 249, 280 6-20, 23, 35, 50, 153, 172 8-109
——刺史 王昶 5-25
——刺史 姚萇 5-273
——刺史 桓脩 5-322
兗州郡 1-293
掾主吏 1-275(頭)
燕主垂卒 5-304(要)
閼氏(연지) 2-53, 57, 146
燕地 9-222(頭)
延昌(年號) 6-84(頭)
延初(年號) 5-302
延秋門 8-19

年齒 4-103(頭)
延平(年號) 4-75
延平陳氏 3-361(評)
連抱 1-109(頭)
燕見 2-285(要)
吮血 7-123
年號 2-221
淵乎 4-88(譯)
延和(年號) 6-25
連衡(횡) 2-271
連衡合從 3-269(釋)
連衡合從亦宜以時定 3-269(頭)
讌會 4-76(原)
連橫 1-107, 292
燕欽融 7-249(頭)
延興(年號) 6-51, 52, 69
延熙(年號) 5-29, 199
延熹(年號) 4-127, 148
烈 7-151(頭)
烈女 1-162
列女傳(後漢書) 4-70
閱道→趙抃 1-69
曳落河 8-42(釋)
閱武篇(帝範) 7-138
涅槃 6-99
涅槃經 6-98(附)
列肆 2-323(頭)
烈士 1-89 3-336
列仙傳 2-246, 322, 345 3-62
悅壽 5-331(頭)
烈王(周)←喜 1-111, 113 3-272
列人城 5-287(附), 288
列子 6-293, 361
烈丈夫 8-54(頭)
烈祖→明帝(魏) 6-179
烈祖(南唐:十國)←徐誥, 徐知誥, 李昪, 李昇, 齊王
烈祖(南漢:十國)←南平襄王, 南平王, 南海王, 劉隱
烈祖(吳:十國)←楊偓, 王偓, 威王, 弘農郡王
烈宗→昭武帝(前趙:十六國) 5-142
烈宗→孝武帝(東晉) 5-261
列侯 2-44, 63, 64, 185, 332 3-13 4-90, 256
列侯印 4-30
炎→武帝(西晉) 5-90
鹽官 8-142
廉近地則堂卑 2-154(釋)
閻樂 1-297, 298
濂洛群哲 1-53(譯)
廉吏 6-320
冉閔 3-248 5-220, 226
鹽磬 9-197(頭)
冉駹 4-37
冉駹國 5-23
廉范←廉叔度 4-36, 52
廉范傳(後漢書) 4-36, 52
閻毗 6-274
鹽山縣 2-278
髯參軍 5-243(頭)
染署工 9-79
廉叔度→廉范 4-52
廉遠地則堂高 2-154(釋)
冉有 2-157 4-257
厭人之心 5-117(頭)
閻立本 6-273(要)
黶子 1-271
炎正 3-359, 364(頭)
炎帝 2-245 3-62, 354 6-107 9-98
鹽州 6-279
鹽州使 7-286
鹽池 8-138
鹽鐵 2-368, 374 4-170 8-129
染逮 4-147(要)
廉恥 2-158
鹽澤 2-306, 333

廉頗 1-166, 167, 176, 177 2-179, 180, 181 3-241, 242 5-101, 101(釋)
閻顯 4-89, 90 7-250
剡蒿爲矢 8-49(釋)
閻皇后(東漢) 3-321 4-85, 89, 90
炎興(年號) 5-50, 95, 102
獵犬 8-119
葉延 6-252
寧 4-86(頭)
郢 1-182, 235
鈴架 5-71
永嘉(年號) 4-104, 112 5-137, 230, 242
永嘉不競 5-240(釋)
永嘉之亂 5-189, 239(頭) 6-29
永嘉陳氏→陳傅良 2-209(評), 308(評) 3-211(評) 5-179(評) 7-308(評)
寧康(年號) 5-261
永康(年號) 4-148, 163 5-127, 304
令居 2-300(釋)
令居縣 2-302
永建(年號) 4-92 6-12
靈慶 3-365(頭)
迎敬宗於河橋 6-95(頭)
甯季 4-82(釋)
嬰孤墉 8-54(頭)
靈昆苑 4-175
英公→李世勣 7-105
靈公(衛:先秦) 2-366, 367 3-316
靈公(晉:先秦)←夷皐 5-177
伶官 9-136, 156
滎廣 3-108
永光(年號) 3-123
穎口 5-273
營丘 1-160
英國公→李世勣 7-146(釋), 148
領軍衛 7-284 8-367
逞其姦逆 8-19(頭)
領冀州牧 4-220
嶺南 6-335 7-298, 319 8-120 9-31, 107
永寧(年號) 4-90 5-103(要), 129, 220
永寧公主 9-147, 164
永寧宮 5-36
永寧寺 6-85, 104
永寧縣 2-30 3-247
靈丹 9-179
靈臺 3-362(譯) 4-12(釋), 13, 16 8-100(頭)
靈臺篇(詩經) 3-153 4-12
郢都 4-228
寧都公→孝明帝(北周) 6-160(原)
營落 4-238(頭)
迎鸞鎭 9-32
迎鑾鎭 9-234(釋)
伶倫 9-136
永隆(年號) 6-221
寧陵 8-52
零陵 4-243, 244, 270, 273
零陵郡 3-191 5-92
令名 4-163
永明(年號) 6-65, 66, 67, 68
靈武 2-178 5-279 8-11, 25(釋), 30, 32, 33, 38, 64, 94, 102, 149, 198 9-68, 70, 87
——節度使 朱叔明 9-14
英武軍 8-72
靈武縣 7-223
令聞 8-346(釋)
瀛文懿王→馮道 9-210
靈物 3-361
靈壁縣 1-346
靈寶→桓玄 6-58(原)(頭)
靈寶 8-17
永鳳(年號) 5-141
英府 7-192
穎濱 1-212
令史 6-191(譯)

令書 1-122(譯)
迎仙宮 7-223
穎水 3-186 5-32 9-232
永壽(年號) 4-126
永淳(年號) 7-177
令丞 1-127(頭) 2-248(要)
永始(年號) 3-144
營室 1-258(釋)
嬴氏 1-212
嬰兒 6-39(附)
永安 4-280, 324(釋)
永安(年號) 5-43, 317 6-92
永安宮 4-325
永安縣 6-239, 265
穎陽 1-293 8-30
營陽王→少帝(宋:南朝) 6-15, 17, 18
嬰陽王(高句麗)←高元
穎陽侯→祭遵 3-307
囹圄 2-224(釋)
佞於隋 6-329(頭)
永業田 8-213
永寧縣 2-211
寧王→李憲 6-302(附) 8-35
永王→李璘 7-152(頭)
穎王→武宗(唐) 8-384(附)
靈王(周) 2-322 3-62 6-54
靈王(楚:先秦)←圍 4-49
郢王(後梁:五代)←朱友珪 9-119
伶優 9-187
英雄 4-230(頭)
英雄豪傑 1-320
永元(年號) 4-67 6-74
寧遠軍節度使 馬希萼 9-200
寧爲鷄口無爲牛後 1-140(釋)
令爲詔 1-236(譯)
令尹子文 4-257
穎陰 1-294
伶人 9-135(頭)
佞人 3-130
佞人殆 7-100(譯)
羸貲 8-141(譯)
甯子飯牛 3-59(頭)
令長 7-177(頭)
靈長 6-51(頭)
嬴長 4-126(釋)
領長安市 3-358(釋)
永定(年號) 6-159
永貞(年號) 8-241
靈帝(東漢)←宏, 孝靈皇帝 1-59 3-321 4-170, 177, 188, 206, 235, 266, 289, 292, 297, 300, 333 5-107 6-45 7-46, 155, 308 8-236, 359 9-29, 67, 78
靈帝(後涼:十六國)←呂纂, 太原公
寧宗(宋) 1-53
英宗(宋)←趙曙 1-51 9-98
寧州 2-170, 178 5-224 7-286
靈州 3-122 6-370 7-130 8-388
永州 司馬 柳宗元 8-287
瀛州 1-216 6-279 8-56, 81
——都防禦使 田承嗣 8-80
——刺史 盧祖尙 6-359
瀛洲 6-273, 274 8-284
營州 1-216 7-335 8-12, 13, 81
——都督 安祿山 7-318
英主 1-45
郢州 8-109
寧州道 8-113
靈芝 2-129 8-119
嬰之書則然 8-323(譯)
嬴秦→始皇帝 1-214 2-19
寧僭無濫 4-47(要)
永昌太守 曹鸞 4-172
永昌(年號) 5-172 7-197(頭)
甯戚 3-60
永川 3-289
—— 李膺 4-103

潁川 1-293(釋) 2-31, 322 3-188, 304, 304 4-86, 126, 131, 149
——太守 寇恂 3-241
——太守 趙廣漢 3-16
——太守 韓延壽 3-74
——太守 黃霸 3-57, 76
潁川郡 1-192, 223 3-306 6-50
潁川弘農可問 3-324(釋)
盈川令 楊烱 7-177
永初(年號) 4-78 6-12
榮畜 3-43(釋)
嬴縮 6-344(頭)
贏縮 8-124(頭)
迎春門 9-198
逞侈心 6-269(頭)
鈴鐸聲 6-85(譯)
穎脫 7-329
穎脫而出 1-181(釋)
永泰(年號) 8-96
永平(年號) 1-59 3-221, 280, 366 4-11, 41, 42, 47, 76, 297(頭) 6-84 9-115
永平節度使 王建 9-48
英布→黥布 1-282, 306, 348
靈夏 9-89
鈴下卒 5-72
鈴閣之下 5-71(釋)(要)
永巷 9-77
寧海縣 9-25
佞幸傳(漢書) 3-160
嬴縣 4-127
寧馨 5-119
嬴悝←涇陽君 1-157
領護 2-333(頭)
令狐綯 9-12(要), 16, 20, 21
令狐潮 8-14(頭), 16, 30, 31
永和(年號) 3-248 4-106 5-211, 250 6-25 9-160
靈睨自甄 3-364(頭)
永徽(年號) 7-158, 180, 242(頭)
永興(年號) 5-132, 220, 232, 328
永熙(年號) 5-114 6-106
禮 1-75, 76
隷 6-218(頭)
叡 4-332(頭)
瘞 7-263(要)
羿 1-104 7-201
禮經 3-107
兒寬←倪寬 2-309(釋), 311, 313, 314, 316, 328
倪寬→兒寬 2-310
兒寬傳(漢書) 2-309, 316
翳槐 5-203(頭)
禮記 1-166 3-307 4-101, 103, 154 6-199, 300 7-72, 87, 125, 328 8-129 9-75, 238
—— 曲禮篇 1-91 2-156, 193, 196, 272 4-23, 104 5-123 7-51 9-20
—— 郊特牲篇 7-20
—— 內則篇 5-131
—— 檀弓篇 4-257 6-301
—— 禮器篇 2-232 3-356, 357
—— 文王世子篇 3-175
—— 射義篇 4-13
—— 王制篇 1-248, 250 2-217, 253 3-29, 152, 276 6-31 7-72
—— 月令篇 2-127 3-85, 173 9-79
—— 儒行篇 1-202
—— 雜記篇 3-147 6-328
—— 祭統篇 5-67
禮記正義 2-245
詣臺 5-173(頭)
穢德彰聞 7-226(附)
濊貊 5-203
穢貊 2-250, 268
睿武孝文皇帝→世宗(後周:五代) 9-205
藝文 4-101

睿文孝武皇帝→代宗(唐) 8-79
曳白 7-326(譯)
禮佛 6-264, 289
禮賓院 8-316, 320
禮賓一設 8-314(頭)
霓裳羽衣 8-34(釋)
隸書 4-172(要) 6-111
禮書(史記) 2-340
睿聖文武皇帝→憲宗(唐) 8-317(頭)
隸臣 2-351(頭)
禮樂 2-75, 153, 222 3-154 6-354
禮樂所由起 2-48(頭)
禮樂志(唐書) 6-331, 353 7-317
禮樂志(新唐書) 7-285, 292
禮樂志(漢書) 3-152
乂安 6-388(頭)
倪若水 7-265, 266
豫讓 1-86~90 2-272, 381
芮芮 6-155(頭)
澧王→李惲 8-337(頭)
濊王 2-294
豫王→睿宗(唐) 7-190, 193, 200, 221
禮緯 3-172
禮義 2-252
禮義廉恥 2-149
禮儀志(後漢書) 5-139
裔夷之俘 7-294
禮酌 2-50
豫章 1-103, 324 4-131 5-195
——太守 褚裒 5-200
豫章王→蕭棟 6-139(頭), 140, 141
豫章王→懷帝(西晉) 5-135
睿帝(吳:十國)←楊溥, 讓皇, 吳王, 吳主
睿宗(唐)←相王, 豫王, 李旦 6-303 7-184, 190(原), 192, 207, 211, 221, 238(目), 240, 242, 244, 245 8-27, 29, 73 9-84, 96
睿宗(北漢:十國)←劉鈞, 劉承鈞, 孝和帝
睿宗諸子傳(新唐書) 7-256(譯), 258
豫州 2-326 4-109, 179, 231, 336 5-31, 81(頭), 170, 246, 280, 313, 314 6-35, 39, 49, 50, 153 8-138
——牧 劉備 4-207
——刺史 劉備 4-203, 210
——刺史 裴叔業 6-76
——刺史 薛眞度 6-77
——刺史 袁眞 5-248
——刺史 韋玄貞 7-184
——刺史 祖逖 5-151, 169
薉州 2-267(原)(釋)
睿志 8-184(頭)
醴泉 3-361(釋) 8-171
——令 韋濟 7-267
——縣令 李君奭 9-17
醴泉道 8-113
艾(예)草菅 2-151(原)(釋)
午→威烈王(周) 1-73
熬 6-326
驁→成帝(漢) 3-135
吳江 5-280
烏江 1-325(評)
烏江亭長 2-15(釋)
烏江浦 2-16
烏江縣 2-14
奧鞬王 3-165
五更 3-153 4-13(釋)
伍瓊 4-188
吳景 4-202
五經 3-107, 363 4-30, 50, 125, 172, 176, 177 6-84 7-238
五經同異 3-107(釋)
五經博士 5-311
五經要義 3-55
五經正義 7-86
五溪 3-343(釋)
五羖大夫→百里奚 1-132(原), 134

五穀 2-172, 254
吳公治平 2-119(釋)
五官 7-322
五官中郞將 4-275
吳廣←吳叔 1-268 3-169, 170, 297, 299
五教 6-192(譯), 376
五校 3-223, 251, 274
五鳩 7-322
吳謳 2-14
吾丘壽王←子贛 2-235(釋)
誤國 3-139(評)
吳國內史 5-138
吳郡 1-324 5-312
吳兢 7-277
五紀 1-344
吳起 1-95, 97~99, 102, 105, 106, 108
4-341 7-292, 293
五娘 7-142(譯)
吾當問其鼎 9-115(釋)
五代 7-75(頭)
五代紀 9-106(題)(目)
五大夫 1-117
五大不在邊 7-320(附)
五代史 4-308 9-106, 213
五代之亂 7-152, 155
五德 1-240, 241 4-294
烏德鞬山 6-371(附) 7-172
五德生勝 4-302(頭)
吾道 2-77
吳道 4-163
吳都 4-223
五蠹 1-221(釋)
五斗米道 4-266(頭) 5-312
五斗米師 4-266(頭)
五斗米賊 4-224(釋)
烏頭白 2-336
五等 3-259(釋)
烏闌 1-322
五娘→李君羨 3-301
五郞 7-222
五嶺 6-206, 275, 383, 383(譯) 9-26
五禮新儀 7-86
五路 2-118
五利將軍→欒大 2-307(要), 308 8-311
烏林 4-237
五冕 6-327
吳明徹 5-279(頭) 6-165, 166, 172
五木 5-315
吳班 4-318, 346
五坊 8-243(附), 353
五房 7-281(譯)
吳房 8-297(釋), 301, 302
五百乘 1-109(譯)
五幡 3-222(釋)
五步之內 1-165(釋)
五服 3-122 4-173 5-123
五福 1-344
五覆 7-155
五鳳(年號) 3-78, 81, 165 5-41 6-249,
270
五鳳樓 7-300
五峯胡氏→胡宏 1-246
五府 7-284
五部 5-132(要)
澳釜 5-107(頭)
五分錢 2-139
吾不西行 4-148(要)
吳濞→劉濞 2-271(釋)
五事 1-344 4-14
五事同擧 6-218
敖山 1-350
五常 4-154 9-187
五色土 2-322 8-46
五瑞 2-317
鼯鼠 9-251
五石 3-198

五單于 3-163(附)
五姓 7-92(譯), 94
五星 2-90
五省 7-298
吳城 1-200
五世 2-247(譯)
五細不在廷 7-322
五世相韓 1-252(頭)
烏巢 4-341(頭), 343
吳少誠 8-204, 265(頭), 287, 298, 303, 365
吳少陽 8-287, 303, 365
五屬 4-173(釋)
烏孫 2-306, 326 3-15, 105, 163, 164, 166
惡宋三世無大夫 3-19(釋)(頭)
吳秀琳 8-294, 295, 296
吳叔→吳廣 1-269
烏承恩 8-57(頭)
吳氏 4-311(頭)
五岳 3-357 7-137, 179(釋)
五嶽 7-22
五幄 7-256(釋)
伍兩卒旅師軍之制 1-245(原)
五御 4-123
吳語 6-193
吾彦 5-75
五言詩 6-179
吳芮←衡山王 1-282, 306
汚穢朝廷 4-160(頭)
烏烏 3-86
吾翁卽若翁 1-374(釋)
五王 7-232(頭), 233, 236(譯), 256(頭)
吳王→劉濞 2-42, 78, 143, 194, 200, 204(釋), 209, 212 5-170
吳王→李恪(唐太宗 子) 4-306, 308
吳王→司馬晏 5-146, 149
吳王→成武帝(後燕:十六國) 5-244(頭), 248, 250
吳王→睿帝(吳:十國) 9-150(頭)
吳王→太祖(吳:十國) 9-84
吳王→太祖(吳越:十國) 9-109
吳王濞列傳(史記) 2-202
吳王濞傳(漢書) 2-204
五王帳 7-256
五要 6-100
吳祐 4-110, 111
吳又見告 2-141(原)
五原 2-319(釋) 3-98, 342 6-91
伍員 1-59
吳元慶 8-287
五原郡 3-98
吳元濟 8-287, 291, 293~296, 298, 300, 303, 307, 338, 348, 365, 397
吳元濟傳(唐書) 8-287, 304
吳越 9-107
吳越王→太祖(吳越:十國) 9-81, 109
吾爲若德 2-15(譯)
五音 7-94
吳懿 4-267, 311, 339
五餌三表 2-160(附)
五日京兆 3-88(釋)
吳子輩 6-26(頭)
五柞宮 2-362(釋)
五柞木 2-362
五將 3-163(頭)
五將山 5-292
五丈原 5-11(釋)
五丈原之出 4-349(頭)
五材 3-94
烏籍都尉 3-165
烏籍單于 3-165
吾戰則克 7-293(譯)
吳正道 4-142
五齊 4-154
五帝 1-236, 238 2-47, 198, 231 3-71

(譯), 72, 161 6-246, 382 7-127, 285 (頭)
五帝三王 1-219(譯)
五族忠賢之禁不除 1-62(譯)
吳主→睿帝(吳:十國) 9-171(頭)
吳主→會稽王(吳:三國) 5-44(頭)
吳州摠管 賀若弼 6-177, 185
塢主 5-282
吳中 1-277
烏重胤 8-333, 343
烏重胤傳(唐書) 8-333
忤旨 7-28(原)
五之一 高城深池 1-245(原)
吳澄←文正公 4-142
敖倉 1-369, 373 2-72
敖倉粟 1-349(釋)
五采 1-314
吳蜀幽幷 9-220(頭)
吳忠 5-292
五雉 7-322
五七 4-99
五推 2-127, 260
五敗 6-21
五伯(패) 1-188 2-228, 243 4-260 7-68 (頭), 148
五霸 1-203(頭) 3-94
伍被 2-291
吳漢←廣平忠侯 3-206, 217, 222, 227, 240, 251, 259, 287, 308, 312, 334, 335 4-19 7-96
吳漢傳(後漢書) 3-312
烏合 5-322(頭)
烏合之衆 8-343(頭)
五行 1-241, 341, 344 4-105 6-180
五行舞 3-13, 14
五行精記 7-95
五刑 2-254 6-376, 378
五刑(孔子家語) 2-157
五湖 5-301(頭) 7-46
五胡 1-56 4-302(釋) 5-87, 105(附), 160, 283, 293, 294(頭) 6-371
烏號弓 3-61
五花判事 6-364
烏丸 1-216 4-195
烏桓 3-15(釋), 222, 336 4-343 5-253, 254
烏桓山 3-16
吳會 4-222(釋)(頭) 5-179(頭), 280
吾悔不用郭子横之言 3-304(釋)
烏獲 1-152(譯)
五侯 3-144, 144, 321 4-85(頭), 116, 128(要), 132 9-67
五侯群弟 3-143(釋)(要)
五侯秉政 3-156(譯)
五葷 8-68
吳興 5-172, 312, 313 6-130
玉檢 3-355, 359, 360
玉玦 1-317
玉鉤 2-345
屋極 7-71
獄吏 3-30, 32
玉門 6-326
玉門關 2-294, 326 3-122, 339 4-72(頭)
玉杯 2-184
玉帛圖 2-232
玉符 1-193
獄辭 4-147
玉璽 1-297(附) 6-108
玉石部 2-245
獄訟 2-198, 309 3-42, 188
玉樹後庭花 6-180, 352(譯)
玉食 7-351(頭)
沃野千里 2-29(釋)
玉眞觀 7-250
玉牒檢 3-358(附)(頭)
玉牒書 3-360

玉燭 6-143(釋)(附)
玉燭寶典 3-85
玉燭殿 6-44
玉篇 8-369
玉鶴 4-33
玉衡 1-372
玉衡(年號) 5-143
獄戶 3-32
玉華宮 7-140
玉環 2-134
溫 4-205
溫公→司馬光 1-74(評), 85(評), 119(評), 137(評), 145(評), 197, 206(評), 207, 228(評), 232(評), 305 2-28, 32(評), 43(評), 50(評), 56(評), 58(評), 63(評), 163, 346(評), 353, 357(評), 364(評), 375(評) 3-37(評), 87(評), 91(評), 117(評), 120(評), 232(評), 244(評), 323(評) 4-54(評), 94(評), 124(評), 168(評), 257(評), 288(評), 302(評) 5-28(評), 293(評), 332(評), 341(評) 6-300(評), 329(評), 354(評) 7-258(評), 292(評) 8-36(評), 58(評), 118(評), 216(評), 363(評), 371(評), 388(評), 397(評) 9-65(評), 94, 213(評), 241(評)
溫公曰 1-75(譯)
溫嶠 5-184(附), 188~192, 195, 206, 348, 349
溫屈木支 7-17(頭)
溫大雅 6-232, 232(頭)
溫室 3-129
溫彦博 6-312, 313, 340, 370, 381 7-28
溫王→李重茂 7-239
醞藉 7-213(頭)
溫造 8-348
雍闓 4-330(頭), 331
翁卿→召信臣 3-302
雍丘 1-287, 291 5-167, 169, 349 8-14(附), 16, 30, 52
——縣令 令狐潮 8-15
擁旄杖節 5-243(頭)(要)
雍睦而嚴 7-174(要)
翁伯→郭解 2-270
雍城 5-146, 148, 303
擁篲先驅 4-167(頭)
雍王→德宗(唐) 8-77(頭), 85
雍王→章邯 1-294, 306, 314, 325, 333, 335
雍州 1-259, 260, 298~300, 308 2-55, 125, 178, 192, 211 3-161 5-39, 82, 215, 218, 222, 224, 315, 333(頭) 6-262, 298
——刺史 蕭衍 6-74
——刺史 楊佺期 5-316
——刺史 袁顗 6-49
——刺史 臧質 6-41
——長史 盧承慶 7-172
翁仲 1-245
雍齒←什方侯 2-43, 44
雍齒尙爲侯 2-42(原)
雍縣令 王伽 6-197
雍熙 8-381(頭)
瓦岡 6-220
瓦橋關 9-240, 247
臥龍 4-220, 226
鯝俚 8-325(原)(頭)
渦水 4-331(釋) 5-32
臥帳中 5-261(頭)
瓦解 2-268 4-205(釋) 7-355(釋)
瓦解土崩 9-80
宛 1-62, 134, 367 3-189, 192, 199, 229, 240, 300 4-56, 228
頑 7-161
剜却心頭肉 9-151(要)
宛丘縣 2-12

宛洛 4-241(頭)
宛陵 4-188
完復邊郡 3-342(要)
阮脩 5-117
緩深故之罪 3-28(釋)(要)
完顔世宗→世宗(金) 1-48
宛然 8-328(頭)
宛王賜降 3-240(要)
莞爾 7-92(頭)
阮籍 5-46, 46, 68, 155
阮瞻 5-116
盌脫 7-203(釋)(要)
阮咸 5-46, 116, 117
宛縣 3-246 4-343
緩頰 1-352(頭)
王伽 6-196
王嘉 3-159, 168, 313
王侃 5-173
王龕 5-219
王康 3-321 4-90
王愷 5-107
王勮 7-177
王建→高祖(前蜀) 9-48(頭), 53, 57, 108, 111, 126
王逕期 5-192
王儉 6-63, 65
王景 9-243
王景略→王猛 5-270(頭)
王珙 8-336
王龔 4-86
王公謹 7-134
王貢之材 3-187(釋)
王綰 1-243
王匡 3-188, 191
王翃 8-163
王喬→王子喬 3-62
王求禮 7-228
王國寶 5-306
王軌 6-172(頭)
王貴妃(唐) 8-164
王龜長 9-24
王貴顯 6-166
王珪 1-45 6-280, 282, 303(釋)~305, 351, 381 7-24, 121, 133, 146
王珪傳(唐書) 6-332, 381
王根 3-143, 148, 150, 151
王畿 3-99 8-159
王氣在此 6-187(頭)
王吉 2-376 3-63, 64, 116, 187
王吉傳(漢書) 2-376 3-64
王那相 7-193
王洛卿 8-20
王尼 5-117
王旦 1-52
王檀 9-123(頭)
王譚 3-143
王導←茂弘 5-138, 145, 146, 163, 165, 168, 169, 173~178, 181, 183, 187~189, 195, 201~204, 269, 348, 349
王道 1-42, 342 3-90, 91, 94, 95
王敦 5-168, 169, 170, 172, 173, 175~177, 181, 183~185, 187, 189, 204, 349, 349
王敦傳(晉書) 5-172
王同皎 7-223
王郎←王昌 3-208(釋), 210, 211, 211, 213, 215, 240, 282, 366 4-296 5-62(譯) 8-397(頭)
王梁 3-251 4-19
王良 3-278, 284
王梁傳(後漢書) 3-227
王梁主衛作玄武 3-227(要)
王烈←彦方 4-194
尫老 8-66(頭)
王淩 5-57, 58

王陵 1-181, 335 2-21, 85, 100, 103~105, 109 4-71
王陵之母 3-265(譯)
王離 1-290, 294, 297
王璘→惠宗(閩:十國) 9-154
王琳 6-166
王立 3-143
王巒 9-243
王曼 3-144, 178
往亡 8-297(附)
王莽←假皇帝, 巨君, 攝皇帝, 新都侯, 安漢公, 宰衡 1-43, 62, 65, 313 2-102 3-100, 135, 136, 141, 144, 145, 151, 155, 168,~171, 173~177, 178(目), 179~181, 183~189, 192~197, 199, 200, 203, 208, 214, 216, 231, 243, 248, 251, 261, 263, 264, 297, 300 4-50, 79, 295, 298, 306 7-13, 78, 188, 201, 250 9-134
王莽傳(漢書) 3-145, 151, 169, 174, 179, 195, 196, 197
王買德 5-343
王猛←景略, 王景略, 清河武侯 5-228, 232~235, 246, 248, 249, 251, 258, 264, 265, 266, 294, 337, 338
王命論 2-91(評) 3-262
王明紹巢封 7-184(頭)
王毛仲 7-286
王濛 5-201, 208
王戊→劉戊 2-203, 204
王武 3-64
王無故 3-64
王武俊←趙王 8-153, 155, 156, 180(頭), 183, 203, 263(頭)
王默 5-25
王彌 5-144(頭)
王美人(東漢) 4-185
王密 4-80
王謐 5-321(頭)
王朴 1-175 9-220, 222
王溥←知世郎 6-214
王勃 7-177 8-328
王伯當 6-260, 261
王璠 8-360
王甫 4-149, 157 9-67
王黼 1-62
王逢←松塢, 王先生 1-40 4-301
王鳳←平陽侯 3-135, 137, 139, 142, 144, 145, 188
王逢時 3-143
王溥 9-83, 231(頭)
王府屬 6-272(頭)
王夫人(漢) 3-28, 64
王賁 1-227(釋), 228, 231, 232
王不豫 1-165(譯)
王伾 8-238, 242, 244
王彬 5-173
王師旦 7-134
王思同 9-213
王思禮 8-57
王思政 6-108
王士眞 8-263(頭), 265
王商 3-136(頭), 143, 146, 148, 171
王常 3-188, 190, 191, 192, 304 4-19 6-28
王商傳(漢書) 3-136
王常傳(漢書) 3-190
王緒 9-57
王先生→王逢 7-188
王仙芝 9-28, 29, 30
王成 3-23, 25, 26, 111, 278
王成傳(漢書) 3-25
王世充←鄭王 6-222, 250, 255(附), 258, 260, 262, 264, 266, 268~271, 278, 297, 307 7-32, 55 9-84
王世充傳(唐書) 6-269

王紹 8-234(頭)
王韶之 5-346
王孫 1-328(釋)
王孫賈 乃攻淖齒殺之 1-163(譯)
王孫滿 9-116
王孫圉 1-125
王脩 5-344
王濬 5-173, 175
王守澄 8-337, 348, 352, 360, 374, 375, 376 9-45, 69, 71, 73
王肅 6-72, 77
王叔茂→王暢 4-141
王叔文 8-238, 242, 244
王淑妃 9-194(頭)
王珣←王掾 5-243
王舜賢 9-119
王述 5-201, 240, 243, 244
王僧貴 6-124(頭)
王僧辯 6-140(頭), 141, 142, 144, 150, 151, 190
王承業 8-12(頭)
王承宗 8-263(頭), 265~268, 282, 291, 305, 307~309
王承捷 9-140(頭)
王式 9-25
王臣→成公(宋:先秦) 3-20
王悉起兵 1-159(譯)
王尋 3-193, 194, 282, 365
王深 5-25
王審知→太祖(閩:十國) 9-57(附), 110, 142, 149, 154, 181
王雙 4-344
王氏→王安石 2-162
王氏→王幼學 1-127(釋), 216(釋), 288(釋), 293(釋), 311(釋), 324(釋), 329(釋), 333(釋), 349(釋), 350(釋), 366(釋), 374(釋), 381(釋) 2-18(釋), 27(釋), 36(釋), 37(釋), 55(釋), 60(釋), 72(釋), 118(釋), 121(釋), 125(釋), 132(釋), 134(釋), 136(釋), 138(釋), 140(釋), 148~150(釋), 152(釋), 155(釋), 156(釋), 169(釋), 174(釋), 175(釋), 193(釋), 195(釋), 203(釋), 207(釋), 212(釋), 216~218(釋), 225(釋), 227(釋), 231(釋), 232(釋), 245(釋), 253(釋), 255(釋), 267(釋), 270(釋), 273(釋), 274(釋), 277(釋), 282(釋), 286(釋), 290(釋), 292(釋), 296(釋), 302(釋), 313(釋), 317(釋), 318(釋), 327(釋), 328(釋), 336(釋), 339(釋), 342(釋), 344(釋), 346(釋) 3-20(釋), 21(釋), 26(釋), 29(釋), 31(釋), 32(釋), 50(釋), 71(釋), 84(釋), 107(釋), 122(釋), 152(釋), 172(釋), 197(釋), 209(釋), 225(釋), 248(釋), 349(釋), 353(釋) 4-13(釋), 15(釋), 37(釋), 49(釋), 62(釋), 79(釋), 81(釋), 88(釋), 96(釋), 103(釋), 114(釋), 121(釋), 129(釋), 146(釋), 151(釋), 162(釋), 166(釋), 237(釋) 5-47(釋), 67(釋), 111(釋), 119(釋), 131(釋), 147(釋), 157(釋), 278(釋), 291(釋) 6-34(釋), 194(釋), 239(釋), 285(釋), 298(釋), 309(釋), 326(釋), 327(釋), 331(釋) 7-27(釋), 60(釋), 62(釋), 126(釋), 289(釋) 8-261(釋), 301(釋), 339(釋), 348(釋) 9-79(釋), 127(釋), 142(釋)
王 偓→烈祖(吳:十國) 9-107
王安石←王氏, 王荊公 1-52, 61 2-161
王涯 8-370(頭), 376, 379 9-73
王若虛 5-119
汪洋 8-326(譯)
王彦範 9-58, 61
王彦章→李紹欽 9-128, 129, 131~213
王業不偏安 4-341(頭)
王與馬 5-168(頭)

王衍←王夷甫, 夷甫 5-77, 116, 116(頭), 117, 119, 140, 143, 160, 210, 231 7-304 8-42 9-161
王掾→王珣 5-243
王延鈞→惠宗(閩) 9-154(頭)
王延政→殷帝(閩) 9-110, 173
王延昌 8-85, 86
王延翰→嗣王(閩) 9-142, 149(頭), 154
王延羲→景宗(閩) 9-172
王郢 9-31
王郢之亂 9-30(附)
王溫舒 2-310
王鎔 9-47
王雄 9-98
王元 3-277, 309 8-397(頭)
王元逵 8-392, 394
王元振 8-71, 74
王威 6-220(頭)
王衛尉 2-82(釋), 83, 84, 88
王愉 5-313
王維 8-328
王幼學←王氏, 慈湖王氏, 行卿 1-201(釋)
王允 4-196, 197, 203
王戎 5-46, 82, 89, 116, 118, 160
王殷 9-198(頭), 244(頭), 245
王音 3-143(頭), 144, 146
王邑 3-179, 193, 194, 282, 365
王凝 9-211
王應 5-183(原)
王義弘←王弘義 7-198(頭)
王廙 5-173
王夷甫→王衍 5-77(頭), 230
王夷甫識石勒 7-302(釋)
王夷甫立名非眞 5-208(頭)
枉人 6-194(頭)
王仁恭 6-222
王仁祐←特進魏國公 7-160
王逸 4-92
王者 2-71
王子喬←王喬, 太子晉 3-61(釋) 6-53(附)
王者有分土無分民 3-269(釋)
王子接→劉接 3-210(頭)
王章 1-78(頭) 3-142, 156 4-160 9-197, 197(頭), 198
王臧 2-231, 234
王翦 1-223, 226, 227, 235
王田 3-181
王庭 3-161(頭), 339(釋)
王政 1-246
王正月 2-227
王庭湊 8-342(譯), 343, 344, 365(頭)
王濟 5-87, 101
王制篇(禮記) 1-248, 250 2-77, 217, 253 3-29, 152, 153, 276 6-31 7-72
王潮 9-57
王宗實 9-24, 45
王峻 9-198(頭), 203(頭), 206, 244(頭), 245
王浚 5-132(要), 135, 145, 150
王濬 5-75, 82, 87, 90, 93, 95, 100, 101
王遵 3-302, 338
王雋 5-150
王濬出巴東 5-89(譯)
王仲德 6-20, 23
王仲舒 8-227, 228, 328
王仲先 9-58, 61
王重榮 9-34, 41(頭)
王曾 1-52
王鎭惡 5-337(頭), 340, 341, 344
王澄 5-117
王贊 9-83
王昌→王郎 3-208
王昶 5-25
王暢←王叔茂 4-141, 160
王處存 9-36
王踐言 8-362

王天下 8-197(頭)
王鐵槍→李紹欽 9-130
王淸 9-213
王蠋 1-162
王忠嗣 7-332, 336 8-336
王沈 5-25
王琛 6-145
王稱皇帝卽位 6-62(頭)
王鐸 9-35, 36, 118
王坦之 5-243, 244, 258, 261, 264, 349
王通←文中子 5-62(譯) 6-197, 198, 199
王播 8-343 9-34
王霸 3-210, 215, 258 4-19, 298 8-398
王霸傳(後漢書) 3-210, 251
王平 4-33
王褒 3-58~61, 111
王褒傳(漢書) 3-61
王弼 5-38, 237(頭)
王賀 2-343
王含 5-183, 184
王緘 9-121
王行實 9-74
王行瑜 9-42, 51(頭), 53, 54, 74
王憲 3-248
王顯 5-276
王玄謨 6-33, 35, 37, 38
王玄志 8-58
王浹 5-218
王荊公→王安石 1-158(略)
王皓 3-313
王渾 5-25, 82, 86, 87, 89, 90, 93, 95, 100, 101
王鉷 7-314, 324, 331, 332, 345 8-142(頭)
王弘 6-206
王弘義→王義弘 7-199, 228
王弘贄 9-158
王奐 4-135
王環 9-74, 232
王環以不降受賞 9-241(附)
王黃 2-60
王皇后(唐) 7-165, 167, 328
王恢 2-247~250 3-99
王會圖 6-367(釋)
王會篇 6-367(釋)
王孝 4-160
王徽 9-40
王齕 1-176, 177, 178, 181, 190
王欽若 1-58
王希 8-200
王曦→景宗(閩:十國) 9-172, 173, 183
王羲之 5-225
倭人 3-167
猥 4-334(頭) 7-351(頭)
外寬內深 2-278(釋)
畏偄 8-174(釋)
外方山 2-322
畏服 7-346(附)
外府 7-284 9-137
外婦之子肥爲齊王 2-41(要)
外史 2-66
外召諸將 3-368(頭)
隗恂←鐫羌侯 3-277
隗純 3-307, 308
桅子 8-220
外將 3-368
隗將軍→隗囂 3-268
畏之側足 7-343(頭)
外戚傳(漢書) 2-373
外戶不閉 6-320(要)
隗囂←西州上將軍, 隗將軍 3-196, 235, 236, 252, 256, 260, 261, 266~268, 277, 287, 288, 290, 293, 302, 307, 309 8-399
隗囂傳(後漢書) 3-235, 277, 288, 302 6-19

遼 9-192
堯←唐堯, 帝堯 1-49, 52, 53, 57, 148, 238, 256, 264 2-75, 89, 90, 122, 123, 128, 172, 225, 240, 242, 243, 252, 254, 345 3-122, 138, 186, 291, 354, 360 4-98, 176 5-19, 68, 201 6-349, 381 7-34, 46, 68, 100, 148, 271, 292, 326 8-37, 223, 325, 383 9-93, 248
遼碣 6-153
料檢 5-175(頭)
邀擊 5-167(頭)
腰鼓 6-357(釋)(頭)
嶢關 1-261, 299(釋), 322 5-124, 229
瑤光寺 6-85
蓼國 1-282
堯君素 7-57
銚期 4-19
瑤其臺而瓊其室 6-325(釋)
邀其前 6-312(要)
廖湛 3-191
瑤臺 6-326 8-354
邀陶侃 5-192(頭)
遼東 1-228, 253 3-171, 208, 222 4-195 5-199, 250 6-234, 252 7-124, 127, 150, 154, 333
遼東公→慕容廆 5-172
遼東城 6-215 7-123
遼東王→韓廣 1-306
撓亂 2-168(釋)
遙輦氏 9-99, 100
遙領 7-335(譯)
饒魯←饒氏
廖立 4-350 5-22, 24
幺麽 3-263(釋)
邀命於朝 8-110(頭)
堯母門 2-345, 346
淖方成 3-156
要服 3-98 5-120(要), 123
姚鳳 9-224(頭), 225
祆氛 8-169(頭)
妖佛 4-45
姚丕 5-340
姚思廉 6-272, 318
堯山 9-202
遼西 2-321 3-222 4-211, 220 9-98
遼西王→慕容麟 5-304(頭)
聊城 1-201(釋)
料數 6-47(頭)
遼水 4-26 6-215 9-190
蕘豎薪刈 4-101(要)
堯舜 4-295
堯舜禹之聖德 3-122(釋)
堯舜之父猶有朱均之子 7-65(釋)
妖術 4-179
姚崇←姚元崇, 姚元之 1-45 7-225, 249, 250, 254, 256, 260, 262, 263, 265, 266, 268~272, 312 8-334, 335 9-87
饒氏→饒魯 3-216
遼陽 9-128
姚襄 5-221, 226, 231(要), 232, 233, 289, 294(頭)
姚襄奔平陽 5-231(原)
饒陽縣 3-211
妖言 2-377
謠言 3-366(譯)
妖言令 2-129
瞭然使戶曉者 7-146(譯)
姚令言 8-163, 165, 167, 169, 195
澆訛 6-382(原)
嶢嶢 4-98(釋)
姚元崇→姚崇 7-213, 225
姚元之→姚崇 7-223(頭), 242, 248, 252(譯), 253, 254
嶢柳之捷 5-340(頭)
姚弋仲 4-305 5-106, 148(譯), 149, 160, 221(頭), 226, 231, 289, 296

姚萇→昭武帝(後秦:十六國) 5-232, 266, 273, 286, 289(原), 292, 293, 296, 298, 302, 303, 332 7-77
堯典篇(書經) 7-74, 77
遙制 8-221
遼祖既貸其死而復用之 9-104(原)
遼左 7-127
遼主 9-200(譯)
遼州 7-123
姚州 4-335
饒州 1-103 7-45(釋) 9-31
——刺史 諸葛德威 6-282
要重 6-107(頭)
堯之禪舜 3-262(頭)
姚秦鳩摩羅什 4-28
邀遮 9-191(頭)
姚察 1-315
腰斬 1-286 2-307, 365 3-33, 43, 83
僚寀 5-116(釋)
淖齒 1-160(釋), 163
要害 1-300(頭)
姚泓→後主(後秦:十六國) 5-336, 338, 340, 341, 347 6-14, 58
姚洪 9-213
廖化 5-48(頭), 50, 52
要荒 5-105
要荒之君 3-98(釋)
撩虺蛇之頭 4-168(頭)
姚興→文桓帝(後秦:十六國) 1-60 5-298, 302, 303, 316, 327, 336 6-28, 291
欲矯以仁儉 5-67(釋)
欲使臣勝之邪將安之也 3-40(譯)
欲遂立桓文輔微國 3-268(釋)
蓐食 4-36(釋)
辱王之先人 1-182(譯)
欲誘匈奴 3-161(釋)
欲沮貳師 2-338(頭)
龍 3-126
俑 4-111
庸 6-285 7-75(頭)
龍啓(年號) 9-154
龍官 5-326(附)
龍光殿 6-145, 148
用宮人私侍 6-237(頭)
用宮人私侍 以劫其父 1-45(譯)
踊貴 6-63(頭)
龍紀(年號) 9-46
甬道 1-349, 361
庸得已乎 6-295(要)
龍樓 7-351
舂陵 3-191, 192, 363
舂陵子弟 3-190(頭)
舂陵節侯→劉買 3-191, 245
舂陵鄉 3-329
龍鱗渠 6-207
龍馬 1-273 3-359
龍武 8-162
龍文 1-171, 172
龍門 1-104, 322 4-140, 253 6-197(頭) 7-124
龍尾陂 9-34
龍逄→關龍逄 3-149(釋) 6-340(釋) 7-29(頭)
龍伯高→龍述 3-345(頭)
龍服 5-42
龍飛 6-253
龍飛(年號) 5-304
用舍行藏之道 1-64(譯)
龍城 2-261, 267 3-111 5-251
龍首池 8-305, 340
龍述←龍伯高 3-346
龍昇(年號) 5-327
龍神 2-268 3-111
龍友縣 7-333
勇而輕 8-295(頭)
用張仲方之說而減船費 8-354(譯)
龍且(저) 1-363, 376, 378

龍州 5-52
龍舟 4-329 6-206, 207
龍墀 9-248
用職耳 2-25(釋)
用此道 2-115(譯)
龍川令 趙佗 3-138, 268
龍泉 7-352
鎔鐵錮之 9-58(釋)
庸蜀 3-366
勇奪三軍之帥 8-329(譯)
龍編津 5-334
龍化州 9-102
龍荒朔幕 3-111(頭)
龍興 5-68 6-285(譯)
禹←大禹, 夏伯 1-57, 59, 102, 104, 204, 238 2-56, 75, 126, 172, 225, 229, 243, 254 3-122, 126, 203, 262, 275, 354, 359, 360, 363 4-294 5-28, 120, 147 6-87, 244, 343, 376 7-54, 68, 292 8-37, 313, 316, 325
虞 6-376
牛邯 3-302(頭)
羽檄 2-61(釋) 5-143(釋)
右更 1-117
虞卿 2-271, 274(釋)
虞慶則 6-203(譯)
牛繼馬之謠 5-163
牛繼馬後 5-139
禹貢篇(書經) 1-103, 104 2-211, 212, 322 3-99, 122, 138, 341, 343 4-223, 228, 330 5-123, 187 6-113 7-74
于匡 3-197
迂怪 9-19(頭)
迂怪之士 2-244(附)
右教坊 7-255
于厥 9-101(要)
于謹 6-145
于禁 4-278, 279, 283, 284, 313(頭), 314, 316
牛金 4-307(譯) 5-139, 163
宇內 8-59(頭)
右內史 2-280(釋) 3-52
右鹿蠡王 4-39
右袒 2-107~109
牛頭阿旁 9-92
盂蘭盆 8-115
尤來 3-217, 222, 222(釋)
羽林 3-27(譯) 4-15(頭), 30, 76, 157 6-93 8-104, 162
羽林軍 8-113
羽林騎 3-209
羽林射生 8-109
羽林星 4-16
羽林衛 9-64
雨霖之害 7-309(頭)
羽林虎賁近千人 6-130(譯)
宇文 6-108 9-98
宇文覺→孝閔帝(北周:北朝) 6-108, 152, 159, 160
宇文愷 6-206(頭) 7-49
宇文慶←汝南公 6-173
宇文高祖→武帝(北周:北朝) 1-48
宇文肱 6-108
宇文贇→宣帝(北周:北朝) 6-173, 177, 245
宇文士及 6-340 7-99
宇文士及傳(新唐書) 7-99
宇文述 6-215(頭), 216, 250 7-49(要)
宇文氏 6-202 7-303
宇文邕→武帝(北周:北朝) 6-162, 173, 177
宇文毓→孝明帝(北周:北朝) 6-159, 160(原)
宇文贇→宣帝(北周:北朝) 7-41
宇文融 7-275, 275, 281, 283, 288 8-334
宇文融旣敗 7-324(頭)
宇文融傳(新唐書) 7-282
宇文闡→靜帝(北周:北朝) 6-173(原)
宇文泰←德皇帝, 文帝, 安定公, 太祖 6-107

(附), 108, 109, 110, 121, 132, 134, 137, 144, 151, 152, 157, 160, 168, 177
宇文護←中山公 6-145, 152(頭), 160, 177
宇文化及 6-205, 250(附), 350
虞美人 2-12
優婆塞 6-99
優婆夷 6-99
虞放 4-161
禹拜昌言 7-90(譯)
禹步 2-35
羽葆 5-216
憂不在寡 5-121(要)
右扶風 2-281, 329 3-45(釋), 52, 291 5-12 6-288 8-162
禹不矜伐而天下莫與之爭 7-91(譯)
虞賓 4-190
雨師 3-62 6-54
耰鉏 2-147(原)(釋)
右庶長 1-117
牛仙客←隴西縣公, 豳國公 7-306, 308, 315, 336 8-206
虞世基 6-221, 223, 224, 343, 349, 350 7-49
虞世南 6-272, 318 7-25, 104, 105
牛昭容(唐)←昭容牛氏 8-242
偶數 2-232
于誰之屋 4-164(釋)
虞舜→舜 3-200
右僧孺 8-390(頭)
牛僧孺 8-345, 360~363, 388~391 9-12
優劣 5-69(要)
羽王→項羽 1-351
于越 9-102
于蔿 7-300(釋)
虞邑 2-274
牛醫 4-86
于夷 3-167
盱眙 6-35
牛李之是非 8-388(頭)
優人 9-135, 136
愚人 1-85
虞人 1-91(頭)
虞人之期 1-120(譯)
于頔 8-276
郵殿 4-25
于闐 3-122
于定國 3-18, 87, 111
宇宙 6-299 8-191(頭)
右地 3-46(頭)
遇之加厚 8-92(頭)
于志寧 6-272 7-37, 65, 163
右職 3-45(釋)
優倡 2-379
牛喘 3-73 4-326(譯)
牛川 5-298
于忠 6-85(頭)
麀聚 7-184
于寘國 4-34(頭)
盱台 1-378
又敗以女子 8-27(頭)
右彭蠡 1-102(釋)
牛邯之徒 8-397(頭)
虞鄉縣 2-274
右賢裨王 2-281(釋)
右賢王 2-281(譯) 5-132
遇會處際 5-208(頭)
右驍衛大將軍 6-334(譯)
牛後 1-140
虞詡 4-82, 84, 100, 111
鄖國公→殷嶠 6-258
雲南 7-348
雲南郡 4-335
芸薹 8-68(要)
雲臺 3-206, 278 4-19, 21
雲臺諸將 3-319(譯)

員(운)道信 3-301 7-142, 142(原)
雲龍門 6-69
雲夢 2-33, 44, 55
雲物 4-12(釋)
韻書 2-305 6-273 7-314 9-127
隕石 7-309(頭)
雲霄 5-285
雲陽 1-257, 258 2-192, 319 8-38
雲陽宮 6-168
鄆王→懿宗(唐) 9-24
云云 2-240(釋)
雲長→關羽 1-69
雲定興 6-218
雲州 6-97 9-165
——防禦使 赫連鐸 9-47
鄆州 8-109, 156, 291(頭), 293, 333 9-124, 131, 131, 133, 165
鄆州城塹 8-332(釋)
雲中 1-154 2-190, 261, 293 4-36 6-209 8-148 9-102
——太守 魏尙 2-181
雲中郡 2-53 9-30
雲中縣 2-53
運初 7-128(頭)
韻會 1-91 2-104 5-75, 92, 108, 154
韻會擧要 8-369
鬱金 3-172
鬱督軍山 6-371
鬱林 3-270
——太守 劉處 3-245
鬱林王(齊:南朝)←蕭昭業 6-66(頭), 69, 71
鬱于 9-99
鬱鬱不得志 5-301(要)
尉屠(울제)耆 2-374(頭)
蔚州 1-370 2-267 9-138
尉遲綱 6-170
尉遲敬德→尉遲恭 6-265(頭)(要)
尉遲敬德 6-266, 267, 295, 297, 308 7-26, 104, 106
尉遲敬德傳(唐書) 6-265, 267
尉遲敬德傳(新唐書) 7-26
尉遲恭←尉遲敬德 6-266
熊經 2-32
熊經鳥伸 4-119(釋)
雄溪 3-344
熊繹 7-67
熊儀 7-67
熊耳山 3-246
熊掌 6-101
雄長 6-335
熊執易 8-227(頭)
雄豪 5-301(頭)
原 1-121
苑 4-176
元嘉(年號) 4-118 6-17, 27, 40
元恪→宣武帝(北魏:北朝) 6-74(原), 76, 84, 85, 130, 156
元康(年號) 3-42, 76, 163 5-115
沅江縣 3-343
源乾曜 7-268(頭)
袁敬初 9-120
元敬皇后(唐) 8-11
元繼←江陽王 6-93
轅固 2-255, 256
垣曲 1-353
元公→昭公(前涼:十六國) 5-162
元恭→節閔帝(北魏:北朝) 6-105, 106, 132
元功 2-44
元功十八人位次 2-44(原)
元廓→恭帝(西魏:北朝) 6-144(原), 149, 153
元匡 6-96(評)
元光(年號) 2-244
元宏→孝文帝(北魏:北朝) 6-95, 109, 110, 156
袁宏 3-331(評) 4-105(略)

袁閎 4-131, 131(頭)
遠交近攻 1-175, 213
遠郊門 6-326
元舅 3-135(頭) 4-212 7-163(頭)
元規→庾亮 5-202(釋)
元亶←淸河王 6-109
袁譚 4-218~220, 247, 343
元德→楊昭 6-221
元德秀 7-300, 301
元道→甪里先生 2-81
原道 8-323(頭), 330
遠刀鋸之賤 8-357(釋)
怨讟 8-169(頭)
元朗→出帝(北魏) 6-105, 106
袁閬←奉高 4-86
遠來助之 6-269(原)
元良 6-299(頭)
原例 5-189(頭)
原陵 3-348
園陵 8-33
元明→獻武帝(南燕:十六國) 5-310
元默 2-196(要)
袁毹 6-96
袁甫←廣微, 靑田
元寶炬→文帝(西魏:北朝) 6-109(頭), 110, 121, 134, 138, 144
元寶暉←臨洮王 6-95
元封(年號) 2-232, 310, 319 3-360
元鳳(年號) 2-371, 373, 374 3-300
元孚 6-96
猿臂 5-86(頭)
願賜尙方斬馬劍 3-149(頭)
元朔(年號) 2-262, 269, 301 5-47
袁尙 4-218, 219, 220, 247
袁象先 9-119(頭), 120
遠塞 2-191(釋)
元璽(年號) 5-224
轅生 1-367
袁恕己←南陽王 1-46 7-223, 232
元善見→孝靜帝(東魏) 6-108, 109, 120, 132, 172
袁燮←和叔
元城 1-131
袁紹←本初 1-62 3-321 4-184, 185, 189, 190, 193, 203, 205, 207, 210, 213~215, 217, 218, 236, 259, 260, 265, 289, 297, 343 5-66 9-76
遠疏近數 7-47(附)
援素與述同里閈相善 3-252(釋)
元釗 6-95(頭), 96, 156
元秀→後主(陳:南朝) 6-178
元脩→孝武帝(北魏:北朝) 6-106, 106(頭), 132, 134, 156, 171, 177
元首 3-80 6-376
沅水 3-343, 344 5-91(釋)
洹水 1-138(釋), 147, 294 8-153
元壽(年號) 3-167
元狩(年號) 2-291, 340 4-308
袁淑 6-33
元順 6-96(評)
袁術←公路 3-248, 321 4-189(頭), 190, 191, 193, 198, 199, 201, 203, 205, 209, 210, 236, 246, 265 5-65, 96
元始→穀梁赤 3-108
元始(年號) 3-84, 168 4-256
元諶 6-96(評)
原十六衛 8-366(釋)
元氏 6-153(頭)
元氏縣 3-222(要)
元惡 8-303
元惡授首 4-296(頭)
袁安 4-289
袁盎 2-124, 125, 130, 194, 207
袁盎固言之 7-68(頭)
袁盎傳(史記) 2-125
袁盎傳(漢書) 2-207

元懌←清河王 6-93, 96(頭)
爰延 4-132
元延(年號) 3-148
元曄→敬帝(北魏:北朝) 6-102, 103(頭), 105, 106, 132
冤獄 4-47 6-333(頭)
元雍←高陽王 6-96(頭)
元王→劉交 2-203, 204
元王列傳(史記) 2-204
員外 6-347(譯)
員外同正試攝檢校判知 7-234, 235(附)
員外置 7-235(附)
元羽←廣陵王
元祐(年號) 1-51
元元 2-186(頭)
元元塗炭 3-243(釋)
元魏 8-316(頭)
元愉←京兆王 6-110
苑囿 3-339(頭)
苑遊軍 8-113
元律師 7-59
元戎軍 8-113
元戎士 2-290
袁顗 6-44, 49
元義方 8-272
遠夷 4-47
袁履謙 7-356 8-12
袁滋 8-294
源子雍 6-96(評)
元子攸→孝莊帝(北魏:北朝) 6-92, 95, 96, 104, 106, 132, 156
怨張儉 4-161(頭)
元載 1-46 8-93(頭), 97, 105, 106, 115, 123
袁詮 9-154
眢井 6-190(釋)(頭)
元鼎(年號) 2-305
元帝(東晉)←琅琊王, 司馬睿, 元皇帝, 中宗 4-309, 325 5-139, 163, 175, 179, 181, 189, 204, 212, 241, 254, 282, 348(頭) 6-32, 60, 186
元帝(梁:南朝)←湘東王, 世祖, 蕭繹, 元皇帝, 孝元帝 6-130, 144, 146(頭), 148, 149
元帝(魏:三國)←常道鄉公, 曹奐, 曹璜, 陳留王 5-44
元帝(漢)←奭, 孝元帝, 孝元皇帝 1-305 2-238 3-56, 92, 95, 109, 112, 118, 129, 133, 135, 150, 159, 165, 168, 175, 179, 191, 238, 322 4-42, 79, 119, 159 5-29, 70, 120, 124, 343 8-284
元帝紀(漢書) 3-90
元宗(南唐:十國)←李景, 李璟 9-180
願從諸侯王 1-340(要)
原州 2-178 6-278, 286 7-286 9-14
苑中 7-240(頭)
原之 7-202(頭) 8-29(頭)
願至上前口對狀 2-207(釋)
元稹 8-328, 341 9-246
袁眞 5-246
元澄←任城王 6-96(頭)
元叉 6-93, 96(頭)
元贊 6-96
袁粲 6-63
元天穆 6-95(頭)
遠託關隴 6-120(頭)
元平(年號) 2-376
源賀 6-41
元海→光文帝(前趙:十六國) 5-87, 106
元勰←武宣王, 彭城王 6-77, 95, 96, 106, 156
元顥←北海王 6-97(頭), 98, 132
元弘嗣 6-213
元洪業 6-91
元和(年號) 6-34 8-246, 258(譯), 325(頭), 353, 356, 379 9-91

元和志 4-229
元和之逆黨 8-375(頭)
元和之政 9-95
元皇帝→元帝(東晉) 5-162(要)
元皇帝→元帝(梁:南朝) 6-141
元皇后(漢) 3-143, 199
元懷←廣平王 6-106, 156
元詡→孝明帝(北魏:北朝) 6-85(原), 86, 93, 95, 130, 132, 156
元后傳(漢書) 3-142, 143
元勳 8-57
元徽←城陽王 6-103
元徽(年號) 6-56
源休 8-167(頭)
元兇 9-89(頭)
元欽→廢帝(西魏:北朝) 6-138, 144(頭)
元欽(年號) 6-142, 144
元興(年號) 4-73 5-59, 316, 317, 318 6-58(頭)
袁熙 4-218, 220
元熙(年號) 5-132, 133, 347
越騎司馬 鄭衆 4-26(頭)
月旦評 4-180(釋)
越得歲 5-251(釋)
月令 2-231
月令篇(禮記) 2-127, 217 3-85, 173 9-79
越裳氏 3-169, 341
越城 5-184
越巂 4-331(頭)
——太守 馬謖 4-339
越巂郡 2-308 3-170, 339
月蝕 3-125
月食 2-121
越王→句踐 2-228
越王→李貞 7-227
越王→楊侗 6-250(頭)(要)
越王(前秦:十六國)←苻生 5-234
越吟 2-14
刖者 7-68
刖足 2-139, 140 6-63, 378
月主 2-322
越州 9-56
月氏(지) 1-87 2-46(釋), 47, 291(原) 3-339
月支 7-17
月支國 4-28
爲間 2-248(原) 5-19(頭)
衛玠 5-149
韋渠牟 8-234(頭)
韋堅 7-314, 324, 345 8-142(頭), 336
韋見素 7-350 8-20, 33
位兼將相 9-138(要)
韋皐←南康忠武王 8-233, 245
爲高祖 置太公其上 1-374(釋)
韋曲 2-218
衛公→李靖 7-105
魏公→曹操 4-263
威公(齊:先秦) 1-99
威公(周) 1-197, 370
魏公子傳(史記) 1-187
衛瓘 5-50, 58, 59, 84, 115, 116, 340(頭)
韋貫之 8-270(頭)
爲官乎 爲私乎 5-125(頭)
衛宏 3-248
渭橋 2-113(頭), 133 5-340(譯) 8-121, 185 9-35
委裘 2-143(頭) 9-68
魏咎←公子咎, 魏王 1-284
衛國公→李靖 7-146(釋)
魏郡 1-139 2-343 3-205 5-221
——太守 京房 3-129
爲君難爲臣不易論 9-220(譯)
魏克中山 5-309(頭)
魏其→竇嬰 2-271(釋)
爲其御 4-118(釋)
魏其侯→竇嬰 2-274

圍洛陽 6-268(頭)
爲女不正 9-213(要)
爲斷右趾 6-332(釋)
韋都賓 8-154
爲獨孤所制單騎出走 6-203(譯)
爲敦發哀 5-183(頭)
魏朗 4-160
魏了翁 1-54
渭陵 5-343
委吏 6-90
位望 5-255(頭)
爲緜蕞 野外習之 2-48(原)(釋)
魏謩 9-20
威武節度使 王審知 9-110
魏武→孝武帝(北魏) 6-171(頭)
魏無忌←無忌, 信陵君, 信陵無忌
威武留後→嗣王(閩) 9-142
魏無知 1-338, 350 2-41
魏文帝卽位 6-110(原)
威文之罪人 3-95(頭)
魏文侯薨 1-102(譯)
魏博 1-175 8-114, 155, 263(釋), 280, 281, 308(頭), 364, 365, 371, 394, 396 9-161
——節度使 田季安 8-277
——節度使 田承嗣 8-97, 145
——節度使 田弘正 8-344
——節度使 田興 8-278, 283
——指揮使 楊仁晸 9-145
魏博軍 9-122
魏博鎭 9-47, 144
危邦不入 亂邦不居 3-313(譯)
韋保衡 9-92
威福 7-170
衛服 8-306
爲本末者 無以異 2-177(釋)
渭濱 4-224(頭)
魏斯 1-73(頭), 90
魏思溫 7-191, 192
衛士傳餐 8-249(釋)
僞相 6-120(頭)
魏尙 2-181, 183
魏相 3-19, 27, 46, 48, 49, 69, 73, 80, 87, 105, 106, 111
魏相國越→彭越 2-11(頭)
爲上將軍 3-226(要)
魏相傳(漢書) 3-47, 49
魏舒 1-74
渭船 8-140
魏宣武陵 6-266(釋)
渭城 1-128
魏成 1-94, 95
韋城縣 6-220
韋昭←韋氏 1-87, 107, 151, 286, 302 2-127, 183, 204, 291, 342, 344 3-52, 126
韋昭度 討西川 9-53(附)(頭)
韋昭訓 7-327
委輸 2-323(釋)
渭水 1-131, 258, 286, 322 2-114, 133, 134, 192 3-165, 303 5-11, 15, 344, 345 6-241, 242, 307, 308, 310, 312 7-62 8-139 9-17, 35
韋淑妃(唐) 8-164
威勝節度使 宋彦筠 9-186
爲什伍而相收司連坐 1-115(釋)
爲十二道 8-110(附)
韋氏→韋昭 2-128
韋氏→韋皇后(唐) 7-226(頭)
爲我之靡 8-323(頭)
幃幄 7-80
衛鞅→公孫鞅 1-115, 118, 131
渭陽 2-165 5-206(譯)
渭陽篇(詩經) 2-165
圍鄴城 8-63(頭)
爲呂氏右袒 爲劉氏左袒 2-107(譯)

魏延 4-336(要), 339, 346 5-15, 17
威烈王(周)←午 1-73(目), 101, 372 6-98
衛靈公問陳 孔子不對 3-316(譯)
韋澳 9-15
衛媼 2-262
威王→烈祖(吳:十國) 9-114(頭)
魏王→李繼岌 9-140, 143
魏王→李泰 7-155
魏王→魏咎 1-338
魏王→魏豹 1-352, 353, 359
魏王→田悅 8-156
衛王→後主(南漢:十國) 9-235
威王(齊:先秦)←田和 1-101, 112, 123, 125, 129, 240 2-246
威王(楚:先秦) 4-49
魏王假(魏:先秦) 1-225, 227
爲昱草書 5-223(要)
尉元 6-49(頭), 50
渭源 5-251
魏元忠 7-218, 219, 277
韋月將 7-236, 249(頭)
威衛 7-284 8-367
衛尉→鄺商 3-271
衛尉 2-305
韡韡 7-259
魏有信陵 2-271(釋)
衛律 1-64 2-334(原)
威恩不立 6-92(附)
爲二十年規 4-246(釋)
爲吏者長子孫 2-215(釋)
衛人 1-97(頭)
魏人不受 1-131(頭)
爲人吃 2-60(原)
委積(자) 7-260(釋)
衛將軍 6-97
韋著 4-131
爲逖修祖父墓 5-167(要)
僞定 4-341(頭)
韋挺 6-303(釋), 304
魏鄭公→魏徵 3-354(頭)
魏鄭公諫錄 6-248(譯), 322, 323, 345, 361, 383 7-19, 23, 28, 30, 38, 40, 79, 90, 98
魏齊 2-271
威帝(西燕:十六國)←慕容沖
韋濟 7-267
韋濟傳(新唐書) 7-267
僞朝 1-69
魏祖→曹操 6-224(頭)
爲趙王 5-165(附)
渭州 7-286 8-138
衛州 6-271 8-57, 81, 282 9-146, 158, 169
——節度使 薛嵩 8-80
魏州 1-131, 139, 211 8-81, 153, 155, 278, 282 9-119, 120, 127, 131
——都防禦使 田承嗣 8-80(釋)
魏主拔洛陽 6-15(頭)
魏主不得其終 6-30(頭)
魏主嗣 5-338(頭)
爲主死節 2-16(要)
魏主殂 6-138(頭)
魏知古 7-246
魏之三祖 6-178(頭)
委質爲臣 1-86(釋)
韋執誼 8-234(頭), 238, 242
魏徵←魏鄭公, 鄭公 1-45, 3-357 6-258, 280, 282, 303~305, 322, 323, 340, 345, 349, 351, 353, 359, 361, 370, 374, 379, 381~383, 385, 387 7-12, 13, 17, 19, 21, 23, 24, 28, 30, 32, 35, 37~41, 44, 49, 51, 52, 59, 61, 68, 79, 80, 90, 98, 99, 102, 104, 105, 112, 113, 121, 127, 133, 146 8-285
魏徵傳(唐書) 6-340, 359, 383
魏徵傳(新唐書) 7-39, 44, 59, 112

韋處厚 8-354
爲天子舊矣 3-297(附)
衛青 2-238, 261, 262, 281, 285~287, 289, 300, 314, 347 3-161, 282
衛青傳(漢書) 2-261, 286, 300
韋忠 5-127
爲置廷尉平 3-32(釋)
尉佗→趙佗 2-194(頭) 3-267(釋), 269
衛太子→劉據 2-352, 365(附), 368, 379 3-11, 28, 64
魏太祖→曹操 7-122(頭)
魏太后再臨朝 6-92(附)
魏平 4-346
韋布之士 4-152
韋彪 4-55
魏豹←西魏王, 魏王, 豹 1-284, 306, 352, 353, 359
爲河東所踵 6-239(頭)
僞學 1-53
韋賢 3-27
韋玄成 3-111, 134
爲縣送徒驪山 1-274(釋)
韋玄貞 7-184, 190(譯)
爲荊江所據 5-312(頭)
魏惠王(魏:先秦) 1-123(譯)
爲虎附翼 5-287
魏桓 4-131
爲宦官所立者七君 9-44(附)
魏桓子 1-81
爲皇太子 2-213(附)
韋皇后(唐)←韋氏, 韋后 1-45 8-27 9-96
威侯 1-140
爲候 6-348(要)
韋后→韋皇后(唐) 7-231, 232, 236, 239, 240
留 1-280(釋)
粲 2-140
惟 4-341(頭)
愈 4-53(頭)
蹂 5-98(頭)
襦 4-52(頭)
劉嘉←廣陽王 3-211
劉賈←荊王 2-41
劉衎→平帝(漢) 3-168
劉康←定陶共王
劉彊 3-330, 332
劉開←河間王, 河間孝王 4-116
劉慶←清河王, 清河孝王 4-65, 75, 77, 90
劉據←據, 戾太子, 衛太子
劉敬←建信侯, 婁敬, 奉春君 2-52, 57, 58, 247 3-99, 100
劉更生→劉向 3-118(釋), 119, 124, 125
劉敬宣 5-314(頭)
劉景宣 9-74
惟卿所欲 7-229(頭)
劉敬傳(史記) 2-52, 58
劉啓→景帝(漢) 2-115, 198
劉洎 7-97, 107, 117, 119, 153, 154
劉季→高帝(漢) 1-271~273, 275, 276, 302, 306 3-261, 268
劉季述 9-58, 59, 61, 69
劉繼興→後主(南漢:十國) 9-235
劉暠→高祖(後漢:五代) 7-77 9-189, 200
有故怨 2-42(要)
劉庫仁 5-267(要)
柳谷 8-218
劉昆 3-337
劉琨 5-151, 163, 185
劉恭 3-227, 246
劉龔 2-280
柳公權 8-339, 381(頭)
劉貢父 4-144
柳公綽 8-345 9-50
劉寬 4-140
儒冠 1-291
劉廣德←葉侯 4-85

劉廣宗←西平侯 4-85
劉交←元王, 楚王, 楚王交, 楚元王 2-41, 42
踰橋 8-153(頭)
有教無類 6-370(譯)
油口 4-263
游口關 9-247
游九言←默齋
有窮 4-306
劉鈞→睿宗(北漢:十國) 9-205, 218, 248 (頭)
劉鈞 3-268
柔克 3-294
劉克明 8-352 9-71
劉琦 4-230(頭), 243, 244
猶棄梗 8-226(頭)
唯諾 7-248(要)
流內 7-298
劉寧 4-319
劉牢之 1-235 5-276(頭), 290, 292, 313 (附), 314, 315, 318, 323
柔能制剛 弱能制彊 3-350(頭)
劉丹 2-347
劉端←膠西王
劉旦←燕王 2-371
劉岱 4-197
劉德 3-105, 106
劉德信 8-162
劉德威 6-379
儒道 2-75
幼度→謝玄 5-348(頭)
柔道 3-328
有童謠而無讖語 3-297(頭)
劉騰 6-96(頭)
劉良←趙王良 3-309
庾亮←元規 5-145, 185, 187, 188~192, 200, 202, 203, 206, 209
劉厲←淮南王
繆(謬)戾 8-284(頭)
劉伶 5-46
劉禮 2-190
劉隆 4-19 7-96
流離 2-68
琉璃瓶 9-159
楡林 6-209, 250
楡林塞 3-98
儒林傳(史記) 2-231
儒林傳(漢書) 2-16, 256, 288, 310
儒林傳(後漢書) 3-275, 337 4-14, 15(評), 30
楡林縣 3-98
劉買←春陵節侯 3-191, 245
劉萌←式侯 3-227
有盲宰相 8-262(釋)
劉瑁 4-311
劉穆之 5-324(頭), 336, 340
有苗 6-349
劉戊←王戊, 楚王, 楚王戊 2-42
劉茂 3-227
劉武←梁王, 梁孝王 3-250
劉武周←定楊可汗 6-221, 222(頭), 227, 235, 236, 264~266, 307, 331 7-32 9-84
劉文 4-117
孺文→蘇章 4-110(頭)
劉文靜 6-224(頭), 225, 226, 237, 238, 252, 307, 378
劉文靜未返 6-235(頭)
楡眉縣 5-148
劉旻→世祖(北漢) 9-203
庾珉 5-150
流民自占 3-25(釋)
劉髆←哀王 2-377
帷薄不修 2-157, 158(釋) 7-353
帷薄之不可溷褻 7-351(頭)
劉班 4-106
劉攽 4-14 8-353

劉發←長沙定王, 定王 3-189, 191, 221, 245
劉勃勃 5-335
劉方 4-58, 60
劉芳 6-72
劉邦→高帝(漢) 1-271, 306 3-262, 300 4-207
柳芳 7-113, 146(譯)
劉柏根←惤縣令 5-145(頭)
劉伯升→劉縯 3-189, 195
劉闢 8-245, 247, 249, 251, 252, 265
劉辟光←朸侯, 濟南王 2-42, 206
劉闢旣得旌節 8-246(譯)
劉辯→廢帝(東漢) 4-184
遊兵 1-367 5-71
劉甫德←都鄕侯 4-85
游偵 8-190
劉蕡 8-356(頭), 357
劉玢→殤帝(南漢:十國) 9-176, 181
劉盆子 3-226(頭), 227, 233, 246, 248, 366 4-296(頭) 8-397
劉盆子傳(後漢書) 3-226, 238
劉備→昭烈帝(蜀:三國) 4-193(原), 199, 203, 207, 210, 211, 213, 214, 217, 226, 227, 229, 233, 238, 239, 241, 243, 244, 247~250, 252, 253, 254, 262, 263, 267, 268, 270, 272~279, 287, 300, 313, 318, 321, 323 5-66
劉肥←悼惠王, 齊悼, 齊王 2-38, 41, 42, 101
劉濞←吳濞, 吳王, 劉澎 2-78, 143, 194, 205, 209, 274 5-170
柳泌 8-310, 336, 337, 346
柳玭 9-50
劉贇←湘陰公 9-198, 201
庾氷 5-205(要)
劉詞 9-226
劉賜←愼侯, 衡山王 2-291 3-240
流沙 3-122, 122 9-104
儒士 3-275
劉思立 8-82
留四十六日 1-289(頭)
劉蒜←淸河王 4-117
遺像 5-22
儒生 3-90, 134
劉棲楚 8-346, 347, 354
劉宣 5-132
劉禪→後皇帝(蜀:三國) 4-309(頭), 326 5-48, 53, 56, 58, 60, 61, 74, 80, 133
諛說 7-119(釋)
劉剡 1-197 2-102
劉晟→中宗(南漢:十國) 9-181, 236
柳城 7-335 8-13, 80
柳城孼胡 7-351(譯)
留城縣 1-281
遊說 1-106(頭), 187(釋) 2-338 9-227(頭)
遊說之士 4-245
遊說之言從橫者 1-106(釋)
劉昭 5-15
劉邵 5-27, 28
劉劭 6-42, 60 7-78(頭)
劉宋 4-213
劉頌 5-155(頭)
劉壽←濟北惠王 4-89
劉秀→光武帝(東漢) 3-189, 190, 193, 194, 196, 201~204, 207, 208, 210, 213, 215~217, 221, 223, 297
劉秀→劉歆 3-141
劉遂←趙王 2-42, 205
濡水 2-54
濡須 4-256, 262
濰水 1-376(釋)
劉守光←燕王 9-115, 121
劉淑 4-160
留徇 1-159(釋)
庾純 5-155, 158

柳述 6-201
儒術 1-61 2-231, 234, 256, 316 3-71, 111, 127, 306 4-44, 177 8-325
劉崇→世祖(北漢:十國) 9-200, 203, 203(頭), 206~210
劉崇諫 9-242
劉勝←中山靖王 4-194, 300, 308
劉承鈞→睿宗(北漢:十國) 9-218
劉承祐→隱帝(後漢:五代) 9-195, 196
劉承遇 9-234(頭)
有弑其君 5-100(頭)
劉寔 5-50
劉植 4-19
有莘 5-19
有莘氏 6-293
劉臣容 9-31
劉諶←北地王 5-52(頭), 53
劉鄩 9-122, 123
劉氏 9-200(頭)
庾氏 2-218
柔惡 1-204
劉安←淮南, 淮南王 2-274, 291 5-278
劉晏 8-66, 93, 94, 120, 121, 132, 133, 136~142, 144, 146, 252
幼安→管寧 4-195(頭)
劉巖→高祖(南漢:十國) 9-115, 176
劉卬←膠西王, 膠西王卬, 平昌侯 2-42, 205
劉襄 2-38
劉陽→明帝(東漢) 3-324, 330, 332
幽於別室 5-292(要)
謬於聖人 4-70(頭)
劉焉 4-224, 263, 265, 266
劉彦貞 9-224(頭)
劉讞 6-64
劉龑→高祖(南漢:十國) 9-176
劉餘←恭王, 魯恭王 2-99
由余 1-219(釋)
劉如意←代王, 趙王, 趙王如意, 趙隱 2-60, 101
有如互市 5-125(要)
劉延 4-215
劉淵→光文帝(前趙:十六國) 5-86(釋), 106, 132, 135, 141, 142, 145, 150, 160, 166, 327 7-77
劉縯←劉伯升 3-189, 190, 192, 195, 196, 207
柔然 6-155 9-98
遊宴 5-106(頭)
劉縯傳(漢書) 3-190
劉曄 4-274, 275, 313
劉榮←臨江王 2-213, 213
劉永←梁王 3-250, 258, 277, 366
劉盈→惠帝(漢) 2-92
劉英←楚王 1-58
劉郢←夷王 2-204
劉豫 1-64(譯)
猶豫 1-379(釋) 6-183(附) 7-149
猶與(예) 2-359(釋)
劉豫州→昭烈帝(蜀:三國) 4-230(釋), 235, 240, 309
劉悟 8-332, 392, 392(頭)
乳媼 4-81
幽王(周) 1-56, 78, 204 2-222 3-124, 128 7-55, 308
幽王(楚:先秦)←悍 1-218
幽王友→劉友 2-205
劉隗→趙主(前趙:十六國) 5-168, 170, 172(頭), 173, 175
流外 7-297(附) 8-48, 271
劉曜→趙主(前趙:十六國) 5-141, 144(頭), 145, 146, 148, 154, 165, 166, 193, 194
劉曜 1-56 3-248
劉友←幽王友 2-42
劉祐 4-160
劉紆 3-250, 258, 287

劉虞 4-192, 199(原), 211
劉禹錫 8-238(頭), 242, 328
流寓華陰 9-72(頭)
劉彧→明帝(宋:南朝) 6-46, 48, 55, 61
劉昱→後廢帝(宋:南朝) 6-56~58
劉雄 4-308
柳雄 7-59
劉熊渠←膠東王, 戴侯 3-193
劉雄渠←膠東王, 白石侯 2-42, 206
有熊國 2-234
柳元景 6-37, 38
劉元海→光文帝(前趙:十六國) 4-305
逾月 6-116(頭)
六月四日事 7-114(頭)
劉衛辰 5-267 268, 327(頭)
劉儒 4-160, 161
劉瑜 4-157
劉裕→武帝(宋:南朝) 1-62 5-279(頭), 314(頭), 321, 323~326, 328, 329, 331 ~334, 336, 338, 340~343, 345(頭), 346, 347, 349 6-12, 60 7-78
劉鮪 4-117(頭)
劉幽求 7-230, 231, 240, 241
柳柳州集 8-289(譯)
劉允章 9-32
劉隱→烈祖(南漢:十國) 9-109, 176
劉揖←梁王, 梁懷王
有揖客反不重耶 2-281(要)
劉應康 1-40
劉懿←北鄉侯 4-89
劉義←恒山王
劉毅 5-107, 109, 155, 322~325, 334
遊衣冠 2-101
劉義隆→文帝(宋:南朝) 5-343(頭) 6-16, 17, 42, 60 7-79
劉義符→少帝(宋:南朝) 5-343(頭) 6-13, 15, 17, 18
劉義眞←桂陽公, 廬陵王, 廬陵劉氏 5-340, 343, 344, 345 6-18
劉羨←廣平王
劉廙 7-54
劉翼←蠡吾侯 4-116
庾翼 5-208(要), 210
踰人 2-241(釋)
劉仁恭 9-102, 115, 121
劉仁軌 8-206
劉仁贍 9-213, 232
劉仁贍以堅守蒙褒 9-241(附)
劉林甫 6-346
儒者 2-47, 240 3-139
孺子→孺子嬰 3-178(附)
猶子 6-245 9-200
劉子業→廢帝(宋:南朝) 6-45, 46, 48, 49
孺子嬰←安定公, 孺子, 子嬰 3-178
有子八人 4-118(要)
劉子玄傳(新唐書) 7-277
劉子勛←晉安王 6-49
劉璋←成都 4-222(頭), 239, 249, 253, 254, 263~265, 267~269, 272, 273, 309, 311, 313, 325 5-19, 56
劉章←景王, 朱虛侯 2-38, 105, 106 3-222, 227
劉莊→明帝(東漢) 3-330
劉長←淮南厲王 2-141, 274
劉將閭←齊王
劉才人(唐) 7-315
劉接←王子接
劉正 4-308
劉政會 7-104
劉濟 8-265
幽帝(前燕:十六國)←慕容暐 5-235
擩嚌道眞 8-328(頭)
劉肇→和帝(東漢) 4-65
槱祖 3-55
遺祚 4-309(頭)
遺詔 2-360 4-334 5-59, 178 7-150 9-247

劉琮 4-227, 228, 232, 233, 264, 285 5-64
儒宗 5-162
劉從諫 8-392, 394
劉從素 8-394
柳宗元 7-13, 21, 68(頭), 72~74, 75(評), 78 8-238, 238(頭), 242, 287, 328
劉從一 8-189
柳州司戶 劉蕡 8-358
——刺史 柳宗元 7-74 8-287
留州 8-259(頭), 260
幽州 1-215, 268 2-326 3-327 4-179, 199(原), 211, 219 5-134, 167, 246, 248 6-153, 312, 326, 370 8-81, 342, 343, 344, 394(頭) 9-55, 89, 115, 121, 138, 169, 221
——大將 譚忠 8-308
——牧 劉虞 4-192
——牧 朱浮 3-240
——刺史 王雄 9-98
——刺史 張守珪 9-99
——節度使 李懷仙 8-80, 80
——節度使 張守珪 7-303
——摠管 元弘嗣 6-213
——判官 李子千 8-156
維州 8-389, 390, 391
——副使 悉怛謀 8-361
幼主(北齊)←高恒, 宋國天王 6-170
幽州道 8-113
維州悉怛謀事 8-387(頭)
劉準→順帝(宋:南朝) 6-57
劉駿→孝武帝(宋:南朝) 6-42, 43, 45, 60
庾準 8-132
劉仲 2-42, 205 3-189, 189 7-36
劉知幾 7-219
劉知遠→高祖(後漢:五代) 9-127, 165, 167, 168, 181(頭), 183, 189, 191, 193
劉稷 3-195
遺直 7-113
劉珍←陽安侯 4-85
劉進←史皇孫, 皇孫 3-28
劉稹 8-392, 396, 397
劉秩 8-42, 43
楡次 8-91(頭)
劉粲→隱帝(前趙) 5-165, 166
劉贊 8-233(頭)
柳璨 8-284
劉蒼←東平王 4-11(頭), 30
劉鋹→後主(南漢:十國) 9-233, 235
劉處 3-245
遊陟 5-273(釋)
劉徹→武帝(漢) 2-213, 221
劉淸潭 8-76
流涕者 2-145, 146
流涕者二 2-141
劉寵 4-133(要), 152
劉總 8-81, 305(頭), 308
劉聰→昭武帝(前趙) 3-248 5-132, 141, 142, 144, 145, 150, 164, 165, 241, 242 7-266(釋), 267
劉忠←西華侯 4-85
幼沖 6-52(頭)
乳臭 1-352(頭)
乳臭子 8-277(釋)
有憚於汲黯張九齡之直 7-309(譯)
猶太子之母 8-75(頭)
有土 2-215(頭)
劉巴 4-267, 268
劉巴宿昔之所忌恨 4-267(附)
劉澎→劉濞 2-205
劉彭祖←敬肅王 2-347
劉平傳(後漢書) 4-22
幽閉 1-260
劉表←景升 4-160, 193, 217(頭), 219, 227, 229, 232, 235, 246, 247, 261, 263 5-65, 96
劉豹←左賢王 5-86, 87, 135

遺表 8-382(譯)
儒風 6-28
柳泌 8-340
劉賀→廢帝(漢) 2-376
柳河 1-295
劉下邳→武帝(宋:南朝) 5-322(原)
柳下惠←展禽 2-67 4-98(譯), 137 7-77
儒學 3-90, 134, 176, 317, 364 4-30 7-238 8-144, 323 9-246
儒學傳(新唐書) 7-86
儒學傳序(唐書) 6-318
劉恒→文帝(漢) 2-115
柳伉 8-88
留項王數月 1-348(頭)
類海 4-305
庾楷 5-313
劉海賓 8-168, 169
儒行篇(禮記) 1-202
劉行深 9-45
劉向←劉更生 1-224 2-160, 279, 280, 340 3-111, 120, 132, 141, 151, 152, 154, 156 4-104 8-284 9-67
劉向上封事極諫 3-144(要)
劉向傳(漢書) 3-142, 144, 154
劉炫 6-217(頭)
劉玄←更始, 更始將軍, 聖公, 淮陽王 3-192, 193
劉賢←武城侯, 菑川王 2-42, 205
劉顯 3-178
劉玄德→昭烈帝(蜀:三國) 5-195, 233, 233
劉玄傳(後漢書) 3-228
流血被地 7-207(要)
劉協→獻帝(東漢) 4-184, 186
游俠 2-340, 380(釋)
遊俠 2-271(附), 275
楡莢錢 2-139
遊俠傳(漢書) 2-271, 274
流刑 6-378
劉虎 5-153
柳渾 8-210(頭), 212
游魂 5-195(要)
劉弘 4-308
劉鴻←渤海孝王 4-113
劉弘基 6-239(頭) 7-104
劉弘度→殤帝(南漢) 9-176
劉弘熙→中宗(南漢) 9-181(頭)
劉回 3-245
劉孝←西安侯
留侯→張良 2-33, 40, 42 3-265 4-19
留後 8-110
留侯諫 5-197(釋)
留侯世家(史記) 1-310, 348, 362 2-31, 40, 42
劉勳←廣威侯 3-178
劉暄 6-75
劉黑闥←漢東王 6-271, 277(附), 279, 280, 282, 307, 316 9-84
劉欣→哀帝(漢) 3-151, 159
劉欽←南頓君 3-189
劉歆←劉秀 2-279, 280 3-139(頭)
劉興←中山孝王 3-168, 222
劉興居 2-143
劉喜←代王 2-41, 274
劉熙 5-194
劉希度 9-58
陸賈←陸生 1-299 2-51, 70, 88, 106 5-86(釋), 87 7-46
六甲 6-179(頭)
陸凱 5-68
六卿 1-74
六經←六籍 1-127, 214 2-280, 340, 363 3-161 4-71, 177 5-38, 155 6-246 8-325, 330
六官 6-151(頭), 157
陸口 4-273, 279, 282
六國 1-142, 175, 204, 212~214, 219,

231~233, 269, 292, 302, 307, 361~363 2-19, 50, 88 3-261, 267(釋) 5-72 6-63(譯) 9-227(頭)
六軍 3-246 5-187(譯), 223 6-35, 176 8-20, 30, 66, 86, 132, 160(頭)(要), 172, 206(頭)
六郡 2-179(頭) 3-100(譯) 4-153(釋)
六軍使 9-154
六貴 6-74(頭)
六極 1-344
肉袒 2-235 5-154
六代 5-27(頭)
陸德明 6-272
六道 6-290(頭)
六韜 2-67, 113, 193
陸稻 6-326
六郎 7-222(附), 228
陸梁 9-161(要)
戮力 6-51(釋)
僇力 1-115(釋)
六劣 5-70
陸鹿 6-41
六馬 2-180
肉糜 5-125(頭)
六盤 9-14
六百石 2-188 3-32
六番 7-284(釋)
六變 3-368(頭)
六服 8-305(頭)
六飛 2-179(頭)
六事以自責 1-57(譯)
六山←駐蹕山 7-125
陸象先 7-276
六璽 3-248
陸生→陸賈 2-70, 71
六書 4-142, 149
陸船 8-34(頭)
六城 1-282
陸城亭侯 4-308
六世 1-300(頭)
六歲之外 7-331(附)
陸遜 4-281, 282, 285, 313, 318, 323, 341, 343 5-34, 78
六遂 6-355
陸淳 8-238(頭)
六失 8-221
六安丞 3-362
肉眼 8-18
六押 8-212(附)
六藝 2-227(譯) 3-111
陸叡 6-70
六藝七略 6-319
鬻獄賣官 4-188 9-122
六優 5-70
六月之伐 不可不亟也 1-341(譯)
陸扆 9-83
六夷 5-251(頭)
六佾 7-27
六將軍 2-289(譯)
六籍→六經 3-200
陸佃 3-152
六帝 4-169(頭)
六朝 5-279(頭), 280
六條檢察非法 7-298(釋)
六州大都督 爾朱榮 6-132
六州之人 8-255(頭)
六州之地 8-280(頭)
陸贄 1-46 8-159, 169, 173, 174, 178, 183, 187, 189, 190, 191, 194, 202, 219, 221~224, 226, 227, 231, 232, 234, 275, 328 9-89
六鎭 6-96(頭)
六尺之孤 7-191(譯)
六畜 1-162 2-185(譯), 254 3-339 6-349
六出奇計 2-54(釋)
六親 2-150(譯) 7-49(頭)

六七君 9-19(頭)
六學 2-363(譯) 6-252
六合 1-300, 308 5-265, 280 7-92(譯) 9-32(釋), 33, 228(頭)
陸抗 5-34, 72, 75, 76, 78
六鄕 6-355
六刑 6-378
肉刑 2-174, 175, 198, 199 4-119 6-332, 378
綸巾 5-216
尹更始 3-107, 111
尹起莘←尹氏
尹吉甫←吉甫
輪臺 2-221, 333, 356
輪臺之詔 1-43(譯)
綸命 8-230
尹敏 7-96
尹思貞 7-236
尹氏→尹起莘 1-243(評), 336(評) 2-33(評), 75(評), 102(評), 229(評), 324(評), 329(評) 3-59(評), 135, 174(評), 199(評), 203(評), 276(評), 284(評), 293(評) 4-129(評), 212(評), 224(評), 294(評), 300(評), 308(評), 348(評) 5-15(評), 53(評), 60(評), 190(評) 6-30(評), 32(略), 53(評), 101(評) 7-161(評), 188(評) 8-76(評) 9-22(評)
允吾 3-68
尹翁歸 3-45, 111
閏位 1-40 4-303
尹子奇 8-49(頭), 51, 52
尹尊 3-240
潤州 5-191 8-256
尹沖 6-23
尹鐸 1-81, 83
輪扁 5-39
胤侯(夏) 4-176
尹勳 4-157, 160
尹喜 5-157
律九章 2-87
律曆志(漢書) 2-328
律令 6-252
律書(史記) 2-340
律學 6-252
栗姬(漢) 2-213
隆→殤帝(東漢) 4-73, 75
戎 6-290
隆慶池 7-236
隆安(年號) 5-308, 316, 318(頭)
融液 5-90(釋)
戎狄 2-375 3-99, 341 9-186
戎狄荒服 6-372(譯)
戎族 4-222
隆準龍顔 1-271(釋)
隆準日角 3-189(釋)
隆中 4-220(釋), 224
戎陳整齊 4-337(原)
戎車 9-232
隆昌(年號) 6-69
隆化(年號) 6-168
隆和(年號) 5-239
殷開山→殷嶠 6-258(頭), 266 7-104
隱公(魯:先秦) 1-248 2-195, 227 3-20, 331 6-300 8-162
銀榼 9-58(頭)
殷嶠←鄖國公, 殷開山 6-258
隱宮 1-258(原)(釋)
隱几 8-145(頭)
殷陶 4-149
隱屛 2-138(釋)
殷富 7-338(頭)
隱不違親 4-135(釋)(要)
殷羨 5-200(要)
殷盛 6-217(頭)
銀城 7-124(要)
銀繩 6-34

隱於芒碭山澤間 1-273(釋)
殷王→司馬卬 1-306
隱王(後涼:十六國)←呂紹
殷憂 7-49(頭)
听听 8-288(釋)(要)
恩義 2-165
隱逸 4-95
殷帝(閩:十國)←閩王延政, 王延政
隱帝(前趙:十六國)←劉粲
隱帝(後漢:五代)←劉承祐, 隱皇帝, 周王
9-195, 202, 203, 245, 251
恩州司馬 白志貞 8-177
殷仲堪 5-313, 315(原)
殷仲文 5-321(頭)
隱太子→李建成 6-300 7-25
隱太子有泰伯之賢 6-300(釋)
隱太子以庸劣居其右 6-300(釋)
銀菟符 1-189
殷通 1-277
殷浩←深源 5-200(要), 208, 210, 212, 214, 223, 225~227, 239
隱皇帝→隱帝(後漢:五代) 9-196
乙令 2-134
乙未 1-306(譯)
瘖 2-92(釋)
陰居尊位 7-201
陰狡 8-146(頭)
陰氣 6-358
飲器 1-86(釋)
陰道 1-251(譯)
陰陵 2-12(釋)
淫湎 6-171(頭)
陰密 1-190
陰方 6-266
淫祠 1-59
陰事 2-347(釋)
陰使圖之 8-56(頭)
陰山 1-217(釋) 5-203, 267 6-313, 367 (釋) 7-172, 333
陰山縣 6-368
陰星 6-298
陰氏→陰皇后(東漢) 3-328(頭)
淫毒穢宸極 7-184(附)(頭)
飲藥而卒 4-256(頭)
陰陽 2-254 6-111
陰陽家 7-94
吟梁父(보) 5-19(附)
陰陽不時 7-208
陰陽書 3-84
陰陽消長之義 8-232(譯)
陰陽失時 7-208
陰陽之和 3-48
淫汚雜揉 6-30(附)
音義 2-81
陰擠之 8-334(原)
陰主 2-322
音注 1-37
陰中 1-296(釋)
陰識(지)←陰鄕侯 3-236, 352
陰地關 9-48, 193
陰識傳(後漢書) 3-236
陰鷙酷烈 3-76(釋)
蔭職 6-360
陰妻邪謀 3-36(釋)(附)
陰平 5-48(釋), 51, 55
陰平郡 5-49
陰平道 5-49
陰皇后(東漢)←陰氏
陰鄕侯→陰識 3-236
淫刑 1-260 4-168
陰懷異志 4-265(頭)
陰興 6-28
挹損 7-49(頭)
邑邑 4-253(釋)
悒悒 4-255
邑錢 3-151

鷹擊 7-58
應對敏給 7-334(頭)
應曆(年號) 9-205
凝旒 7-117(附)
應門 6-326
鷹坊 8-244
凝碧池 8-38(頭)
應兵 3-46
應星 5-253
應劭←應氏 1-141, 189 2-53, 298
應順(年號) 9-157, 157
應氏→應劭 2-128
鷹揚府 6-222
鷹揚之相 3-319(譯)
鷹鸇之志 4-135(釋)
應州 9-165
鷹隼 7-138(要)
應天(年號) 8-169, 183
應侯→范雎 1-177
劓 2-175, 199, 254
義渠 1-217 2-168(釋), 178 3-67
懿公(衛:先秦) 1-318
儀軌 5-17
儀及物 4-17(頭)
義旗 6-316
攲器 7-218
義臺 5-309
宜都王→文帝(宋:南朝) 6-17
猗頓傳(史記) 1-324
議郎 3-332(譯)
倚廬 8-115
倚閭而望 1-163(譯)
義寧(年號) 6-221, 249
儀禮 7-87
宜祿 7-286
義陵 5-343
義利 1-137
義理乖僻 7-92(要)
義武 9-35(頭)
懿武帝(後涼:十六國)←三河王, 呂光
懿問其寢食 5-13(要)
倚門而望 1-163(譯)
疑兵 1-353(譯)
義兵 1-337, 344, 355 3-46 4-256 6-45, 61, 228, 230, 243
衣服 3-172
衣不曳地 6-111(釋)
衣緋 7-246(頭)
依憑奸僞 6-120(頭)
依憑城社 9-65(釋)
義士 1-86, 90, 256 4-204
義師 4-241
衣裳 4-46(頭)
倚席不講 4-15(譯), 76(釋)
檥船 2-15(原)
義成 8-308(頭) 9-35(頭)
——節度使 康承訓 9-26
義成侯→甘延壽 3-132
衣繡夜行 1-321(原)
義勝 4-207
——節度使 董昌 9-56
依阿 4-170(頭)
醫藥 1-255
宜陽 1-140, 152, 294 3-246 4-296
義陽 5-279
宜陽縣 3-249
義陽侯→傅介子 2-374
毅然 6-30(頭)
義烏 7-177
疑獄 3-29
宜欲得當以報漢 2-338(釋)
薏苡 3-346(釋)
倚異乎政事 3-137(釋)
義帝(楚)←羋心, 楚懷王, 懷王 1-306, 323, 331, 336, 337, 340, 375 2-17 3-95 4-203

議除之 8-317(頭)
懿宗(唐)←鄆王, 李溫, 李漼 4-305 8-141 9-23, 24(附)(目), 26~28, 45, 46, 69, 72, 91
義宗(遼)←突欲, 倍
誼主 2-223
宜州道 8-113
依周書 作大誥 3-179(譯)
義倉 6-182
宜春北院 7-255
懿憲皇后(東漢) 4-128
議賢議能 3-87(譯)
義和(年號) 6-24
衣黃者 聖人也 8-40(釋)(要)
義興 5-301, 302
義興郡 5-313
義熙 5-326
而 6-194(釋)
陑 3-320
李恪(唐太宗 子)←吳王 4-303(頭), 308 7-153, 155
李悟(唐憲宗 子)←建王
李鶡 8-118
李傕 4-197, 201(原), 203
李康 8-246, 249
李絳 8-255, 256, 263, 265, 267, 268, 270~273, 275~277, 280, 282, 283, 285, 287, 335
李綱 6-263(頭)
二强寇之間 8-197(頭)
李絳傳(唐書) 8-267
李絳傳(新唐書) 8-255, 256, 263, 273, 278, 281, 335(評)
吏皆積久至長子孫 3-291(釋)
李琚←光王 7-314, 315
貳車 2-118
吏居官者或長子孫 3-159(譯)
李建成←息隱王, 隱太子 6-224, 230, 235, 238, 243, 280, 282, 285, 294, 295, 297, 299, 301, 302~304, 318 7-28, 114, 133, 153 8-73 9-85
李建成傳(唐書) 6-280, 285, 299
李建徽 8-172
李傑→昭宗(唐) 9-44
移檄州縣 7-191(譯)
李兼 8-233
李景→元宗(南唐:十國) 9-235
李璟→元宗(南唐:十國) 9-179(頭), 180, 204, 223, 235
李璥←鄭王 7-228
李景儉 8-238(頭)
李景達 9-228(頭)
李敬業←徐敬業 7-191(頭), 193
李敬猷 7-191, 193
李敬玄 7-177
以頸血汙地 2-78(譯)
李谿 9-53
李繼岌←繼岌, 魏王 9-141, 142, 143
李繼鵬 9-74
李繼曮 9-138
李固 4-91, 98, 100, 105, 106, 111, 113, 116, 117, 152, 289
李暠→武昭帝(西涼) 5-316 6-249 7-77
李翱 8-328
二鼓 7-240(頭)
夷皐→靈公(晉:先秦) 5-177
李穀←李谷 9-203, 204(頭), 206, 224, 231
李谷→李穀 9-224(頭)
李公度 8-304(頭)
以公而慮 3-204(釋)
吏過 8-212(頭)
李廓 9-24
伊霍之擧 5-255(頭)
李寬 6-216
以官爲氏 3-159(釋)

以寬濟寬 4-207
李适→德宗(唐) 8-77(頭), 85, 126
李廣←飛將軍 2-248, 261, 266, 336 6-249
李僙←襄王
李廣利←貳師將軍, 海西侯 2-330, 333, 339 3-132
李廣利傳(漢書) 2-333
李光顔 8-287, 291, 308, 343
李匡威 9-47
李光進 8-92
李光瓚 8-99
李光弼 8-13, 16, 17, 22, 45, 56, 57, 65, 68, 69, 74, 77, 81, 87, 88, 92, 94, 115, 151 9-68, 87
履卦 8-58, 62
李嶠 7-213 8-328
李國貞 8-71, 74
李國昌←朱邪(야)赤心 4-305 9-25, 30
李君奭 9-17
李君羨←武連縣公, 五娘 3-301 7-142, 155
李君才 6-203(譯)
李躬 4-13(釋)
離宮 2-362 4-90 6-193, 206(頭), 212, 227 7-258(釋) 8-87
伊闕 1-102(釋)
李軌 6-249
以貴下賤 3-282(頭)
李克 1-94, 95, 97, 98 5-293
李克用←武皇, 李僕射, 晉王 4-305 8-114 9-26, 30, 35~38, 40, 41, 47, 48, 54, 57, 72, 80, 103, 107, 111, 112, 129, 162
李克用以晉兵 8-110(頭)
利器 6-120(頭)
李期→廢帝(成) 5-199, 200, 213
李錡 8-254, 255, 400
彝器 1-160
利其死而沒其財 7-338(譯)
夷其城隍 5-331(釋)
李吉甫 8-247, 253, 258, 269~271, 273~277, 282, 292, 341
夷男 6-371
李納←齊王 8-109, 156, 180, 183, 203, 263, 265, 365
李農 5-219
李訥 9-24
李多祚 7-223, 233
李亶→明宗(後唐) 9-143
李旦→睿宗(唐) 7-190, 193, 200, 221, 238
異端 2-350, 351 6-30 7-236 8-321 9-180
夷達 5-47
李曇 4-131
李湛→敬宗(唐) 8-350
李湛 7-223
李倓←建寧王, 建靈王, 齊王 8-22, 23, 74 9-70
李耼→老子 5-157
李唐 8-70
以唐爲周 7-200(譯)
李德明 9-227(頭), 228
李德裕←李衛公 2-163, 372(評) 8-328, 341, 345, 350, 360~362, 364, 370, 375, 384, 387, 389, 390, 392, 394, 396, 399, 401, 402 9-11, 12
二桃 5-21
夷道 5-72, 90
李道古 8-310
以道德爲麗 8-36(要)
李道裕 7-180
李道宗←江夏王, 任城王 7-26(頭), 117(頭), 123, 128
李道玄←淮陽王 6-279(頭)
理得 2-252(頭)
二郎 6-227(頭)
李良 1-279

以梁委之 2-210(譯)
以呂易嬴 1-47(譯)
嬴老之卒 8-298(釋)
利鹿孤→康王(南涼:十六國) 5-317(原)(附)
李陵 2-336~339
夷陵 1-182(譯) 4-318 7-105
李陵衛律 罪通于天 1-64(譯)
李陵傳(漢書) 2-338
夷陵縣 4-320 5-92
夷離董 9-98(釋), 100
以吏事 責三公 3-318(釋)
李璘←永王 7-152(頭)
以莽託太后及帝 3-145(要)
李邁 5-219
魑魅 3-181(釋)
李勉 8-29(要)
李明 1-45 7-184
李瑁←壽王 7-315, 316, 328
李牧 1-215 2-179~181
異木 8-119
以木罌渡軍 1-353(釋)
李猫→李義府 7-168
以無爲本 5-119(附)
李茂貞←岐王, 宋文通, 秦王, 忠敬王 9-50, 51, 53~55, 57, 61, 63, 74, 107, 109, 138
夷門監者 1-186(釋)
以文辭避法焉 2-342(釋)
以物色訪之 3-278(釋)
異物志 7-274
吏民 1-311(原)
李敏→昭宗(唐) 9-44
李密←蒲山公, 李宓 6-215(附)(要), 220, 222, 223, 225, 226, 231~235, 255, 258~261, 307 7-55, 110 9-84
李宓→李密 7-348(頭)
李密旣殺翟讓 6-254(釋)
李密傳(唐書) 6-255, 258, 260 8-16
李班→哀帝(成) 5-199
李渤 8-354
吏發求民間 4-133(釋)
已倍其初 8-260(釋)
李白 5-152 8-328
以百口累卿 5-173(要)
二百石 4-174
李百藥 6-358 7-12
李範←岐王 7-257
李昪→烈祖(南唐) 4-308 9-204
李昞←世祖, 仁公 6-249
移病 3-54(譯)
以兵取而後得之 9-95(頭)
夷甫→王衍 5-208
李輔國 1-46 8-22, 64(頭), 66, 67, 70, 72~76, 88 9-68, 70, 87, 94
李寶臣 8-80, 80(頭), 97, 108, 145, 183
以竇融敎 6-77(頭)
李福 5-13
李僕射→李克用 9-34
以封建爲爭之端 7-13(譯)
李逢吉 8-296, 345, 347, 354
李逢吉傳(新唐書) 8-348
李逢吉之謗 8-330(頭)
李逢吉薦之 8-370(頭)
李斐 2-241, 296
李泌 8-30, 40, 45, 114, 198, 199, 205, 206, 212, 213, 217, 218
李玭 9-14
李斯 1-62, 219, 243, 254, 256, 262~264, 279, 286, 298 3-86, 112, 248 7-68, 73
涖事 4-118(要)
李師古 8-264, 365
李師道 8-263, 265, 267, 282, 291, 292, 304, 305, 308, 310, 332, 365
李師道傳(唐書) 8-308
李思摩 7-123

貳師城 2-330(釋), 339
李嗣昭 9-110, 123
李師悅 9-37
李嗣源→明宗(後唐:五代) 9-121, 132(頭), 138, 143, 144(頭), 146, 148
以私怨 論殺男子榮畜 3-43(譯)
以事而止 3-354(頭)
貳師將軍→李廣利 2-330, 333, 336, 338, 339 3-132
李斯傳(史記) 1-255, 267, 279, 286
李嗣周←覃王 9-51, 74
夷三族 1-286(釋)
履霜堅氷 3-135
履霜堅氷至 9-75(譯)
以相識別 3-189(頭)
李商隱 8-328
履霜之漸 7-158(譯), 247(頭)
李緖←江都王 7-227
李石 8-378(頭), 380
李譔←黃公 7-227
李善感 7-179
以單于爲祖 5-166(附)
李銛 8-227(頭)
李晟 8-152(頭), 160, 162, 170~173, 185~187, 189, 194~197, 199, 200, 209~212, 275, 295 9-68, 89
二聖 7-170
李成器→李憲 6-303 7-241, 257, 258
李成美 8-384
李成義←申王 7-257
異姓之親 9-250(頭)
李勢→後主(成:十六國) 5-211, 214
二世→二世皇帝 1-267, 269, 270, 279, 280, 285~287, 294, 296, 297, 307, 333 3-112, 138, 268, 270 6-350
李世民→太宗(唐) 6-218, 222, 224~228, 230, 235, 238, 240~243, 256~258, 264~266, 268, 269, 271, 272, 274, 277, 279, 280, 281, 285~287, 294, 295, 297, 299, 303, 306 7-28
李世勣←徐世勣, 徐勣, 英公, 英國公, 李勣 6-271, 365 7-90(譯), 104, 107, 109, 110, 115, 117, 123, 148(頭)
二世皇帝←二世, 秦二世, 胡亥 1-266(題)(目)
李愬 8-294(釋), 295~298, 300~303, 308, 332
以小過 殺秦王俊 6-203(譯)
李少君 2-244, 308 8-311
李素立 6-261, 262, 307
李紹榮 9-144, 146
李愬傳(唐書) 8-298, 302
李紹欽←王彦章, 王鐵槍 9-130
羸屬 1-244(釋)
李續之 8-347
李巽 8-252
李松 3-248
李誦→順宗(唐) 8-241
李壽→昭文帝(成) 5-200, 202, 213, 214
李守 3-189 7-96
二豎 7-223(頭)
伊水 1-104, 286 2-105 5-231 6-14, 58, 153, 157, 370 7-19 9-86
李守禮←豳王 7-257
李守素 6-272
二銖錢 6-48(譯)
李守貞 9-185(頭), 204
二豎之首 5-132(要)
李俶→代宗(唐) 8-22, 23, 40(頭), 50, 55, 79
李恂→冠軍侯(西涼:十六國) 6-12
李淳→憲宗(唐) 8-244
李純→憲宗(唐) 8-244, 246
李順 6-26
耳順 3-284
二荀令 4-271(頭)
李舜臣 4-240(評) 5-279(評)

李淳風 7-143
李崇 6-96
李崧 9-165(頭), 170, 173
李勝 5-37
李昪→烈祖(南唐:十國) 9-172, 180
李承乾 7-99, 106, 109
以試人 血濡縷 1-223(釋)
李息 2-248
李信 1-226, 227, 235
李愼←紀王 7-228
李紳 8-354
以身膏草野 2-335(譯)
李神符←襄邑王 7-35(頭)
李神通←淮安王 6-316 7-36
李實 8-234(頭)
二心 1-86 4-34
二十四軍 6-137(頭)
二十史略 5-250(附) 6-32, 130, 132, 134, 141
二十七最 8-134
二十八宿 4-21
二十八將 4-19, 21
爾雅 1-166 2-344 3-347 4-88, 122 5-52, 118 6-143, 208 7-22, 44 8-83, 120, 220
以阿保機爲于越 9-102(原)
利我不虞 8-97(釋)
爾雅翼 3-60
李亞子→莊宗(後唐:五代) 9-111(釋), 134(譯)
李諤 6-178, 179
以樂滔憂 6-244(頭)
李安儼 7-102
李安顥←淮南王 7-228
李昂→文宗(唐) 8-356
李藹←范陽王 7-227
頤愛 3-363(頭)
羸弱 3-324(釋)
餌藥 9-19(頭)
李驤 5-213
俚諺 2-155
李嚴 4-267, 277, 324 5-23, 24
李業←薛王 3-313 7-256, 257
以鄴爲憂 1-95(附)
李璵→肅宗(唐) 7-316
李茹 8-149
李淵→高祖(唐) 5-180 6-216(頭), 218, 220, 224~228, 230, 231, 235, 237~243, 245, 249
夷然 5-273(頭)
李延年 2-295, 314
以淵代爲左部帥 5-86(原)
以燕伐燕 9-13(譯)
吏緣爲姦 3-188(釋)
李炎→武宗(唐) 8-384, 387
李曄→昭宗(唐) 9-44, 46
李榮 4-308, 308
李瑛 7-314, 315, 316
李穎←南安王 7-228
李靈夔←魯王 7-197, 227
李靈曜 8-147
李豫→代宗(唐) 8-79
李悟←絳王 8-352(頭) 9-71
夷吾→管仲 3-295, 354
李溫→懿宗(唐) 9-24
李熅←襄王熅 9-42
李邕 7-345
夷王→劉郢 2-203
釐王(韓:先秦) 1-252(頭)
李瑤←鄂王 7-314, 315
利用安身以崇德也 1-136(要)
李祐 7-108, 109 8-296, 298, 348
李虞 8-347
以憂悴終 9-68(釋)
以牛易馬 1-47(譯)
李惲←澧王 8-337(頭)
李雄→武帝(成) 5-132, 135(原)(釋)(附),

136, 199
梨園 7-236, 254 8-38
二袁 4-235(頭)
李元嘉←韓王 7-197, 227
李元紘 7-312
李元軌←霍王 7-227
李元吉←巢剌王, 巢王, 齊王 6-224, 231, 264, 267, 271, 280, 286, 294, 295, 297, 299, 318 7-28, 152, 153, 155, 161, 185 8-73 9-85
李元禮→李膺 4-141
李元懿←鄭王 4-308(頭) 8-29
李元昌 7-109
李元奕 8-247
李越 5-199
李衛公→李德裕 2-165
李裕 9-58
李惟岳 8-109, 145, 155
李由爲三川守 1-286(釋)
吏六百石 2-49(譯)
伊尹←阿衡, 摯 2-160, 279, 280, 372, 374, 377 3-37, 59, 91, 168, 172, 206, 232 4-108, 148(釋), 176, 226, 226 5-18(頭), 19, 27, 173, 255, 256 6-293 7-149, 154, 292 8-242, 285, 288
李隆基→玄宗(唐) 7-240, 240(頭), 241, 244
李揖 8-42
李膺←李元禮 4-103, 117, 118, 134, 139, 141, 144, 147, 148, 152, 157, 160, 161, 163, 289, 298 8-284
李禕 4-308(評)
以義兵從思東歸之士 1-331(譯)
李義府←李猫 1-46 7-168, 169, 273
李怡→宣宗(唐) 8-400
李耳→老子 2-234 5-157
二李之黨 8-374(頭)
以吏職爲過 3-317(要)
異人→莊襄王(秦:先秦) 1-191(釋), 192
異人楚服而見夫人 1-193(釋)
二佾 7-27
移日 4-86(頭)
李日知 7-198, 199
李林甫←十郎, 晉國公 1-46, 62 7-269, 271, 300, 306~308, 312~316, 320, 325~327, 329, 330, 335, 336, 338, 343, 346~348 8-206, 334, 335 9-86
李林甫傳(唐書) 7-314, 315
李滋←夔王 9-20
二子 5-205(頭)
李自倫 9-213(附)
利者義之和也 1-136(要)
李子千 8-156
李子通 6-262
二張 7-229(頭)
以莊老爲宗 5-155(釋)
理財 3-26
已在陛下宮中 爲親屬 7-143(頭)(要)
以儲嗣爲諱惡 9-19(附)
李猪兒 8-44
李勣→李世勣 1-46, 7-147~151, 163~166, 171~174, 192, 292
夷狄 5-275 9-177
李勣傳(唐書) 6-259
李勣傳(新唐書) 7-90, 110
李瀍→武宗(唐) 8-384
以錢帛遺之 6-191(釋)
理節則不亂 5-155(頭)
李程 8-354
李貞←越王 7-227
李靖←衛公, 衛國公 6-243(要), 275, 312, 365, 367, 381 7-38, 104, 147, 292
李正己←李懷玉 8-108(附), 120, 122, 145, 155, 156, 365 9-89
李靖傳(唐書) 6-275, 367
履鞮 8-358

李齊 2-179, 180
二帝 7-78
二弟 8-227(頭)
異齊 4-153(附)
二帝可三 4-17(譯)
二帝三王 1-54(譯)
李齊運 8-234(頭)
已足見其非正統之意 7-188(譯)
李存勖→莊宗(後唐:五代) 4-305 7-77 8-114 9-108, 111~113, 129, 139, 162
李琮←慶王 7-337
李從珂→末帝(後唐:五代) 9-157, 158, 158, 169
李宗閔 8-341, 360, 370, 375
李從善←紀公 9-240
李從襲 9-140, 141
李從榮 9-159
李從益←許王 9-167, 194
李從厚→閔帝(後唐:五代) 9-157(要)
李左車←廣武君 1-354
利州 4-255
二周 1-159(譯), 180, 300
伊州 7-99
以主待客 1-346(譯)
爾朱世隆 6-103(頭), 105, 106, 132
爾朱氏 6-171
爾朱榮←太原王 6-92(釋)(頭), 94~98, 103, 132, 153, 156
爾朱兆 6-98(頭), 103, 104, 104, 105, 106, 132
爾朱川 6-93
李重茂←殤帝, 溫王 7-239(頭)
里中社 1-338(釋)(頭)
李仲言→李訓 8-347, 370(原), 375
以中原方用兵 9-14(頭)
李重俊←節愍 7-233(頭)(要)
李重進 9-224
李朝←常山王
李湊←漳王
李重福←譙王
夷之 7-68(頭)
頤指 7-345(頭) 9-161
以至再屈師傅於牢獄 3-56(原)
李振 8-284 9-58(頭), 83, 122, 129, 134
二秦之一律 1-235(譯)
李盡忠 9-99
李軼 3-189, 195 7-96
以此兩端 2-313(譯)
離此患 3-59(頭)
李璨 9-83
李參 6-196
以讒言廢太子勇 6-203(譯)
李昌符 9-41(附)
李昌言 9-34
李千 5-192
二天 4-110(頭)
伊川→程頤 7-152(評), 184
二千石 2-185, 234, 236, 237, 241, 263, 279(譯), 342, 343 3-13, 22, 23, 40, 133, 159 4-47, 55, 108, 174 7-299
伊川先生→程頤 2-109
李天下→莊宗(後唐:五代) 9-135(頭)
李漼→懿宗(唐) 9-24
李柷→哀帝(唐) 9-81
李充 8-227(頭)
李忠 4-19
李沖←琅琊王 6-67, 72 7-228
李忠臣 8-167(頭), 203 9-89
李忠言 8-242
李忠義→李憲 8-296, 298
李治→高宗(唐) 7-107, 158
以則武宣 3-167(釋)
李忱→宣宗(唐) 8-400 9-11
李泰←魏王 7-99, 106~108, 153, 155
李通←固始侯 3-189, 206, 300, 304, 316 4-19 7-96

李特→景帝(成) 5-135, 213 7-77
李平 5-22(釋)(頭) 7-357
李抱玉 8-77
李抱眞 8-96, 152(頭), 153, 181, 392
李彪 6-72
李豐 5-23
李弼 6-216 7-172
李泌 1-45
以匹夫而抗天子 6-292(要)
李賀 8-328
李遐 9-213
夷夏 9-54
李漢 8-354
李咸 4-169
李涵→文宗(唐) 8-352
李郃 4-100 8-357, 359
李恒→穆宗(唐) 8-341
李沆 1-52
裏行 7-134, 179
李行言 9-15
李憲←讓皇帝, 寧王, 李成器, 李忠義 6-302 (附) 8-296
鼇革 8-107(頭)
李峴 4-308
李賢 7-228
李顯→中宗(唐) 7-183
李儇→僖宗(唐) 9-27
李玄道 6-272
李玄伯 9-24
李玄霸 6-224
李亨→肅宗(唐) 7-316, 337 8-11
李虎←景皇帝, 襄公, 太祖 6-249 7-27
李好古 8-375
李好德 7-11
李弘冀 9-234
李弘泰 7-158
李環 9-143
李滉←退溪
以皇太后令 5-37(頭) 6-70(頭)
李回 8-394
李懷光 8-147(附), 155, 162, 171~173, 177, 185~187, 197~201
李懷仙 8-79(附), 81, 97, 114, 132 9-89
李懷秀←阻午可汗 9-100
李懷玉→李正己 8-58, 109 9-89
二崤 4-84
李孝恭←趙郡王, 河間郡王 6-275(頭) 7-104, 105
李孝本 8-378
李孝逸 7-193
李厚德 7-11
李訓←李仲言 8-348, 371, 373(頭), 375, 376, 378, 379 9-72
伊訓篇(書經) 6-238
異卉 6-180(頭)
李歆→後主(西涼:十六國) 5-337
李希烈 1-64 8-157, 160, 163, 168, 180, 183, 197, 202, 202(頭), 204, 303, 365 9-89
益 6-376
益卦 8-173
匿軍家 9-15(頭)(要)
益都 1-160, 161, 173
益都路 1-372
益都府 4-154 5-330
益陽 4-273
翊衛 7-278
弋綈 2-194(釋)
益州 1-324 2-326 3-58, 169, 268 4-222, 223, 265, 267~269, 273, 274, 276, 315, 328, 330, 333 5-75, 81(頭), 87, 89, 101, 135, 224, 263 9-48, 72
——牧 公孫述 3-197
——牧 諸葛亮 4-326
——別駕 張松 4-253
——刺史 蕭紀 6-144

──刺史 朱輔 4-37
益津關 9-247
翼贊聖功 7-132(要)
益昌縣 4-255
翼乎如鴻毛遇順風 3-61(頭)
麟嘉(年號) 5-154, 299
引卻愼夫人 2-125(釋)(要)
因孤 1-150(頭)
人苦無足 4-274(釋)
人苦不知足 3-304(要)
仁公→李昞 6-249
人極 7-188
因其故俗 爲五屬國 2-293(釋)
因其子之功 8-27(頭)
麟德(年號) 7-170, 285(頭), 286
麟德殿 8-340
人道 9-213
仁道 2-161
人道之大變 9-187
人龍 4-224
人倫 4-180(譯) 8-31, 32
印文 2-329
因班夜哭弒之 5-199(要)
引兵從故道出 1-335(釋)
印符 1-368
引分 2-163(釋)
人不可獨殺 3-77(要)
仁不以勇 1-340(要)
因徙三萬家驪邑 1-258(譯)
引槊 6-266(原)
藺相如 1-164(釋), 166~168, 177 3-241, 242 5-101
印璽 6-34
藺生 5-101(釋)
仁恕 6-87(頭)
仁壽 4-59
印綬 1-277 2-241, 331 3-27, 88, 166, 185, 317, 352(釋) 4-130, 163, 216 5-91
仁壽(年號) 6-197, 200
仁壽宮 6-193
仁壽之域 3-64(要)
仁勝 4-208
人心 1-313
隣伍 1-312
印刓敝 忍不能予 1-331(釋)
仁王經 8-115
人欲 3-95
人爲徐生 3-34(釋)
人有十等 2-352
人肉 9-63
仁義 1-136, 137, 145, 341 2-56~58, 75, 143, 153, 240, 243 3-31
仁義爲樂 8-36(釋)
仁人 1-256
仁人之所隱 2-247(釋)
忍字 7-171
隣長 6-355
因張良 遂略韓地 1-293(釋)
人定 3-271(要)
引帝車 5-106(頭)
仁宗(宋)←趙禎 1-51 9-98, 214
麟止 2-339(附)
因妻邪謀 1-69(譯)
人彘 2-92, 125(釋)
因投本土 4-201(要)
湮廢 8-93(頭)
仁和門 9-248
人皇王→耶律倍 9-104, 196
一角 7-274
一角獸 2-340
日旰 8-277(釋)
一見決矣 3-358(譯)
日計不足 月計有餘 4-58(頭)
一救荊禍 1-132(釋)
一擲 6-47(要)

一國三公 猶不堪 6-74(譯)
一國之士 5-111
一紀 6-290(頭)
日南 3-270
日南郡 6-373
一端 4-194(頭)
一旦除之 6-176(頭)
一當百 5-324
一大經 7-85(附)
一大錢 4-134(頭)
一旅 5-98(頭)
一笠 4-283(要)
一網罟 4-152
一命 9-97
逸民→裴頠 5-127(頭)
逸民 1-162(釋) 4-94(釋)
一抔之土 7-191(要)
日不暇給 2-87(要)
昵比 8-350(釋)
一嚬一咲(笑) 1-126(釋)
日削月割 1-234
一相 6-376
一世之後 3-291(要)
日蝕 3-125
日食 1-210 2-105, 121, 129 3-83, 136, 142, 148, 293 4-90, 157
日食每多在晦 先時而合 3-294(釋)(要)
一言不相應 2-181(釋)
一言喪邦 7-173(譯)
逸欲不生 8-305(頭)
佚游 3-144(原)
日有食之 2-121(釋)
一日之憂 4-31
日者 1-69
日在政府 7-326(頭)
一切 4-102(釋)
日磾→金日磾 2-294(釋)
一朝 1-248
日主 2-322
一切之政 3-92(譯)
一榱 7-89(要)
日逐王 3-72(釋), 163(釋), 342(頭), 344 6-210
日仄 3-363(釋)
一統 2-227
一通 4-119(頭) 8-47(要)
一敗塗地 8-379
一行 7-137
臨羌 3-67(釋)
臨江梁氏→梁寅 1-159(略), 212(略)
臨江王→共敖 1-306
臨江王→劉榮 2-213
臨羌縣 3-68 7-333
任官 2-252(釋)
臨壙 7-92(要)
任光 3-213 4-19 7-96
任光傳(後漢書) 3-213
臨朐 5-329(釋)
壬佞 7-249(頭)
林慮縣 1-139 4-127
臨慮縣 1-346
任滿 3-309
林放 3-353, 354, 361
任放 5-117(釋)(要)
臨汾郡 6-307
林士弘 6-249
任尙 4-68, 72(要)
衽席 7-158(譯) 9-84(頭)
臨城對陳 6-18(釋)
任城王→李道宗 7-26
任城王→元澄 6-97
任城王→曹楷 5-30
任成王→高湝 6-170
林少穎→林之奇 1-163
任數 8-191(頭)
任身 2-345(釋)

臨安 9-30
任讓 5-192
林言 9-37
林慮山 4-167(要)
任延 3-314
任永 3-313
林靈素 1-60
臨潁縣 6-98
臨雍拜老 4-289(釋)
臨沅 3-343
林鉞 2-155
臨渭縣 5-218
任裔 4-97
臨戎縣 1-218
林邑 6-203, 244(頭), 372(釋) 7-88(譯)
臨駟 1-216
轔藉 4-36(釋)
任子 9-238
臨濟 1-338
臨洮 1-244, 253(釋) 4-186 6-95(釋)
臨朝 2-100, 102, 109 3-168, 321 4-90, 112, 114, 155, 184 5-187, 211, 217 6-46, 85, 92, 132 7-191, 239, 249
臨洮王→元寶暉 6-95
任座 1-92
任峻 4-110, 111, 205, 206
任中書官 3-71(釋)
任芝 4-175, 177
林之奇←林少穎 1-175(評), 238(評), 325 (評) 2-294(評) 3-351(評)
臨晉 1-353
任眞推分 5-168(釋)(要)
臨川王→文帝(陳:南朝) 6-161
臨川王→蕭宏 6-124
臨淸 9-122
臨春閣 6-180, 182
臨春樂 6-180(頭)
任忠 6-189(頭)
臨淄 1-141, 159(釋), 162, 169, 172, 231, 232, 372, 376 2-266 3-271, 317
臨淄城 3-270
臨淄王→玄宗(唐) 7-240
臨淄縣 1-173
臨平 3-251
臨賀郡公→桓溫 5-214
臨賀王→蕭正德 6-115, 123(頭), 127
臨海太守 辛景 5-312
臨海王(陳:南朝)←陳伯宗, 廢帝 6-163, 164
臨鄕 3-345
臨軒 7-269(頭)
任俠 4-180(頭) 5-46(釋) 6-130(譯) 9-29 (頭)
林胡 1-217(釋)
任圜 9-142
臨潢府 9-190
臨淮大尹 侯霸 3-251
——太守 朱暉 4-56
臨淮郡 1-274
臨淮府 9-32
任囂 3-138, 268~270
任囂敎尉佗制七郡之計 3-269(釋)
立 4-245(要)
入據其城 3-274(要)
入谷 5-13(頭)
立郊兆於城南 3-237(附)
入寇 4-307(譯), 339
入宮 9-41(頭)
立冬 3-84 8-298
入幕之賓 5-261(譯)
立拜 2-353(要)
立部 8-34(釋)
立私論以救其敗 4-289(頭)
入承大統 9-250
立信於徙木 1-264
立兩稅限 9-236(附)
立王生則逸 8-349(譯)

立威於棄灰 1-264(譯)
立以爲沛公 1-276(頭)
立子倍 9-104(原)
立子以貴 3-330(釋)
立仗馬 7-312(釋)
立嫡以長 6-300(釋)
立政殿 7-43
入朝于鄴 6-119(頭)
立秋 3-84 8-298
立春 3-84 8-298
立夏 3-84 8-298
入閤 6-332(釋)(頭)
入閤禮 9-187
入海還 1-253(頭)
媵妾 6-300

【ㅈ】

訾 4-177(頭)
自强不息 4-64
恣彊愎 8-174(釋)
子擊→武侯(魏:先秦) 1-92~94, 102
自謙無德 3-361(譯)
子敬→魯肅 4-235(原), 285(釋)
子貢 2-280 8-225
子贛→吾丘壽王 2-236
藉寇兵而齎盜糧 1-219(釋)
紫宮 1-260
子糾 3-289 4-258 6-304
子禽→文種 2-228
紫金山 9-232
紫金魚袋 9-15
自矜衒 8-174(釋)
子奇 4-103(釋), 105
子期 1-229
子女 6-285(譯)
紫闥 5-125(釋)
子路←季路 4-257 7-218
子路所以有負米之恨 7-131(釋)
疵纇(뢰) 9-50(釋)
子龍→趙雲 4-277(頭)
子陵→嚴光 3-280, 281, 282
子明→呂蒙 4-285(釋)
子母相哺 1-180(譯)
子文→鬪穀於(누오)菟 3-38
子文之治猶在 7-66(附)
紫微宮 3-237
紫微省 7-254
子密←不義侯 3-258, 259
自亳之載 6-237(頭)
子盤 7-228
子房→張良 2-21, 32, 44, 82, 91 3-176, 206, 213, 265 4-196(頭)
煮餅 4-114(頭)
慈父→襄公(宋:先秦) 3-20
子夫 2-262
子復爲右將軍 3-19(頭)
慈悲 4-27, 29
自比赧獻 9-72(釋)
字牝 2-217
子思 1-109, 110, 136, 137, 256 4-17
自事 6-27(要)
子產 7-92
貲產 7-260(頭)
自殺 3-121(要)
子桑→公孫支 1-220
訾相 7-174(頭)
自相魚肉 5-151(釋)
子西 1-229
自署其考 8-237(頭)
自署文武將吏 8-97(頭)
子燮 1-74
自聖 1-238
粢盛 2-127, 260
滋水 2-192
自首 6-333(釋) 7-275(頭)

子順→孔斌 1-180, 202(頭)
慈隰 8-253(要)
紫宸殿 8-376
滋氏縣 1-177
自安遠門 西盡唐境 7-346(譯)
自按中道 4-346(譯)
自按行尙書事 8-249(釋)
子陽→公孫述 3-252
紫陽書院 4-322
子輿 3-208
自輿 7-135(頭)
煮鹽興冶 5-58(譯)
子嬰→孺子嬰 1-266, 297(譯), 299, 300, 307, 312, 321, 375 2-23, 85, 90 3-248 6-231(釋)(頭), 232
子午 4-336(釋)
子午谷 4-329, 337 5-50
子午橋 8-382
子午山 1-258
子玉 1-321
滋欲鄕和親 3-15(釋)
子游 2-280
自有主者 4-326(譯)
資蔭 6-333(譯) 7-60
赭衣 2-204
子儀→郭子儀 1-64
子儀功蓋天下 1-64(譯)
子翼→蔣幹 4-245(頭)
慈子者(嗜)利 2-147(頭)
子張 4-125
子臧 6-300, 301
子臧之節 6-300(釋)
自在 3-338(頭)
自適己事 3-269(釋)
子錢 2-285 8-155
自占 3-25
自定壽春以來 5-48(頭)
子朝→孤竹君 3-280
子朝 1-229
資調 5-223(釋)
慈州 9-55
磁州 8-81, 394, 396
──節度使 薛嵩 8-80
子朱子→朱子 1-246 2-102, 109
磁州縣 1-84
自曾孫遭遇 3-50(釋)(要)
子之 1-148, 148, 150
自盡 8-106(頭)
自遷謫中 8-123(頭)
子楚→莊襄王(秦:先秦) 1-201
慈蒽 8-68(釋)
齊(자)衰 4-173 5-165(釋)
諮諏 4-334(頭)
資治通鑑 1-37, 207, 305 4-270, 293, 300, 308, 343 5-73, 336 6-166, 248 7-58, 103, 188, 199, 264 8-64, 334 9-94, 106, 247
資治通鑑綱目 1-65, 197, 246, 337, 363 2-33, 75, 77, 102, 109, 274 3-114, 174, 199, 226, 358 4-97, 196, 202, 212, 282, 293, 295, 300, 309, 322, 339 5-23, 267 6-11 7-176, 188, 193, 215, 264 8-74, 115, 334 9-94, 117, 177, 195, 224, 247
資治通鑑綱目集覽 4-162
資治通鑑考異 7-137, 301
資治通鑑總要通論 1-41(題)
資治通鑑訓義 4-343 9-213
自稱涼王 5-227(頭)
自稱漢王 6-137(譯)
子噲→燕王噲(燕:先秦) 1-148
自度(탁)不得脫 2-351(要)
子布→張昭 4-285(頭)
赭袍 9-187
自彼氐羌 莫敢不來王 3-98(譯)
子夏←卜子夏 1-94 2-280 3-108

紫河 6-209
字學 7-94
妐鄉 2-75
子虛賦 7-259
慈湖 6-123
慈湖王氏→王幼學 1-84(釋), 87(釋), 88(釋), 91(釋), 98(釋), 105(釋), 107(釋), 109(釋), 117(釋), 118(釋), 125(釋), 127(釋), 128(釋), 131(釋), 134(釋), 139(釋), 140(釋), 143(釋), 189(釋), 192(釋), 194(釋), 195(釋), 201(釋)
子華→文帝(陳:南朝) 6-161
字彙 4-217
子休→莊子 5-38, 157
爵 4-174(頭)
作檄移梁 6-120(頭)
灼爛者 在於上行 3-34(釋)
作文移 3-201(釋)
作舍道旁 4-61(釋)
作色 3-90(要)
雀鼠谷 6-265(譯)
作鹽鐵 苦惡價貴 2-312(釋)
作俑 4-111(頭), 295
作丁 5-186(頭)
殘 4-269(頭)
棧車 4-79
棧道 1-327 8-22
剗僞以眞 8-325(譯)
岑公孝→岑晊 4-141(釋)
簪裹 1-117
岑文本 7-62, 107, 119
潛夫論 4-41
蠶食 1-175, 213
蠶室 1-260
蠶月 3-327
箴尹 3-38 7-67
岑晊←岑公孝 4-140, 160
岑彭 3-193, 304, 308 4-19 7-96
岑彭傳(後漢書) 3-310
岑羲 7-246
雜記篇(禮記) 3-147 6-328
雜沓 8-188(釋)
雜遝 8-380(要)
雜讖䄍 2-365(頭)
雜胡 5-104(釋) 8-13
雜戲 8-34(釋)
張 4-279(釋)
莊→明帝(東漢) 4-11
獎 4-157(頭)
莊賈 1-280 7-302, 303
牂柯郡 2-251, 308, 312
牂牁郡 3-339, 344
張嘉貞 7-312
張角 4-179, 180, 182 5-95
蔣幹←子翼 3-248 4-245
張柬之←漢陽王 1-46 7-184, 187, 213, 222, 223, 225, 229, 231, 231, 232
張邯 3-309
章邯←雍王 1-280, 284, 287, 294, 296, 297, 302, 306, 314, 323, 325, 331, 333, 335
張堪 3-326 7-96
張堪傳(後漢書) 3-326
張綱 4-106, 108, 111, 251
長江 4-205, 233, 279 5-72, 83 6-187 9-171
張開地 1-252
張騫 2-291, 292, 306, 314
張建封 8-236
張騫傳(漢書) 2-292
壯健鷙勇 6-18(釋)
張儉 4-160, 161, 165~167
葬經 7-92
長卿→夏侯建 3-108
長慶(年號) 8-341
張敬達 9-165, 168, 213

長慶樓 8-66(要)
章敬寺 8-115
長庚星 6-298
張景順 7-286
章敬皇后(唐) 8-76, 79
張皐 8-346
掌故 1-309
長轂雷野 高鋒彗雲 3-365(頭)
長公→夏侯勝 3-108
莊公(魯) 6-304
莊公(魯:先秦) 1-121, 320 2-334 7-114, 228
張公謹 6-295 7-104, 105
張公藝 7-171
長公主→蓋長公主(漢) 2-373
長公主 2-58, 97
長公主嫖(漢) 2-213
張綰 6-122(頭)
長廣王→敬帝(北魏:北朝) 6-103(頭), 105, 132
長廣王之命 6-105(頭)
將校 8-104(頭)
蔣橋 9-159
張九齡 1-45 7-253, 300, 302, 304~309, 312(頭), 313, 317, 351 8-334, 335 9-87
張九齡先見 8-47(釋)
長驅而前 5-50(釋)
章句之徒 4-50(釋)
將軍槮 1-195(釋)
將軍府 8-368
張君緒 9-14
將軍之惡猶吾惡 5-167(要)
臧宮 3-312, 344, 350, 351 4-19
臧宮傳(後漢書) 3-344, 350
張權輿 8-347
張軌→武公(前涼:十六國) 5-141(頭), 213, 227 7-77
張歸霸 9-128
張筠 9-142
長戟 2-169
張瑾 6-313
長技 4-239(頭)
瘴氣 3-346
張其勢 7-343(頭)
張南 4-319
漳南 1-294(釋) 6-214, 271
張南軒→張栻 1-137(評) 3-95(評)
仗內 8-24
長寧公主 7-234(頭)
長寧侯(前涼:十六國)←張祚
張魯 4-222, 222(釋), 248(原), 253(頭), 254, 261, 266, 268, 272, 275
張象 7-345
張達 4-312
張大 5-75(釋)
章臺宮 1-159
張德 2-342
臧荼←燕王 1-306, 360
張道源 6-292
長道縣 4-338
章惇 1-61
張同休 7-222
長樂(年號) 5-311
長樂經略 7-319(頭)
長樂公→哀平帝(前秦:十六國) 5-286(頭), 287, 289, 296
長樂公主 9-120
長樂宮 1-245 2-49, 101, 349 3-28, 58, 209
長樂老→馮道 9-211
長樂老敍 9-210(附), 211
長樂門 9-61
長樂王→竇建德 6-221, 270
長樂王→昭武帝(後燕:十六國) 5-310
長樂王→孝莊帝(北魏:北朝) 6-95, 132, 156
長樂州 9-14

長樂縣 1-139
將略 4-348 5-12, 18
張亮 6-136 7-104, 106
張梁 4-182
張良←萬戶侯, 留侯, 子房 1-43, 252, 280, 281, 284, 293, 299, 310, 316, 318, 319, 327, 336, 346, 348, 361, 375, 377, 381, 382 2-11, 29, 31, 33, 40, 43, 78, 79, 85, 88, 90 4-341 5-198 7-292
張良傳(史記) 2-29, 79
張良傳(漢書) 1-327
獎厲 9-17(頭)
壯烈天王→宣昭帝(前秦:十六國) 5-293
張遼 4-215
章陵 3-328(要)
長陵 1-298 2-134, 165, 306 5-343
臧吏 9-156
長吏 3-290 4-102 7-38(譯)
長利縣 8-40
張林 4-56
張邈 4-160
張萬福←金吾將軍 8-228
張萬歲 7-285
張猛 3-123, 124 8-284
張孟談 1-84
長名姓歷榜 7-176
藏木峽 9-14
張武 2-111, 112, 194, 197
張茂 5-213, 227 6-28(頭)
章武(年號) 4-302 6-19
將無同 5-116(釋)(要)
張茂昭 8-265
章武融 6-91
張美以私恩見踈 9-241(附)
張方 5-135(要), 136
張滂 8-220, 227(頭)
張邦昌 1-64(譯)
長白山 6-214
藏甁 3-17
張步←安丘侯, 齊王 3-249, 250, 259(頭), 270, 271, 273, 274, 287
張步傳(後漢書) 3-274
張普惠 6-96
張奉 4-57
張鳳 4-147(釋), 148
丈夫 1-272 6-266(頭)
臧否 1-145 4-164, 168 5-200(釋)
張斐 2-175
張飛 4-193, 203, 222, 248, 274, 311, 312, 313, 329
張賓 5-142
長史 3-13(要), 25, 26 4-337 8-227(頭)
長沙 1-324 2-72 4-243, 244, 273
——太守 孫堅 4-191
長社 1-294 3-304(釋)
長沙郡 4-249
長沙王→蕭懿 6-150
長沙王太傅 2-136(譯)
長沙定王→劉發 3-189, 221, 245
蔣士則 8-279
長沙桓王→孫策 4-345
張朔 4-139
蔣山 5-189
長山 5-208
長山縣 2-206
張象 5-93
張相如 2-131, 178
張生 3-108
長生 2-305 9-19, 22
長生不死 1-238
長生藥 8-310
張奭 7-326
張釋之 2-130~132, 134, 135, 189, 242 3-18
張涉 8-122, 123, 144

張成 4-144
長城 1-154, 217, 218, 253, 300 3-100, 161, 184, 297 6-209
長星告變 5-306(譯)
長城公→後主(陳:南朝) 6-178
張昭←子布 4-216, 233, 287, 315
張韶 9-79
張孫 8-86
長孫道生 6-23
長孫無忌 1-45 6-295, 297, 312, 316, 332, 387 7-23, 24, 35, 66, 104, 105, 107, 109, 119, 121, 131, 137, 150, 155, 158, 163, 164, 170, 180
長孫無忌傳(新唐書) 7-35, 119
長孫順德 6-334 7-104
長孫順德傳(唐書) 6-334
長孫稚 6-91
長孫平 6-182
長孫皇后(唐) 7-42, 164
張松 4-224, 253, 309
將率(수) 2-314(頭)
張繡 4-343
長水 5-22
漳水 1-84, 296 2-60, 62
長壽(年號) 7-203
長壽街 3-324(譯)
張綉屈膝 5-64(附)
張守珪 7-302(頭) 9-99
張巡 7-355(譯) 8-14, 16, 30~32, 49, 51(附), 52~54
張純 3-358
將順之不暇 7-119(要)
張勝 2-334
張承業 9-147
張承業之竭忠 9-76(釋)
張豺 5-217
張偲 6-129
張是連提 6-37(頭), 38
張柴村 8-296(要)
張寔→昭公(前涼:十六國) 5-162, 213, 227 6-28(頭)
張栻←南軒張氏, 張南軒 1-52
長信侯→嫪毒 7-186
張氏→張晏 1-288, 312, 352(略) 2-134
張氏→張華 1-381
張晏←張氏 1-189 2-140, 240, 317
長安 1-128, 189, 259, 333 2-29, 34, 55, 67, 82, 112, 174, 190, 192, 204, 285, 306 3-16, 197, 205, 208, 209, 213, 218, 227, 228, 233, 235, 238, 248, 288, 358, 366 4-28, 72, 191, 192, 197, 265, 277, 277, 336, 346 5-124, 136, 144, 145, 146, 148, 150, 154, 166, 194, 216, 222, 228, 253, 273, 289, 292, 296, 298, 333, 340, 342~345 6-18, 31, 107, 108, 134, 158, 189, 206, 233, 237, 239, 240, 242, 258, 259, 261, 264, 275, 278, 285, 307, 309, 364, 369 7-89, 329, 338, 347 8-22, 25, 38, 85, 86, 90~92, 93, 139, 154, 171~173, 177, 181, 186, 189, 190, 194, 197, 200, 212, 235, 266 9-32, 36, 40, 51, 55, 57, 63, 75, 81, 174, 220
——令 韋堅 7-324
長安(年號) 7-216
長安道 8-113
長安城 2-133, 134 8-39, 68, 87
張安世 2-377, 378, 380 3-36, 53, 105, 106, 111
長安天子 5-164
長安縣 2-55
張掖郡 2-302 3-340 6-211
張讓 1-62 4-139, 185, 185
莊襄王(秦:先秦)←異人, 子楚, 楚 1-47, 197, 201, 203, 208, 209(目), 210, 213,

300, 302 6-366
帳御飮食從官 1-360(釋)
張言→張全義 9-136
張言 4-285(頭)
張彦卿 9-213
將爲用彼相 4-171(頭)
張彦澤 9-185(頭)
張易之 7-186, 220~223, 230
張宴 6-113
張延朗 9-153
張延賞 8-209(頭), 210, 212
張說←燕國公 7-219(頭), 278, 279, 281, 285, 287, 312, 320 8-110, 206
張說傳(新唐書) 7-278
張永 6-41(頭), 42, 49, 50
張嬰 4-108, 110
蔣英 5-194
張永德 9-208(頭)
張裔 4-333 5-17
張敖←宣平侯, 趙王 2-59
贓汚 4-130(要) 6-191(釋)
張温 5-96
張蘊古 6-325(頭) 7-11, 153, 155
張蘊古之死 6-379(譯)
長翁→梁丘賀 3-108
蔣琬←公琰 4-270, 333, 345, 346 5-13, 15, 24, 25, 34, 36
漳王→李湊 8-360(頭)
莊王(楚:先秦) 1-206 3-38 7-75, 263
莊王滅其族 3-38(譯)
張曜靈→哀公(前涼:十六國) 5-227, 266 6-28 (頭)
張禹←安昌侯 3-139, 140, 148, 149, 156
張紆 4-64
張又新 8-347(頭)
張禹傳(漢書) 3-148
場院 8-133(譯)
長垣 9-28
張源德 9-213
張音 4-294
張倚 7-326
張儀 1-107, 144, 147, 152, 154~156, 204, 219 2-221 4-245(釋)
張耳←常山王, 趙王 1-269, 270, 279(附), 306, 337, 338, 354, 354, 356, 363, 368, 377 2-59
張彝 6-93, 130
將二十載 6-13(譯)
張翼 5-48(頭), 50, 52
張仁禕 7-176
丈人行 2-334(釋)
張佚 3-352
張秏(자) 5-273(頭)
莊子←南華仙人, 子休, 莊周 1-351 2-206 4-122 5-38, 157 6-145 7-72, 140, 204, 335 8-322
—— 刻意篇 2-32
長者 1-288(譯), 292(譯), 338(譯) 4-66
長子 1-81(釋)
長子縣 2-62 5-298 6-98(釋), 103
將作大匠 4-101(頭), 107, 133 6-206(頭)
張全義←張言, 張宗奭 9-136(頭)
掌節 1-242
張廷範 9-81, 81(頭)
長征兵 8-206(頭)
張悌 5-57
莊帝→孝莊帝(北魏:北朝) 6-104, 106
蔣濟 4-279
章帝(東漢)←肅宗, 孝章, 孝章皇帝, 炟 2-54 3-321 4-42, 60, 63, 74, 117, 155, 297 5-62 6-34
藏諸用 7-146(譯)
張齊賢 1-52
張祚→長寧侯(前涼:十六國) 5-226, 227, 266 6-28(頭)
莊助→嚴助 2-235(原), 241

莊宗(後唐:五代)←李亞子, 李存勖, 李天下, 晉王 4-305 9-79, 108, 109, 117, 128, 129, 140, 143, 146, 147, 161(頭), 163, 210, 241
張宗奭→張全義 9-136
長從宿衛 7-280, 283
贓罪 4-58
莊周→莊子 1-94 5-38, 157
張浚 1-54
張濬 9-47, 48, 72, 80
張駿→文公(前涼:十六國) 5-212(頭), 227 6-28(頭)
莊遵→嚴光 3-279
張仲武 8-394, 395
張仲方 8-354
張仲瑀 6-93, 130
張仲淸 8-378
張重華→桓公(前涼:十六國) 5-212, 227 6-28(頭)
張鎭周 6-289
臧質 6-41
張倉 2-86
張敞 3-62, 63, 80, 88, 111
張昌←睢陽侯 2-332
張蒼 2-149
張昌齡 7-134
張昌齡傳(新唐書) 7-134
張敞傳(漢書) 3-89
張昌宗 7-186, 218, 220, 222, 223, 230
長策 1-300(頭)
藏策金縢 3-173(釋)
張薦明 9-213
張天錫→悼公(前涼:十六國) 5-244, 266(頭), 277(頭) 6-28(頭)
長牒 8-214(譯)
張湯 2-251, 276, 277, 283, 285, 297, 298, 304, 305, 314 3-28
張湯傳(漢書) 1-192 2-251 2-298(評)
長太息者 2-141, 147
張破敗 9-144
張平 1-252 5-282
長平 1-176(釋)
長平坑卒 7-92(釋)
長平觀 1-298
張布 5-96
張捕 4-24(要)
張豐 3-250, 251
仗下 7-273(頭)
漳河 3-205
張翰 5-130
張漢傑 9-122, 130
張漢倫 9-122
張漢融 9-122
張漢鼎 9-122, 124, 129, 134
張郃 4-274, 275, 276, 338, 339, 344, 346, 348
張楷 4-92, 94(新)
張行成 7-91
張行成傳(新唐書) 7-91
章鄕 4-284
張玄 3-267 5-273
張玄素 6-373
張玄素傳(唐書) 6-374
張玄靚→沖公(前涼:十六國) 5-266 6-28(頭)
蔣玄暉 9-81(頭)
張衡 3-341
杖刑 6-378
將護 7-17(頭)
張鎬 8-54, 56(頭)
張顥 9-114(頭)
張弘靖 1-175 8-342
張弘策 6-74(頭)
張華←茂先, 張氏 5-82, 83, 88, 115, 127, 128
張奐 4-147
張皇 8-191(頭)

張皇后(唐) 8-72, 74, 75, 90 9-87, 94
張皇后(漢) 2-111
臧獲 7-234(原)(頭)
張孝忠 8-153
張侯橋 6-123
蔣欽 4-279
長興(年號) 9-152, 169(頭)
宰 1-338(譯)
才 1-85
載 7-326(釋)
齊 2-150(釋)
材官 1-349 2-168(譯), 248
梓宮 8-346(頭)
梓潼郡 5-23
裁令流水而已 3-348(釋)
再罹女禍 8-27(頭)
財利之說 8-129
才望 7-265(頭)
災變 3-49, 129, 148
材士 1-267(釋)
宰相以刑措受賞 7-309(譯)
宰相七人 五出其門 7-246(譯)
載書 2-104(釋)
裁成輔相 1-246(附)
再受命 3-267(譯)
宰我 2-280
災異 3-129, 141, 148
災異爲戒 7-272(譯)
才人 7-144, 159(頭)
梓人 8-287
梓人傳 8-287(要)(頭)
齎刺 4-135(要)
梓州 8-246, 249, 251
才地 5-301(頭)
再淸內難 9-86(頭)
載初(年號) 7-197
宰衡→王莽 3-172(譯)
在乎加之意 2-224(要)
爭道 2-200(釋)
爭臣論 8-227, 231
爭前殺之 8-167(頭)
爭衡 4-216(要) 8-322(頭)
邸 2-135(釋)
氐 4-305 5-106, 120, 218, 253, 288, 294 8-85
邸閣 4-350
氐羌 3-98(頭) 4-37
沮渠 6-153(頭)
沮渠牧犍→哀王(北涼) 6-25, 28, 28
沮渠蒙遜→武宣王(北涼) 5-317(頭), 318 6-12, 26, 28 7-77
沮渠菩提 6-26
沮渠氏 6-25
狙擊 1-252(釋)
杵臼 2-204
儲宮 4-90
褚亮 6-272, 273, 318
褚亮傳(唐書) 6-273
抵轢 8-328(頭)
著令 7-15(釋)
著筏 5-90(釋)
抵璧於山 投珠於谷 7-46(附)
褚裒←季野 5-200, 201, 211, 218, 219, 279
儲嗣 9-19, 156
狙詐 7-148(頭)
邸舍 4-175
狙詐相高 7-293(頭)
褚遂良 1-45 7-97~99, 103, 107, 109, 112, 115, 119, 121, 132, 135, 150, 153, 154, 159, 163, 165, 166, 169, 180
褚遂良傳(新唐書) 7-97, 103
褚遂良韓瑗之死 7-179(頭)
褚氏 5-211(頭)
抵言 3-324(釋)

牴牾 8-326(頭)
氐運 5-283(頭)
抵雲陽 1-257(釋)
羝乳乃得歸 2-335(釋)
儲貳 2-188 6-123
邸店 6-91(譯)
滁州 9-225, 226
——軍事判官 趙普 9-226
杼軸 8-363(譯)
蛆蟲 6-214
儲峙已竭 9-63(附)
樗蒲 5-314(要), 323
苴侯 4-255
嫡 2-203
謫 7-275(頭)
適 7-231(要)
磧 3-122 5-90(釋)
賊間 8-189(頭)
逖居京口 5-151(譯)
積苦兵間 3-287(頭)
敵國破 謀臣亡 2-33(要)
積弩將軍 5-132
狄道 5-40, 50
迪輦組里 9-99
赤劉之九 3-358(釋)
寂滅 6-99
赤眉 3-189, 192, 206, 218, 226(譯), 228, 233, 238, 243, 245, 246, 248 4-287, 296
赤眉青犢之屬 3-204(釋)
翟方進 3-152, 179
赤壁 4-235(釋), 239, 240, 241, 325 5-96, 98, 279
赤壁山 4-237
擿伏 9-244(釋)
赤伏符 3-141, 223(釋), 227, 297, 362
赤鳳內亂 3-156(譯)
赤鼻山 4-237
翟斌 5-254(要), 286(頭), 287
赤沙 1-103
積石 7-332(釋)
磧石 1-302
赤烏副 5-42(要)
赤石脂 5-107(頭)
赤松子 2-31, 32, 33 3-61(釋) 6-53(附)
積尸省地 8-386
赤岸 5-13(要)
赤岸澤 7-285
赤崖 5-15
翟讓 6-222, 254
翟讓亡命於瓦岡 6-220(附)(要)
赤烏(年號) 5-29
賊汚宮闕 9-72(頭)
赤玉烏 2-246
翟王→董翳 1-306, 325, 335
籍外田 7-275(頭)
翟遠 8-284
翟義 3-179(釋)
赤夷 3-167
狄人 1-173
狄仁傑←文惠, 梁國公, 梁文惠公 1-45, 59 (譯), 64 7-184, 187, 210, 212~214, 226
赤子 6-314(頭)
嫡長公主→魯元公主(漢) 2-57(譯), 59
籍田 2-126, 127, 259
赤亭 5-149
赤亭羌 5-148(頭)
赤帝 1-271, 276 3-237
赤帝璽 3-300
赤帝子→高帝(漢) 1-275(要) 4-325 5-60
赤帝子斬之 1-275(譯)
赤帝 赤熛怒 7-285
赤帝之符 3-263(譯)
赤族之誅 7-209(頭)
赤地 3-350(釋) 6-39(頭)

翟進宗 9-213
赤牒 6-346(譯)
翟超 4-160, 161
赤草 3-361(釋)(要)
積翠池 7-49
赤幟 1-356(譯)
翟酺 4-101
赤汗 2-296
赤縣神州 5-147, 230
翟璜 1-92(釋), 94, 95
錢←家兄, 孔方 5-125
餞 3-55
鷆 6-361
諓 4-76(釋)
田甲 2-283(頭)
田疆→田開疆 5-21
鐫羌侯→隗恂 3-277
田開疆←田疆 5-21
鑳鏗→穆帝(東晉) 3-62
傳車 4-252 8-229
傳檄而定 1-331(釋)
田犬 1-175
田季安 8-265, 277(頭), 365
前告 6-286(頭)
田官 4-206
田廣 2-25
田廣明 3-164
旃裘 6-58(頭)
傳國寶 1-298 8-33 9-120, 132, 170
傳國璽 2-138 5-293
傳國璽綬 3-246(釋)
傳國之寶 3-275
戰國策←國策 1-140(釋), 192(釋), 194(釋)
2-336(釋), 340(評) 6-233(釋)
——— 秦策 1-322(釋) 2-218(釋)
全軍覆沒 6-316(譯)
前軍師 5-15(要)
前宮 6-317(頭)
展禽→柳下惠 4-137
田肯 2-36, 37
田器 3-41
田忌 1-129
前年 2-72(釋)
田單←安平君 1-169(頭), 170~173, 201
田單宗人 5-344
田儋 1-271, 278(附), 284 2-25
田儋傳(史記) 2-24
田儋傳(漢書) 1-370
錢塘江 4-329
前到 4-191(頭)
田都←齊王 1-278, 306
專厲彊壯蠭氣 3-42(釋)
田龍秋 6-167(譯)
錢鏐→太祖(吳越:十國) 9-42(頭), 56, 81,
109, 153, 176
傳莽首詣宛 3-197(釋)
氈帽 8-292(頭)
靦貌 8-180(釋)
田文←孟嘗君 1-105, 145 2-273
箋文 3-202
錢文子 2-242(頭)
田盼←盼子 1-129
傳發 1-356(釋)
前發 6-67(頭)
錢帛百億萬 7-331(譯)
甸服 5-123 8-306
錢鳳←錢世儀 5-183, 185
田父紿曰左 2-13(釋)
田蚡←武安, 武安侯 2-231, 237, 274, 309
田蚡傳(史記) 2-237
畋奔行在而薨 9-34(頭)
田不井而兵猶藏於民 7-279(譯)
傳舍 1-368 4-153
田舍 2-75
田舍公得此 已爲過矣 6-44(附)
田舍翁 7-23, 155

田山 5-287
田常→陳恒 1-78(頭), 101
傳相監司 2-251(要)
全緖 8-86
前書→漢書 3-248
田緖 8-187, 203, 279
篆書 4-172(要)
銓序 6-346(頭)
牋書 5-336
戰石 8-16
傳禪 4-295
典選 5-78(要)
專設諸 4-49
錢世儀→錢鳳 5-185
典屬國 2-370
瀍水 6-157
傳首江陵 6-141(譯)
田順 3-164
田承嗣 8-80(頭), 81, 97, 108, 114, 145, 147, 279, 365
田市←膠東王 1-278, 306
田信 1-192
田神功 8-94
錢神論 5-125, 155
田氏之所以倂其國 3-199(譯)
典樂 4-62
田安←濟北王 1-306
窴顔 3-161(釋)
窴顔山 趙信城 2-300(譯)
田穰苴→司馬穰苴 7-292, 303
田延年 2-282, 284, 377, 378
田悅←魏王 8-109, 145, 152, 153, 155, 156, 162, 165, 180, 183, 187, 365
田榮 1-278, 280, 284 2-25 4-232
田嬰 1-129, 145 2-273
田令孜 9-29(頭), 32, 33, 39, 40~42, 48, 69, 72
傳詣 1-353(譯)
典午 5-181(譯)
田完 1-99 7-303
顓頊 1-241 3-354 6-382 7-67 8-316
轉運 8-129, 142
轉運使 劉晏 8-93
——— 元載 8-94
轉運使司 8-134, 136
錢元瓘→世宗(吳越:十國) 9-153, 176
傳位 2-219 9-234
專爲丞相 2-119(頭)
傳位於太子 7-245(要)
顓臾 3-47
戰栗 9-227(頭)
田戎 3-308, 309
專意東方 3-252(譯)
前日鼂錯 2-269(譯)
專任小數 6-203(譯)
田子方 1-90, 93~95
前將軍 3-218(頭)
錢傳瓘→世宗(吳越:十國) 9-153(頭)
戰戰兢兢 5-264(要)
全節之士三 9-211(頭)
殿庭而赦之 6-196(要)
筌蹄 4-241(頭)
田租 1-238 2-130, 374 3-292
轉漕 1-352
饘粥 6-197(釋)
前至 4-86(頭)
專之可也 5-58(譯)
前進士 7-177(譯)
傳車 2-25
銓次 5-109(釋)(要)
傳餐而食 6-375(原)
傳處蜀靑衣 2-67(釋)
田千秋←富民侯 2-353, 355, 356
田千秋傳(史記) 2-353, 355, 369
全椒縣長 劉平 4-22
殿最 3-26, 114

展筒 7-274
轉鬪 5-313(頭)
錢幣 6-271
田布 8-343(附)
田豊 4-214
田彼南山 3-83(釋)
全匹帛 4-48(釋)
前漢書→漢書 賈誼傳 7-62
——— 郊祀志 6-274
——— 天文志 7-54
戰艦 5-75(釋)
田解 1-370
前行 1-294(釋)
詮衡 7-177(釋)
銓衡 6-89(要)
典護軍 1-338(頭)
錢弘淑→忠懿王(吳越:十國) 9-194
田弘正 8-81, 332, 342, 344
錢弘倧→忠遜王(吳越:十國) 9-194(頭)
錢弘佐→忠獻王(吳越:十國) 9-176(頭), 194
田和→威王(齊:先秦) 1-80, 101(附), 108
轉禍爲福 4-108(要)
前畫意 2-360(釋)
田懷諫 8-277
專橫 8-75(頭), 106(頭)
田橫 1-278 2-24(原), 282 3-271, 282 4-230(釋)
田橫懼誅 2-24(頭)
前後相矯 8-117(頭)
前煇光 3-174(釋), 175
田興←安道, 弘正 8-277(頭), 278, 280, 281, 283
折簡 6-232(頭)
折減 4-98(頭)
浙江 5-315
節氣 2-232
絶大幕 3-161(釋)
竊倒持之柄 8-159(譯)
浙東 8-258, 262 9-25
——觀察使 裴肅 8-233
浙東軍 9-24
節陵 1-59
絶粒 7-142(釋)
節旄 2-369(譯) 9-138
節文 2-47(譯)
節愍→李重俊 7-234
節閔帝(北魏:北朝)←廣陵王, 元恭, 節閔皇帝 6-105, 106
節閔皇帝→節閔帝(北魏:北朝) 6-106, 132
絶簿書 盜財物 3-57(釋)
絶弗復與通 3-53(譯)
絶不飮食 2-335(譯)
浙西 8-255, 258, 262 9-89
——觀察使 李德裕 8-345, 350
——鎭遏使 王郢 9-31
節食服藥 2-355
節鉞 8-204(譯), 245(附), 277(釋)
折威軍 8-113
節將子弟 8-160(頭)
折節 3-144(頭)
節鎭 1-50
折墌 6-256(頭)
折衝 7-320(頭)
折衝果毅府 8-366
折衝府 7-278, 338 8-110, 206, 367
漸卦 2-315
漸臺 3-197(釋)
墊陌錢 8-180(原)(要)
簞筏 5-92
漸不可長 3-45(譯)
漸染 6-70(釋)
漸矣 3-155(頭)
占田 3-158
占候 3-129 6-118
接習水 3-15
蹀血 6-300(釋)

蹀血禁門 8-386
定→愼靚王(周) 1-146
政→始皇帝 1-194, 212(原), 214
梃 9-61(原)
正覺 5-300
征羌 4-163(釋)
靜江節度使 馬希聲 9-153, 154
靖康(年號) 1-53
靜江軍節度使 馬希萼 9-200
淨居殿 6-125
正卿 2-276(要)
正經 2-378
鄭敬 8-262
鄭季 2-262
鄭綮 9-52, 53
丁固←丁公 2-27
鉦鼓 5-192(要) 6-218(要)
丁公→丁固 2-27(釋)(要), 28, 86
程公→程普 4-235(釋)
鄭公→魏徵 3-357
定公(魯:先秦) 4-187 7-92, 294, 295
靖公(晉:先秦) 1-74, 111
貞觀(年號) 3-354 6-282, 330(要), 344, 371, 387 7-28, 55, 58, 59, 79, 80, 82, 132, 152, 159, 180, 242(頭), 273, 285 8-45, 366 9-86, 98
定官名 2-328(附)
貞觀政要 6-248(譯), 312, 316, 318, 322, 334, 336, 339, 343, 351, 356~358, 364, 370, 373, 375 7-15~17, 23, 28, 29, 37, 58, 66, 99, 102, 111, 115, 117 9-12
正觀之治 9-95(譯)
定國軍 9-231
定國節度使 趙匡胤 9-230(要)
正君 9-18
程權 8-308
政歸房闥 3-319(頭)
鄭均 4-57, 58
鄭吉 3-72
靜難節度使 王行瑜 9-42
正女 9-213
停年 6-94(頭)
征虜 4-279(釋)
鄭覃 8-378(頭)
旌幢 8-245, 280
鄭當時 2-314
定陶 1-287(釋) 2-20 4-61
正度→惠帝(西晉) 5-114
定陶共王→劉康 3-159
定陶王→哀帝(漢) 3-151
政戾庶長 2-290
丁令 3-15(釋)
丁零 5-254(要), 286(頭) 6-252
政令得失 3-25(釋)
征虜將軍 4-282
政論 4-119
庭燎之詩 8-351
正倫以罪黜 7-112(譯)
定陵 1-293 3-193, 193
程邈 4-172
正名 1-76, 77
禎明(年號) 6-183
貞明(年號) 9-122
旌旄節旗 1-240(附)
鄭文貞公魏徵 7-104(譯)
定民志 8-58(附)
丁謐 5-36, 37
淨飯王(迦維國) 4-27
井伯→百里奚 1-134
定百脈 7-195(譯)
精白以承休德 2-123(釋)
程伯子→程顥 1-61
正法眼藏 6-101
程普←程公 4-235, 237, 250
程福斌 9-213

正服箴 8-350
正福殿 6-73
征賦 8-121(要)
定分 7-99(頭)
貞不絶俗 4-135(釋)(要)
鄭朋 7-253
廷史 3-32(頭)
精舍 4-247
政事堂 7-281, 326
丁士良 8-294
停寺省 6-115(頭)
正朔 2-120(要), 328, 363 3-98, 101 4-37 5-270 6-148, 149(頭) 9-107
正朔相承 5-265(釋)
丁產 8-126
正色 4-93
定省 4-100(要)
征西將軍 4-246
程昔範 8-347
鄭聲 7-256
正歲 5-186
鄭昭業 9-213
亭隧 2-356(頭)
鄭崇 3-168
正始(年號) 5-31, 327 6-83
挺身 6-310(要) 8-99(頭)
正臣 3-125
鄭氏→鄭衆 7-71
鄭氏→鄭玄 1-373 3-48 6-355
靖安坊 8-292
定約束 1-311(原)
定楊 6-249, 262, 265
定襄 2-278, 289(釋)
正陽 9-224
定楊可汗→劉武周 6-221, 331
定襄郡 6-367
定襄縣 2-53
貞陽侯→蕭淵明 6-150, 151
靜言庸違 8-225
鄭儼 6-94, 95
淨業 9-27
正如詩之風雅 3-23(譯)
廷掾 1-96
鄭五 9-52
鄭遨 9-213
定王→劉發 3-191
正王 4-304
鄭王→李璥 7-228
鄭王→李元懿 4-308(頭) 8-29
鄭王→王世充 6-256
定王(周) 9-116
定王發 3-189(頭)
正王誅 4-129(頭)
丁原 4-203
正元→貞元(年號) 8-325(頭), 328
正元(年號) 5-41, 57
貞元(年號)←正元 8-202, 243, 274(頭) 9-64
鄭元規 9-80(頭)
鄭元璹 6-278, 348
程元振 8-72, 74, 77, 85, 88, 89, 147, 151 9-68, 71, 89
定遠縣 2-14, 15
征月 1-214
井鉞軍 8-113
正月篇(詩經) 4-165
廷尉 2-305
廷尉斯 1-243(釋)
廷尉正 3-12(釋)
鄭衛之音 3-366
廷尉天下之平也 2-133(釋)
丁酉 1-354(要)
鄭愔 1-46 7-233
丁義 2-307
正義 9-241
程頤←伊川, 伊川先生, 程伊川

程异 8-285, 308, 309, 339
貞而不諒 3-187(頭)
程伊川→程頤 2-102
程子 1-382(評) 2-165(評), 228(評), 367 (評) 7-155 8-62
政者正也 3-130(譯)
丁壯 6-39(附) 7-278
亭長 1-325 2-15
亭障 1-147(頭) 2-326, 333
定章程 2-86(釋)
廷爭 7-213(釋)
井底蛙 3-252(釋)
井田 1-127, 204, 209 3-95, 157, 181~183 7-68(原), 78, 340
正田 7-283
程傳 7-167, 202
鄭畋 9-33, 34
廷折欄檻 4-132(頭)
正丁 1-349
靜帝→孝靜帝(東魏:北朝) 6-119, 171(頭)
靜帝(北周:北朝)←宇文闡 6-173, 174
鼎俎 1-366
鼎足 3-286
定州 2-54 7-123 8-81
——刺史 田龍秋 6-167
——刺史 侯景 6-110, 191
鄭州 1-252, 350, 365 8-137 9-190
——防禦使 郭從義 9-194
鄭注 8-348, 360, 373(頭), 375, 376, 378, 379 9-72
丁中 8-127(釋)
鄭衆←鄭氏 3-321 4-26, 69, 69, 71 9-78
鄭衆傳(後漢書) 4-26
丁中之民 6-283(釋)
鄭衆之辭賞 9-75(釋)
庭中稱平 3-12(釋)
程知節 7-104
鄭之賤臣 1-126(頭)
征鎭等將 5-143
靖譖服讒 8-223(頭)
鄭昌 3-32
定策 3-106 4-89, 155, 171
定策國老 9-69, 80
政遷五侯 4-152(譯)
程卓 5-234
正統 2-102 4-224, 294 5-237 6-202
定平縣 6-258
旌表 3-23
精悍廉勤之士 8-133(釋)
停解 6-89(頭), 94
鄭憲 9-24
鄭玄←鄭氏 2-232 3-138, 152 7-86
鄭縣 2-84
井陘 1-356, 358 5-306 7-359 8-13 9-151
井陘口 1-354(釋)
鄭虎臣 1-62
丁鴻 4-51
鄭弘 3-111
丁和 6-117
征和(年號) 2-347 3-50
正會 5-186(頭)
鄭興 3-294, 296 4-20
鄭興傳(後漢書) 3-296
第 7-225(頭)
霽 6-359(釋)
齊 6-150(頭)
擠 7-212(釋)
虀 5-159(頭)
諸葛孔明→諸葛亮 5-13, 208, 233
諸葛瑾 4-273(要)
諸葛德威 6-282(要)
諸葛亮←孔明, 武鄕侯, 武侯, 諸葛孔明, 諸葛武侯, 忠武公, 忠武侯 1-64, 4-220~222, 230, 250, 252, 253, 267~270, 273, 274, 276, 277, 302, 307, 309, 313, 320, 323, 324, 326, 328, 330, 331,

333, 334, 337~339, 341, 344, 345, 348~350 5-11~13, 15, 17, 22, 24, 54 7-292 8-242
諸葛亮傳(三國志) 5-18
諸葛亮集 4-350
諸葛武侯→諸葛亮 5-270
諸葛尙 5-54
諸葛緒 5-50
諸葛入寇 晉史自帝魏也 1-65(譯)
諸葛瞻 5-21, 51, 53(頭), 54
諸葛誕 4-273 5-21, 58, 148
諸羌 5-49, 50
制擧 8-84
制擧人 8-356(譯)
帝嚳 1-241 3-354 8-316
諸公子 1-284(譯)
除官 6-317(頭)
第觀之 6-310(頭)
齊國郡 4-154
制國命 9-23(頭)
諸郡 4-281(頭) 9-228(頭)
齊郡 1-161 6-214
齊郡王→文宣帝(北齊) 6-136
帝僅六歲 5-206(譯)
祭器 1-159(釋)
齊紀 6-62(題)
濟南 2-204(釋), 206, 235 3-108 5-216
濟南郡 4-154
濟南王→劉辟光 2-42, 206, 212
濟南王→廢帝(北齊:北朝) 6-162
齊悼→劉肥 2-101(評)(頭)
齊都賦 2-37
齊悼惠王世家(史記) 2-106
制得他住 1-99(頭)
齊梁蔡 8-364(附)
濟寧路 1-273
帝令縣廚 3-246(要)
制禮作樂 7-30
齊魯 9-89
齊虜以口舌得官 2-52(釋)
除陌法 8-339
除陌錢 8-157(頭), 183
諸母 3-328(譯)
除目 9-165(譯)
齊武王縯傳(後漢書) 3-195
齊民 2-217 6-31
齊民無蓋藏 2-214(釋)
帝範 7-138, 160
諸法事 6-111(頭)
齊兵三來 6-187(譯)
諸父 3-145(釋)
齊府 6-317(頭)
濟苻丕之飢 5-280(頭)
濟北 2-37, 141 4-89
——相 鮑信 4-197
濟北郡 6-214
濟北王→田安 1-306
濟北王(西燕:十六國)←慕容泓
濟北惠王→劉壽 4-89(頭)
帝崩 3-155(要) 8-401(頭)
帝崩於大寶殿 6-200(附)
制使 8-394(頭)
諸司所擧 8-219(頭)
祭祀志(後漢書) 3-353 4-12
提殺之 2-200(釋)
濟西 1-159
祭西門 1-123(原)
帝禪→後皇帝(蜀) 4-321 5-102
諸城 3-108
齊城 1-160
濟水 1-113, 370, 381 3-272 4-200 6-24
帝舜→舜 1-241 8-316
制勝 9-14
帝食麩中毒崩 5-136(要)
齊安拾遺 4-237
齊襄→高澄 6-290(頭)(要)

齊襄公 復九世之讐 2-333(釋)
帝業 1-306 2-31, 85, 91
制呂氏功 2-37(附)
齊亦虜 1-235(頭)
緹縈 2-174
諸營寺署 5-189(頭)
提曳 4-22(釋)
第五可範 1-62 9-64
第五琦 8-33(頭), 41, 121, 123, 164
第五倫 3-358(釋) 4-46, 50
制獄 7-195(譯)
制曰可 1-255(要)
齊王→文宣帝(北齊:北朝) 6-136
齊王→司馬冏 5-129(頭), 131
齊王→司馬攸 5-86(頭), 130
齊王→邵陵厲公(魏) 5-30(頭), 126, 149
齊王→烈祖(南唐:十國) 9-160
齊王→劉肥 2-41, 42
齊王→劉將閭 2-212
齊王→李納 8-156
齊王→李倓 8-74
齊王→李元吉 7-152, 161, 185
齊王→張步 3-250, 259
齊王→田都 1-306
齊王→出帝(後晉:五代) 9-179, 192
齊王→韓信 1-377, 378 2-11, 20
齊王建(齊:先秦) 1-199, 210, 230
齊王誥 卽皇帝位 9-171(原)
帝王世紀 1-104
帝王所居 5-121(要)
帝堯→堯 1-241 2-91 3-62 8-316
齊元→後主(北齊:北朝) 1-58
擠援 8-370(頭)
帝位 2-67
齊威 4-260(頭)
諸衛府兵 7-278(附)
齊有孟嘗 2-271(釋)
帝乙(殷) 9-23
濟陰 1-273, 287 3-304(釋)
——太守 胡廣 4-103
濟陰郡 3-275
濟陰王→哀帝(唐) 9-82, 107(頭)
濟陰王→順帝(東漢) 4-90(頭)
除殘 4-234(頭)
制將 8-82(譯), 266(要)
諸張 7-218(頭)
諸將能將兵多少 2-38(原)
諸將盡讙 1-338(釋)
帝在房州 1-65(譯)
帝在宣德殿南廡下 但幘 3-252(釋)
祭征虜→祭遵 3-306(譯)
濟濟 3-124(要)
帝座星 7-245
濟州 5-291
祭酒 5-138(要)
齊主 6-162(頭)
齊州 6-196, 222 7-137 8-109, 333 9-211
齊主從百騎東走 6-170(附)
除直道 1-257(釋)
祭天 6-34 7-22
祭統篇(禮記) 5-67
帝耙 9-192(頭)
諸馮 1-56
濟河 1-104
齊辭 7-260
諸侯景從 4-203(要)
諸侯王 2-49(譯)
諸侯王表(漢書) 3-52
齊後主→後主 7-40(頭)
諸侯擅權 6-195(頭)
諸侯或釋位以間王政 7-68(原)
洮 4-261
肇→和帝(東漢) 4-67
詔 2-121(要)
調 2-130(原) 7-275(頭)
朝歌 1-105 3-60 4-82(釋)

遭家不造 6-139(譯) 9-248(頭)
阜澗 6-206
阻澗爲陳 5-276(頭)
趙簡子←趙鞅 1-81 4-187 7-215
臊羯狗 8-12(原)
曹冏 5-33
趙憬 8-219, 223, 224, 227
趙炅→太宗(宋) 9-98
趙高 1-48, 62, 122, 262~264, 266, 267, 285, 286, 294, 296, 297, 307 2-78, 79, 151 3-112 4-53 6-349 7-310 8-223
趙高之事 2-71(釋)
趙過 2-356, 357
趙綰 2-231
鳥官 5-326(附)
趙綰王臧 以文學獲罪 2-234(要)
趙括 1-177~179 7-95
趙光奇 8-215, 216
趙匡胤→太祖(宋) 9-98, 209
趙廣漢 3-16, 42~44, 63, 74, 87, 111, 112, 114
趙廣漢傳(漢書) 3-16, 43, 63
調校尉 未十日 2-371(譯)
曹咎 1-372, 373
祖君彦 6-223(頭), 231
趙郡王→高叡 6-172
趙郡王→李孝恭 6-275(頭)
朝宮 1-258
俎机 1-374
趙歸眞 1-60
朝覲 2-260
朝那 2-178(釋)
兆南郊而就陽 3-355(頭)
朝堂 4-157 6-359 7-33, 124(頭), 194, 214, 246 8-29
曹大家 4-70, 73
操大喜而去 4-180(原)
祖道 3-54
調度 5-52(釋)
詔都內 別藏張氏無名錢 3-53(譯)
趙盾(돈)←趙孟 1-74, 88, 5-177(評)
曹鸞 4-172
趙良 1-132
祖厲 5-65
阜隷 3-264
趙虜→江充 2-349(釋)
條籠 5-285(要)
照隣惡疾不愈 赴水死 7-177(譯)
曹瞞 4-325
曹沫之盟 1-120(附)
鳥媒 6-199
趙孟→趙盾 1-86(頭)
趙萌 3-209(譯), 229
曹孟德→曹操 5-197
曹髦→高貴鄕公(魏) 4-260, 262 5-41, 44, 57, 100
曹無傷 1-314, 317
兆民 4-204
糟粕 5-38(要)
曹芳→邵陵厲公(魏) 4-260 5-30(頭), 31, 41, 57, 126, 149
鵰坊 8-244
趙抃←閱道 1-52
調兵 1-352(頭)
阻兵 5-80(要)
調兵食 2-207(頭)
阻兵自守 8-245(頭)
趙普 1-52 9-226
趙步 9-232
造父 1-74 7-111
趙鳳 2-88 9-149
調賦 5-224
曹丕→文帝(魏) 4-253, 292, 293, 295, 300, 309, 316, 321, 322, 324, 329, 331, 332 5-57, 66

趙飛燕 3-156
曹彬 1-49
朝聘 1-232
詔使 6-346(頭)
趙奢←馬服君 1-178
造士 2-290
祖士雅→祖逖 5-170(頭)
阻山依水 4-314(頭)
曹爽 5-30, 31, 33, 36, 37, 64
曹相國→曹參 2-101
曹相國世家(史記) 2-96
趙相 虞卿 2-271, 274(釋)
趙曙→英宗(宋) 9-98
朝鮮 2-250, 268
造船場 8-140
趙涉 2-210
趙城 1-74
趙昭儀(漢) 3-155
粗率 8-123(釋)
洮水 1-254 5-46
曹壽←平陽侯 2-262 4-70(原)
調 隨土地所宜 6-283(釋)
朝宿邑 3-272
曹嵩 4-198
趙崇 9-83
鼂崇 5-308, 309
趙勝←平原君 1-158, 181, 187, 200 2-273
趙昇鸞 8-185
趙信←翕侯 2-300(頭)
趙氏亂內 3-155(附)
爪牙 1-109 3-282 8-300
爪牙之士 6-43
趙巖 9-119(頭), 120, 122, 124, 128, 129, 134
趙鞅→趙簡子 2-366, 367 4-185(頭)
朝夜郎 2-267(釋)
朝野僉載 7-211
祖約 5-169, 178
祖約怨朝廷 5-188(附)
洮陽 5-45(頭)
朝陽 7-179
趙襄子←無恤 1-81, 81(原), 84, 86, 89, 90
肇於此 8-59(譯)
趙麗妃(唐) 7-315
兆域 7-92(要)
調役 3-321(譯)
趙延壽 9-178(原), 181, 185
曹叡→明帝(魏) 4-332, 337, 344 5-13, 27, 30, 57, 66
阻午可汗→李懷秀 9-99, 100
詔獄 2-365(譯) 3-37 4-161
詔獄 逮繫長安 2-174(要)
趙邕 6-79, 156
趙王→明帝(後趙:十六國) 5-166
趙王→慕容麟 5-304(頭)
趙王→司馬倫 5-128(要), 129, 241
趙王→王武俊 8-156
趙王→劉遂 2-42, 204(釋)
趙王→劉如意 2-60
趙王→張敖 2-59
趙王→張耳 1-377
趙王→趙歇 1-337, 338, 356
趙王 良→劉良 3-309(頭)
趙王 如意→劉如意 2-59(頭)
趙王 遷→趙遷 1-223
漕傭 8-121(釋)
租庸 9-137(頭)
租庸轉運使 7-324
租庸調 6-137(附) 7-331(釋), 332 8-94, 126, 128, 129
租庸調法 6-263(原), 283
租庸調雜徭 8-127(釋)
曹宇 5-45
趙禹 2-251, 314 3-28
遭遇 3-50
趙禹傳(史記) 2-251

趙頊→神宗(宋) 9-98
漕運 5-31 8-140
趙雲←子龍, 趙子龍 4-277, 325, 343
漕運給耗 9-236(頭)
曹威 9-198(頭)
釣渭 7-62(頭)
趙有平原 2-271(釋)
趙胤 5-192
趙允讓←濮王
趙隱→劉如意 2-101(頭)
趙隱 9-31(附)
曹邑 1-370
朝邑尉 劉幽求 7-230
早膺圖籙 6-232(釋)
朝儀 2-47
朝義 卽帝位 8-69(釋)
曹仁 4-238, 244, 278, 284, 314
曹日升之救患 9-75(釋)
趙臨←成陽侯 3-156
趙咨 4-316, 317
趙子龍→趙雲 5-15
阻漳水 2-60(釋)
趙在禮 9-144, 146(附)
趙籍 1-73(頭) 9-98
祖逖←士稚, 祖士雅, 奮威將軍 5-151, 167, 169, 171, 178, 189, 279(頭), 349
祖逖傳(晉書) 5-171
趙典 4-160
鳥篆 4-174
漕轉山東粟 2-215(譯)
操切 3-93(頭)
曹節 4-157, 159, 161 8-357(釋) 9-67
趙禎→仁宗(宋) 9-98
趙鼎 1-54
祖祭 3-55
詔制 2-239(頭)
皁綈 2-146
詔除肉刑 2-174(釋)
曹操←老瞞, 孟德, 武帝, 武皇帝, 阿瞞, 魏公, 魏祖, 魏太祖, 曹孟德, 太祖 1-43, 64 3-321, 368 4-180, 184, 189, 190, 196~201, 203, 205~207, 209~215, 217, 219, 220, 222, 223, 227~229, 233~235, 237, 240, 245, 246, 248~250, 253, 255, 257, 260, 262, 264, 267, 271~273, 275, 277, 279, 287, 288, 292, 294, 295, 300, 307, 314, 341, 343, 344 5-15, 57, 66, 86, 96, 135, 218, 338, 341 6-225 7-78, 188
租調 6-91
趙主(前趙:十六國)←始安王, 劉隗, 劉曜, 中山王
晁錯→鼂錯 2-179, 372
鼂錯←晁錯, 智囊 2-167(釋), 170, 172, 173, 202, 204, 207, 208, 209, 219, 220 3-49, 99, 112
鼂錯列傳(史記) 2-202
鼂錯傳(漢書) 2-170, 173, 208
趙遷←趙王 遷
漕卒 8-139(釋)
曹州 1-161, 287, 291 3-306 8-109, 333 9-107, 190
潮州司馬 李德裕 9-11
——刺史 韓愈 8-314
趙州 1-358 8-81, 394
棗祗 4-205, 206
操之所以如鬼也 1-64(譯)
曹眞 4-332
朝集使 7-158(釋)
造次 5-341(頭)
趙贊 8-126, 157, 172, 177, 337(頭)
曹參←曹相國, 平陽侯 1-43, 275, 276, 352 2-44, 45, 85, 90, 94, 95, 99, 3-80, 206 4-20(頭), 343 7-146
早參 6-297(頭)
朝參 6-299
趙昌 3-168

詔冊 4-294
趙穿 5-177
趙倢伃(漢)←拳夫人 2-345(原)(釋)(要)
朝請 3-317
趙秋 5-253, 287
趙忠 4-185
趙充國 3-46, 65~67, 69, 70, 105, 106, 111, 164
趙充國傳(漢書) 3-70, 105
雕蟲之小藝 6-178(譯)
趙佗←南粤武王, 南越武帝, 南海武王, 尉佗 2-196 3-137(附), 267, 268, 270
趙破奴 2-326
詔版 4-157(釋)
曹褒 4-61, 62
曹褒傳(後漢書) 4-62
洮河鎭守使 劉仁軌 8-206(頭)
朝賀 1-240 2-49
竈下養 中郎將 3-209(釋)
趙恒→眞宗(宋) 9-98
曹楷←任城王 5-30
操行 7-297(頭)
趙歇←代王, 趙王, 歇 1-279, 280, 306 2-65
刁玄 5-73, 73(頭)
刁協 5-145, 162, 168, 170, 172, 173, 175
洮湖 5-302
調護 2-80(頭)
雕胡 5-131
曹奐→元帝(魏) 5-44
曹璜→元帝(魏) 4-260 5-44(頭)
祖孝孫 6-352
條侯→周亞夫 2-211
調餱糧 3-219(原)(要)
曹訓 5-37(釋)
曹休 4-340, 341, 343
趙興嗣 3-138
曹羲 5-37(釋)
趙熹 7-96
族 1-255(釋)
足以庇風雨 6-197(要)
足暴於天下 2-338(釋)
尊江都 6-237(頭)
尊君 5-249(要)
存撫使 7-203(譯) 8-188
存問 2-117
尊尊貴貴之化 2-156
尊周 1-237
尊寵 於群臣無二 2-281(釋)
尊號 3-223(譯) 5-143
卒 1-200(譯)
卒服習 2-167(頭)
卒不敢者 1-78(譯)
卒成子禍 6-59(頭)
卒正 8-112
猝至 6-367(釋)
卒合 4-235(頭)
卒解 4-214(要)
種 2-228(頭)
踵 4-70(頭)
從間道 望趙軍 1-356(釋)
鍾簴 8-196(釋)
鍾虡 5-240(頭)
終公 1-367
縱觀 1-272(譯)
從舅 5-126
從九卿復出 以憂國可也 3-304(釋)
宗國 6-126
終軍 2-235
終軍傳(漢書) 7-130
宗女 5-106
宗羅睺 6-256, 257
種落 7-135(頭)
鍾離昧 1-363(釋), 364
鍾離意 3-366 4-11, 22, 41
從馬直 9-144(頭)

宗盟 7-191(頭)
鍾鳴漏盡 7-217(譯)
鍾謨 9-227(頭), 240, 242
宗廟 3-315(頭)
從民望 1-283(要)
從北門之奏而寬量移 8-354(譯)
終不與校 4-250(頭)
從事 3-201(釋) 4-34(釋), 153(釋)(要)
鍾城 3-270
種首 1-123(釋)
種樹 1-255
種樹郭槖駝傳 8-289(要)
終始五德之運 1-240(譯)
宗臣 2-99(頭)
宗愛 6-41, 46
從約 1-143
從約長 1-142
從榮 9-156
從容肆體 3-36(釋)
從容指撝 8-252(釋)(頭)
從宜 4-117(要)
鍾儀 5-148
宗人 1-169(頭) 5-344(頭)
種一頃豆 3-83(釋)
宗子 5-31 7-12(頭)
宗慈 4-160
宗資 4-140, 141
宗籍 7-148
宗正 2-158, 305 5-85
從弟 7-357(頭)
終條理 2-318
宗主 3-199(頭), 200
從中東門入 3-315(釋)
從璨 9-156
從親 1-138(釋), 142
宗統 3-331
從風而靡 1-359(要)
綜核名實 3-109(釋)
從衡(횡)之說 1-232(譯)
鍾皓 4-126
鍾會 5-46, 48, 50~52, 58~60, 340(頭)
縱横 1-139 3-27(原), 216(頭) 9-197(要)
縱横之術 1-155
宗歆 3-244
左更 1-117
左悺←上蔡侯 3-321(頭) 4-128, 129, 147
左校 4-147(附)
左教坊 7-255
左丘明 3-297 4-96
左國城 5-132(要)
左內史 3-52
左鹿蠡王 4-38(釋)
左袒 2-107, 109, 112
左道 2-346, 349(頭) 9-19
左屠耆王 6-210
左洞庭 1-102(釋)
左孟門 1-102(釋)
佐命 4-21, 258
萎拜 2-193(釋)
坐部 8-34(釋)
坐部伎 7-255
佐史 7-297
左廂 8-200(要)
坐上功首虜差六級 2-181(釋)
左庶子 8-191(頭)
左庶長 1-115(附), 117
左神策 8-266
左氏春秋 4-96
左魚 7-323
佐佑 4-173
左右 4-173(頭), 338(頭)
左右教坊以教俗樂 7-254(釋)
左右翼 3-271(釋)
左右藏 7-331(頭)
左雄 4-102, 103
左衽 5-22, 181, 275(釋) 6-153 7-129

8-268
左藏 7-338 8-123(釋)(頭), 124, 221, 222
左傳→春秋左傳 1-109 2-340 7-295, 322
坐罪 1-178
左遷 3-51(釋)
左太沖 2-37
左豊 4-182
左馮翊 2-281, 329 3-52, 291 3-51(釋) 8-162
左馮翊郡太守 蕭望之 3-52
左賢王→劉豹 5-86, 87, 132(譯)
左賢王→蒲奴 3-342
左殽函 2-29(釋)
罪己 8-178
罪己詔 8-204
罪名不章 4-144(要)
罪不逃刑 4-161(要)
罪言 8-364(釋)
罪狀晁錯 2-204(釋)
柱→孝文王(秦:先秦) 1-200, 201
疇 7-62(頭)
紂←商辛 1-76, 204, 256 2-83, 254 3-150, 200 4-294 5-98, 237(頭), 271, 308, 309 6-56, 77, 171, 233, 235, 237, 326, 327, 338, 342, 345, 356, 373, 382 7-13, 55, 58, 68 8-217 9-116
酎 3-124
胄 4-222(頭)
州家 9-15(頭)
朱家←魯朱家 2-26 3-51
酒榷 2-368(譯)
周堪 3-107, 118, 119, 124, 134 8-284
主客 8-127(頭)
周擧 4-86, 106
周建 3-258
周炅 6-167
朱季→朱暉 4-56(釋)
周公→孝閔帝(北周:北朝) 6-152, 153
周公←旦 1-197, 237, 264 2-64, 224, 359, 360, 362, 372 3-37, 71, 91, 145, 168, 170, 172, 173, 175, 206, 255, 341 4-97, 285 5-258 6-87, 139 7-30, 68, 293, 310, 317 8-242, 285, 288 9-86, 104
周公瑾→周瑜 4-250
周公誅管蔡以安周 7-114(譯)
周公卽天王位 6-159(原)
周公之圖 2-287(譯)
周公之讓白雉 3-339(釋)
周官 3-87
廚官 3-249
周官篇(書經) 8-306
黈纊塞耳 6-325(釋)
朱鍠→末帝(後梁:五代) 9-120
誅求 8-169(頭), 215(要)
賙救 8-262(釋)
朱俱波 7-45(要)
周國公→武士彠 7-197
柱卷 7-274(釋)
朱均 4-99
朱克融 8-81, 342, 343, 365
酎金 2-258(附) 4-308(頭)
奏伎 6-187(頭)
奏記 7-253(頭)
周紀(史記) 3-65
周紀 1-73(題)(頭), 185(題)
周黨 3-277, 278, 282, 284 4-94
奏當 2-132(頭)
周德威 9-111(頭)
周道 6-69
朱滔←冀王 8-132, 153, 155, 156, 160, 165, 180, 197
鑄銅爲甂 7-194(釋)(要)
周得火德 1-240(附) 4-304
酒令 7-142
周禮 1-169, 226, 244 2-245 3-55, 126

4-138, 154 5-119, 238, 344 6-151, 157, 298, 326, 355, 386 7-68, 87 8-62
—— 大司寇 1-88
—— 大胥 7-86
—— 地官 1-249, 250 7-72
—— 職方氏 1-84
—— 春官 1-242
—— 夏官 2-253
酒醪以靡穀者 2-185(釋)
注望 4-288(要)
朱玫 9-41(頭), 42
朱買臣 2-235, 238, 250, 314 3-99
奏免眞爲庶人 5-246(附)
朱明 6-143
周文←周章 1-270(釋)
誅文成將軍而隱之 2-302(要)
朱文進 9-183
周民東亡 1-199(譯)
周密 5-167
朱博 3-168
朱勃 3-347
周勃←絳侯 1-43, 324, 325, 350 2-85, 100, 103, 104, 105, 109, 112, 116, 118, 131, 137, 138, 192 3-321 5-86 (釋), 87
周勃世家(史記) 2-191, 201
周訪 5-145
周魴 4-340, 341
鑄白金 造皮幣 2-258(附)
朱竝 4-161, 162
朱輔 4-37
朱黼←朱氏 1-341(評) 2-179(譯), 188(評) 3-275(評), 319 5-18(評) 6-344(評) 7-351(評) 8-197(評), 305(評)
主父偃 2-238, 266(釋), 268, 269, 314
周福←仲進 4-140
朱浮 3-240, 291, 366
呪符水 4-179
朱浮傳(後漢書) 3-291
誅沙門 6-30
周師再來 6-187(譯)
周師趣鄴 6-169(頭)
朱三→太祖(後梁:五代) 9-134(譯)
朱序 5-275(原), 276, 277
周書篇(書經) 3-179
誅鋤宗室 7-226(附) 9-94
柱石 2-377 4-170
疇昔之恩 5-289(頭)
周石珍 6-114
奏剡 3-326
周成 5-231
周頌篇(詩經) 3-245
主守 3-136(譯)
注授 8-48(釋)
主守盜 3-137
走水上軍 1-356(釋)
朱叔明 9-14
周術→甪里先生 2-81
周承誨 9-61(頭)
周市 1-278(譯)
誅心之法 7-161(譯)
朱氏→朱黼 1-296(評), 309(評), 347(評) 2-56(評) 4-349(評) 5-177(評) 6-87 (評) 8-323(評) 9-82(評)
朱氏代唐 4-302(釋)
周亞夫←條侯, 太尉 2-190(譯), 191, 192, 206, 210~212, 219, 220
周亞夫傳(漢書) 2-212
朱雁歌 2-310
珠厓 2-312 3-339
珠厓郡 2-308 3-121, 122, 123, 138 4-46 (譯)
肘腋 5-270(釋) 9-61(頭), 89
朱邪(야)氏 9-163
朱邪入汴 4-302(釋)

朱邪赤心→李國昌 9-25(原)(附)
朱邪盡忠 4-305
奏御 3-11(頭)
周易←易經, 易傳 1-76, 145, 238, 241 2-82 3-56, 61, 125, 129, 147, 225, 294 4-77 5-170, 201, 241 6-328, 330, 339 7-30, 87, 202, 248 9-16, 67
—— 乾卦 1-136
—— 繫辭傳 3-359 8-50, 313
—— 姤卦 7-167
—— 履卦 8-58, 62
—— 師卦 1-272 8-103
—— 小畜卦 7-251
—— 泰卦 1-250 8-173
郰嶧山→鄒嶧山 1-251
朱鳶 3-330
朱齡石 5-345, 345(頭)
朱溫→太祖(後梁:五代) 1-62 9-34, 79, 106, 108, 111, 118, 119, 147
朱溫立昭宣帝 9-82(頭)
周王→隱帝(後漢:五代) 9-195
周紆 4-52
朱祐 3-318 4-19
朱寓 4-160, 161
朱友珪→郢王(後梁:五代) 9-117, 118, 119, 134
朱友文 9-117
朱友貞→末帝(後梁:五代) 9-119, 132
朱雲 3-121, 149, 150, 156 4-132
朱雲傳(漢書) 3-149
走月氏(지) 2-46(釋)
周瑜←公瑾, 周公瑾 4-199, 216, 234~238, 241, 244, 245, 247, 249, 250, 272, 285, 287 5-279
朱鮪 3-195, 222(頭), 233, 366
誅劉泊 7-153(附)
周殷 1-363
朱邑 3-23, 40
周顗←伯仁 5-146, 173~176, 204, 319
朱衣當塗之士 5-125(譯)
朱异 6-114, 118, 122(頭), 126, 134, 349, 350
誅夷殆盡 6-79(附)
誅夷侯景 6-190(頭)
注因闔門 8-376(頭)
主者 4-126(頭)
朱子←文公, 子朱子, 晦庵先生 1-69, 197, 337 2-27, 193, 315, 318, 328 3-174, 199, 276 4-196, 212, 224, 295, 301, 309, 339 6-30, 100(評), 305(略) 7-161, 167, 188, 193
朱泚←權知六軍, 大秦皇帝 8-132, 149, 165~169, 171~173, 180, 183, 185~187, 189, 195~199, 203 9-89, 90
朱泚盜竊名器 8-180(頭)
朱子語錄 3-55
朱雀闕 4-185
朱雀門 6-189 9-54
主爵中尉 2-281
周章→周文 1-271
晝長夜短 7-136(譯)
祝(주)詛 2-349(要)
鑄錢 2-140 8-129
朱全忠→太祖(後梁:五代) 8-114, 284 9-34, 36, 38, 43, 46, 47, 55, 57, 58, 60~64, 72, 75, 80~84, 102, 103, 106, 128, 162, 251
誅剪忠良 6-171(頭)
朱全忠所圖 9-37(附)
朱全忠以梁兵 8-110(頭)
周正 7-197(要)
周廷構 9-232
周齊 7-55(頭)
朱鳥 2-118
誅足下 1-297(釋)
周宗 3-196

周主討河中 9-203(頭)
朱儁 4-180
周旨 5-90
周墀 8-383
酒池 6-327
朱瑱→末帝(後梁:五代) 9-119, 120
朱粲 6-249, 262
周昌 2-60, 61
誅責 5-191(頭)
周尺 1-166
酒泉 2-326
——太守 辛武賢 3-65
酒泉郡 3-340 4-72(頭)
周天元 7-40(頭)
朱草 2-254
周最 1-155
誅逐貴臣 7-343(頭)
珠翠 6-180(頭)
晝度夜思 8-257(釋)
周徧二十四縣 3-74(要)
駐驛山→六山 7-124(頭)
柱下史 5-157
朱亥 1-188, 190 2-274
周栩 4-106
朱虛侯→劉章 2-38, 105, 107 3-227
州縣之數 6-335(頭)
朱戶 3-172 4-257
朱祜 7-96
朱弘昭 9-157(頭), 158
周弘正 6-118(要)
主晝諾 4-141(要)
朱晃→太祖(後梁) 4-305 7-77 9-82, 106, 107
酒後耳熱 3-83(釋)
柱後惠文 7-274(釋)
朱暉←文季, 朱季 4-56
周興 7-195, 202, 228
朱希彩 9-89
竹簡 3-337
竹林七賢 5-46, 160
竹帛 3-204
竹使符 1-189
竹杖 3-339
駿犬 1-175
浚稽山 2-336
濬大悅 5-93(附)
俊民 1-163 4-95
浚民之膏澤 9-217(頭)
雋不疑 2-282, 343, 365, 367
雋不疑傳(漢書) 2-343, 365
俊士 1-250
俊士生 6-252
遵素→杜黃裳 8-248
皴裂 6-111(釋)
俊乂 9-84(頭)
浚儀縣 1-346, 381
撙節 7-49(釋)
濬州 1-370
雋州 6-303, 304
中 3-204(釋)
重 3-330(釋) 4-270(頭)
重各千石 置宮庭中 1-243(釋)
中監 7-286
中更 1-117
中經 7-87
中計 2-72
中官 7-255
中橋 8-12(頭)
中國 1-174
中國之失吳蜀幽幷 9-220(頭)
中軍師 5-17
中極星 7-292
中男 6-322(要), 323
仲尼→孔子 2-219, 228 4-17, 149 7-295
中單 3-254(釋)
仲達→司馬懿 5-13

中臺 5-174(頭)
中大同(年號) 6-115, 134
中大通(年號) 6-97, 134
中都 1-248 9-131
中都官 2-215(頭)
重藜篇(法言) 2-18
中牢 3-313(頭) 4-96
中流矢 5-277(釋)
中明肅代 6-300(評), 302(頭)
中牟 9-37
——丞 皇甫德參 7-39
——縣令 魯恭 7-267
仲謀→大帝(吳:三國) 4-262(釋)
仲文→太祖(後周:五代) 9-202
重犯法 2-215(釋)
中伏 3-84
中傅 4-30(譯)
仲父→管仲 1-212(譯), 364 3-295
中祕書 3-141(頭)
中使 8-47(頭), 277(頭) 9-37
中捨 6-99
中槊 6-269(釋)
中山 1-92(釋), 95, 99, 100 5-297, 306, 308, 309 9-151
——太守 馬成 3-344
中山公→武帝(後趙:十六國) 5-193(頭), 201
中山公→宇文護 6-152(頭)
中山國 2-54
中山郡 3-223
仲山甫 3-105
中山府 1-93
中山王→趙主(前趙:十六國) 5-148
中山王→孝靜帝(東魏:北朝) 6-136
中山靖王→劉勝 4-193(頭), 300, 303, 307, 308
中山孝王→劉興 3-168
中傷 3-76(釋) 4-108(頭)
中常侍 4-69(頭)
仲叔于奚 1-76(譯)
中嶽太室 2-320(釋)
重言 5-58(頭)
重譯獻白雉一黑雉二 3-169(釋)
中涓 1-151
中葉 7-13(頭)
中睿 享國日淺 朝廷濁亂 9-95(頭)
重屋 2-231 4-12
仲雍 6-301
中庸 5-155(頭)
中原 4-241, 334, 349 5-138, 140, 145, 146, 151, 159, 218, 230, 236, 242, 280, 290, 294, 331, 348 6-33, 67, 70 8-270 9-135, 168
中元(年號) 1-294 3-284, 362 6-34
中元元年 3-358(頭)
中原板蕩 9-68(頭)
中尉 2-191(釋)
中渭橋 2-132(釋), 133
中爲彼所侵 6-20(譯)
仲由 7-295
中允 6-280(頭)
重耳→老子 5-157(釋)
重耳→文公(晉:先秦) 1-81, 321 2-165 9-78
重以內難 6-46(頭)(要)
中二千石 2-188, 365(要), 370 3-25
中人 2-194(釋)
中者喜 8-49(釋)
中藏錢 4-179(要)
仲長統 4-78(釋)(頭), 119(釋)
中材 8-79
中正 5-109, 110 6-354
中正官 4-293
重足 7-195(頭)
重足而立 2-276(釋)
中宗→宣帝(梁:南朝) 6-149
中宗→宣帝(漢) 3-11(目), 111

中宗→昭文帝(成:十六國) 5-202
中宗→元帝(東晉) 5-162(要), 240(要)
中宗(南漢:十國)←劉晟, 劉弘熙 9-235
中宗(唐)←廬陵王, 李顯 1-45 6-302 7-182, 183(目), 187, 188, 190(頭), 193, 211, 214, 221, 223, 226, 236, 239, 242, 246 8-27 9-84, 96
中宗不免其身 8-27(頭)
中宗親爲點籌於韋后 1-45(譯)
中主 4-132(要)
中州 5-295 9-201
仲雋→武帝(成:十六國) 5-135
重之 5-86(頭)
仲進→周福 4-140(要)
重親 2-111
中台 4-189(附)
中平(年號) 4-178, 205(要)
仲馮 2-286(釋)
中學 3-153
重合安陽博陸之亂 3-137(釋)
重合侯→馬通 3-139(釋)
中行說 2-145(原)(要)
重險之固 4-328(要)
中護軍 4-67(要)
中護軍師 5-37(頭)
中和 2-316
中和(年號) 9-33, 55(頭)
中和殿 8-337
仲虺稱湯 4-125(譯)
仲虺文 3-110(釋)
仲虺贊揚成湯 8-174
中興 3-11, 22, 59, 80, 93, 105, 109, 110, 112, 211, 221, 284, 331, 333, 364, 366 9-95
中興(年號) 5-297 6-78, 82, 105 9-233
中興之主 8-246
卽 4-315(頭)
卽墨 1-112(釋), 169, 170, 172 2-36, 206 3-317
卽敍 5-120(要)
卽吳國王位 9-126(頭)
卽有不稱 1-178(譯)
卽日 2-29(頭)
卽眞 4-276(要)
曾鞏←南豐
拯溺亨屯 6-325(釋)
證類本草 5-109
烝民篇(詩經) 4-143
蒸餅 8-20
蒸庶 8-180(要)
曾元裕 9-30
曾謂泰山不如林放乎 3-353(釋)
曾子→曾參 2-224, 271 4-257
曾參←曾子 1-97
摯→伊尹 4-149(釋) 5-20
漬 6-326(釋)
遲 4-345(原)
至曲江祭之 8-47(釋)
知貢擧 7-134
地官(周禮) 1-242, 249, 250 6-355 7-72
地窖 6-183(頭)
支郡 8-333(譯)
枳棘 4-135(釋)
持戟百萬 齊得十二 2-36(原)
持戟百萬 秦得百二 2-36(原)
至今爲梗 8-206(頭)
地祇 6-291
知己 6-241
智囊→鼂錯 2-173(釋)
智能之士 4-222(頭)
知大體 3-73(附)
至德(年號) 8-11, 25, 116(頭), 121, 126, 164, 333(頭) 9-91
地道 2-350
軹道 6-233
地道記 1-370

軹道旁 1-307(釋)
軹道亭 1-308(釋)
地頭錢 8-94(附)
底(지)寧 8-309(頭)
指鹿爲馬 1-122 2-129 4-53, 54 7-310
指鹿之禍 7-308(頭)
地理 2-254
地理志(唐書) 6-335
地理志(新唐書) 7-298
地理志(漢書) 1-103(釋), 104(釋), 105(釋), 161(釋), 177(釋), 192(釋), 203(釋), 215(釋), 252(釋), 283(釋), 358(釋), 368(釋), 377(釋) 2-14(釋), 15(釋), 53(釋), 54(釋), 62(釋), 125(釋), 211(釋), 273(釋), 281(釋), 302(釋), 322(釋), 326(釋) 3-68(釋), 205(釋), 211(釋), 214(釋), 218(釋), 224(釋), 235(釋), 259(釋), 270(釋), 272(釋), 275(釋), 305(釋), 306(釋) 4-332(釋) 6-365(釋) 7-333(釋) 8-253(釋), 297(釋)
持滿 2-193
知命 6-232(頭)
知謀泄事急 9-61(頭)
智防 4-271(頭)
芝房歌 2-310
智伯→智襄子 1-78(頭), 81, 84~86, 89, 90
之罘山 2-322
止舍 1-356(釋)
持三尺 2-84(釋)
智宣子←智申 1-81(譯)
知世郎→王薄 6-214
泜水上 1-356(釋)
持神策兵 付大臣 8-88(頭)
芷陽 2-125
智襄子←智伯, 智瑤 1-81
止於歲賦 6-27(要)
知言 5-96 8-150(譯)
至言 2-122, 200
池鹽 8-138(頭)
止嬰勿王 3-265(譯)
持盈守成 7-305(譯)
地獄 6-291, 292
智瑤→智襄子
至于子孫 終不改易 3-21(釋)
知院官 8-136
止有啓與密 6-259(頭)
指以朋黨 斥爲僞學 1-53(譯)
知印 9-172(頭)
軹人郭解 2-270(釋)
知印秉筆 8-309(頭)
知人則哲 惟帝其難之 7-166(譯)
智藏 6-74
止齋先生→陳傅良 1-302(評)
止齋陳氏→陳傅良 1-320(評)
地節(年號) 3-18, 76
鷙鳥 6-361
至尊 6-194
地主 2-322
池州 9-31
砥柱中流 5-187(頭)
池中物 4-248
池仲魚 6-121
地震 2-105, 129 3-136, 148
咫尺 8-173(頭)
咫尺之書 1-359(譯)
咫尺之詔 8-202(頭)
知天命 6-234
指天畫地 3-323(譯) 9-141
指體 2-346
芝草 3-81
至治 3-355
至治之君 7-151
至晡班定 9-248(頭)
軹縣 2-81
地形志(魏書) 1-290
地皇(年號) 3-189

地皇后 9-103
遲回 3-330(釋)
指麾 7-115(頭)
指撝 7-281(頭)
稷→昭襄王(秦:先秦) 1-156
稷→后稷 3-262 4-148(釋) 5-27 6-340(釋) 7-24
職 7-30(頭)
直 5-88(釋)
直諫 3-324
織錦坊 7-257
職內 8-125
直道 2-218
直突 3-34(釋)
職方氏(周禮) 1-84
直不疑 2-214
直城門 2-192
職歲 8-125
直崇政樞密院 9-149(頭)
直臣 3-149 4-144 7-127 8-228
直夜 2-12(釋)
織紝 9-213(要)
直入座 2-106(頭)
直指使者 2-343(頭) 3-339
直指人心 4-28
職此故也 8-274(頭)
直樞密院 9-149
晉 4-303(頭)
秦嘉 1-280, 282
陳覺 9-234, 242
陳諫 8-238(頭)
晉絳 8-253 9-193(頭)
秦京 4-28
秦瓊 7-106
陳京 8-154, 154(要)
陳敬瑄 9-53
陳慶之 5-279(頭) 6-97, 98, 110
眞卿陳禍福於希烈 1-64(譯)
陳季雅 2-34(評)(譯), 98(評), 100(評), 175(評), 237(評), 257, 298(評)
晉公→司馬昭 5-43
進攻元安 3-309(頭)
秦關 2-211
陳光洽 8-295
陳矯 8-251
陳橋驛 9-248
陳球 4-103
鎭國節度使 韓建 9-53
晉國公→李林甫 7-315
晉國公→裴度 8-304
晉國長公主 9-164
陳群 4-288, 293, 332 5-109
陳頵 5-145
陳珪 4-209, 210
珍禽 8-119
鎭冀 8-155, 265, 365, 371, 394, 396
晉紀 5-90(題), 162(題), 208(題), 261(題), 308(題)
秦紀 1-209(題)
陳紀 6-159(題)
鎭南將軍 6-165(要)
秦寧節度使 李紹欽 9-130
鎭寧節度使 柴榮 9-245
陳農 3-141
振貸 2-116(頭)
晉大夫 1-73(頭)
眞德秀 1-54
陳道譚←昭烈王, 始興王 6-164
陳濤斜 8-42, 43(釋)(要)
陳燾澤 8-43(要)
鎭東節度使 錢弘倧 9-194
陳登 4-209
振旅 3-70(頭) 5-93(頭)
秦嶺 4-336(釋)
秦隴 9-246
陳留 1-252, 292(釋), 339 2-41 4-135,

138, 189 5-46, 178 8-31
陳留郡 4-137
陳留吏牘 3-324(釋)(要)
陳留圉縣 1-291
陳留王→元帝(魏) 5-64, 66
陳留王→獻帝(東漢) 4-184, 186
晉陵太守 滕恬之 5-290
瞋目 8-12(原)
陳牧 3-191
秦穆公不得專美於前矣 2-358(譯)
榛蕪 4-204(釋)
晉武帝 焚雉頭裘 7-80(譯)
陳文子 4-257
秦民大失望 1-321(譯)
陳班 9-81(頭)
震方 1-241
陳伯宗→臨海王(陳:南朝) 6-163, 164
陳蕃←陳仲擧 4-86, 103, 131, 132, 141, 144, 145, 148, 152, 156, 157, 160, 161, 169, 188, 289
鎭藩部 7-12
進奉 8-129(譯), 243
進奉門戶 8-235(頭), 236
秦府 6-323
陳傅良←永嘉陳氏, 止齋先生, 止齋陳氏, 陳氏
秦分 6-297(釋)
晉鄙 1-185, 187, 188, 190 2-274
陳豳詩 1-57(譯)
進士加雜文 8-82(釋)
陳師道←陳三
進士科 8-82
陳師合 7-153
陳山甫 8-204
陳三→陳師道 1-69
陳翔 4-144, 160
陳祥道 7-86
晉書 5-47, 106, 152, 193, 221, 311, 317, 346
——天文志 1-273 8-119
秦誓篇(書經) 7-262
秦誓所謂寔能容之 7-262(譯)
鎭西將軍 4-313
陳仙奇 8-204
進善之旌 2-128(釋)
盡善盡美 7-51
震慴 9-246(頭)
陳涉→陳勝 1-269, 275, 277, 300, 363 3-297, 299
陳涉世家(史記) 1-268
晉世家(史記) 1-134 8-358 9-78
秦松←文表 4-287
秦秀 5-101
陳壽 4-212, 300(頭), 308, 312(評), 339, 348 5-13, 17(評), 18
陳叔達 6-299, 316 7-28
陳叔明 8-155
秦叔寶 7-104
陳叔寶→後主(陳:南朝) 6-178, 185(頭), 191
震慴 7-345(頭)
陳勝←陳涉 1-264, 268, 283 2-75, 170 3-169, 170, 297
陳丞相世家(史記) 1-338, 350, 364, 365 2-41, 54, 119
秦始→始皇帝 8-24
秦始皇→始皇帝 1-238 2-364 3-14, 112, 161, 354 4-172, 307(譯) 5-127 6-211, 244, 246, 343, 366 7-19, 45, 186 8-275
秦始皇紀(史記) 8-251
秦始皇帝→始皇帝 1-194, 273
陳寔 4-118, 126, 144, 183 6-130
陳式 4-276
搢紳 4-156, 289(釋) 5-237(頭)
眞身 9-246
縉紳 3-99(頭) 7-183 8-378

秦失其鹿 劉季逐而掎之 3-261(釋)
盡心(孟子) 7-126
晉氏→晉灼 6-298
陳氏→陳傅良 1-382(略) 2-23(評), 176(略)
晉安王→敬帝(梁:南朝) 6-150, 151
晉安王→劉子勛 6-49
晉陽 1-81, 83 2-46, 51 4-185 5-296, 306 6-103, 104, 107, 128, 132, 153, 156, 162, 224, 225, 227, 230, 232(頭), 235, 249, 253, 264, 280 7-90, 155 9-37, 48, 55, 111, 113, 114, 123, 137, 162, 164, 168, 189, 193, 203, 207, 209
晉陽啓唐祚 7-184(頭)
晉陽宮 6-231, 238
晉陽宮監 李淵 7-185
晉陽城 6-237
晉陽精兵 9-84(頭)
晉陽之難 9-175(頭)
秦彦 9-43, 48
陳餘←代王, 成安君 1-269, 270, 279(附), 296, 337, 338, 354, 357, 363 2-65
陳餘傳(史記) 1-269
陳嬰 3-265
辰嬴 1-45
眞獄 3-32
秦雍 6-58
秦雍流民 相率西歸 5-220(頭)
晉王→高宗(唐) 7-155
晉王→世祖(隋) 6-183(頭), 195, 196, 205
晉王→李克用 9-54, 102, 108, 111, 129
晉王→莊宗(後唐:五代) 9-114
晉王→僖宗(唐) 9-29
眞王 1-377
秦王→愍帝(西晉) 5-146(頭), 148
秦王→昭襄王(秦:先秦) 1-156(釋)
秦王→楊俊 6-183(頭), 196, 203
秦王→李茂貞 9-109, 137
秦王→太宗(唐) 6-256, 258, 266, 277, 282, 285, 287, 294, 299, 302, 303, 331 8-73
陳王事 3-118(要)
晉王榮→世宗(後周:五代) 9-205(頭)
秦王子嬰→孺子嬰 1-307(頭)
秦王破陳樂 6-330(釋)(附)
陳頊→宣帝(陳:南朝) 6-164(頭), 165, 178, 191
縉雲氏 1-103
眞源 2-13
——縣令 張巡 8-14
陳元 3-295 4-135
秦越人→扁鵲 2-84, 145
鎭魏 8-392(頭)
秦爲閏位 4-302(釋)
陳留 3-333
眞儒 1-53 3-91
陳孺子→陳平 1-338
秦以不蚤定扶蘇 2-78(釋)
秦二世→二世皇帝 6-233, 349
眞二千石 3-23
陳利害 1-201(頭)
眞人 9-251
秦人不綱 網漏于楚 2-90(譯)
陳人秦嘉 1-280(譯)
晉灼←晉氏 1-87 2-37
秦政→始皇帝 1-48
眞定 3-138, 211 9-161
眞定府 9-193
鎭定驛 9-248
陳情之謬 1-69(譯)
陳情表 1-69
眞定縣 3-223
進弔 8-320(譯)
眞宗(宋)←趙恒 1-54 9-33, 98, 235
秦宗權 9-40(附), 43, 46, 49
秦宗衡 9-43

晉州 3-211 6-169, 185 8-97, 105, 393
——刺史 韓滉 8-121
珍珠 6-181
眞州 9-33, 235
秦周 4-160
秦州 3-197 5-82(附), 215, 218, 222, 297 7-286 9-243, 250
辰州 3-344
鎭州 8-343
陳州 1-324 2-12 3-317
陳俊 3-270 4-19 7-96
秦仲 1-209
陳仲擧→陳蕃 4-141
盡衆而東 5-302(要)
陳祗 5-34, 40
陳倉 4-84(釋), 344
——令 薛景仙 8-40
晉昌里 8-165
秦策(戰國策) 1-322 2-218
秦川 5-120 9-14
陳蒨→文帝(陳:南朝) 6-161, 191
晉初諸胡 6-370(頭)
陳寵 4-47, 65
陳寵傳(後漢書) 4-47
晉春秋 5-249(譯)
陳耽 4-183
陳湯 3-131, 132
陳湯擧茂材 2-264(譯)
秦碭郡 1-274
陳湯傳(漢書) 3-132
陳霸先→武帝(陳:南朝) 6-129(頭), 141, 142, 144, 150, 151, 159, 159, 164, 191
陳平←陳孺子, 戶牖侯 1-43, 338, 339, 346, 351, 363, 364, 365, 377, 381 2-33, 40, 41, 52, 53, 85, 88, 90, 91, 100, 103, 104, 105, 109, 116, 118, 119, 372 3-146, 206, 265 4-326(譯), 341
陳平雖美如冠玉 1-350(釋)(頭)
陳平夜出女子 1-366(譯)
陳平周勃傳(漢書) 2-100
秦風篇(詩經) 2-165
辰韓 7-115
陳恒←田常 1-80, 336
鎭海節度使 李錡 8-254
——節度使 李德裕 8-370
——節度使 錢鏐 9-56
——節度使 錢弘倧 9-194
鎭海鎭節度使 高駢 9-32
進賢冠 7-27
陳玄禮 8-20, 21(頭), 66
陳弘志 8-337, 340 9-45
———之變 9-68(頭)
進畫 7-350(附)
秦皇→始皇帝 1-58 2-72 3-176, 184 7-140, 155 8-191
秦皇帝→始皇帝 1-272
秦檜 1-54, 55, 62
賑恤之 8-262(釋)
眞興(年號) 5-347 6-12
秦興(年號) 6-221
陳豨←代王, 陽夏侯 2-60, 61, 63, 67, 83
陳希烈 7-335(附)
叱干阿利 5-335(釋)
桎梏 4-149(要), 150
迭剌 9-100
迭剌部 9-99
蒺藜 7-215
叱列元崇 7-225
疾病 5-78(要)
疾成膏肓 9-69(釋)
郅惲 3-315, 330
姪爲天子 7-210(要)
疾日 5-309(頭)
質子 4-321
質劑 6-386

質帝(東漢)←劉纘, 孝質皇帝 4-115, 130, 170
秩中二千石 3-25(釋)
郅支 3-110, 132
郅支單于 3-131
質責 2-276(釋)
疾風勁草 7-57(譯)
疾風知勁草 7-41(釋)
銍縣 6-98
朕 1-236(譯)
鴆 2-34(附)
酖 2-92(原)(釋)
酖毒 3-121
鴆毒 2-93, 109 3-119 4-129, 159 6-54, 201 7-140 8-376
鴆毒潛行 6-53(頭)
鴆殺 4-90, 130
斟鄩 1-104
斟酌 4-105(要)
鴆鳥 2-93
輯 4-279(釋)
集 5-179(頭)
戢 7-26(頭)
執鞚 8-22(釋)
執金吾 2-108, 194, 329 3-241(頭) 8-230
集大成 2-318
集事 8-121(頭)
執失思力 6-308(釋), 310
執銳 3-304(釋)
執戎 2-290
執左道 9-19(頭)
執贄 5-120(釋)
執翰降賊 8-17(要)
集賢里 8-382
徵 7-11(頭)
徵辟 4-57(頭) 5-236(譯)
徵溫彦博還朝 6-312(附)
徵籍外田稅 7-282(釋)
徵超還 4-72(要)
徵側 3-330

【ㅊ】

次骨 2-279
遮得 6-127(釋)
且蘭縣 3-344
借商 8-129(譯)
次細柳 2-190(釋)(要)
次息 5-342(頭)
遮要 4-277(釋)(要)
次律令 2-86(釋)
次以爲歌 2-295(釋)
此在兵法 1-358(要)
且前阻水 3-210(頭)
且田且守 5-31(頭)
此之謂大丈夫 1-156(譯)
差之毫釐 謬以千里 8-204(譯)
差帖 8-83
此胡 7-334(頭)
此蝗豈鳳凰食耶 3-76(譯)
窄 4-39(頭)
捉生將 8-294
着押 6-325
錯刃 4-260(頭)
纘→質帝(東漢) 4-113
贊軍 4-235(頭)
酇文終侯→蕭何 2-94(頭)
竄身失國 7-351(頭)
贊謁 3-97(頭)
贊曰 7-113(頭)
酇縣 2-39
贊皇縣 1-358
酇侯→鄧禹 3-227(釋)(要)
酇侯→蕭何 2-39 56
剎 6-85(頭)
察李道裕希旨 7-180(譯)

察察 4-63(釋)
察慧 4-41(頭)
參 4-156(頭)
讖 5-346(頭)
僭國 4-292 5-11, 132, 162, 166, 194
參軍 8-262
讒慝 8-149(要)
讖記 3-189(頭), 297(頭) 6-246
參旗軍 8-113
慙德 2-229(頭), 372 9-84(頭), 93
斬董昌 9-56(附)
僭立 7-185
讖文 5-73
參半 7-291(頭)
斬白馬 6-310(譯)
參封尉 3-315(釋)
塹山堙谷 1-257(釋)
讖書 5-292 6-246
參乘 1-338(頭) 2-127 3-160
驂乘 3-36
斬於都市 6-275(附)
僭位 7-183
讖緯 3-191
——之書 1-253
讒諛 6-153(頭)
斬李由 1-287(譯)
饞人 7-40(頭)
參綜 5-214(釋)
斬之 5-334(要)
讖之非經 3-362(釋)
讒之囮 6-198(釋)(頭)
譖之者 3-346(附)
斬衰 2-379 4-173 5-165(釋)(要)
譖廢太子 4-64(附)
昌→文王 6-301
昌國 1-159(釋)
昌國君→樂毅 1-159
猖蹶 4-221(原)
昌達(年號) 6-249
彰德節度使 張彦澤 9-186
彰德府 3-205
蒼頭 1-141(釋) 3-258(釋), 333 5-44(頭)
昌明→孝武帝(東晉) 5-261, 346(頭)(要), 349
昌武(年號) 5-344
創瘢 4-48(釋)
倉城 6-255
彰聖都指揮使 苻彦饒 9-168
倉氏 2-218
昌言 4-78(頭)
創業 2-56 3-368 4-333(頭) 5-66 7-61 (頭), 247(頭)
蒼梧 3-270
蒼梧王→後廢帝(宋:南朝) 6-56, 57, 63
倡優 2-146 7-254(頭), 256
牕牖 6-180(頭)
倉庾之積 6-351(頭)
昌邑 1-291(釋) 2-68
——令 王密 4-80
昌邑故事 5-257(釋)
昌邑王→廢帝(漢) 2-11, 376, 377, 378, 380
昌邑王傳(漢書) 2-376
裮衣 2-26
彰義 8-365
——節度使 裴度 8-296, 303
——節度使 吳少誠 8-265
——節度使 吳少陽 8-287(頭)
蒼帝 5-253
倉卒 3-288(釋)
滄州 2-278 4-220 8-56 9-239
——都防禦使 田承嗣 8-80
昌平 8-356
裮被衣帶 5-229
滄海 6-183, 186
滄海郡 2-250

蒼海郡 2-268, 275
倉皇失措 5-280(頭)
蒼姬 1-241
采 7-257(頭)
蔡京 1-62
蔡皐狼之地 1-81(釋)
彩具 5-315
蔡謨 5-218
蔡茂傳(後漢書) 4-23
采薇之役 不可不遣也 1-341(譯)
採訪使 7-298
蔡卞 1-61
采服 8-306
采石 6-123 9-32
蔡成公→杜如晦 7-104(頭)
蔡少公 7-96
蔡叔 2-372 4-176 7-114 9-104
蔡氏→蔡沈 1-103 2-212, 317 3-37, 99 5-332 6-350 7-63
蔡襄 1-52
蔡陽 3-300
蔡陽縣 3-191
菜茹 4-201(頭)
蔡衍 4-160
蔡邕 1-339 3-85 4-14, 172
蔡允恭 6-272, 318
蔡愔 4-28
綵二百匹 6-373(頭)
蔡正孫←默齋, 粹然 4-171
蔡州 4-143, 151 8-138(頭), 204, 266, 287, 292, 294, 296, 298, 300, 302, 303, 333, 348 9-40, 46
祭(채)遵←潁陽侯, 祭征虜 3-251, 306(頭) 4-19
祭(채)遵傳(後漢書) 3-306
菜地 7-75(頭)
蔡千秋 3-108
蔡沈←蔡氏 2-322 3-122, 292, 294 4-95 7-74
蔡興宗 6-49
蔡希德 8-11
策 4-275(頭)
冊曆 2-231, 233
策免 4-78(頭), 113, 117, 145
策命 3-172
策問 2-221, 229
責譬 3-293(頭)
策書 3-265 4-92(頭)
策讓 4-78(釋)
策勳 4-71(譯)
處臼→昭公(宋:先秦) 3-20
妻孥 3-346(釋)
處分 5-324(釋)
處士 4-98, 131, 167, 188 7-252 8-227(頭), 232
處月 4-305
處之 5-190(頭)
跖→盜跖 2-67(頭)
倜儻 5-228(要)
戚里 7-249(頭), 251
斥賣 4-128(釋)
拓跋宏→孝文帝(北魏:北朝) 6-51, 52
拓跋珪→道武帝(北魏:北朝) 5-267, 297, 298(頭), 299, 304~306, 308~311, 325, 327, 330, 339 6-155
拓跋燾→太武帝(北魏:北朝) 6-16, 17, 30, 41, 46, 103, 155
拓跋嗣→明元帝(北魏:北朝) 5-328, 330(原), 338 6-12, 15, 155
拓跋紹 5-330(頭)
拓跋什翼犍→高祖(代:十六國) 5-202, 203, 267, 268
拓跋氏 1-48 5-296 6-73 8-319
拓跋余←南安王 6-47
拓跋猗盧←代王 5-203 153(原)(附)
拓跋濬→文成帝(北魏:北朝) 6-41, 47

拓跋太武→太武帝(北魏:北朝) 1-60
拓跋弘→獻文帝(北魏:北朝) 6-46(原), 48, 53, 54
拓跋晃←景穆皇帝 6-103
戚夫人(漢)←戚姬 2-80, 92, 126
尺書 1-334
隻日 8-354
尺籍 2-183
瘠确 5-68(要)
斥堠 3-65(頭)
戚姬→戚夫人(漢) 2-59(譯), 86, 109
舛 5-324(釋)
天嘉(年號) 6-161
天可汗→太宗(唐) 6-368 8-99(頭), 100
天曷故焉 2-18(釋)
天監(年號) 6-82, 83, 88, 111(譯), 126, 134
天康(年號) 6-163
天工 3-319
天官 3-297
天官書(史記) 1-260 2-340 5-152 6-298 8-119
天官占 5-253
泉鳩里 2-352
千鈞 1-152(頭)
天極 7-71
天極閣道絶漢抵營室 1-258(釋)
千騎 7-233(釋) 8-104
天紀 1-341
天紀(年號) 5-83
天紀軍 8-113
天道 2-185 3-93 4-42 6-129 7-13 8-31, 32, 44
遷都 4-204, 212, 345 5-136, 202, 239
遷都鄴 6-109(原)
天道下濟 地道上行 3-329(譯)
千齡→哀帝(東晉) 5-239
天祿 2-28, 86 9-46, 91, 236
天祿(年號) 9-195
天理 1-43 2-75 3-95 8-359 9-93
天吏 9-12
天吏可以伐燕 9-12(譯)
千里馬 1-150 2-117 3-341 7-80
天馬 2-296, 308 3-339
天馬歌 2-310
阡陌 1-127, 209 2-217 3-157
天命 1-341, 342 2-84 3-263, 265 5-285 6-302, 306 9-116, 248
天文 2-254 7-242
天門關 3-122
天文志(唐書) 7-137
天文志(新唐書) 7-137
天文志(晉書) 1-273 8-119
天文志(漢書) 3-126 4-105 5-272 7-54
天罰 2-90
天變 3-148 4-157
天保(年號) 6-136, 163
天寶(年號) 7-244, 270, 271, 318, 320 8-28, 129(頭), 149, 206, 258, 269, 270, 334, 335 9-64, 86, 95, 100
天寶盜 8-364(頭)
天復(年號) 9-60, 98, 102, 107, 107(要)
天福(年號) 9-164, 189, 191(頭), 195
天鳳(年號) 3-187
千夫 2-290
擅賦 2-356(釋)
天府之國 2-29(釋)
天府之土 4-222(釋)
天鄙 3-167
遷史 →史記 1-305
天賜(年號) 5-321
天師道場 6-32, 33
倩使槧行 6-35(釋)
天象 7-143
天璽(年號) 5-79, 311
穿塞 2-248(要)

淺鮮之過 7-132(釋)
天成(年號) 9-143
天星散落如雪 7-240(譯)
千艘 3-308(釋)
天數 9-147
天授 2-38
天授(年號) 7-197
天水 2-180 3-235, 268, 307 4-337, 342
天水郡 3-67, 197, 235, 277
天授非人力也 3-265(譯)
淺水原 6-256
千乘 1-249 8-112
天時 6-21
喘息須臾間 4-108(釋)
天神 6-291
天安(年號) 6-48
天也諒乎 2-18(原)
遷延不至 8-92(頭)
天王 1-237 5-305, 316
天祐(年號) 9-80, 82, 102, 107, 107(要)
千牛衛 7-284 8-367
天運 7-166
天雄都指揮使 郭榮 9-196
——節度使 郭威 9-196
天雄軍 1-58
天元→宣帝(北周:北朝) 6-243(頭) 7-40
天元皇帝→宣帝(北周:北朝) 6-173, 174
天位 6-53, 58, 100 7-271
天有五材 3-93(頭)
天人相與 2-221
千人自廢 1-331(釋)
千日之樂 4-31
天日之言 7-236(譯)
天子氣 1-273(附), 314(譯)
天子先驅 2-190(釋)
天長 9-32(釋)
天藏遁法 2-35
天災 2-172
天全 8-289(頭)
天節軍 8-113
天齊 2-322
天帝行璽金匱圖 3-300
天朝 4-293(要)
踐阼 3-174(釋) 7-135(頭) 8-184(頭), 245, 349 9-44
天祚(年號) 9-160
天造(年號) 6-277
天早生聖人 9-154(要)
千鍾 1-95(頭)
天主 2-322
天地大變 1-336
天地之大義 1-336
天之天 1-369
天職 6-53 7-271 9-16(譯)
天津 8-13
天贊(年號) 9-137
天策府 6-272
天策上將 6-272
天樞 7-186
千秋金鑑錄 7-304
千秋節 7-304(譯)
千秋亭 3-225
天竺 1-59 3-167 4-27(頭), 28 6-291
天竺國 3-338
千春節 9-164, 165
千雉 1-245
天台山 8-310
遷太后於永寧宮 5-36(頭)
天討 4-182 5-22 9-38
天統 2-89
天統(年號) 6-163
天平(年號) 6-108, 110
天平節度使 景延廣 9-178
——節度使 李守貞 9-185
——節度使 石敬瑭 9-164, 165
天下共主 1-73

天下十道 8-110(頭)
天下之功 2-247(釋)
天下之廣居 1-156
天下之難 4-219(頭)
天下之大道 1-156
天下之民 歸心焉 5-60(譯)
天下之寶 5-264(頭)
天下之正位 1-156
天下樞 1-174(釋), 175
天漢(年號) 2-334, 340
天旱 意乾封乎 2-326(釋)
天顯(年號) 9-104, 143, 150
千戶 2-60, 62, 73
天和(年號) 6-163
天皇→高宗(唐) 7-223(頭)
天皇帝→太祖(遼) 9-103
天會(年號) 9-231
天后→則天武后 7-158, 182, 186, 225, 246 9-84(頭)
穿胸 3-167
天興(年號) 5-310 6-221
天興宮 6-174
天興殿 6-243(譯)
鐵脛 3-217, 222
鐵券 2-88
鐵騎 5-277 7-358
啜其泣矣 何嗟及矣 7-351(頭)
鐵籠得全 1-169(釋)(頭)
綴旒 8-149(要)
鐵勒→勅勒 7-128, 129, 136(頭), 333 8-148
——九姓 8-149
啜里只→太祖(遼) 9-101
徹夫人之坐席 2-188(譯)
鐵山 7-172
鐵城 8-294
鐵鎖 5-75, 90
撤業閉門 8-235(釋)
鐵如意 5-107(頭)
輟饔飧 8-289(頭)
哲王 2-229 7-138(頭)
哲宗(宋) 1-51, 53, 54
鐵州 9-190
掣肘之譏 8-194(釋)(附)
剟寢戶之簾 搴兩廟之器 2-147(頭)
徹侯←通侯 1-117 2-21(原)(釋), 39
襜襤 1-215(釋)
僉忘其身 5-17(頭)
詹事 2-200(頭) 6-303(頭)
瞻尙雖死 5-54(譯)
儋石之儲 5-323(釋)
瞻卬篇(詩經) 4-165
忝預外戚 7-35(頭)
瞻烏爰止 4-164(釋)
襜帷 4-23(原)(要)
沾縣 2-62
帖 7-209(釋)
牒 7-275(頭)
輒→出公(衛:先秦) 2-367
輒距而不納 2-365(釋)
捷給 2-131(頭)
妾婦之道 1-156
輒率一錢者 8-126(頭)
帖誦 8-84
帖試 8-83
倢伃→婕妤 2-345
婕妤←倢伃 2-371 3-155 7-231(頭)
疊州都督 李世勣 7-148(釋)
喋喋利口 2-131(釋)
帖勅 6-74(頭), 325
帖泰 7-83(頭)
靑岡 5-277, 277(釋)
靑蓋 5-73
淸渠之敗 8-47(頭)
請告 2-241(釋)
淸光 7-91

清口 9-233
淸宮 9-194(頭)
淸談 5-38, 116, 149, 160, 187, 231, 259
聽德之聰 6-337(頭)
淸道 2-134 3-255 5-305
靑犢 3-217
請得使之令下 1-292(釋)
請得以頸血濺大王 1-165(譯)
淸涼臺 1-59 4-28
靑龍(年號) 4-350 5-11 9-98
淸流 9-83
淸流關 9-224, 225
靑盲 3-313
淸明 8-298
請命 6-309(頭)
淸廟 3-207
靑苗錢 8-94(附)
淸白吏 4-80
廳事 4-134
淸祀 3-85
靑史 7-219
靑絲綃 5-67(釋)(頭)
請成 1-147(頭)
靑城山 9-79
聽訟 2-152 3-64
淸水 1-139
請隧 1-78(頭)
淸水會盟使 渾瑊 8-210(頭)
淸野 5-328, 329
淸夜遊曲 6-207
淸陽 3-217
靑陽 6-143
淸要官 6-262
聽韋處厚而寤李紳 8-354(譯)
淸議 5-68, 69
淸漳 2-62, 62
靑田→袁甫 1-69
淸節奏 4-119(釋)
淸淨 2-229(頭)
淸靜 2-239(釋), 258
靑齊 8-202(頭)
靑帝 3-237
靑帝靈威仰 7-285
淸帝側 6-132(譯)
淸詔使 4-130(要)
淸詔員 4-131
靑州 1-160, 263 2-205, 326 3-273, 274, 327 4-153(釋), 179, 192, 193, 197, 214, 219 5-81(頭), 140, 145, 330 6-23, 35, 39, 49, 50, 153, 170 8-109, 332 9-211
——留後 李振 9-83
——刺史 雋不疑 2-343
請借前箸 1-361(釋)
聽讒臣之言 9-87(頭)
靑草湖 1-103
請致書稱孫而不稱臣 9-178(要)
淸泰(年號) 9-157, 161, 164, 164
請平 9-227(頭)
淸河公→楊素 6-165, 183
淸河郡 4-117
淸河武侯→王猛 5-264
淸河世子→孝靜帝(東魏:北朝) 6-109(頭)
淸河王→劉慶 4-65, 75(頭), 90
淸河王→劉蒜 4-117
淸河王→元亶 6-109, 132
淸河王→元懌 6-93, 97
淸河王 5-330(頭)
淸河孝王→劉慶 4-77
請間 2-112(釋)
靑海 7-249(頭), 332(釋)
淸海節度使 劉隱 9-109, 115
請骸骨 1-365(頭)
請幸華州 9-55(頭)
請浩爲司馬 5-208(要)
淸淮節度使 劉仁贍 9-232, 242

堯 7-74
禘 4-311
諦觀之 7-32(原)
體國經野 7-68(原)
遞鐘 3-61(要)
棣州 8-56, 109, 307, 333
逮捕 2-137(釋) 4-144(釋)
堯縣 6-239
譙 5-246, 248
鈔 4-84(頭)
楚→莊襄王(秦:先秦) 1-193, 194, 203, 209
楚 4-258(頭)
楚歌 2-12
招諫 7-194
草芥 1-233
軺車 2-257
鈔擊略盡 3-222(釋)
楚丘 1-290
草屨 2-254
楚國策(戰國策) 4-49
楚郡 1-227
譙郡 4-246 5-46, 282
——太守 楊萬石 8-14
草堂 3-59
楚憿群策而自屈其力 2-18(釋)
勦拉同氣 6-55(譯)
草昧之初 7-61(釋)(要)
初命齊大夫田和爲諸侯 1-108(譯)
初命晉大夫 1-73(原)
初無預 6-30(頭)
椒房 4-19(頭) 7-351(頭)
椒柏酒 3-173
初伏 3-84
艸付 5-222
稍不可 4-85(要)
楚辭 6-326
——九歌篇 2-27
草書 6-111
貂蟬 5-129(釋)(要)
楚城 2-212
譙城 5-279
樵蘇 1-355(釋)
楚囚 5-146(頭)
初始(年號) 3-180
招信軍 9-32
肖阿古只 9-138
愀然 5-146(原) 7-206(釋)
楚獄 4-32
楚王→武穆王(楚:十國) 9-109
楚王→司馬瑋 5-115(頭)
楚王→昭武帝(前趙:十六國) 5-142
楚王→劉交 2-41
楚王→劉戊 2-42, 212
楚王→劉英 4-27(頭), 32
譙王→李重福 7-236(譯)
楚王→韓信 2-20, 33
楚王→桓玄 5-320
譙王(後趙:十六國)←石世 5-215, 217
楚王交→劉交 2-205
楚王戊→劉戊 2-204(釋)
楚王英 敬信沙門之法 1-58(譯)
楚王殷→武穆王(楚:十國) 9-150(頭)
楚王之獄 4-64
譙撓 3-167
招搖軍 8-113
初元(年號) 3-56, 116, 322
楚元王→劉交 2-203
楚元王傳(漢書) 2-41, 203
楚有春申 2-271(釋)
草葬 3-348
楚莊呑蛭而愈疾 7-263(釋)(要)
軺傳 1-295
醮祭 1-58, 59 3-58
醮祭而致 3-58(釋)
譙縱 6-14
譙縱授首 6-58(譯)

楚州 5-247 9-228
譙周 1-186, 194 5-43, 52, 53
初即位 7-256(譯)
峭直 2-173(釋) 7-296(頭)
楚楚 6-46(頭)
草薙而禽獮之 9-76(釋)
招討 8-266(要) 9-47(頭)
招討使 8-394(頭)
初平(年號) 4-190
初學記 2-241 9-121
楚漢春秋 2-340
譙玄 3-313
譙縣 4-256, 331(釋)
楚懷王→義帝(楚:先秦) 1-288
楚懷王孫心 1-283(釋)
焦暉 8-91(頭)
蜀 1-62, 64 8-22, 30, 33, 38, 66, 73, 246, 253, 399
屬(촉) 5-78(頭)
屬國於子之 1-148(頭)
蜀郡 2-141 3-58
——太守 楊洪 4-276, 277
蜀記 2-292
蜀都 4-325, 342
屬文 5-132(要)
蜀兵以反覆就誅 9-241(附)
蜀王→楊秀 6-196
蜀王→高祖(前蜀:十國) 9-108, 110
蜀州司戶 楊玄琰 7-328
促織 3-60
燭天 5-93(頭)
蜀漢 4-194
總丱 6-179(頭)
寵靈 5-172(頭)
葱嶺 2-47 7-17, 45
驄馬 4-178(要)
驄馬御史 4-178
叢祠 3-169(頭)
冢嗣 8-241, 245
叢猾 6-266(頭)
總宿衛 6-85(譯)
寵信讒諂 憎疾忠直 3-167(頭)
總章(年號) 7-171, 274
叢脞 6-376(頭)
寵秦國之政 1-133(頭)
寵泰燮恪 7-153(附)(頭)
寵宦官而授之印 8-305(譯)
崔居儉 9-159
崔乾祐 8-17(頭), 25
崔寬 8-107, 108
崔光 6-72, 96
崔廣→夏黃公 2-81
崔群 8-314(頭), 334, 335
崔群傳(唐書) 8-335
崔亮 6-89, 90
崔林 5-27
崔模 6-23
崔發 8-354
崔邠 8-227
崔寔 4-119, 124, 125
崔植 8-343
崔湜 1-46
崔愼由 8-359 9-20
崔氏→崔豹 2-118
崔安石 7-359
崔烈 4-183, 221
崔祐甫 8-116, 117, 122, 123, 131, 156, 275, 282
崔遠 9-83
最爲折衷 6-271(釋)(頭)
崔胤←崔昌遐 1-62 9-58, 60~62, 64
崔胤專權亂國 9-80(頭)
蕞爾 4-323(頭)
崔州平 4-220(頭)
崔仲方 6-183(頭)
崔昌遐→崔胤 9-75, 76

崔昌遐無如之何 9-72(附)
崔豹←崔氏 1-127
崔鉉 3-41
崔玄暐←博陵王 1-46 7-223, 232
崔協 9-150
崔浩 1-48, 168 2-249 5-338 6-21, 29(目), 31, 32
崔渙 8-33
推 4-157(頭)
鄒 1-136
錐 5-90(釋)
僦 2-285
推結分好 4-199(原)(釋)
追景升之顧 4-228(頭)
抽戈刺髦 5-44(要)
秋官侍郎 7-213(譯)
追仇盡言 8-226(頭)
推鞠 7-42(要)
僦櫃質錢 8-154(釋)(要)
樞機 3-21(要)
騅馬 2-12
騶馬猥佐成 3-83(譯)
萑葕 7-19(頭)
追亡逐北(배) 1-172(頭)
騶發 2-168(頭)
鄒山 1-251
追殺獸兎者 2-39(原)
推說災異 3-297(附)
追秀及於鄴 3-204(釋)(要)
鄒嶧山←邾嶧山 1-251(釋)
鄒衍 1-240, 241 4-168
推赤心置人腹中 3-217(譯)
追至北平連破之 3-222(要)
箠楚 4-47(原)
鄒平縣 6-214
鄒縣 1-251
秋毫 2-298
筑 2-77(釋)
逐客之令 1-219
蹴現覺 5-151(要)(附)
蹴鞠 8-301
築冀闕 1-127(釋)
逐其帥守 9-23(附)
舳艫 6-207(釋)
逐北(배) 3-161(釋) 6-265(釋)
畜生 6-201, 291
祝阿 1-113 3-270(原), 271
築巖 7-62(頭)
築甬道 1-349(釋)
祝融 2-245
蹴而覆之 8-163(釋)
築長城 7-90(頭)
築精舍 4-246(頭)
祝驪 1-133
祝欽明 7-238, 239
春官(周禮) 1-242 6-298
春令 1-241
春申君→黃歇 1-183, 218 2-273, 274
春秋 1-42, 76, 125, 237 2-82, 331, 333, 340, 360, 365, 367, 3-19, 98, 108, 148, 289, 297, 330, 332 4-119, 300 5-177 6-304, 305 7-92, 151, 160, 161, 184, 188, 193, 229, 239, 328 8-227 9-78, 113
春秋穀梁傳←穀梁傳, 穀梁春秋 7-87
春秋公羊傳←公羊傳 1-248 2-195, 227, 334 3-20, 120, 331, 340 6-116, 300 7-87 8-358
春秋旣壯 7-216(譯)
春秋大一統 2-227(釋)
春秋命曆序 4-99
春秋有道 守在四夷 3-99(譯)
春秋二三策 7-184(頭)
春秋左氏傳→春秋左傳 3-95 7-87
春秋左傳←左傳, 春秋左氏傳 1-134(釋), 139(釋), 195(釋), 220(釋), 248(原),

289(釋), 294(釋), 318(釋), 374(釋) 2-139(要) 3-55(釋), 200(附), 262(釋), 294(釋), 299(附) 4-13(釋), 125(評), 137(釋), 138(釋), 151(釋), 163(要), 205(釋), 215(頭), 298(頭), 320(釋) 5-32(釋), 49(釋), 252(釋), 309(頭) 6-52(釋), 116(釋), 167(要), 245(頭), 301(釋), 327(釋), 331(釋) 7-32(附), 67(附), 74(原), 96(頭), 230(釋) 8-148(釋), 162(頭), 164(釋), 190(頭), 198(頭), 225(頭), 298(釋), 301(釋), 369(要) 9-71(釋), 116(釋)

春秋佐助期 9-121

春秋之義 5-58(譯)

春秋集傳纂例 1-195

出警入蹕 5-305(頭) 6-295

出公(衛:先秦)←輒 2-366

出公(晉:先秦) 1-80

出教 6-272(頭)

出封中 2-321(釋)

出師表 4-336

出選擧志 6-346(譯)

絀申屠嘉 2-219(頭)

出我袴下 1-328(釋)

黜爲下邽令 7-312(頭)

出帝(北魏:北朝)←元朗

出帝(後晉:五代)←負義侯, 石重貴, 齊王 9-179

黜陟 9-65(釋)

黜陟大使 7-38

黜陟使 7-327(釋)

出乎爾者反乎爾者 5-66(譯)

衷→惠帝(西晉) 5-114

忠敬王→李茂貞 9-138

衝關 4-253

沖公(前涼:十六國)←張玄靚

忠烈 4-249(頭)

忠烈之臣 4-297(頭)

沖藐 6-150(頭)

忠武→渾瑊 8-149

忠武節度使 張延朗 9-153

忠武公→諸葛亮 5-54

忠武軍 9-35(頭)

忠武王→郭子儀 8-147

忠武侯→諸葛亮 5-17, 22

忠犯人主之怒 8-329(頭)

忠恕 1-264

忠遜王(吳越:十國)←錢弘倧

忠信 8-103

忠臣 1-162 6-340 9-213

忠臣不私 私臣不忠 3-314(譯)

忠藎者 8-191(釋)

沖約 5-117(頭)

忠王→肅宗(唐) 7-316, 336(釋)

充容→徐惠 7-141

忠懿王(吳越:十國)←錢弘俶

忠義傳 4-71

忠義傳(新唐書) 7-104

充牣其中 7-341(要)

忠正軍 9-242

沖帝 4-113

沖帝(東漢)←炳, 孝沖皇帝 4-105, 170

忠州別駕 陸贄 8-227

——刺史 劉晏 8-132(附)

忠直寖疏 9-86(頭)

种輯 4-211

衝天大將軍→黃巢 9-30

忠獻王(吳越:十國)←錢弘佐 9-194

忠孝 2-165

贅 2-147(釋)

惴恐 8-227(釋)

贅壻 2-148

萃淵藪 1-145(譯)

揣魏博若符契 8-277(釋)

就 4-28(頭)

取當 3-15(頭)

取代仆趙 2-63(頭)
聚斂 4-176(頭) 8-143
聚斂之臣 8-129
就吏 4-86(頭)
翠微宮 7-134, 140
翠微宮頌 7-134
聚訟 4-62(釋)
就實佔 8-260(釋)(頭)
聚麀之亂 7-161(譯)
聚麀之恥 7-180 9-118(譯)
就有諫者 8-257(頭)
取人以身言書判 7-176(釋)
取日 7-187
取長陵一抔土 2-134(原)(釋)
取秦隴 9-246(頭)
就此 2-21(要)
取蜀 4-248(原), 272(頭)
側陋 4-95 7-77
仄陋 4-94(釋)
側足而立 4-116(頭)
則天→則天武后 7-231, 232, 268
則天大聖皇帝→則天武后 7-223
則天樓 7-200
則天武氏→則天武后 8-27
則天武后←開元神武皇帝, 武昭儀, 武氏, 武曌, 武后, 聖神皇, 聖神皇帝, 天后, 則天, 則天大聖皇帝, 則天武氏, 則天順聖皇后, 后氏 9-85
則天門 6-269(頭)
則天順聖皇后→則天武后 7-183(目)(要)
則天實錄 7-277(譯)
層觀 7-44(要)
嗤 3-231(釋)
治 4-270(釋)
穉 3-233(釋)
雉 1-248
郄鑑←郗鑑 5-189, 192, 192(頭), 202
郗鑑→郄鑑 5-203
鴟顧 2-32
豸冠 7-273(原)(釋)
治劇 6-381(頭)
置團者 9-236(附)
致堂→胡寅 2-129(評), 219(評), 358(評) 3-165(評), 282(評) 4-176(評) 6-90(評), 342(評), 385(評) 7-12(評)
治道 6-337
雉頭裘 5-84(釋) 7-80
郗慮 4-261
馳騖 2-271(要)
雉門 6-326
致物 2-244(釋)
雉尾炬 5-334
淄澠 1-173(釋)
褫魄 4-241(釋)
直(値)百金 2-194(釋)
直(値)百錢 4-268(頭)
致師 1-373
治象 1-127, 259
淄水 1-173
滍水 3-195
治勝 4-207
治安之策 2-141
治安策 1-89, 89(譯)
置於黃龍府 9-189(釋)
置槷以縣 7-70
徵(치)羽 7-92(要)
蚩尤 2-322 6-382 8-366
郗愔 5-268
絺章繪句 8-328(頭)
置諸使 7-288(釋)
卮酒 1-317, 318
淄州 1-160, 173 8-109, 332
菑州 2-205(釋)
治中 4-252(頭)
輜重 1-142(釋), 350, 355(原) 2-74 3-194(釋) 4-227, 229 5-246, 333

6-110, 172, 209(釋) 9-208
輜重車 3-271, 274 4-343
致中原板蕩 8-42(釋)
寘之百官 6-375(要)
治秦中 2-36(釋)
輜車 3-352(釋)
菑川 3-194(釋)
菑川 2-204(釋), 206, 252 3-273
菑川王→劉賢 2-42, 205, 212
淄川縣 1-173
淄青 8-119(頭), 122, 155, 156, 258, 263(釋), 365
——節度使 李正己 8-145
淄青平盧軍 8-282
置遞 8-133(頭)
郗超 5-243, 255, 256, 261, 268(要)
茌平 6-364(釋)
治平(年號) 6-248
治平之世 1-51
緇布冠 4-178
茌縣 6-365
鴟鴞 9-251
敕勒←鐵勒 6-371 7-128(附), 130
勅使 8-277(頭), 395
勅中書門下參鞫之 7-106(譯)
勅牒 7-323
親耕 2-127, 260
親事府 6-274
親桑 2-260
親仁坊 7-341
親任小人 6-111(頭)
親戚 3-119(頭)
親稱制臨決 3-107(釋)
親賢遠奸 1-41, 71
親兄之子 西鄉而擊 2-141(原)
漆竿 6-368
七監 2-140
漆溪 3-303
七國 1-213, 302 2-207, 268 3-368 4-232, 245 5-193
七國反 2-206
七國之變 3-367
七國之禍 2-42(附)
漆器 7-103
七女津 6-23
七德舞 6-331 7-32(附)
七廟 1-300, 308 7-197, 200
漆水 3-302(釋)
漆身爲癩 1-86(釋) 3-313(頭)
七十二君 3-360
七十二黑子 1-271(附)
七雄 1-204
漆園吏 5-38
七邑 1-203(釋)
七制 5-62(譯)
七制解 2-357 3-108, 110, 306
七族 1-228(頭)
七行俱下 6-44(頭)
侵公主 3-163(頭)
針灸 6-379
湛(침)溺盈溢之欲 3-36(評)(釋)
沈檀 6-180(頭)
沈命法 2-342(釋)
寢不克終 7-80(要)
祲象 4-12
侵漁百姓 3-73(釋)
沈於回淵 6-153(頭)
浸潤膚受 9-65(附)
浸淫 3-199(頭) 9-86(頭)
侵軼 8-202(頭)
沈潛而不能剛克 1-43(譯)
寢殿 8-24
寢疾 5-30(頭), 142(要), 264(頭) 7-102 (頭)
沈醉 4-270(頭)
稱君 4-127(頭)

稱貸 9-236(頭)
稱萬歲 5-192(要)
稱兵 4-297(頭)
稱孫 9-179
稱臣 4-288 9-179
稱臣於突厥 6-365(譯)
稱燕王 5-310(原)(釋)
稱制 3-108 5-238(譯) 6-46, 54, 85(譯), 96, 130
稱帝 4-209, 210
稱制臨決 4-51(釋)

【E】

墮淚碑 5-85
唾背 2-282(附)
他日宗枝竝罹戕毒 9-93(頭)
打草穀 9-190
托孤 5-175
涿郡 3-251 4-95, 119, 193, 300, 325 6-213
──太守 張豐 3-250
──太守 鄭昌 3-32
託鬼以威衆 3-297(附)
卓犖 7-213(釋)
濁流 9-83
卓茂←褒德侯 3-229~232, 364 4-19, 296
卓茂傳(後漢書) 3-229
托屬掖庭 3-236(釋)
跅弛之士 2-327(釋)
濁漳 2-62
度(탁)田非益寡 2-185(釋)
涿州 1-224 8-81
度支 4-170(頭) 7-65(釋)
橐駝 7-338(頭) 8-289
濁河 1-263 2-36, 37
涿縣 4-308
彈 7-273(頭)
殫耳目之玩 8-36(釋)
彈之 5-69(要)
呑炭爲啞 1-86(釋)
脫 7-83(頭)
稅(탈)駕 1-302
脫冠 2-282(附)
脫輓輅 2-28(釋)
脫屣 6-121(釋)
脫粟飯 6-113
脫有不諱 5-183(要)
奪情 5-78
脫幘 6-26(釋)
脫致 6-118(頭)
貪叨 4-106(釋)
貪冒 6-334(頭)
貪兵 3-46
塔廟 6-85(頭), 111
湯←成湯 1-76, 102, 204(評), 238(評), 264(評), 324, 325(評), 362(釋) 2-70 (附), 75(評), 126, 153, 172, 229(評), 243(評), 254 3-95(評), 232(評), 320 (釋), 354(釋), 360(評), 363 4-125(評), 176(評) 5-19 6-244(評), 293(釋), 330 (原), 339(評), 382 7-54, 68(評), 75 (評), 151(評), 292(評) 8-174, 178, 197(評), 313, 316(評), 325(頭)
湯沐邑 2-77(釋)(頭), 215
湯武革命 6-339(譯)
湯餠 4-115
蕩然 1-246(要)
蕩陰里 5-20
帑藏 9-225(頭)
蕩蕩平平之道 1-50
碭縣 1-274 4-167
湯火 9-236(要)
太甲(殷) 1-204 2-229, 377 3-37, 319 4-176 5-19, 173, 256 8-285
太甲篇(書經) 6-337

太康(年號) 5-90
太康(夏) 1-104
太建(年號) 6-164
泰階 6-143
太公→呂尙 1-237 2-64, 67, 88, 113 3-295 7-63, 293
太公困於鼓刀 3-59(頭)
太公望→呂尙 1-281 7-63
太公兵法 1-280(釋)
太公亭 1-374
太公主 2-97
太官 3-318(頭)
泰卦(周易) 1-250 3-125 8-173
太丘 6-130
——縣長 陳寔 4-183
太丘縣 4-127
太極(年號) 7-244
太極宮 8-68
太極殿 5-231, 269 6-124, 363 8-337
太寧(年號) 5-181, 215 6-162
太寧郡王→僕固懷恩 8-149
太牢 1-365(譯) 2-75(頭), 77 3-314 6-86
太牢具擧進 1-365(釋)
太穆皇后(唐) 6-281
太戊(殷) 1-204 8-316
太武宮 5-215
太武帝(北魏)←世祖, 拓跋燾, 拓跋燾, 拓跋太武 6-46, 103, 153(頭), 156
太武暉華殿 5-217
太微垣 4-40
太半 1-376(釋) 4-238(頭)
太伯 1-59
泰伯 2-81 6-300, 301
太白經天 6-139(譯), 294(譯)
太白復經天 6-297(釋)(要)
太白星 3-248, 301 6-298 7-142
太保 2-152 7-109(頭)
太僕 2-67, 305
太僕卿 6-292(要)
太傅 2-152
台司 4-188(附) 7-52(附)
太師 2-152
太史公→司馬遷 2-17(評), 65(附), 70, 298 4-96
太史令 2-65
太山 2-36
泰山 1-124, 160, 251 2-87, 246, 307, 316(釋), 317, 321 3-270, 272, 275, 300, 353, 354 4-126 6-34, 365 7-19, 179, 179, 285, 287, 311
——太守 4-106
泰山郡 2-317 4-127
泰山北斗 8-326
太山陽 1-251(譯)
太常 2-305 7-15(譯)
太上(年號) 5-326
泰常(年號) 6-12
太常少卿 6-352(譯)
太上玄元皇帝→老子 8-15
太上皇 6-365(附)
紿說呂祿 2-107(譯)
太歲 7-95
太叔帶 4-261
太始(年號) 2-310, 345 6-140
泰始(年號) 5-63 6-46
太室 3-206(頭)
太室山 2-322
太阿 8-115
泰阿 3-146 7-351(頭)
太阿倒持 5-257(譯)
太安(年號) 5-130, 297
泰安州 2-316
太延(年號) 6-26
泰豫(年號) 6-54
太王(周) 1-168 6-301
太原 1-105, 210 2-46 3-277, 278 4-86,

135 5-124, 201 6-103, 220, 225, 231, 235, 238, 307 8-123, 387, 402 9-55, 57, 91, 177, 193, 250
——排陳使 張敬達 9-165
——節度使 石敬瑭 9-164
太元(年號) 5-40, 266 6-37
太原公→靈帝(後涼:十六國) 5-316(原)(頭)
太原公→文宣帝(北齊:北朝) 6-110, 128(譯), 136
太原郡 3-82
太原府 1-96, 217
太原王→慕容恪 5-235, 245(頭)
太原王→爾朱榮 6-96, 132
太尉→周亞夫 2-210
太醫 5-84(要)
太一歌 2-296
太任 2-346
太子建 1-229
太子南向號泣 8-23(頭)
太子丹 1-222, 223, 225, 228 2-336
太子舍人 4-173(頭)
太子晉→王子喬 2-322(附) 6-54
太子追迴 7-217(要)
太子太師 7-109(譯)
太子昏愚 5-84(頭)
胎簪山 2-212
太祖→高帝(齊:南朝) 6-51, 62
太祖→高帝(漢) 1-306
太祖→道武帝(北魏:北朝) 5-297
太祖→李虎 6-249 7-27
太祖→明帝(後趙:十六國) 5-202
太祖→文成帝(北燕:十六國) 6-12
太祖→文帝(宋:南朝) 6-16(頭), 17
太祖→昭武帝(後秦:十六國) 5-286
太祖→宇文泰 6-168
太祖→曹操 4-182 5-64, 65
太祖(閩:十國)←閩王, 王審知
太祖(宋)←宋祖, 趙匡胤, 太祖皇帝 1-49 8-59 9-32, 75, 209, 217, 225, 226, 228, 230, 231, 233, 247, 248
太祖(吳:十國)←楊行密, 吳王
太祖(吳越:十國)←武肅王, 吳王, 吳越王, 錢鏐
太祖(遼)←撻馬狘沙里, 大聖神烈天皇帝, 阿保機, 阿主沙里, 耶律阿保機, 耶律億, 億, 天皇帝, 啜里只 9-104, 143, 196
太祖(後梁:五代)←梁王, 梁主, 朱三, 朱溫, 朱全忠, 朱晃 9-34, 82, 106, 107, 117, 136, 150
太祖(後周:五代)←高祖, 郭威, 郭雀兒, 仲文 9-109, 202, 203, 206, 207, 210, 219, 235, 237, 244, 245, 250
太祖皇帝→太祖(宋) 9-96(頭)
太祖皇帝時爲宿衛將 9-208(釋)
太宗→簡文帝(東晉) 5-254
太宗→簡文帝(梁:南朝) 6-134, 136, 140
太宗→明元帝(北魏:北朝) 5-328, 330 6-12
太宗→明帝(宋:南朝) 6-46(頭)
太宗→武帝(成:十六國) 5-132
太宗→文帝(漢) 2-115(目), 196 3-13, 237
太宗(唐)←唐文皇, 唐宗, 文武, 文皇, 文皇帝, 世民, 李世民, 秦王, 天可汗, 太宗皇帝 1-45 3-297, 335(略), 354 4-310 6-220, 228, 229, 249, 300, 304, 306, 321, 331, 337, 339, 344, 347, 354, 368, 372, 376, 378, 379, 387 7-13, 18, 21, 27, 30, 33, 34, 36, 62, 68, 121, 122, 125～127, 129, 141, 146, 148, 149, 151～153, 155, 156, 158～160, 166, 179, 185, 211, 217, 223, 227, 242, 246, 247, 265, 319, 320 8-29, 45, 87, 102, 114, 159, 256, 259, 269, 284, 285, 328, 359, 367 9-12, 19, 84, 95, 99
太宗(宋)←趙炅 1-51 9-96(頭)
太宗(遼)←耶律德光 9-150, 193
太宗本紀(唐書) 6-306, 308

太宗作帝範以訓太子 7-160(譯)
太宗之卻走馬 3-339(釋)
太宗皇帝→太宗(唐) 6-330(目)
台州 1-324 7-148 9-25
——刺史 柳泌 8-310
太州刺史 敬暉 7-213
太中大夫中二千石 2-188(譯)
紿之於先 7-226(頭)
太眞→楊貴妃(唐) 1-45 7-327
太眞已配壽王 1-45(譯)
太倉 2-215, 258, 323 8-139
——令 淳于意 2-174
太清(年號) 6-117, 134, 137, 350
太初(年號) 1-305 2-328 5-297, 299, 308
太初曆 2-328, 329
笞箠 7-330
泰畤 3-58, 59, 173(譯), 195
太平 3-125(頭), 363 6-143(釋)(附) 7-244, 286 8-363 9-93, 219
太平(年號) 5-42, 328 6-12, 151
太平公主(唐) 7-239(頭), 241, 245, 246 9-87
太平道 4-179
太平萬歲 8-228
太平十二策 6-197
太平州 5-95
太平眞君(年號) 6-29
太平天子 1-52
太學 2-155, 223, 225, 363 3-153, 275, 276, 332, 364 4-114, 144, 172, 289 5-163, 311 6-72, 252
太學生 4-141, 167
太行 1-102(釋), 369
太行山 1-105 8-394
台衡 4-90
笞刑 2-175, 199, 213, 353 4-119 6-378
太昊→伏羲 1-241
太湖 5-302
太華 1-104
泰華 1-102(釋), 105
太和(年號) 4-332 5-189, 211, 245 6-57 8-356, 386, 400, 400(頭)
太皇太后(北齊:北朝) 6-162(頭)
太后臨朝稱制 2-100(譯)
太后臨朝 4-73(頭)
太興(年號) 5-165 6-24
宅經 7-92
澤潞 8-57, 392, 401 9-89
——節度副使 李抱眞 8-96(釋)
——招討使 王元逵 8-394
宅心事外 5-116(要)
澤州 8-97, 393 9-193, 194, 208
——刺史 李鷁 8-118
攄 4-265(頭)
土梗 4-177(頭)
土階 8-37
土鼓 6-385
土囊之痛 6-139(譯)
土團 9-30(附)
土德 1-241 2-160, 329 6-73
吐突承璀 8-266(頭), 267, 272, 337 9-68
吐突承璀傳(唐書) 8-266
討虜將軍 4-230
土綿力薄 5-280(頭)
土母氏 3-152
吐蕃 7-85, 251, 332(頭) 8-21, 25, 84~86, 88, 92, 93, 95, 97~100, 103, 151, 197, 206, 209, 210, 211, 252, 305, 361, 362, 364, 387~391 9-68, 88
土崩 2-267
兎三窟 5-140
土數 2-329
吐握之疲 7-308(頭)
討逆 5-98(頭)
討逆將軍 5-99
吐谷渾 6-251(釋) 7-332(附) 8-85, 98

土人 8-226
土障 6-44
兎罝篇(詩經) 1-109
土著 8-214(要)
吐哺 1-361(釋)
吐哺走迎國士 3-252(釋)
土河 9-98
通鑑綱目考異 4-322
通鑑釋義 1-40
通鑑外紀 3-65
通鑑要解 9-94, 163
通鑑節要 1-37, 40
通鑑筆義 3-118(評), 139(評), 297(評), 354(評) 4-31(評), 42(評), 59(評)
通輕俠 3-345(頭)
痛哭者 2-141, 143
統軍 7-46(譯) 8-367
統軍府 8-110
通儻 3-257(頭)
統萬 5-336, 345(頭) 6-18(釋)
通文(年號) 9-164
痛繩群下 3-12(釋)
統葉護 7-23(頭)
通籍 6-84
通典 3-357 4-253, 350 5-147 7-319
統州鎭兵 6-104(譯)
通天犀 3-347
通玄 7-194
通化門 8-195
通化坊 8-292
通侯→徹侯 2-22
洞胸 3-312(釋)
退溪→李滉 4-191
推(퇴)轂 2-181(釋), 231(原)
推(퇴)亡固存 3-109(釋)
隤然 4-88(譯)
鬪鷄 8-119
投戈講藝 3-351
偸懦之政 9-89(頭)
鬪穀於(누오)菟←子文 3-39
媮末 8-326(頭)
鬪伯比 7-67
投尸于河 9-83(附)
骰子 5-315
渝州司戶 王叔文 8-244
——刺史 柳玭 9-50
投塹 6-239(要)
鬪椒 3-38(頭) 7-67
投壺 3-307
特進 3-148(附)
特進魏國公→王仁祐 7-160

【ㅍ】

把 4-319(要)
破家相容 4-165(釋)
罷官 7-290
巴丘 4-249(釋)(要)
巴郡 3-313 4-253, 325
巴東縣 5-92
破虜將軍 4-191 5-98
播流 5-239(要)
巴陵 1-103 6-242, 242
巴蠻 5-253, 253
破釜 1-289
破釜棄糧 5-251
巴山 5-91(釋)
灞上 5-279, 345
巴肅 4-160
罷叔玉尙主 7-112(頭)(要)
頗訊 4-144(頭)
番(파)陽 1-282 2-75 4-301
鄱陽 4-234
——太守 周魴 4-340
鄱陽郡 7-46
鄱陽石氏 5-256(略) 7-47(略)

鄱陽王→蕭範 6-127(頭)
鄱陽王→蕭鏘 6-73, 80
鄱陽湖 1-103
番(파)禺 5-334(頭)
播越 4-205, 289 8-19(頭), 36
巴子都 4-312
巴子城 1-324
跛踵 3-167
播州司馬 趙贊 8-177
破竹之勢 6-256
破秦兵於鉅鹿 5-279(頭)
破陣樂 7-26, 32(譯), 153
播遷 4-303(頭) 8-178 9-45, 89
巴蜀 1-323(釋) 2-250 4-222, 275 5-48, 56, 79, 89, 294 6-183, 275 7-105 9-222
嶓冢山 3-303 4-223
坡阪 4-188
巴漢 2-90
罷獻箴 8-350
破荊州 4-230(頭)
板榜 4-162
判補 8-48
判司 8-262(頭)
判元帥行軍馬司馬事 8-64(頭)
版籍 8-126(釋)
判正 4-183(要)
販繒織薄之徒 3-319(釋)
版築 2-314(附)
版築飯牛之朋 2-314(譯)
板蕩識誠臣 7-41(釋)
八顧 4-160
八公山 5-276(釋)(要)
八關十六子 8-347(釋)(頭)
八卦 3-359
八郡 5-313(頭)
八及 4-160
八代 8-329
八龍 4-118
八蠻 8-305
八坊 7-286
八柄 8-58(附)
八書 2-339(頭)
八損 5-110(附)
八十一難序(黃帝內經) 2-84
八王 5-160
八衛 8-367
八爲口分 6-283(釋)(附)
八音 2-318 7-239
八議 2-156, 165
八佾 7-26(釋)
八佾舞 4-11(釋)
八子 8-147(頭)
八節圖 1-242
八政 1-344
八州 1-308 5-223(頭)
八廚 4-160
八俊 4-160
八鎭將軍 6-166
八風 2-231 7-239
八風舞 7-238(附)
八荒 1-300
霸 1-119(附)
沛 5-46
沛公→高帝(漢) 1-276, 280, 282, 283, 287, 288, 291~293, 299, 307, 309~311, 314, 316~318, 320, 323 2-23, 77 6-233
沛國 2-39
沛郡 1-269, 324
——太守 王良 3-278
沛宮 2-76
佩其印綬 1-277(附)
佩刀 7-59(要)
霸道 3-23, 90, 91, 95
霸陵 2-125, 194 3-192 5-343

霸陵上 2-124(釋)
霸上 1-302, 307, 310, 311, 314, 318 2-190(釋), 191, 210 3-161 5-120, 341
霸上先生→甪里先生 2-81
霸城 2-125
霸城觀 1-308
霸水 1-308 2-192 5-228, 229
霸術 3-94
霸業 4-222 6-92(附)
霸王→項羽 1-306
霸王 1-142 2-17 9-185
沛人劉邦 1-271(釋)
敗子 1-85
霸者 2-71
沛州 2-13
貝州 8-81, 282 9-145, 182
——節度使 薛嵩 8-80
霸主 3-270
霸州 1-226 3-211
佩之 1-361(頭)
沛縣 1-273～276, 281, 335, 346 2-77
彭蠡湖 1-103
彭生 7-228
彭城 1-323, 331, 345(頭), 346, 347, 365, 375 2-27, 69, 205 3-62 4-131 5-218, 279, 313, 314, 349 6-12, 33, 38, 49, 95, 172(譯)
彭城閣之變 6-349(頭)
彭城王→元勰 6-77, 106, 156
彭城王(後趙:十六國)←石遵 5-215
彭城縣 1-281
彭世 5-192
彭陽 2-178
彭羕 4-267
彭吳 2-250
彭王→彭越 2-67～69
彭原 8-41, 197
彭越←梁王, 魏相國越, 彭王 1-280, 291, 304, 334, 345, 348, 367 2-11, 12, 20, 25, 68, 69, 72, 73, 86 3-367, 368 4-19 5-197, 198 7-27, 148
彭越傳(史記) 2-69
彭祖→穆帝(東晉) 3-61(釋)(頭) 5-211
彭寵←伯通 3-240, 250, 258, 277 7-96
彭澤縣 1-103
烹刑 2-334
愎諫 6-343(頭)
扁→顯王(周) 1-113
褊 5-101(釋)
便橋 6-308(釋), 310 8-85, 172
編都 5-92
便道罷之 8-206(頭)
編列 7-128(頭)
編錄 3-353, 360
便門 3-123(要)
鞭背 7-153
便僻佞慧 5-34(要)
偏師 6-14(譯), 58(譯) 7-128
便省 6-116
便有輕重 3-268(要)
便宜 1-215(譯)
便宜從事 3-40(要)
扁鵲←盧醫, 秦越人 2-84(釋), 143(要) 9-180
偏將軍 4-282
便坐 2-234, 235
編之徒官 2-156(釋)
編戶 5-132(釋) 7-125, 129, 140
枰 5-88(釋)
平江南之策 6-183(要)
平江府 4-223
平遣囚徒 3-203(釋)
平曲 3-310
平棘 3-223(釋)
平南 5-81(頭)
平旦 1-356(譯) 6-150

平臺 1-262(譯)
平道軍 8-113
平凉 8-25(釋)
平盧 9-89
——兵馬使 安祿山 7-318
——節度使 李正己 8-108
——節度使 安祿山 7-334, 343
——節度使 王峻 9-245
——節度使 王玄志 8-58
平盧偵將 7-351(頭)
平陵 5-343
平陵城 5-216
平林 3-190, 192, 195
平明 2-120
平民 2-217 6-30(附)
平反 2-348(原)(釋)
平署 4-144(釋)
平城 2-52(釋), 88, 96, 98, 247 3-100, 161 4-121 5-304 6-16(譯), 66, 67
平城之憂 2-333(釋)
平城之圍 4-119(釋)
平城縣 2-249 9-30
平壽 3-274
平乘樓 5-230(譯)
平氏縣 2-212
平壤 6-215 7-171
平陽 3-248 5-148, 150, 154, 164, 289, 296 6-169, 239 7-267 9-72, 80
平陽公主(漢) 2-262
平陽遁走 9-208(頭)
平陽王→敬暉 7-232
平陽王→孝武帝(北魏:北朝) 6-106(頭), 132
平陽縣 2-262
平陽侯→王鳳 3-135
平陽侯→曹壽 2-262
平陽侯→曹參 2-44
平燕定蜀 5-264(頭)
平王→玄宗(唐) 7-240(要), 241 8-35
平王(周) 1-73, 206, 209
平原 1-201, 371 2-235, 273 4-154
——司兵 李平 7-357
——相 劉備 4-199
——相 史弼 4-153
——相 荀爽 4-188
——太守 伏湛 3-228
——太守 蕭望之 3-44, 51
——太守 顔眞卿 7-357
平原公→後主(夏:十六國) 6-18
平原公主(北魏:北朝)←明月 6-109
平原君→趙勝 1-158, 181, 182, 187 2-273, 274
平原郡 1-263 2-37 3-259 4-154
平原津 1-262(釋)
平原縣 2-273
平陰 1-203, 340
平邑 8-153
平者多後患 3-30(釋)
平章百姓 8-213
平敵將軍→龐萌 3-260
平定軍 2-62
平帝(漢)←劉衎, 孝平帝, 孝平皇帝 3-84, 136, 155, 174, 195, 229, 238, 261 4-79, 256 5-343
平周 1-154
平州 5-199 7-241 8-81
平奏其議 3-107(釋)(要)
平準 2-323(釋)
平準官 8-141
平準法 8-141(頭)
平準書(史記) 1-119 2-297, 299, 302, 304, 312, 323, 340
平準之法 2-322(頭)
平津侯→公孫弘 2-278(釋)
平昌侯→劉卬 2-205
平蕩 5-321(頭)
平鄉縣 1-295(釋)

廢格 2-298(頭) 8-216(要) 9-21(釋)
廢錮 4-160
弊袴 1-126
陛戟 3-252(釋)
廢禁 4-163(頭)
廢立之際 不肯盡忠 7-150(譯)
敝民 3-230(釋)
廢負 4-285(頭)
斃踣 9-72(原)
嬖臣 1-114(釋)
嬖孽 6-92(釋)
廢王(楚:十國)←馬希廣
廢帝→臨海王(陳:南朝) 6-163
廢帝→末帝(後唐:五代) 9-157
廢帝(東晉)←琅琊王, 東海王, 司馬奕, 延齡, 海西公, 海西縣公 5-245, 250, 257(譯)
廢帝(東漢)←劉辯, 弘農王, 皇子辯 4-186
廢帝(北齊:北朝)←高殷, 濟南王
廢帝(西魏:北朝)←元欽 6-157
廢帝(成:十六國)←李期
廢帝(宋:南朝)←劉子業 6-48
廢帝(漢)←劉賀, 昌邑王
廢帝爲王 1-65(譯)
廢除學校 6-203(譯)
廢主(夏:十六國)←赫連昌
嬖寵 9-91(附)
廢太子勇 6-195(附)
廢太后 5-115(附)
陛下不得入廟矣 3-123(頭)
嬖倖 4-289(頭)
嬖倖猥多 7-246(頭)
蒲 9-78
哺 9-35(頭)
蒲健 5-220
布穀 6-361
抱關 6-90
蒲奴←左賢王 3-342
褒德侯→卓茂 3-231, 364
葡萄 2-308 3-339
逋逃主 1-145
蒲蠃 4-205(頭)
蒲輪 2-233, 314
捕亡人者 2-200(釋)
抱朴子 2-245
蒲璧 2-233
逋負 6-323(釋)
褒姒 1-41
褒斜谷 4-278
蒲山公→李密 6-216
鮑宣 3-171, 187
蒲城 8-171
褒城 1-327
逋稅 9-125(頭)
鮑叔 3-289
暴勝之 2-343
晡時 3-197(釋)
鋪時繹思 我徂惟求定 3-244(頭)
鮑信 4-190, 197
浦陽江 4-329
酺宴 7-300(釋) 8-34(附)
鮑永 3-309
鮑昱 4-46
蒲陰 2-54
布衣 2-31, 42, 84, 85 4-289, 334
暴利長 2-296
蒲亭 4-135(釋)
蒲州 7-198, 280
——刺史 陸象先 7-276
——刺史 堯君素 7-57
庖廚 9-156
褒中 1-327
褒中縣 1-327(釋)
蒲津 1-322
布泉 8-142
褒寵義均 4-57(附)
蒲坂 1-353(釋)

蒲鞭 4-140
鮑彪 1-140
暴虎憑河 1-168
蒲洪→惠武帝(前秦:十六國) 5-215(要), 218, 220~222, 233
鮑恢 3-309
暴 6-18(頭)
曝 6-238(原)
暴白 4-129(頭)
暴殂 6-95(頭)
豹→魏豹 2-12
熛 5-324(釋)
剽輕 2-210(釋)
驃騎府 8-110
票騎將軍 2-300(原)
驃騎將軍 4-288 8-367
豹貀 8-119(釋)
剽掠 9-190(釋)
漂母 1-376 2-20
漂母見信飢飯信 1-327(釋)
表文 3-202
豹尾 2-118, 362
漂泊莎城 9-72(附)
標榜 4-160
彪炳 4-224(頭)
表率 3-74
表章 2-363(頭)
標幟 4-179(要)
飄暴交捽 8-366(頭)
表河曲 列四郡 3-339(釋)
慓悍猾賊 1-288(釋)
稟 3-327(釋)
品題 4-180(頭) 5-117(頭)
品藻 6-381(頭)
豐 5-124
風角 4-144(釋)
豐儉 5-195(要)
豐歉之狀 8-136(釋)
馮(풍)敬 1-352
馮基 6-191
馮紞 5-77, 82
馮唐 2-179~182 3-100
馮唐傳(漢書) 2-182, 183
風度 7-317(釋)
馮道←瀛文懿王, 長樂老 1-69 9-149~151, 159, 172, 176(頭), 210, 211, 213, 215, 241
馮無擇 1-352
馮跋→文成帝(北燕:十六國) 5-328 6-12 7-77
馮魴 7-96
馮奉世 3-45, 143
馮婦搏虎 7-125(釋)
馮贇 9-157(頭)
馮羨 4-106
風俗 1-246(頭) 4-153(附)
風俗通 2-159, 212 6-121
馮宿 8-357
馮習 4-319
馮信 3-313
風雅 3-23
馮盎 7-36
馮野王←君卿 3-142(頭)
豐穰 7-55(釋)
馮玉 9-184(頭), 187
風雲 4-19(譯)
馮愔 3-243(要)
豐邑 1-271 2-43
風夷 3-167
馮異←大樹將軍, 咸陽王 3-207, 210, 213, 216, 222, 223, 243, 246, 250, 276, 288~290, 307, 351 4-19, 296
馮異傳(後漢書) 3-207, 216, 223, 243, 276, 288
馮翊 5-146, 254 6-307
——太守 韓延壽 3-88

豐稔 8-214(頭)
風裁 4-139(釋)
馮廷諤 9-117, 119, 120
豐州 1-258 3-98
馮智戴 7-36(釋)
風之以樂 2-288(釋)
風疾 8-239
風采 8-227(譯)
豐沛 2-28, 71 5-179 8-284
風飆 5-284(頭)
豐鎬之都 5-341(譯)
馮弘→昭成帝(北燕: 十六國) 6-24, 27
披←勃鞮 9-78
披褐 5-228(釋)
皮景和 6-166
皮笠 9-228
披靡 9-208(頭)
皮弁 4-178 7-86
被邊 8-258
避稍 6-266(頭)
疲於西 4-341(頭)
被於鄕遂比隣 6-354(釋)
披衣 4-24
被酒 1-275(釋)
被創 4-341(要)
皮幣 2-258
披荊棘 3-288(釋)(頭) 9-198(頭)
畢 1-74
筆諫 8-339
必蹶上將軍 4-230(釋)
畢軌 5-37, 37
畢圭苑 4-175(要)
必念千里生民之寄 1-69(譯)
畢萬 1-74
畢師鐸 9-43, 48
必是設間 6-122(頭)
必雅歌投壺 3-306(釋)(要)
必也使無訟乎 2-152(譯)
必以夏時爲先 2-329(譯)
畢弋 7-82(要)
畢卓 5-117

【ㅎ】

下 1-162(釋)
河間 1-152 2-345
河間國 1-215 4-220
河間郡王→李孝恭 6-276
河間府 6-270
河間王→司馬顒 5-131(要), 136
河間王→劉開 4-116
河間孝王→劉開 4-155(頭), 156
下監 7-286
下甲 1-152(釋)
何康 5-184
下江兵 3-191
河渠書(史記) 2-340
夏桀之居 1-102(釋)
下計 2-72
河曲 7-286
夏官 1-103
夏官(周禮) 2-253
河關縣 3-340 7-333
河橋 6-95, 104
夏丘 4-198
夏口 4-272 5-81, 89
瑕丘 9-37
下邽令 杜璡 7-312
河南 1-59, 104, 196, 197, 203, 333, 341, 350, 365, 367, 370 2-239, 299 3-243, 291 4-92 5-46, 69, 116, 144, 158, 169, 178, 181, 225, 240, 244, 290 6-20, 43, 59, 117, 120, 126, 134, 146, 335 7-19, 298 8-84, 120, 145, 227, 273 9-144, 159
——都知兵馬使 賈賁 8-15

——令 貢禹 2-284
——守 吳公 2-119
——丞 黃霸 3-12
——尹 梁不疑 4-106
——尹 李膺 4-134
——尹 房植 4-140
——尹 張全義 9-136
——節度使 安慶緒 8-50
——節度使 張鎬 8-54, 56
——采訪使 倪若水 7-265
——太守 召信臣 3-131
——太守 嚴延年 3-76
河南公 寧可復得耶 6-76(要)
河南郡 1-286 3-231, 246 4-188
河南郡 爲置守令 3-231(要)
河南南陽不可問 3-324(釋)
河南府 1-192
河南王→武元王(西秦:十六國) 5-303
河南王→申陽 1-306
河南王→侯景 6-118, 134
河南地 1-253(釋)
河內 1-105, 293, 341, 368 2-81, 239, 270 3-287, 291 4-144, 190, 200 5-46 6-231
——太守 寇恂 3-219
河內郡 1-232
河內縣 1-105
夏魯奇 9-213
賀訥 5-267(頭)
下堂見諸侯 1-203(頭)
賀德倫 9-122
河圖 1-253 3-358
河東 1-175, 177, 341 2-274 3-58, 82, 291, 304 4-193 5-289 6-231, 240, 335 7-298, 319 8-57, 74, 91, 121, 138 9-102, 112, 152, 165, 183, 222, 222(要), 248
——宣慰使 張濬 9-47
——節度使 鄧景山 8-71
——節度使 劉崇 9-200, 203
——節度使 劉贇 9-198
——節度使 劉知遠 9-181
——節度使 李光弼 8-13
——節度使 李克用 9-36
——節度使 馬燧 8-152
——節度使 裴度 8-334
——節度使 石敬瑭 9-160
——節度使 辛雲京 8-84
——節度使 王忠嗣 7-332
——太守 季布 2-135
河東郡 2-262
河東王→蕭鉉 6-80
河東邑 1-353
河雒讖文 3-358(釋)
賀蘭進明 8-33(頭), 42
蝦蟆 3-255
何明禮 8-168(頭), 169(頭)
何苗 4-185(頭)
何武 3-147, 152, 158, 171
下無可爲者 1-294(釋)
何無忌 5-322(頭), 323, 325
何無忌敗死 5-333(頭)
何無香火之情也 6-286(釋)(頭)
夏門 3-310
夏門亭 3-333
下博縣 6-279
何攀 5-101
賀拔勝 6-98(頭), 107
賀拔岳 6-107(頭)
夏伯→禹 1-104
河伯 1-96
夏馥 4-160, 167
夏本紀(史記) 1-282
河北 1-313 3-202, 203, 213, 216 4-205 5-167, 179 6-23, 235, 307, 335 7-19, 298 8-13, 17, 22, 32, 55, 56, 80, 84,

263, 265, 273, 309, 392 9-124, 144, 196
——副元帥 僕固懷恩 8-78
——三鎭 8-279 9-47(頭)
——黜陟使 席建侯 7-327
河汾 5-62
何不撲殺此獠 7-163(釋)
下邳 1-282 2-20, 40(釋) 3-258(釋) 4-103, 203, 203, 211, 214 5-163, 322, 333, 347
何傯也 2-71(原)(釋)
下士 1-186(釋)
何事汚七十二代之編錄 3-353(釋)
河朔 5-255 8-78, 202(頭), 280, 333, 344 9-47
河朔三鎭 8-110(頭)
河朔之腹心 8-280(釋)
荷鍤 5-46(釋)
下相 1-271
何爽歲寒 9-228(頭)
夏上忠 殷上敬 周上文 2-225(譯)
河瑞 5-141
河西 1-263 2-178 3-266, 267, 269, 340 6-29 7-287, 319 8-84, 201 9-14
——節度使 哥舒翰 7-346
——節度使 楊欽忠 8-35
——節度使 王忠嗣 7-332
夏書篇(書經) 5-272
河西公→哀王(北涼:十六國) 6-26
河西郡 2-211
河西王→康王(南涼:十六國) 5-317
河船 8-140
賀善←賀氏 3-114(略)
夏城門 3-309(頭)
何所不散 1-331(原)(釋)
何殊 7-90(頭)
夏綏 8-255
——節度使 李祐 8-348
河水 1-286, 381 2-37 3-359 6-197 7-306
河水流澌 3-210(釋)
賀循 5-138, 162, 204
夏時 2-328, 329
賀氏→賀善 3-114(略) 8-74(略)
何晏 5-36~38, 68, 119, 120, 237(頭)
賀野干 5-268
賀若弼 6-177, 183(頭), 189
下陽 5-49
夏陽 1-353 2-366
河陽 6-206 8-63, 65, 69 9-168, 170
河壖 9-127(釋)
夏說 1-338(要)
何顒 4-196
河外 1-152(釋), 211(釋)
河外澠池 1-165(譯)
何畏乎巧言令色孔壬 7-100(頭)
下愚不移 7-183(譯), 236
何爲著此 7-356(釋)
下帷發憤 潛心大業 2-280(譯)
何有於尙書 7-306(頭)
夏育 2-241(釋)
賀六渾→高歡 6-94, 157(譯)
河陰 6-103 8-139
何以至此 3-74(頭)
下人有伐上者 2-378(釋)
夏正 2-328(釋) 7-198
下制 7-209(要)
河濟 1-102(釋)
下諸州者 7-15(頭)
何足異也 7-272(附)
夏州 6-107 8-26, 388
——觀察判官 柳公權 8-339
河州 5-297
下雋縣 4-249
河中 8-92, 95, 97, 104, 122, 171, 187, 199, 201, 202, 207, 253 9-35, 35(頭), 41, 62, 203

——同絳節度使 李晟 8-186
——留後 王重榮 9-34
——節度使 王重榮 9-41
河中府 2-274
何曾 5-141 7-52
荷甑墮地 4-135(釋)
何祇 4-277
夏至 3-84
河池縣 3-309, 311
何進 4-184, 184(頭), 185, 187, 188, 289, 297
下車之政 6-277
下蔡 2-72
河淸 8-65
河淸(年號) 6-163
何充 5-211
賀琛 6-111
下台 4-189
何太后(東漢) 4-184
河平(年號) 3-141
下風 2-141(譯)
荷荷 6-125(譯), 134
荷荷之時 6-101(頭)
下縣 1-277(頭)
夏縣 8-218
何弘敬 8-392, 394
河湟 3-70 8-268 9-14(附)
夏黃公←少道, 崔廣 2-81
河湟使典 7-306(釋)
夏侯建←小夏侯, 長卿 3-108
夏侯都尉 3-108
夏侯楙 4-336(要)
夏侯勝←大夏侯, 長公 2-377, 378 3-13, 14, 108, 111
夏侯勝傳(漢書) 2-378 3-14
夏侯始昌 3-108
夏侯淵 4-274~276, 337
夏侯嬰←滕公, 文侯, 汝陰侯滕公
夏侯玄 5-38
何徽 9-208(頭), 210, 250
何休 3-108
學記篇(禮記) 7-86
郝靈荃 7-268(頭)
虐焰燔蒼穹 7-184(譯)
悍→幽王(楚:先秦) 1-218
韓康子←韓虎 1-81
韓建 9-53(頭), 55, 56, 75
韓虔 1-73(頭)
限隔南北 6-187(譯)
罕幵 3-65(釋), 66
罕幵縣 3-67
漢高→高帝(漢) 8-191
漢故事及便宜章奏 3-49(譯)
漢高祖→高帝(漢) 9-176(附)
漢高祖困白登 6-369(譯)
韓公堆 8-86
漢關 2-211
漢官儀 2-66 3-22, 25
漢官典職儀 7-299
韓廣←遼東王 1-278, 306
漢屈群策 2-18(釋)
韓厥→韓獻子 1-74
韓擒虎 6-177, 183(頭), 189
漢紀 1-283 2-296 3-98
韓琦 1-52
漢紀 1-305(題) 2-11(題), 92(題), 115(題), 167(題), 221(題), 269(題), 319(題) 3-11(題), 70(題), 116(題), 178(題) 4-300(題) 5-11(題)
韓琦定策兩朝 1-64(譯)
邯鄲 1-81(釋), 181, 187, 190, 191, 193, 223, 296 2-60, 67, 205 3-208, 211, 213, 215 8-398
漢東王→劉黑闥 6-277
寒朗 4-33
寒露 8-298

韓盧 1-174(頭)
翰林院 8-122
汗馬之勞 2-39(要)
漢武→武帝(漢) 1-58
漢武內傳 8-311
漢武喜方士妻之以女 8-311(頭)
漢文帝却千里馬 7-80(譯)
韓旻 8-167, 169
韓範 5-331
漢兵其如予何 3-197(譯)
韓福 4-94(附)
韓非→韓非子 1-221
韓非列傳(史記) 7-252
韓非子←韓非, 韓子 2-221, 264 3-112 4-97 7-54 8-323, 325 9-28
韓生 1-321(原)
漢書←班書, 前書, 前漢書 1-292, 294, 295, 312, 321, 322, 332, 345, 351, 360 2-39, 41, 43, 71, 96, 108, 114, 116, 119, 130, 137, 140, 155, 208, 214, 216, 230, 236, 242, 292, 339, 350 3-25, 33 4-70, 166 5-130, 197, 255, 272 6-210, 242, 365 7-215, 259 8-15, 289
── 高帝紀 1-272, 309
── 高惠功臣表 2-332
── 杜業傳 2-270
── 文帝紀 2-112
── 百官表 1-196
── 叔孫通傳 2-50
── 循吏傳 3-366
── 食貨志 2-126, 139
── 吳王濞傳 2-204
── 遊俠傳 2-271
── 張湯傳 1-192
── 終軍傳 7-130
── 地理志 1-368 2-211 8-253
── 刑法志 8-112
漢書音義 1-216, 218 2-217
韓暹 4-203
韓成←韓王, 橫陽君 1-284(原), 306
韓韶 4-126
漢壽 5-40(頭)
漢水 1-205 2-105 3-303 4-222, 278, 343
韓遂 4-234(頭)(要), 253, 344 5-64(頭)
漢壽縣 4-338
漢承秦制改立郡縣 3-261(譯)
韓詩外傳 2-232 6-298
韓信←齊王, 楚王, 韓王, 淮陰侯 1-235, 327~331, 334, 338, 348, 352~354, 356, 358, 359, 368, 370~372, 376~379, 381 2-11, 20, 21, 25, 33, 34, 36, 38, 51(頭), 55, 63, 64, 66, 67, 72, 85, 86, 90, 91, 99 3-146, 176, 213, 251, 263, 265, 271, 367, 368 4-19 5-197, 198, 306 7-27, 292
韓信故事 5-17(頭)
韓信襲擊已降 3-271(譯)
韓信自稱其壯士 2-282(譯)
寒心 5-225(頭)
漢氏之甥 5-133(要)
漢安(年號) 4-106
韓安國 2-247, 248, 314 3-99
韓安國傳(漢書) 2-249
韓約 8-376(頭)
漢陽王→張柬之 7-232
漢語 6-291
恨於後時 5-82(要)
閑輿衛 2-290
漢譯胡書 6-290(釋)
韓延 5-298
韓延年 2-337
韓延壽 3-74, 78, 79, 87, 88, 111, 112, 114
韓延壽傳(漢書) 3-74
僩然自得 8-242(頭)

韓曄 8-238(頭)
韓嬰 3-323
漢王→高帝(漢) 1-323, 324, 327~329, 331, 335, 336, 338, 340, 344, 345, 348, 350, 352, 354, 360, 361, 363, 365,~369, 373~375, 377, 380~382 2-11, 12, 16, 20, 38
韓王→李元嘉 7-197(頭), 227
漢王→楊諒 6-214
韓王→韓成 1-306, 382
韓王→韓信 1-338
漢王→侯景 6-137, 141
漢王逃 1-367(釋)
漢王傷胸乃捫足 1-375(原)
韓王信 2-46(頭)
韓王安(韓:先秦) 1-223
韓原 1-74
韓瑗 7-163, 169, 179
韓愈←韓退之 1-46, 60 8-227, 291, 307 (頭), 313, 314, 316, 322, 323, 325, 326, 328, 331
韓遊瓌 8-210, 210(頭)
韓愈傳(唐書) 8-292
韓愈傳(新唐書) 8-322
漢律 2-175
漢儀 1-151 4-62(頭), 79
韓子→韓非子 1-87, 165
韓長鸞 6-166(頭)
閒田 7-281(頭)
限田 3-182
韓全誨 1-62 9-60, 62, 63, 69, 72
漢祖→高帝(漢) 1-57 4-207
韓悰 9-24
漢州 8-333
漢主 勢→後主(成:十六國) 5-213(頭)
漢主弟河東節度使贇 9-198(頭)
漢州縣 2-43
漢雋 2-155
漢中 1-323~325, 327, 329 2-63 4-249, 273, 274~277, 325, 333, 339 5-36, 48, 50, 55 8-40, 199
漢中郡 8-352 9-71
漢中王→昭烈帝(蜀) 4-212, 278, 302
韓增 3-105, 106, 164
寒浞 4-295
漢川 4-277 6-250
韓千秋 3-138
韓厥胥 1-55, 62, 69
韓泰 8-238(頭), 242
韓退之→韓愈 8-231
韓彭葅醢 7-26(釋)
韓馮翊之愬蕭 3-87(原)(釋)
旱熯 7-84(頭)
瀚海 3-161(釋) 7-136
韓獻子←韓厥 1-74(頭), 165
韓虎→韓康子
韓弘 8-308
韓洪 8-309
韓滉 8-120, 121, 205, 206(頭)
韓洄傳(唐書) 2-140
韓休 7-296, 312 8-334 9-87
韓休傳(新唐書) 7-296
韓歆 3-323, 324 4-96 7-96
漢興(年號) 5-202
割鼻 2-156
咸康(年號) 9-139
檻車 4-182, 186 5-59(頭) 8-253, 301
函谷關 1-138, 146, 154, 218, 261, 300, 302, 308, 314, 322 2-29, 273 3-277 5-124, 229, 241, 280, 339
咸共平章 8-212(頭)
咸寧郡王→渾瑊 8-149
檻劉闢 8-252(釋)
含利 3-341
啣枚 4-241
銜璧 5-73, 154(要) 9-140(釋)

檻送京師 8-300(頭)
咸安(年號) 5-254
咸陽 1-122, 127, 128, 154, 225, 243, 258, 261, 263, 267, 269, 272, 286, 294, 296, 300, 309, 313, 318, 321, 347 2-23 4-336 5-124, 342, 345(頭) 6-231~233, 235 8-19, 42, 55, 85, 165, 185, 210, 391
──令 閻樂 1-297
咸陽宮 2-133
咸陽路 2-133
咸陽門 3-312
咸陽王→馮異 3-276
咸陽縣 2-192 6-235 8-22
含元殿 8-165, 195
咸宜公主(唐) 7-315
含章堂 6-119
檻穽 4-24(釋)
頷之而已 8-147(原)(頭)
函秦 5-338(釋)
檻車 3-290 5-101
咸通(年號) 8-140(頭) 9-25
函夏 5-240(要)
咸和 5-188
咸熙(年號) 5-59
蓋(합)嘉運 7-336(頭)
合祛於天地 2-316(頭)
蓋(합)寬饒 3-71, 72, 87, 112
闔廬 7-303 8-297
闔閭←光 1-130
閤門河 3-68
合變 1-177(頭)
合符 1-190
合肥 5-169
合手 6-292(要)
蓋(합)延 3-250, 260, 309
合從 1-107, 154, 182, 218(原), 232, 292 2-269, 271 3-267, 269
合州 6-128
合柱 4-139(釋)
合浦 3-270
──太守 費貽 3-313
合河 1-322
閤下威儀 5-72
合歡 6-357(釋)(頭)
巷 5-85(頭)
降光禜 2-267(原)(釋)
項械 6-197
恒冀 8-145, 153(頭)
──觀察使 王武俊 8-183
杭頭 3-248
項梁←武信君 1-271, 277, 281, 283, 284, 287, 288, 328, 336 3-263
伉厲 2-276(釋)
降虜校尉 4-211
巷伯 9-26(譯)
項伯←伯陵, 項纏 1-316, 317, 374 2-17
巷伯之倫 2-340(頭)
巷伯之疾惡 9-75(釋)
恒山 1-358, 370 6-70
恒山王→劉義 2-111(譯)
降首 9-133(頭)
項氏→項羽 1-341
恒陽 8-16
項燕 1-268, 277
項王→項羽 1-327, 331, 335, 336, 345, 348, 363~365, 372, 374~376, 378 2-12, 14, 15, 27
項羽←魯公, 西楚霸王, 羽王, 霸王, 項氏, 項王, 項籍 1-278, 280, 282, 284, 285, 287, 288~290, 294, 296, 297, 312~314, 316~321, 323~325, 328, 333, 338, 340, 344, 346, 364, 365, 367, 374, 381, 382 2-12, 17~19, 21, 23~25, 27, 88, 282 3-268 4-207, 232, 300 5-282

項羽本紀(史記) 1-277, 283, 287, 290, 294, 295, 313, 319, 321, 323, 336, 367 2-12, 15
項羽夜聞 2-12(釋)
項羽傳(漢書) 1-141
項羽堆 1-374
項莊 1-317(譯), 318
項籍→項羽 1-277, 306, 309(評), 320(評), 334(評), 336(評), 337 2-15, 23(評), 25, 75(評) 3-263 8-191
項纏→項伯 1-317 2-17
恒州 6-97 8-81, 266, 291(頭), 293
杭州 7-165 8-256 9-31, 109
——刺史 李泌 8-198
——刺史 錢鏐 9-42
抗直 3-309(頭)
項它 1-284(釋), 352
抗奪 4-100(頭)
缿筩 3-16(原)(釋)
抗表 5-328(頭)
奚 7-302(頭) 8-43, 47, 153 9-101(要)
薤 8-68
醢 9-215(原)
解劍 2-282(附)
奚結 7-129
奚斤←山陽公 6-18(頭)
醢其肉 2-72(釋)
海內有截 9-96(頭)
海岱 3-324
海島 6-141
楷落←契丹王, 恭仁王 9-100
頦領 9-100
海寧州 1-281
海陵王(齊:南朝)←蕭昭文, 新安王 6-70, 71, 78, 80
楷法 7-177
解辮 7-129(頭)
海西公→廢帝(東晉) 5-245
海西縣公→廢帝(東晉) 5-257
海西侯→李廣利 2-333
解薛 7-129
咳首 3-167
奚霫 9-103(原)
駭愕 8-123(頭)
海陽王(後趙:十六國)←石弘 5-201
海鹽 8-138
解王莽之繁密 3-366(譯)
解衣衣我 1-378(釋)
奚齊 2-78(釋), 79
孩提 2-151(頭)
海州 2-239 8-109, 304 9-228
——刺史 李行言 9-15
解州 8-138
獬豸 7-274
懈惰 8-275(釋)
垓下 1-334 2-12(釋), 18, 64 3-211
行 4-106(頭)
行去 4-346(頭)
行擧 8-219(頭)
行卿→王幼學 1-201
行軍 8-40(頭)
行宮廡下 8-183(原)
行唐 5-267
行臺 5-148(附) 6-110(頭), 166, 186, 294
行臺省 5-148
行李 2-180
行神 3-55
行營 7-125 8-200
行營都統 李國貞 8-71(譯)
行營節度使 8-170(頭)
行伍 1-170(頭)
行一不義 殺一不辜 9-177(譯)
行在 2-190
行在所 3-293
行酒令 使各言小名 7-142(頭)
幸蜀 7-354 8-18(附)

行幸 2-320(頭)
幸姬 1-157
鄕曲 2-218, 248 4-94(頭)
享國 5-187
鄕大夫 1-250
餉道 2-211
鄕吏 1-250
香木 6-181
鄕師 6-355
饗射禮 4-15, 76
鄕嗇夫 2-132
享壽考 8-313(頭)
鄕飮酒禮 7-155
鄕人之喩於利也 1-69(譯)
鄕聚 1-127(頭)
許 4-203, 204
許敬宗 1-46 6-272 7-114, 165, 169, 170 8-52
許敬宗李義府用事 7-273(譯)
許季同 8-272(頭)
許廣漢←許伯 3-21, 64
許國公→蘇頲 8-328
虛襟 7-117(釋)
許都 4-258, 259, 279, 315, 325, 343 5-31
虛無 4-27
許懋 3-360, 361
許伯→許廣漢 3-19
許師道 8-263(釋)(頭)
許史王氏 3-63(附)
許劭 4-152, 180, 182, 289 5-293
許舜 3-64(附)
許丞 3-57
許愼 4-142
許延壽 3-64(附)
許營 5-300
許王→李從益 9-165(頭), 169
許遠 8-51(附)(頭), 54
許由←武仲 3-186(附) 4-98
許子將 4-180
許褚 4-344
許靖 4-180, 182, 302
虛左 1-186(釋)
許州 1-293 3-306 4-206 8-137 9-40, 48
——刺史 姚崇 7-242
——參軍 燕欽融 7-252
許昌 1-293 4-329 5-31, 225(頭)
許昌縣 3-272
許下 4-205(要)
許皇后(漢) 3-14, 27, 64, 136, 156
許皇后傳(漢書) 3-15
許訓 4-180
獻可替否←獻替 5-34(頭)
軒車 1-160
軒階 7-270
獻公(宋:先秦)←宋獻 1-161
獻公(晉:先秦) 1-74 2-78 9-78
獻馘 7-295
憲臺 5-174(頭)
獻陵 7-44(原)
獻武王→高歡 6-117(譯)
獻武帝(南燕:十六國)←慕容德, 慕容備德, 范陽王, 元明
獻文帝(北魏:北朝)←拓跋弘, 拓拔弘, 拓跋弘, 獻文皇帝, 顯祖, 弘 6-48, 53, 96, 106
憲問篇(論語) 4-56
獻文皇帝→獻文帝(北魏:北朝) 6-47
憲部 7-343
軒轅→黃帝 2-84, 145, 234
獻帝(東漢)←伯和, 山陽公, 劉協, 陳留王, 協, 皇弟協, 孝愍, 孝獻, 孝獻皇帝 1-293 3-248, 321 4-212, 259, 260, 300 5-66, 259 8-383, 386 9-72, 74
獻助 8-129(譯)
憲宗(唐)←廣陵王, 睿聖文武皇帝, 李淳, 李純 1-175 4-305, 308 7-74, 151 8-244

(要), 246(頭)(目), 263, 284, 285, 305, 311, 312, 319, 321, 323, 327, 330, 331, 335, 337, 338, 340, 341, 352, 353, 356, 376, 382, 395, 397, 400 9-11, 14, 20, 68, 71, 89, 95
獻替→獻可替否 7-42(譯)
軒懸 3-172 4-257
歇後詩 9-52(頭)
歇後鄭五 9-52(頭)
玁狁 1-216 3-183(釋) 5-124 6-210, 251
險阻 5-80(頭)
險陂 7-30(頭)
險詖 7-273(頭)
革車 1-249 8-112
赫連璝 5-343(頭), 344, 345
赫連勃勃→武列帝(夏:十六國) 5-327(附), 343, 345, 346 6-12, 19 7-77
赫連氏 5-327, 335(要) 6-14, 153
赫連定→後主(夏:十六國) 6-18
赫連昌→廢主(夏:十六國) 6-17
赫連鐸 9-47
革命 2-70, 90 4-176 6-178, 339 7-183, 188, 197 9-248
革笥木薦 2-168(頭)
弈之子 8-145(頭)
愜縣令→劉柏根 5-145(頭)
縣家 9-15
顯慶(年號) 7-168, 274
縣官 2-292, 297, 299, 312, 323
懸軍 5-251(要), 276
賢君 4-42 9-23
顯及禹山雲 3-33(頭)
縣內 9-190
見老弱及羸畜 2-52(釋)
玄談 6-145(頭)
玄德→昭烈帝(蜀:三國) 4-228(頭), 285(頭), 300
顯德(年號) 9-205, 219, 248
顯德殿 6-306, 314
賢良 2-123, 128, 221, 229, 255, 264, 284, 368, 370, 373
賢良方正 2-121(譯) 8-356(譯)
顯戮 2-263(譯)
顯陵 1-59
玄理 6-52(頭)
儇利 9-65(釋)
玄麻紙 8-230
玄妙內篇 5-157
玄武 3-227, 228
玄武樓 9-170
玄武門 2-320 3-301 6-297, 310 7-32, 142, 143, 223, 225, 236 9-158
玄默 2-176(要), 197 3-339
縣楣 6-180(頭)
見(현)白太后 2-378(釋)
峴山 5-85(釋)
賢相 7-269
弦誦之聲 2-16
懸首 2-68
玄始(年號) 6-12
泫然泣下 8-70(要)
玄英 6-143
顯王(周)←扁 1-113, 146 2-117, 148 4-85
玄元館 8-312
玄元皇帝→老子 8-14(頭)
見(현)威 3-46(釋)
玄衣 2-120
玄夷 3-167
賢人 2-71
顯仁宮 6-206, 207
賢者 2-296
縣長 4-22(頭)
顯祖→文宣帝(北齊:北朝) 6-136, 161(頭)
顯祖→獻文帝(北魏:北朝) 6-46(原), 48, 52 (頭), 54, 56, 96
玄鳥氏 7-322

顯宗→明帝(東漢) 4-11(目), 17, 18, 28, 42
顯宗→成帝(東晉) 5-188
玄宗(唐)←明皇, 明皇帝, 李隆基, 臨淄王, 平王 6-288, 303 7-151, 152, 240, 244(目), 245, 256, 270, 297, 311, 312, 328 8-11, 25, 27, 29, 30, 47, 73, 84, 125, 126, 131, 182, 256, 259, 328, 334, 335 9-70
玄宗皇帝先天元年 7-244(譯)
賢智其母 3-77(要)
見(현)之南郊 2-150(釋)
縣次續食 2-252(釋)
眩聰明 8-174(釋)
玄菟 3-167
玄學博士 8-84
懸瓠 6-49(頭)
縣侯 4-128
玄纁 2-232 3-281(頭) 4-92(釋)
血盟 2-103
血嗣 4-110
血食 2-64, 92 5-191, 348 6-86(譯), 126
孑遺 6-29(頭)
血濡馬足 6-153(頭)
穴墻 9-58(釋)
協→獻帝(東漢) 4-190
愜 5-255(要)
夾谷 7-294
夾壁 4-139
愜山 8-155
挾書 2-75
挾書律 2-98(譯)
脅息 1-264(頭)
莢錢 2-138(釋)
祫祭 4-311(要)
峽州 4-312, 320
挾持 2-282(附)
夾寨 9-111, 113, 147
夾寨塹 9-110(頭)
夾河 9-127
狹鄉 6-284
荊 1-226(譯)
荊軻 1-223, 225, 228, 264 2-272, 381 8-191
荊江 4-244
邢建 8-191
荊棘 3-289 4-203(釋) 5-64(頭), 169(頭)
荊南 9-107
——留後 高季昌 9-110
——節度使 高季昌 9-117
——節度使 高季興 9-151
——節度使 高從誨 9-196
——節度使 李德裕 8-401
——節度使 庾準 8-132
荊道 8-262
荊蠻 6-301
邢巒 6-72
刑名 1-221(譯) 3-95, 111, 112
荊門 3-308, 309 5-90(釋)
荊門州 4-229 5-92
刑罰不衷 3-322(頭)
刑法志(唐書) 6-252, 378
刑法志(新唐書) 7-11, 15, 48, 290 8-276(評)
刑法志(漢書) 2-74, 175, 176, 199, 214, 298 3-28, 32 8-112
詗事 9-58(頭)
荊山 4-223 8-119
衡山 1-324 4-223 7-179 8-330
衡山公主(唐) 7-102(要)
衡山王→吳芮 1-306
衡山王→劉賜 2-291(頭)
刑書要制 6-174(譯)
衡石 8-251
衡石程書 8-249(釋)
滎城 6-97
形勝 1-370 6-294(頭)

形勝之國 帶山河之險 2-36(釋)
刑臣 4-74
滎陽 1-346, 349, 350, 352~354, 365(釋), 367, 369, 381 2-55, 64, 69, 143, 210 3-278 5-179 6-23, 98, 196 7-358
滎陽城 1-365, 367
衡陽王→蕭鈞 6-80
衡陽王(楚:十國)←馬希聲
滎陽縣 1-373
刑餘爲周召 3-71(釋)
荊吳 4-231(頭)
刑獄謬亂 5-300(要)
荊王→劉賈 2-41
荊王傳(漢書) 2-41
刑用不錯(조) 3-181(釋)
刑涇三獄 4-152(譯)
刑人 1-86(頭)
邢泚 8-251
兄子秉樞機 3-19(要)
邢貞 4-315
形制 1-369(頭)
刑厝(조) 6-197
荊州 1-103, 134, 294 2-39, 326 3-188, 308, 343 4-109, 179, 217, 220~223, 227, 233, 239, 240, 250, 253, 260(頭), 263, 272, 273, 284, 285, 287, 316, 317, 325, 328, 336 5-71, 73, 78, 85, 96, 98, 140, 180, 185, 192, 204, 224, 251, 312, 314~316, 338, 348 6-17, 41, 57, 77, 147
——牧 劉備 4-244
——牧 孫權 4-288
——刺史 郭賀 4-23
——刺史 劉琦 4-243
——刺史 劉表 4-193, 218
——長史 張柬之 7-213
衡州 6-128
邢州 1-295 8-394, 396 9-202
——都督 武士彠 7-160
——節度使 薛嵩 8-80
衡州路 4-252
荊州北據漢沔 4-222(釋)
荊之鄙人也 1-132(釋)
刑之衷 3-322(頭)
刑錯(조)之風 2-176(釋)
荊楚 2-336 4-241 5-81(頭)
刑統 9-246(譯)
熒惑聖聽 8-66(頭)
嵇康 5-46
惠公(周)←班 1-197, 370
惠公(晉:先秦) 1-134
惠公(秦:先秦) 1-302
惠武帝(前秦:十六國)←苻洪, 三秦王, 蒲洪
惠文冠 5-130
惠文王(趙:先秦) 2-273 6-233
惠文王(秦:先秦) 1-131, 259
惠愍帝(後燕:十六國)←慕容寶
彗星 7-245 9-83
惠王(梁:先秦) 4-261 5-38, 157
惠王(燕:先秦) 1-170
惠王(魏:先秦)←梁王 1-123, 136
惠王(秦:先秦) 1-143, 154, 219
惠王(楚:先秦) 1-229
惠帝(西晉)←司馬衷, 正度, 衷, 孝惠皇帝 1-48 5-45, 84, 104, 115, 137, 155, 259 7-267
惠帝(漢)←劉盈, 孝惠, 孝惠帝, 孝惠皇帝 2-93, 98, 109, 116, 126 3-238, 319, 340 5-343 7-188
惠宗(閩:十國)←王璘, 王延鈞
惠眞 7-124(釋)(要)
盻盻焉 8-59(頭)
祜→安帝(東漢) 4-75, 77
縞 4-203(釋)
鎬 5-124

鄗 3-223(釋) 4-309(評), 325(略)
胡羯氏羌鮮卑 5-159(釋)
虎皆負子渡河 3-337(譯)
呼揭單于←呼揭王 3-165
呼揭王→呼揭單于 3-165
鎬京辟廱 3-153
胡鼓 6-357
胡公(陳:先秦) 4-161
胡空堡 5-303
壺關 5-251
壺關三老茂 2-351(釋)
壺關縣 2-352
胡廣←伯始 4-103, 156, 169~171
胡宏←五峯胡氏
虎口 1-292
胡國珍←武始伯 6-93
護軍都尉 4-68
虎圈 2-131
湖南 1-103 8-258 9-107, 109, 204(頭)
湖南軍 9-24
豪黨之徒 以武斷於鄕曲 2-215(釋)
湖道 8-262
呼屠徵 3-45
戶郎 2-131
虎狼 4-188
號令明肅 4-337(原)
虎牢 6-20, 23, 35
虎牢關 1-367
狐狸 9-251
胡馬 5-242
胡廡 8-20
好名 2-242
胡母輔之 5-117
胡毋班 4-160(釋)
互文 3-255
狐白裘 1-157(釋) 2-273
胡餠 8-19(頭)
虎符 1-188 2-342
虎北口 9-168
胡奮 5-82, 89
虎賁 3-172 4-16, 157, 257, 289 6-93
虎賁將 3-325
扈不可以不征 1-341(譯)
戶婢 7-205(頭)
犒師惟糲食菜餤 8-163(釋)
壺山 4-92
互相矛楯 9-28(釋)(附)
互相排黜 4-302(釋)
豪聶壹→聶壹 2-247(釋)(頭)
縞素 1-340, 341, 342
縞素爲資 1-310(釋)
壺遂 2-328
胡神 6-290(頭)
虎臣 4-312
胡氏→胡安國 7-122(評)
胡氏→胡寅 1-212, 237(評), 239(略), 245(評), 308(略), 313(略), 326(評), 344(略), 346(評) 2-31(略), 66(評), 82(略), 104(評), 108(評), 113(評), 233(評), 243(評), 304(評), 313(評), 360(略), 367(評) 3-26(評), 48(評), 51(評), 56(評), 94(評), 129(略), 154(評), 182(評), 206(評), 242(評), 257(評), 296(評), 329(略), 332(評), 348(略), 360(評) 4-17(評), 28(評), 69(評), 81(略), 226(略), 260, 307(評) 5-12(評), 160(略), 170(評), 198(評), 349(略) 6-23(評), 63(評), 94(評), 96(評), 116(評), 199(略), 237(評), 277, 337(評), 378 7-68(評), 160(評), 166(評), 201(評), 208(評), 225(評), 256(略), 272, 304(略), 305(略), 348(略), 355(略) 8-28(評), 32(評), 75(評), 87(評), 103(略), 108(略), 142(評), 144(略), 151(評), 186(略), 204(略), 232(略), 284(評), 311(評), 312(評), 354(略), 390

(評), 391(略), 396(評), 399(略) 9-54 (略), 92(評), 113(略), 139(略), 147 (略), 155(評), 169(略), 180(評), 218 (評), 236(評)
胡氏管見 1-90(譯)
虎牙山 5-92
虎牙將軍 1-143
胡樂 8-34
胡安國←文定公, 胡氏 3-284
湖陽公主 3-238(頭), 333
胡語 8-43
呼衍 5-134
胡演 6-334
呼延氏 5-134
呼延晏 1-56 5-144
呼延攸 5-132(釋)(要)
壺衍鞮單于 2-369
胡穎 1-59
呼烏烏 3-83(釋)(要)
胡元禮→索元禮 7-198(頭)
胡越一家 7-36(譯)
號爲多士 6-28(要)
胡荾 8-68
戶牖鄕 1-339 2-41
戶牖侯→陳平 2-40(釋)
鄗邑 3-226
狐疑 7-149
縞衣 2-120
好以權譎 6-338(釋)
胡寅←致堂, 胡氏, 胡致堂 2-232
胡一桂←雙湖胡氏, 胡庭芳
虎子 1-87(釋)
胡庭芳→胡一桂 1-241
扈從 7-19(要)
扈從官 9-101
湖州 5-191 8-256
濠州 2-14, 15 9-228, 233
皓卽皇帝位 5-63(頭)
胡進思 9-194
昊天 7-285
扈輒 2-67, 68
胡椒 8-106
虎貙 4-297(頭)
胡忠 4-350
胡致堂→胡寅 3-153
滹沱河 3-210(釋), 211
滹沱河麥飯 3-288(譯)
胡太后(北魏:北朝) 6-85(頭), 132
呼韓 6-209(頭)
呼韓邪 3-163(釋) 5-132(譯)
呼韓邪單于 3-93, 97, 99, 100, 105, 110, 342(附)
胡亥→二世皇帝 1-48, 254, 262, 263, 266 2-78, 151 3-297 4-46
虎穴 4-34, 35
虎患 4-24
好詼諧 9-52(釋)
胡后(北魏:北朝) 6-153(頭)
呼吸吐納 4-119(譯)
或告 7-202(頭)
或譏其短於將略 5-12(頭)
酷吏 2-342 3-23 7-226(頭)
酷吏傳(漢書) 2-342 3-23
酷似其舅 5-323(頭)
惑世誣民 6-33
酷信 9-22(頭)
或曰 3-153(頭)
渾 7-129
渾瑊←忠武, 咸寧郡王 8-147(附), 165, 171, 185, 190, 194, 210~212, 275 9-68, 89
渾奴剌 8-98
混淪 4-42(頭)
昏眊 7-44(要)
魂魄 4-201(頭)
閽寺 8-357(頭)

渾邪王 2-258, 292(原), 294, 306 3-72
渾王 8-98
混元 7-128(頭)
昏主 8-372
溷厠 2-286
忽諸 1-228(頭)
忽忽不樂 7-316(頭) 8-380(頭)
弘→獻文帝(北魏:北朝) 6-96, 106
澒 8-311
弘恭 3-112, 118~121, 134 8-284
鴻溝 1-381(釋) 5-72
弘農 1-104, 131, 294, 313 2-211 3-82, 247, 291, 324 4-80 6-37, 189 9-114
——太守 劉昆 3-337
弘農郡 5-247
弘農郡王→烈祖(吳:十國) 9-84, 114
弘農王→廢帝(東漢) 4-186
弘道(年號) 7-182
鴻都門學 4-174(附)
鴻臚 2-305
洪邁←洪容齋
鴻門 1-314(釋), 317, 346
弘文館 6-252, 318
弘文殿 6-318
洪範篇(書經) 3-141, 142, 294
洪範九疇 1-344 3-359
洪範五行傳 3-141(釋)
洪範傳←鴻範傳 2-378
鴻範傳→洪範傳 2-378(頭)
洪範之法 3-294(釋)
鴻寶枕中書 2-245
弘不得一 2-275(頭)
洪水懷襄 7-68(原)
弘始(年號) 5-311, 311
鴻業 6-261(頭)
洪容齋→洪邁 9-67
鴻漸之翼 2-313(要)
弘正→田興 8-279, 283
弘化郡 6-216
華蓋 5-216
火官 2-245
華嶠 4-70(評)(頭)
和氣 3-125
火德 1-240, 241, 271, 275 2-89 3-156, 359, 365
和鑾 4-123
華里 5-73
華林園 5-125(要), 144
華林苑 5-216
華無傷 1-370
華靡 6-66(要)
火拔歸仁 8-17(頭)
禍福無門 7-84(譯)
畫斧 6-362
禍不旋踵 6-153(頭)
華士 4-94(釋)(附), 97
和士開 6-172
華山 1-300 4-253 5-348 7-179
和叔→袁燮 1-69
和氏 4-176
和氏璧 1-164(釋), 298 3-248
花萼相輝之樓 7-258(釋)
華陽夫人 1-191
華言 1-216 5-300 6-86, 99 8-43
華容公→蕭歡 6-139
華容道 4-238
和戎太守 邳肜 3-213(釋)
火音 7-94
華陰 5-228, 288 6-189 7-177 9-72, 75, 80
華陰縣 1-104, 104 4-253
畫邑 1-162(釋)
畫衣冠 2-252(附)
禍稔蕭墻 8-357(頭)
和者 6-145(頭)
和糴 8-129(頭), 214(譯), 215

和帝(東漢)←劉肇, 肇, 孝和, 孝和皇帝 2-241 3-321 4-69, 73, 74, 101, 292 9-78
和帝(齊:南朝)←南康王, 蕭寶融, 和皇帝 6-78, 88
和州 2-14, 16 6-77
火珠 6-372(頭)
華州 1-104, 154, 211 4-253 7-280 9-55, 56, 58
——刺史 李君羨 3-301 7-142
——刺史 楊瑒 7-282
畫周公負成王朝諸侯 2-359(釋)
華州道 8-113
華池縣 1-258
華淸宮 8-349
畫勅 6-75
華陀傳(漢書) 2-32
和平 6-45, 354
和平(年號) 4-128 5-226
花項天子 9-206(譯)
和皇帝→和帝(齊:南朝) 6-78(頭)
華歆 4-194
彍騎 7-283(釋), 288, 320(譯), 338 8-109, 110, 206(譯)
確論 6-381(釋) 7-92(頭)
矍鑠哉是翁 3-343(釋)
確然 5-208(要)
碻磝 5-290(釋) 6-20, 23, 35(釋), 41
擐甲張旗鼓譟 8-163(釋)
還京師 9-57(頭)
換骨 8-401
桓公(魯:先秦) 1-80 3-289 7-226, 228
桓公(齊:先秦)←小白 1-81, 113, 120, 121, 162, 204, 206, 364 2-71, 271 3-60, 95, 268, 288, 289, 295 4-119, 257 5-147 6-304, 305, 372 7-75, 169 8-149
桓公(前涼:十六國)←張重華
桓公(周)←揭 1-197
鰥寡 3-18
鰥寡孤獨 2-116
宦官 1-46 3-71 4-67, 71, 132, 157 7-246, 290 9-16, 93
桓譚 2-53 3-239, 362
驩兜 6-350
桓文 1-81(頭)
宦豎 7-249(頭)
桓脩←安成王 5-321(頭), 322
桓氏 6-58(頭)
環安 3-309
豢養 1-228(頭) 8-119(要)
桓彦範←扶陽王 1-46 7-213, 223, 230, 232
桓榮 3-332, 352(要) 4-13(釋), 14
桓榮傳(後漢書) 3-352 4-14
桓溫←臨賀郡公 5-186, 208, 212~214, 218, 222~224, 227~231, 236, 239, 240, 243, 245, 246, 248, 249, 250, 255, 256, 258, 259, 261~263, 275, 279, 294, 294(頭), 301, 306, 349
桓王(周) 1-206
桓郁 4-51
桓伊 5-277
桓彝 5-146, 200, 204, 209, 275
桓子 1-90
宦者列傳(後漢書) 4-71
宦者傳(新唐書) 7-246, 291
桓典 4-178, 298
桓帝(東漢)←宣陵, 蠡吾侯, 孝桓皇帝 4- 129, 147, 152, 163, 170, 173, 175, 289, 297, 300, 333 5-107 6-45 7-46, 155, 308 8-284, 359 9-67
桓沖 5-263, 269, 274(頭)
還漢世之輕法 3-366(譯)
桓玄←南郡公, 靈寶, 楚王 5-263, 301(頭), 302, 313, 315, 318, 320, 321, 321(譯), 322~325, 338, 347, 349 6-13,

14, 60, 61
桓惠王(韓:先秦) 1-199, 210, 252
桓熙 5-263
豁達 8-191(釋)
滑臺 5-290(釋), 310 6-20, 23, 35(釋)
滑州 5-291 9-47, 190
猾夏之亂 6-229(頭)
黃蓋 4-237
黃巾 4-179
皇建(年號) 6-161
黃巾賊 4-179, 180, 193, 197, 201, 246 5-31
黃瓊 4-91, 98, 100, 130
荒鷄 5-152
黃公→李謨 7-227
黃公度 2-19(評)
黃丘 5-146
黃君漢 6-220
黃權 4-253, 267, 267(要)
皇極 1-344 5-256 7-71
皇極經世書 1-207
黃旗紫蓋 5-73(要)
黃闥 2-362
黃老 2-234(附), 340 4-71
黃老浮屠之學 6-52(釋)
皇路險傾 4-119(釋)
黃老刑名 1-126(釋)(頭)
黃龍 3-170, 341 6-252 9-190
黃龍(年號) 3-81, 109 4-345
黃龍府 9-189
黃麻紙 8-230
黃梅 9-30
黃穆 4-149
黃武(年號) 4-317
黃門 2-294(頭), 359, 362 3-316 4-113, 128(頭), 132 9-59
黃門令 5-35
黃門省 7-254, 297
黃門丞 5-34(頭)
黃門侍郎 7-296(頭)
黃防 3-244
皇甫規 4-111, 147, 148
皇甫德儀 7-315
皇甫德參 7-39, 59
皇甫鱗 9-133(頭)
皇甫謐 1-105
皇甫鎛 8-285, 294, 307~310, 334, 335, 337, 339, 340
皇甫鎛傳(新唐書) 8-309
皇甫鎛之謗 8-330(頭)
皇甫嵩 4-179, 180, 182
皇甫湜 8-328
皇甫惟明 7-345
皇甫績 6-185
皇甫暉 9-145, 146, 224(頭), 225
荒服 3-98, 100 5-104(頭), 120(要), 123
蝗不入境 7-266(頭)
黃沙 6-139
黃石→黃石灘 3-310
黃石公 2-34 3-350, 351
黃石灘←黃石 3-311
黃巢←衝天大將軍 9-29, 30~38, 40, 43, 45, 49, 74, 106, 108, 110, 112, 118, 128, 161, 174, 220
皇孫→劉進 3-64
皇孫濬→文成帝(北魏:北朝) 6-41(原)
湟水 3-68 7-306
潢水 9-98
皇始(年號) 5-222, 304, 305
荒於酒色 5-266(要)
荒裔 4-108(頭)
黃屋 9-89, 206(譯)
黃屋左纛 1-366(譯)
黃屋之心 9-155
黃琬 4-196
黃虞復出 3-200(譯)

黃鉞 8-249
黃衣 9-64
黃夷 3-167
皇子辯→廢帝(東漢) 4-184(頭)
蝗災 8-200
皇帝 1-236, 237, 238 2-89
黃帝←軒轅 1-103, 127, 241 2-67, 232, 234, 326, 339, 340 3-55, 200, 237, 354, 363 4-179 6-53, 73, 180, 382 7-77, 292 8-313, 316, 369
黃帝內經 2-84
皇帝璽 1-307 2-137 6-108, 175(譯)
皇帝梨園弟子 7-254(釋)
黃帝含樞紐 7-285
皇弟協→獻帝(東漢) 4-184(頭)
黃祖 4-193
黃州 4-237 9-234
湟中 3-67 5-302
皇曾孫→宣帝(漢) 2-379, 380
皇天 6-351 9-248, 251
黃泉 6-85
皇初(年號) 5-302
黃初(年號) 4-292, 294
蝗蟲 2-129 3-76, 188 6-355, 383 7-263, 266 9-187
黃忠 4-277
皇泰(年號) 6-249, 250, 262
皇太女 7-239
皇泰王→楊侗 6-250
黃土 8-46
黃霸 3-12~14, 23, 57, 74, 76, 80, 81, 111
黃霸傳(漢書) 3-12, 76, 80
潢河 9-100
黃河 1-322, 322 2-29, 87 3-122 4-200, 217, 253 5-21, 280, 342, 348 6-20 9-83
黃香 4-100
黃憲←叔度 4-86(頭), 88
黃歇←春申君 2-273
黃皓 5-34, 48, 53, 56, 58
黃泓 5-253
皇興(年號) 6-50
回坑 3-247
回谿 3-246, 247
會稽 1-278 3-170, 171, 277 5-79, 195, 236, 311
——守 殷通 1-277
——太守 劉寵 4-133
會稽山 3-361
會稽世子→司馬元顯 5-311(頭)
會稽王→簡文帝(東晉) 5-212(頭), 214, 223, 256
會稽王→司馬道子 5-311
會稽王(吳:三國)←孫亮, 候官, 候官侯, 吳主 5-44(原), 100
洄曲 8-298, 300
回鶻 8-364(頭), 394 9-26
懷公(晉:先秦) 1-134
淮口 5-334
會期 1-91(頭)
回洛倉 6-208
淮南→劉安 2-271(釋)
淮南 2-141 5-31, 43, 57, 279, 287 6-120, 335 7-298 8-258 9-43, 107, 224, 228, 236, 243, 247
——都部署 李穀 9-224
——留後 楊行密 9-42
——節度副使 徐知誥 9-125
——節度使 楊行密 9-49
——節度使 牛僧孺 8-362
淮南厲王→劉長 2-141, 274, 291
淮南王→黥布 1-381 2-72
淮南王→司馬允 5-129
淮南王→劉厲 2-143
淮南王→劉安 2-245, 291 5-278

淮南王→李安顥 7-228
淮南王 劉安傳(史記) 9-22
淮南王草木譜 4-142
淮南子 2-245 3-248
賄賂 5-300(頭)(要)
會同(年號) 9-173
會盟 1-232
會命岱宗 3-358(要)
繪帛 6-374
恢復 6-20(頭)
淮北 1-324 2-20 5-31 6-49(頭), 50
懷不平 3-240(譯)
淮泗口 2-211(釋)
懷朔鎭函使高歡 6-130(譯)
淮西 6-50(頭) 8-202, 258, 265, 291(頭), 293, 294, 296, 303, 304, 307~309, 365, 397 9-89
——節度使 魯炅 8-57
——節度使 李忠臣 8-168
淮西三小州 8-291(頭)
回星 1-358
會須 7-23(頭)
淮水 1-62, 114, 281, 328, 381 2-12, 74, 212 4-138 5-32, 80, 275, 328 6-20, 35, 38, 49, 87, 110, 153 8-121, 138 9-40, 45, 48, 171, 224, 232, 233
淮安軍 5-247
淮安王→李神通 6-316
淮安州 2-212
晦庵先生→朱子 1-37
淮陽 8-15
——太守 汲黯 2-303
淮陽王→劉玄 3-192(頭)(目), 228
淮陽王→李道玄 6-279(頭)
回淵 6-153
懷王→義帝(楚:先秦) 1-159, 307, 318, 323, 374 2-16
懷王(楚:先秦)←芈槐 1-284, 336 7-274
懷王遣我 1-307(譯)
回容 3-318(要)
淮右 9-89, 246(頭)
懷危內顧 3-159(要)
懷柔 7-21(頭)
懷戎縣 1-370
淮陰 1-327, 328 5-151 6-51
淮陰王→蕭楝 6-141
淮陰侯→韓信 2-32, 38, 60, 63, 66, 72, 73, 99 3-265
淮陰侯列傳(史記) 1-331, 353, 359, 368, 372 2-61, 63 3-262
懷義 7-228
懷義校尉 4-199
會立春 行冤獄使者出 3-88(釋)
會田於郊 1-123(頭)
懷帝(西晉)←司馬熾, 豫章王, 孝懷皇帝 1-48, 56 3-248 5-136, 149, 150, 155, 175, 181, 189, 230, 241, 242
懷州 1-105, 368 4-54, 124 7-300 8-69
——刺史 喬琳 8-122
——刺史 李君奭 9-17
誨之以慢藏 6-120(譯)
會昌(年號) 8-387
會昌符 3-354(頭), 358(釋)
淮蔡 1-175 8-305
淮蔡之亂 8-204(譯)
回飆吹火誤爇上須 7-256(釋)
淮河 4-205
淮海 8-333(頭)
詼諧 2-235(釋) 7-334(頭)
淮海長鯨 6-142(釋)
回紇 7-24, 129 8-25(頭), 50, 55, 76~78, 84, 85, 95, 98~100, 103, 151, 197, 365 9-87, 88
畫(획)可 4-142
獲嘉 1-368
獲甲首三千 4-346(頭)

畫(획)諾 4-142
獲麟 1-65 2-340
獲索 3-217(釋)(頭), 250(譯)
畫(획)地爲獄 議不入 3-30(釋)
橫江 4-201 5-90, 189 6-76(頭), 123
橫亘 6-183(頭)
橫陽君→韓成 1-284
橫逆 5-121(原)
橫有調斂 6-263(頭)
橫議 4-167(頭)
橫衝兵馬使 9-127(釋)
橫海 8-308(頭)
——節度使 烏重胤 8-333
崤 2-211
殽 2-210(釋)
傚强 3-287
孝建(年號) 6-44
孝經 2-99, 380 3-54 4-15, 30, 76, 289 7-85, 120, 132 8-83
孝經援神契 2-231, 232
孝景帝→景帝(漢) 2-215, 218 3-13
孝景皇帝→景帝(漢) 2-198(目)
孝景皇后(漢) 2-274
崤谷 4-84(釋)
孝公(秦:先秦) 1-114, 115, 120, 121, 128, 131, 208, 209, 219, 300, 302 2-357
驍果 6-231(頭)
孝己 1-350(釋)
梟其二子 4-246(頭)
殽道 2-30, 211 3-247
孝廉 2-244, 264 3-237 4-87, 103 6-83
孝靈皇帝→靈帝(東漢) 4-156(頭)(目)
孝明→明帝(東漢) 4-289
孝明帝(北魏:北朝)←明帝, 肅宗, 元詡, 孝明皇帝 6-86, 153(頭)
孝明帝(北周:北朝)←明帝, 明皇帝, 世宗, 寧都公, 宇文毓
孝明皇帝→明帝(東漢) 4-11(頭)(目), 76
孝明皇帝→明帝(梁:南朝) 6-182
孝明皇帝→孝明帝(北魏:北朝) 6-85, 132
孝武本紀(史記) 2-231
孝武帝→武帝(漢) 2-56, 215, 363, 364 3-13, 28, 92, 99, 100, 132, 161, 176, 339
孝武帝(東晉)←武帝, 司馬曜, 烈宗, 昌明, 孝武皇帝 5-250 6-28, 37
孝武帝(北魏:北朝)←元脩, 魏武, 平陽王, 孝武皇帝 6-106, 106(原), 109, 153(頭), 157, 158, 175(頭)
孝武帝(宋:南朝)←武陵王, 世祖, 劉駿, 休隆 6-43(頭), 45, 59(頭)
孝武帝紀(晉書) 5-346
孝武皇帝→武帝(漢) 2-221(目) 3-13
孝武皇帝→孝武帝(東晉) 5-261
孝武皇帝→孝武帝(北魏:北朝) 6-134
孝文→文帝(漢) 4-119
孝文王(秦:先秦)←柱 1-192, 200, 209, 213, 302
孝文帝→文帝(漢) 2-115, 160, 200, 215, 218, 368 3-13, 99, 100, 159, 161 5-120
孝文帝(北魏:北朝)←高祖, 宏, 文帝, 元宏, 拓跋宏, 孝文皇帝 1-48, 49, 60 6-51, 109, 110, 120, 132, 153(頭), 156
孝文風烈 6-119(頭)
孝文皇帝→文帝(漢) 2-115(目), 194
孝文皇帝→孝文帝(北魏:北朝) 6-53
孝文皇后(漢) 2-274
孝愍→獻帝(東漢) 4-302
崤澠 5-246(釋)
孝閔帝(北周:北朝)←宇文覺, 周公 6-159, 160
孝愍皇帝→愍帝(西晉) 5-149(頭)
效死 6-257(要)
崤山 3-247 6-37
殽山 1-300, 302, 308 2-29

孝殤皇帝→殤帝(東漢) 4-75(頭), 90
孝宣故事 3-342(譯)
孝宣醞釀以成之 3-38(釋)
孝宣帝→宣帝(漢) 3-13, 38, 59, 80, 87, 91, 100, 109, 111, 134, 176, 322 9-91
孝宣帝(陳:南朝) 6-190(頭)
孝宣皇帝→宣帝(漢) 3-11(目)
孝成王(趙:先秦) 1-199, 210 2-274
孝成帝→成帝(漢) 3-167, 176
孝成皇帝→成帝(漢) 3-135(目)
孝昭帝→昭帝(漢) 2-370, 373 3-37, 176
孝昭帝(北齊:北朝)←高演, 常山王, 肅宗, 孝昭皇帝 6-161, 171(頭)
孝昭皇帝→昭帝(漢) 2-365(目), 379, 380 4-69, 94
孝昭皇帝→孝昭帝(北齊:北朝) 6-162
梟首 1-62 2-68 4-157
孝順皇帝→順帝(東漢) 4-91(頭)(目)
孝安皇帝→安帝(東漢) 4-77(頭)(目)
孝哀帝→哀帝(漢) 3-176
孝哀皇帝→哀帝(漢) 3-159(目)
孝王(燕:先秦) 1-199
驍勇 9-34(頭)
梟雄之姿 4-248(頭)
孝元帝→元帝(梁:南朝) 6-142(頭)
孝元帝→元帝(漢) 3-101, 117, 120, 121, 176
孝元皇帝→元帝(漢) 3-116(目) 4-46
梟越首 2-68(要)
驍衛 7-278, 284 8-367
孝章→章帝(東漢) 4-65, 289
孝莊帝(北魏:北朝)←敬宗, 元子攸, 長樂王, 莊帝, 孝莊皇帝 6-92, 153(頭)
孝章皇帝→章帝(東漢) 4-45(頭)(目), 54, 90
孝莊皇帝→孝莊帝(北魏:北朝) 6-96, 132
殽底 3-246(釋)
效節指揮使 趙在禮 9-146
孝靜帝(東魏:北朝)←元善見, 靜帝, 中山王, 清河世子 6-108, 109, 136
孝悌廉直 5-238
孝宗→穆帝(東晉) 5-211
孝宗(宋) 2-243
殽之甚微 爲利甚厚 2-138(要)
孝直→法正 4-320(釋)
孝質皇帝→質帝(東漢) 4-113(頭)
孝昌(年號) 6-91
孝沖皇帝→沖帝(東漢) 4-112(頭)
孝平帝→平帝(漢) 3-174, 175, 176
孝平皇帝→平帝(漢) 3-168(目)
孝平皇后(漢)←安定太后 3-180
梟蒲弘 6-153(頭)
孝獻→獻帝(東漢) 4-296
孝獻皇帝→獻帝(東漢) 4-190(頭)(目), 244
洨縣 2-13
孝惠→惠帝(漢) 2-93
孝惠帝→惠帝(漢) 2-101, 107, 215 3-100
孝惠皇帝→惠帝(西晉) 5-114(頭)
孝惠皇帝→惠帝(漢) 2-92(頭)(目)
孝和→和帝(東漢) 4-67(頭)(目), 74, 289, 297
孝和以降貴戚擅權 4-289(頭)
孝和莊憲皇帝→世宗(遼) 9-196
孝和帝→睿宗(北漢:十國) 9-205, 218
孝和皇帝→和帝(東漢) 4-75
孝桓皇帝→桓帝(東漢) 4-116(頭)(目)
孝懷皇帝→懷帝(西晉) 5-137(頭)
孝懷皇帝→後皇帝(蜀:三國) 5-133
詬 6-238(原)
侯景←河南王, 漢王 1-58 6-26, 110, 115, 117, 118, 120~124, 126~130, 134, 137, 137, 139, 139~144, 147, 148, 151, 191, 350 8-314, 316
候官→會稽王(吳:三國) 5-98(頭)
候官侯→會稽王(吳:三國) 5-44
後軍師 5-17

侯君集 7-88(頭), 104, 106, 106, 112
后及淑妃 7-159(頭)
侯丹拒黃石 3-310(要)
後唐紀 9-129(題)
侯覽 4-161(頭) 8-357(釋) 9-67
餱糧 3-219, 220
後梁紀 9-106(題)
詬病 7-338(釋)
侯服 5-123 8-306
後不當可憂 4-281(頭)
后妃傳(新唐書) 7-43
侯思正 7-198, 228
侯生→侯嬴 1-187, 188, 261
喉舌 4-105 7-249
後世其興乎 2-343(譯)
侯述職之禮樂法度 1-245(原)
後承烈 3-175
后氏→則天武后 7-249
侯安都 6-129
侯嬴←侯生 1-186(釋)
后羿 2-102 4-295, 306
後元(年號) 2-185, 214, 359
侯衛 7-278
厚遺閼氏(연지) 2-52(原)(釋)
後有此比 8-280(頭)
侯應 3-101
後議其禮 徵亦預焉 7-21(譯)
侯甸之法 7-68(原)
後帝→後皇帝(蜀:三國) 5-19
後主→後皇帝(蜀:三國) 5-53, 55
後周 4-151 9-183
後主(南漢:十國)←劉繼興, 劉鋹, 衛王
後主(北齊:北朝)←高緯, 無上皇, 齊元, 齊後主 6-163, 171(頭) 7-40(頭)
後主(西涼:十六國)←李歆
後主(成:十六國)←李勢, 漢主勢
後主(梁:南朝)←莒公, 上柱國, 蕭琮 6-182
後主(前蜀:十國)←衍
後主(陳:南朝)←元秀, 長城公, 陳叔寶 6-178, 187, 190(頭) 7-58
後主(夏:十六國)←平原公, 赫連定
後主(後涼:十六國)←呂隆
後主(後秦:十六國)←姚泓
後主(後蜀:十國)←孟仁贊, 孟昶
後周紀 9-202(題)
后稷←棄, 稷 1-206 3-91, 126 6-342, 376
後進 8-253(頭)
後晉紀 9-164(題)
後秦紀 1-214(題), 232(題)
後秦王→昭武帝(後秦:十六國) 5-289
后土 1-339 3-58, 59
侯霸←君房 3-251, 286
後廢帝(宋:南朝)←劉昱, 蒼梧王
後漢紀 4-11(題), 67(題), 116(題), 156(題), 190(題), 244(題) 9-189(題)
後漢書←東漢史 4-71 5-139, 210
——— 百官志 2-293
——— 儒林傳 4-15(評)
後黃城 7-124(要)
後皇帝(蜀:三國)←公嗣, 扶風王, 思, 禪, 安樂公, 劉禪, 帝禪, 孝懷皇帝, 後帝, 後主 4-329 5-11, 56
侯希逸 8-58(頭), 109 9-89
嚑 7-136(釋)
焄 2-92(釋)
勳官 7-281
訓起流人 8-375(頭)
勳臣 8-91
薰粥→獯鬻 3-137(原)
獯鬻←薰粥 1-216 3-185 6-210, 251
薨 1-200(譯)
烜→章帝(東漢) 4-45
毀服 4-53(頭)
毀寺禁度僧 9-236(附)
毀之則朝而窆 7-92(頭)
虺蜴 4-188

毁瘠骨立 5-46(釋)
麾蓋 4-215(頭)
輝王→哀帝(唐) 9-81
彙征 4-111
麾諸軍 6-310(要)
徽宗(宋)←道君 1-56, 62
麾下 1-291(頭), 355(釋)
休告 3-49(釋)
休隆→孝武帝(宋:南朝) 6-43
休沐 4-139(頭)
携負 3-233(釋)
休謁 2-241
携貳 7-83(要)
休屠(저)王 2-294(釋) 3-72
休徵 3-61(釋)
眭弘 3-297, 300
遹追先志 4-289(釋)
兇渠 6-146(頭)
凶狡有餘 6-20(原)
匈奴 1-56, 87, 215(釋), 253, 254, 300 2-46, 47, 57, 96, 141, 145, 160, 167, 168, 178, 179, 181, 186, 190, 194, 197, 199, 247, 248, 261, 266, 278, 281, 289, 294, 299, 319, 335, 336, 338, 360, 370, 373 3-15, 47, 73, 97, 100, 109, 138, 161, 183, 185, 282, 336, 338 4-30, 289, 305 5-87, 132, 327 6-34, 155, 210, 251, 285, 368 8-13, 26, 365 9-98
匈奴列傳(史記) 1-87 2-46, 52, 191
匈奴遠遁而幕南無王庭 2-300(釋)
匈奴傳(漢書) 2-53, 58, 97, 191, 249, 289, 300, 334 3-15, 72, 99, 185 5-255
匈奴傳(後漢書) 3-342, 350
匈奴渾邪王 2-292(原)
兇醜 9-87(頭)
凶醜之孽起於轂下 7-84(附)
恟恟 5-261(要)
黑頭公 5-243(譯)
黑水 5-346 6-19
黑帝 3-237
黑帝叶光紀 7-285
釁起蕭墻 6-126(譯)
痕德菫可汗←欽德 9-98, 100, 103
掀然 8-366(頭)
忻州 2-290 6-286
訢訢 2-123(譯)
紇干承基 7-106(附)
屹若 9-213(要)
欽德→痕德菫可汗 9-100, 103
欽宗(宋) 1-56, 62
翕然 8-253(頭), 353(頭)
歙州 9-31
翕赫 5-255(要)
翕侯→趙信 2-300
興渠 8-68
興慶宮 7-258(譯) 8-55, 66, 68, 244
興慶坊 7-258
興光(年號) 6-44
興國→武帝(陳:南朝) 6-130, 159
興寧(年號) 5-242
興唐觀 8-310
興唐寺 8-97
興樂宮 2-133
興洛倉 6-222
興利之臣 2-298
興辟雍 設庠序 3-151(釋)(頭)
興勢縣 5-49
興安(年號) 6-41
興如存之感 2-163(附)
興元 8-198(頭), 351(頭) 9-33, 41, 42, 68(頭), 74
興元(年號) 8-180, 214(頭)
興元府 1-324 4-340 9-71
興州 9-140

興平 9-51
興平(年號) 4-199
興平縣 8-22(釋)
喜→烈王(周) 1-111
僖公(魯:先秦) 1-134, 321 3-20, 299 5-49 7-115 8-369
豨軍遂敗 2-63(原)
噫飛死矣 4-312(頭)
戲水 1-314(釋), 315
義氏 4-176
希元以命訊日者 1-69(譯)
僖宗(唐)←李儇, 晉王 9-23, 26, 27(目)(頭), 31, 38, 44, 45, 56, 69, 72, 79, 91, 106, 109, 128, 162, 220
熙平(年號) 6-86
熹平(年號) 4-169
欷歔 8-38(頭)
羲和之師 1-341(譯)
喜詼諧 8-123(釋)
嬉戲 7-37(要)
詰旦 5-322(頭) 9-144(頭)
頡利→頡利可汗 6-358 7-128
頡利可汗←頡利 6-278, 309, 367, 369, 373

故事成語·熟語 索引

【ㄱ】

家給人足 7-19
可立而待 8-291
假名因勢 3-213
可輔輔之 君可自取 4-324
家貧思賢妻 國亂思良相 1-94
家貧好讀書 1-338
家事任長 4-165
可謂失之東隅 收之桑榆 3-246
可以萬全 1-348
假以辭色 冀聞規諫 6-343
可以托六尺之孤 寄百里之命 3-260
可一戰擒 5-189
角巾私第 5-101
刻鵠不成 尙類鶩 3-345
各較勝負 7-300
刻石勒功 4-67
刻日決戰 8-63
刻日方戰 5-76
各自以爲得大將 1-329
各懷一切 莫慮長久 4-102
諫官御史 風聞言事 7-273
肝腦塗地 7-144
間道奏之 7-357
姦吏因緣爲市 3-28
干城之將 1-109
簡素寡欲 5-204
竭力排之 9-11
竭力爲善則國家僅安 驕惰奢縱則一身不保 7-138
竭誠輔佐 8-259
竭誠赴難 8-173
感激揮涕 8-178
戡亂以武 守成以文 6-331
敢問其故 8-302
減膳徹樂 5-235
甘心瞑目 3-343
甘言啗人 7-313
感恩流涕 8-278
敢自尊大 4-315
鑑形莫如止水 鑑敗莫如亡國 7-51
綱紀內外 撫循文武 6-152
綱紀不立 5-324
强弩之末 勢不能穿魯縞 4-230
降同編戶 5-132
彊勉學問則聞見博而智益明 彊勉行道則德日起而大有功 2-221
彊辯而輕躁 7-345
僵尸相屬 3-271
疆域日蹙 9-124
彊直自遂 南陽朱季 吏畏其威 民懷其惠 4-56
江淮之保障 8-51
皆肝鬲之要 4-246
介潔質樸 7-300
改過自新 2-202
開門突出 8-14, 49
開門出降 4-283 6-275
開門出迎 7-355
皆不以聞 8-85
皆不稱職 3-63
皆失魂魄 4-201
改容謝之 5-201

改元大赦 3-223
皆有入相之望 8-345
皆自以不及 2-365
皆在襁褓 5-205
開地斥境 2-326
皆出於民 3-57
改行自新 3-45
更覺嫵媚 7-24
更無餘物 止有赤心 7-334
更生之辰 4-108
車轂擊 人肩摩 連衽成帷 揮汗成雨 1-141
擧無遺策 4-323
居傍點籌 7-231
車不得方軌 騎不得成列 1-355
去不復顧 8-289
去奢從儉 8-353
去奢從約 親忠遠佞 7-51
居喪無禮 6-17
擧手指天 喜形于色 5-329
居視其所親 富視其所與 達視其所擧 窮視其所不爲 貧視其所不取 1-94
去惡不去不止 4-271
居安忘危 8-180
居安思危 7-17
去逆效順 8-180
車載斗量 4-316
擧衆來降 8-204
擧止自若 6-303
擧鞭指麾 6-238
去河北賊易 去朝中朋黨難 8-370
據險守要 4-274, 323
擧賢任能 4-216
擧賢旌善 5-214
去後常見思 3-147
建中之憂 行將復起 8-202
建置天子 在其掌握 8-356
桀犬吠堯 7-57
檢攝無遺 未嘗少閑 5-185
怯而無謀 4-336
擊楫而誓 5-151
激濁揚清 嫉惡好善 6-381
見可而進 4-328
甄拔人物 5-78
堅壁清野 5-328
牽復之悔 7-249
遣使乞降 6-49
遣使苦爭 6-151
見事敏速 性甚貞正 7-119
遣使請和 8-97
遣使稱臣 卑辭奉章 4-313
見事風生 無所回避 3-42
見小敵怯 見大敵勇 3-194
犬牙相制 2-112
見危不能竭其誠 臨難不能效其死 8-169
見人之善 若己有之 7-135
決機乘勝 4-293
結怨於民 7-49
決意遽反 7-354
決意謀反 5-59
決意討之 8-308
兼聽廣納 6-349
兼聽則明 偏信則闇 6-349
謙退不伐 3-216
傾巧善事人 7-318
輕裘緩帶 5-71
罄南山之竹 書罪無窮 決東海之波 流惡難盡 6-223
耕當問奴 織當問婢 6-35
竟無成功 財竭力盡 8-343
竟無一人至者 8-164
竟不中第 9-83
輕鄙庸俗 8-42
更事嘗多 4-318
經事先帝 衆所共知 天下耳目 安可蔽也 7-163
更相傾軋 8-341
更相是非 8-322
更相用事 班序荒雜 7-249
輕褻小人 禮重君子 7-80
傾心奉之 7-246
經營天下 7-58

輕徭薄賦 2-370, 7-102
傾意任之 8-375
競一韻之奇 爭一字之巧 6-178
輕重大小 最爲折衷 6-271
輕重不齊 强弱異勢 5-80
輕進易退 6-40
敬天順人 7-216
徑出不辭 5-101
鷄犬亦盡 4-198
鷄鳴狗盜 1-157
計不復生 4-319
計不在己 5-143
計不知所出 2-349
計不出己 功不在身 5-88
計將安出 1-292
繼治世者其道同 繼亂世者其道變 2-226
高可爲六國 下不失尉佗 3-267
高居無爲 7-329
高居深拱 7-82
叩頭服罪 7-202
顧戀田園 8-206
孤立無黨 7-336
叩馬固諫 6-310
考滿當罷 詣府乞留 9-17
顧名思義 5-25
高明柔克 3-294
鼓舞涕泣 8-91
告身 7-176
苦惡價貴 2-312
高屋建瓴 2-36
高材好學 2-379
固知信怯 1-376
孤之有孔明 猶魚之有水也 4-222
孤雛腐鼠 4-53
鼓吹日喧 8-346
高枕肆志 1-267
高下任意 榮辱在手 5-109
曲突徙薪無恩澤 焦頭爛額爲上客 3-34
曲有禮意 3-145
曲意事之 7-308
哭之甚哀 5-85
曲學阿世 2-256
閫以內寡人制之 閫以外將軍制之 2-181
悃愊無華 4-58
困乏復臥 5-184
滑稽多智 浮沈取容 9-210
骨肉相攻 亡在朝夕 6-358
骨肉相殘 古今大惡 6-295
骨肉相殘 四海鼎沸 5-132
骨肉相殘 自非靈長之祚 6-51
公家無恙 8-189
功蓋中夏 5-57
功蓋天下 6-280
功蓋天下而主不疑 位極人臣而衆不疾 8-147
恭儉有餘而明斷不足 5-178
公卿大臣 當用有經術 明於大誼 2-365
功高不賞 7-41
功高任重 8-74
供給珍膳 恩禮優厚 6-272
供頓勞費 7-19
空名告身 8-47
功名之際 臣不敢居 5-83
功無與比 8-84
恭默思道 以禳災譴 7-179
拱默而已 5-257
功費巨億 5-31
公私富給 6-343
公私富庶 9-49
共相標榜 4-160
恐傷和氣 7-263
功成慶善樂 7-26
攻城略地 2-44
拱手授賊 8-22
龔勝死節 3-185
攻心爲上 攻城爲下 心戰爲上 兵戰爲下 4-330
功業由玆而成 不敢忘本 6-330
孔穎達 撰定五經疏 7-86
功者難成而易敗 時者難得而易失 1-379
功重報輕 5-101
公知其一 未知其二 2-21

公直敢言 7-205
攻取者先兵權 建本者尙德化 4-322
恐禍及己 2-106
過期不還 4-277
過大行虧 3-83
果然失吾名將 3-223
冠蓋相望 結轍於道 2-186
冠蓋相屬 1-187
官多則民擾 8-138
冠帶之國 1-217
官賞濫雜 刑獄謬亂 5-300
關西孔子楊伯起 4-80
管蕭之亞 5-245
官以任能 爵以酬功 8-45
官在得人 不在員多 6-346
官必當才 刑必當罪 5-258
寬厚淸愼 犯而不校 7-206
觀釁而動 動必有成 9-175
狂戇書生 取之如拾芥 8-246
狂夫之言 聖人擇焉 1-359 7-39
廣營宮室 勞役不休 7-179
較計錙銖 8-140
校功爭能 7-91
蛟龍得雲雨 終非池中物 4-248
敎民稼穡 9-100
驕奢放縱 3-19
巧伺上意 7-308
驕奢生於富貴 禍亂生於所忽 7-61
驕奢擅權 中外失望 5-130
敎習戰陳 8-206
矯枉過直 4-78
巧僞甚衆 7-275
驕淫苛虐 9-173
驕將惰卒 9-210
膠柱鼓瑟 1-177
驕侈益甚 9-184
狡兎死 走狗烹 高鳥盡 良弓藏 2-33
交通請謁 勢傾內外 5-106
交通請托 賄賂公行 5-300
狡險忌克 7-168
敎化隆於上 淸議行於下 5-67
究覽墳籍 4-100
狗馬之心 2-303
苟無大故 願勿棄之 7-42
口無惡言 3-229
口不能言 然臣期期知其不可 2-60
狗不夜吠 民不見吏 4-133
求士如渴 7-82
口尙乳臭 1-352 5-318
九世同居 7-171
救時之相 7-260
久安之民驕佚 驕佚則難敎 經亂之民愁苦 愁苦則易化 6-382
具曰予聖 誰知烏之雌雄 1-110
口有蜜 腹有劍 7-325
懼有後悔 3-54
久陰不雨 2-377
苟全性命於亂世 不求聞達於諸侯 4-334
求朝得朝 求止則止 8-255
寇衆我寡 難與持久 4-237
具知閭里奸邪吏治得失 2-380
苟淸其源 何憂不治 7-277
櫂槌侍御史 盌脫校書郎 7-203
求忠臣 必於孝子之門 4-55
求取無節 8-123
九弊 8-174
救寒莫如重裘 止謗莫如自修 5-26
久懷異志 5-169
國家安危在此一擧 1-289
國家安則先嫡長 國家危則先有功 7-241
鞠躬屛氣 4-139
鞠躬盡力 死而後已 4-341
國無類 1-110
國無政令 5-57
國富兵彊 5-88
國士無雙 1-329
國以簡賢爲務 賢以孝行爲首 4-55
國以民爲本 民以食爲天 6-255
軍竟無功 4-323
軍國之事 悉以委之 5-150

群盜大起 9-192
君臨天下 富有四海 7-131
軍聲大振 8-14
軍勢稍振 8-86
群小得志 4-157
群小用事 豈能及遠 6-76
君臣同心 是謂一體 6-340
君臣協心 俱享尊榮 所謂良臣 6-340
君暗臣邪 兵驕民困 9-220
君言正合我意 6-225
群議沸騰 7-326
君依於國 國依於民 6-321
君仁則臣直 1-92
君子愛人以德 4-256
軍中股慄 公私安堵 8-196
君之國事將日非 1-110
君且休矣 吾將思之 3-144
倔彊者 果何益乎 8-281
屈身忍辱 7-170
屈意從之 7-213 9-18
屈以爲伸 讓以爲得 弱以爲彊 5-25
屈節事之 9-165
宮闕陛下家居 陵寢陛下墳墓 8-22
窮達有命 吉凶由人 3-265
窮當益堅 老當益壯 3-236
窮髮之地 7-140
宮市 8-235
卷甲兼行 5-333
卷甲韜戈 啗以金帛 彼旣得所欲 理當自退 6-312
權傾宰相 趨附盈門 8-234
權侔人主 9-138
權與人主侔 7-170
權在群下 政出多門 5-125
權在將軍 3-268
權在足下 1-378
權行州城 力折公侯 2-271
詭妄爲嘉謀 掊克斂怨爲匪躬 靖譖服讒爲盡節 8-223
机上肉 7-230
饋運疲弊 8-296
鬼朴又來 7-205
貴不可言 6-65
貴不期驕 富不期侈 7-51
貴易交 富易妻 3-239
貴卽賣之 賤則買之 2-323
貴震朝廷 3-160
貴戚且斂手 以避二鮑 3-309
糾合驍健 5-151
克己奉公 3-306
亟來臣服 2-319
克成先志 9-14
根據蟠結 8-108
勤勤懇懇 4-50
僅能自免 9-37
近代無比 9-217
勤勵不息 足致升平 8-169
勤勞庶政 8-249
筋不束骨 脈不制肉 5-37
近不踰時 遠不經歲 8-206
勤於爲治 賞罰嚴明 6-56
僅以身免 6-50
僅以身免 中外駭愕 8-294
勤政務本之樓 7-258
近之莫見其非 遠之莫見其是 7-80
近處腹心 8-392
謹厚者亦復爲之 3-190
禁錮終身 4-149
今聞讜言 虛懷以改 7-117
今方自咎 7-99
金帛盈溢 8-163
今不速來 必成罪人 9-61
今不誅之 後必難圖 4-157
金聲玉振 2-316
金城千里 天府之國 2-29
琴瑟不調甚者 必解而更張之 乃可鼓也 爲政而不行甚者 必變而更化之 乃可理也 2-224
今又復妄發 2-292
今有急 亡去不義 1-316
今日所蒙 稽古之力 3-352

今日之事 本所甘心 6-13
今日破趙會食 1-356
今者有小人之言 1-317
今正其時 8-265
急擊勿失 1-314
汲汲如狂 8-242
給待優厚 8-91
矜功恃大 7-140
矜其詐力 所在反覆 4-279
機警勇決 6-44
機警有權數 4-180
朞功之慘 不廢絲竹 5-264
其咎安在 4-58
器局峻整 8-262
機權之際 變化若神 6-117
棄德輕邦 7-140
氣同則從 聲比則應 2-254
器滿則傾 7-217
其末立見 1-181
奇謀祕計 未嘗宣泄 7-42
羈縻而已 5-223
起兵討賊 8-14
機事在速 今其時矣 6-123
棄城夜遁 6-50
棄城竄匿 7-355
起勢立威 8-146
其勢浸盛 8-104
其勢必得所欲 2-300
起於草茅 7-163
其用兵也 髣髴孫吳 4-341
豈有仙人 盡妖妄耳 2-355
棄恩任威 9-144
豈以一身事二姓 3-185
奇才異能 8-174
嗜酒成疾 6-161
幾致太平 8-27
幾致刑措 7-315
肌態豐艶 7-327
飢寒切身 故不暇顧廉恥 6-320
飢寒至身 不顧廉恥 2-172
棄鄕國如脫屣 背君親如遺芥 6-121
奇貨可居 1-191
機會難得 豈宜膠柱 6-118
機會變於斯須 而定計於千里之外 8-194
機會一失 悔之無及 8-278
吉行日五十里 師行三十里 2-117

【ㄴ】

羅鉗吉網 7-330
羅雀掘鼠 8-51
羅織經 7-195
羅織紛紜 7-212
樂聞規諫 9-18
樂爲致死 4-201
亂階在此 6-118
難其人 3-219
難得之貨 雜然竝進 玩好之作 無時而息 7-80
亂亡相繼 運祚不長 8-314
濫及無辜 9-16
攬轡澄淸 4-130
男兒要當死於邊野 以馬革裹尸還葬 3-336
南陽貴士 何必俱當六合 7-92
濫被誅殺 6-48
納善若不及 從諫若轉圜 3-146
納忠諫 屛讒慝 7-42
郎官上應列宿 出宰百里 苟非其人 則民受其殃 4-39
娘子軍 6-241
狼狽而歸 5-343
乃壞汝萬里長城 6-26
內多欲而外施仁義 2-240
內無資糧 外無救援 8-186
內不自安 6-117
內不自安 8-185
乃飛渡江 5-91
內相 8-189
內外戒嚴 5-313
內外離叛 8-88
內外怨憤 9-190

內外阻絶 6-275
乃爲兒女子所詐 2-63
內爲諂諛 外蔽聰明 7-49
內有異志 5-58
內總朝政 外供軍旅 5-336
內行不正 7-195
老奸巨猾 7-314
老於下位 7-289
路人所知 5-44
虜中吾指 1-375
露布以聞 6-367
怒形於色 8-224
論功莫大 語德最賢 7-241
論功行賞 6-316
論大計者固不可惜小費 8-140
論議有餘 3-51
論至德者不和於俗 成大功者不謀於衆 1-115
弄權舞智 8-105
農者天下之大本 2-130
雷霆之所擊 無不摧折者 萬斤之所壓 無不糜滅者 2-122
屢起大獄 誅逐貴臣 7-344
累年補葺 9-40
樓堞皆盡 8-14
勒兵拒命 8-145
凌煙閣 7-104
能者進之 不能者退之 8-288

【ㄷ】

多記則損心 多語則損氣 7-117
多多益善 2-38
多非其實 8-126
多所平反 2-348
多修舊怨 8-271
多失期不至 6-217
多言或中 7-92
多藏何用 8-268
多張虛數 7-281
端拱無爲 7-55 8-249
鍛鍊成獄 7-330
湍奔矢往 8-366
斷獄平允 7-48
丹扆六箴 8-350
單之有心 先生志之 1-173
斷天下之疑 絶後代之惑 8-314
膽氣益壯 無不一當百 3-194
當今國家 何事最急 7-98
黨邪陷正 以求苟免 7-219
當使黃金 與土同價 6-62
唐堯著德 巢父洗耳 3-281
大家牛車 小家擔負 輸租繦屬不絶 2-309
帶甲而食 裹瘡復戰 8-14
大度寡欲 令嚴衆附 9-100
大略不世出 4-190
大修宮室 6-44
大樹將軍 3-216
大臣持祿不敢諫 小臣畏罪不敢言 8-267
大臣罕得進見 8-350
大失物情 5-318
大逆不道 5-37
大義滅親 5-175
待以不死 8-202
大才當晩成 3-236
大衆一散 難可復合 3-223
待之有備 禦之有常 5-120
待天下淸 乃出仕 4-246
代親之感 內切於心 6-52
大行在殯 曾無戚容 6-173
大享群臣 5-197
大絃急者 小絃絶 4-47
大化神明 3-163
大喜過望 1-360
德兼三皇 功過五帝 1-236
德冠後宮 4-18
德均則衆者勝寡 力侔則安者制危 5-72
德不勝妖 7-266
德義日新 7-59
徒空文耳 8-215
倒戈之志 7-57

悼念不已 7-327
徒能讀 不知合變 1-177
道塗阻遠 不能遽集 6-275
蹈東海而死 1-185
道路以目 7-198 8-242
盜弄陛下之兵於潢池中 3-40
圖利忘危 7-140
導民以禮 風之以樂 2-288
道不拾遺 山無盜賊 1-118
徒唯唯而已 2-378
徒有虛號 無復尺土 5-132
道者萬世亡敝 2-226
盜賊日滋 征討不息 6-91
盜賊處處蜂起 5-313
盜竊名器 8-180
道之大原 出于天 2-226
道之以德 齊之以禮 6-328
倒持之柄 8-159
倒持泰阿 3-146
韜戢干戈 5-103
道聽塗說 8-174
刀筆吏不可以爲公卿 2-276
道險勞費 8-93
毒流中土 5-151
獨眼龍 9-36
獨語歎息 8-380
獨任大政 8-131
獨坐窮山 放虎自衛 4-254
獨持風裁 4-139
頓兵不進 8-177
敦尙文雅 疏簡刑法 6-114
同功一體 2-72
東宮羽翼已成 2-80
同年同祿而貴賤懸殊 共命共胎而夭壽更異 7-92
洞洞屬屬 小心畏忌 3-137
同死社稷 5-52
東西南北自在 3-338
東西相應 8-190
同時發火 4-238
同心輔政 3-49 7-159
同心戮力 4-157
同心翼戴 5-168
同心協贊 6-177
同言而信 信在言前 同令而行 誠在令外 7-52
動淹旬月 6-275
動欲慕古 3-188
動以萬計 7-338
動以萬數 3-204
動作無節 2-376
動靜以聞 7-102
動遵禮法 8-115
東鄕坐師事 1-359
逗留不進 8-185
杜絶言路 掩蔽聰明 7-344
杜絶僥倖 8-116
杜天下之口 非社稷之福 8-257
得犯立斬 6-191
得保一日 如度十年 5-232
得人者興 失人者崩 1-133
得則爲王 失則爲虜 9-131
得之於艱難 失之於安逸 7-61
得寸則王之寸也 得尺則王之尺也 1-174
登瀛洲 6-273

【ㅁ】

馬上得之 寧可以馬上治之 2-70
馬援惡譏 3-345
莫敢發言 2-365
莫敢先諫 5-240
莫敢自決 6-40
莫不感動 7-123
莫不驚駭 8-401
莫不尊信 8-322
邈焉寡儔 4-285
莫爲持難 終以此敗 3-43
莫有苟且之意 3-21
萬代瞻仰在此擧 7-219
萬里遣使 市索駿馬 并訪珍怪 7-80

萬事不理問伯始 天下中庸有胡公 4-170
萬一僥倖 5-183
亡國之大夫 不可以圖存 敗軍之將 不可以語勇 1-359
忘其短而貴其長 4-285
望旗而降 5-93
網羅無辜 織成反狀 構造布置 皆有支節 7-195
望門投止 4-165
忘身徇利 8-206
妄爲妖言 7-11
妄自矜大 6-232 7-36
妄自菲薄 4-333
妄自尊大 3-252
望絶計窮 3-223
望之如雲錦 7-286
亡秦之續 1-318
望風款附 9-140
望風遁去 6-218
望風奔潰 5-311 9-51
望風奔北 6-316
望風自潰 9-131
望風響應 5-151
賣劍買牛 賣刀買犢 何爲帶牛佩犢 3-42
賣官鬻獄 蠹害朝政 9-64
埋其車輪 4-106
罵不虛口 8-12
每用耿耿 4-246
麥胡心存撫使 眯目聖神皇 7-203
猛獸不如群狐 5-340
面加可否 7-252
勉彊含容 7-39
面縛輿櫬 5-52
面縛出降 5-232
面似高麗 7-222
面引廷爭 7-213
眠者背始帖席 7-209
面折廷爭 2-103
面折廷爭 身誅國亡 所謂忠臣 6-340
免胄釋甲 8-99
滅虢取虞 5-48
名蓋四海 身居重任 5-143
明見萬里之外 3-269
名冠天下 當受天下重賞 3-231
明其爲賊 敵乃可服 1-340
命乃在天 雖扁鵲何益 2-84
明達吏事 輔以文學 6-362
明明在朝 穆穆布列 聚精會神 3-61
明敏彊記 9-204
明敏有機斷 5-187
明辯有膽氣 8-394
明竝日月 4-341
命世之英 4-328
命世之才 4-180
明習故事 3-251
明習禮樂 5-162
名實不相應 3-22
名爲登龍門 4-139
名義至重 鬼神難欺 7-219
明者睹未萌 4-34
命將出師 6-40
明主勞於求賢而逸於任人 8-249
明主愛一嚬一笑 1-126
名重天下 8-228
明察沈斷 9-23
某可爲相 某可爲將 8-238
貌陋而心險 8-145
毛髮洒淅 8-401
冒死決策 7-132
耗散略盡 7-338
毛遂自薦 1-181
暮夜倉猝 宜備非常 5-113
謀議唱和 8-242
謀之雖多 決之欲獨 5-80
貌醜色如藍 8-145
木契銅魚 7-338
目光如炬 6-26
目覽辭訟 手答牋書 耳行聽受 口竝酬應 5-336
目不知書 9-149
木牛流馬 4-350
木從繩則正 君從諫則聖 7-111

沐猴而冠 1-321
夢想賢傑 9-44
無可奈何 2-342
無可無不可 3-256
無敢言者 7-348
務廣地者荒 務廣德者彊 3-350
無能爲也 4-277 8-95, 296
無德而尊 無勢而熱 5-125
蕪蔞亭豆粥 滹沱河麥飯厚意 久不報 3-288
無路上達 8-19
無問賢愚 悉加擢用 7-203
無兵可交 7-338
無補於當時 取譏於後來 8-249
務本節用 5-195
無復部分 5-189
無復常準 8-126
無復是過 4-281
無復羨餘 8-140
無復憂矣 5-146
無復鬪志 8-183
無復孑遺 6-29
無事則爲驕 勞役則易使 7-80
無所控訴 9-28
無所變更 4-39
無所用之 4-329
務崇寬大 8-156
無失事機 5-87
撫馭乖方 8-180
撫御失所 8-71
無與爲比 8-357
無汚靑史 7-219
無憂城 8-387
務爲姑息 8-247
無有根本之固 3-213
撫膺慟哭 8-17
無異平日 5-46
無一人知者 8-298
撫字心勞 徵科政拙 8-237
務自尊大 無所顧憚 6-173
無終日之計 3-233
舞智以御人 2-276
貿遷有無 8-342
無汗馬之勞 致位至此 7-163
無向遼東浪死歌 6-214
默然改容 8-339
默然不悅 8-166
默而無言 8-224
墨勅斜封 7-234
刎頸之交 1-167
門高則驕心易生 族盛則爲人所嫉 9-50
聞命卽至 7-347
文武竝用 長久之術也 2-70
文武才略 古今莫及 8-105
聞謗而怒者讒之囮也 見譽而喜者佞之媒也 6-198
文不能演義 武不能死君 3-278
聞所聞而來 見所見而去 5-46
捫蝨而談當世之務 旁若無人 5-228
文深小苛 2-276
聞者莫不悅服 5-197
聞者無不駭愕 8-123
聞者失色 8-351
聞風聲鶴唳 皆以爲晉兵且至 5-277
物極則反 7-217
物論囂然稱屈 8-357
勿復多言 5-340
勿使他姓得之 5-232
物色訪之 3-278
物盛而衰 固其變也 2-215
勿以介懷 6-221
勿以常人遇之 5-208
勿效潘孟陽飮酒遊山 8-262
未可輕議 8-263
未可輕進 8-68
未經訓練 7-358
未窺六甲 先製五言 6-179
未及成列 5-189
尾大中乾 8-366
未得其人 7-38
彌漫數十里 8-85

媚事左右 迎合上意 7-344
未嘗心動 今日膽落於溫御史矣 8-348
未嘗解顔 8-380
未識人倫 焉知天道 8-31
美如冠玉 1-350
未知計所出 4-337
美風神 善清談 5-149
未閑軍旅 9-111
民莫敢格 1-232
民心旣歸 天意必從 9-220
民畏其威而不懷其德 5-57
民勇於公戰 怯於私鬪 1-118
民猶水也 君猶舟也 7-111
密謀廢立 7-190

【ㅂ】

薄命之人 不足與成功名 7-174
博士倚席不講 儒者競論浮麗 4-76
博習經史 5-86
縛草爲人 被甲持杖 5-90
博學能文 6-62
迫脅天子 下視宰相 8-378
蟠結根據 牢不可動 8-124
叛君棄母 8-99
叛亂繼起 怨讟竝興 8-169
反覆小人 7-219
班生此行 何異登仙 7-266
伴食宰相 7-260
叛臣逃吏 5-167
攀龍鱗 附鳳翼 以成其志 3-223
反仄不安 9-170
反形已具 7-106
發奸擿伏 9-244
發姦擿伏如神 3-16
撥亂反正 4-190 7-91
發蒙振落 2-291
發兵誅討 9-37
發喪制服 4-302
發縱指示 2-39
跋扈不恭 8-263
跋扈將軍 4-114
方軌而進 5-51
放歸田里 4-149 7-163 8-89
方今第一人 7-221
方略耳目 3-63
逄萌浮海 3-170
謗訕朝政 8-256
方以類聚 物以群分 8-313
放黜尸素 顯拔幽滯 5-258
拜官不辭 8-227
倍道兼行 6-104
背城一戰 5-52
背水陣 1-356
背恩忘義 3-89
拜表卽行 5-213
拜表輒行 5-223
裴行儉知人之鑑 7-177
徘徊顧望 7-148
徘徊眺望 8-380
百計去之 7-325
百官總己以聽 5-114
百口累卿 5-173
百道攻城 晝夜不息 6-124
百道俱進 6-217
百六掾 5-145
白望 8-235
帛書 2-349
百姓富庶 7-269
百姓安堵 5-11
百姓嗷然 朝不謀夕 6-168
百姓愚冥 易惑難曉 8-314
百戰而百勝 非計之善者 3-69
百足之蟲 至死不僵 5-33
燔燒俱盡 9-55
藩鎭跋扈 8-332
藩鎭惕息 8-254
伐齊爲名 1-170
伐之必有天殃 5-269
泛駕之馬 跅弛之士 亦在御之而已 2-327

凡兵務精 不務多 9-217
犯顔苦諫 6-359
犯顔苦口 8-275
犯顔正諫 7-268
犯顔執法 言如涌泉 6-333
汎愛容衆 3-189
汎舟順流 星奔電邁 5-78
汎舟而下 5-31
法外稅民 罪同枉法 9-173
法益精密 8-121
法者天下公共也 2-133
法行自近 7-249
邊境無事 6-118
變起不測 7-82
變起倉猝 內外震駭 6-128
變通有無 曲盡其妙 8-133
別自有由 6-35
兵甲滿江 旌旗燭天 威勢甚盛 5-93
竝驅中原 5-197
兵窮民困 8-159
兵貴神速 6-240 9-132
兵連而不休 禍結而不解 9-175
兵連禍結 8-202
病不能戰 8-51
兵不土著 8-206
兵不血 木無刃 8-273
兵不血刃 4-316
兵死地也 1-178
兵勢大振 5-146
兵勢日蹙 8-204
兵少食盡 2-12
兵識將意 將識士情 8-53
秉心公亮 5-34
兵精足用 4-234
屛左右 與之語 9-15
病必不起 8-265
兵凶戰危 7-101
補闕連車載 拾遺平斗量 7-203
保無他虞 9-240
保無後悔 8-392
伏龍鳳雛 4-220
腹背受敵 6-239
福不可以屢徼 幸不可以常覬 8-202
腹垂過膝 7-334
伏尸數十里 9-34
腹心之疾 不得不除 8-293
伏地待罪 8-90
伏地流涕 8-383
覆之如反掌 6-312
本是彼物 從其取去 6-166
捧檄而入 喜動顔色 4-57
鳳鳴朝陽 7-179
奉觴上壽 7-36
封域之內 皆朕赤子 6-314
鋒鏑交於原野 而決策於九重之中 8-194
蜂蠆有毒 6-189
剖決如流 6-274
府庫耗竭 8-132
府庫珍貨山積 8-147
府庫充實 4-268
負公誠深 8-100
剖棺戮屍 4-182
富貴不歸故鄕 如衣繡夜行 1-321
富貴立可圖 7-345
掊克過甚 8-121
負笈從師 4-100
負其才武 5-40
負其才地 以雄豪自處 5-301
不達變通 5-270
不圖今日乃見此事 6-299
不圖今日復見漢官威儀 3-202
不圖今日復覩官軍 5-228
父老童穉 垂髮戴白 3-233
負米之恨 7-131
俛(俯)首刮席 3-209
賦役寬平 7-269
賦役無窮 征伐不息 7-51
賦役日滋 8-159
父爲九州伯 兒爲五湖長 5-301
婦人之仁 1-331

富者田連阡陌 貧者亡立錐之地 3-157
父子之間 人所難言 2-353
拊掌大笑 7-28
不枉一人 職事亦修 7-198
不在此數 8-258
不剪其根 禍終不已 9-64
不戰而走 9-48
不戰而下 8-99
不霑皇化 8-280
不足爲恨 5-107
不存形迹 6-340
敷奏詳明 出納惟允 6-381
不走卽降 9-217
不遵聲教 8-263
不知稼穡之艱難 不恤征戍之勞苦 8-180
不知所爲 8-64
不持寸兵 7-318
不戢自焚 8-159
復借寇君一年 3-304
負土塡塹 7-123
拊髀 2-180
奮不顧身 2-337
紛紜不已 6-316
憤怨殊深 8-84
分任責成 4-78
墳土未乾 卽還反噬 6-121
焚香盥手而讀之 9-18
焚香膜拜 7-263
焚香祝天 9-159
不可禁制 5-52
不可不備 8-303
不可使聞於隣國 1-109
不可勝紀 7-297
不可勝數 6-83
不可以利誘 不可以死脅 7-41
不可追悔 2-355
不覺屐齒之折 5-284
不敢望到酒泉郡 但願生入玉門關 4-72
不敢復言 2-371
不敢復出 8-31
不敢爲非 5-34
不見立仗馬 7-312
不冠不見 2-285
不貴異物 不作無益 7-80
不能無爲 3-188
不能什一 3-15
不能流芳百世 亦當遺臭萬年 5-255
不能自拔 8-303
不能持久 5-81
不樂仕進 6-346
不露辭色 7-313
不勞而定 5-88
不免其身 8-27
不免面牆 6-70
不背德 不邀功 眞純臣 6-259
不復視朝 8-383
不復與事 8-33
不復推究 8-71
不事家人生產作業 1-271
不辭劇易 4-285
不世遇 6-340
不世之功 7-268 9-119
不世出 3-64
不習水土 必生疾病 4-234
不勝其忿 5-44
不勝其敝 6-271
不勝悲憤 8-38
不識兵革 7-355
不失尺寸 2-361
不甚親信 3-150
不愛金帛 8-172
不若先事圖之 9-165
不言而躬行 2-234
不欲食言 8-370
不遇盤根錯節 無以別利器 4-82
不虞之變 生於腹心肘腋 5-270
不遠千里 4-100
怫意觸忌 7-37
不以求備取人 不以己長格物 6-362
不夷不惠 可否之間 4-98

不以屑意 8-227
不因人情 何以興復 8-22
不日有變 8-396
不入虎穴 不得虎子 4-34
不次用人 8-123
不次除官 7-195
不次超遷 7-289
不奪農時 則國人皆有餘食矣 不奪蠶要 則國人皆有餘衣矣 7-169
不蔽風雨 7-260
不必用兵 8-277
不閑軍旅 8-42
不閑將略 5-275
不恒其德 7-89
不恤國務 宰相又無遠略 8-392
不喜辭華 6-178
朋黨不忠 執權膠固 7-131
朋黨 言之則可惡 尋之則無跡 8-283
非計之得 3-213
備記善惡 7-97
非其所長 7-119
比年豐稔 9-174
非但君擇臣 臣亦擇君 3-252
非慮無以臨下 非言無以述慮 7-117
髀裏肉生 4-217
非百里才 4-252
非復國家之有 5-215
非分之恩 不可數得 勉自修飭 無貽後悔 7-26
祕不發喪 8-392
備嘗艱危 情愛甚篤 7-229
非聖無法 3-362
非聖人者無法 6-292
非成則璜 1-94
比歲饑饉 8-205
飛矢滿體 流血淋漓 5-292
備諳虜情 8-210
非言辭所能間 4-245
譬如養鷹 飢卽爲用 飽則颺去 4-209
譬如養虎 當飽其肉 不飽則將噬人 4-209
譬如龍虎 非可馴之物 5-248
譬如借蛟龍以雲雨 將不可制矣 6-104
譬如破竹 5-93
批逆鱗 犯忌諱 7-249
備位宰相 7-206
譬猶飢者易爲食 渴者易爲飲也 6-382
鄙儒不知時變 2-48
非人所爲 2-92
非才則廢事 權重則難制 8-45
非適今日 4-288
飛鳥依人 人自憐之 7-119
非親非故 不諳其才 8-282
非孝者無親 6-292
彬彬多文學之士 2-288
擯而不齒 7-339
貧賤之知不可忘 糟糠之妻不下堂 3-239

【ㅅ】

士皆感憤 7-359
事皆自決 不任群臣 6-375
事竟不行 5-69
史官不虛美 不隱惡 7-113
事歸臺閣 4-78
事急矣 1-366 4-230
捨其所短 取其所長 7-131
伺其出處 以卜江左興亡 5-208
師老財竭 8-296
辭多受少 4-71
士多清修 吏多貪汚 8-133
士敦操尙 鄉恥輕薄 6-27
思慮精專 4-318
死亡無日 5-87
死亡略盡 5-219
四面受敵 非用武之國 2-29
四面疾攻 一鼓拔之 6-166
四面楚歌 2-12
四面蹙之 4-319
使命常通 5-76
射無不中 6-119
死無所恨 3-89

使無遺類 8-376
事無閑劇 8-140
四方無虞 7-98
士別三日 刮目相待 4-251
四部無遮大會 6-98
事不稽古 義理乖僻 7-92
事不辭難 罪不逃刑 4-161
事不相及 8-52
事佛漸謹 年代尤促 8-314
事不避難 4-82
事不諧矣 3-239
死不携貳 7-83
賜書褒美 7-304
事成於果決而敗於猶豫 9-144
四時仕宦 7-200
似是而非 4-58
師臣者帝 賓臣者霸 3-295
使我心膽墮地 9-168
捨安樂之國 適習亂之鄉 5-240
謝掾年四十必擁旄杖節 王掾當作黑頭公 5-243
事有得失 無惜盡言 6-343
絲恩髮怨無不報 8-374
四夷交侵 兵車歲駕 7-179
四夷俱服 7-17
四夷雲集龍鬪野 四七之際火爲主 3-223
死者不可復生 刑者不可復屬 2-174
赦者 小人之幸 君子之不幸 6-356
死者太半 4-238
事將何如 5-251
辭情慷慨 8-41
肆情縱欲 7-140
死諸葛 走生仲達 5-13
使酒難近 2-135
思周萬機 8-191
嗣主幼沖 弗克負荷 6-70
辭旨甚哀 9-234
事之如父 4-324
社稷是賴 8-172
社稷之器 4-270
死且不朽 7-144
伺察動靜 大小必知 6-103
奢侈相高 5-107
死便埋我 5-46
四海分崩 8-22
奢豪縱逸 5-319
使後世稱爲淸白吏子孫 4-80
削去浮辭 直書其事 7-114
削之亦反 不削亦反 削之反亟禍小 不削反遲禍大 2-202
山高谷深 5-51
山公啓事 5-78
產祿猶在 去草不去根 終當復生 7-229
散而復合 4-277
殺氣太盛 鳥雀不棲 7-315
殺人者死 1-311
殺之何益 6-334
殺妻求將 1-97
三顧草廬 4-334
三考黜陟 5-27
三分鼎足 3-268
參分天下 鼎足而居 1-379
三神山不死藥 1-251
三語掾 5-116
三丈之木 1-118
三慧經 6-115
相見甚讙 3-223
相繼不絕 8-38
相顧失色 7-182 8-281 9-165
傷敎敗禮 莫斯爲甚 7-92
相君之面 不過封侯 相君之背 貴不可言 1-379
常棄其所短 取其所長 7-135
相勞苦如平生 8-16
上論唐虞之際 下及殷周之盛 2-376
賞賚優渥 7-258
桑無附枝 麥穗兩岐 3-326
尙未知名 5-201
賞罰 人主之二柄 不可偏廢 8-275
相負如此 8-190
上不負天子 下不負所學 他無所恤 8-223
賞不遺遠 罰不阿近 爵不可以無功取 刑不可以

貴勢免 5-17
賞不遺賤 罰不避貴 6-18
賞不僭 刑不濫 4-47
上書自訟 言甚切至 8-84
相帥來歸 6-335
常勝之家 難與慮敵 3-344
上畏皇天之鑑臨 下憚群臣之瞻仰 6-351
傷威損望 7-115
上有掣肘之譏 下無死綏之志 8-194
常衣大練 裙不加緣 4-18
常平鹽 8-138
常平倉 3-82
上表固讓 7-66
上表歸政 6-17
上品無寒門 下品無勢族 5-110
上下俱欲 驩然交欣 3-61
上下彌縫 共爲不法 9-64
上下相蒙 9-28
上下有分 紀綱有序 8-249
上下離心 8-68
上下解體 8-63
上下懸絶 7-117
賞刑已出 日益驕恣 7-343
生女耶 我子娶之 生男耶 我女嫁之 3-223
生不如死 2-69
生殺任意 5-311
生五歲 能遍誦五經 6-84
省徭役 止遊畋 7-42
生子當如孫仲謀 如劉景升兒子豚犬耳 4-262
生子當如李亞子 至如吾兒豚犬耳 9-111
生長深宮 7-37
徐觀蚌鷸之勢 以收漁人之功 6-232
庶幾可求 8-310
庶幾遇之 2-321
鼠伏河中 8-199
誓不與此賊俱生 8-296
庶事草創 2-347
誓於此生 靡敢失節 9-108
瑞在得賢 6-357
鼠竊狗偸 1-270
噬臍無及 7-230
書足以記名姓而已 1-277
釋甲而降 6-275
釋甲潛遁 9-144
席卷 5-58
昔無襦 今五袴 4-52
錫以茅土 8-45
先國家之急而後私讎 1-167
選補衆職 當簡天下賢俊 不宜專用南陽人 3-311
先封雍齒 2-42
先聲後實 5-58
先勝後戰 量敵論將 4-323
善始者多 克終者寡 7-49
善惡太明 7-41
選用略盡 8-253
選用以公 賞刑以信 8-249
先入定關中者王 1-288
善作者不必善成 善始者不必善終 5-264
旋踵而亡 8-269
先至者賞 後至者誅 7-359
善屬文 名振京師 7-134
選賢立政 7-132
設官分職 以爲民也 6-318
設壇告天 9-103
齧指出血 7-110
雪恥酬百王 除兇報千古 7-130
涉獵古今 7-119
涉獵文史 7-170
涉險被創 4-341
城孤糧少 5-192
聖德光被 8-184
聖德深厚 地不能載 5-321
盛名之下 其實難副 4-98
城無守備 9-131
聲問不通 8-30
城府深密 人莫窺其際 7-313
聲色自娛 7-344
聲勢甚盛 8-186
聲勢烜赫 8-374

誠有是事 7-28
城邑皆望風奔潰 6-38
性益躁暴 8-44
聖人能與世推移而俗士苦不知變 4-119
城中食盡 8-51
城中好高結 四方高一尺 城中好廣眉 四方且半
額 城中好大袖 四方全匹帛 4-48
成遲敗速者國也 失易得難者位也 7-138
聲振原野 9-185
性質敦厚 文章華贍 7-119
成湯以罪己勃興 楚昭以善言復國 8-178
性行純和 7-119
城狐社鼠 5-172
稅間架 8-157
勢傾內外 7-291
勢傾朝野 8-105
勢孤力屈 8-396
世未嘗有 2-355
稅民深者爲明吏 殺人衆者爲忠臣 1-279
勢分形散 所備皆急 5-81
勢不兩立 1-142 4-235
歲比登稔 百姓殷富 4-32
歲時伏臘 3-83
勢實窘蹙 8-296
洗兒錢 7-341
勢若風雨 3-310
勢如拉朽 6-312
歲餘不決 7-316
稅外方圓 8-233
世有亂人而無亂法 5-27
世之有饑穰 天之行也 2-126
勢震內外 6-250
勢蹙氣沮 9-208
歲豊人安 8-312
勢必相圖 亂將作矣 6-74
歲寒之心 7-57
所見略同 4-248
所過無不殘滅 1-288
所過州縣 望風瓦解 7-355
所得不補所失 7-282
蘇摸稜 7-211
少無宦情 不豫世事 5-143
召問方略 8-95
小不如意 動至族誅 8-69
所費不貲 8-133
素善張良 1-316
少所稱可 8-222
小心恭恪 7-291
小心謹愼 未嘗有過 2-361
所言公 公言之 所言私 王者無私 2-112
昭然可知 6-108
騷然驚駭 8-145
蕭然一空 8-85
所爲狂悖 2-355
素有威望 8-165
少有才名 4-196
宵衣旰食 8-273
宵衣求理 8-346
笑而不答 5-50
笑而許之 9-225
小杖則受 大杖則走 6-295
所在蜂起 9-28
疏躁多言 好自矜伐 7-288
所存者小 所損者大 7-144
笑中有刀 7-168
掃地盡矣 9-48
素稱精銳 8-199
小太宗 9-23
所乏者 骨鯁規諫耳 7-119
所向皆克 5-90
所向皆破 4-201
所向無敵 7-124 8-202
所向崩潰 軍不留行 8-252
所向必克 9-193
束髮加帽 5-310
速成則疾亡 晩就則善終 5-25
束身歸罪 8-199
俗好高髻 宮中所化 7-39
孫武斬宮嬪 7-302
孫叔殺蛇而致福 7-263

率爲敵壘 8-38
率土歸心 6-299
送歸私第 8-395
雖隔千里 皆如面談 6-274
垂功名於竹帛 3-204
羞愧流汗 3-193
隨闕注擬 6-346
數年不成 2-316
數年之間 悉爲精銳 6-314
隨能任使 皆獲其用 4-292
脩短有期 7-172
修德以禳之 7-266
數道竝進 8-77
水陸繼進 5-276
水陸都會 9-171
水陸竝進 4-238 5-48
首尾相接 4-237
鬚髮盡白 2-369
數百里無復人煙 7-124
守法而不峻 容物而不弛 6-27
守法持正 7-269
殊不知倦 8-277
遂不爲備 8-294
受賜多矣 6-197
須殺此田舍翁 7-23
遂成風流 5-38
垂手下膝 4-193
修飾邊幅 3-252
收養豪傑 賓客始盛 6-51
樹藝桑麻 9-101
雖曰愛之 其實害之 雖曰憂之 其實讐之 8-289
愁怨之聲 盈於遠近 8-157
水爲不流 3-194 4-198
雖有愆違 莫能諫爭 6-375
雖有舟楫 將安用之 6-275
垂泣三日 4-326
繡衣御史 2-343
守而勿失 7-80
遂以成俗 5-264
隨才授任 5-150 6-362 7-268
守錢虜 3-236
垂情古典 遊意經藝 4-76
守正不阿 7-296
受制於家奴 8-383
手之使指 8-53
授之以利器 誨之以慢藏 6-120
收合散亡 8-94
菽粟不稔 餓殍相望 7-179
夙興夜寐 5-13
蓴羹鱸魚膾 5-131
徇國者寡 愛身者多 7-90
順德者昌 逆德者亡 1-340
脣亡齒寒 1-84
循資格 7-289
舜造漆器 諫者十餘人 7-103
馴致離叛 構成禍災 8-191
順風竝進 所向無前 3-308
循環不休 8-65
崇尙虛無 輕蔑禮法 5-46
襲亡秦之迹 2-348
繩愆糾繆 7-59
勝負兵家之常 8-294
乘勢使氣 9-182
乘勝席卷 5-80
乘勝長驅 1-162
乘勝逐北(배) 1-288 6-265
乘輿反正 5-129
乘外重之資 8-159
繩違擧過 6-253
勝敗之數 未可知 2-72
承平日久 7-338 8-206
承平日久 民不習戰 5-311
承乏宰相 7-218
承歡膝下 永不可得 7-131
是可忍也 孰不可忍 5-172
是固當反 2-72
是古非今 3-90
恃功驕橫 9-51
恃功專權 7-232
視金帛如糞壤 7-338

豺狼當路 安問狐狸 4-106
市里爲空 8-38
視民如子 3-132
時使薄斂 9-220
市肆不驚 8-252
始雖垂翅回谿 終能奮翼澠池 3-246
始欲益壽 乃更傷生 9-180
恃勇輕進 7-302
視遠者不顧近 慮大者不計細 8-302
時月之間不見黃生 則鄙吝之萌復存乎心矣 4-86
尸位素餐 3-149
示以禍福 8-166
視人如草木 8-188
時人謂之八龍 4-118
視朝每晏 8-346
視之蔑如 7-346
侍直帷幄 宣傳詔命 8-64
始親萬機 6-17
是何神也 3-310
時乎時乎不再來 1-379
識鑑精通 復善談論 6-381
息民休士 4-350
飾辭以折其理 引古以排其議 7-117
食少事煩 5-13
識時務者 4-220
食且不飽 8-163
新故相仍 不知紀極 8-126
神慮澹則血氣和 嗜慾勝則疾疹作 8-346
愼毋與窮寇爭鋒 3-245
身不跨馬 射不穿札 用兵制勝 諸將莫及 5-103
信不及人 8-91
信使往來不絶 6-232
神色不移 6-359
神色自若 6-18
神色自若 坐而待之 5-292
神色沮喪 9-144
身先士卒 6-279
身先士卒 直衝賊陳 8-14
神守擧止 有如平日 5-24
身言書判 7-176
新與人盟而背之不信 利人之災不仁 乘人之危以取勝不武 6-348
臣亦願國家無忘河北之難 小臣不敢忘巾車之恩 3-288
臣爲內應 1-292
神而明之 存乎其人 5-69
身自督戰 5-292
神精明秀 5-117
身租庸調 一切蠲之 6-137
愼終如始 6-351
神州陸沈 5-230
神峻氣勁 有謀能斷 9-222
神采英毅 6-343
神彩英暢 言辭敏洽 6-128
新總萬機 7-252
失律喪師 7-302
失勢怨望 動搖衆心 8-227
蟋蟀俟秋唫 蜉蝤出以陰 3-59
深加器異 4-339
心固非之 8-259
深溝高壘 1-355
深溝高壘以待之 8-16
深根固本 4-200
心氣內損 形神外勞 7-117
心內喜 2-200
深密有智防 4-271
深思前過 4-53
心甚不平 8-75
深用憮然 6-70
深用爲愧 8-91
深源不起 當如蒼生何 5-208
深爲得計 4-235
甚允時望 7-296
深以爲然 8-247
深入不毛 4-334
深自克責 8-169
尋章摘句 4-316
心正則筆正 8-339
深陳旣往之悔 2-356

深厚不伐善 3-50
十思疏 7-50

【ㅇ】

我家老奴 7-316
我固當烹 2-33
我國家如金甌 無一傷缺 6-118
我當力行 5-184
我無他意 6-286
鵝眼錢 6-47
我丈人行 2-334
我從是殆矣 2-331
握手與訣 悲不自勝 7-144
握手歡如平生 3-252
愕然相顧 莫敢異言 7-354
惡踰於紂 6-77
晏駕 2-349
按甲休兵 1-359
安居田畝 8-206
安金藏流血被地 7-207
安堵復業 5-228
案堵如故 1-311
安得憂國奉公 如祭征虜者乎 3-306
按轡長驅 8-25
安史之亂 8-132
安石不出 當如蒼生何 5-236
眼如曙星 無所不照 當王天下 6-168
諳練舊事 5-162
仰稽天象 俯察曆數 7-143
仰食桑椹 4-205
愛人下士 1-186
愛人喜施 1-271
愛之太恩 憂之太勤 8-289
哀戚滿容 8-400
哀痛殊甚 4-284
野無曠土 軍有餘糧 8-104
夜分乃寐 3-363
夜分乃寢 6-272
夜有甘露 8-376
夜以繼晝 3-315
約己務施 5-167
躍馬麾兵 9-225
略無備豫 4-337
約法三章 1-311
若昭陵則臣固見之矣 7-44
若兒戲爾 2-191
約言析理 5-117
約爲兄弟 6-107
若飮醇醪 不覺自醉 4-250
若將可得 2-321
弱則畏服 彊則侵叛 5-120
揚搉古今 7-62
糧械都盡 5-227
養其民以致賢 1-324
養稂莠者害嘉穀 赦有罪者賊良民 6-356
兩利而俱存 1-379
攘袂扼腕 7-345
揚兵大出 4-277
兩言而決 1-182
陽與之善 7-325
養威俟釁 一擧可滅 6-312
楊一益二 9-48
穰苴誅莊賈 7-302
兩主之命 縣於足下 1-379
糧盡矢竭 8-12
揚湯止沸 莫若去薪 潰癰雖痛 勝於內食 4-185
兩虎共鬪 其勢不俱生 1-167
養虎遺患 1-381
魚貫而進 5-51
語言之間 何足介意 6-373
魚游釜中 4-108
禦戎守信爲上 8-361
御衆寬簡 6-216
御衆嚴整 9-193
御衆以寬 約身以儉 9-125
御下無法 9-135
抑權倖 愛爵賞 納諫諍 却貢獻 7-248
言過其實 不可大用 4-339
偃旗息鼓 4-277

言無不從 8-30
偃武修文 6-387 7-32
言不及私 8-382
言辭辯捷 善和解人 7-119
言笑自若 8-29
言雖小 可以譬大 5-33
言猶在耳 7-163
言利事 析秋毫 2-297
言盡於此 更不煩云 9-228
言行計從 禍福共之 4-245
孼自己作 空汚良善 4-167
嚴刻御下 8-156
掩其未備 5-184
淹留顧望 必將見疑 6-51
掩有爲無 指無爲有 8-223
奄至城下 6-286
輿駕播遷 8-178
如枯旱之望雨 8-91
與群臣相親 如一體 7-38
膂力過人 5-86
閭里晏然 9-32
與物無競 5-117 9-153
如反掌 6-225
厲兵講武 4-340
汝不敢出 吾當獨往 6-286
與時浮沈 無所匡救 5-116
與時消息 靜以鎭之 6-46
糲食菜餤 8-163
如失左右手 1-329
如約卽止 1-336
閭閻相望 桑麻翳野 7-346
如有不諱 2-360
勵精求治 8-123
勵精爲治 3-21 7-248
勵精政事 8-27
輿疾討賊 8-309
女則 7-43
汝何功 在我上 7-26
如何爲便 8-191
力彊則衆附 勢奪則人離 8-56
歷古爲患 5-104
役己以利物 7-80
歷事六帝 4-169
力戰可破 9-208
力戰却賊 8-14
力戰不勝 9-35
逆主定君臣之分 僞相結兄弟之親 6-120
役智彌精 失道彌遠 8-191
逆取而順守之 2-70
緣江諸戍 望風盡走 6-189
連年水旱 州縣不以實聞 9-28
連年旱蝗 8-200
年德俱盛 7-217
延攬英雄 務悅民心 3-204
年老厭於萬幾 6-114
練兵積穀 5-167
緣水置倉 轉相受給 8-139
連引搜捕 枝蔓無窮 8-38
連戰皆敗 5-148
延坐問計 8-166
連體根據 3-11
連篇累牘 不出月露之形 積案盈箱 盡是風雲之狀 6-178
煙火尙希 萑莽極目 7-19
廉潔無私 3-83
廉謹謙遜 8-309
斂手削地 8-309
斂手受役 5-132
斂膝危坐 5-185
髥參軍 短主簿 能令公喜 能令公怒 5-243
寧能高飛遠走 不在人間耶 3-230
英達夙成 4-199
嬰母知廢 陵母知興 3-265
令聞未彰 惡聲遐布 8-346
令反側子自安 3-215
永言愧悼 若墜泉谷 8-180
榮辱進退生於造次 8-242
英雄無用武之地 4-230
寧爲鷄口 無爲牛後 1-140
寧飮建業水 不食武昌魚 寧還建業死 不止武昌

居 5-68
英才蓋世 4-230
潁川四長 4-126
潁川弘農可問 河南南陽不可問 3-324
榮寵過盛 7-206
穎脫而出 1-181
令漢自擇 2-333
迎合取寵 6-33
令行禁止 3-74 4-285 7-90
寧馨兒 5-117
銳氣益壯 3-190
禮無不敬 法無不行 4-315
曳白 7-326
禮義廉恥 是謂四維 四維不張 國乃滅亡 2-149
禮者禁於將然之前 而法者禁於已然之後 2-152
例自矜衒 8-174
吾家所立 1-323
五經掃地盡 7-238
吾計決矣 4-230
惡其爲人 8-272
吾能料生 不能料死 5-13
吾當問其鼎 9-115
吾貌雖瘦 天下必肥 7-296
吾無葬地矣 9-117
吾父子得生矣 8-205
吾復何憂 8-33
吾不忍奪 6-294
吾事立辦 9-119
吾事濟矣 8-166
吾死何恨 7-150
五岳陵霄 四海亘地 納汚藏疾 無損高深 7-137
吾與富貴而詘於人 寧貧賤而輕世肆志 1-201
吾翁卽若翁 1-374
五王帳 7-256
吳王好劍客 百姓多創瘢 楚王好細腰 宮中多餓死 4-48
吾爲若德 2-15
五日京兆 3-88
吾將思之 3-223
吾將入相 2-94
五帝官天下 三王家天下 家以傳子孫 官以傳賢聖 3-71
五帝異樂 三王不同禮 2-47
吾族無類 8-146
吾之夙心 6-299
烏合之衆 8-343
五花判事 6-364
沃野千里 2-29 4-222
擁兵不朝 8-94
擁兵不救 8-12
雍齒與我有故怨 2-42
完璧 1-164
完城浚濠 7-357
枉法受財 罪不可赦 6-334
王與馬共天下 5-168
汪汪若千頃波 澄之不淸 淆之不濁 4-86
王者莫高於周文 霸者莫高於齊桓 2-71
王者不可自暇自逸 8-249
王者 視四海如一家 6-314
王者以民爲天 民以食爲天 1-369
王者之政 尙德不尙刑 8-275
王佐之才 4-196 6-274
王之命 懸於遂手 1-182
王霸氷合 3-210
王弼何晏之罪 深於桀紂 5-237
枉害忠良 7-302
王會圖 6-367
王侯將相 寧有種乎 1-268
外寬內明 3-57
外寬內深 2-278
外寧必有內憂 5-88
外叛內侮 8-206
外雖相似 內實懸殊 8-313
外雖包容 內不能堪 8-373
外若癡直 內實狡黠 7-334
畏威慕德 7-59
畏威順旨 6-338
畏威銜恩 6-257
畏威懷德 6-370
畏蜀如虎 4-346

外親內疏 4-279
外託君臣之義 內結骨肉之恩 4-245
外戶不閉 商旅野宿 6-320
堯代之共工 魯邦之少卯 8-223
搖頭轉目 備諸醜態 7-238
了無喜色 圍碁如故 5-284
妖不勝德 7-266
搖手觸禁 3-188
堯舜在上 下有巢由 3-186
嶢嶢者易缺 皦皦者易汚 4-98
堯有九年之水 湯有七年之旱 2-172
堯作大章 一夔足矣 4-62
料敵如此其審 8-210
遙制朝政 6-103
欲有天下耶 將爲富家翁耶 1-310
慾而無厭 5-127
欲投鼠而忌器 2-155
勇決習戰 7-336
勇冠三軍 4-274
容納直言 未嘗失色於人 5-114
用度不足 8-220
用度羨餘 8-233
用度日侈 7-331
用度太空 2-297
勇略震主者身危 功蓋天下者不賞 1-379
勇猛過人 善養士卒 5-16
用法無私 9-23
用事於中 7-231
用事于中 1-294
容身保位 無復直言 7-312
用心百態 營求萬端 5-109
勇而無謀 8-155
庸人屈起 3-204
用人如器 各取所長 6-334
庸何傷 7-24
龍行虎步 視瞻不凡 5-321
遇來俟必死 遇徐杜必生 7-198
宇量宏厚 明達好謀 5-114
愚弄朝廷 有同兒戲 8-223
右倍山陵 前左水澤 1-358
禹拜昌言 7-90
憂憤成疾 5-178
禹不矜伐 7-91
遇事論諫 8-191
牛羊被野 4-32
雨下如注 3-194
又何疑焉 8-303
憂形於色 發言流涕 7-137
隕身失國 2-332
運籌帷幄 坐安社稷 6-316
運籌帷幄之中 決勝千里之外 2-21
雲集京師 7-85
雲合鳥散 變態不常 8-52
熊經鳥伸 4-119
雄才蓋世 6-104
遠交近攻 1-174
願君無忘射鉤 臣無忘檻車 3-288
元規塵汚人 5-202
遠近聞者 無不相賀 7-209
遠近聞之大悅 6-230
遠近承風 6-84
遠近失望 8-255
遠近震駭 7-355
願棄人間事 欲從赤松子遊耳 2-31
遠刀鋸之賤 親骨鯁之直 8-357
遠來疲敝 4-230
元禮不離刑曹 此囚終無生理 日知不離刑曹 此囚終無死法 7-198
願留三思 7-163
遠邪佞 進忠直 8-256
願賜尙方斬馬劍 斷佞臣一人頭 3-149
願少須臾毋死 思見德化之成 2-124
原十六衛 8-366
元元塗炭 無所依訴 3-243
願以身代 3-173
援引事類 7-62
願天早生聖人 爲生民主 9-153
冤號之聲 徹於內外 9-64
月旦評 4-180
月異而歲不同 2-147

危可使安 死可使活 貴可使賤 生可使殺 5-125
位兼將相 9-138
僞啓三途 謬張六道 6-290
爲公從中起 2-60
爲官擇人 惟才是與 7-35
爲國柱石 2-377
威權日去 5-44
危急存亡之秋 4-333
危亡無日 6-225
威名大震 4-193
威名大振 5-214
威名益盛 3-195 4-68
威名益振 5-248
危邦不入 亂邦不居 3-313
威福在己 7-40
委事僚宋 輕出遊放 5-116
衛士傳餐 8-249
衛士傳餐而食 6-375
爲善最樂 4-30
爲世所輕 8-218
威烈震乎八荒 聲教光乎六合 5-264
謂六經爲聖人糟粕 5-38
爲人易與 1-376
爲人峭直 不干榮利 7-296
委任責成 8-194
爲子孫計 9-240
僞自增加 3-25
違衆孤立 7-41
謂之國老而不名 7-213
爲之流涕 6-279 8-47
威之以法 法行則知恩 限之以爵 爵加則知榮 4-269
威振內外 5-257
威震華夏 4-279
威振匈奴 2-319
魏徵若在 不使朕有是行 7-127
爲楚 非爲趙 1-182
爲治有體 4-326
爲治者 不在多言 顧力行何如 2-231
惟卿所欲 不相禁禦 7-229
惟恐不及 7-291
惟恐弗及 8-313
有功不賞 有罪不誅 3-24
有功則賞 有罪則刑 6-375 8-249
有國士之風 2-338
有急相救 4-314 6-286
遺棄殆盡 8-63
柔佞多狡數 7-300
柔能制剛 弱能制彊 3-350
有大志 不拘小節 6-165
唯睹順從 不聞違異 6-363
流落江淮 踰十五年 8-253
勠力王室 克復神州 何至作楚囚對泣耶 5-146
流亡殆盡 7-263
猶昧省己 8-180
幽冥之中 負此良友 5-175
有謀善斷 7-174
帷薄不修 2-158
惟不自用 乃能用人 8-194
有備無患 8-167
有非常之功 必待非常之人 2-327
有事則提兵居外 無事則放兵居內 8-366
有先人之敝廬 足以庇風雨 薄田 足以具饘粥 讀書談道 足以自樂 6-197
有失輒諫 6-332
留心政事 務摠大體 6-66
流殃構禍 7-128
有如互市 5-125
悠然自得 5-228
猶豫未決 2-107 3-302 6-239
幼有至性 6-52
有精力 多機智 8-133
有罪勿捨 有闕勿補 9-16
有罪不可加刑 7-163
有志者事竟成 3-271
流汗終日 4-326
遊幸無常 昵比群小 8-350
惟賢惟德 可以服人 4-324
流血呼冤 8-376
有刑錯之風 2-176

遊戲無度 6-17
遊戲無度 狎暱群小 8-352
六經之治 貴於未亂 兵家之勝 貴於未戰 3-161
六郎面似蓮花 7-222
六親離德 7-49
淪於左衽 8-268
律設大法 禮順人情 3-230
戎事簡練 4-340
戎狄爲患 自古有之 6-285
隆準龍顔 1-271
隆準日角 3-189
戎陳整齊 號令明肅 4-337
恩結於民 5-133
隱不違親 貞不絶俗 4-135
殷憂則竭誠以盡下 安逸則驕恣而輕物 7-49
恩威兼著 6-278
陰相黨助 8-263
陰養死士 儲米積貨 6-123
陰陽調而風雨時 群生和而萬民殖 2-222
陰陽和 風雨時 甘露降 五穀登 六畜蕃 嘉禾興 朱草生 山不童 澤不涸 2-254
陰爲自全之計 9-160
飮以醇酒 使不得言 5-76
飮酒無晝夜 5-232
飮酒自如 8-351
陰蓄不臣之志 5-255
陰畜異志 殆將十年 7-354
淫戲無度 2-377
泣下霑襟 8-383
應答如響 7-248
應對敏給 雜以詼諧 7-334
應對辯給 7-288
凝旒以聽其言 虛襟以納其說 7-117
應變成務 7-269
膺唯與泰同舟而濟 4-135
應天順人 8-33
宜加赤族之誅 以雪蒼生之憤 7-209
衣冠舊族 先帝遺民 5-331
意驕志逸 4-281
議久不決 8-263
義均行雁 次若貫魚 6-89
意其不實 8-154
衣帶中密詔 4-211
意望已過 4-246
倚門而望 倚閭而望 1-163
意未嘗不在鉅鹿 2-180
蟻附而登 8-14
疑不能決 7-241
意思深長 4-281
意思安閑 4-292
意常尤之 7-26
依勢弄權 9-122
依勢用事 請謁受賕 7-234
意甚愧忿 5-101
意甚怏怏 5-169
依阿苟免 8-184
依阿取容 7-211
義爲君臣 恩猶父子 3-276
擬之管葛 5-208
義倉 6-182
移檄四方 8-25
移檄遠近 6-57
以徼其餘 8-256
以鏡自照 見形容 以人自照 見吉凶 7-304
以計去之 7-313
以寬爲治 不施敲扑 7-198
理窮力屈 5-52
以其身爲安危 8-147
吏道雜而多端 2-290
以銅爲鑑 可正衣冠 以古爲鑑 可知興替 以人爲鑑 可明得失 7-102
李杜齊名 死亦何恨 4-163
吏得其人 民樂其業 4-40
伊洛之間 遂爲氈裘之域 6-370
二論紛紜未決 5-195
以名使括 1-177
李猫 7-168
爾無面從 退有後言 7-24
吏民不相得 2-303
夷民懷服 7-90

以防未然 5-48
已別有旨 5-273
履雖鮮 不加於枕 冠雖敝 不以苴履 2-156
以時和年豐爲嘉祥 以進賢顯忠爲良瑞 8-118
以身繫國家輕重 8-382
以身範物 5-324
二十四郡 曾無一人義士 7-357
以弱制强 5-187
餌藥致疾 8-346
以言爲諱 阿諛取容 8-19
吏緣爲姦 3-188
以枉法論 8-126
已爲亂梃所斃 9-61
以爲神仙 4-135
以爲知大體 3-73
以有盡之農功 塡無窮之巨浪 圖未獲之他衆 喪已成之我軍 7-140
理陰陽 順四時 2-119
以一警百 3-45
移日不能去 4-86
以逸制勞 6-287
以全取勝 3-69
以衆賢擧而用 以一人毁而棄 7-82
頤指氣使 7-345
頤指役使 8-147
李天下 9-135
吏稱其職 民安其業 4-102
以飽待飢 以逸待勞 3-245
移風易俗 6-70
以刑餘爲周召 以法律爲詩書 3-71
理或生亂 亂或資理 8-169
溺其所甚愛 忘其所可戒 8-27
益多損少 故人不怨 功大過微 故業不墮 7-138
益無所憚 5-169
益自韜匿 8-400
益懷不平 5-168
因間奏事 泣涕極諫 7-163
人皆有一天 我獨有二天 4-110
人苦不自知 7-59
人苦不自知其過 7-119
人苦不知足 旣平隴 復望蜀 3-304
引咎責躬 4-339
人給家足 2-215
人豈不自知 5-197
人馬飢乏 6-38
人馬辟易 8-14
人命至重 3-119
人無釁焉 妖不妄作 7-84
引拔士類 常如不及 6-362
引兵遁去 8-100
人服其識量 8-351
人不自保 8-69
人不勝苦 8-154
人不厭苦 8-121
仁不以勇 義不以力 1-340
人非堯舜 何得每事盡善 5-201
人思自奮 5-151
因事就功 5-204
人思致死 所向克捷 7-174
人生貴適志 富貴何爲 5-131
人生世間 譬猶騁六驥過決隙 1-267
人生行樂耳 須富貴何時 3-83
因樹爲屋 4-167
仁壽之域 3-64
人臣之貴已極 4-246
人心不搖 邦本自固 8-160
人欲自見其形 必資明鏡 君欲自知其過 必待忠臣 6-343
引喩失義 4-333
仁義不足 而凶狡有餘 6-20
因人成事 1-182
人人自危 衆心憤惋 7-191
仁人者 正其誼 不謀其利 明其道 不計其功 2-228
人情騷動 盜賊群起 5-287
人情擾擾 8-186
人主患不推誠 人臣患不竭忠 8-249
人之智 能見已然 不能見將然 2-152
人知必死 8-51
人彘 2-92

因風縱火 5-189
仁孝儉素 7-42
仁厚恭儉 6-27
一見如舊友 5-233
日計不足 月計有餘 4-58
一冠三載 一衾二年 6-111
一旦禍發 不可復救 7-348
日累月積 8-384
一無所問 8-202
一無所賜 8-163
一門爭死 4-165
一抔之土未乾 六尺之孤何在 7-191
一夫荷戟 千人莫當 5-80
一事違忤爲咎 而不考忠邪 8-222
一歲再赦 6-356
日食萬錢 猶云無下箸處 5-141
日新月盛 8-395
日愼一日 唯懼不終 7-17
一心敬信 8-314
日晏方起 8-346
日夜思歸 8-25
日夜縱酒 8-25
日夜痛飮 8-227
一言寤意 2-355
一言稱愜爲能 而不核虛實 8-222
日月如流 4-217
逸遊忘戰 6-314
一衣帶水 6-183
日以千計 5-218
日益繁熾 8-322
一人逃死 禍及萬家 4-167
一日深丈餘 3-15
一字不可增 亦不可減 7-62
日長月滋 8-223
一朝有變 6-294
一札十行 細書成文 3-366
一尺布尙可縫 一斗粟尙可舂 2-141
一聽其所爲 8-108
一切便宜從事 3-40
一丸泥 東封函谷關 3-277
任輕祿薄 3-32
臨機決策 無足可畏 9-131
臨機應猝 8-52
臨難不改節 當官無朋黨 7-119
臨淵羨魚 不如退而結網 2-224
任用酷吏 7-205
霖雨不止 6-67
臨危制變 料敵設奇 一將之智有餘 萬乘之才不足 7-122
臨戎制勝 6-161
臨敵應變 出奇無窮 8-53
臨陣督戰 9-208
任眞推分 5-168
臨表涕零 不知所言 4-334
任行高志 8-40
任賢使能 各盡其心 5-57
任俠放蕩 4-180
入幕之賓 5-261
入室更衣 8-352
入獄者 非死不出 7-198
立柵自固 8-77

【ㅈ】

自古所希 7-17
藉寇兵而齎盜糧 1-219
資給優厚 8-262
自矜其功 8-172
恣其所之 5-106
自當一隊 以少擊衆 2-336
資糧俱盡 8-171
子龍一身 都是膽 4-277
自立色目 8-126
自亡之道 9-102
自負其功 3-240
自比管仲樂毅 4-220
紫絲步障四十里 錦步障五十里 5-107
自相驚亂 8-201
自相魚肉 5-151
自相鱗藉 4-36

自生猜貳 6-120
自夕達旦 以此爲常 6-180
自恃兵强財富 8-183
自恃有功 5-168
自我得之 自我失之 亦復何恨 6-124
子吾之師表 4-86
恣爲詭譎 8-222
自爲黨援 8-80
自有制度 3-90
自任聖智 8-274
孜孜求諫 8-257
孜孜奉國 知無不爲 6-381
孜孜治道 常若不足 7-82
自作威福 8-333
恣情任意 5-81
自晝達夜 4-339
煮粥爇鬚 7-174
自執牙籌 晝夜會計 5-116
自度不免 8-166 9-119
作法於儉 猶恐其奢 作法於奢 何以制後 7-140
作舍道旁 三年不成 4-61
鵲巢其樹 7-315
作之不止 乃成君子 1-202
殘暴日甚 6-48
暫過論事 5-93
潛構異謀 7-314
潛謀不軌 7-169
壯健驚勇 6-18
張公論事 有回天之力 6-374
長驅而前 5-50
章句之徒 4-50
將亡之兆 6-348
張目不答 5-201
將士在道 散亡相繼 8-187
將士爭奮 5-192
將順之不暇 7-119
將安用之 8-119
長傲縱欲 無事興兵 7-82
將欲取之 必固與之 6-312
將在外 君令有所不受 1-188
長從宿衛 7-280
長枕大被 7-256
長平坑卒 未聞共犯三刑 7-92
才堪負重 4-281
裁決幾務 果敢不疑 7-345
裁決庶務 咸當於理 8-400
才兼文武 6-359
才兼文武 出將入相 6-381
才器過人 4-339
才能者怨於不任 忠藎者憂於見疑 著勳業者懼於不容 懷反側者迫於及討 8-191
才德兼備 5-25
在德不在險 1-102
財賦所産 江淮居多 8-33
財賦者 國之大本 生民之命 8-124
才非經國 慮不及遠 7-52
宰相可謂有權 9-21
宰相繫國安危 7-307
宰相之職 不可分也 8-212
宰相職在量才授任 8-272
宰相行文書而已 8-378
才業操行 7-297
才劣位卑 7-221
在位大盛 3-53
梓人傳 8-287
在此一擧 6-310
爭慕效之 5-46
爭致死力 8-53
爭恨小故 3-46
沮勸違理 8-263
抵璧於山 投珠於谷 7-46
羝乳乃得歸 2-335
樗蒱一擲百萬 5-323
敵國破 謀臣亡 2-33
迹其行事 終必敗亡 9-131
賊不足平 9-35
積石爲山 引水爲池 6-180
積習易溺 8-180
寂然無聞 4-337
田家作苦 3-83

專決於胸臆 8-41
全軍皆沒 7-348
全軍覆沒 6-316
全軍而反 6-24
專權亂國 9-80
專權用事 8-72
專權自恣 4-269 8-88
塡門爭出 8-376
全未全未 9-16
全不隄防 8-174
專事姑息 8-97, 364
田舍公得此已爲過矣 6-44
轉徙幾盡 9-49
專事文辭 8-81
田舍翁多收十斛麥 尙欲易婦 7-165
專事遊戲 9-29
轉相交結 8-242
轉相比況 3-28
前所載還 皆明珠文犀 3-346
剪鬚和藥 7-110
戰勝而將驕卒惰者敗 1-287
錢神論 5-125
專欲擅權 紛亂諸事 2-136
專爲悅媚 8-273
專爲迂闊大言 8-42
前有召父 後有杜母 3-301
戰栗不敢言 9-227
專意聚斂 8-233
專作威福 7-170
傳諸子孫 永爲後法 7-107
專制朝權 6-57 9-158
專制朝政 9-58
專制朝政 不得預事 5-135
錢之爲體 有乾坤之象 5-125
展盡底蘊 6-340
專擅朝政 5-36
專寵固位 7-336
前稱房杜 後稱姚宋 7-269
轉禍爲福 4-108 6-225
前後不絶 3-240
前後所活 數十百家 7-198
絶口不道前恩 3-50
折木發屋 1-345
絶世無雙 7-327
節食服藥 差可少病 2-355
節用愛民 2-124
絶而復蘇 9-117
絶忠款之路 快兇虐之情 8-387
切齒腐心 1-223
漸結黨援 恣行威福 6-250
漸不可長 3-45
漸不克終 7-79
接待以禮 3-45
精鑑 8-253
鉦鼓之聲 震於遠近 5-192
貞觀之風 8-156
靜寇息民 和實爲便 6-122
政令簡肅 中外大悅 6-306
政無大小 皆預聞之 7-170
定百脈 突地吼 死猪愁 求破家 反是實 7-195
情不自安 6-174
政尙寬簡 7-276
正色拱手 9-12
挺身輕出 6-310
正身勵己 8-256
挺身往說 8-99
正位宮闈 4-18
定爲死友 8-238
政爲天下第一 4-106
廷尉天下之平 2-133
政以賄成 僭侈無度 8-105
丁壯斃於鋒刃 老弱委於溝壑 9-190
情在可矜 7-15
正在今日 4-319
政在臣下 9-28
情在阿縱 按事不實 7-11
井底蛙 3-252
鼎足之形 4-231
政出多門 7-40
正墮其計中 6-122

情好甚篤 6-151
精曉音律 7-254
制度草創 8-29
制禮作樂 鬱然可觀 6-72
除陌錢 8-157
帝範 7-138
第舍宏侈 8-107
帝王多疾勝已者 7-134
除天下之禍者 當享天下之福 7-241
帝羓 9-192
助桀爲虐 1-310
照鏡畫眉 7-240
詔令不通 9-34
朝令夕改 不知所從 8-343
操弄國權 濁亂海內 4-157
操弄威柄 5-34
朝聞道 夕死可矣 3-14
弔民伐罪 8-196
阻兵拒命 8-396
阻兵自守 8-245
阻山帶河 1-321
阻山爲固 4-337
阻山依水 4-314
祖尙浮虛 8-42
祖尙虛無 5-38
粗涉書傳 9-29
祖述老莊 5-119
朝野恐懼 4-337
朝野相賀 8-107
朝野楚楚 6-46
朝野推服 5-214
朝野側目 8-146
租庸調法 6-263
朝有進善之旌誹謗之木 2-128
操人主之威福 奪天朝之權勢 5-109
早定大計 4-233
朝廷有直臣 天下必太平 8-228
趙充國自薦 3-65
措置乖方 課責虧度 財匱於兵衆 力分於將多 怨生於不均 機失於遙制 8-221
遭値聖明 致位三公 7-172
竈下養中郎將 爛羊胃騎都尉 爛羊頭關內侯 3-209
朝呼夕至 9-165
朝華之草 夕而零落 松柏之茂 隆寒不衰 5-25
足反居上 首顧居下 2-145
足有繫帛書 2-369
足以相當 3-241
尊其所聞則高明矣 行其所知則光大矣 2-224
尊道貴德 8-256
存問其家 8-75
尊卑有序則上下和 2-125
存者老子長孫 亡者丘隴成行 雖北風之思 感其素心 目前之憂 實爲交切 5-240
從諫如流 9-23
鍾簴不移 廟貌如故 8-196
宗黨强盛 5-101
終當爲亂 9-198
終當敗亂 8-56
綜理微密 5-186
終莫能逮 8-133
鍾鳴漏盡 7-217
終無叛志 8-190
終無所言 4-245
縱兵擊之 8-195
縱兵追擊 8-210
終不敢出 2-319
終不敢取當 3-15
終不改節 2-376
終夕不倦 8-281
從善如流 7-174
種樹郭槖駝傳 8-289
終始弗渝 7-80
終身不見喜怒之色 5-149
縱欲以勞人 7-80
從容款狎 8-262
從容指撝 一境皆平 8-252
終爲人患 5-265
終爲禍亂 5-188
終爲後世患 2-320

終日儼然 人不能測 6-117
縱酒昏酣 遺落世事 5-46
從衆則生 守節則死 9-144
從此積弊 轉而成俗 8-82
縱彼不言 籍獨不愧於心 2-15
坐待機宜 8-265
坐失民望 4-346
坐語移日 2-236
坐而論道謂之王公 作而行之謂之士大夫 4-326
坐而待亡 孰與伐之 4-341
坐定天下 4-341
坐鎭雅俗 7-260
罪死不赦 3-149
罪狀未著 何以爲辭 6-294
罪言 8-364
罪且不測 8-227
周公誅管蔡以安周 季友鴆叔牙以存魯 7-114
周椒漢獻 8-383
周流四公 4-169
州里蕭條 4-205
主明臣直 7-23
誅殺賢能 5-88
晝夕憂之 8-199
主聖臣直 3-124
主少國疑 1-105
肘腋之患 9-61
晝夜拒戰 8-12
晝夜兼程 信宿可至 9-132
晝夜兼行 8-170
晝夜攻之 9-110
晝夜而進 5-192
周游城中 家家致問 4-284
晝則苦役 夜縶地牢 8-206
晝則耀兵 夜斫其營 8-17
晝度夜思 朝刪暮減 8-257
駐驛山 7-124
酒後耳熱 3-83
竹林七賢 5-46
遵而勿失 2-95
中江擧帆 4-237
衆皆憤怒 8-277
衆寡不敵 難以力勝 8-99
中國旣安 四夷自服 7-45
重其器識 9-222
中道逸去 8-237
衆論喧騰 8-177
中夜撫枕 臨餐忘食 5-72
重於用兵 8-246
中外艱食 8-93
中外戒嚴 5-334
中外歸心 6-280
中外相應 8-93
中外失望 8-156
中外乂安 7-23
中外謂之二聖 7-170
中外離心 5-232
中外嗟怨 7-331
中外合勢 3-194
中外欣欣 9-44
重足屛息 7-195
重足而立 側目而視 2-276
重聽何傷 3-57
重厚少文 2-85
卽有緩急 2-206
卽日就道 8-147
櫛風沐雨 親冒鋒鏑 7-210
拯社稷之危 救君親之難 7-241
指顧號令 莫敢仰視 8-94
知過非難 改過爲難 言善非難 行善爲難 8-178
至今爲梗 8-206
指期可復 5-218
志氣驕溢 8-105
志氣不倫 交遊非類 7-172
智囊 2-173
至亂未嘗不任不肖 至治未嘗不任忠賢 9-12
指鹿爲馬 1-296 8-223
知無不言 6-322 8-334
知無不爲 8-41
智不及謀 勇不及斷 6-240
地不爲狹 兵不爲少 9-131

知事不成 8-167
知事不濟 8-376
指授方略 5-93
知臣莫如主 2-94
地獄之設 正爲是人 6-292
智勇俱困 1-379 5-219
至愚而對至聖 以極卑而對極尊 7-117
至爲艱險 5-51
止有二策 7-101
知而不言 死有餘責 7-144
知人善察 難眩以僞 4-292
知人之鑑 4-226
智者以囹圄爲福堂 6-56
智者千慮 必有一失 愚者千慮 必有一得 1-359
志在節儉 求諫不倦 7-28
志在聚斂 7-331
知前日之惡 爲後來之戒 7-114
知足不辱 知止不殆 3-54
指陳得失 8-275
指天畫地 3-323
知賢不疑 見可能斷 8-302
指麾則中原淸晏 顧眄則四夷讐服 7-115
直書時事 5-249
直指使者 2-343
進可幷兼天下 退可鼎足而立 4-328
振旅還都 5-93
進無所據 4-339
晉武帝焚雉頭裘 7-80
陳兵自繞 4-319
珍寶山積 8-252
進善不進不休 4-271
秦失其鹿 天下共逐之 2-67
盡心所事 7-24
珍玩技巧乃喪國之斧斤 珠玉錦繡實迷心之酖毒 7-140
進戰則克 退還則散 6-235
進足以勝敵 退足以堅守 4-200
震之以威 折之以辯 8-174
鎭之以靜 群情自安 5-195
陳陳相因 2-215
盡忠王室 5-263
盡忠帝室 彌縫遺闕 5-115
進退無所據 4-92
進賢受上賞 2-45
進賢受上賞 蔽賢蒙顯戮 2-263
秦皇幷呑六國 反速危亡之基 晉武奄有三方 翻成覆敗之業 7-140
疾久未平 中外憂懼 8-400
疾風知勁草 板蕩識誠臣 7-41
朕亡一鑑 7-103
朕不忍聞 2-356
朕常推心 置其腹中 6-314
朕實不君 人則何罪 8-180
執弓注矢 8-99
執理不屈 6-338
執心不定 8-384
執筆觸寒 手爲皴裂 6-111
執狐疑之心者 來讒賊之口 持不斷之意者 開群枉之門 3-125
徵求無厭 9-170
徵師日滋 賦斂日重 8-169

【ㅊ】

且怒且喜 1-329
且當靜以撫之 6-312
此鳴者 爲官乎 爲私乎 5-125
此而不誅 何以懲惡 8-396
此而不乘 將復何待 6-287
此自足用 4-235
且戰且行 3-250
此座可惜 5-84
借之辭色 7-37
此土之望 5-138
且鬪且却 4-277
鑿山通道 5-51
纂承大統 6-17
鑽核 5-116
斬關而入 7-223
參謀帷幄 6-274

讒謗百端 8-147
參輔朝政 5-187
參掌機密 9-64
倉庫充實 器械精利 7-306
倉廩實而知禮節 衣食足而知榮辱 2-126
昌明之後 尙有二帝 5-346
倉無儲穀 衣不重帛 5-204
倉猝不知所爲 8-85
倉猝立定 無不允愜 5-324
處煩治劇 衆務畢擧 6-381
處事不欲明白 但摸稜持兩端 7-211
處之恬如 5-201
處之不疑 8-222
處置得宜 8-333
倜儻有大志 5-228
尺霧障天 不虧於大 寸雲點日 何損於明 7-137
跖之狗吠堯 2-67
天譴於上而朕不寤 人怨於下而朕不知 8-180
擅權用事 7-246
天德無私親 2-254
天道神明 人不可獨殺 3-77
千里無煙 5-292
天覆地載 靡有所遺 6-370
天府之土 4-222
天生賢傑 必相與共成大功 5-248
天星散落如雪 7-240
天所以限南北 4-331
天授非人力 2-38
天與不取 恐貽後悔 6-169
天與弗取 反受其咎 時至不行 反受其殃 1-379
遷延不進 8-153
天意如此 時不可失 7-240
千人之諾諾 不如一士之諤諤 1-132
天人之應 異氣齊聲 4-288
千載一時 9-47
千載休期 7-84
天地鬼神 享于有德 謳歌獄訟 歸于至仁 9-248
天之亡我 非戰之罪 2-14
天地之常經 古今之通誼 2-227
天地之常經 古今之通義 3-125
天知 地知 我知 子知 4-80
千秋金鑑錄 7-304
千秋萬歲後 2-200
天下奇才 5-13
天下大柄不可假人 7-329
天下桃李悉在公門 7-213
天下莫能當 1-178
天下模楷李元禮 不畏彊禦陳仲擧 天下俊秀王叔茂 4-141
天下無復可憂 7-344
天下無復事矣 5-315
天下無冤民 民自以不冤 3-18
天下未定 兩虎安得私鬪 3-241
天下不足定 3-204 6-232
天下紛紛 何時定乎 1-363
天下不如意事 十常居八九 5-82
天下事大定 1-365
天下事已可知 5-275
天下雖安 忘戰必危 5-103
天下安 注意相 天下危 注意將 2-106
天下元元之民 2-186
天下至廣 一日萬機 6-375
天下治亂繫朝廷 朝廷輕重在輔相 8-309
薦賢爲國 非爲私 7-213
濺血灑地 8-167
徹樂減膳 7-15
撤業閉門 8-235
諂媚取容 7-222
瞻之在前 忽然在後 4-86
帖括 8-82
淸簡儉素 8-107
淸謹儉素 不營貲産 7-260
請論如法 8-348
淸問下民 6-349
淸靜寡欲 7-80
靑朱雜沓於胥徒 金紫普施於輿皁 8-188
聽之靡靡 令人忘倦 7-62
請託不行 綱紀修擧 7-242
請骸骨 1-365
請兄入此甕 7-202

毚肩切而啗之 1-318
體貌明粹 9-44
楚國亡猿 禍延林木 城門失火 殃及池魚 6-120
初無叛心 但畏死耳 9-144
椒房之親 4-19
貂不足 狗尾續 5-129
貂蟬盈坐 5-129
楚莊呑蛭而愈疾 7-263
招之不來 麾之不去 2-241
稍稍繼至 8-165
草行露宿 5-277
寵冠群臣 9-181
寵待甚厚 謁見無時 7-325
聰敏恭勤 5-185
聰睿夙成 剛毅有斷 6-52
寵遇日隆 6-266
寵任無比 8-105
寵任益厚 8-105
寵之以位 位極則殘 順之以恩 恩竭則慢 4-269
最所信任 3-128
蕞爾小國 4-323
推結分好 4-199
推誠待人 8-53
推心撫納 8-277
推心委任 堅定不移 8-384
推心委之 8-259
推心任之 5-168
推心親信 5-138
推赤心 置人腹中 3-217
推情與下 不求名聲 2-309
推薦引拔 常無虛日 8-117
推賢進士 4-256
秋毫無犯 8-196
秋毫無所害 1-331
逐無虛日 班列殆空 8-374
築室道旁 無時可成 5-269
蓄威以昭德 偏廢則危 居重以馭輕 倒持則悖 8-159
出警入蹕 5-305
出其不意 4-281 5-51 8-297
出納王命 敷政四海 4-105
出類拔萃 5-24
出百死 得一生 7-61
出人意表 9-243
出入禁闥 補過拾遺 2-303
出戰累敗 儲峙已竭 9-63
出則聯轡 寢則對榻 8-30
忠諫者謂之誹謗 深計者謂之妖言 2-151
忠臣不私 私臣不忠 3-314
忠臣不事二君 烈女不更二夫 1-162
忠臣愛君 必防其漸 7-103
忠言逆耳利於行 毒藥苦口利於病 1-310
充位而已 7-324
忠義何在 8-16
忠淸彊介 8-217
忠淸公直 6-333
忠賢無腹心之寄 閹寺恃廢立之權 8-357
揣知上意 6-118 8-374
取金印如斗大 繫肘後 5-173
取給蒲嬴 4-205
取其所長 棄其所短 1-109
取大捨小 去密就簡 5-69
聚斂得幸 8-294
聚斂爲長策 8-223
聚米爲山谷 指畫形勢 3-302
取法於上 僅得其中 取法於中 不免爲下 7-138
吹沙拔木 天地晝晦 8-63
取威定霸 在此一擧 9-111
聚而觀之 5-164
取之實難 守之甚易 7-51
取之若振槁葉耳 6-240
取禍之道 4-312
治國如治病 7-17
治郡高第 3-45
恥君不及堯舜 以諫諍爲己任 6-381
治軍嚴整 8-65
治軍嚴重 8-94
治亂民 猶治亂繩 3-40
治兵相攻 4-201
治兵繕甲 5-48

治兵完城 8-97
治城隍 繕甲兵 8-186
治世之能臣 亂世之姦雄 4-180
錙銖涓滴 罪皆死 9-197
侈心無厭 6-351
治安則驕侈易生 驕侈則危亡立至 7-89
置酒高會 1-345
巵酒安足辭 1-318
置之几案 以比弦韋 7-52
置之度外 8-392
治行常第一 3-132
親君子 遠小人 7-42
親小勞 侵衆官 8-288
親重無比 8-122
親之如兄 字曰孔方 5-125
親戚故人犯法 一無所縱 境內肅然 6-289
七德舞 7-32
七縱七禽 4-331
沈敏多權略 7-241
沈毅寡言 9-193
寢以成疾 8-66
沈厚寬恕 7-212
稱臣奉貢 9-107
稱之不容口 3-16
稱疾不入 7-163

【ㅌ】

墮淚碑 5-85
打草穀 9-190
濁其源而求其流之淸 不可得矣 6-338
濁亂朝政 8-184
托屬掖庭 3-236
坦之流汗沾衣 倒執手版 安從容就席 笑語移日
5-261
脫有不諱 5-183
脫致紛紜 悔之何及 6-118
貪財好色 1-314
貪暴不法 6-123
盪滌鼠輩 以淸朝廷 9-198
太剛則折 太柔則廢 2-343
太白經天 6-294
太山不讓土壤 故能成其大 河海不擇細流 故能
就其深 1-219
太子天下本 2-78
太平可冀 8-353
太平玉燭 6-143
太平有日 8-206
太平之治 庶幾可望 8-122
太平之風 可興於世 3-30
澤靡下究 情未上通 8-180
宅心事外 名重當世 5-116
土木被錦繡 6-44
土崩 2-267
土崩瓦解 4-319
土沃物豊 5-121
討賊愈急 8-293
討賊立功 4-246
通經術 有美材 2-380
通宵不出 7-341
痛心靦貌 8-180
痛入骨髓 1-331
痛自引過 8-178
投戈講藝 息馬論道 4-76
投諸四裔 以禦魑魅 3-181
妬賢嫉能 排抑勝己 7-344
特設一榻 4-131
特出聖意 9-52

【ㅍ】

破家亡軀亦由汝 化家爲國亦由汝 6-226
破家相容 4-165
頗事遊宴 怠於政事 5-106
頗徇愛憎 人多怨之 8-399
頗有德色 7-260
破在旦夕 9-231
破竹之勢 不可失也 6-256
八公山草木 5-276
八關十六子 8-347

敗俗傷化 5-77
霸業可擧鞭而成 6-92
便道之官 9-20
便僻佞慧 5-34
片言移人主意 8-124
貶之太過 5-237
平世尙文 亂世尙武 5-163
平心率物 4-183
平獄緩刑 2-124
廢格不用 9-21
蔽江而下 5-75
閉目搖手 9-15
閉城拒守 9-110
閉城堅守 4-267
陛下家事 非臣等所宜豫 7-314
陛下家事 何必更問外人 7-165
陛下事去矣 1-361
陛下之有尙書 猶天之有北斗也 斗爲天喉舌 尙書亦爲陛下喉舌 4-105
嬖倖用事 政事縱弛 6-92
嬖倖疾之於內 勳舊怨之於外 9-138
布告天下 2-299
暴慢滋甚 5-175
布列顯要 5-168
抱怨積直 5-110
布衣葛巾 4-245
布衣交 3-235
布衣之極 2-31
包藏禍心 8-19
包藏禍心 竊窺神器 君之愛子 幽之於別宮 賊之宗盟 委之以重任 7-191
抱火厝之積薪之下 而寢其上 火未及燃 因謂之安 2-141
表裏受敵 進退不獲 6-275
品量望第 6-283
風景不殊 擧目有江河之異 5-146
風骨不常 5-321
風度得如九齡不 7-317
風俗素朴 6-343
豐則貴糴 歉則賤糶 8-136
風吹幕起 8-376
豐凶皆病者 惟農家爲然 9-150
被甲督戰 5-231
被堅執銳 2-39
皮裏春秋 5-200
被髮入山 不失信於天下 4-272
彼雖人面 心如野獸 8-56
披籍取人 3-45
彼專爲德 我專爲暴 5-76
被疾有徵 法不當坐 7-11
筆不得下 4-62
匹夫猶不食言 5-285
匹夫之勇 1-331
必然之勢 已驗之事 5-121
必欲致士 先從隗始 1-150
必墮其計 6-20

【ㅎ】

何其愚也 8-99
何乃至此 8-274
何力之有 5-101
下陵上替 8-206
下馬羅拜 8-99
何無香火之情也 6-286
何物女子 乃爾勇健 7-142
何負於汝而反耶 8-12
何不撲殺此獠 7-163
何不食肉糜 5-125
何事乃爾 5-256
何事不承 7-202
何事須和 6-122
何相見之晩也 2-268
何心獨生 9-198
下之從上 遂成風俗 6-178
下筆立成 詞義兼美 6-165
何患無辭 6-294
學萬人敵 1-277
學問開益 籌略奇至 4-285
學問博洽 文章華敏 6-44

學舍頹敝 鞠爲園蔬 4-101
學行著聞 8-218
汗流被面 6-124
汗馬之勞 2-39
漢文帝却千里馬 7-80
旰食 7-268
旰食累朝 8-387
恨吾老 不及見耳 5-253
漢賊不兩立 王業不偏安 4-341
汗出沾背 2-118
汗透重裘 9-21
旱熯之災 遠被郡國 凶醜之孽 起於轂下 7-84
韓休知否 7-296
割恩正法 8-21
含笑入地 4-126
陷之死地而後生 置之亡地而後存 1-358
咸稱神明 4-82
闔門寸斬 8-89
解甲休息 8-49
海內富安 7-318
解衣衣我 推食食我 言聽計用 1-378
解衣包火 張羅捕虎 5-338
行己在於淸濁之間 3-229
幸得備位 3-74
行義修整 4-256
行齋居送 8-180
行酒洗爵 5-164
行且部分 6-98
行行且止 避驄馬御史 4-178
虛己斂容 3-11
許其自新 8-267
虛費太多 8-140
虛心求諫 6-263
虛心待之 8-41
虛心采納 7-90
虛張其數 7-275
虛張名數 8-221
虛懷待人 人亦思附 任數御物 物終不親 8-191
獻可替否 5-34
歇後鄭五作宰相 時事可知矣 9-52
險固難取 8-246
革心向化 8-178
懸軍深入 5-276 6-275
衒能矜名 8-288
玄齡善謀 如晦能斷 6-362
泫然泣下 8-70
賢愚同滯 8-117
賢而多財則損其志 愚而多財則益其過 3-54
賢者在位 能者布職 3-127
賢者則敬之 不肖者則憐之 7-135
懸合事宜 8-253
協規同力 4-231
協力同心 7-12
協心輔佐 7-269
挾天子令諸侯 9-61
刑戮是甘 乞不使王彦方知 4-194
刑無枉濫 7-42
刑罰者治亂之藥石也　德敎者興平之粱肉也 4-119
刑罰淸省 7-269
衡石程書 8-249
兄弟二人不相容 2-141
豪傑竝起 擁衆據地 自相雄長 6-335
好讀書 手不釋卷 6-72
胡貉之人 其性耐寒 揚粵之人 其性耐暑 2-170
好文學 從容沈雅 6-119
好發人陰伏 3-83
互相矛楯 9-28
好尙不同 4-320
互相擠援 8-370
互相推奬 曰伊曰周 曰管曰葛 8-242
虎嘯而風冽 龍興而致雲 3-59
虎視於天下 4-316
號曰召父 3-132
胡越同心 7-49
胡越一家 自古未有 7-36
好爲形迹 8-384
好自出戰 8-295
好才愛士 4-86
好戰者亡 6-372

呼韓稽顙至 屠耆接踵來 6-209
呼吸吐納 4-119
或罪同而論異 3-28
魂不守宅 血不華色 5-37
混元以降 7-128
昏暴滋甚 喜怒乖度 6-174
忽君人之大道 好雕蟲之小藝 6-178
忽忽不樂 7-316 8-380
鴻門宴 1-314
弘爲布被 食不重肉 2-276
弘濟蒼生 其益多 肇造區夏 其功大 7-138
貨輕錢重 8-260
和氣致祥 乖氣致異 3-125
火烈風猛 船往如箭 4-238
貨賂公行 5-125
禍福無門 惟人所召 7-84
火三月不滅 1-321
花萼相輝之樓 7-258
和戎息兵 8-210
華而不實 5-127
禍稔蕭墻 姦生帷幄 8-357
禍在朝夕 6-295
貨重錢輕 8-260
化被方外 7-80
畫虎不成 反類狗 3-345
矍鑠哉 是翁 3-343
歡聲如雷 8-281
煥然文物可觀 3-275
活千人 子孫有封 2-343
黃巾賊 4-179
惶恐無它意 2-353
荒於酒色 不親庶務 5-266
荒淫凶逆 5-87
黃衣廩食 守門傳命 7-246
皇帝梨園弟子 7-254
黃霸 3-57
黃河如帶 泰山若礪 2-332
會見汝在荊棘中 5-127
會禮之家 名爲聚訟 4-62

悔無所及 8-19
會文切理 7-62
恢復舊疆 9-174
悔之何及 7-312
懷集中外 民心復安 6-46
回飆吹火 誤爇上須 7-256
淮海長鯨 雖云授首 襄陽短狐 未全革面 6-142
畫(획)地爲獄議不入 刻木爲吏期不對 3-30
橫加威怒 欲蓋彌彰 7-98
橫來 大者王 小者侯 2-24
驍勇絶人 博涉經史 5-132
曉人不當如是耶 3-124
孝慈恭儉 博學能文 6-111
厚加官賞 8-392
後期不至 9-183
後世賢 師吾儉 不賢 毋爲勢家所奪 2-94
厚恤其家 8-47
勳勞宜賞 不吝千金 無功妄施 分毫不與 4-293
毁瘠骨立 5-46
揮手却之 8-100
揮手止之 8-370
携老扶幼 7-83
休兵行賞 9-114
譎詭多計 8-238
恟懼將潰 6-24
凶逆尤甚 8-200
欣然若更生 3-64
欣然操筆 6-13
欽先聖之顧託 受嗣子之推讓 7-216
翕然相賀 8-353
興師討之 8-263
喜怒不常 9-58
喜怒不形於色 4-193
希旨生事 8-202
欷歔泣下 8-38

≪通鑑節要 9≫ 參考資料

1. ≪通鑑節要≫ 總目次

2. ≪通鑑節要≫ 강의 안내

譯者 略歷

忠南 禮山 出生
家庭에서 父親 月山公으로부터 漢文 修學
月谷 黃璟淵, 瑞巖 金熙鎭 先生 師事
民族文化推進會 國譯硏修院 修了
高麗大學校 教育大學院 漢文教育科 修了
한국고전번역원 부설 고전번역교육원 名譽漢學教授(現)
傳統文化硏究會 副會長(前) 해동경사연구소 소장(現)
古典國譯賞 受賞

論文 및 譯書

〈艮齋의 性理說小考〉〈燕岩의 學問思想硏究〉
四書集註 《詩經集傳》 《書經集傳》 《周易傳義》
《古文眞寶》 《牛溪集》 등 數十種 國譯
《宣祖實錄》 《宋子大全》 《茶山集》 《退溪集》 등 共譯

東洋古典譯註叢書 34
譯註 通鑑節要 9　　44,000원

2009년 12월 30일 초판 발행
2024년 01월 10일 초판 5쇄

譯　註　成百曉
編　輯　古典國譯編輯委員會
發行人　郭成文
發行處　社團法人 傳統文化硏究會
등록 : 1989. 7. 3. 제1-936호
서울시 종로구 삼일대로 428 낙원빌딩 411호
전화 : (02)762-8401　전송 : (02)747-0083
전자우편 : juntong@juntong.or.kr
홈페이지 : juntong.or.kr
사이버書堂 : cyberseodang.or.kr
온라인서점 : book.cyberseodang.or.kr

인쇄처 : 한국법령정보주식회사(02-462-3860)
총　판 : 한국출판협동조합(070-7119-1750)

ISBN 978-89-91720-58-9 94910
978-89-85395-71-7(세트)